Peter V. Zima · Ideologie und Theorie

Peter V. Zima

Ideologie und Theorie

Eine Diskurskritik

CIP-Titelaufnahme der Deutschen Bibliothek

Zima, Peter V.:
Ideologie und Theorie : eine Diskurskritik / Peter V. Zima. –
Tübingen : Francke, 1989
    ISBN 3–7720–1823–8 kart.
    ISBN 3–7720–1850–5 Gb.

Gedruckt mit Unterstützung des Fonds zur Förderung der
wissenschaftlichen Forschung, Wien

© 1989 · A. Francke Verlag GmbH Tübingen
Dischingerweg 5 · D-7400 Tübingen 5
Das Werk einschließlich aller seiner Teile ist urheberrechtlich geschützt.
Jede Verwertung außerhalb der engen Grenzen des Urheberrechtsgesetzes ist ohne
Zustimmung des Verlages unzulässig und strafbar.
Das gilt insbesondere für Vervielfältigungen, Übersetzungen, Mikroverfilmungen
und die Einspeicherung und Verarbeitung in elektronischen Systemen.

Satz: R. Meier, Bonn
Druck: Gulde-Druck GmbH, Tübingen
Verarbeitung: Braun + Lamparter, Reutlingen
Printed in Germany

ISBN 3–7720–1850–5 (geb.)
ISBN 3–7720–1823–8 (kt.)

Inhaltsverzeichnis

Vorwort: Ideologie und Theorie 9

I.   Ideologie: Versuch einer Begriffsbestimmung (Einleitung) 17
       1. Historischer Überblick 18
       2. Ideologie soziologisch 23
           a) Kultur 23
           b) Religion 29
           c) Mythos 34
           d) Weltanschauung 38
       3. Ideologie semiotisch 42
           a) Sprache 42
           b) Werbung 46
           c) Propaganda 50
           d) Theorie/Ideologie 53

Erster Teil

Ideologiekritische Modelle: Die Suche nach dem archimedischen Punkt 61

II.   Ideologie und Wissenschaft bei Marx und im Marxismus 66
       1. Karl Marx oder Theorie als Praxis 67
       2. Georg Lukács: Totalität und Proletariat 72
       3. Karl Korsch: Ideologie, Wissenschaft und Philosophie 80
       4. Lucien Goldmann oder der Verlust des archimedischen Punktes 84

III.   Jenseits der Ideologie: „freischwebende Intelligenz" und
       „ideale Sprechsituation" 88
       1. Mannheim und Habermas 90
           a) Kritik des Klassenbegriffs 91
           b) Niedergang und Überwindung der Ideologie 92
           c) Kommunikatives und naturwissenschaftliches Denken 95
           d) Kommunikation, Synthese und Konsens 97
       2. Freischwebende Intelligenz und Kultursynthese 99
       3. Lebenswelt und herrschaftsfreie Kommunikation 107
       4. Epilog: Von Habermas zu Bourdieu 123

IV.   Ideologie und Wertfreiheit: Von Max Weber zum Kritischen
       Rationalismus 127
       1. Werturteilsfreiheit bei Max Weber: Theorie und Praxis 129

    2. Von Max Weber zum Kritischen Rationalismus: Hans Albert, Karl R. Popper, Ernst Topitsch 138

V. Ideologie und Wissenschaft: Von Louis Althusser zu Michel Pêcheux 153
    1. Epistemologischer Schnitt I: Rationalismus 157
    2. Epistemologischer Schnitt II: Marx-Exegese: von Althusser zu Neurath 161
    3. Epistemologischer Schnitt III: Ideologie und Wissenschaft 169
    4. Von Althusser zu Pêcheux: Ideologie als Diskurs 175

VI. Ideologie als Diskurs: Von Adorno zu Derrida 186
    1. Zerfallene Sprache 188
    2. Essay, Modell, Parataxis 195
    3. Von Adorno zu Derrida 204

Zweiter Teil

Der Diskurs der Ideologie: Textsoziologische Analysen 213

VII. Textsoziologie 218
    1. Textsoziologie und Soziolinguistik 220
    2. Textsoziologie, Textlinguistik, Semiotik 224
    3. Textsoziologie: Position und Methode 231
       a) Die Position der Textsoziologie 232
       b) Das soziosemiotische Projekt: Methode 235
       c) Die lexikalische Ebene 236
       d) Die semantische Ebene: Relevanz, Klasse und Kode 238
       e) Die syntaktisch-narrative Ebene: Der Diskurs 242
       f) Die pragmatische Ebene: Der Soziolekt 248
       g) Die sozio-linguistische Situation: Intertextualität 250

VIII. Die diskursiven Verfahren der Ideologie 254
    1. Ideologie: Funktion und Struktur 257
    2. Die diskursiven Verfahren der Ideologie 268
       a) Dualismus, Relevanz und Klassifikation 269
       b) Isotopien als Konnotationsketten: „over-lexicalization" 274
       c) Mythische Aktanten: „énonciation" 277
       d) Mythische Aktanten: „énoncé" 280
       e) Naturalismus und Teleologie 284
       f) Identitätsdenken und Monolog 287
       g) Die Rezeption der Ideologie: Kode, Soziolekt und sprachliche Situation 289
    3. Sind alle Ideologien gleichwertig? 292

IX.	Ideologie in der Theorie: Soziologische Modelle...............................	296
	1. Soziologie in der Marktgesellschaft: Kulturwert und Tauschwert........	299
	2. Ideologie und soziologische Kommunikation: Liberalismus und Soziologie...	306
	a) Liberalismus und Sozialdarwinismus..	307
	b) Der „Positivismusstreit"..	310
	c) Die Luhmann-Habermas-Debatte...	316
	3. Ideologische Verfahren in der Soziologie: Textanalysen.....................	322
	a) Ideologie und Wertfreiheit: Raymond Boudon..............................	323
	b) Ideologie und marxistische Wissenschaft: Louis Althusser............	326
	c) Ideologie und Ideologiekritik: Jürgen Habermas...........................	330

Dritter Teil

Der Diskurs der Theorie... 335

X.	Ambivalenz und Dialektik..	341
	1. Kritik an Hegel: Ambivalenz, Dialektik, Dialog..................................	344
	2. Ambivalenz und Kritik...	352
	a) Kritik der ideologischen Dichotomie..	352
	b) Kritik der Indifferenz...	353
	3. Ambivalenz, Ironie und Reflexion: Von Broch zu Musil.....................	356
	a) Hermann Broch..	358
	b) Robert Musil..	361
XI.	Reflexion und Diskurs...	364
	1. Reflexion reflexiv..	366
	2. Selbstreflexion des Diskurses..	372
	a) Sozio-linguistische Situation, Soziolekt, Institution.......................	373
	b) Relevanz, Klasse, Definition...	379
	c) Aussagevorgang und Aktantenmodell..	383
	d) Objektkonstruktion: Subjekt und Objekt.....................................	389
XII.	Der interdiskursive Dialog...	399
	1. Episteme, Paradigma und Soziolekt...	401
	a) Episteme, Paradigma und sozio-linguistische Situation.................	402
	b) Paradigma und Soziolekt...	408
	2. Dialog interdiskursiv...	417
	a) Vergleichbarkeit und Kritik im interdiskursiven Prozeß.................	418
	b) Interdiskursive Theoreme..	425
	3. Epilog: Verallgemeinerungsfähigkeit der Werte.................................	434

Bibliographien: „Ideologie", „Soziosemiotik", „Theorie"........................... 439
Personenverzeichnis 469

Vorwort: Ideologie und Theorie

Wer sich eine Zeitlang mit dem Ideologieproblem und mit wissenschaftstheoretischen Fragestellungen intensiv befaßt, stellt alsbald fest, daß es zahlreiche Titel zu den Themen „Ideologie", „Ideologiekritik", „Theoriebildung" und „Wissenschaftstheorie" gibt, daß jedoch die Beziehung zwischen Ideologie und Theorie selten im Mittelpunkt der Untersuchungen steht. Dies mag mit der grundsätzlichen Schwierigkeit zusammenhängen, die Differenz zwischen zwei Erscheinungen zu bezeichnen, die auf allen Ebenen miteinander verquickt sind. Während sich Ideologen lautstark auf die Autorität von Wahrheit, Wissenschaft, Philosophie und Theorie berufen, werfen Wissenschaftler einander ideologische Verblendung, verdinglichtes Bewußtsein oder metaphysische Naivität vor. Die Behauptung, eine bestimmte Ideologie, etwa die marxistisch-leninistische, sei wissenschaftlich, steigert nur die Verwirrung und rückt eine brauchbare Lösung des Problems in weite Ferne.

Publikationen, die Titel wie *Wahrheit und Ideologie* (Hans Barth, 1945) oder *Ideologie und Wahrheit* (Hermann Zeltner, 1966) tragen, sind älteren Datums und lassen die Vermutung aufkommen, daß sie einer Zeit angehören, als das Wort Wahrheit — trotz Nietzsches destruktiver Kritik — nicht sogleich auf Skepsis und Widerspruch stieß. In einer neueren Arbeit von Shawn W. Rosenberg, die mit dem Titel *Reason, Ideology and Politics* erschien (1988), wird eher eine genetisch-strukturelle Darstellung politischer Denkformen („political reasoning") als eine Abgrenzung von Vernunft und Ideologie angestrebt. Die metaphysische Auffassung der Vernunft als einer überpersönlichen und überzeitlichen Instanz wird — nicht zu Unrecht — abgelehnt.[1]

In diesem Zusammenhang werden gegenwärtig Begriffe wie „Wahrheit" oder „Wahrheitsgehalt" selbst als metaphysisch oder gar ideologisch verabschiedet — nicht nur von Vertretern der Luhmannschen Systemtheorie oder der Dekonstruktion. Daß diese pauschale Ablehnung des Wahrheitsbegriffs nicht ungefährlich ist und zu theoretischer Sterilität führen könnte, fiel Barth auf, der am Ende seines Buches bemerkt: „Wenn man nun aber die Idee der Wahrheit und der Gerechtigkeit selbst als Ideologie denunziert, dann werden die Bedingungen des sozialen Daseins überhaupt erschüttert. (...) Es gibt dann nur — um noch einmal die Sprache Nietzsches zu verwenden — individuelle ‚Willensquanta' (...)."[2]

---

[1] Siehe: S. W. Rosenberg, *Reason, Ideology and Politics*, Cambridge-Oxford, Polity Press, Basil Blackwell, 1988; S. 96: „As ideology is regarded as reasoned, so reason is regarded as ideological." Des ist zweifellos richtig: Doch wie unterscheidet sich der Irrationalismus des Ideologen von der Vernunft des Wissenschaflers?

[2] H. Barth, *Wahrheit und Ideologie*, Frankfurt, Suhrkamp, 1974, S. 290. Siehe auch: H. Zeltner, *Ideologie und Wahrheit. Zur Kritik der politischen Vernunft*, Stuttgart, F. Frommann Vlg., 1966 und: Th. Geiger, *Ideologie und Wahrheit. Eine soziologische Kritik des Denkens*, Stuttgart-Wien, Humboldt Verlag, 1953; ders., „Kritische Bemerkungen zum Begriff der Ideologie", in: H.-J. Lieber (Hrsg.), *Ideologie-Wissenschaft-Gesellschaft*, Darmstadt, Wiss. Buchgesellschaft, 1976 — sowie: L. Kolakowski, „Ideologie und Theorie", in: H.-J. Lieber (Hrsg.), *Ideologie-Wissenschaft-Gesellschaft*, op. cit. und M. Marković, „Wissenschaft und Ideologie", in: H.-J. Lieber *Ideologie-Wissenschaft-Gesellschaft*, op. cit. (Keiner dieser Texte ermöglicht eine klare Abgrenzung von Ideologie und Theorie oder Ideologie und Wissenschaft. Kennzeichnend für die gesamte Ideologie-Theorie-Diskussion ist die resignierende Bemerkung von M. Marković in dem hier zitierten Aufsatz, S. 373: „Heute, mehr als ein Jahrhundert nach der ‚Deutschen Ideologie', wird klar, daß der Marxismus *auch* eine Ideologie ist.")

Der von der Wissenssoziologie begründete Panideologismus (Kap. 3 und 9), vor dem Barth zu Recht warnt, der sich aber in vielen Wissenschaftlerkreisen unmerklich durchsetzt, hat zwei komplementäre Folgen, die sich beide verheerend auf die Sozialwissenschaften auswirken: Er legitimiert die leichtfertige Behauptung eines Sozialwissenschaftlers wie Barry Barnes, daß Ideologie und Wissenschaft nicht zu unterscheiden seien: „Für eine Unterscheidung von ‚Wissenschaft‘ und ‚Ideologie‘ hat man bisher keine solide Grundlage gefunden."[3] Er rechtfertigt — in Übereinstimmung mit der von Barnes formulierten These — den arbeitsteiligen Trend, der darauf hinausläuft, daß Ideologie und Theorie, Ideologie und Wissenschaft nicht mehr wie in den fünfziger und sechziger Jahren aufeinander bezogen, sondern schlicht voneinander getrennt werden: So ist die eingangs skizzierte Situation zu erklären, in der viele Autoren dazu neigen, sich mit „Ideologie", „Ideologiekritik" *oder* mit „Theoriebildung" und „Wissenschaftstheorie" zu befassen. Durch diese Entwicklung werden die zwei komplementären Fragen, *wie sich Ideologie und Theorie voneinander unterscheiden und wie sie aufeinander einwirken*, ausgeblendet.

Die erste setzt allerdings die *Möglichkeit* einer Unterscheidung, die von Autoren wie Barnes geleugnet wird, voraus: Welche Kriterien entscheiden über die qualitative Differenz von Ideologie und Theorie oder Wissenschaft? Man hat bisher immer wieder versucht, wissenschaftliche Theorien mit Hilfe von Kriterien wie „Kohärenz", „Widerspruchsfreiheit", „Fruchtbarkeit" und „Einfachheit" zu definieren und zu beurteilen. Ein neueres Beispiel ist Thomas S. Kuhns Aufsatz über „Objektivität, Werturteil und Theoriewahl" (1973): „Diese fünf Eigenschaften — Tatsachenkonformität, Widerspruchsfreiheit, Reichweite, Einfachheit und Fruchtbarkeit — sind allesamt geläufige Kriterien für die Beurteilung von Theorien."[4]

Wer bei der Lektüre dieses Satzes eine Abgrenzung von Ideologie und Theorie im Sinne hat, wird leer ausgehen: Ideologien beziehen sich häufig auf Tatsachen (auf den Krieg in Vietnam, auf den russischen Einmarsch in Afghanistan oder den sauren Regen); Ideologen streben wie Wissenschaftler nach Kohärenz: einem Politiker ist es genauso peinlich wie einem Wissenschaftler, einen eklatanten Widerspruch zugeben zu müssen; Reichweiten sind sehr schwer zu beurteilen, und die Reichweite einer Ideologie ist beliebig dehnbar; Einfachheit mag in den Naturwissenschaften ein sinnvolles, weil ökonomisches Prinzip sein (es ist sinnlos, die Ableitung einer Formel verlängern zu wollen), in den Sozialwissenschaften kann sie sich hingegen destruktiv auswirken, wenn sie dahingehend interpretiert wird, daß Komplexitäten und Nuancen unberücksichtigt bleiben: Gerade durch grobe Vereinfachungen kann sich Theorie in Ideologie verwandeln — wie der Slogan „wissenschaftliche Ideologie" zeigt. Nicht weniger problematisch ist das Kriterium der Fruchtbarkeit, das auch in wissenschaftlichen Diskussionen umstritten ist: Ein Psychoanalytiker hält die Psychoanalyse für fruchtbar, ein Vertreter der empirischen Psychologie nicht; wo ein kritischer Rationalist fruchtbare „conjectures" und „refutations"

---

[3] B. Barnes, *T. S. Kuhn and Social Science,* New York, Columbia Univ. Press, 1982, S. 111.
[4] T. S. Kuhn, „Objektivität, Werturteil, Theoriewahl", in: ders., *Die Entstehung des Neuen,* Frankfurt, Suhrkamp, 1977, S. 423.

sieht, sieht der Marxist sterilen Formalismus etc. Die Behauptung, Theorien seien im Gegensatz zu Ideologien widerspruchsfrei, einfach, tatsachenbezogen und fruchtbar, halte ich deshalb nicht für besonders hilfreich, zumal es leider eine erkleckliche Anzahl von verworrenen, obskuren Theorien gibt, die mit Tatsachen recht wenig zu tun haben, und deren Fruchtbarkeit bestenfalls im rhetorischen Bereich liegt.

Einer der Gründe, weshalb es bisher nicht gelungen ist, Ideologie und Theorie voneinander zu unterscheiden, ist, meine ich, die Anwendung dieser rein formalen Kriterien, die ungenau und vor allem zu allgemein sind, weil sie sowohl von Ideologen (Politikern, Journalisten, Moralisten, Kunstkritikern) als auch von Theoretikern (Wissenschaftlern) als verbindlich anerkannt werden. Es wird hier freilich *nicht* behauptet, die von Kuhn genannten Kriterien seien für sozialwissenschaftliche Theorien irrelevant. Vor allem die recht präzisen Forderungen nach Widerspruchsfreiheit (Kohärenz) und Tatsachenkonformität halte ich für wesentlich; da sie jedoch von den meisten Ideologen anerkannt und häufig in ideologische Praxis umgesetzt werden, sind sie als Unterscheidungsmerkmale nicht brauchbar. Als solche könnten sie eher für eine Abgrenzung von Theorie und Fiktion verwendet werden. (Im 11. Kapitel wird sich außerdem im Zusammenhang mit dem Problem der *Objektkonstruktion* zeigen, wie problematisch das Beharren auf Tatsachenkonformität ist: Was ist eine Tatsache? Ist „Verdrängung" im psychoanalytischen Sinn eine Tatsache, ein wirklicher Vorgang? — Ist „Mehrwert" im Sinne von Marx eine Tatsache?)

Eine rigide Anwendung des Postulats der Widerspruchsfreiheit könnte sogar Absurditäten zeitigen: Eine marxistisch-leninistische oder nationalsozialistische Abhandlung über die Funktion des Staates, deren Autoren peinlich darauf achten, daß sich keine logischen Widersprüche einschleichen, wäre wissenschaftlich, während Michel Foucaults *L'Archéologie du savoir*, deren Autor unumwunden zugibt, daß er sich widerspricht, weil er seine Identität wechselt (S. 28), unwiderruflich dem Verdikt der Ideologiekritik verfiele...

Eine andere Möglichkeit der Differenzierung bietet die Ideologiekritik, wie sie vor allem in den fünfziger und sechziger Jahren praktiziert wurde: Sie geht nicht von formalen Eigenschaften der Theorie aus, sondern von bestimmten — meist funktionalen — Aspekten der Ideologie. Diese wird als „Rechtfertigungsdenken"[5], als „Werturteil"[6], als „falsches, verdinglichtes Bewußtsein"[7] oder als „Verhüllung"[8] gedeutet und kritisiert.

---

[5] E. Topitsch, K. Salamun, *Ideologie. Herrschaft des Vor-Urteils*, Wien, Langen Müller, 1972, S. 97.

[6] Th. Geiger, *Ideologie und Wahrheit*, op. cit., S. 53—65.

[7] Th. W. Adorno, „Beitrag zur Ideologienlehre", in: H.-J. Lieber (Hrsg.), *Ideologie-Wissenschaft-Gesellschaft*, op. cit., S. 286. Zu Recht bemerkt Adorno in diesem Aufsatz von den Ideologien, „daß diese zwar falsches Bewußtsein, aber nicht falsch sind." Siehe auch: Th. W. Adorno, „Fernsehen als Ideologie", in: ders., *Eingriffe. Neun kritische Modelle*, Frankfurt, Suhrkamp, 1963, S. 96, wo die Ideologie als Verdinglichung erscheint: „Die Ideologie ist so glücklich mit dem Eigengewicht der Apparatur verschmolzen, daß jede Anregung als weltfremd, technisch unerfahren und unpraktisch mit den vernünftigsten Worten niedergeschlagen werden kann: der Schwachsinn des Ganzen setzt sich aus lauter gesundem Menschenverstand zusammen."

[8] P. Ch. Ludz, *Ideologiebegriff und marxistische Theorie. Ansätze zu einer immanenten Kritik*, Opladen, Westdeutscher Verlag, 1977 (2. Aufl.), S. 109—110. Ludz unterscheidet „Primär- und Sekundärideologien": Während Primärideologien (etwa die von Marx und Engels) bestehende Zustände radikal in Frage stellen und deshalb als „*enthüllend*-verhüllend" bezeichnet werden, wirken Sekundärideologien als Apologien konsolidierter Verhältnisse (Lenin) vorwiegend „*verhüllend*-enthüllend".

Arbeiten, die auf solchen Definitionen der Ideologie gründen, sind sicherlich brauchbar: In der vorliegenden Untersuchung habe ich mich auf viele von ihnen gestützt. Die Schwierigkeit besteht darin, daß auch sie keine klaren Kriterien angeben, mit deren Hilfe es möglich wäre, Ideologie und Theorie zu unterscheiden. Denn die hier genannten Charakteristika — Vorurteil, Werturteil, falsches Bewußtsein und Rechtfertigungsdenken — sind auch auf Theorien und theoretische Systeme anwendbar und angewandt worden: So wurde beispielsweise Talcott Parsons vorgeworfen, er sei ein Exponent der amerikanischen Konsens-Ideologie und sein Funktionalismus drücke die Verdinglichung der spätkapitalistischen Gesellschaft aus; zugleich wurde die funktionalistische Soziologie als Rechtfertigung spätkapitalistischer Verhältnisse attackiert.[9] Angesichts solcher Schwierigkeiten kann „Wertfreiheit" im Sinne von Max Weber nicht bedenkenlos als Alternative zu Werturteil und Ideologie empfohlen werden (Kap. 4). Althusser und seinen Schülern erscheinen alle Theorien als ideologisch, die nicht von Althusser stammen, während Henri Lefebvre — vor allem im Zusammenhang mit Althusser — von einer „strukturalistischen Ideologie" spricht, die den Niedergang des Individuums in der technokratisch verwalteten Gesellschaft rechtfertigt.[10] Bekannt ist Karl R. Poppers Kritik an Plato, Hegel und Marx, die in seinen Schriften als Propheten einer „geschlossenen", totalitären Gesellschaft angegriffen werden. Auch in diesem Fall ließ die Gegenkritik nicht auf sich warten: Im „Positivismusstreit", der in diesem Buch eine wichtige Rolle spielt, werden Popper und andere kritische Rationalisten recht undifferenziert als „Positivisten" zu Apologeten einer technokratischen Gesellschaftsordnung gestempelt.

Wenn aber Theorien Herrschaftsverhältnisse rechtfertigen, auf Vorurteilen, Werturteilen und Verhüllungen gründen und falsches Bewußtsein oder verdinglichte Zustände ausdrücken, wird es sehr schwierig, sie gegen moralische, religiöse, politische oder ästhetische (Marinetti, D'Annunzio) Ideologien abzugrenzen. Dennoch drängt sich die Frage auf: Unterscheidet sich ein soziologischer Text Max Webers, Talcott Parsons' oder Max Horkheimers nicht von einer Propagandarede oder einem politischen Manifest?

Die Antwort auf diese Frage ist zugleich eine der Hauptthesen dieser Arbeit: *Die wesentlichen Unterschiede zwischen Ideologie und Theorie werden auf sprachlicher, auf diskursiver Ebene sichtbar, wo Ideologie und Theorie als zwei gegensätzliche Diskurstypen erscheinen, die aufgrund ihrer strukturellen Besonderheiten unterschiedliche gesellschaftliche Funktionen erfüllen.* Die komplementäre These lautet, *daß diese beiden Diskurstypen nur im dialektischen Gegensatz zueinander definiert werden können.* Anders gesagt: Ideologie und Theorie sind nicht unabhängig voneinander zu beschreiben. Daß dies eines der Grundprobleme der Ideologiekritik ist, bestätigt ein Kommentar britischer Autoren zu Althussers Ideologiebegriff: „Dies ist nicht nur Althussers Problem: Wir können konkret, in allen Einzelheiten so viele Ideologien untersuchen wie wir wollen; solange wir nicht in klaren Begriffen angeben können, was auf theoretischer Ebene Ideologie von anderen

---

[9] Siehe z. B.: A. W. Gouldner, *Die westliche Soziologie in der Krise*, Reinbek, Rowohlt, 1974, S. 64—65.
[10] H. Lefebvre, *L'Idéologie structuraliste*, Paris, Ed. Anthropos (coll. „Points"), 1971, S. 141: „Dans cette hypothèse, les attaques de L. Althusser contre l'aliénation et contre l'humanisme prennent un sens. On prépare l'avènement d'une technocratie, étiquetée au besoin ‚socialiste'."

Realitäten (und Begriffen) — die Wissenschaft inbegriffen — trennt, wissen wir nicht, was wir untersuchen."[11] (Siehe Kap. 5.) — Diese Aussagen gelten nicht nur für die Ideologie, sondern auch für die Theorie.

Um Strukturen und Verfahren theoretischer und ideologischer Diskurse darstellen zu können, bedarf es einer soziologischen Semiotik oder Textsoziologie, die in der Lage ist, die gesellschaftliche Bedeutung semantischer, syntaktischer und narrativer Vorgänge zu erkennen. Eine solche Textsoziologie wird als diskurskritischer Ansatz im 7. Kapitel des Buches entwickelt und anschließend auf verschiedene ideologische und theoretische Texte angewandt. Mir lag sehr viel daran, die begriffliche Abstraktion durch ausführliche Analysen wettzumachen. Der Umfang dieses Buches erklärt sich teils aus diesem Anliegen, teils aus der Notwendigkeit, sich mit bestehenden ideologiekritischen Modellen dialogisch auseinanderzusetzen (Teil 1).

Die Textsoziologie kann nicht als ein Versuch aufgefaßt werden, die hier beanstandeten formalen Kriterien durch andere — etwa durch semiotische — zu ersetzen: Erstens, weil sie den funktionalen Ansatz nicht ausschließt, sondern versucht, sprachliche Struktur und gesellschaftliche Funktion von Ideologien und Theorien aufeinander zu beziehen (Kap. 8 und 12); zweitens, weil sie seit etwa zehn Jahren[12] als eine semiotische Erweiterung der Kritischen Theorie entwickelt wird. Ihr Hauptanliegen ist also gesellschaftskritisch und geht weit über den formalen, „rein sprachlichen" Bereich hinaus: Global betrachtet geht es darum, die Kritische Theorie als Diskurstheorie neu zu bestimmen.

Als semiotische Variante der Kritischen Theorie geht die Textsoziologie zwar von den sprachkritischen Ansätzen Adornos, Horkheimers und Habermas' aus und setzt sich intensiv mit Adornos *Parataxis* (Kap. 6) und Habermas' *idealer Sprechsituation* (Kap. 3) auseinander. Weder die eine noch die andere kommt für sie jedoch als Lösung des Ideologie-Theorie-Problems in Frage, weil die Parataxis zur Auflösung der Theorie führt und die ideale Sprechsituation dem ideologischen Faktor und dem Diskurs als transphrastischer, narrativer Anordnung nicht Rechnung trägt. (Es ist wichtig, jetzt schon darauf hinzuweisen, daß mein semiotischer Diskursbegriff mit Jügen Habermas' hermeneutischem und sprachphilosophischem Konzept nichts zu tun hat: Er geht aus der Semiotik Greimas', Prietos und Lotmans hervor.)

Andere Schlüsselbegriffe der Kritischen Theorie — wie Dialektik, Reflexion und Dialog — werden übernommen, nehmen aber im textsoziologischen und diskurskritischen Kontext neue Bedeutungen an. Erstens deshalb, weil sie vor allem im dritten Teil des Buches auf den Diskurs als semantisch-narrative Struktur bezogen werden: Es geht um die Frage, was Dialektik, Reflexion und Dialog als sprachliche, d. h. diskursive und interdiskursive Prozesse bedeuten. Zweitens, weil sie — anders als bei Habermas — systema-

---

[11] G. Mc Lennan, V. Molina, R. Peters, „Althusser's Theory of Ideology", in: *On Ideology*, London, Hutchinson, 1978, S. 99. (Auch in Kap. 5.)

[12] Siehe: Vf., „Diskurs als Ideologie", in: ders. (Hrsg.), *Textsemiotik als Ideologiekritik*, Frankfurt, Suhrkamp, 1977; ders., „Les Mécanismes discursifs de l'idéologie", in: *Revue de l'Institut de Sociologie* Nr. 4, 1981; ders. „Du Discours idéologique au discours théorique", in: *Degrés* Nr. 37, Frühjahr, 1984 und ders., *Textsoziologie. Eine kritische Einführung*, Stuttgart, Metzler, 1980.

tisch auf den ideologischen Diskurs (Kap. 8) als Widerpart der dialektischen, reflexiven und dialogischen Theorie bezogen werden. Im symmetrischen Gegensatz zu dieser erscheint die Ideologie als dualistische, naturalistische und monologische Rede, deren wichtigste gesellschaftliche Funktion darin besteht, daß sie Individuen und Gruppen zu handlungsfähigen Subjekten macht (Kap. 5 und 8).

Während sich meine Definitionen von „Dialektik" und „Reflexion" in wesentlichen Punkten mit den Auffassungen Adornos, Horkheimers und Habermas' überschneiden, weicht mein Dialog-Begriff von dem Habermasschen stark ab: Anders als Habermas und Apel gehe ich nicht von einer „idealen Sprechsituation" aus, die kontrafaktisch unterstellt wird, sondern von der realen *sozio-linguistischen Situation*, in der auch auf individueller Ebene *Gruppensprachen* oder *Soziolekte* aufeinandertreffen. Diese sind durch kein hermeneutisches oder phänomenologisches *Epochè*-Verfahren zu neutralisieren: erstens, weil sie in jedem einzelnen Diskurs eine konkrete Form annehmen, zweitens, weil sie Individuen und Gruppen als Subjekte konstituieren (dazu Althusser und Pêcheux in Kap. 5). Der einzelne kann also die Sprachstrukturen, die ihn als Subjekt konstituieren, zwar kritisch reflektieren und im Extremfall gegen andere eintauschen; er kann jedoch nicht allen partikularen Soziolekten und Diskursen absagen, um vom Standort der reinen Allgemeinheit, der Universalsprache, aus zu sprechen: Ebensogut könnte er versuchen, aus der Haut zu fahren.

Im letzten Teil des Buches (vor allem im Kap. 12) gehe ich deshalb der Frage nach, unter welchen Bedingungen ein theoretischer Dialog zwischen heterogenen Gruppensprachen oder Soziolekten möglich ist. Anders als Foucault, der Verständigung zwischen einer neuen und einer alten *Episteme* ausschließt, anders als der frühe Kuhn, der an entscheidenden Stellen seines bekannten Buches von der Überlegung ausgeht, daß wissenschaftliche Paradigmen inkommensurabel sind (Kap. 12), gründet meine Darstellung des *interdiskursiven Dialogs* im letzten Kapitel auf der These, daß die Kommunikation zwischen heterogenen *Soziolekten* einerseits problematisch und schwierig ist, andererseits aber sehr fruchtbar sein kann.

Im Gegensatz zu Popper, der als Rationalist dazu neigt, sich über die Hürden, die einer solchen Kommunikation im Wege stehen, idealistisch hinwegzusetzen, im Gegensatz zum frühen Kuhn, der dazu neigt, solche Hürden zu verabsolutieren, fasse ich eine dialektische Lösung ins Auge: Gerade der *heterogene* Charakter theoretischer Kollektivsprachen könnte eine neue, eine dialogische Rationalität der Sozialwissenschaft begründen, weil dem Partialkonsens *zwischen heterogenen Gruppen*, der stets provisorisch ist, eine größere kognitive Bedeutung zukommt, als dem intersubjektiven Konsens *innerhalb* einer Gruppensprache: Dieser gründet oft auf gemeinsam verteidigten Ideologemen und Vorurteilen. Als Modell für den interdiskursiven (interkollektiven) Dialog dient hier die Auseinandersetzung zwischen kritischen Rationalisten und Anhängern der Kritischen Theorie: eine Auseinandersetzung, die scheiterte, jedoch nicht vorab zum Scheitern verurteilt war (Kap. 9 und 12).

Die dialogische Rationalität, für die ich im letzten Kapitel plädiere, ist von der Ideologieproblematik nicht zu trennen: Sie ist eine Antwort auf den monologischen, hermetischen Diskurs der Ideologie, der sich mit seinen Gegenständen identifiziert und dadurch wirkliche und potentielle Diskussionsteilnehmer absichtlich oder unabsichtlich ausschließt: ex-kommuniziert. Ob sie zugleich als Antwort auf die Rationalität der Naturwissenschaften aufgefaßt werden könnte, die Michail Bachtin und Jürgen Habermas unabhängig voneinander als „monologisch" bezeichnen (Kap. 10), will ich hier nicht entscheiden. Es geht mir in diesem Buch nicht darum, einen weiteren Trennungsstrich zwischen den Naturwissenschaften und den Sozialwissenschaften, die aufeinander angewiesen sind, zu ziehen. Es liegt mir aber sehr viel daran, daß die Bedeutung der Ideologieproblematik für die Sozialwissenschaften erkannt wird: Denn es könnte sich herausstellen, daß sie für diese Wissenschaften spezifisch ist und daß deren „Wissenschaftlichkeit" deshalb nur ideologiekritisch und dialogisch zu begründen ist. In diesem Fall wäre ein „Trennungsstrich" nicht zu vermeiden. Da der Prozeß der Ideologiekritik und der Theoriebildung im sozialwissenschaftlichen Bereich jedoch noch lange nicht abgeschlossen ist, habe ich im folgenden statt des Wortes „Wissenschaft" vorwiegend das Wort „Theorie" als kritischen und provisorischen Terminus verwendet. Es soll daran erinnern, daß der dialogische Ansatz für Gegenvorschläge, Abweichungen und Alternativen offen ist.

Mein Versuch, die Wechselbeziehungen zwischen Ideologie und Theorie in einem neuen Licht darzustellen, knüpft nicht nur an die eingangs zitierten Arbeiten von Barth und Zeltner sowie an die Entwürfe der Kritischen Theorie an, sondern auch an die viel ältere Tradition der Aufklärung, von der Hans-Joachim Lieber zu Recht behauptet, sie habe den Ideologiebegriff geprägt,[13] Dieser ist vom Begriff der Aufklärung als kritischer Theorie und Gesellschaftskritik nicht ablösbar.

---

13 Siehe: H.-J. Lieber, *Ideologie. Eine historisch-systematische Einführung*, Paderborn, Schöningh, 1985, S. 17—18: „Nicht nur ist der Begriff der Ideologie selber ein Kind derjenigen Epoche abendländischer Geistesentwicklung, die wir traditionell als das Zeitalter der Aufklärung bezeichnen. Auch die Veränderungen in den Auffassungen von dem, was Aufklärung sei oder sein könne, in den nachfolgenden Jahrhunderten haben zu je neuen Begriffs- und Funktionsbestimmungen dessen geführt, was Ideologie genannt wurde."

I. Ideologie: Versuch einer Begriffsbestimmung (Einleitung)

Es dürfte einem Sozialwissenschaftler nicht leichtfallen, aus einem Schimpfwort wieder einen brauchbaren theoretischen Begriff zu machen. Dem Wort *Ideologie* haften nicht nur pejorative Bedeutungen an: seine Verwendung in der arbeitsteiligen und heterogenen Welt der Gesellschaftswissenschaften hat es zu einem schillernden Begriff gemacht, den einige besonders gewissenhafte Soziologen, Anthropologen oder Wirtschaftswissenschaftler nur ungern in den Mund nehmen. Wer ihn weiterhin verwendet, stößt in manchen Kreisen bestenfalls auf stille Ablehnung.

Diese nicht eben ermutigende sprachliche Situation hängt nicht nur mit dem parteipolitischen Mißbrauch des Terminus zusammen, sondern leider auch mit dessen Entwertung im Bereich der Sozialwissenschaften, wo er häufig als Synonym von „Bewußtsein", „Kultur", „Weltanschauung", „Mythos", „falschem Denken" oder gar „Idee" verwendet wird. In seinem Buch *Ideologia*, das eine Einführung in die Problematik sein soll, unterscheidet Ferruccio Rossi-Landi elf Definitionen der Ideologie als „Mythologie und Folklore, (...) Illusion und Selbsttäuschung, (...) gesunder Menschenverstand, (...) Lüge, Verstellung, Obskurantismus, (...) falsches Denken ganz allgemein, (...) Philosophie, (...) Weltanschauung" etc.[1] Diese unvollständige Aufzählung läßt bereits vermuten, daß die Konfusion nicht auf Anhieb zu lösen ist.

Sie ist schon deshalb schwer zu überwinden, weil einige der von Rossi-Landi angeführten Bezeichnungen wie „Weltanschauung", „gesunder Menschenverstand" und „Philosophie", die sich in manchen Kreisen höchster Dignität erfreuen, der „Ideologie" zugeschlagen werden. Daß die Philosophie nicht über jeden Verdacht erhaben ist, zeigt nicht nur Marxens Untersuchung über *Die Deutsche Ideologie*, sondern auch Adornos kritisch-polemischer Kommentar zum *Jargon der Eigentlichkeit*, dessen Untertitel *Zur deutschen Ideologie* die Marxschen und marxistischen Vorarbeiten evozieren soll. Psychologische und soziologische Versuche, Weltanschauungen idealtypisch zu definieren, haben weder Nationalsozialisten noch „Marxisten-Leninisten" daran gehindert, den Begriff der Weltanschauung für sich zu reklamieren[2], und der *common sense* ist immer wieder — und nicht zu Unrecht — als ein Ergebnis der im Laufe der Jahrhunderte angehäuften Klischees kritisiert worden.[3]

Diese Hinweise auf die Interdependenz einiger Erscheinungen erfüllen in meinem Argumentationszusammenhang zwei wesentliche Funktionen: Einerseits sollen sie, gleichsam als Vorgriff auf die folgenden Kapitel, zeigen, daß es nicht einfach ist, Ideologie sau-

---

[1] F. Rossi-Landi, *Ideologia*, Milano, Isedi, 1978, S. 16.
[2] Im ostdeutschen Parteijargon ist häufig von einer „sozialistischen Weltanschauung" die Rede. Siehe: „Rede Kurt Hagers auf dem 32. Plenum des ZK der SED", 10—12. Juli 1957: „Aber seine (des Lehrers) Aufgabe soll es sein, die sozialistische Weltanschauung zu vermitteln, sozialistische Menschen zu erziehen." in: E. Schubbe (Hrsg.) *Dokumente zur Kunst-, Literatur- und Kulturpolitik der SED*, Stuttgart, Seewald Vlg., 1972. S. 428.
[3] Siehe: F. Rossi-Landi, op.cit., S. 23. Siehe auch: G. Flaubert, „Dictionnaire des idées reçues", in: *Bouvard et Pécuchet*.

ber von Nichtideologie (Theorie, Wissenschaft) zu trennen; andererseits sollen sie dem Leser die Schwierigkeiten einer Begriffsbestimmung vor Augen führen sowie die Notwendigkeit, diesen Schwierigkeiten mit einer Eingrenzung des Ideologiebegriffs zu begegnen.

Eine Definition auf zwei Ebenen kann hier ins Auge gefaßt werden: auf der soziologischen und der semiotischen. Freilich wäre es möglich, andere Ebenen (etwa die phänomenologische oder die psychologische) einzubeziehen, um beispielsweise der Verwurzelung der Ideologien im Unbewußten Rechnung zu tragen. Obwohl das Unbewußte im folgenden noch eine wesentliche Rolle spielen wird, halte ich es für sinnvoll und möglich, die Analyse auf die eingangs erwähnten zwei Komponenten zu beschränken, zumal diese die Grundlage der von mir entwickelten Textsoziologie bilden, die hier als Soziosemiotik weiterentwickelt wird und eine ideologiekritische Funktion erfüllen soll. Zugleich wird ein Ausufern der Komplexität ins Phänomenologische oder Psychologische vermieden.

Am Ende dieses Kapitels wird sich eine vorläufige Definition von „Ideologie" und „Theorie" herauskristallisieren, die im ersten Teil des Buches („Ideologiekritische Modelle") eine orientierende Funktion erfüllen soll. Erst im zweiten und dritten Teil wird die Ideologie als sprachliche Struktur näher bestimmt und auf diskursiver Ebene gegen den Theoriebegriff abgegrenzt.

Eine der Hauptthesen, die die Beziehung zwischen Ideologie und Theorie betreffen, soll — wenn auch verkürzt — schon in das erste Kapitel aufgenommen werden: die These, daß *Ideologie und Theorie einander als sprachliche, diskursive Strukturen wechselseitig bedingen und daß sie auf keiner der hier erwähnten Ebenen voneinander zu trennen sind.*

1. Historischer Rückblick

Wer sich mit der Entstehung und Entwicklung des Ideologiebegriffs ausführlicher befaßt, wird feststellen, daß die Vorstellung von einem verzerrten oder falschen Denken, das individuelle oder kollektive Interessen verdecken oder rechtfertigen soll, von der Idee der wahren Erkenntnis oder der Wissenschaft begleitet wird. Die moralische, religiöse oder historische Rechtfertigung fürstlicher Interessen behandelt ein Autor wie Machiavelli als etwas Kontingentes, als reines Machtinstrument: „Auch hat es einem Fürsten noch nie an rechtmäßigen Gründen gefehlt, um seinen Wortbruch zu beschönigen."[4] Als Alternative zum kontingenten Machtwissen erscheint in *Il principe* das Studium der „menschlichen Natur", die Machiavelli als Konstante betrachtet, und in den *Discorsi* die „vera cognizione delle storie" („die wahre Kenntnis der Geschichte")[5], die zur eigentlichen Grundlage der historischen Untersuchungen wird.

---

[4] N. Machiavelli, *Der Fürst*, Stuttgart, Reclam, 1961, S. 104.
[5] N. Machiavelli, *Il principe e altre opere politiche*, „Discorsi sopra la prima deca di Tito Livio", Milano, Garzanti, 1976, S. 104.

Noch klarer tritt der Gegensatz zwischen Pseudokenntnis und Wissenschaft bei den beiden englischen Philosophen Francis Bacon und Thomas Hobbes zutage, von denen der erste in seiner bekannten Idolenlehre nicht nur die verschiedenen Vorurteile und ihre Entstehungszusammenhänge beschreibt, sondern auch für eine wahre Wissenschaft plädiert, die nur dem aufrichtigen und kindlich-unschuldigen Menschen zugänglich ist. Er vergleicht sie mit dem Himmelreich, „in welches nur in Kindesgestalt einzutreten gestattet ist."[6]

Bacons Ansatz kommt in diesem Zusammenhang besondere Bedeutung zu, weil er als einer der ersten auf das Eindringen der Vorurteile in die Wissenschaft eingeht. Ähnlich wie Machiavelli und später Hobbes bezieht sich Bacon eher auf den individuellen Mißbrauch des Wissens, wenn er bemerkt: „Der menschliche Geist ist kein reines Licht, sondern erleidet einen Einfluß von dem Willen und den Gefühlen. Dies erzeugt jene ‚Wissenschaften für alles, was man will'; denn was man am liebsten als das Wahre haben mag, das glaubt man am leichtesten."[7]

Obwohl Bacons Erkenntnisse in einem individualistischen Kontext entstanden sind, könnten sie (leicht modifiziert) auch auf Gruppen und Institutionen angewandt werden. Wichtig ist, daß das Wort „Wissenschaft" in der zitierten Passage im Sinne von „Pseudowissenschaft" verwendet wird. Unbeantwortet bleibt bei Bacon die Frage nach den Kriterien, die eine klare Unterscheidung von Vorurteil und wahrem Wissen gestatten würden. (Anregend sind in diesem Zusammenhang allerdings seine Bemerkungen zum negativen Prinzip in der Erkenntnis, die bis zu einem gewissen Grad Poppers Falsifizierungspostulat vorwegnehmen. Der bekannte 46. Aphorismus des *Neuen Organon* schließt mit dem Satz: „Ja, bei dem wahrhaft bejahenden Lehrsatze ist sogar die Kraft des verneinenden Falles die stärkere.")[8]

Ähnlich wie Bacon, dessen Werk er kannte, versuchte Thomas Hobbes, die Philosophie vom spekulativen Denken und von Vorurteilen zu befreien. Aufschlußreich sind seine Versuche, mit Hilfe der Euklidschen Geometrie und der Physik Galileos eine wissenschaftliche Alternative zur Scholastik zu entwerfen: eine Alternative, die eine nominalistische Sprachtheorie zur Grundlage hat. Diese soll den neuen wissenschaftlichen und empirisch fundierten Universalismus garantieren, den Hobbes der aristotelisch inspirierten Scholastik der „Schoolmen" abspricht.

Es ist interessant zu beobachten, wie im letzten Teil des *Leviathan* („Of the Kingdome of Darknesse") der Wissenschaftsbegriff im Gegensatz zum „Traum" definiert wird: „Die Naturphilosophie dieser Schulen war eher Traum als Wissenschaft und wurde in einer sinnleeren und bedeutungslosen Sprache (senselesse and insignificant Language) vorgebracht. Dies ist kaum zu vermeiden, wenn diejenigen, die Philosophie lehren, sich nicht erst gründlich mit der Geometrie vertraut machen."[9] Als einer der ersten versucht Hob-

---

[6] F. Bacon, „Die Idolenlehre" in: K. Lenk (Hrsg.), *Ideologie. Ideologiekritik und Wissenssoziologie*, Frankfurt, Campus Vlg., 1984 (9. Aufl.), S. 52.
[7] ibid.
[8] ibid.
[9] Th. Hobbes, *Leviathan*, edited with an Introduction by C.B. Macpherson, Harmondsworth, Penguin (1951) 1985, S. 686.

bes, die „Wissenschaft" nicht nur empirisch und geometrisch (arithmetisch), sondern zugleich sprachanalytisch zu fundieren. Am deutlichsten kommt dieser Versuch wohl in den *Elements of Law* zum Ausdruck, wo die Wissenschaft als „knowledge of the truth of propositions"[10] definiert wird. (An dieser Stelle zeigt sich, in welchem Maße der englische Empirismus einige der wichtigsten Themen des zeitgenössischen Kritischen Rationalismus — Karl Poppers, Hans Alberts — vorwegnahm.)

In vieler Hinsicht setzt die französische Aufklärung die „Ideologiekritik" der englischen Empiristen und Nominalisten fort, obwohl sie einige Aspekte von Descartes' Metaphysik gegen den radikalen Empirismus Bacons und Hobbes' verteidigt. Es ist wohl kein Zufall, daß auch Voltaire sich auf den Standpunkt der Geometrie stellt, um das ideologische Durcheinander seiner Zeit zu veranschaulichen. Seine Gegenüberstellung von Wissenschaft und Pseudowissen im *Dictionnaire philosophique* findet sich bezeichnenderweise nicht unter dem Stichwort „Geometrie" (das fehlt), sondern unter „Sekte" („secte").

Im Gegensatz zum religiösen Bereich, der von zahlreichen Konflikten zwischen Thomisten, Calvinisten, Papisten und Jansenisten gekennzeichnet ist, ist Voltaires Geometrie ein homogenes Ganzes: „Es gibt überhaupt keine Sekten in der Geometrie; man spricht nie von einem Euklidianer, einem Archimedianer."[11] Als einzige Alternative zur fragmentierten religiösen Wirklichkeit erscheint hier der Universalismus der Mathematik, der Geometrie, der an den von Kuhns „normal science" erinnert (Kap. 12).

Dieser Gedanke, der trotz zahlreicher Differenzen und Gegensätze die englischen Nominalisten mit den Autoren der *Encyclopédie* verbindet, spielt auch in Auguste Comtes *Discours sur l'esprit positif* (1844) eine wesentliche Rolle. Wie kein anderer vor ihm zieht Comte einen klaren Trennungsstrich zwischen Theologie und Metaphysik auf der einen Seite und (Natur-)Wissenschaft auf der anderen. Die Soziologie, deren Begründer er ist, rechnet er zu den Naturwissenschaften, die er in anorganische (Astronomie, Physik, Chemie) und organische (Biologie, Soziologie) unterteilt. Er betont die Einheit der Wissenschaften und spricht in diesem Zusammenhang von einem „wahrlich unteilbaren System" („un système vraiment indivisible")[12]. Anders als Religion und Metaphysik hat die positive Philosophie „das *Wirkliche* im Gegensatz zum Schimärenhaften" zum Gegenstand, das *Nützliche* im Gegensatz zum Müßigen.[13]

Wichtiger als diese bekannten Aspekte der Comteschen Lehre, scheinen mir zwei Tatsachen zu sein, die bisher eher vernachlässigt wurden: erstens seine Feststellung, daß Religion und Metaphysik bereits wissenschaftliche Elemente enthielten; zweitens sein Gedanke, daß auch die positive Wissenschaft — wie alles menschliche Wissen — von der Relativität gekennzeichnet sei. Auf diese beiden Theoreme möchte ich kurz eingehen, weil sie mitten in die Problematik der modernen Ideologie- und Theoriediskussion hineinführen.

---

[10] Th. Hobbes, *The Elements of Law natural and politic*, (Hrsg. F. Tönnies), London, Simpkin Marshall & Co., 1889, S. 19.
[11] Voltaire, *Dictionnaire philosophique*, Paris, Flammarion, 1964, S. 349.
[12] A. Comte, *Discours sur l'esprit positif*, Paris, Vrin, 1983, S. 161.
[13] ibid., S. 64.

Nach den Religionen, die im „theologischen Stadium" der menschlichen Entwicklung wissenschaftliche Elemente enthielten, konnte die Metaphysik „als einzige den Widerspruch der entstehenden Wissenschaft zur alten Theologie richtig ausdrücken."[14] Liest man diese Aussage im Zusammenhang mit Bacons These über die Kontamination der Wissenschaften durch Vorurteile, so kann nur Skepsis die Folge sein: Skepsis dem Comteschen Versuch gegenüber, Metaphysik und positives Wissen sauber voneinander zu trennen.

Geht man noch einen Schritt weiter und berücksichtigt die zeitgenössischen Polemiken gegen den Positivismus (etwa Adornos und Horkheimers), die diesen selbst als Ideologie attackieren, so wird man geneigt sein, Comtes Aussagen über die Relativität aller unserer Kenntnisse („nature nécessairement relative de toutes nos connaissances réelles")[15] anders zu deuten als er: Auch die positive Philosophie ist nur ein von Vorurteilen (etwa dem Fortschritts*glauben*) durchsetztes *Teilsystem*, dem der erhoffte, ja geforderte Universalkonsens ebensowenig zuteil wird, wie den Doktrinen von Voltaires „Sekten". Der Positivismus ist eben keine Geometrie oder Physik, sondern eine — durchaus umstrittene — Gesellschaftstheorie . . .

Mir geht es in dieser historischen Skizze um zweierlei: Es soll gezeigt werden, daß Ideologie und Theorie („Wissenschaft") in ihrer Entwicklung nicht zu trennen sind, daß der Gedanke an rechtfertigendes, verzerrendes Denken den komplementären Gedanken an richtiges, wissenschaftliches Denken aufkommen läßt. Beide Gedanken entstehen in einer bürgerlichen, säkularisierten Gesellschaft, in der die christliche Religion des Feudalismus nicht länger als Universalsystem (s. 2,b) und als noetischer Bezugsrahmen anerkannt wird. In diesem Zusammenhang gilt, was Adorno über die Entstehung der Ideologie schreibt: „Nicht bloß dieser Glaube (der Glaube an den Primat des Bewußtseins) aber ist bürgerlich, sondern das Wesen von Ideologie selbst. Als objektiv notwendiges und zugleich falsches Bewußtsein, als Verschränkung des Wahren und Unwahren, die sich von der vollen Wahrheit ebenso scheidet wie von der bloßen Lüge, gehört Ideologie, wenn nicht bloß der modernen, so jedenfalls einer entfalteten städtischen Marktwirtschaft an. Denn *Ideologie ist Rechtfertigung*."[16] Es sollte auch gezeigt werden, daß Ideologie und Theorie nicht nur gleichzeitig in der bürgerlichen Marktgesellschaft entstehen, sondern daß sie einander durchdringen und wechselseitig bedingen: Bacon zeigt trotz seines Glaubens an die Möglichkeit des wahren Wissens, wie Wissenschaft auf Vorurteilen gründen kann, und Comte widerlegt *malgré lui* die Trennung, die er zwischen Metaphysik und positiver Wissenschaft postuliert.

Besonders anschaulich stellt diese Wechselbeziehung von Ideologie und Theorie („Wissenschaft") die Philosophie von Antoine Destutt de Tracy dar, der in seinen *Eléments d'idéologie* (1801—1815) den *Ideologiebegriff* prägte. Obwohl er „Ideologie" nicht als fal-

---

[14] ibid., S. 56.
[15] ibid., S. 22.
[16] Th.W. Adorno, „Beitrag zur Ideologienlehre", in: *Ideologie-Wissenschaft-Gesellschaft. Neuere Beiträge zur Diskussion*, Hrsg. H.-J. Lieber, Darmstadt, Wiss. Buchgesellschaft, 1976, S. 278. Siehe auch: P. Heintel, „Die Wurzel der Ideologie in den Wissenschaften", in: *Wiener Jahrbuch für Philosophie*, Bd. II, 1969, S. 103: „Ich behaupte daher, daß es erst zu Beginn der Neuzeit Sinn hat, von Ideologie zu sprechen (. . .)."

sches oder rechtfertigendes Denken, sondern im Gegenteil als „Ideenlehre" oder „Ideenwissenschaft" definiert, kann er als ein Vorläufer moderner Ideologiekritik gelesen werden. Auch er versucht, Funktion und Wirkung von Ideen zu erforschen; im Rahmen einer „Wissenschaft" allerdings, die viele Zeitgenossen als „ideologisch" bezeichnen würden: Denn wie später Comte betrachtet auch er die Erforschung kultureller, ideeller Gebilde als Bestandteil der Naturwissenschaft, genauer: der Zoologie. Im Anschluß an Condillacs Sensualismus möchte er die Gedanken zergliedern wie der Biologe das Insekt.

Im zweiten Kapitel dieser Arbeit, das den Marxschen und marxistischen Ideologiebegriff und dessen Beziehung zur Theorie zum Gegenstand hat, wird sich zeigen, daß auch Marx, Lukács und Goldmann das Dilemma der französischen Rationalisten nicht überwinden konnten. Auch sie versuchten, obwohl auf ganz andere Art als Comte, den archimedischen Punkt jenseits der Ideologie zu finden: die Stelle, von der aus es gelingen könnte, das falsche Bewußtsein im Lichte der Wahrheit aufzulösen.

Marx hat von den *Frühschriften* bis zum *Kapital* (meiner Meinung nach mit Erfolg) versucht, die bürgerliche Philosophie und Rechtswissenschaft sowie die bürgerliche Wirtschaftswissenschaft (Ricardo, Smith) *als* Ideologien zu entlarven: als falsches Bewußtsein und Rechtfertigung bestehender Machtverhältnisse. Seither meinten viele Marxisten (wahrscheinlich die meisten), auf dem archimedischen Punkt zu stehen und die Pseudowissenschaften ihrer Kontrahenten als Ideologien aus den Angeln heben zu können.

Schließlich hat sich jedoch gezeigt, daß die Marxsche Lehre gegen Ideologiekritik nicht immun ist, und so kann Ende der fünfziger Jahre der jugoslawische Marxist Mihailo Marković in Übereinstimmung mit Karl Mannheim lakonisch feststellen: „Heute, mehr als ein Jahrhundert nach der *Deutschen Ideologie*, wird klar, daß der Marxismus *auch* eine Ideologie ist."[17]

Diese Überlegung, der ich zustimme, ist der Ausgangspunkt der vorliegenden Arbeit: Wenn es zutrifft, daß Ideologie und Theorie ineinandergreifen und einander wechselseitig bedingen, dann war vielleicht die bisherige Suche nach dem „archimedischen Punkt" und dem „ideologiefreien" Diskurs in den Sozialwissenschaften sinnlos, da ja alle Diskurse dieser Wissenschaften ideologisch sind. Dennoch ist ein oberflächlicher Relativismus, der alle Gegensätze und Differenzen einebnen und die Theorie als solche zerstören würde, nicht akzeptabel. Die Frage lautet deshalb, ob und wie Ideologie und Theorie noch gegeneinander abgrenzbar sind.

Eine solche Abgrenzung kann indessen nur gelingen, wenn man bereit ist, weiter auszuholen und das Verhältnis der Ideologie zu Kultur, Religion, Weltanschauung und Propaganda sowie zum Mythos näher zu bestimmen. In allen diesen Fällen wird sich zeigen, daß eine nominalistisch-rationalistische Trennung zwar künstlich und steril, eine Differenzierung jedoch sinnvoll und notwendig ist.

Im folgenden geht es also nicht so sehr darum, ein semantisches Feld geometrisch genau zu gliedern, sondern um die Frage, wie die hier genannten Begriffe *im Hinblick auf den Ideologiebegriff* sinnvoll verwendet werden könnten, d. h. wie sie zu einer soziosemioti-

---

[17] M. Marković, „Wissenschaft und Ideologie", in: *Ideologie-Wissenschaft-Gesellschaft*, op.cit., S. 373.

tischen Konkretisierung der „Ideologie" beitragen könnten. Dabei kommt es mir nicht so sehr darauf an, Termini wie „Kultur" oder „Mythos", die eine lange anthropologische und soziologische Tradition haben, auf eine Bedeutung festlegen zu wollen, als vielmehr zu zeigen, wie sie vom Ideologiebegriff unterschieden und zu dessen konkreter Bestimmung[18] herangezogen werden *können*. Dabei versteht es sich von selbst, daß sich Begriffe wie „Kultur", „Religion" oder „Mythos" im semantischen Bereich überschneiden und daß diese Überschneidungen mit den realen Interdependenzen dieser gesellschaftlichen Erscheinungen zusammenhängen.

2. Ideologie soziologisch

a) *Kultur*

Als Leser soziologischer Schriften wird man immer wieder mit Versuchen konfrontiert, den Ideologiebegriff auf das gesamte Kultursystem auszudehnen. In dem ansonsten sehr informativen Buch über *Ideologie und Gesellschaft* von Eugen Lemberg werden „Kultur" und „Ideologie" an entscheidenden Stellen zu Synonymen: „Die von Bronislaw Malinowksi, von Ruth Benedict und Margaret Mead erforschten Kulturen amerikanischer Indianer oder malaiischer Südseeinsulaner überzeugen als Beispiele für die Variationsbreite ideologischer und ethischer Systeme."[19]

Der kritische Leser wird nun verwirrt sein, denn er kann, wenn er aufmerksam liest, in jeder besseren Tageszeitung auf eine implizite Unterscheidung zwischen malaiischer, deutscher oder portugiesischer Kultur einerseits und konservativer, liberaler oder kommunistischer Ideologie andererseits stoßen. Ein malaiischer Südseeinsulaner kann Anhänger einer marxistisch-leninistischen oder liberalen Ideologie sein, ohne deshalb seine gesamte Kultur aufzugeben. Gerade im ostdeutschen Bereich, wo eine Ideologie dominiert, wird das gesamtdeutsche „Kulturerbe" gepflegt, obwohl es der Parteiideologie teilweise widerspricht (man denke an den „kritischen Realismus" eines Thomas Mann, der im „sozialistischen Realismus" aufgehoben sein soll).

Eine Unterscheidung zwischen Kultur und Ideologie scheint demnach sinnvoll zu sein, zumal die traditionellen anthropologischen Definitionen des Kulturbegriffs kaum auf eine Erscheinung wie die Ideologie anwendbar sind. Die allumfassende und etwas unverbindliche Definition eines Clyde Kluckhohn deutet bereits an, daß das, was wir mit dem Wort Kultur bezeichnen, weit über den Bereich des Ideologischen hinausgeht: „Der anthropolgische Terminus bezeichnet die sichtbaren und unsichtbaren Aspekte der ge-

---

[18] Das Wort „konkret" verwende ich hier im Sinne von K. Kosíks *Die Dialektik des Konkreten*, Frankfurt, Suhrkamp, 1971: „Die konkrete Totalität ist keine Methode zum Erfassen und Beschreiben *aller* Aspekte, Züge, Eigenschaften, Beziehungen und Prozesse der Wirklichkeit, sondern eine Theorie der Wirklichkeit als konkreter Totalität." (S. 37).

[19] E. Lemberg, *Ideologie und Gesellschaft. Eine Theorie der ideologischen Systeme, ihrer Struktur und Funktion*, Stuttgart, Kohlhammer, 1971, S. 51.

samten menschlichen Umwelt, die vom Menschen geschaffen wurden."[20] An anderer Stelle ist bei Kluckhohn von jenen „least common denominators"[21] die Rede, die einer Vielzahl kultureller Inhalte zugrunde liegen.

Wichtig scheint mir hier der Ausdruck „kleinster gemeinsamer Nenner" zu sein, der bereits darauf hindeutet, daß das Wort Kultur jene Gemeinsamkeiten bezeichnet, die alle oder fast alle Mitglieder einer Gesellschaft miteinander verbinden. Es geht um jenes spontane Einverständnis zweier politisch verfeindeter Italiener, die lauthals über einen politischen Witz lachen, der weder ins Deutsche noch ins Englische zu übersetzen ist. Ein ähnlicher kultureller Konsens kommt zustande, wenn gaullistische und sozialistische Abgeordnete zum ersten Mal mit amerikanischen Eßgewohnheiten konfrontiert werden.

Das Theorem des „kleinsten gemeinsamen Nenners" ergänzt gleichsam Talcott Parsons, wenn er in *The Social System* zur Definition der Kultur bemerkt: „Es ist eine Frage von Glaubensinhalten, von besonderen Systemen expressiver Symbole oder sogar von moralischen Wertorientierungsmustern, solange diese nur ‚Annahme' (‚acceptance') und nicht aktive Verwirklichung erfordern. Diese werden hier als *kulturelle* Institutionen bezeichnet."[22]

In diesem Zusammenhang erscheint eine erste Abgrenzung von Kultur und Ideologie möglich: Im Gegensatz zu kulturellen Normen und Werten, die den (kleinsten) *gemeinsamen Nenner* einer Gesellschaft bilden, bilden die Normen und Werte einer Ideologie ein *Partialsystem* im Sinne von Hermann Broch[23], *das die partikularen Interessen einer oder mehrerer Gruppen einer Gesellschaft ausdrückt.*

Diese kontrastive Teildefinition erklärt u. a., weshalb die Solidarität innerhalb bestimmter ideologischer Gruppierungen wesentlich stärker ist als in Gruppen die spontan entstehen (z. B. bei einem gemeinsamen Mittagessen im Restaurant) oder ihr Dasein wirtschaftlichen Interessen verdanken (z. B. ein Mieterverein). Am stärksten scheint die Solidarität dort zu sein, wo der Kampf für eine Nationalkultur von einer militanten Ideologie überlagert wird: etwa in der baskischen ETA, im „Bloque Nacionalista Gallego" (BNG) oder in der kroatischen Ustascha-Bewegung.

Die Tatsache, daß kulturelle und ideologische Konflikte einander überlagern und überschneiden, läßt allerdings vermuten, daß eine funktionalistisch inspirierte Konsenstheorie der Kultur, die die Gemeinsamkeiten hervorkehrt, ohne das Konfliktpotential zu berücksichtigen, kaum in der Lage sein dürfte, die Kultur als Herrschaftsinstrument und als Gegenstand ideologischer Auseinandersetzungen kritisch zu verstehen. Es wäre wohl ein fataler Fehler, würde man über den Gemeinsamkeiten, die es in jeder Gesellschaft zweifellos gibt, die Herrschaftsmechanismen aus den Augen verlieren, die dort zutage treten, wo der „richtige" Sprach- und Lebensstil die politische Karriere begünstigt und

---

[20] C. Kluckhohn, „The Study of Culture", in: L. A. Coser, B. Rosenberg (Hrsg.), *Sociological Theory*, New York, Macmillan, 1966, S. 40.
[21] ibid., S. 43.
[22] T. Parsons, *The Social System*, London, Routledge & Kegan Paul, 1951, S. 52.
[23] Siehe: H. Broch, *Die Schlafwandler*, Frankfurt, Suhrkamp, 1978, S. 495—499.

wo Kulturbesitz als Statussymbol eine entscheidende Rolle spielen kann. (Es wird sich im 3. Kap. zeigen, daß die deutsche Soziologie von A. Weber bis Habermas dazu neigt, den Konsenscharakter der Kultur zu betonen.)

Seit Marxens Kritik an der Religion gehört der Gedanke, daß die herrschende Kultur die Kultur der Herrschenden ist, zu den Gemeinplätzen der Kritik der Politischen Ökonomie. Bekannt ist die schonungslose Darstellung Walter Benjamins in den „Geschichtsphilosophischen Thesen": „Wer immer bis zu diesem Tage den Sieg davontrug, der marschiert mit in dem Triumphzug, der die heute Herrschenden über die dahinführt, die heute am Boden liegen. Die Beute wird, wie das immer so üblich war, im Triumphzug mitgeführt. Man bezeichnet sie als Kulturgüter." Und: „Es ist niemals ein Dokument der Kultur, ohne zugleich ein solches der Barbarei zu sein."[24]

Bezieht man diese Darstellung auf die der funktionalistischen Konsenstheorie, die bis vor kurzem von der Grundannahme der klassischen Anthropologie (Malinowskis, Radcliffe-Browns) ausging, daß wir es mit homogenen Gesellschaften zu tun haben[25], dann erscheint der Konsens als erzwungene Gemeinsamkeit: als eine Art *societas leonina*, in der die Beherrschten masochistisch bestrebt sind, sich mit den Herrschenden zu identifizieren. Der Universalcharakter der Kultur (ebenso wie der „Hochsprache") ist mithin auf Herrschaft gegründet.

Der Bauer im Allgäu oder im Rousillon ist stolz auf seine Nationalkultur, obwohl er weder Goethe noch Racine, deren Namen er womöglich verehrt, lesen kann. Auch im regionalen Bereich erscheint die Kultur als Herrschaftsinstrument: In Friaul ziehen viele von denen, die „vorankommen" wollen, das Italienische dem Friulanischen vor, das sie selbst ganz zu Unrecht als Dialekt bezeichnen; slowenischsprachige Kärntner schicken ihre Kinder lieber in deutsche Schulen, und so mancher Friese opfert seine Sprache dem Niederländischen. (Auf das Verhältnis von Sprache und Ideologie will ich noch näher eingehen.)

Dennoch ist es nicht sinnvoll, Kultur und Ideologie als Synonyme zu verwenden, nur weil beide als Herrschaftsinstrumente eingesetzt werden: Jede Ideologie ist ein Herrschaftsinstrument, aber nicht jedes Herrschaftsinstrument ist eine Ideologie. Die Wechselbeziehungen zwischen Kultur und Ideologie können allerdings nur dann beschrieben werden, wenn beide als Herrschaftsstrukturen erkannt worden sind.

Nur unter dieser Voraussetzung sind Auseinandersetzungen *innerhalb* einer bestimmten Kultur zu verstehen: Konflikte, in denen es um die konservative oder revolutionäre

---

[24] W. Benjamin, *Zur Kritik der Gewalt und andere Aufsätze*, Frankfurt, Suhrkamp, 1965, S. 83.
[25] Die Zwangsmechanismen, die die funktionalistische Theorie verschweigt, werden von P. Kellermann in seiner ideologiekritischen Darstellung der Parsonsschen Systemtheorie bloßgelegt: „Nur wenig überspitzt ließe sich sagen, (a) daß Parsons zum einen bei der formalen Bildung seiner Kategorien *social system* und der der vier Subsysteme *pattern maintenance and tension management, integration, goal-attainment* und *adaptation* an Spencers Vorstellung von der Gesellschaft als Superorganismus und von den Institutionen als dessen Organe orientiert war; (b) daß Parsons aber zum anderen material, das heißt in der Bestimmung der Systemimperative als Funktionen zur Erhaltung der Integrität des Systems sich an der normativ-autoritär organizistischen Postulaten Comtes ausrichtete." (P. Kellermann, *Kritik einer Soziologie der Ordnung. Organismus und System bei Comte, Spencer und Parsons*, Freiburg, Rombach, 1967, S. 136—137).

Interpretation eines Autors (etwa Hölderlins oder Büchners) geht; in denen ein einflußreicher Philosoph oder Religionsstifter kritisiert wird (ich denke an die Kritik des Konfuzianismus in der chinesischen Kulturrevolution); in denen schließlich die Umdeutung einer ganzen Kultur im Rahmen einer besonderen Ideologie auf dem Spiel steht.

Der letzte Fall wird besonders anschaulich in den zahlreichen Manifesten der *Proletkult*-Bewegung in der frühen Sowjetunion illustriert, wo es um die ideologische Aneignung und Umwertung der alten Kulturtraditionen geht. Die „Ausarbeitung einer proletarischen Kultur", die sich die Autoren einer Resolution aus dem Jahre 1918 vornehmen, wird allerdings nicht mit einer Schöpfung aus dem Nichts verwechselt, sondern ist eine Umgestaltung der bürgerlichen Kultur, in der „das Proletariat — will es diese Aufgabe, die es sich gestellt hat, lösen — alle Errungenschaften der vergangenen Kultur aufzunehmen hat, die den Stempel des Allgemein-Menschlichen tragen."[26]

Man könnte fragen, ob der hier angestrebte Universalismus nicht ein bürgerlicher Gedanke par excellence ist, den die Anhänger der Proletkult-Bewegung aufgreifen, weil sie der Ansicht sind, er sei in der bürgerlichen Ära nicht verwirklicht worden. Jedenfalls zeigt die Passage aus der Resolution des Jahres 1918, daß die Kultur einer Gesellschaft das übergreifende System ist, *in* dem die ideologischen Auseinandersetzungen stattfinden. In diesem Zusammenhang ist die Frage nicht ganz unberechtigt, inwiefern nicht jede Revolution *a priori* dazu verurteilt ist, zur Gefangenen eines Kultur- und Sprachsystems zu werden.[27] Es ist hier nicht der Ort, auf diese — potentiell konservative — Frage näher einzugehen.

Kontroversen im ästhetischen Bereich zeigen, daß sich ideologische Auseinandersetzungen häufig auf eine von allen Kontrahenten anerkannte Kulturtradition beziehen. In den divergierenden Hölderlin-Interpretationen Heideggers, Lukács' und Adornos wird der von den drei Philosophen gemeinsam verehrte Dichter als Zeuge verschiedener, miteinander unvereinbarer Ideologien zitiert. In Italien setzte sich in den 20er Jahren Antonio Gramsci mit der Philosophie Benedetto Croces kritisch auseinander, um sie aus ihrer Vormachtstellung in den Institutionen des Landes zu verdrängen: seine eigene Philosophie reproduziert indessen zahlreiche Gedanken Croces in einem materialistischen Kontext und ähnelt darin der Marxschen Kritik an Hegel, die sich, wie Karl Löwith gezeigt hat[28], nicht nur die historisierte Dialektik zu eigen macht, sondern zusammen mit ihr auch die jüdisch-christliche Teleologie, die dem Hegelianismus zugrunde liegt.

Es zeigt sich hier, daß die auf dem Konsensgedanken gründende funktionalistische Definition der Kultur zwar oberflächlich ist, weil sie sich über die Herrschaftsmechanis-

---

[26] Resolution, angenommen nach einem Vortrag von P. Lebedev-Poljanskij von der Ersten gesamtrussischen Konferenz der Proletkultorganisationen, Moskau, September, 1918, in: Ch. Buch (Hrsg.), *Parteilichkeit der Literatur oder Parteiliteratur? Materialien zu einer undogmatischen marxistischen Ästhetik*, Reinbek, Rowohlt, 1972, S. 95.

[27] Einige Theoreme Barthes', Foucaults und Kristevas suggerieren, daß die Sprache ein Gehäuse ist, aus dem auch die Revolutionäre nicht ohne weiteres ausbrechen können. Siehe u. a.: R. Barthes, *Le Plaisir du texte*, Paris, Seuil, 1973, S. 80/81; M. Foucault, *L'Ordre du discours*, Paris, Gallimard, 1971, S. 9.

[28] Siehe: K. Löwith, „Philosophische Theorie und geschichtliche Praxis in der Philosophie der Linkshegelianer", in: K. Löwith (Hrsg.), *Die Hegelsche Linke*, Stuttgart-Bad Canstatt, F. Frommann Vlg., 1962.

men und Konflikte hinwegsetzt, daß aber die marxistischen Ansätze dazu neigen, die erzwungene *Einheit* einer Kultur zu übersehen.

Diese macht sich immer dann bemerkbar, wenn sich zeigt, wie sehr die verschiedenen marxistischen Doktrinen Europas der christlichen Theodizee verpflichtet sind[29], und mit welcher Selbstverständlichkeit sie die Kritik der europäischen Verhältnisse auf nichteuropäische Gesellschaften übertragen.[30] Der Gegensatz *universell/partikular* erweist sich also weiterhin als brauchbar, wenn es darum geht, Ideologie als Partialsystem gegen die Kultur als Universalsystem von Werten und Normen abzugrenzen: unter der Voraussetzung allerdings, daß der Universalcharakter der Kultur mit dem Herrschaftsprinzip verknüpft wird.

Ein zweiter wesentlicher Unterschied, der mit dem globalen Gegensatz eng zusammenhängt, ist aus dem künstlichen und voluntaristischen Charakter der Ideologie ableitbar. Bis zu einem gewissen Grad hat Paul Watzlawick recht, wenn er im Anschluß an die Brockhaus-Definition des Ideologiebegriffs die Ideologie als ein künstliches Konstrukt bezeichnet. Bei ihm ist an entscheidender Stelle von Setzung und Erfindung die Rede: „*Die These sei vorweggenommen: Was die durch die Setzung einer bestimmten Ideologie erfundene Wirklichkeit betrifft, ist ihr Inhalt gleichgültig und mag jenem einer anderen Ideologie total widersprechen; die Auswirkungen dagegen sind von einer erschreckenden Stereotypie.*"[31] Es wird sich zeigen, daß diese These nur teilweise richtig und das Wort „Inhalt" zu vage ist (Kap. 8).

Es trifft zwar zu, daß Ideologien im Gegensatz zu Kulturen in relativ kurzer Zeit entstehen können und häufig *ad hoc* konstruiert werden. Bekannte Beispiele sind neben dem Nationalsozialismus und dem Marxismus-Leninismus der Maoismus, der Anarchismus, der Boulangismus oder der spanische Karlismus. Zugleich sollte aber die Tatsache berücksichtigt werden, daß Ideologien nicht *nur* als künstliche Konstrukte verstanden werden können, weil sie nicht im Vakuum entstehen, sondern in einem ganz bestimmten historischen und kulturellen Kontext: Sie sind Bestandteile gelebter Kulturen.

Hier zeigt sich, wie wichtig es ist, den Ideologiebegriff im Zusammenhang mit Begriffen wie Kultur, Religion oder Mythos zu definieren. Denn der Nationalsozialismus konnte nur in einem kulturellen Kontext entstehen, in dem bestimmte nationale, antisemitische und religiöse Vorurteile sowie altgermanische, sozialistische und messianische Mythen eine wichtige Rolle spielten. Der Boulangismus ist ohne die französische bonapartistische Tradition nicht denkbar, und der Marxismus-Leninismus konnte als Erlösungsglaube wahrscheinlich nur aus einer christlich-jüdischen Überlieferung hervorgehen.

---

[29] Siehe: A. Camus, *Der Mensch in der Revolte*, Reinbek, Rowohlt, 1969, S. 196.
[30] Siehe z. B.: „*Eurocentrism and Science*" (*Higher Education and Research in the Netherlands*), *Nuffic-Bulletin* Nr. 3/4, Summer-Autumn 1982; darin vor allem H. J. Tieleman und H. A. J. Coppens, „Statements", S. 78: „Economic Science and Marxism are both very much European in the sense that they attribute a high degree of autonomy to the economy (its own laws and norms) and ascribe to it a major influence on other areas of life."
[31] P. Watzlawick, „Bausteine ideologischer ‚Wirklichkeiten'", in: O. Watzlawick (Hrsg.), *Die erfundene Wirklichkeit*, München-Zürich, Piper, 1984, S. 192.

Insofern Ideologie als Bestandteil einer Kultur aus dieser hervorgeht, ist sie weder willkürlich noch künstlich. Sie kann als künstlich bezeichnet werden, sofern sie von bestimmten Organisationen als pseudowissenschaftliches Konstrukt in kurzer Zeit hervorgebracht und für wirtschaftliche, politische oder militärische Zwecke eingesetzt wird. Ihr künstlicher Aspekt tritt am klarsten in der politischen Manipulation, in der *Propaganda* in Erscheinung (siehe weiter unten).

Zum Abschluß sei noch auf eine entscheidende Gemeinsamkeit von Kultur und Ideologie hingewiesen, die einerseits Watzlawicks These weiter relativiert und die es andererseits gestattet, einen Nexus zwischen Ideologie und Religion (bzw. zwischen Ideologie und Mythos) herzustellen: Viele Bestandteile der Kultur und der Ideologie sind denjenigen, die innerhalb dieser Wertsysteme leben und handeln, nicht bewußt: oder sie sind gar im Unbewußten, wie es von der Psychoanalyse (Freuds, Lacans) definiert wurde, anzusiedeln. Ich will hier vorerst nicht zwischen Unbewußtem und Nichtbewußtem unterscheiden, sondern mit einigen Überlegungen zum Nichtbewußten (welches das Unbewußte einschließt) diesen Abschnitt beschließen.

Der Gedanke, daß wesentliche Bestandteile der Kultur dem Einzelnen und der Gruppe nicht bewußt sind, ist spätestens seit Emile Durkheim und Marcel Mauss ein Gemeinplatz der Soziologie.[32] Wichtiger als dieser Gedanke scheint mir eine Erkenntnis zu sein, die mich hier immer wieder beschäftigen wird: die Erkenntnis, daß wesentliche kulturelle Kategorien und vor allem *Klassifikationen* denjenigen, die sich ihrer bedienen, nicht bewußt sind. Daß „der Mann auf der Straße" nicht über Ursprung und Funktion von Ausdrücken wie „gehobener Stil" oder „die oberen Zehntausend" nachdenkt, ist bekannt; weniger bekannt scheint die Tatsache zu sein, daß auch Sozialwissenschaftler am „Kulturunbewußten" teilhaben und daß sie viele ihrer Klassifikationen unreflektiert verwenden.

Einer der wenigen, die sich in letzter Zeit mit diesem Problem befaßt haben, ist Barry Schwartz, der in seinem bisher zu wenig beachteten Buch *Vertical Classification* einige entscheidende Fragen aufwirft: „Was bewirkt vertikale Klassifikation als semiotischer Kode? Vermittelt sie lediglich Informationen oder formt sie zugleich unsere Auffassung gesellschaftlicher Beziehungen?"[33] Im Anschluß an Durkheim und Lévi-Strauss möchte Schwartz erfahren, wie das menschliche Wissen von nichtrationalen Faktoren (etwa von binären Gegensätzen als Tiefenstrukturen) bedingt wird. Er hofft, daß wir nach eingehender Analyse der sozialen Taxonomien fundiertere Aussagen „über die tieferen, nichtrationalen Gründe soziologischer und politologischer Formulierungen" werden machen können.[34]

Obwohl er zu der Ansicht gelangt, daß vertikale Klassifikationen als Hierarchien grundverschiedenen Kulturen gemeinsam sind und häufig als anthropologische Konstanten auf-

---

[32] Siehe: E. Durkheim, M. Mauss, „De quelques formes primitives de classification", in: M. Mauss, *Essais de sociologie*, Paris, Minuit, 1968, S. 166.

[33] B. Schwartz, *Vertical Classification. A Study in Structuralism and the Sociology of Knowledge*, Chicago-London, University of Chicago Press, 1981, S. 7—8.

[34] ibid., S. 6.

gefaßt werden können³⁵, ist anzunehmen, daß die klassifizierten Objekte von Kultur zu Kultur verschieden sind und daß andere, vor allem horizontale Klassifikationen, einen in jeder Hinsicht kulturspezifischen Charakter haben: Es sei hier lediglich an den strukturierenden Gegensatz zwischen hermeneutischen und analytischen Wissenschaften erinnert, an dem sich im deutschen Kulturbereich immer wieder heftige Diskussionen entzünden, der aber in Frankreich oder den angelsächsischen Ländern nur eine sekundäre Rolle spielt. Diese Tatsache hängt mit Faktoren zusammen, die seit Schleiermacher für den deutschen Raum (d. h. eine Kultur) spezifisch sind.

Eine kulturkritische Theorie hätte zu untersuchen, welche Bedeutung unreflektiert oder gar unbewußt verwendeten Dichotomien, Unterscheidungen oder Klassifikationen dieser Art in der sozialwissenschaftlichen Diskussion zukommt und wie kulturelle Schablonen und Vorurteile auf die wissenschaftliche Argumentation einwirken. Dabei würde sich höchstwahrscheinlich zeigen, daß kulturelle Schranken häufig mit ideologischen Determinanten zusammenfallen und daß kulturelle und ideologische Faktoren einander wechselseitig bedingen. Der Gegensatz zwischen analytischen und hermeneutischen Methoden wäre u. a. im Zusammenhang mit dem deutschen Protestantismus (seit Schleiermacher) und vor allem mit dem Aufstieg des Existentialismus Heideggerscher Prägung zu erklären, der bisweilen die Funktion einer säkularisierten Theologie erfüllte.³⁶

b) *Religion*

Ähnlich wie die Kultur wird die Religion immer wieder mit der Ideologie verglichen, verknüpft, verwechselt. Für die häufigen Verwechslungen ist auch Karl Marx verantwortlich, der in der *Deutschen Ideologie* zwar mit Recht einen Nexus zwischen dem Denken und den materiellen Interessen postuliert, zugleich aber Begriffe wie Religion und Ideologie in einen Topf wirft: „Die Moral, Religion, Metaphysik und sonstige Ideologie und ihnen entsprechenden Bewußtseinsformen behalten hiermit nicht länger den Schein der Selbständigkeit."³⁷

Während Marx immerhin die „Ideologie" als eine Art Oberbegriff auffaßt, dem er Begriffe wie „Moral", „Religion" und „Metaphysik" subsumiert, behandeln einige zeitgenössische Autoren „Religion" und „Ideologie" als Synonyme. In seinem Artikel „Religion in Modern Britain" spricht R. Bocock beispielsweise von „Religion als Ideologie"³⁸, ohne die Tatsache zu berücksichtigen, daß diese Verwendung des Begriffs wenigstens teilweise seiner durkheimianischen Definition der Religion widerspricht: „Religion kann analytisch als ein Zusammenspiel von Glaubenssätzen, Werten, Symbolen, Riten, sozia-

---

[35] ibid., S. 41.
[36] Siehe: H. Albert, *Transzendentale Träumereien. Karl-Otto Apels Sprachspiele und sein hermeneutischer Gott*, Hamburg, Hoffmann und Campe, 1975, S. 145. In einem ganz anderen Kontext hebt auch Th. W. Adorno die theologischen Aspekte der Heideggerschen Seinsphilosophie hervor: Th. W. Adorno, *Jargon der Eigentlichkeit. Zur deutschen Ideologie*, Frankfurt, Suhrkamp, 1967, S. 21–24.
[37] K. Marx, *Die Frühschriften. Von 1837 bis zum Manifest der kommunistischen Partei 1848*, Stuttgart, Kröner Vlg., 1971, S 349.
[38] R. Bocock, „Religion in modern Britain", in: R. Bocock und K. Thompson (Hrsg.), *Religion and Ideology*, Manchester, University Press, 1985, S. 207. Zur Kritik von „Religion als Ideologie" siehe auch: „Religion, Ideology and Society", in: A. Giddens, *Capitalism and modern social theory*, Cambridge, University Press, 1971.

len Rollen, Organisationen und Gruppen definiert werden, die nach Durkheim dem Bereich des Heiligen angehören, dem, was vom Alltagsleben geschieden wird."[39] Die Ideologie gehört gerade dem Alltag (der Wirtschaft, der Politik, dem Erziehungssystem, dem Rechtssystem und dem Gesundheitswesen) an, und der Gegensatz heilig/profan ist nicht ihr zentrales Thema. Daher ist es irreführend von „Religion als Ideologie" zu sprechen. Es wird sich allerdings zeigen, daß „Religion" und „Ideologie" sich sowohl auf struktureller als auch auf funktionaler Ebene ebenso überschneiden wie „Ideologie" und „Kultur".

Der Vorwurf, die Religion als soziales Phänomen reduktionistisch zu behandeln, trifft sicherlich nicht alle Marxisten. Schon Ende der fünfziger Jahre (also nicht erst im Zeitalter des anthropologischen Strukturalismus) wies Henri Lefebvre auf einen wesentlichen Unterschied zwischen den beiden Wertsystemen hin: „Die Ideologie kann nicht ausreichen, um von dem zu befreien, was nicht bloß ideologisch war, sondern Gelebtes, in eine Praxis Inkorporiertes. In diesem Punkt setzen nur dogmatische Schwerfälligkeit und Naivität ihr Vertrauen in die Ideologie."[40]

An dieser Stelle tritt ein erster Unterschied zwischen Religion und Ideologie zutage, der die letztere zugleich von der Kultur trennt: Während die Ideologie eher ein künstliches Konstrukt ist, ein Partialsystem, das kollektive Orientierungen und Interessen artikuliert, ist die Religion eine gelebte Tradition, ein historisch gewachsenes Wertsystem, das Universalcharakter hat und oft mit Erfolg Anspruch auf universelle Geltung erhebt. Im christlichen oder islamischen Mittelalter war die Religion koextensiv mit einer bestimmten Kulturform; daher sind Bezeichnungen wie „christliche" oder „islamische Kultur (Kunst, Philosophie, Architektur etc.)" nicht unberechtigt.

In letzter Zeit ist gerade der Universalcharakter der Religion angezweifelt worden. Als Partialsystem oder Subsystem (Parsons, Luhmann) könnte sie durchaus der Ideologie und deren Funktionen angenähert werden. Niklas Luhmann geht in seinen Arbeiten häufig vom Theorem der Arbeitsteilung und der gesellschaftlichen Differenzierung aus, um zu zeigen, daß in der modernen Industriegesellschaft die Religion nur als Teilsystem begriffen werden kann: „Das Verhältnis der Gesellschaft zum Religionssystem ist, soziologisch gesehen, ein solches der Differenzierung. Im Lauf der gesellschaftlichen Evolution werden Religionssysteme im Gesellschaftssystem ausdifferenziert als Teilsysteme mit besonderen Funktionen neben Politik, Wirtschaft, Familie, Wissenschaft."[41]

Ausgehend von dem Gedanken, „daß die Ausdifferenzierung besonderer Rollen für professionelle Arbeit im Bereich der Religion eine duale Rekonstruktion der Kontingenz ermöglicht (...)"[42], nähert Luhmann das kirchlich-religiöse Teilsystem anderen professionellen Teilsystemen an. Während die Praxis des Arztes durch die duale Struktur Gesundheit/Krankheit auf die sozialbedingte Kontingenz reagiert, wird die religiöse Praxis (als Berufspraxis) durch die Dichotomie Gnade/Sünde strukturiert.[43] Der „pro-

---

[39] ibid., S. 208.
[40] H. Lefebvre, in: K. Meyer, *Henri Lefebvre. Ein romantischer Revolutionär*, Wien, Europaverlag, 1973 S. 12.
[41] N. Luhmann, „Religion als System. Thesen", in: K.-W. Dahm/ N. Luhmann/D. Stoodt, *Religion — System und Sozialisation*, Neuwied, Luchterhand, 1972 S. 11.
[42] N. Luhmann, *Funktion der Religion*, Frankfurt, Suhrkamp, 1977, S. 189.
[43] N. Luhmann, *Funktion der Religion*, op.cit., S. 194.

fessionelle Praktiker" begreift sich als Vermittler zwischen zwei Welten: zwischen Krankheit und Gesundheit, Sünde und Gnade, Unrecht und Recht, Krieg und Frieden, Bildung und Ignoranz etc., und der Priester erscheint in diesem Kontext als eine Art Seelenarzt, dem die Funktion zufällt, den sündigen „Patienten" in den Zustand der Gnade zu überführen. Zusehends verringert sich die Distanz zwischen Religion und Psychotherapie.

Obwohl Luhmann mit seiner Behauptung, die Religion sei ein Teilsystem unter anderen, durchaus recht haben mag und in seiner Ansicht bis zu einem gewissen Grad von Joachim Matthes' These, die Religionssoziologie sei eine Soziologie der „Säkularisate"[44], bestätigt wird, ist seine Auffassung der Religion als eines Teilsystems nicht unproblematisch.

Seit Parsons und Merton leidet die funktionale Betrachtungsweise, wie Alvin Gouldner richtig gesehen hat[45], an ihrer Allergie gegen das Historische. Hätte Luhmann die Religion vorrangig *sub specie historiae* betrachtet, hätte ihn der Universalcharakter des mittelalterlichen Christentums oder des alten Islams vielleicht davon abgehalten, die Religion als Teilsystem anderen beruflichen Wertsystemen anzugleichen. Der wesentliche Unterschied zwischen den Exponenten dieser Systeme und denen der Religion besteht darin, daß die Geistlichen den Universalanspruch ihrer Werte und Wertsetzungen keineswegs aufgegeben haben.

Diese Tatsache ist in einem kurzen aber luziden Artikel Andreas Dorschel aufgefallen, der in seiner Kritik an Luhmanns Religionsbegriff bemerkt: „Luhmann verkennt, in welchem Maße die Form, in der er das Fortbestehen der Religion diagnostiziert: die eines Teilsystems *neben* anderen, mit ihrer Existenz unverträglich ist."[46] Mit Recht weist Dorschel darauf hin, daß auch in der modernen Gesellschaft die christliche Religion den Anspruch erhebt, „der Super-Code über allen profanen Codes (Moral, Wirtschaft, Politik, Recht, Wissenschaft) zu sein."[47] Ähnlich äußerte sich schon J. Milton Yinger, der die Religion als ein transzendentales Universalsystem definiert.[48]

---

[44] Siehe: J. Matthes, *Religion und Gesellschaft. Einführung in die Religionssoziologie I*, Reinbek, Rowohlt, 1967, S. 93: „Das unausgesprochene Fazit der Weberschen Analysen ist daher, daß Religionssoziologie wohl in Zukunft, im Blick auf die Gegenwart der modernen Gesellschaft, nur noch als Soziologie der Säkularisate möglich ist."

[45] Siehe: A. W. Gouldner, *Die westliche Soziologie in der Krise*, Reinbek, Rowohlt, 1974 S. 404: „Der Funktionalismus ist, obwohl er auf alle *etablierten* industriellen Systeme anwendbar ist, nicht in gleichem Maße empfänglich für *neue* Ordnungen, die gerade erst im Entstehen begriffen sind, denn diese könnten die Feinde der bereits etablierten sein."

[46] A. Dorschel, „Religion als ‚Teilsystem'? — Zu Niklas Luhmanns ‚Die Unterscheidung Gottes'" in: *Österreichische Zeitschrift für Soziologie*, Nr. 3, 1986, S. 16.

[47] ibid.

[48] Siehe: J. Milton Yinger, „Die Religion als Integrationsfaktor", in: F. Fürstenberg (Hrsg.), *Religionssoziologie*, Neuwied, Luchterhand, 1964, S. 97: Jede Gesellschaft, sagt Yinger, besitze „ein transzendentales System der einigenden Werte, jenseits aller Politik und in den meisten Fällen sogar jenseits der Geschichte." Obwohl diese Darstellung einseitig ist, weil sie die politischen, ideologischen und wirtschaftlichen Auswirkungen auf die Religion vernachlässigt, ist sie insofern richtig, als sie den universellen und transzendentalen Charakter der Religion betont. Komplementär zu Yingers Ansichten verhalten sich R. L. Johnstones Abgrenzungsversuche von Religion und Ideologie: „If we want to be precise, however, our characterization of Religion as involving the sacred and the supernatural quite clearly places these ideologies and thought systems outside the realm of religion." (R. L. Johnstone, *Religion and Society in Interaction. The Sociology of Religion*, Englewood Cliffs, Prentice-Hall, S. 21).

Dieser Anspruch auf universelle Geltung hat allerdings eine historische Grundlage, die der Ideologie, die als Partialsystem aus der sozialen Differenzierung entstanden ist (siehe Absch. 1), völlig fehlt. An dieser Stelle treten sowohl Gegensätze als auch Affinitäten zwischen Religion und Ideologie in Erscheinung: Ähnlich wie die Religion beansprucht die Ideologie Allgemeingültigkeit; auch sie wird häufig (von Liberalen, Faschisten, Marxisten-Leninisten) als „Super-Code" definiert, der die Normen der Moral, der Wirtschaft, der Politik und des Rechtssystems zu bestimmen hat. Aber sie ist keine Religion, bestenfalls Religionsersatz: denn ihr fehlt sowohl die historische Universalität des feudalen Christentums (des Islams) als auch die „gelebte Praxis", von der Lefebvre spricht. Nicht zu übersehen ist der Gegensatz zwischen dem polnischen Bauern, der kirchlich heiratet, seine Kinder taufen, sein Brot segnen läßt und dem Parteiideologen, der für die Errichtung von Hochzeitspalästen plädiert, weil er nach einer (künstlichen) Alternative zum Gottesdienst sucht. Man sollte allerdings auch nicht den Gegensatz zwischen diesem Bauern und einem katholischen Ideologen übersehen, der die christliche Doktrin mit militanten (u. U. dem Marxismus entlehnten) Maximen versetzt, um die Arbeiterschaft zu mobilisieren und der herrschenden Partei die Stirn bieten zu können.

Das hier angeführte Beispiel soll nicht nur den Unterschied illustrieren, sondern zugleich daran erinnern, daß die Ideologie häufig als Religionsersatz aufgefaßt und eingesetzt werden kann. Trotz dieser Ersatzfunktion ist sie in erster Linie ein säkularisiertes Wertsystem, in dem der religiöse Gegensatz zwischen *heilig* und *profan* bestenfalls eine sekundäre Rolle spielt. In den religiösen Systemen hingegen steht dieser Gegensatz im Mittelpunkt und bildet die Grundlage der religiösen Orientierung. Auf ihn berufen sich auch die zeitgenössischen Anhänger Durkheims, die die Religion definieren als ein Zusammenwirken von „jenen Glaubenssätzen, Werten, Symbolen, Ritualen, sozialen Rollen, Organisationen und Gruppen, die laut Durkheim auf das Heilige, das vom alltäglichen Leben Geschiedene ausgerichtet sind."[49]

Sicherlich kann es auch im ideologischen Bereich „sakrale" Sphären geben wie die von Franco erbaute Gedenkstätte im *Valle de los Caídos* oder das Leninmausoleum in Moskau; diese haben jedoch eine vorwiegend diesseitige Funktion und sind nicht auf das Jenseits ausgerichtet. Kaum ein Ideologe wird behaupten, sein Reich sei „nicht von dieser Welt". Jede moderne Ideologie, auch die religiöse (von der weiter unten die Rede sein wird), hat es in erster Linie mit gesellschaftlichen Problemen und Organisationsformen zu tun. Daran, daß die sakralen Stätten der Ideologen ähnliche Funktionen erfüllen wie die Heiligtümer der Priester, braucht allerdings nicht gezweifelt zu werden.

Die Unterschiede zwischen Religion und Ideologie (universal/partikular; traditionell/künstlich; jenseitig/diesseitig) sollten nicht über die Ähnlichkeiten hinwegtäuschen, die immer wieder zu Verwechslungen der beiden Systeme führten, und die — wie ich meine — in den zeitgenössischen Gesellschaften stärker in Erscheinung treten.

Durch ihre Reduktion auf ein Teilsystem der säkularisierten Gesellschaft wird die Religion in immer stärkerem Maße der Ideologie angeglichen. Daran ändert auch ihre uni-

---

[49] R. Bocock, „Religion in modern Britain", op.cit., S. 208.

versalistische Tradition nichts: Sie akzentuiert nur die Diskrepanz zwischen dem historisch gewachsenen Anspruch und der gegenwärtigen Funktion. Der Priester, Pastor oder Vikar mag am Sonntag in seiner Kirche die verschiedenen sozialen, wirtschaftlichen, strategischen oder ökologischen Probleme anschneiden und auf die Heilsbotschaft, das Evangelium, beziehen: Nur in den seltensten Fällen werden seine Worte von den Anwesenden als Handlungsanweisungen (für die Bank, die Universität, die Politik oder die Strategie) verstanden. Das religiöse Werturteil oder Argument wird nicht in allen Fällen den Urteilen oder Argumenten des wissenschaftlichen, rechtlichen oder wirtschaftlichen Teilsystems widersprechen, es vermag aber innerhalb eines solchen Teilsystems keine Funktion zu erfüllen.

Es kommt hinzu, daß zahlreiche moderne Sekten wie die Mormonen, die Zeugen Jehovahs oder die Anhänger von *Scientology* weder den Universalismus noch die tausendjährige Tradition der Großreligionen für sich beanspruchen können. Aufgrund ihrer Partialität und ihres künstlichen Charakters sind sie von Ideologien kaum mehr zu unterscheiden, vor allem dann, wenn sie (wie die *Scientology*) die Transzendenz zugunsten von politischen und psychologischen Fragestellungen vernachlässigen.

Eine andere wesentliche Gemeinsamkeit besteht darin, daß sowohl Religionen als auch Ideologien Individuen und Gruppen als Orientierungshilfen dienen können. Sie können zugleich bestimmte individuelle oder kollektive Interessen artikulieren, indem sie als Zwecke oder oberste Ziele zulässige und unzulässige Mittel rechtfertigen. So ist es zu erklären, daß zahlreiche Schriftsteller der Zwischenkriegszeit zwischen einem christlichen und einem marxistischen oder faschistischen Standort oszillierten. Audens Abkehr vom Kommunismus ging beispielsweise mit einer Hinwendung zur christlichen Religion und zu religiösen Problemen allgemein einher (er gründete in Kalifornien die mystische *Vedanta Society*). Den umgekehrten Weg schlug der kroatische Autor Miroslav Krleža ein, der in seiner Jugend vom Christentum fasziniert war und später mit dem Marxismus sympathisierte.

In diesem Zusammenhang können durchaus funktionale Analogien zwischen Religion und Ideologie aufgezeigt werden, zumal beide Wertsysteme in den Bereichen des Unbewußten und des Nichtbewußten verankert sind: Bekanntlich können zahlreiche unbewußte oder nichtbewußte psychische oder soziale Bedürfnisse sowohl von einer hierarchisch gegliederten Kirche (Sekte) als auch von einer straff organisierten Partei befriedigt werden. Vergleiche zwischen bestimmten Formen des Katholizismus und einigen Varianten des orthodoxen Marxismus sind in der hier entworfenen Perspektive häufig genug angestellt worden. Sogar der Dialog zwischen Marxisten und Christen, der in der Alltagspolitik der sechziger Jahre eine wichtige Rolle spielte und sich gegen den Dogmatismus richtete, könnte in diesem Licht besser verstanden werden.[50]

Den funktionalen Wechselbeziehungen zwischen Religion und Ideologie entsprechen Symbiosen auf struktureller und thematischer Ebene. Wenn in Francos „Kreuzzug" („cruzada") gegen Liberalismus, Atheismus und Kommunismus das Kreuzsymbol in eine teils

---

50 Siehe: R. Garaudy, J.B. Metz, K. Rahner, *Der Dialog oder: Ändert sich das Verhältnis zwischen Katholizismus und Marxismus?*, Reinbek, Rowohlt, 1966.

traditionalistische, teils faschistische (Primo de Rivera Jr.) Ideologie integriert wird, so wird es säkularisiert und politisiert. Ähnliches geschieht, wenn die *Action Française* (1899) Glaubenssätze des Katholizismus in ihre rechtsradikale Rhetorik integriert, um sie gegen Protestanten, Juden, Freimaurer und Republikaner zu wenden. Gegen diese Ideologisierung des Katholizismus wandte sich Pius XI, als er die Zeitschrift der Bewegung im Jahre 1927 auf den *Index* setzen ließ.

Ebenso interessant wie diese thematischen Synthesen (Verwendung bestimmter religiöser Themen in Ideologien) sind die strukturellen Symbiosen, die dann entstehen, wenn die für die christliche Religion charakteristische teleologische Argumentation von philosophischen oder ideologischen Systemen reproduziert wird. Nicht zu Unrecht sprechen die Kritiker des Hegelschen Systems von der Apotheose des preußischen Staates, die in diesem System inszeniert wird. Recht hat auch Camus, wenn er im offiziellen Marxismus die säkularisierte christliche Heilslehre wiedererkennt: „Marx führt in die entchristlichte Welt die Sünde und die Strafe, diesmal jedoch der Geschichte gegenüber, wieder ein."[51]

Zu einer Ideologisierung (und Säkularisierung) der Religion kommt es immer dann, wenn eine soziale oder politische Bewegung sich religiöse Glaubenssätze zu eigen macht, um ihre Solidarität zu intensivieren und ihre Ziele rascher zu erreichen. Religionssoziologen brauchen an solchen Prozessen nicht unbeteiligt zu sein. Einer von ihnen plädiert für einen „religiösen Integrismus", der u. a. zur Bewältigung der ökologischen Probleme moderner Gesellschaften beitragen soll: „Ein undogmatischer, an der lebensweltlichen, verschiedene religiöse Traditionen und sinnstiftende Konzepte verbindenden Bedeutung von Religion anknüpfender religiöser Integrismus erscheint dann als Chance, die weitere, in inhumane Aporien führende Entwicklung der Weltgesellschaft zu korrigieren."[52]

Ob die Soziologie diese Art von Wertrationalität mit ihren Theoremen beleben soll, ist eine Frage, die über den Rahmen dieses Kapitels weit hinausgeht. Mir ging es ausschließlich darum zu zeigen, daß Religion und Ideologie zwar nur in funktionaler und struktureller (thematischer) Wechselbeziehung zu verstehen sind, daß sie aber keinesfalls als Synonyme behandelt werden sollten. Einem solchen terminologischen Verfahren widerspricht u. a. das historisch-genetische Argument.

c) *Mythos*

Der historisch-genetischen Betrachtung widerspricht auch eine undifferenzierte Verwendung des Wortes *Mythos*, das in manchen Texten zu einem Synonym für *Ideologie* wird. Mir geht es hier in erster Linie darum zu zeigen, daß die Ideologie eine moderne Erscheinung ist, während der Mythos eher archaischen Gesellschaftsordnungen angehört.

Zu den bekanntesten Büchern, in denen (seit Georges Sorels *Réflexions sur la violence*) **Mythos und Ideologie ineinander übergehen**, gehört Barthes' Essaysammlung *Mytholo-*

---

[51] A. Camus, *Der Mensch in der Revolte*, op.cit., S. 196.
[52] I. Mörth, „Vom Pluralismus zum Integrismus. Aspekte religiösen Alltagsbewußtseins", in: *Schweizerische Zeitschrift für Soziologie*, Nr. 3, 1983, S. 562.

gies. Barthes siedelt den Mythos nicht nur in der modernen, bürgerlichen Industriegesellschaft an, sondern stellt ihn immer wieder als Bestandteil der bürgerlichen Ideologie oder des bürgerlichen Denkens dar. Im letzten Teil des Buches, in dem der Mythos in einer semiologischen Perspektive als ein sekundäres, konnotierendes System erklärt wird, wird in Wirklichkeit (wenn auch nur ansatzweise) eine Semiotik der Ideologie entwickelt.

In dieser Perspektive erscheinen Mythen als Elemente oder Instrumente der Ideologie: „Die Semiologie hat uns gezeigt, daß der Mythos die Aufgabe hat, die historische Intention in die Natur, die Kontingenz in die Ewigkeit eingehen zu lassen. Genau dieses Verfahren ist auch der bürgerlichen Ideologie eigen. Wenn unsere Gesellschaft zum privilegierten Bereich mythischer Bedeutungen wird, so deshalb, weil der Mythos sich formal am besten für die ideologische Umkehrung (*renversement*) eignet, die diese Gesellschaft kennzeichnet."[53]

Barthes, der in einem seiner Essays auch Kultur und Ideologie zu Synonymen machen möchte („la culture est tout de même, en fin de compte, une idéologie")[54], setzt sich über die anthropologischen Diskussionen hinweg, in denen der Mythos-Begriff auf verschiedene Arten definiert wurde. Nicht die divergierenden Definitionen als solche sind hier wichtig, sondern die Stellen innerhalb der Diskussion, an denen sich wesentliche Unterschiede zwischen den beiden Begriffen herauskristallisieren.

Lévi-Strauss, der selbst Beziehungen zwischen Mythos und Ideologie herstellt (auf die ich später eingehen will), definiert den ersteren zunächst im Zusammenhang mit dessen retrospektiver Orientierung: „Ein Mythos bezieht sich immer auf vergangene Ereignisse: ‚vor der Erschaffung der Welt' oder ‚in ganz frühen Zeiten' oder jedenfalls ‚vor langer Zeit'."[55] Ähnlich argumentiert Mircea Eliade, wenn er die sakralen und übernatürlichen Aspekte des Mythos hervorhebt: „Der Mythos erzählt eine heilige Geschichte: er berichtet über ein Ereignis, das in der Urzeit stattgefunden hat, in der phantastischen Zeit des ‚Ursprungs'. (...) Die Figuren des Mythos sind übernatürliche Wesen."[56] Die Tatsache, daß der Mythos eine Brücke von der Vergangenheit zur Gegenwart und zur Zukunft schlägt, ist vorerst weniger wichtig als seine Ausrichtung auf das *Vergangene*, das *Heilige* und das *Übernatürliche*, durch die er sich wesentlich von modernen Ideologien unterscheidet, die zwar von vergangenen Ereignissen ausgehen können, sich aber vorwiegend mit gegenwärtigen sozialen Problemen befassen: Den Faschisten und Nationalsozialisten ging es nicht so sehr darum, die römisch-imperiale oder germanische Vergangenheit des italienischen oder deutschen Volkes zu erkennen oder zu erzählen, sondern um die Verwertung dieser teils reellen, teils imaginierten Vergangenheit im politischen Alltag der 20er und 30er Jahre.

Insofern hat auch François Bourricaud recht, wenn er im Hinblick auf die Ideologie die Bedeutung des Aktivismus und des politischen Handelns betont: „Der Aktivismus ist für die ideologische Einstellung wesentlich; es ist ein Wesenszug, den man in der my-

---

[53] R. Barthes, *Mythologies*, Paris, Seuil, 1957, S. 229—230.
[54] ibid., S. 145.
[55] Cl. Lévi-Strauss, *Strukturale Anthropologie*, Frankfurt, Suhrkamp, 1969, S. 229.
[56] M. Eliade, *Aspects du mythe*, Paris, Gallimard, 1963, S. 15.

thologischen Tätigkeit (*bricolage mythologique*) nicht wiederfindet (. . .)."[57] Im Gegensatz zur Ideologie hat der Mythos nicht die Aufgabe, Individuen und Gruppen gegen andere Individuen und Gruppen (und für bestimmte Zwecke) zu mobilisieren; er erfüllt eher eine deutende, hermeneutische Funktion, die sich nicht auf die gegenwärtigen sozialen Probleme bezieht, sondern auf die Beziehungen zwischen Mensch und Natur.

Auf sie geht vor allem Jorge Larrain ein, der ebenfalls bestrebt ist, die Ideologie modernen und den Mythos archaischen Gesellschaftsformen zuzuordnen. Dabei betont er auch die erklärende, hermeneutische Funktion des Mythos: „Zwar verwendet der Mythos die Analogie und transponiert die soziale Welt in die Erklärung der Natur, aber er konzentriert sich nicht unmittelbar auf gesellschaftliche Beziehungen, sondern auf die Natur. Seine Existenz setzt kein Klassensystem voraus. Den Mythos gibt es vorwiegend in einfachen klassenlosen Gesellschaften mit sehr einfachen sozialen Beziehungen. Die Ideologie hingegen tritt dort in Erscheinung, wo die Komplexität der gesellschaftlichen Beziehungen ein Klassensystem hervorgebracht hat."[58]

Der vierte und letzte Unterschied, auf den ich hier eingehen möchte, betrifft die Funktionen von Mythos und Ideologie. Trotz der Koexistenz verschiedener Varianten, die Lévi-Strauss systematisch untersucht[59], kann behauptet werden, daß ein Mythos einer ganzen Stammesgesellschaft gehört und die Rollen, Riten und Hierarchien in dieser Gesellschaft rechtfertigt; eine Ideologie hingegen wird nie von allen Mitgliedern einer modernen Gesellschaft anerkannt. Sogar die nationalistischen Ideologien der Zwischenkriegszeit wurden von Internationalisten, engagierten Europäern und Pazifisten wie Hermann Hesse[60] als willkürliche Konstrukte und als Partialsysteme bekämpft und relativiert.

Formal betrachtet ähnelt der archaische Mythos den Großreligionen (Christentum, Islam) in deren feudaler Phase: Er ist ein Universalsystem, an dem sich eine ganze Gesellschaft orientiert. Es mag daher sinnvoll sein, statt von primitiven oder archaischen von mythischen Gesellschaften zu sprechen. Diese unterscheiden sich durch ihre Homogenität und *mechanische Solidarität* (Durkheim) von den arbeitsteiligen Klassengesellschaften der bürgerlichen Ära, die man in dem hier entworfenen Zusammenhang auch als ideologische Gesellschaften bezeichnen könnte.

Es soll nun nicht der Eindruck geweckt werden, Mythos und Ideologie hätten nichts miteinander zu tun. Es ist wahrscheinlich kein Zufall, daß in soziologischen und semiotischen Texten Mythos und Ideologie häufig ineinander übergehen oder gar miteinander verschmelzen. „Einen Sonderfall der Ideologie stellt der Mythos dar"[61], heißt es beispielsweise in einem Aufsatz von Leszek Kolakowski. Und Eduard Spranger scheint eine

---

[57] F. Bourricaud, *Le Bricolage idéologique. Essai sur les intellectuels et les passions démocratiques*, Paris, P. U. F., 1980, S. 30.
[58] J. Larrain, *The Concept of Ideology*, London, Hutchinson, 1979, S. 153.
[59] Siehe: Cl. Lévi-Strauss, *Strukturale Anthropologie*, op. cit., S. 244.
[60] Siehe: Hermann Hesse, *Politische Betrachtungen*, Frankfurt, Suhrkamp, 1970, S. 100: „Was ich mit Rolland gemein habe, und was uns beide von der Mehrzahl der deutschen Jugend trennt, ist unsere vollkommene Abwendung von jedem Nationalismus (. . .)."
[61] L. Kolakowski, „Ideologie und Theorie", in: H.-J. Lieber, (Hrsg.), *Ideologie-Wissenschaft-Gesellschaft*, op.cit., S.356.

Verschmelzung herbeizuführen, wenn er bemerkt: „Jede ihrer selbst bewußt gewordene Nation bildet ihre eigentümliche Ideologie, um nicht zu sagen: ihren Mythos, aus, mit dem sie auf der Bühne der großen Politik auftritt, handelt und sich legitimiert."[62] In diesem Text überschneiden sich nicht nur Ideologie und Mythos, sondern (implizit) auch Ideologie und Nationalkultur oder Nationalbewußtsein.

So bedauerlich diese Art von terminologischer Kontamination sein mag, sie erklärt sich z. T. aus der funktionalen Symbiose, die in der modernen Gesellschaft Mythos und Ideologie häufig eingehen. Im Nationalsozialismus spielen germanische Mythen (im anthropologischen Sinn) eine wichtige Rolle, obwohl sie dort sekundäre, konnotierte[63] Bedeutungen annehmen, die dadurch entstehen, daß die ideologische Sprache der Nationalsozialisten von semantischen Dichtomien wie germanisch/mediterran, germanisch/slawisch oder arisch/semitisch strukturiert wird: von Gegensätzen, die es im ursprünglichen nordeuropäischen Kontext natürlich nicht gab.

Gerade die nationalsozialistische Symbolik, die sowohl die germanischen Runen als auch die noch ältere Swastika mit neuen Bedeutungen erfüllte, läßt die Wechselbeziehung zwischen Mythos und Ideologie erkennen. Diese Wechselbeziehung kann aber nur dann klar beschrieben werden, wenn im theoretischen Bereich nicht mehr undifferenziert vom „faschistischen Mythos" oder vom „Mythos der klassenlosen Gesellschaft" gesprochen wird. Erst dann kann gezeigt werden, welche Rolle archaische Mythen in modernen Ideologien spielen: etwa keltische Mythen in konservativen britischen, irischen oder französischen Rhetoriken.

Freilich soll hier keine begriffliche Zwangsjacke konstruiert werden, und wer gern vom Napoleon-Mythos, vom Stalin-Mythos oder Bismarck-Mythos spricht, soll es auch weiterhin tun. Die Verschwommenheit solcher Terminologie wird dem Sprechenden erst bewußt, wenn er feststellt, daß er an dieser Stelle ebensogut „Legende" sagen könnte, ohne bei seinen Gesprächspartnern andere Reaktionen hervorzurufen. (Tatsächlich werden in mittelmäßigen Nachschlagewerken Mythen häufig als Legenden bezeichnet. Literaturwissenschaftler, die in terminologischen Fragen besonders großzügig sind, sprechen gern vom „Don-Juan-Mythos", ohne diesen grundsätzlich von archaischen Entstehungsmythen oder von den Mythen des goldenen Zeitalters zu unterscheiden, die ebenfalls in die Kunst eingegangen sind.)[64]

Dieser kurze Exkurs in die Problematik der Alltagssprache läßt eine erste Ähnlichkeit zwischen Ideologie und Mythos erkennen: beide Konstruktionen entziehen sich teilweise der empirischen Überprüfung. Eliade hat wohl recht, wenn er bemerkt, daß schon

---

[62] E. Spranger, „Wesen und Wert politischer Ideologien", in: H.-J. Lieber (Hrsg.), *Ideologie-Wissenschaft-Gesellschaft*, op.cit., S. 165.

[63] Als Bedeutungseinheit, die auf zwei semiotischen Ebenen angesiedelt werden kann, definiert Hjelmslev den *Konnotator*: „indicator which is found, under certain conditions in both planes of the semiotic." (*Prolegomena to a Theory of Language*, Madison/London, The University of Wisconsin Press, 1969 S. 137—138.) Auf die Wechselbeziehung von Mythos und Ideologie in der Moderne geht auch M. Djurić ein: *Mythos. Wissenschaft. Ideologie. Ein Problemaufriß*, Amsterdam, Rodopi, 1979, S. 147—148.

[64] Siehe: M. Moog-Grünewald, „Einfluß- und Rezeptionsforschung", in: M. Schmeling (Hrsg.) *Vergleichende Literaturwissenschaft. Theorie und Praxis*, Wiesbaden, Athenaion, 1981, S. 67.

in der Antike das Wort *Mythos* im Gegensatz zu *logos* und später *historia* all das bezeichnete, „was es in Wirklichkeit nicht geben kann."[65] Dies ist der Grund, weshalb es in der modernen Ära der „Ideologie" angenähert wurde, die es trotz ihres wissenschaftlichen Anspruchs mit der empirischen Überprüfung nicht sehr ernst nimmt.

Auf eine andere Ähnlichkeit stößt der Soziologe, wenn er in Eliades Buch *Aspekte des Mythos* erfährt, daß die Stämme Amerikas und Afrikas den Mythos, der das Heilige zum Gegenstand hat, als „wahre Geschichte" definieren und von den „falschen Geschichten" des profanen Bereichs unterscheiden: „Die Pawnee unterscheiden zwischen den ‚wahren Geschichten' und den ‚falschen Geschichten', und sie zählen zu den ‚wahren' Geschichten an erster Stelle alle diejenigen, die sich auf die Entstehung der Welt beziehen (...)."[66]

Es wird sich im Verlauf dieser Untersuchung zeigen, daß auch die Ideologie eine Geschichte oder Erzählung ist, die vom Ideologen als „wahr" definiert wird, und zwar im Gegensatz zu den vielen „unwahren" oder „falschen" Erzählungen: den anderen Ideologien. Der Ideologe geht allerdings nicht mehr vom Gegensatz zwischen *heilig* und *profan* aus, sondern beruft sich häufig auf die Dichotomie *wissenschaftlich/unwissenschaftlich*. Dies ist einer der Gründe, weshalb „Ideologie" nicht unabhängig von der Wissenschaft oder der Theorie zu erklären ist (s. weiter unten).

Auf diese Übereinstimmung von Ideologie und Mythos geht auch Lévi-Strauss in der *Strukturalen Anthropologie* ein, wenn er zeigt, daß die Ideologie ähnlich wie der Mythos die Vergangenheit beschwört, um es ihren Anhängern zu erleichtern, sich in der Gegenwart und der Zukunft zu orientieren. Wie der Mythos „erzählt" sie die Geschichte, indem sie gleichsam ein Urereignis postuliert: „Nichts ähnelt dem mythischen Denken mehr als die politische Ideologie. In unseren heutigen Gesellschaften hat diese möglicherweise jenes nur ersetzt." Anders als der Historiker definiert der Politiker (oder ein politischer Denker wie Michelet) ein vergangenes Ereignis „mythisch": „Aber für den Politiker und für seine Zuhörer ist die Französische Revolution eine Wirklichkeit ganz anderer Art; eine Folge von vergangenen Ereignissen, ja, aber auch ein Schema, das dauernde Wirkung besitzt, die es ermöglicht, die Sozialstruktur des heutigen Frankreich, die sich daraus ergebenden Antagonismen zu interpretieren und die Grundzüge der zukünftigen Entwicklung abzulesen."[67] Kurzum: die Ideologie ist — wie der Mythos — eine Erzählstruktur, deren Mechanismen denjenigen, die sich auf sie berufen, nur teilweise bewußt sind.

d) *Weltanschauung*

Ähnlich wie zwischen Ideologie, Religion, Kultur und Mythos, können zwischen Weltanschauung und Ideologie häufig Interferenzen aufgezeigt werden. Einerseits ist oft von religiösen, metaphysischen oder philosophischen Weltanschauungen (Weltbildern) die Rede; andererseits wird der von Wilhelm Dilthey in die philosophische Diskussion ein-

---

[65] M. Eliade, op.cit., S. 10.
[66] ibid., S. 18.
[67] Cl. Lévi-Strauss, op.cit., S. 230.

geführte Begriff regelmäßig mit der Ideologie in Beziehung gesetzt oder gar als eine Variante der letzteren dargestellt.

Für den Versuch, Weltanschauung als einen besonderen Typus des ideologischen Denkens zu definieren, ist eine Passage aus Jakob Barions Buch *Was ist Ideologie?* charakteristisch: „Weltanschauung sieht von ihrem ideologischen Wahrheitsanspruch aus die Vertreter anderer Weltanschauungen als Feinde, da diese nach ihrer Meinung es verhindern, daß die Wahrheit sich unter allen Menschen durchsetzt. Weltanschauungskampf ist Kampf um die Alleinberechtigung einer Ideologie, er wird daher mit größter Erbitterung geführt und kennt keinen Kompromiß, weil *die* Wahrheit siegen muß."[68]

In dieser Darstellung erscheint die Weltanschauung als eine extreme Form der Ideologie, in der der Anspruch auf die totale Wahrheit besonders kraß zum Ausdruck kommt. Unbeantwortet bleibt die Frage, ob etwa die „tragische Weltanschauung", die nach Lucien Goldmann die Grundlage von Pascals *Pensées* bildet, auf derselben Ebene angegangen werden soll, wie die Ideologie des DGB, der CGT oder der CGIL. Auch hier zeigt sich, daß der Ideologiebegriff bisher nicht klar gegen die verwandten Begriffe seines semantischen Umfeldes abgegrenzt wurde; dies ist wohl der Grund, weshalb seine Beziehung zum Begriff der Weltanschauung (des Weltbildes) nicht thematisiert werden konnte.

Im Zusammenhang mit dem letzteren ist es wichtig, auf den Unterschied zwischen psychologisch-individualistischen und soziologischen Betrachtungsweisen und Definitionen hinzuweisen. Während es in den psychologischen Ansätzen in erster Linie um die Zuordnung bestimmter Weltbilder einigen idealtypisch konstruierten Lebenswelten geht, versuchen Kultursoziologen seit Karl Mannheim, Weltanschauungen funktional im Hinblick auf kollektive Orientierungen, Bedürfnisse und Interessen zu erklären.

Sowohl Wilhelm Diltheys „verstehende Psychologie" als auch Karl Jaspers' *Psychologie der Weltanschauungen* fassen das Weltbild als ein individuelles Konstrukt (*Gehäuse*, Jaspers) auf, mit dessen Hilfe sich der Einzelne in der Wirklichkeit orientiert. Es ist sicherlich kein Zufall, daß bei Jaspers die Weltbilder (wie schon bei Dilthey) vor allem auf das individuelle Erleben bezogen werden: „das sinnlich-räumliche Weltbild", „das seelisch-kulturelle Weltbild", „das metaphysische Weltbild", etc. Dennoch ist Jaspers bestrebt, den Relativismus zu vermeiden; er geht deshalb vom Postulat eines „allumfassenden Weltbildes" aus, in dem — wie Hegel sagen würde — alle individuellen Perspektiven „aufgehoben" sind: „Das psychologische Denken befindet sich hier in einer Spannung: Einerseits ist jedes Weltbild, das der Mensch hat, eine individuelle *Perspektive*, ein individuelles Gehäuse, das als Typus, aber nicht als das absolut allgemeine Weltbild generalisiert werden kann. Andererseits setzen wir immer die *Idee eines absoluten, allgemeingültigen, allumfassenden Weltbildes*, oder eines hierarchisch geordneten Systems der Weltbilder voraus."[69]

Im dritten Kapitel dieses Buches wird sich zeigen, daß das von Jaspers angeschnittene Problem eines „allgemeingültigen Weltbildes" von Karl Mannheim, der die *Psychologie*

---

68 J. Barion, *Was ist Ideologie? Studie zu Begriff und Problematik*, Bonn, Bouvier, 1974, S. 65.
69 K. Jaspers, *Psychologie der Weltanschauungen*, Berlin-Göttingen-Heidelberg, Springer-Vlg., 1960, S. 143.

der Weltanschauungen kannte, in einem soziologischen Kontext wieder aufgegriffen wird. (Dies ist der Grund, weshalb ich hier etwas ausführlicher auf den psychologischen Ansatz eingehe.) Allerdings erscheint das „allumfassende Weltbild", das der junge Jaspers kurz nach dem Ersten Weltkrieg in seiner *Psychologie der Weltanschauungen* (1919) noch für möglich hält, in Mannheims *Ideologie und Utopie* (1929) als ein äußerst prekäres Konstrukt. Es wird sich immer wieder zeigen, daß die Frage nach dem übergreifenden System oder Weltbild die ideologiekritische Frage par excellence ist: Gibt es „jenseits" der kontingenten Standpunkte einen „notwendigen", nicht-kontingenten Standort?

Mannheims Betrachtungsweise unterscheidet sich von der psychologischen im wesentlichen dadurch, daß sie das Problem der Weltanschauung historisiert und auf eine kollektive Ebene projiziert. Die Weltanschauung wird nicht länger auf die psychischen Bedürfnisse des Einzelnen bezogen, sondern auf Gruppensituationen und Gruppeninteressen. In *dieser* Hinsicht deckt sich Mannheims Ansatz mit meinem eigenen.

In *Ideologie und Utopie* erscheint „Weltanschauung" als die allgemeinste Form der Ideologie, als „totaler Ideologiebegriff" (Mannheim), der alle noetischen Kategorien des sprechenden Subjekts erfaßt und sich auf den sozio-historischen (kulturellen) Standort des Subjekts und seiner Gruppe oder Schicht (Klasse) bezieht. In diesem Zusammenhang unterscheidet Mannheim zwei Ideologiebegriffe: den *partikularen* und den *totalen*: „Während der partikulare Ideologiebegriff nur einen *Teil der Behauptungen* des Gegners — und auch diese nur auf ihre *Inhaltlichkeit* hin — als Ideologien ansprechen will, stellt der totale Ideologiebegriff die gesamte Weltanschauung des Gegners (einschließlich der kategorialen Apparatur) in Frage und will auch diese Kategorien vom Kollektivsubjekt her verstehen."[70]

Den beiden Ideologiebegriffen Mannheims entsprechen zwei methodologische Ebenen: Während die Ideologie im partikularen Sinn (als Irreführung oder Verschleierung durch den Einzelnen) Gegenstand psychologischer Betrachtung (der *Interessenpsychologie*, Mannheim, S. 55) ist, die lediglich einzelne Behauptungen oder Begriffe anvisiert, gehört die Ideologie als Weltanschauung (als umfassendes noetisches Weltbild einer Gruppe) dem Objektbereich der *Wissenssoziologie* an. Diese hat nicht isolierte Aussagen, sondern ganze Kategorialsysteme zum Gegenstand.

Man könnte sich an dieser Stelle fragen, ob es *innerhalb* einer soziologischen Theorie sinnvoll sei, einen psychologischen von einem soziologischen Ideologiebegriff zu unterscheiden. Läuft diese Unterscheidung nicht darauf hinaus, daß der psychologische Begriff als Ballast gleichsam „mitgeschleppt" wird, ohne angewandt zu werden? Seine Anwendung wäre nur dann möglich, wenn Mannheim versuchte, den partikularen Ideologiebegriff mit Hilfe bestehender psychologischer oder psychoanalytischer Termini (ich denke an Freuds *Rationalisierung*) zu präzisieren und auf den Begriff der Weltanschauung oder der totalen Ideologie funktional zu *beziehen*. Leider verzichtet er auf die methodologische Integration dieser Begriffe sowie auf eine restriktiv-kritische (negative) Definition der Ideologie (s. Kap. 9).

---

[70] K. Mannheim, *Ideologie und Utopie*, Frankfurt, G. Schulte-Bulmke-Vlg., 1978, S. 54. Siehe auch: K. Mannheim, „Der Weltanschauungsbegriff", in: ders., *Strukturen des Denkens*, Frankfurt, Suhrkamp, 1980, S. 101.

Immerhin zeigt aber sein Ansatz (mit dem ich mich im 3. Kapitel ausführlicher befassen will), daß eine Ideologie im Extremfall ein begriffliches und kategoriales, d. h. ein noetisches System sein kann, zu dessen Bestandteilen eine Ethik, eine Ästhetik und eine Politik gehören können. Die Frage ist nun, ob jede Ideologie eine Totalideologie oder Weltanschauung in diesem Sinne ist. Ich glaube nicht: Eine politische Partei oder Gewerkschaft mag neben politischen und wirtschaftlichen auch moralische oder ästhetische Grundsätze befolgen; eine Ethik, Ästhetik oder gar Erkenntnistheorie würden die Partei- oder Gewerkschaftsmitglieder in ihren Organisationen wohl vergeblich suchen. (Ausnahmen sind totalitäre Parteien, die die Erschaffung einer neuen Kultur planen.)

An dieser Stelle erscheint eine Unterscheidung zwischen Ideologie und Weltanschauung möglich: Während zahlreiche Ideologien als wirtschaftliche oder politische *Ad-hoc-*Konstruktionen oft einen niedrigen Kohärenzgrad aufweisen, sind Weltanschauungen oder Weltbilder Totalitäten oder Systeme, die viele verschiedene Sphären des sozialen Lebens integrieren: Wirtschaft, Politik, Ethik, Metaphysik, Ästhetik, Wissenschaft etc. Man könnte sagen, daß es sich um begriffliche oder philosophische Systeme handelt, deren Entstehung nicht nur aus kollektiven Interessen und Bedürfnissen ableitbar ist, sondern auch aus den Erkenntnisinteressen einzelner Philosophen oder Philosophengruppen. Ich denke in diesem Zusammenhang an den Hegelianismus als Philosophie und Weltanschauung, an den (Neo-)Kantianismus, den Existentialismus oder die Philosophie Croces.

In diesem Sinne hat auch Lucien Goldmann, dessen genetischer Strukturalismus zahlreiche Übereinstimmungen mit der Wissenssoziologie aufweist, Ideologie und Weltanschauung unterschieden. In seinen wichtigsten Arbeiten geht er davon aus, daß die Weltanschauung (*vision du monde*) nur in den „großen" philosophischen, theologischen und literarischen Werken der Weltliteratur vorkommt: nicht jedoch in der sozialen Wirklichkeit des Alltags. (Mit Goldmanns hegelianischer Genieästhetik setze ich mich an anderer Stelle auseinander.)[71]

Die Frage, wie denn die Weltanschauung, die es in der sozialen Wirklichkeit nicht geben soll, in die „großen" Werke gelange, bringt Goldmann *nicht* in Verlegenheit. Er geht von dem (plausiblen) Gedanken aus, daß auch in dem von Ideologien beherrschten Alltag die Gruppen und Individuen nach Kohärenz, nach kohärenter Erkenntnis oder Darstellung streben: „(...) Die strukturelle Kohärenz ist keine statische Realität, sondern eine dynamische Virtualität innerhalb der Gruppen, eine Bedeutungsstruktur (*structure significative*), auf die sich das Denken, das Empfinden und das Handeln der Individuen hinbewegen; eine Struktur, die die Mehrzahl von uns nur in Ausnahmefällen, in besonders günstigen Situationen, verwirklicht, die aber bestimmte Individuen in begrenzten Bereichen realisieren können: dann nämlich, wenn sie mit den Tendenzen der Gruppe übereinstimmen und diese bis zur äußersten Grenze entfalten. (Dies ist der Fall bei

---

[71] Siehe: Vf., „Lucien Goldmanns hegelianische Ästhetik", in: ders., *Kritik der Literatursoziologie*, Frankfurt, Suhrkamp, 1978.

einigen politischen oder religiösen Führern, großen Schriftstellern, großen Künstlern oder großen Philosophen.)"[72]

Dies bedeutet jedoch keineswegs, daß die großen philosophischen Systeme Hegels, Kants, Hobbes' oder das Werk Pascals, mit dem sich Goldmann in *Le Dieu caché* ausführlich befaßt, schlicht ideologiefrei sind. Goldmann selbst zeigt, wie sich der Besitzindividualismus in den Werken der Aufklärung niederschlägt[73] und wie aus Pascals *Pensées* und dem extremen Jansenismus, den diese Aphorismen auf besonders prägnante Art ausdrücken, die Interessen und Orientierungsbedürfnisse des französischen Beamtenadels im 17. Jh. sprechen: Die innerweltliche Ablehnung der Welt (*refus intramodain*), die aus den *Pensées* spricht und ihnen ihre paradoxe und tragische Struktur gibt, ist letztlich auf die politische Enttäuschung des Beamtenadels und seine Ablehnung der absoluten Monarchie zurückzuführen.[74]

Hier zeigt sich konkret, daß die von Goldmann untersuchte tragische Weltanschauung Pascals und Racines durchaus eine „Totalideologie" im Sinne von Mannheim ist. Ralph Heyndels und Etienne Guérin mögen durchaus recht haben mit ihrer Behauptung, die Ideologie drücke eher spezifische Interessen aus („intérêts ou des enjeux localisés"), während die Weltanschauung aus der Gesamtlage einer Gruppe abzuleiten sei; den entscheidenden Grund für eine *Trennung* von Ideologie und Weltanschauung geben sie nicht an.[75]

Dennoch erscheint es sinnvoll, zwischen den noetisch anspruchslosen und manchmal auch inkohärenten Ideologien des Alltags und den ideologischen Weltanschauungen der Philosophen, Historiker oder Künstler zu unterscheiden. Diese Unterscheidung läuft jedoch nicht auf eine Trennung hinaus, sondern auf die Feststellung von Interdependenz und Interferenz: auf die Feststellung, daß jede Weltanschauung zwar Ideologie ist, nicht aber jede Ideologie Weltanschauung.

2. Ideologie semiotisch

a) *Sprache*

Die Beziehung zwischen Sprache und Ideologie entspricht der zwischen Kultur und Ideologie. In der Praxis ist die Trennung von Kultur und Sprache ebenso künstlich wie die Abgrenzung einer soziologischen von einer semiotischen Betrachtungsweise: Während die Kultursemiotik (etwa Lotmans) zeigt, daß die Kultur Gegenstand semiotischer Theo-

---

[72] L. Goldmann, *Recherches dialectiques*, Paris, Gallimard, 1959, S. 108. Siehe auch: ders., *Sciences humaines et philosophie*, Paris, Gonthier, 1966, S. 60.: „Les grands écrivains *représentatifs* sont ceux qui expriment, d'une manière plus ou moins cohérente, une vision du monde qui correspond au maximum de conscience possible d'une classe; c'est le cas, surtout, pour les philosophes, les écrivains et les artistes."

[73] Siehe: L. Goldmann, „La Philosophie des Lumières", in: ders., *Structures mentales et création culturelle*, Paris, Anthropos, 1970.

[74] Siehe: L. Goldmann, *Le Dieu caché*, Paris, Gallimard, 1955, Kap. 7.

[75] R. Heyndels, „Etude du concept de vision du monde. Sa portée en théorie de la littérature", in: *L'Homme et la société*, Nr. 43/44, 1977, S. 135.

rien sein kann, spricht aus zahlreichen soziolinguistischen Ansätzen (etwa Basil Bernsteins) das Interesse der Soziologen für die Sprache. Wenn in diesem Kapitel „Kultur" eher in einer soziologischen und „Sprache" in einer semiotischen Perspektive dargestellt wird, so deshalb, weil es hier in erster Linie um terminologische Differenzierung (Entwirrung) geht und weil der globale Kulturbegriff vorwiegend von Anthropologen und Soziologen definiert wurde, während der Sprachbegriff (als *langue*) schon immer ein Gegenstand der Linguistik war.

Auf ähnliche Art und mit ähnlichen Argumenten wie die Kultur ist die Sprache mit der Ideologie identifiziert worden. Es ist wohl kein Zufall, daß gerade diejenigen, die die Kultur pauschal als „ideologisch" bezeichnen, auch die Sprache für eine Ideologie halten. Barthes, der den „Universalcharakter der Kultur" als eine Illusion betrachtet, geht sogar so weit, daß er die Sprache in ihrer Gesamtheit für ideologisch erklärt. „Die Sprache als Verwirklichung einer jeden Sprechweise ist weder reaktionär noch fortschrittlich, sie ist einfach faschistisch."[76]

Hier tritt ein Problem zutage, das auch in der Kulturdiskussion eine Rolle spielte: Kultur und Herrschaft sind zwar — wie schon Benjamin wußte — nicht zu trennen, aber Benjamins Kulturkritik wäre unmöglich, wenn alle Kultur *nur* Herrschaft wäre. Ähnliches ließe sich von Barthes Sprachkritik sagen, die für das zeitgenössische französische Denken besonders charakteristisch zu sein scheint. Denn auch Renée Balibar geht als Schülerin von Louis Althusser (und Jacques Lacan) von der Überlegung aus, daß die französische Nationalsprache der bürgerlichen Klasse zuzurechnen ist: „Dieses nationale Französisch, einheitlich und diskriminierend, ist zugleich das Französisch eines jeden ‚Autors' und das Französisch eines jeden ‚Lesers': die Grundlage dieser paradoxen Kommunikation ist der Französischunterricht im bürgerlich-demokratischen Staatsapparat der Schule."[77]

Dennoch ist das von Balibar kritisch analysierte nationale Französisch keine Ideologie; denn Balibar bezieht sich (auch in ihrer Camus-Interpretation) in erster Linie auf die sprachliche Kompetenz, die in den verschiedenen Gesellschaftsschichten zugegebenermaßen ungleich stark ausgeprägt ist. Diese sprachliche Kompetenz ist zwar — wie Basil Bernstein zeigt — ein soziales Herrschaftsinstrument, sie ist jedoch nicht der Ideologie gleichzusetzen. In Bernsteins *elaborated code* können durchaus verschiedene, miteinander unvereinbare Ideologien ausgedrückt werden, und dieses Argument gilt auch — obwohl mit Einschränkungen — für den *restricted code*. Dieser wird einen Londoner Dockarbeiter nicht davon abhalten, eine marxistische Ideologie gegen eine faschistische einzutauschen und von der Kommunistischen Partei zur *National Front* überzuwechseln.

Der Unterschied zwischen Sprechern des *elaborated code* und des *restricted code* besteht im wesentlichen darin, daß es dem Angehörigen der gebildeten, der herrschenden Schicht leichter fallen wird, sich in verschiedenen ideologischen Sprachen auszudrücken und die Angehörigen der Unterschicht in jeder beliebigen Rhetorik (der konservativen, der liberalen oder der sozialistischen) zu überrunden. Auf dieses Problem geht indirekt

---

[76] R. Barthes, in: O. Reboul, *Langage et idéologie*, Paris, P. U. F., 1980, S. 38.
[77] R. Balibar, *Les Français fictifs*, Paris, Hachette, 1974, S. 140.

Bernstein ein, wenn er bemerkt, daß „*elaborated codes* ihre Benützer auf universelle Bedeutungen ausrichten, während *restricted codes* sie für besondere Bedeutungen sensibilisieren (...)."[78] Man könnte diese Darstellung weiter nuancieren und sagen, daß der *elaborated code* es dem Sprechenden gestattet, sich zahlreicher *Register* (im Sinne von M. A. K. Halliday) zu bedienen und beispielsweise von einer feierlichen Ansprache in ungezwungene Plauderei überzuwechseln, während der *restricted code* solche Übergänge erheblich erschwert.

Sicherlich ist es legitim, diese Unterschiede aus Herrschaftsverhältnissen abzuleiten und mit Bourdieu zu sagen, der Angehörige der beherrschten Klasse „könne nicht reden" („il ne sait pas parler")[79]. Aber mit Ideologie und ideologischen Antagonismen hat dies alles nur wenig zu tun: Innerhalb des *elaborated code* können grundverschiedene Ideologien kollidieren, und der Werdegang einiger europäischer Autoren zeigt, daß ein bestimmter Kode den Sprechenden und Schreibenden nicht vorab auf eine Ideologie festlegt. Politiker wie Benito Mussolini und Schriftsteller wie André Malraux, George Orwell und Drieu Larochelle haben gezeigt, daß das ideologische Oszillieren *innerhalb* eines und desselben Kodes möglich ist.

Da Kode (im Sinne von Bernstein) und Ideologie nicht identifiziert werden können, erscheint auch die Ineinssetzung von Ideologie und Sprache (*langue*) als fragwürdig. Olivier Reboul hat durchaus recht, wenn er im Anschluß an seine Kritik verschiedener Identifikationsversuche folgert: „Nicht die Sprache ist ideologisch, sondern der Gebrauch, den man von ihr macht."[80] — Schon Lucien Goldmann wies in seiner Kritik einiger strukturaler Ansätze darauf hin, daß die *langue* als solche nicht ideologisch sein kann: Nur die Prozesse im Bereich der *parole* können es sein.[81] Auf diesen Bereich, in dem die Sprache als *historisches* System allmählich verändert wird, will ich im zweiten Teil dieses Buches ausführlich eingehen. Dies ist der Grund, weshalb hier Hinweise auf die für die Textsoziologie besonders wichtigen Beziehungen zwischen *Sprache*, *Soziolekt* und *Diskurs* ausgespart werden.

Nicht ausgespart werden soll der Einwand, daß die Sprache als ganze nicht nur ein Instrument der Klassenherrschaft ist, sondern auch ein Instrument zur Erhaltung männlicher Hegemonie. Bekannt sind die Beispiele, an denen diese sprachliche Hegemonie illustriert wird. Von zahlreichen Berufsbezeichnungen gibt es im Deutschen nur die männliche Variante: Matrose, Flugzeugführer, Minister, Ingenieur, Computerfachmann, Staatsmann oder Bergführer haben (zumindest in der Umgangssprache) noch keine anerkannten weiblichen Äquivalente. Ähnliches gilt für die französischen Wörter *peintre, graveur, professeur, homme d'Etat, conseiller* etc. Sowohl im Französischen als auch im Englischen ist das Wort für „Mensch" zugleich das Wort für „Mann"; dies wird vor allem in Ausdrücken wie *terre des hommes, man-made* oder *mankind* deutlich.

---

[78] B. Bernstein, „Social Class, Language and Socialization", in: P. P. Giglioli (Hrsg.), *Language and Social Context*, Harmondsworth, Penguin, 1972, S. 164.
[79] P. Bourdieu, *Ce que parler veut dire*, Paris, Fayard, 1982, S. 63.
[80] O. Reboul, *Langage et idéologie*, op.cit., S. 41.
[81] L. Goldmann, *Structures mentales et création culturelle*, op. cit., S. XV.

Es zeigt sich immer wieder, daß in den semantischen Systemen verschiedener europäischer Sprachen der „männliche" Charakter bestimmter Lexeme stillschweigend vorausgesetzt wird. Wer diese Lexeme für das weibliche Geschlecht verwenden will, der muß seine Absicht signalisieren. (In diesem Zusammenhang sollte auch darauf hingewiesen werden, daß auf „wer" immer „der" oder „seine" und nicht „die" oder „ihre" folgen.)

Mit diesem Problem befaßt sich auch Dale Spender in ihrem Buch *Man Made Language,* dessen Titel die Zweideutigkeit des englischen Wortes *man* ausdrückt: „Die maskuline Form ist unmarkiert (unmarked): es wird angenommen, daß die Welt männlich ist, solange nicht das Gegenteil bewiesen ist."[82] Die semantische Theorie der Markiertheit arbeitet bekanntlich mit der aus der Phonologie stammenden These, daß der jeweils normale Wert unmarkiert bleibt, während der unnormale markiert wird. (Für den Soziologen und Politologen ist es aufschlußreich zu beobachten, daß viele imperiale Gesten und Privilegien auf diese Art ausgedrückt werden: Großbritannien, das erste Land der Welt, das Briefmarken herausgab, verzichtet noch heute darauf, die Marken mit dem Namen des Herkunftslandes zu versehen. Diese Null-Markierung drückt das Privileg der Normalität aus: die britische Briefmarke ist die Briefmarke schlechthin.)

Die Feministen haben insofern recht, als die Sprache tatsächlich — wie die Kultur oder die Religion — ein Herrschaftsinstrument ist. Sie begünstigt (wie die monotheistischen und patriarchalen Religionen des Mittelmeerraumes) die Männer den Frauen, die Gebildeten den Nichtgebildeten gegenüber. Dennoch ist sie nicht ideologisch in dem hier vorgeschlagenen Sinn. Wäre sie es, so gäbe es kein Ausbrechen aus ihr, und Frauen wären nicht in der Lage, die Herrschaftsverhältnisse auf semantischer, syntaktischer und narrativer Ebene in Frage zu stellen. Sie tun es, indem sie die bestehenden Ideologien vom Standpunkt neuer Ideologien und neuer Werturteile angreifen. Durch ihre neue semantische und syntaktische Praxis wirken sie (wie vor ihnen die Marxisten, die Anarchisten, die Futuristen und die Faschisten) auf die Sprache als historisches System ein und verändern sie.

Immer wieder tritt in der zeitgenössischen Gesellschaft die Bedeutung der sprachlichen Praxis zutage, die politische, wirtschaftliche und pädagogische Institutionen beeinflussen kann. (Die Einwirkung sprachlicher Praxis auf ökonomisches Verhalten hat bereits Max Weber in seiner *Protestantischen Ethik* zumindest implizit nachgewiesen.)[83] Es ist daher ebenso unsinnig, die Sprache mit N. Marr dem „Überbau" zuzuordnen,[84] wie es unsinnig ist, sie als Geschenk der Götter im Himmel anzusiedeln.

Es sollte gezeigt werden, daß es nicht sinnvoll ist, die Sprache in ihrer Gesamtheit (die historische *langue*) als ideologisch zu bezeichnen. Zugleich stellt sich heraus, daß Ideologien *in* der Sprache und vorwiegend (obwohl nicht ausschließlich) *durch* die Sprache wirken. Mit Recht heben Rosalind Coward und John Ellis in ihrem Buch *Language and Materialism* die Wechselbeziehungen zwischen dem sich wandelnden Sprachsystem und

---

[82] D. Spender, *Man made language*, London, Routledge & Kegan Paul, 1980, S. 20.
[83] Siehe: M. Weber, *Die protestantische Ethik I*, Hamburg, Siebenstern Verlag, 1973, S. 120–121: Dort kommt der deterministische und vor allem teleologische Charakter des Diskurses der „Prädestinationslehre" zum Ausdruck.
[84] Siehe: P. P. Gelgardt, „Niekotorije obščelingvističeskie idei i folkorističeskie interesy akd. N. Ja. Marra v osveščenii naučnoj kritiki", in: *Voprosy jazykoznania* 3, 1976.

den ideologischen Diskursen hervor: „Die ideologischen Diskurse sind das Produkt der ideologischen Artikulierung in der Sprache. Die Sprache ist mehr als diese Diskurse, ebenso wie Ideologie mehr ist als einfach Ideen."[85]

Da ich mich im zweiten Teil dieses Buches ausführlich mit diesen Wechselbeziehungen befasse, lasse ich es hier bei einigen Andeutungen bewenden. Schon solche Andeutungen zeigen, daß sowohl Sprache als auch Kultur übergreifende Systeme sind, innerhalb derer Ideologien entstehen. Dies bedeutet jedoch nicht, daß Ideologien nicht transkulturell oder interkulturell wirken können: Den Einfluß des italienischen Faschismus auf den Nationalsozialismus, des deutschen auf den französischen Existentialismus wird kaum jemand bestreiten. Nicht zu übersehen ist jedoch die Tatsache, daß solche Einflüsse nur *im Rahmen* einer bestimmten Sprache und Kultur möglich waren: Die Schwierigkeiten, auf die der junge Sartre stieß, als er versuchte, Heideggers Begriff der „Sorge" zu übersetzen, zeigen es.

b) *Werbung*

„Im Grunde ja ist jeder Satz Reklame", schreibt Jürgen Becker in *Umgebungen*.[86] Diese Behauptung ist wahrscheinlich eine Übertreibung, sie zeigt aber, daß in der zeitgenössischen Gesellschaft nicht nur Ideologien auf das Sprachsystem einwirken, sondern auch die kommerzialisierte Rhetorik der Werbung. Diese wiederum ist häufig als „ideologisch" apostrophiert worden: wohl deshalb, weil Soziologen, Semiotikern und Linguisten immer wieder die ideologischen Elemente auffallen, mit denen Reklamefachleute für ihre Produkte werben.

Wenn für einen neuen Wagen mit dem Wort „Freiheit" („Freiheit auf Rädern") geworben wird, so wird im Rahmen des semantischen Gegensatzes Freiheit/Unfreiheit nicht nur ein politischer Wert konnotiert; die Reklamebotschaft richtet sich zugleich an eine bestimmte Gruppe von zumeist bürgerlichen Individualisten, von denen angenommen wird, daß sie bereit sind, für ihre Freiheit etwas zu zahlen. Ein Geschäft oder Lokal, das sich als „exklusiv" bezeichnet, suggeriert nicht nur, daß es einer bestimmten Preisklasse angehört, sondern auch, daß es nur bestimmten Gruppen zugänglich ist und den Vorstellungen und Wünschen dieser Gruppen entspricht.

Dieser Umstand hat Pierre Bourdieu und einige seiner Schüler veranlaßt, einen Nexus zwischen dem *wirtschaftlichen* und dem *symbolischen* (dem kulturellen) Kapital zu postulieren und bestimmte Sprachformen dem letzteren zuzurechnen. Man spricht für den Markt, auch dann, wenn man als Schriftsteller, Wissenschaftler oder Politiker nicht unmittelbar an der Werbung beteiligt ist: „Dies bedeutet, daß der Markt den Preis eines sprachlichen Produkts bestimmt (. . .)."[87] Freilich geht es nicht um *den* Markt allgemein, sondern um die Marktmechanismen eines bestimmten intellektuellen Umfeldes (*champ*

---

[85] R. Coward, J. Ellis, *Language and Materialism. Developments in Semiology and the Theory of the Subject*, London, Routledge & Kegan Paul, 1977, S. 79.
[86] J. Becker, *Felder. Ränder. Umgebungen*, Frankfurt, Suhrkamp, 1983, S. 309.
[87] P. Bourdieu, *Ce que parler veut dire*, op.cit., S. 76.

intellectuel), das von bestimmten „Spielregeln" beherrscht wird, die den Preis sprachlicher oder künstlerischer Produkte (etwa eines avantgardistischen Textes) festlegen. (Bourdieu geht es darum, die symbolische Kompetenz bestimmter Gruppen der Gesellschaft mit ihrem wirtschaftlichen Kapital in Beziehung zu setzen und zu zeigen, daß das symbolische Kapital als Investition auf lange Sicht in das wirtschaftliche Kapital konvertibel ist. Ihm schwebt — etwa in *Le Sens pratique* — eine „*comptabilité totale* des profits symboliques" vor.)[88]

Geht man wie Bourdieu vom Marktwert oder Tauschwert bestimmter politischer, ästhetischer und wissenschaftlicher Diskurse und Kommunikationsformen aus, so drängt sich komplementär zu diesem Postulat der Gedanke an den ästhetischen und vor allem politischen Charakter der „Marktsprache", der Sprache der Werbung, auf. Tatsächlich geht Bourdieu von der Überlegung aus, daß die Werbung in ihren Rhetoriken (und nichtverbalen Darstellungen) die Öffentlichkeit in Übereinstimmung mit bestimmten Klasseninteressen manipuliert: „Bekanntlich profitiert die Werbung für Luxusgegenstände systematisch davon, daß ein bestimmtes Produkt assoziativ mit einer sozialen Gruppe in Zusammenhang gebracht wird."[89] (Die Verkäufer, sagt Bourdieu, definieren sich durch ihre Kundschaft, deren Sprache sie sprechen und deren Geschmack sie entsprechen.)

Bedeutet dies, daß die Sprachen der Werbung ideologische Rhetoriken sind, von denen jede den Interessen und Orientierungen einer bestimmten Gruppe entspricht? Ich glaube nicht. Denn die Sprache der Werbung hat nicht bestimmte konservative, liberale, sozialistische oder anarchistische Werte und Wertsetzungen zum Gegenstand, sondern den Marktwert selbst: den Tauschwert. Auf funktionaler Ebene zeigt sich, daß sie zwar auch — wie die Ideologie — Gruppen und Individuen an bestimmten Zielen orientieren und mobilisieren soll; während aber der Ideologe die Verwirklichung bestimmter Werte (christliche Gemeinschaft, Sozialismus, Freiheit, Anarchie) anstrebt, kennt der Werbefachmann nur ein Ziel: die Steigerung der Umsatzraten oder den Tauschwert als Gewinn. Während die ideologische Tätigkeit weitgehend dem entspricht, was Max Weber als *wertrationales Handeln* bezeichnet hat, wird der Reklamejargon von der *Zweckrationalität* beherrscht.

Es soll hier kein absoluter Gegensatz zwischen Ideologie und Werbung postuliert werden. Die Annahme eines solchen Gegensatzes wäre ebenso ungerechtfertigt wie im Falle der Kultur, der Religion oder der Sprache als *langue*. Denn es ist bekannt, daß Reklametexte oft ideologisches Vokabular aufnehmen und auf semantischen Gegensätzen wie *frei/unfrei, fortschrittlich/ konservativ* oder *dogmatisch/weltoffen* gründen. Gewiß gibt es eine Wechselbeziehung zwischen der kommerziellen Rhetorik und den gerade herr-

---

[88] P. Bourdieu, *Le Sens pratique*, Paris, Minuit, 1980, S. 204. Siehe auch: P. Bourdieu, *Die feinen Unterschiede*, Frankfurt, Suhrkamp, 1982, S. 361, wo die künstlerische Produktion im Zusammenhang mit den Marktmechanismen erklärt wird: „Deswegen sind Intellektuelle und Künstler hin- und hergerissen zwischen ihrem Interesse an kultureller Proselytenmacherei, nämlich an der *Eroberung des Marktes* durch die entsprechenden Unternehmungen, sich ein breites Publikum zu erschließen, und andererseits der ängstlichen Sorge um die Exklusivität ihrer Stellung im Kulturleben, die einzig objektive Grundlage ihrer Außergewöhnlichkeit (...)."

[89] P. Bourdieu, *Die feinen Unterschiede*, op.cit., S. 364.

schenden ideologischen Sprachformen. In diesem Zusammenhang hat Umberto Eco gezeigt, daß die James-Bond-Romane Ian Flemings auf dem Markt besonders erfolgreich sind, weil sie bestimmte Elemente einer konservativen Ideologie, d. h. von einem Großteil der Öffentlichkeit akzeptierte Doxa, bestätigen.[90] Es trifft sicherlich zu, daß manche Ideologien sich besonders gut verkaufen. Zugleich ist bekannt, daß viele Politiker für ihre Zielsetzungen und Ideologien „werben" und sich in zunehmendem Maße der Reklametechnik bedienen.[91]

Diese Interdependenz von Werbung und Ideologie bedeutet jedoch keineswegs, daß diese beiden Sprachformen funktional und strukturell übereinstimmen. Dem funktionalen Unterschied, der aus dem soziologischen Gegensatz zwischen *wertrational* und *zweckrational* ableitbar ist, entspricht ein struktureller Gegensatz auf semantischer Ebene: Während die Ideologie auf semantischen Gegensätzen wie Demokratie/Diktatur, Sozialismus/Kapitalismus, Revolution/Reaktion gründet, dienen der Werbung solche Gegensätze und die ihnen entsprechenden sozialen Werte als *Vorwand* für den Verkauf. Wenn ein französischer Autoproduzent in der Pariser *métro* für seinen neuesten Wagen wirbt, indem er dem Besitzer verspricht, er könne in nur 40 Minuten die grüne Natur erreichen, so betrachtet er die Natur sicherlich als einen Wert: jedoch nicht im Sinne der „grünen" Ideologen, sondern im Sinne der deutschen Immobiliengesellschaft, die Grundstücke auf Mallorca verkaufen möchte: „Kauf Dir die Sonne Mallorcas". Die Natur ist nur Vorwand, ähnlich wie der ästhetische oder informative Wert, den die Wortverbindung *bestseller* ganz zu Unrecht evoziert: Sie suggeriert dem Leser, daß er sich für ein gutes (das beste) Buch entscheidet, während er in Wirklichkeit ein Buch erwirbt, das sich lediglich gut verkauft.

Der Reklamejargon bewirkt im semantischen Kontext jene Verbrüderung gegensätzlicher Werte, die der junge Karl Marx im kapitalistischen Alltag aufgezeigt hat. Vom Geld als Tauschwert heißt es in den Frühschriften: „Da das Geld, als der existierende und sich bestätigende Begriff des Wertes, alle Dinge verwechselt, vertauscht, so ist es die allgemeine *Verwechslung* und *Vertauschung* aller Dinge, also die verkehrte Welt, die Verwechslung und Vertauschung aller natürlichen und menschlichen Qualitäten." Es folgt der bekannte Satz: „(...) Es ist die Verbrüderung der Unmöglichkeiten, es zwingt das sich Widersprechende zum Kuß."[92]

In der Vergangenheit versuchte ich zu zeigen, wie vor allem in den kommerzialisierten Sprachen der Werbung und der Boulevardpresse der Tauschwert eine „Karnevalisierung des Vokabulars" (im Sinne von Michail Bachtin) bewirkt: Der von Musil zitierte Ausdruck „geniales Rennpferd", der das Genie mit dem Animalischen verknüpft, stammt aus der kommerzialisierten Presse und stellt anschaulich dar, was gemeint ist. Die globale Verwandlung, die das Tauschprinzip in der Sprache inszeniert, ist die Reduktion aller

---

[90] Siehe: U. Eco, „Erzählstrukturen bei Ian Fleming", in: P. V. Zima (Hrsg.), *Textsemiotik als Ideologiekritik*, Frankfurt, Suhrkamp, 1977, S. 253–255.
[91] Siehe: J. Joffe, „Um 18 Uhr im Schlafrock. Ronald Reagans Gouverneursjahre im ‚Goldenen Kalifornien'", in: Die Zeit, Nr. 47, 1980, S. 12.
[92] K. Marx, *Die Frühschriften*, op.cit., S. 301.

qualitativen (ästhetischen, politischen oder moralischen) Werte auf die Quantität: etwa in dem bereits zitierten Ausdruck *bestseller*.

Nach Karl Marx hat Georg Simmel die Indifferenz des Tauschwerts, seine Gleichgültigkeit allen kulturellen Werten gegenüber, hervorgehoben. Der Nexus, den er zwischen dem Tauschwert und der Indifferenz herstellt, ist für den hier entworfenen Zusammenhang besonders wichtig: „(. . .) Indem das Geld alle Mannigfaltigkeiten der Dinge gleichmäßig aufwiegt, alle qualitativen Unterschiede zwischen Ihnen durch Unterschiede des Wieviel ausdrückt, indem das Geld, mit seiner Farblosigkeit und Indifferenz, sich zum Generalnenner aller Werte aufwirft, wird es der fürchterlichste Nivellierer, es höhlt den Kern der Dinge, ihre Eigenart, ihren spezifischen Wert, ihre Unvergleichbarkeit rettungslos aus."[93]

An dieser Stelle, an der zwei heterogene soziologische Diskurse (Marxens und Simmels) sich überschneiden und einander bestätigen, kristallisiert sich der Gegensatz zwischen Werbung und Ideologie heraus. Während die kommerzielle Sprache die semantischen Gegensätze in der „karnevalistischen" Ambivalenz und in der Indifferenz aufhebt, versucht der Ideologe, in seinem Diskurs den absoluten semantischen Gegensatz wiederherzustellen. Nach Charles Maurras, dem Wortführer der *Action française*, der von die Dichtomie *Blut/Geld* (*sang/argent*) ausging, versuchten zahlreiche Ideologen, den Gegensatz zwischen Individuum und Kollektiv, Germanen und Romanen oder Sozialismus und freier Marktwirtschaft zu verteidigen.

Anders als die Werbung, die dazu tendiert, Dichotomien in der Ambivalenz und Indifferenz aufzulösen, sind Ideologen bestrebt, Individuen und Gruppen mit Hilfe von dualistischen Dogmen zu mobilisieren, und der marktbedingten Indifferenz entgegenzuwirken, die sich in der Atomisierung der Konsumenten niederschlägt, von denen ein jeder seinen *privaten* Interessen nachgeht. Ideologen, Moralisten und Politiker sind jedoch auf die *kollektive Solidarität* angewiesen und müssen stets von neuem versuchen, die Indifferenz des Marktes zu überwinden. Ihre Versuche beziehen sich auf zumindest drei Ebenen: auf die sprachliche, auf der semantische Grundsätze und Gegensätze zwischen Protagonisten (Held/Antiheld-Schema) konstruiert werden; auf die soziale, auf der sich Angehörige einer Gruppe angesichts eines reellen oder heraufbeschworenen Antagonismus solidarisieren sollen; auf die psychische schließlich, auf der das ambivalente oder indifferente Individuum „vor die Entscheidung" gestellt werden soll.

Berücksichtigt man die hier skizzierten Zusammenhänge, dann muß der Ausdruck „Ideologie des Konsums" oder „Konsumideologie" als irreführend erscheinen; denn die Konsumenten bilden keine homogene Gruppe im soziologischen Sinn, und der einzige Wert, den sie *gemeinsam* gelten lassen, ist der Tauschwert als Kaufkraft. Sie sind weit davon entfernt, gemeinsam bestimmte qualitative (ästhetische, politische oder moralische) Werte anzuerkennen. Dies ist der Grund, weshalb es einem Händler, der sich an der *Nachfrage* orientiert, völlig gleichgültig ist, ob seine Südfrüchte aus Kuba, Südafrika oder Israel stammen. Seine Gleichgültigkeit wird von (zionistischen, marxistischen) Gruppen bekämpft.

---

[93] G. Simmel, *Das Individuum und die Freiheit*, Berlin, K. Wagenbach Vlg., 1984, S. 196.

Besonders fragwürdig ist Umberto Ecos Versuch, den Ideologiebegriff auf die Konsumsphäre auszudehnen: „Die von jeder Kommunikation evozierte Ideologie ist die Ideologie des Konsums."[94] Mit Recht bemerkt Laurence Bardin zu Ecos Analyse: „Er verschafft sich nicht das für eine echte Ideologieanalyse notwendige Instrumentarium (...)."[95] (Im dritten Teil dieses Buches soll — u. a. im Zusammenhang mit dem modernen Roman — der Gegensatz zwischen der Indifferenz des Tauschwerts und der Ideologie konkretisiert und verdeutlicht werden.)

Der globale Gegensatz zwischen Markt und Ideologie, der sich an dieser Stelle abzeichnet, könnte erklären, weshalb gerade in der Tauschgesellschaft der Ideologie eine besondere Rolle zufällt (dadurch wird der Gegensatz selbst teilweise aufgehoben): Anders als die feudale Ordnung, in der die Religion von den meisten als Universalsystem (s. o.) anerkannt wurde, wird die spätkapitalistische Gesellschaft von ideologischen Partialsystemen beherrscht, von denen ein jedes darauf aus ist, die Universalstellung des christlichen Glaubens zu usurpieren. In diesem Zusammenhang spricht Jacob Taubes im Anschluß an Max Weber von einem neuen Polytheismus und stellt in seinem Aufsatz „Kultur und Ideologie" die These auf, „daß wir sehenden Auges nun in den Polytheismus zurückkehren: zum Kampfe der Götter der einzelnen Ordnungen und Werte."[96]

In diesem Kampf verraten die Ideologen immer wieder die „heiligen" Gegensätze, auf die sie sich berufen: nicht nur durch ihre Taten, die oftmals dem Ideal widersprechen, sondern auch im sprachlichen Bereich. In der Propagandaschlacht werden häufig semantische Einheiten miteinander verknüpft, die nicht zusammengehören. Ich möchte hier allerdings zeigen, daß die Sprache der Propaganda zwar immer aus einer ideologischen Sprache hervorgeht, dieser aber durchaus widersprechen, ja schaden kann.

c) *Propaganda*

Wichtig ist in diesem Kontext die Überlegung, daß die Ideologie als Diskurs (siehe: *d* und Teil II) sowohl semantisch als auch funktional auf die Dichotomie angewiesen ist, weil sie Gruppen zum Handeln motivieren soll. Dies bedeutet freilich nicht, daß Ideologen wie Philosophen oder Vertreter der formalen Logik auf jeden semantischen Gegensatz und jede Differenz Rücksicht nehmen. Vor allem dann, wenn es gilt, eine neue wirtschaftliche oder politische Situation zu erklären, kommt es zu semantischen Neubildungen, und es entstehen mitunter Neologismen.

Daß diese Kreativität *ad absurdum* geführt werden kann, zeigt George Orwell in seinem bekannten Buch *1984*, wo das *Newspeak* alle Unterschiede reduziert: „War is peace, freedom is slavery, ignorance is strength" etc. Sieht man sich jedoch die propagandistische Ausdrucksweise genauer an, so zeigt sich in manchen Fällen, daß die Zusammenführung der Gegensätze nicht einfach aus politischem Opportunismus ableitbar ist, sondern mit der Semantik einer bestimmten Ideologie zusammenhängt. Diese wiederum

---

[94] U. Eco, *Einführung in die Semiotik*, München, Fink, 1972, S. 291.
[95] L. Bardin, *Les Mécanismes idéologiques de la publicité*, Paris, J.-P. Delarge Editeur, 1975 S. 211.
[96] J. Taubes, „Kultur und Ideologie", in: Th. W. Adorno (Hrsg.), *Spätkapitalismus oder Industriegesellschaft?*, Stuttgart, F. Enke Vlg., 1969, S. 129.

ist ein Versuch, das sprachliche Material neu zu klassifizieren und der Sprache eine neue Taxonomie aufzuzwingen.

Der nationalsozialistische Ausdruck „konservative Revolution", den Alain Goldschläger in „Towards a Semiotic of Authoritarian Discourse" für ein „unverständliches Oxymoron" hält[97], ist alles andere als sinnlos. Ähnlich wie die Faschisten und die spanischen Falangisten (die Anhänger des jungen Primo de Rivera), versuchten die Nationalsozialisten, eine Umwälzung in die Wege zu leiten, die sich nicht an der Zukunft, sondern an der Vergangenheit, am mythischen Ursprung der Rasse (und an bestimmten germanischen Mythen), orientierte. Ein semantisches Merkmal „Zukunft" ist im Wort „Revolution" (das eher „Rotation", „Umdrehung" bedeutet) nicht enthalten: daher ist der von den Deutschnationalen geprägte Ausdruck „konservative Revolution"[98] höchstens pragmatisch und historisch betrachtet widersprüchlich: auf semantischer Ebene jedoch nicht. Aus dieser Sicht erscheinen auch Ausdrücke wie „konservativer Revolutionär" oder „die retrograden Revolutionen", die Goldschläger zitiert, semantisch akzeptabel.[99]

Sie sind nicht akzeptabel, wenn sie *in abstracto* oder im Kontext einer anderen Ideologie betrachtet werden. Aber dieses Verfahren ist selbst nicht legitim: Es ist immer ratsam, Elemente einer Propagandarede der Ideologie, d. h. der ideologischen Semantik zuzuordnen, aus der sie hervorgegangen sind. Erst dann kann ihre Funktion bestimmt und im Kontext kritisiert werden; dann zeigt sich auch, daß das Vokabular einer Ideologie kein „empty unassailable tekmerion"[100] ist, wie Goldschläger annimmt, sondern bestimmbar und kritisierbar.

Diese Beispiele sollten nicht zu der Annahme verführen, daß die Propagandisten sich sorgfältig an die semantischen Regeln ihrer Ideologien halten. In seiner *Studie zur gesellschaftlichen Funktion faschistischer Sprachen* hat Lutz Winckler zahlreiche Ungereimtheiten und Absurditäten in Hitlers Rhetorik aufgezeigt, etwa an der Stelle, an der vom „gleichen stärksten Willen"[101] die Rede ist, und man könnte weitere Beispiele anführen. (S. Kap. 8.)

Der Ausdruck „nichtantagonistische Gegensätze", der aus der Stalinära stammt und die sozialen Widersprüche in der sowjetischen Gesellschaft plausibel machen soll, kommt Orwells Karikatur der Propaganda schon wesentlich näher. Er zeigt, ähnlich wie der in der Zwischenkriegszeit von Kommunisten geprägte Ausdruck „Sozialfaschismus", der die Sozialdemokraten diskreditieren sollte, wie Propaganda die Sprache entwertet.

Sie entwertet nicht nur die Sprache, sondern *auch die Ideologie*, deren semantische Grundlagen sie in Frage stellt: Indem die Kommunisten der Zwischenkriegszeit (und die Maoisten der Nachkriegszeit) in Ausdrücken wie „Sozialfaschismus" den fundamentalen Gegensatz ihrer Ideologie, den Gegensatz zwischen Sozialismus und Faschismus

---

[97] A. Goldschläger, „Towards a Semiotic of Authoritarian Discourse", in: *Poetics Today*, Nr. 1, Winter, 1982, S. 15.
[98] Siehe: J.-P. Faye, *Théorie du récit. Introduction aux langages totalitaires*, Paris, Hermann, 1972, S. 69.
[99] A. Goldschläger, „Towards a Semiotic of Authoritarian Discourse", op.cit., S. 15
[100] ibid., S. 13.
[101] L. Winckler, *Studie zur gesellschaftlichen Funktion faschistischer Sprache*, Frankfurt, Suhrkamp, 1970, S. 31.

(Kapitalismus), indirekt in Frage stellten, erschütterten sie die semantische Grundlage ihrer eigenen Rhetorik.

Die Propaganda(rede) kann in diesem Zusammenhang als *eine extreme Form der Ideologie* definiert werden, deren Exponenten es nicht in erster Linie um die von ihnen verteidgten ideologischen Werte zu tun ist, sondern unmittelbar um die Macht. Insofern die Macht als solche, wie schon Talcott Parsons wußte, der sie mit dem Geld verglich[102], vertauschbar ist, nähert sich der Diskurs der Propaganda dem der Werbung. (Dies ist auch der Grund, weshalb viele Propagandareden verfeindeter Parteien kaum zu unterscheiden und in mancher Hinsicht vertauschbar sind.)

Was Winfried Nöth über die Reklame als primitive Textsorte sagt, gilt vielfach auch für die Propaganda: „Auch Reklametexte, so hat unsere Untersuchung gezeigt, sind durch die Verwendung primitiver Argumentationsformen gekennzeichnet. Der Grund für die Verwendung dieser primitiven Argumentationsformen wird jetzt deutlich. Auch für die Reklame gilt die Regel: je primitiver (im genetischen Sinn), desto wirksamer."[103]

Die Reklame, heißt es bei Nöth, reduziere Differenzen durch die Übertragung semantischer Merkmale. Dies kann u. a. durch assoziative Verfahren geschehen, in denen beispielsweise der *Beefeater Dry Gin* in unmittelbare Nähe zu den britischen Kronjuwelen, genauer: zur *Imperial State Crown*, gerückt wird. Bekannt sind auch die *Peter-Stuyvesant-Reklamen*, die exotische Erlebnisse oder Abenteuer („der Duft der weiten Welt") *konnotieren*. Die Reduktion der Differenzen wird also in vielen Fällen durch sehr einfache Konnotationen erreicht, die sich über kausale, genetische und funktionale Beziehungen hinwegsetzen und über sie hinwegtäuschen.

Ähnlich verfährt der Diskurs der Propaganda, der Affinitäten oder Analogien suggeriert, ohne von einem kausalgenetischen oder funktionalen Zusammenhang auszugehen. Eine besondere Form der semantischen Reduktion und der diskursiven Gleichschaltung ist die *negative Konnotationskette* (Eco), die Ungleichnamiges auf einen Nenner bringt: „Da aber die Epoche der imperialistischen Reaktion gleichzeitig die ihres Untergangs ist, ihrer revolutionären Beseitigung, so tritt die Reaktion in der Kunst — eben der Formalismus — in der Maske der ‚Umwälzung aller Werte', in der Maske der ‚totalen Revolution' — vergleiche Nietzsche, Trotzki, Tito! — auf (...)."[104]

Auf welche Textstellen bei Nietzsche, Trotzki oder Tito sich der ostdeutsche Autor dieser Passage (W. Girnus) bezieht, geht aus seinem Text nicht hervor. Umso deutlicher tritt jedoch die Verbindung zwischen der schematischen Aufzählung und dem Herrschaftsprinzip zutage: In einer negativen Konnotationskette, in Nietzsches und Trotzkis Gesellschaft, soll (im Jahre 1951) Tito diskreditiert werden, wobei als selbstverständlich vorausgesetzt wird, daß jeder aus früheren negativen Schemata „weiß", daß Nietzsche ein Faschist und Trotzki ein Sozialfaschist oder Verräter ist.

---

[102] Siehe: T. Parsons, *Sociological Theory and Modern Society*, New York, Glencoe, 1967, S. 318—321.
[103] W. Nöth, *Dynamik semiotischer Systeme. Vom altenglischen Zauberspruch zum illustrierten Werbetext*, Stuttgart, Metzler, 1977, S. 65.
[104] W. Girnus, „Wo stehen die Feinde der deutschen Kunst?" in: Neues Deutschland, 18. 2. 1951, zitiert nach: E. Schubbe (Hrsg.), *Dokumente zur Kunst-, Literatur- und Kulturpolitik der SED*, op cit., S. 172.

Diese semantischen und syntaktischen Analogien zwischen Werbung und Propaganda sollten nicht über den grundlegenden Unterschied hinwegtäuschen: Während die Propaganda — zumindest prinzipiell — den Dualismus der Ideologie gegen die Ambivalenzen und die Indifferenz des Marktes verteidigt, weil sie Gruppen für oder gegen bestimmte soziale Zielsetzungen mobilisieren soll, kennt der Diskurs der Werbung nur eine Motivation: den wertindifferenten Tauschwert.

So ist es zu erklären, daß in der Werbung immer wieder ideologische Elemente, Bestandteile verschiedener Ideologien, aufgezeigt werden können. Einige Produkte werden als „umweltfreundlich", „alternativ", „klassisch" oder „gutbürgerlich" bezeichnet, andere (etwa Che-Guevara-Mützen) mit revolutionären Ideologien assoziiert. Diese Elemente sind für den Werbefachmann allerdings nur insofern bedeutsam, als sie ihm helfen, die Umsatzraten zu steigern. An der Ideologie als solcher, an ihren „Wahrheiten" und Dichotomien, ist er nicht interessiert. Dies ist der Grund, weshalb eine kohärente Ideologie oder gar Weltanschauung (s. o.) in der Sprache der Werbung nicht zu finden ist. Deshalb ist es meiner Meinung nach irreführend, diese als „ideologisch" zu bezeichnen.

d) *Theorie/Ideologie*

Mag sein, daß diejenigen, die an der Theoriediskussion eher in einem analytischen Kontext (Imre Lakatos, Alan Musgrave) oder im Zusammenhang mit T. S. Kuhns „normal science" teilgenommen haben, an dieser Stelle schockiert sein werden, weil sie sich nichts von einem Ansatz versprechen, der durch Kontiguität den Theoriebegriff in unmittelbare Nachbarschaft zu „Ideologie", „Propaganda" und „Werbung" rückt.

Leider ist in den Sozialwissenschaften diese Nachbarschaft eine alltägliche Realität. Bei einigen Autoren geht (in extremen Fällen) der theoretische Diskurs in Propaganda über, und bei den meisten anderen sind Ideologie und Theorie nur schwer auseinanderzuhalten. Eines der bekanntesten Beispiele für das Ineinandergreifen dieser beiden Diskurse ist der sog. Positivismusstreit der sechziger Jahre, der im 2. und 3. Teil dieses Buches eine wichtige Rolle spielen wird, und in dem undifferenzierte Begriffe wie „Positivismus", „Neomarxismus" und „Messianismus" eher ideologische Funktionen erfüllen. (Auch Adornos Polemik gegen Karl Mannheim, der ich an entscheidenden Stellen zustimme, schlägt in einigen Passagen in Propaganda um, die einen Befürworter der Kritischen Theorie schmerzlich berühren muß. Über Mannheims Theorie der Eliten heißt es z. B. in Adornos „Das Bewußtsein der Wissenssoziologie": „Von da ist zum Neuadel aus Blut und Boden nur ein Schritt. Ihn zu vollziehen, wird Mannheim durch allgemeinen Kulturpessimismus abgehalten. Für ihn gibt es noch zu wenig Blut."[105] An den Slogans von Hitzköpfen, die guten Gewissens Mannheim einen Faschisten schimpfen, sind solche Argumentationen genetisch nicht unbeteiligt. Auch hier wird eine negative Konnotationskette konstruiert, die für Theoretiker nicht akzeptabel sein sollte.)

Das empirisch nachweisbare Nebeneinander und Ineinander von Ideologie und Theorie in den Sozialwissenschaften wird zum Ausgangspunkt des zentralen Theorems, das

---

[105] Th. W. Adorno, „Das Bewußtsein der Wissenssoziologie", in: ders., *Gesellschaftstheorie und Kulturkritik*, Frankfurt, Suhrkamp, 1975, S. 139.

dieser Untersuchung zugrunde liegt: daß Ideologie und Theorie nicht unabhängig voneinander, sondern nur in ihrer dialektischen Wechselbeziehung und Gegensätzlichkeit auf sprachlicher, diskursiver Ebene zu definieren sind. Diese Wechselbeziehung beschreibt aus historischer Sicht Pierre Ansart, wenn er von den Schriften Durkheims und Marx' sagt: „Eine aufmerksame Lektüre wird im Gegenteil zeigen, daß ein großer Theoretiker auf einigen Seiten konsequent Elemente einer Dekonstruktion (der Ideologie, P. Z.) entwickeln, in anderen Textpassagen aber Gefallen an der Bestätigung einer Ideologie finden kann."[106] Dies ist der Grund, weshalb der Ideologiebegriff bisher eher *ex negativo* bestimmt wurde und der Leser vergeblich nach einer positiven Definition Ausschau hielt.

Dies ist auch der Grund, weshalb hier systematisch das Wort „Theorie" und nicht das Wort „Wissenschaft" verwendet wird. Ich gebe in jeder Hinsicht Greimas recht, wenn er von den Sozialwissenschaften behauptet, daß ihre Wissenschaftlichkeit vorerst ein *Projekt* sei: „Ihrer Schwächen bewußt, kommen die Sozialwissenschaften nicht durch ihren wissenschaftlichen Status zu sich, sondern durch ihr Vorhaben (*projet*) und durch ein bestimmtes wissenschaftliches Tun, das sie im Namen dieses Vorhabens vollziehen. Dieses kann, wie jedes menschliche Vorhaben, nicht anders als ideologisch sein (. . .)."[107]

Obwohl ich nicht glaube, daß jedes menschliche Verhalten ideologisch ist, zumal die Ideologie, wie sich zeigen wird, eine relativ neue Erscheinung ist, teile ich Greimas' Ansicht, daß die Sozialwissenschaften ihren Status erst suchen. Es wäre daher irreführend, sie als Wissenschaften im Sinne der Physik, der Mathematik oder der Kristallographie aufzufassen. Ihr gesellschaftlicher Status entspricht in keiner Weise der Darstellung der „normalen Wissenschaft" bei Thomas S. Kuhn: „In diesem Essay bedeutet ‚normale Wissenschaft' eine Forschung, die fest auf einer oder mehreren wissenschaftlichen Leistungen der Vergangenheit beruht, Leistungen, die von einer bestimmten wissenschaftlichen Gemeinschaft eine Zeitlang als Grundlagen für ihre weitere Arbeit anerkannt werden."[108]

Da ich mich im dritten Teil dieser Arbeit ausführlicher mit der Rolle der Wissenschaftlergruppe (Gemeinschaft) befassen will, mag hier ein Hinweis auf die politischen Auseinandersetzungen zwischen marxistischer und bürgerlicher Soziologie, zwischen empirischer Psychologie und Psychoanalyse genügen, um den Unterschied zwischen diesen Theorien und Kuhns „normal science" hervortreten zu lassen: Es gibt zwar marxistische, feministische und konservative Strömungen innerhalb der Soziologie oder der Psychologie, nicht aber entsprechende Formen innerhalb der Physik, der Optik oder der Geologie. Es gibt in der Soziologie beispielsweise keine homogene Gemeinschaft von Wissenschaftlern, die individuell miteinander diskutieren oder streiten, sondern eine Viel-

---

[106] P. Ansart, „Toute connaissance du social est-elle idéologique?" in: J. Duvignaud (Hrsg.), *Sociologie de la connaissance*, Paris, Payot, 1979, S. 38. — Bei Ansart heißt es weiter: „La question n'est plus ici de savoir si les recherches sociologiques ont opéré des actes de rupture par rapport aux modèles idéologiques, mais comment, dans une oeuvre prise dans son ensemble, ont pu se succéder ou se juxtaposer des désidéologisations et des réitérations idéologiques. Comment, au sein même de l'œuvre, peut se conjuguer ce qui devait se dissocier?"

[107] A. J. Greimas, „Der wissenschaftliche Diskurs in den Sozialwissenschaften", in: P. V. Zima (Hrsg.), *Textsemiotik als Ideologiekritik*, op.cit., S. 108.

[108] Th. S. Kuhn, *Die Struktur wissenschaftlicher Revolutionen*, Frankfurt, Suhrkamp, 1976, S. 25.

zahl von Gruppen, von denen eine jede ihre besondere Sprache spricht und sich an politischen, ökologischen, kulturellen und religiösen Vorstellungen orientiert (s. o.), die die anderen Gruppen oft nicht teilen.

Sicherlich gibt es auch in den Sozialwissenschaften Bemühungen um einen Konsens auf individueller und kollektiver Ebene, um empirische Überprüfung und gemeinsame Definitionen. Doch gerade im Bereich der begrifflichen Definitionen zeigt sich immer wieder, wie die Theorien von den Ideologien eingeholt werden. Schon die Bezeichnung für die zeitgenössische westeuropäische Wirtschaftsform ist nicht unproblematisch: denn es ist nicht gleichgültig (weder semantisch noch politisch), ob der Soziologe von „Staatsmonopolkapitalismus", „Spätkapitalismus", „Kapitalismus", „Tauschgesellschaft", „Marktwirtschaft", von „ökologischer Marktwirtschaft", „sozialer Marktwirtschaft" oder „freier Marktwirtschaft" spricht. Keiner dieser Ausdrücke ist wertfrei, ebensowenig wie der scheinbar neutrale Ausdruck „moderne Industriegesellschaft", der nicht unabhängig von dem hier skizzierten semantischen Feld bedeutet.

Der Sozialwissenschaftler hat in diesem Falle nur die Wahl: zu verstummen oder sich für einen der ideologischen Ausdrücke zu entscheiden. Zugleich schließt er sich implizit oder explizit einer der ideologisch-theoretischen Gruppen an, die durch einen besonderen kollektiven Sprachgebrauch oder *Soziolekt* gekennzeichnet wird. (Auf den Begriff des Soziolekts gehe ich im 7. Kap. ausführlich ein.) Aus diesem Soziolekt gehen verschiedene *Diskurse* hervor, denen ein lexikalisches Repertoire (Vokabular) gemeinsam ist und die gemeinsame semantische und syntaktische Merkmale aufweisen: ähnliche Definitionen, Klassifikationen und narrative Modelle.

An dieser Stelle erscheint es möglich, eine vorläufige Definition der Ideologie als sprachlicher Struktur vorzuschlagen, um sie anschließend gegen die Theorie abzugrenzen. Da es hier um das Verhältnis von Ideologie und Theorie geht, bleiben die nichtverbalen Formen der Ideologie (Kunst, Architektur, Kleidung) unberücksichtigt: *Die Ideologie ist ein Diskurs, dem das lexikalische Repertoire, die semantischen Gegensätze und die Klassifikationen sowie die narrativen (makrosyntaktischen) Modelle eines Soziolekts zugrundeliegen.* Ideologische Diskurse sind im Hinblick auf ihre Objektadäquatheit, ihre Kohärenz und ihre begriffliche Genauigkeit *nicht* gleichwertig.

In dieser Form unterscheidet sich die Ideologie kaum von den theoretischen Diskursen der Sozialwissenschaften, in denen das Definieren, das Unterscheiden und Klassifizieren ebenfalls zu den wichtigsten Tätigkeiten des Aussagesubjekts gehören. Daher scheint die Annahme nicht illegitim zu sein, daß alle Diskurse, auch die der Sozialwissenschaften, ideologisch in dem hier definierten Sinne sind: Auch sie sind aufgrund ihrer Selektionen, Definitionen, Klassifikationen und narrativer Schemata auf Soziolekte und folglich auf Gruppenstandpunkte und kollektive Interessen zurückzuführen. In diesem Zusammenhang möchte ich von einer *allgemeinen* Definition der Ideologie sprechen. Diese Definition kommt der Karl Mannheims in *Ideologie und Utopie* nahe.

Im Gegensatz zu Mannheim meine ich jedoch, daß der Erkenntniswert der verschiedenen ideologischen Perspektiven stark variieren kann und daß Ideologien als sprachliche Strukturen aufgefaßt werden sollten. Im Gegensatz zu Mannheim (und dies ist entscheidend) bin ich der Ansicht, daß ein theoretischer und kritischer Diskurs von ideologischen Diskursen zu unterscheiden ist, und daß diese Unterscheidung sich auf die Diskursstruktur selbst beziehen sollte und nicht auf die für den Diskurs verantwortliche Gruppe: etwa die „freischwebende Intelligenz", deren Neutralität hier im 3. Kapitel angezweifelt wird.

Angesichts einer jeden Universaldefinition der Ideologie („alle Diskurse der Sozialwissenschaften sind ideologisch") drängt sich geradezu die polemische Frage auf, ob denn kein Unterschied zwischen einer Propagandarede und den soziologischen Theorien Max Webers, Adornos, Mannheims oder Luhmanns auszumachen sei. Die Frage ist berechtigt, und eine zweite, komplementäre Definition der Ideologie als eines „falschen" Diskurses erscheint unumgänglich. Nach dem bisher Gesagten (1 a,b; 2 a,b,c) kann sie folgendermaßen formuliert werden: *Die Ideologie ist ein diskursives Partialsystem, das von der semantischen Dichotomie und den ihr entsprechenden narrativen Verfahren (Held/Widersacher) beherrscht wird und dessen Aussagesubjekt entweder nicht bereit oder nicht in der Lage ist, seine semantischen und syntaktischen Verfahren zu reflektieren und zum Gegenstand eines offenen Dialogs zu machen. Statt dessen stellt es seinen Diskurs als den einzig möglichen (wahren, natürlichen) dar und identifiziert ihn mit der Gesamtheit seiner wirklichen und potentiellen Referenten.*

Im Anschluß an diese *restriktive* Definition kann nun die Theorie als zugleich kritisches und negatives Pendant zur Ideologie definiert werden: *Der theoretische Diskurs geht — wie der ideologische — aus einem oder aus mehreren Soziolekten hervor und drückt als Partialsystem kollektive Standpunkte und Interessen aus. Im Gegensatz zum ideologischen Aussagesubjekt stellt das theoretische Subjekt den Dualismus der ideologischen Rede dialektisch in Frage und reflektiert seinen sozialen und sprachlichen Standort sowie seine semantischen und syntaktischen Verfahren, die es in ihrer Kontingenz zum Gegenstand eines offenen Dialogs macht: Dadurch strebt es eine Überwindung der eigenen Partikularität durch dialogische Objektivierung und Distanzierung an.*

In den hier vorgeschlagenen vorläufigen Definitionen, die ich im Zusammenhang mit meinem textsoziologischen Ansatz im zweiten und dritten Teil konkretisieren will, zeigt sich, daß die Theorie nicht als ein Diskurs „jenseits der Ideologie" aufgefaßt wird und daß der Standort des theoretischen Subjekts ebenfalls nicht „über" den ideologischen Interessen und Auseinandersetzungen schwebt. In den folgenden Kapiteln wird sich herausstellen, daß der hier skizzierte textsoziologische Ansatz sich durch sein Postulat eines dialektischen Gegensatzes zwischen Ideologie und Theorie wesentlich von anderen Ansätzen unterscheidet, in denen versucht wird, Ideologie und Theorie (Wissenschaft) sowie den ideologischen und den wissenschaftlichen Standort sauber voneinander zu trennen. Ich denke dabei nicht nur an Max Weber und die Althusser-Gruppe, sondern auch an Karl Mannheim und Georg Lukács. Im dritten Teil dieses Buches wird deutlich, daß die Theorie ihre Vitalität der Ideologie verdankt. Vorerst mag der Hinweis genügen, daß auch ideologische Diskurse einen variierenden Wahrheitsgehalt haben, den ich mit Pierre Ansart (s. o.) als „vérité conflictuelle" bezeichnen möchte: Auch die kämpfende Ideologie, die mit blinder Propaganda keineswegs identisch ist, muß einen Erkenntniswert haben, wenn sie sich in der gesellschaftlichen Wirklichkeit durchsetzen soll.

Um das bisher Gesagte ein wenig zu konkretisieren, will ich abschließend den Modellanalysen im zweiten Teil vorgreifen und auf zwei kurze Texte eingehen, die zeigen, daß sich die lexikalischen und semantischen Probleme ideologischer und theoretischer Texte nicht grundsätzlich voneinander unterscheiden. Denn in beiden Fällen geht es darum, die soziale Wirklichkeit mit Hilfe von semantischen und syntaktischen Verfahren zu ordnen und zu „erzählen". In beiden Fällen entstehen Anordnungen, Modelle, die nur für bestimmte Gruppen akzeptabel sind.

In den Diskursen des Marxismus-Leninismus der fünfziger Jahre kann der semantische Dualismus der Ideologie besonders leicht nachgewiesen werden. So schreibt beispielsweise N. Orlow im Jahre 1951 in der ostdeutschen Zeitschrift *Tägliche Rundschau* über die formalistischen Tendenzen in der Kunst: „In der bildenden Kunst herrscht noch immer fast unbeschränkt die antidemokratische Richtung der ‚Modernisten', ‚Formalisten', ‚Subjektivisten' usw."[109] Im Rahmen der Dichotomie demokratisch/antidemokratisch (die im Hinblick auf übergreifende Begriffe wie „Sozialismus" und „Imperialismus" näher zu bestimmen wäre) nehmen die Wörter „Modernisten", „Formalisten" und „Subjektivisten" pejorative Bedeutungen an, die ihnen im Kontext des „Postmodernismus" beispielsweise nicht anhaften. Der Gegensatz demokratisch/antidemokratisch gibt den semantischen Rahmen ab, in dem definiert und klassifiziert wird, wobei „Modernismus", „Formalismus" und „Subjektivismus" hier (jedoch nicht in anderen Diskursen) eine Klasse bilden.

Es ist nun aufschlußreich zu beobachten, daß der ansonsten sehr informative Text des Politologen Karl Dietrich Bracher von bestimmten Dichotomien ausgeht, die nur von Angehörigen einer bestimmten Gruppe (von Sprechern eines bestimmten Soziolekts) als objektiv anerkannt werden. Es geht um die divergierenden Interessen innerhalb der Demokratie und um das demokratische „Recht auf Opposition": „Das steht jedoch in vollständigem Widerspruch zu jenen philosophischen Gedanken und dann politisch-ideologischen Bestrebungen, die auf einlinige, umfassend-integrierte und widerspruchsfreie Lösungen des Problems der Meinungs- und Interessenvielfalt im modernen Staat hinauslaufen: von Rousseau über Hegel und Marx zu den totalitären Theorien des Kommunismus, Faschismus, Nationalsozialismus samt den staats- oder gesellschaftsautoritären technokratischen oder nationalistischen Variationen dieser Großtypen."[110]

Als erstes fällt auf, daß im Rahmen einer neuen semantischen Dichotomie Demokratie/Totalitarismus das Wort „Demokratie" eine ganz andere Bedeutung annimmt. Trotz dieses fundamentalen Unterschieds sind die diskursiven Gemeinsamkeiten nicht zu übersehen: Wie Orlow versucht auch Bracher, die sprachlichen Einheiten mit Hilfe bestimmter semantischer Gegensätze und in Übereinstimmung mit besonderen gesellschaftlichen Interessen zu ordnen. Das Ergebnis ist, daß Kommunismus und Faschismus, die in anderen Diskursen in absolutem Gegensatz zueinander stehen, dem Oberbegriff „Totalitarismus" subsumiert werden und (zusammen mit „Nationalsozialismus") eine semantische Klasse bilden. Zugleich werden Rousseau, Hegel und Marx bei Bracher (ähnlich wie bei

---

[109] N. Orlow, „Wege und Irrwege der modernen Kunst", in: *Tägliche Rundschau*, 20./21. 1. 1951, zitiert nach: E. Schubbe (Hrsg.), *Dokumente zur Kunst-, Literatur- und Kulturpolitik der SED*, op.cit., S. 161.
[110] K. D. Bracher, *Zeit der Ideologien. Eine Geschichte politischen Denkens im 20. Jahrhundert*, Stuttgart, DVA, 1982, S. 239.

Popper) auf eine Interpretation festgelegt und als Vorläufer des Totalitarismus definiert: Auch sie gehören einer Klasse an, und die Widersprüche und Gegensätze, die sie voneinander trennen, werden eingeebnet.

Brachers Buch unterscheidet sich vorteilhaft von Orlows Artikel dadurch, daß es wertvolle Erkenntnisse und Fakten vermittelt (das tut Orlows Text keineswegs). Es gibt allerdings auch marxistische und leninistische Abhandlungen, die wertvolle Einsichten vermitteln ... Die Frage erscheint berechtigt, ob Ideologien nicht letztlich gleichgültig seien, ob es nicht in erster Linie auf das Wissen des Einzelnen und seine Kompetenz ankomme.

Sicherlich hängt die Qualität theoretischer Arbeiten von der individuellen Leistung ab. Es zeigt sich aber immer wieder, daß der Soziolekt eines Autors dessen Rede in bestimmte Bahnen lenkt, ohne daß er sich dessen immer bewußt ist. Es mag durchaus legitim und ergiebig sein, Rousseau — zusammen mit Hegel und Marx — als einen Vorläufer des totalitären Staates zu interpretieren; aber eine solche Interpretation ist alles andere als neutral. Und wo sie — wie bei Bracher — stillschweigend *vorausgesetzt* oder als die einzig mögliche betrachtet wird, folgt der Diskurs blindlings einer Ideologie. (Insofern haben Althusserianer wie Michel Pêcheux recht, wenn sie auf der Überdeterminierung des Aussagesubjekts durch diskursive Strukturen insistieren.)[111]

Diese Einwirkung der Ideologie auf die theoretische Argumentation ist jedoch kein individuelles, sondern ein kollektives Problem, das einerseits dem Bereich der Wissenschaftssoziologie angehört, andererseits dem Bereich der Textsoziologie, die u. a. versucht, theoretische Diskurse ideologischen Soziolekten und sozialen Gruppen zuzuordnen. In der textsoziologischen Perspektive erscheint nicht nur die Ideologie, sondern auch die Theorie (die „Sozialwissenschaft") als ein *Partialsystem*, dessen Anhänger sich mit den Befürwortern eines anderen Systems schwer verständigen können.

Im folgenden, vor allem im dritten Teil, soll — u. a. im Anschluß an die französischen Soziologen Maurice Halbwachs und Pierre Bourdieu — gezeigt werden, daß es in den Sozialwissenschaften keine „normal science" im Sinne von Kuhn gibt, und daß Kuhns sowie Stephen Toulmins Beschreibungen des Ausnahmefalls, der wissenschaftlichen Revolution, in vieler Hinsicht auf die von Ideologien gelenkten Diskurse der Sozialwissenschaften anwendbar sind. Was Toulmin über Kuhns Paradigmawechsel schreibt, könnte als eine treffende Darstellung der Kommunikationssituation in den Sozialwissenschaften gelesen werden: „Wie Menschen, die sich an verschiedenen Konstellationen absoluter Voraussetzungen orientieren, haben Vertreter des neuen und des alten Denkens keine gemeinsame Sprache für den Vergleich der Vernunftbehauptungen der beiden theoretischen Positionen."[112]

Im ersten Abschnitt dieser Einleitung sollte in aller Knappheit gezeigt werden, daß die kollektive und individuelle Partialität der Theorie unzertrennlich mit dem Aufkommen der Ideologie als Partialsystem verbunden ist und daß in der Philosophie von Ba-

---

[111] Siehe: M. Pêcheux, *Les Vérités de La Palice*, Paris, Maspero, 1975, S. 148—159.
[112] S. Toulmin, *Kritik der kollektiven Vernunft*, Frankfurt, Suhrkamp, 1983, S. 126.

con bis Marx Bestrebungen aufgezeigt werden können, einen archimedischen Punkt jenseits der „Idole", der „Metaphysiken" und der „Ideologien" zu finden.

Im nächsten Kapitel und im ganzen ersten Teil dieses Buches soll diese Suche nach einem Standpunkt jenseits der Ideologie (jenseits des Vorurteils und Werturteils) näher untersucht werden. Es wird sich zeigen, daß die von Hobbes, Comte und Marx vorgeschlagenen Lösungen in abgewandelter Form sowohl in der Soziologie als auch in der Philosophie weiterhin akzeptiert werden.

Erster Teil
Ideologiekritische Modelle:
Die Suche nach dem archimedischen Punkt

Im folgenden werden nicht alle denkbaren ideologiekritischen Modelle untersucht, sondern einige Ansätze, in denen die Frage nach einem Jenseits der Ideologie explizit oder implizit formuliert wird. Gerade in der Zeit eines zunehmenden Agnostizismus, der häufig durch einen vagen Panideologismus ergänzt wird, kommt dieser Frage in den Sozialwissenschaften eine wesentliche Bedeutung zu.

Die Frage, was eigentlich eine Wissenschaft (hier: Theorie) ausmache, und die komplementären Fragen, welche Probleme, Argumente und Diskurse als wissenschaftlich akzeptiert oder als unwissenschaftlich zurückgewiesen werden sollten, stehen nach wie vor im Mittelpunkt einer jeden Gesellschaftswissenschaft. Selbst dort, wo es eine Zeitlang gelingt, sie zu ignorieren oder stillschweigend anzunehmen, sie seien längst beantwortet worden, können die Widersprüche, die von solchen naiven oder halbherzigen Annahmen verdeckt werden, jäh ausbrechen: So manche „interdisziplinäre" Forschungsvorhaben scheitern an der Tatsache (die sich im Verlauf der Diskussionen alsbald herauskristallisiert), daß die Teilnehmer von grundverschiedenen politischen oder wirtschaftlichen Prämissen ausgehen und folglich mit unvereinbaren Wissenschaftsbegriffen arbeiten. In manchen Fällen kommt es zu einem spontan inszenierten „Marxismus-Positivismus-Streit", der meistens noch unproduktiver und verwirrender ist als die bekannte Auseinandersetzung zwischen Albert, Popper, Adorno, Habermas e. a., die Ende der sechziger Jahre stattfand.

Der Mißmut der Wissenschaftler, der häufig das einzige Produkt solcher Diskussionen ist, hängt u. a. damit zusammen, daß jeder der Teilnehmer implizit oder explizit, unbewußt oder bewußt (vielleicht auch halbbewußt), von einem Wissenschaftsbegriff ausgeht, der normativen Charakter hat und anderen Wissenschaftsbegriffen ganz oder teilweise widerspricht. Erst im Laufe der Debatte stellt sich heraus, daß jede der dort vertretenen Wissenschaftsauffassungen einen Universalitätsanspruch erhebt, den sie nicht einzulösen vermag: Sie ist nicht konsensfähig.

An dieser Stelle drängt sich häufig die Frage nach der „Ideologiehaftigkeit" der beteiligten Diskurse auf, und viele werden mit der komplementären Frage nach den Kriterien für wissenschaftlich legitimes Sprechen konfrontiert. Die Position des Gesprächspartners wird zumeist als „ideologisch" abqualifiziert, während der eigene Standpunkt als „wissenschaftlich" verteidigt wird. In einem sind sich alle Beteiligten einig: Sie möchten die Spreu vom Weizen trennen. Während aber die einen vorgeben, den Anwesenden reinen Weizen anzubieten, sehen die anderen nur Spreu und weisen das Angebot entrüstet zurück. So manchem schwebt dabei ein ideologiekritisches Modell vor, das er im Optimalfall explizieren kann.

Im folgenden gilt es zu untersuchen, mit welchen Mitteln und unter welchen Voraussetzungen in den einzelnen seit Karl Marx entwickelten ideologiekritischen Modellen versucht wird, die ideologische Spreu vom wissenschaftlichen oder theoretischen Weizen zu trennen. Dabei wird sich herausstellen, daß die meisten Autoren der hier besprochenen Ansätze, bestrebt sind, einen „wahren" von einem „falschen" Standort oder eine „wahre", „wissenschaftliche" von einer „unwahren", „unwissenschaftlichen" Rede zu unterscheiden. Dabei werden häufig willkürliche Trennungsstriche gezogen, die der vielgeschmähten (und oft mißverstandenen) *coupure épistémologique* von Louis Althusser (Kap. 5) gar nicht unähnlich sind.

Eine wichtige Funktion erfüllt dabei der Dezisionismus, der in den marxistischen und leninistischen Ansätzen die Partei, bei Karl Mannheim (und bis zu einem gewissen Grad bei Karl Kautsky) die Intellektuellen aus der gesellschaftlichen und historischen Kontingenz heraushebt. So wird auf reichlich dogmatische Art und gleichsam *ex nihilo* eine Instanz ins Leben gerufen, die für den wahren Diskurs verantwortlich und niemanden Rechenschaft schuldig ist.

Obwohl politisch weniger verhängnisvoll, ist die Betrachtungsweise Apels und Habermas' nicht weniger problematisch, wenn sie diskurskritisch und textsoziologisch untersucht wird. Auch hier wird — wie schon bei Mannheim — ein Jenseits der ideologisch und herrschaftlich verzerrten Kommunikationsformen angepeilt, das häufig auf die kantianische Kategorie der Verallgemeinerungsfähigkeit gegründet wird. Dabei überspielt die dualistische Argumentation à la Kant die konkreten Gruppeninteressen, die sich in den semantischen und syntaktischen Verfahren aller Diskurse niederschlagen.

Die Anhänger und Erben des Wiener Kreises, vor allem Otto Neurath, kommen meiner Meinung nach der Lösung dieses Problems insofern näher, als sie es konsequent in den sprachlichen Bereich projizieren. Es wird sich allerdings zeigen, daß weder Neuraths „Einheitssprache" (Einheitswissenschaft) noch Max Webers und Hans Alberts Kriterium der „Wertfreiheit" geeignet sind, jenen Standort zu bezeichnen, von dem aus „wissenschaftliches", „theoretisches" oder „nichtideologisches" Sprechen über die Wirklichkeit möglich wäre. Wertfreie oder wertneutrale Begriffe und Sätze (im Sinne von Theodor Geiger) mag es immer wieder geben; es gibt jedoch keine wertfreien *Diskurse* in den Sozialwissenschaften. Dies zu zeigen wird Aufgabe des 4. Kapitels sein.

Im Gegensatz zu den hier skizzierten Ansätzen, die in der Gesellschaft, in der Sprache oder jenseits der Gesellschaft einen archimedischen Punkt anvisieren, von dem aus man die bürgerliche Welt, den Totalitarismus oder die Ideologie schlechthin aus den Angeln heben könnte, zeigt die radikale Diskurskritik Adornos und Derridas, *daß die gesamte Problematik im Diskurs selbst zu suchen ist.* Erst im Hinblick auf die semantischen und syntaktischen (narrativen) Verfahren der Diskurse und im Zusammenhang mit der Einstellung des Aussagesubjekts zu seiner eigenen diskursiven Anordnung ist eine dialektische Unterscheidung (nicht Trennung) von Ideologie und Theorie möglich.

Dies bedeutet keineswegs, daß der Diskurs als narratives Konstrukt von seinen pragmatischen Komponenten — den kollektiven und institutionellen Bedingungen, unter denen er wirkt —, abgekoppelt werden soll. Es geht lediglich darum, Pierre Bourdieus funktionalistisches Vorurteil zu vermeiden, wonach der Diskurs (als „langage autorisé") seine Wirkung ausschließlich den Gruppen und Institutionen verdankt, aus denen er hervorgeht. Sicherlich verdankt jeder Diskurs seine Wirksamkeit der sozialen und institutionellen Stellung des Redners oder Autors; es gilt jedoch auch die Umkehrung dieser These: nämlich daß jeder Redner oder Autor seine Autorität aus der Konstruktion seines Diskurses bezieht. Um Mißverständnisse vorab auszuschließen, möchte ich abschließend darauf hinweisen, daß die Lösung, die in diesem Buch angestrebt wird, weder Adornos Parataxis noch Derridas Dekonstruktion, auf die ich im 6. Kapitel eingehe, entspricht.

Die Ideologiekritik dieser beiden Autoren zeigt aber, daß der archimedische Punkt (als ein „Jenseits der Ideologie") nicht zu haben ist; ferner, daß die diskursiven Verfahren als solche auf Gruppeninteressen und Institutionen zu beziehen sind und zum Gegenstand der Ideologiekritik und der Theorie werden müssen.

II. Ideologie und Wissenschaft bei Marx und im Marxismus

Es geht hier nicht um eine systematische Darstellung der Wechselbeziehung zwischen Ideologie und Wissenschaft in der Geschichte des Marxismus. Eine solche Übersicht, die zumindest teilweise in den Werken von Peter Christian Ludz[1], Martin Seliger[2] und Jorge Larrain[3] anvisiert wird, ist in einem einzelnen Kapitel nicht zu bewältigen.

Mir kommt es in erster Linie darauf an, diese Beziehung in einer *bestimmten Variante* des Marxismus zu untersuchen und zu zeigen, wie nach Marx und Engels die drei Autoren Georg Lukács, Karl Korsch und Lucien Goldmann den wissenschaftlichen Diskurs im Bewußtsein des Proletariats verankern, das als Bürge für „richtiges", d. h. nicht-ideologisches (Marx) und nicht-verdinglichtes (Lukács) Denken dargestellt wird.

Die Suche nach dem archimedischen Punkt nimmt hier eine besondere Form an: Es geht nicht darum, ein wertfreies oder wertneutrales Wissen ausfindig zu machen, das sich an den Naturwissenschaften orientiert oder in einer Art phänomenologischer *epoché* aus dem gesellschaftlichen Zusammenhang herausgehoben wird. Im Gegenteil: den marxistischen Autoren, die für die Einheit von Theorie und Praxis plädieren, ist es um eine praktische Begründung der Wahrheit und der Wissenschaftlichkeit zu tun. Sie suchen nach dem Standort, von dem aus es gelingen könnte, nicht nur die bürgerliche Wissenschaft, sondern auch die bürgerliche Welt aus den Angeln zu heben.

Während Marx, Lukács und Korsch überzeugt sind, diesen Standpunkt gefunden zu haben und an der Identität von Theorie und Praxis, von Subjekt und Objekt festhalten, zeigt Lucien Goldmanns Entwicklung, wie der archimedische Punkt dem Marxismus allmählich verlorengeht: einerseits, weil das Proletariat aufhört, eine revolutionäre Kraft zu sein und in die bestehende Gesellschaftsordnung integriert wird; andererseits, weil der Marxismus als Partei- und Staatsideologie („Marxismus-Leninismus") vollends seinen theoretischen Charakter einbüßt.

In diesem soziohistorischen Kontext ist auch Althussers Erneuerung der marxistischen Wissenschaft (s. Kap. 5) zu verstehen: Diese soll nicht nur von Marxens idealistisch-humanistischem Frühwerk, sondern auch von einer Parteiideologie abgetrennt werden, die alles andere als wissenschaftlich ist. Auch Althusser trennt scharf — wie Lukács und Korsch — die marxistische von der bürgerlichen Wissenschaft: nicht aber indem er sie mit der „wissenschaftlichen Ideologie" des Proletariats liiert, sondern indem er sie auf die Naturwissenschaften (die Physik) bezieht und der Ideologie als einem epistemologisch andersartigen Wissen gegenüberstellt. Dies ist der Grund, weshalb sein Ansatz hier nicht im Zusammenhang mit dem Marxismus, sondern in einem ganz anderen Kontext kritisch betrachtet wird.

---

[1] P. Ch. Ludz, *Ideologiebegriff und marxistische Theorie. Ansätze zu einer immanenten Kritik*, Opladen, Westdeutscher Verlag, 1976, 1977.
[2] M. Seliger, *The Marxist Conception of Ideology. A Critical Essay*, Cambridge, Cambridge University Press, 1977.
[3] J. Larrain, *Marxism and Ideology*, London, Macmillan, 1983. Siehe auch: J. Larrain, *The Concept of Ideology*, London, Hutchinson, 1979, darin vor allem Kap. 2: „Marx's Theory of Ideology".

1. Karl Marx oder Theorie als Praxis

Schon in seiner Schrift *Zur Kritik der Hegelschen Rechtsphilosophie* zeigt sich, daß der Wahrheitsgehalt der Gedanken nicht mit deren formaler (etwa formallogischer) Konstruktion identifiziert wird, sondern mit der praktischen Relevanz: „Es genügt nicht, daß der Gedanke zur Verwirklichung drängt, die Wirklichkeit muß sich selbst zum Gedanken drängen."[4] Dieses Theorem kann nicht im Sinne eines individualistischen Pragmatismus (etwa William James') gedeutet werden, dessen Individualismus und Utilitarismus Emile Durkheim kritisiert.[5] Denn Marxens Praxisbegriff bezieht sich (wie der Durkheims, obwohl auf ganz andere Art und mit anderen Zielsetzungen) auf ein *Kollektiv*: Das Proletariat als Negation der bestehenden Klassengesellschaft bürgt für die Richtigkeit eines philosophischen Denkens, das, wie Karl Korsch richtig bemerkt[6], seit Kant, Fichte und Hegel auf *Verwirklichung* drängt: „Der *Kopf* dieser Emanzipation ist die *Philosophie*, ihr *Herz* das *Proletariat*. Die Philosophie kann sich nicht verwirklichen ohne die Aufhebung des Proletariats, das Proletariat kann sich nicht aufheben ohne die Verwirklichung der Philosophie."[7]

Die Frage nach der Verifizierbarkeit, Falsifizierbarkeit oder intersubjektiven Überprüfbarkeit einzelner Theoreme und Aussagen wird weder vom frühen noch vom späten Marx aufgeworfen. Ihm ist es nicht um Beweis, Widerlegung oder Testbarkeit zu tun, sondern um die praktische Verwirklichung der Theorie. Entscheidend ist, daß es bei Marx und seinen Schülern — etwa Lukács oder Korsch — nicht um rein theoretische Erwägungen geht, sondern daß die Kriterien der Praktizierbarkeit unzertrennlich mit dem Marxschen Theoriebegriff (Wissenschaftsbegriff) verbunden sind. Dies ist vor allem angesichts der zeitgenössischen Wissenschaftsdiskussion wichtig, in der aus historischen Gründen — sowohl im Kritischen Rationalismus als auch in der Kritischen Theorie und in hermeneutischen Ansätzen — diese Kriterien als nicht mehr akzeptabel zurückgewiesen werden. Marx hingegen würde zweifellos zahlreiche in zeitgenössischen wissenschaftlichen Diskussionen aufgeworfene Fragen als „rein scholastische Fragen" übergehen.

Sicherlich hatte Gramsci recht, als er für den Marxismus die treffende Bezeichnung „Philosophie der Praxis" fand[8]. Denn schon beim jungen Marx zeigt sich, daß das entscheidende Kriterium für die Richtigkeit und Brauchbarkeit einer Theorie deren Umsetzung in die historische Tat ist. Über die Theoretiker, die sich Systeme und Utopien

---

[4] K. Marx, „Zur Kritik der Hegelschen Rechtsphilosophie", in: ders., *Die Frühschriften. Von 1837 bis zum Manifest der Kommunistischen Partei 1848,* Hrsg. S. Landshut, Stuttgart, Kröner 1971, S. 218.
[5] Zu Durkheims Kritik am amerikanischen Pragmatismus siehe: E. Durkheim, „Pragmatism and Sociology" (Fünf Vorlesungen zum Pragmatismus) in: E. Durkheim et al. *Essays on Sociology and Philosophy* (With appraisals of his life and thought, ed. K. H. Wolff), New York, Harper & Row, 1964, S. 430. Auch Durkheim geht davon aus, daß Wahrheit einen überindividuellen Charakter hat: „But men have always recognized in truth something that in certain respects imposes itself on us, something that is independent of the facts of sensitivity and individual impulse."
[6] K. Korsch, *Marxismus und Philosophie*, Frankfurt, Europäische Verlangsanstalt, Wien, Europa Verlag, 1966, S. 175—176.
[7] K. Marx, „Zur Kritik der Hegelschen Rechtsphilosophie", op. cit., S. 224.
[8] Siehe: A. Gramsci, „Notizen zur Geschichte des Marxismus", in: ders., *Philosophie der Praxis. Eine Auswahl*, Frankfurt, Fischer, 1967 S. 182—192.

ausdenken, weil sie das revolutionäre Potential, das sich vor ihren Augen ansammelt, noch nicht erkennen, heißt es in *Das Elend der Philosophie*: „Solange sie die Wissenschaft suchen und nur Systeme machen, so lange sie im Beginn des Kampfes sind, sehen sie im Elend nur das Elend, ohne die revolutionäre umstürzende Seite darin zu erblicken, welche die alte Gesellschaft über den Haufen werfen wird. Von diesem Augenblick an wird die Wissenschaft bewußtes Erzeugnis der historischen Bewegung, und sie hat aufgehört, doktrinär zu sein, sie ist revolutionär geworden."[9]

Dieser Text ist wichtig, weil in ihm gezeigt werden soll, daß Wissenschaftlichkeit und Praxisbezug nicht zu trennen sind. Im Gegensatz zu den Vertretern des Liberalismus und Individualismus, die die Wissenschaftlichkeit von der Autonomie des Denkens abhängig machen und sich gegen jede Art von politischer Heteronomie aussprechen, verknüpft der junge Marx seinen Wissenschaftsbegriff gerade mit dieser Heteronomie. In diesem Zusammenhang ist auch der Gegensatz zwischen „doktrinär" und „revolutionär" zu betrachten: Nicht die praxisbezogene, die „proletarische" (oder dem Proletariat „zugerechnete") Theorie ist doktrinär, sondern die von der Praxis abgelöste, die autonome oder „freischwebende" Theorie.

Besonders anregend ist in diesem Kontext eine andere Passage aus Marxens Polemik gegen Proudhon, in der Karl Mannheims Theorem von der „freischwebenden Intelligenz" kritisch antizipiert wird. Von Proudhon, der sich weder mit den ökonomischen Gesetzmäßigkeiten des Kapitalismus befaßt noch „genügend Mut" hat, um mit der Bourgeoisie zu brechen, heißt es dort: „(. . .) Er will als Mann der Wissenschaft über Bourgeois und Proletariern schweben; er ist nur der Kleinbürger, der beständig zwischen dem Kapital und der Arbeit, zwischen der politischen Ökonomie und dem Kommunismus hin und her geworfen wird."[10]

Im Augenblick kommt es nicht so sehr darauf an zu entscheiden, ob diese antizipierende Kritik an Mannheim gerechtfertigt ist oder nicht, sondern auf die Feststellung, daß der Universalcharakter der Wissenschaft (ihre Verallgemeinerungsfähigkeit) nicht mit ihrer Abkoppelung von gesellschaftlichen Interessen identifiziert wird, sondern daß im Gegenteil der Universalcharakter des Proletariats eine Garantie für die universelle Geltung der Marxschen oder der kommunistischen Theorie (Wissenschaft) abgibt.

Die Habermassche Frage nach der „Verallgemeinerungsfähigkeit der Interessen" beantwortet Marx in der *Deutschen Ideologie*, indem er das Proletariat als eine Klasse darstellt, „die die Majorität aller Gesellschaftsmitglieder bildet und von der das Bewußtsein über die Notwendigkeit einer gründlichen Revolution, das kommunistische Bewußtsein, ausgeht (. . .)."[11] Marxens Wissenschaftsbegriff gründet demnach auf einer Interpretation des historischen Prozesses, in der die bekannten Theoreme über die Verelendung der Arbeiterklasse, die Konzentration des Kapitals und die zyklischen Wirtschaftskrisen eine wesentliche Rolle spielen.

---

[9] K. Marx, „Das Elend der Philosophie", in: ders., *Die Frühschriften*, op.cit., S. 514.
[10] ibid., S. 515.
[11] K. Marx, F. Engels, „Die Deutsche Ideologie", in: K. Marx, *Die Frühschriften*, op.cit., S. 366.

Die Interessen, von denen Rüdiger Bubner in einer Kritik an Habermas behauptet, sie seien durch „die Züge der *Partikularität* und *teilweise Irrationalität*"[12] gekennzeichnet, werden bei Marx nicht vorab als partikular definiert: Es kommt darauf an, um *wessen* Interessen es sich handelt. In einer vorrevolutionären Gesellschaft, in der das Proletariat auf dem Standpunkt der Universalität steht, ist der Praxisbezug des Denkens unproblematisch. Als problematisch erscheint eher die Idee, die sich über allen Interessen erhaben dünkt: „Die ‚Idee' blamierte sich immer, soweit sie von dem ‚Interesse' unterschieden war", heißt es in der *Heiligen Familie*.[13] Die *Definition* des Proletariats als des menschlichen Gesamtsubjekts, das die Beschränkungen aller bisherigen Klassengesellschaften sprengen wird, ermöglicht einen Wissenschaftsbegriff mit Universalcharakter, den Marx mit der Allgemeingültigkeit der Naturwissenschaften vergleicht.

Daß er seine eigene Methode an entscheidenden Stellen als Analogon zu naturwissenschaftlichen Verfahren auffaßte, zeigen einige Bemerkungen aus dem bekannten „Vorwort" zur *Kritik der politischen Ökonomie*: „In der Betrachtung solcher Umwälzungen muß man stets unterscheiden zwischen der materiellen, naturwissenschaftlich treu zu konstatierenden Umwälzung in den ökonomischen Produktionsbedingungen und den juristischen, politischen, religiösen, künstlerischen oder philosophischen, kurz ideologischen Formen, worin sich die Menschen dieses Konflikts bewußt werden und ihn ausfechten."[14]

Mir geht es hier nicht um die sehr komplexe Frage nach der Rolle der Naturwissenschaften bei Marx, mit der sich u. a. Jindřich Zelený, Oskar Lange und Louis Althusser befassen[15]; auch nicht um das „szientistische Selbstmißverständnis", auf das Habermas eingeht[16]. Entscheidend ist hier Marxens Behauptung, daß es *in* der Gesellschaft (um 1850) ein universelles Bewußtsein gibt, das zur Grundlage einer neuen, revolutionären Wissenschaftlichkeit werden kann. Vom Standpunkt dieses Bewußtseins aus werden die anderen Standpunkte als ideologisch, d. h. als partikulare Verzerrungen oder Illusionen kritisiert.

Erkenntnistheoretisch betrachtet wird die Ideologie von Marx nicht so sehr als „Rechtfertigung von Klasseninteressen", als „Tarnung gesellschaftlicher Widersprüche" oder als „idealistische, verkehrte Welt" kritisiert, sondern als *Partialsystem*, das nicht verallgemeinerungsfähig ist. Aus diesem Grunde erfaßt Jorge Larrains Definition des Marxschen Ideologiebegriffs als „Verzerrung, die Widersprüche tarnt" („distortion which conceals contradictions")[17] weder den ganzen Begriff noch die gesamte Problematik. Denn die Ideologie als partikulares, verzerrendes Denken kann bei Marx global nur im Gegensatz

---

[12] R. Bubner, in: J. Habermas, *Erkenntnis und Interesse* (Nachwort, 1973), Frankfurt, Suhrkamp, 1968, 1973, S. 402.
[13] K. Marx, „Die Heilige Familie", in: ders. *Die Frühschriften*, op.cit., S. 320.
[14] K. Marx, *Zur Kritik der Politischen Ökonomie*, K. Marx, F. Engels, Werke Bd. 13, Berlin, Dietz Vlg. 1961, S. 9.
[15] Siehe: J. Zelený, „Zum Wissenschaftsbegriff des dialektischen Materialismus", in: A. Schmidt (Hrsg.), *Beiträge zur marxistischen Erkenntnistheorie*, Frankfurt, Suhrkamp, 1969, 1972, S. 74; und: Louis Althusser, *Philosophie et Philosophie spontanée des savants* (1967), Paris, Maspero, 1974, S. 30—39.
[16] Siehe: J. Habermas, *Erkenntnis und Interesse*, op.cit., S. 85—86.
[17] J. Larrain, *Marxism and Ideology*, op.cit., S. 115.

zum Universalcharakter des proletarischen Bewußtseins und der aus diesem hervorgehenden „kommunistischen Wissenschaft" bestimmt werden.

Die partielle und partikulare Form der Ideologie kann allerdings nur im Zusammenhang mit den sozio-ökonomischen Faktoren *erklärt* werden, auf die Marx in der *Deutschen Ideologie*, in den *Grundrissen* und im *Kapital* immer wieder eingeht. Zu diesen Faktoren gehören: 1. die Arbeitsteilung; 2. die Klassenherrschaft und 3. die Verdinglichung (der Warentausch).

In Marxens Frühschriften, vor allem in der *Deutschen Ideologie*, spielt der Nexus zwischen Arbeitsteilung und ideologischen Zerrbildern eine wesentliche Rolle. Der Idealismus (vor allem der Hegelscher Provenienz), den Marx in dieser Schrift immer wieder kritisiert, erscheint dort als ein Produkt des arbeitsteiligen Prinzips. „Die Teilung der Arbeit wird erst wirklich Teilung von dem Augenblick an, wo eine Teilung der materiellen und geistigen Arbeit eintritt."[18] Von diesem Augenblick an kann die Wahnvorstellung entstehen, daß das Denken als reine Philosophie, Theologie oder Moral über der gesellschaftlichen Praxis schwebt und Widersprüche (als Scheinwidersprüche) unabhängig von dieser Praxis zu lösen vermag. Das Bewußtsein wird ideologisch, weil es als arbeitsteiliges die Illusion der Autarkie hegt.

Das bekannteste Beispiel dieser Marxschen Kritik ist wohl Hegels Aufhebung der Entfremdung durch die lediglich ideelle Ineinssetzung von Subjekt und Objekt. Das denkende Subjekt erkennt im Objekt das Produkt seiner eigenen (geistigen) Selbstentäußerung und eignet es sich durch immer umfassendere Reflexion an. Dieser Prozeß spielt nicht nur in der von Marx kritisierten Rechtsphilosophie eine wesentliche Rolle, sondern auch in den *Vorlesungen über die Ästhetik*.[19]

Mit Recht bemerkt Gianfranco Poggi, daß Marx in den Frühschriften die Arbeitsteilung ziemlich pauschal definiert und dort noch nicht auf den Gegensatz von gesellschaftlicher und technischer Arbeitsteilung eingeht.[20] Im *Kapital* wird dieser Gegensatz immer wieder thematisiert, und Marx zeigt dort, wie durch den Scheidungsprozeß der Arbeitsteilung nicht nur die Arbeit, sondern auch die Wissenschaft dem Kapital untergeordnet, instrumentalisiert und „verstümmelt" wird: „Er (der Scheidungsprozeß) entwickelt sich in der Manufaktur, die den Arbeiter zum Teilarbeiter verstümmelt. Er vollendet sich in der großen Industrie, welche die Wissenschaft als selbständige Produktionspotenz von der Arbeit trennt und in den Dienst des Kapitals preßt."[21] Zustimmend zitiert er dort in einer Fußnote einen englischen Autor, der auf die Instrumentalisie-

---

[18] K. Marx, F. Engels, „Die Deutsche Ideologie", in: K. Marx, *Die Frühschriften*, op.cit., S. 358.
[19] Siehe: G. W. F. Hegel, *Vorlesungen über die Ästhetik I*, Frankfurt, Suhrkamp, 1970, S. 28: „Denn der Begriff ist das Allgemeine, das in seinen Besonderungen sich erhält, über sich und sein Anderes übergreift und so die Entfremdung, zu der er fortgeht, ebenso wieder aufzuheben die Macht und Tätigkeit ist."
[20] G. Poggi, *Images of Society. Essays on the Sociological Theories of Tocqueville, Marx and Durkheim*, Stanford, Stanford University Press, 1972, S. 106.
[21] K. Marx, *Das Kapital I*, Frankfurt-Berlin-Wien, Ullstein, 1969, 1981, S. 322. Siehe auch das 23. Kap., wo Marx die „Verwandlung des Produktionsprozesses in technologische Anwendung der Wissenschaft" beschreibt (S. 574).

rung der Kenntnis und auf ihre Entfremdung von der Arbeit eingeht: „Kenntnis wird ein Instrument, fähig, von der Arbeit getrennt und ihr entgegengesetzt zu werden."²²

Ideologie erscheint hier nicht so sehr als verkehrte Welt, als ein „Kopfstand des Wissens", sondern als fragmentierte Kenntnis, als Teilwissen, das dem Betrachter die Sicht auf die konkrete Totalität verstellt. Ähnliches gilt von der massenbedingten Ideologie, die Universalität vortäuscht, um die Partikularität der Interessen zu tarnen, die sie artikuliert. Jede aufsteigende Klasse ist genötigt, die Illusion zu verbreiten, sie kämpfe für das Gemeinwohl, und „ihren Gedanken die Form der Allgemeinheit zu geben, sie als die einzig vernüftigen, allgemein gültigen, darzustellen."²³ Marx versucht zu zeigen, daß erst beim Proletariat diese Prätention der Wirklichkeit entspricht. In allen anderen Fällen ist sie Ideologie.

Erst im Zusammenhang mit dem Warentausch erscheint die ideologische Verzerrung als eine Umkehrung der wirklichen Verhältnisse. Der „Fetischismus, der den Arbeitsprodukten anklebt", entsteht dadurch, daß die Menschen in der Zirkulationssphäre die getauschten Gegenstände vom Produktionsprozeß, d. h. von der investierten Arbeit, ablösen: „Die Menschen beziehen also ihre Arbeitsprodukte nicht aufeinander als Werte, weil diese Sachen ihnen als bloß sachliche Hüllen gleichartig menschlicher Arbeit gelten. Umgekehrt. Indem sie ihre verschiedenartigen Produkte einander im Austausch als Werte gleichsetzen, setzen sie ihre verschiedenen Arbeiten einander als menschliche Arbeit gleich. Sie wissen das nicht, aber sie tun es."²⁴

Auch in diesen Überlegungen spielt noch der Gegensatz zwischen dem Universellen und dem Partikularen eine wichtige Rolle. Indem der Produktionsprozeß vom Tauschvorgang abgesondert wird, geht der Nexus zwischen beiden verloren und zusammen mit ihm die konkrete Totalität der kapitalistischen Wirtschaftsform, die Marx im *Kapital* rekonstruiert. Seine Rekonstruktion geht vom revolutionären Bewußtsein des Proletariats aus, auf dessen Universalcharakter er, wie Anthony Giddens richtig bemerkt²⁵, seine Theorie als Wissenschaft gründet.

Der neuralgische Punkt ist Marxens *Entscheidung* (anders kann man diesen Vorgang kaum bezeichnen), dem Proletariat die wissenschaftliche Gesinnung zuzuschreiben, die er dann in seinen Schriften selbst entwickelt. Man hat ihm *a posteriori* diese Entscheidung immer wieder zum Vorwurf gemacht. So schreibt beispielsweise Hans Barth: „Marx konzipiert die Geschichte von der Vision eines Endzustandes der Menschheit her. Er verfährt voluntaristisch und dogmatisch."²⁶ An anderer Stelle heißt es ergänzend: „Sowohl dem wissenschaftlichen Anspruch als der revolutionären Praxis liegt Hegels christlich-theologisch geprägte Metaphysik des Geistes und eine radikal ins Diesseits ge-

---

22 K. Marx, *Das Kapital I*, op.cit., S. 322/323.
23 K. Marx, F. Engels, „Die Deutsche Ideologie", in: K. Marx, *Die Frühschriften*, op.cit., S. 375.
24 K. Marx, *Das Kapital I*, op.cit., S. 53.
25 A. Giddens, *Capitalism and Modern Social Theory. An Anlysis of the Writings of Marx, Durkheim and Max Weber*, Cambridge, Cambridge University Press, 1971, 1982, S. 8: „Marx finds in the proletariat the ‚universal character' which Hegel sought in the ideals embodied in the rational state."
26 H. Barth, *Wahrheit und Ideologie*, Frankfurt, Suhrkamp, 1974, S. 176.

wendete, säkularisierte Reichgottes-Hoffnung zugrunde, deren Herkunft aus der Vorstellungswelt der jüdisch-christlichen Religion unverkennbar ist."[27]

Außer Barth haben verschiedene andere Autoren auf den prophetischen und zugleich teleologischen Charakter des Marxschen Werkes hingewiesen: Während Karl Löwith und Albert Camus die säkularisierte christliche Eschatologie hervorheben[28], versucht Robert Tucker, in seinem Buch *Philosophy and Myth in Karl Marx* in allen Einzelheiten nachzuweisen, daß Marx jedes Ereignis (Streik, Aufstand, Krise) im Sinne seines eigenen revolutionären Messianismus deutete, sie im Zusammenhang mit seiner revolutionären Prophetie *interpretierte*.[29]

Diese Darstellungen der Marxschen Problematik sind sicherlich nicht völlig willkürlich, zumal grundverschiedene Autoren darin übereinstimmen, daß Marxens revolutionäre Theorie nicht von der christlich-hegelianischen Teleologie zu trennen ist. Ich meine allerdings, daß diese Erklärung nur einen Teil der Problematik erfaßt und dabei einen wesentlichen Aspekt, den ich hier beleuchten wollte, vernachlässigt: Marx war nicht nur Revolutionär, sondern auch (vielleicht *malgré lui*) Sozialwissenschaftler. Auch ihm war es um die Allgemeingültigkeit und Verbindlichkeit seiner Aussagen zu tun; dies ist einer der Gründe, weshalb er bisweilen Vergleiche zwischen seiner Argumentation und der der Naturwissenschaften anstellte.

Um 1850 herum hielt er es für möglich, theoretische oder wissenschaftliche Erkenntnis praktisch zu fundieren, und zwar nicht im Sinne eines individualistischen Pragmatismus, sondern auf historisch-kollektiver Ebene. Diese Möglichkeit schien sich nach dem Ersten Weltkrieg noch einmal den beiden Marxisten Lukács und Korsch zu bieten: Auch sie waren nicht ausschließlich Revolutionäre oder Propheten; denn auch ihnen war es um den Standort der richtigen Erkenntnis zu tun. Mir scheinen ihre Theorien ebenso anregend zu sein wie die von Marx, weil es in den Sozialwissenschaften bis heute nicht gelungen ist, die Frage nach dem richtigen, dem nichtideologischen Wissen zu beantworten.

2. Georg Lukács: Totalität und Proletariat

Sowohl Vertreter der Orthodoxie als auch Befürworter eines sozialdemokratischen Reformismus haben von 1923 (als *Geschichte und Klassenbewußtsein* erschien) bis zum heutigen Tag Lukács vorgeworfen, die Marxsche Lehre „hegelianisiert", im Sinne des Hegelschen Idealismus verzerrt zu haben. Bis zu einem gewissen Grad macht sich Lukács diese Anschuldigungen in seinem selbstkritischen Vorwort aus dem Jahre 1967 zu eigen, wo er von einem „Überhegeln Hegels" spricht und einräumt, „das Proletariat als identisches Subjekt-Objekt der wirklichen Menschheitsgeschichte ist also keine materialisti-

---

[27] ibid., S. 174.
[28] Siehe: K. Löwith, *Von Hegel zu Nietzsche*, Hamburg, Meiner, 1977; und: A. Camus, *L'Homme révolté*, Paris, Gallimard, 1951, darin vor allem: „La Prophétie révolutionnaire".
[29] R.C. Tucker, *Karl Marx. Die Entwicklung seines Denkens von der Philosophie zum Mythos*, München, Beck (2. Aufl.), 1963, S. 299.

sche Verwirklichung, die die idealistischen Gedankenkonstruktionen überwindet (...)."[30]

An dieser Stelle möchte ich noch einmal den jungen Lukács gegen den alten verteidigen, da ich meine, daß der vielgeschmähte Hegelianismus von *Geschichte und Klassenbewußtsein* weitgehend dem Hegelianismus des jungen Marx entspricht, der vor allem in der *Deutschen Ideologie* zum Ausdruck kommt, die Lukács und Korsch Anfang der zwanziger Jahre noch nicht kannten. Aus dieser Sicht liest sich *Geschichte und Klassenbewußtsein* wie eine Rekonstruktion oder Extrapolation der Marxschen Frühschriften, und Lukács' Vorwort aus dem Jahre 1922 erscheint in einem neuen Licht. In diesem Vorwort wird die Aufsatzsammlung „als eine *Interpretation*, eine Auslegung der Lehre von Marx im *Sinne von Marx*"[31] vorgestellt.

Wie ist dieser Text zu verstehen? Einerseits betont Lukács das Wort „Interpretation" (Auslegung), andererseits unterstreicht er die Treue zu Marx. Es geht ihm offenbar darum, die Marxsche Theorie „im Sinne von Marx" zu ergänzen. Tatsächlich lauten die nächsten beiden Sätze: „Vielmehr ist diese Zielsetzung von der Anschauung bestimmt, daß in der Lehre und der Methode von Marx die *richtige Methode* der Erkenntnis von Gesellschaft und Geschichte *endlich* gefunden worden ist. Diese Methode ist in ihrem innersten Wesen historisch."[32]

Lukács' Vorwort kann nun im Zusammenhang mit der hier vorgeschlagenen Marx-Interpretation gelesen werden: Auch dem Marx- und Hegel-Schüler ist es in erster Linie um die „richtige Methode" zu tun und um die Ableitung dieser Methode aus dem richtigen Bewußtsein des alle Klassen und Herrschaftsstrukturen negierenden Proletariats. Anders ausgedrückt: Lukács vernachlässigt die Hauptproblematik des *Kapitals* (die Kritik der politischen Ökonomie) und konzentriert sich auf eine Thematik, die die Frühschriften von Marx beherrscht: auf die Suche nach dem archimedischen Punkt des Wissens, der Wissenschaft. Dabei betont er — wie der Titel der Aufsatzsammlung und die hier zitierten Passagen zeigen — zwei Schlüsselbegriffe, die am stärksten und nachhaltigsten Hegel mit Marx verbinden: *Geschichte* und *Bewußtsein*. Die Sätze aus der *Deutschen Ideologie*, die den kantianischen Dualismus kritisch in der historischen Immanenz aufheben, könnten auch in *Geschichte und Klassenbewußtsein* vorkommen: „Der Kommunismus ist für uns nicht ein *Zustand*, der hergestellt werden soll, ein *Ideal*, wonach die Wirklichkeit sich zu richten habe. Wir nennen Kommunismus die *wirkliche* Bewegung, welche den jetzigen Zustand aufhebt."[33]

Der Grund, weshalb Lukács Marxens Werk vornehmlich auf die beiden Hegelschen Begriffe *Geschichte* und *Bewußtsein* bezieht, ist in der revolutionären Konstellation der Nachkriegszeit zu suchen. Mit Recht bemerkt Tibor Hanak zur Situation der ungarischen Exilkommunisten in Wien nach 1919: „Einig waren die ungarischen Exil-Kommunisten — Lukács inbegriffen — im Glauben an die nahen gesellschaftlichen Umwälzungen im internationalen Ausmaße. Bela Kun vertrat die Meinung: ‚Der revolutio-

---

[30] G. Lukács, *Geschichte und Klassenbewußtsein*, Darmstadt/Neuwied, Luchterhand 1970, 1975, S. 25.
[31] ibid., S. 51.
[32] ibid., S. 51.
[33] K. Marx, F. Engels, „Die Deutsche Ideologie", in: K. Marx, *Die Frühschriften*, op.cit., S. 361.

näre Klassenkampf, dessen Krönung die revolutionäre Diktatur der Arbeiterklasse ist, schreitet seinem Ziele entgegen — *von Revolution zu Revolution*'."[34]

Diese Darstellung der historischen Lage nach 1919 ergänzt Jörg Kammler, wenn er in seinem Buch über Lukács' politische Theorie darauf hinweist, daß auch nach 1921, also nach den Niederlagen in Finnland, Ungarn und München, Lukács und seine Freunde ihren Glauben an die nahende Weltrevolution nicht preisgaben. Daß Lukács durch die drei Niederlagen keineswegs entmutigt war, geht klar aus seiner damaligen Einschätzung der Lage hervor: „Die Unterdrückung bedeutet nur einen vermittelnden Schritt zum letzten wirklichen Sieg. Das *Proletariat Ungarns ist heute seiner wirklichen Befreiung näher als zur Zeit der ersten Diktatur.*"[35] Die Ähnlichkeit mit Marxens revolutionärer Hoffnung ist an dieser Stelle kaum zu überhören: Auch Lukács hielt um 1920 (ähnlich wie Marx um 1850) die Zeit für gekommen, „sich den ganzen alten Dreck vom Halse zu schaffen"[36] und den Beginn einer neuen Ära zu verkünden.

Als „irrig und illusorisch"[37] kann der Marxist Raphael de la Vega die Ansichten des damaligen Lukács nur deshalb bezeichnen, weil er nicht bedenkt, daß auch Marxens revolutionäre Prophetie ein — wenn auch ökonomisch fundierter — Traum war. Zugleich übersieht er das Marxsche Erbe Lukács', wenn er diesem in Übereinstimmung mit der Orthodoxie seinen Hegelianismus vorwirft: „Das Proletariat ist für Lukács deswegen *praktisch* revolutionär, weil es *theoretisch* die dialektische Totalität der Erkenntnis verkörpert, die Einheit der Idee als Idee."[38] Er übersieht, daß im Falle von *Geschichte und Klassenbewußtsein*, wo immer wieder vom Nexus zwischen Klassen*interessen* und Klassen*bewußtsein* die Rede ist[39], eher die Umkehrung seines Satzes gilt: Das Proletariat verkörpert deshalb theoretisch die dialektische Totalität der Erkenntnis, weil es praktisch revolutionär ist. Es wird sich allerdings zeigen, daß Lukács' Proletariat eine mythische Einheit (ein mythischer Aktant) ist, in die allerhand hineininterpretiert wird, was sie empirisch nicht enthält.

Recht haben die beiden italienischen Autoren Cesare Cases und Mario Vacatello, wenn sie betonen, daß die Bindung der revolutionären Theorie an die proletarische Praxis die Grundlage des im Jahre 1923 veröffentlichten Buches bildet. „Indem er diese Wissenschaftlichkeit auf einer Interpretation der Theorie-Praxis-Beziehung gründet, die von der Unlösbarkeit des Marxismus vom Standpunkt des Proletariats ausgeht, identifiziert Lukács schließlich die Theorie mit dem proletarischen Klassenbewußtsein."[40] Daß dieser Identifikation ein Intellektualismus zugrunde liegt, der Gefahr läuft, die Arbeiterklasse mit der Gruppe der revolutionären Intellektuellen zu identifizieren, statt umgekehrt,

---

[34] T. Hanak, *Lukács war anders*, Meisenheim am Glan, Verlag Anton Hain, 1973, S. 43.
[35] G. Lukács in: J. Kammler, *Politische Theorie von Georg Lukács. Struktur und historischer Praxisbezug bis 1929*, Neuwied/Berlin, Luchterhand, 1974, S. 157.
[36] K. Marx, F. Engels, „Die Deutsche Ideologie", in: K. Marx, *Die Frühschriften*, op.cit., S. 367.
[37] R. de la Vega, „Zur Rezeptionsgeschichte von Geschichte und Klassenbewußtsein", in: G. Ahrweiler (Hrsg.), *Betr.: Lukács. Dialektik zwischen Idealismus und Proletariat*, Frankfurt, Pahl Rugenstein, 1974, S. 62.
[38] ibid., S. 56.
[39] Siehe: G. Lukács, *Geschichte und Klassenbewußtsein*, op.cit., S. 129.
[40] M. Vacatello, *Lukács. Da storia e coscienza di classe al giudizio sulla cultura borghese*, Firenze, Nuova Italia, 1968, S. 33.

ist Cases aufgefallen: „Dieses Versagen rührt daher, daß Lukács' ‚Mensch' eigentlich ein verallgemeinerter Intellektueller ist."[41]

Sicherlich war es nicht die Absicht des Autors von *Geschichte und Klassenbewußtsein*, dem Proletariat „etwas anzudichten". Rückblickend nimmt sich aber sein Versuch, der revolutionären Klasse ein Bewußtsein „zuzurechnen", wie der Versuch eines isolierten Intellektuellen aus, sein narzißtisches Verlangen in die Wirklichkeit zu projizieren. In dieser Hinsicht ähnelt er Stefan George, den er in einem seiner Essays in *Die Seele und die Formen* im Zusammenhang mit dem Thema „Einsamkeit" deutet. Es kommt hier aber nicht darauf an, nach orthodoxem Vorbild Lukács' Illusionen zu „entlarven", sondern zu zeigen, wie er vom Standort der „richtigen Erkenntnis" aus das verdinglichte, falsche Bewußtsein des Bürgertums kritisiert.

In seiner Kritik greift er immer wieder Themen heraus, die auch in den Schriften von Karl Marx im Mittelpunkt stehen. Ähnlich wie bei Marx erscheint auch bei Lukács die falsche Wissenschaft als fragmentiertes Wissen, als Teilkenntnis. Ähnlich wie Marx führt er ihre Verzerrungen auf die Arbeitsteilung, die Klassenherrschaft und die Verdinglichung zurück.

Im Zusammenhang mit dem Prinzip der Arbeitsteilung und der Verdinglichung erscheint in *Geschichte und Klassenbewußtsein* das bürgerliche Denken als ein Zerrbild der Wirklichkeit: als Ideologie im Sinne von Marx. Es bleibt im Abstrakten (Hegel) und in der Unmittelbarkeit stecken: „Durch die Spezialisierung der Leistung geht jedes Bild des Ganzen verloren."[42] Die Auswirkungen der Arbeitsteilung auf die bürgerliche Wissenschaft werden etwas später geschildert: „Sie (die Wissenschaft) wird — je entwickelter, je wissenschaftlicher, desto mehr — zu einem formell abgeschlossenen System von speziellen Teilgesetzen, für das die außerhalb des eigenen Bereiches liegende Welt und mit ihr sogar in erster Reihe die ihm zur Erkenntnis aufgegebene Materie, *sein eigenes, konkretes Wirklichkeitssubstrat* als methodisch und prinzipiell *unerfaßbar* gilt."[43] Das arbeitsteilige Prinzip hindert die Wissenschaft als falsches Bewußtsein an der Selbstreflexion und an der Reflexion über ihre eigene soziale Umwelt, aus der sie hervorgegangen ist.

Wie die Autoren der *Deutschen Ideologie* weist auch Lukács auf die Beziehung zwischen dem arbeitsteiligen Prinzip und dem abstrakten Idealismus der Philosophen hin. Ihre dualistischen Weltbilder sind auf ihre Spezialisierung, auf ihren Rückzug ins rein Geistige zurückzuführen. Dem unlösbaren „Dilemma von Freiheit und Notwendigkeit, von Voluntarismus und Fatalismus"[44] entspricht der unüberbrückbare Gegensatz von

---

[41] C. Cases, „Einleitung", in: J. Matzner (Hrsg.), *Lehrstück Lukács*, Frankfurt, Suhrkamp, 1974, S. 38.
[42] G. Lukács, *Geschichte und Klassenbewußtsein*, op.cit., S. 199.
[43] ibid., S. 200.
[44] ibid., S. 244. Noch in seinem viel später erschienenen Werk über den jungen Hegel hält Lukács an dieser Kritik des Kantschen Dualismus fest: "Die verschiedenen gesellschaftlichen Institutionen etc. bilden eine zusammenhängende und sich verändernde konkrete Totalität. Ihre Notwendigkeit ist nur aus ihrer Stelle in dieser konkreten Totalität abzuleiten und zu begründen. Da Kant auf dieses Problem überhaupt nicht eingeht, da er die isolierten gesellschaftlichen Inhalte unmittelbar aus einem formalen Moralgesetz ableiten will, ist seine Ableitung nichts Besseres als ein Erschleichen des Inhalts." (*Der junge Hegel*, Bd. 2, Frankfurt, Suhrkamp, 1973, S. 459/460.)

Sein und Sollen, der seit der Kantschen Philosophie die Ideologie des bürgerlichen Idealismus beherrscht.

Inwiefern Lukács den Kantschen Dualismus und die „Ding-An-Sich-Problematik" nur deshalb überwinden kann, weil er das Objekt auf die soziale Wirklichkeit reduziert und die Naturgegenstände, die Gegenstände der Naturwissenschaften, ausklammert, kann hier nicht erörtert werden. Einige Aspekte dieses Problems untersuchen Wulf D. Hund und Alfred A. Oppolzer in ihrem Kommentar zur Erkenntnisproblematik beim jungen Lukács.[45]

Mir kam es in erster Linie darauf an, den von Lukács postulierten Nexus zwischen der Arbeitsteilung und dem „falschen Bewußtsein" bürgerlicher Wissenschaft aufzuzeigen. Daß die fortschreitende Arbeitsteilung zu Verzerrungen im kulturellen Bereich führen kann, fällt nicht nur dem Marxisten Lukács auf, sondern auch dem Platoniker und Husserl-Schüler Hermann Broch, der in seiner *Schlafwandler*-Trilogie (1931/32) die Problematik von *Geschichte und Klassenbewußtsein* aus einer ganz anderen Perspetive beleuchtet. Da er, ohne es zu beabsichtigen, einige Theoreme des frühen Lukács (und Marx) zu bestätigen scheint, sei ein kurzer Exkurs zu den *Schlafwandlern* gestattet.

In seinem dritten Roman *Huguenau oder die Sachlichkeit* beschreibt Broch in den zahlreichen Exkursen zum „Zerfall der Werte" die Folgen der Arbeitsteilung und zeigt, wie die einzelnen „Wertbereiche" einander entfremdet werden: „(. . .) Gleich Fremden stehen sie nebeneinander, das ökonomische Wertgebiet eines ‚Geschäftemachens an sich' neben einem künstlerischen des l'art pour l'art, ein militärisches Wertgebiet neben einem technischen oder einem sportlichen, jedes autonom, jedes ‚an sich', ein jedes in seiner Autonomie ‚entfesselt', ein jedes bemüht, mit aller Radikalität seiner Logik die letzten Konsequenzen zu ziehen und die eigenen Rekorde zu brechen."[46]

Ebenso wichtig wie diese Darstellung des Wertzerfalls und der Wertteilung sind Brochs Hinweise auf die parallel zur Krise der Werte entstehende, naturwissenschaftlich inspirierte *Wertfreiheit*[47] sowie auf die von ihm in den „Exkursen" und in der Romanhandlung untersuchten Beziehungen zwischen dem „Zerfall der Werte" und den Marktgesetzen: der Vermittlung durch den Tauschwert. Von August Esch, dem Protagonisten des zweiten Romans, heißt es beispielsweise: „Äußerlich bereits kommerzialisiert und dem Lebensstil der kommenden Sachlichkeit angenähert, ist er innerlich noch den traditionellen Werthaltungen verhaftet."[48] Die „Sachlichkeit", die Huguenau, der Held des dritten Romans, verkörpert, weist wiederum Aspekte der von Lukács kritisierten Verdinglichung auf.

Sie ist eine wesentliche Quelle des falschen, des ideologischen (Marx) Bewußtseins. Lukács knüpft an Marxens Warenanalyse aus dem *Kapital* an, wo erklärt wird, weshalb „das gesellschaftliche Verhältnis der Produzenten zur Gesamtarbeit als ein außer ihnen

---

[45] W. D. Hund, A. A. Oppolzer, „Bürgerliche Wissenschaft, Dialektik und Klassenbewußtsein. Zur Konstitution gesellschaftlicher Selbsterkenntnis bei Georg Lukács", in: G. Ahrweiler (Hrsg.), *Betr.: Lukács. Dialektik zwischen Idealismus und Proletariat*, op.cit., S. 81.
[46] H. Broch, *Die Schlafwandler* (Zürich, 1931/32), Frankfurt, Suhrkamp, 1978, S. 498.
[47] ibid., S. 619.
[48] ibid., S. 720.

existierendes gesellschaftliches Verhältnis von Gegenständen" erscheint[49], und versucht zu zeigen, wie das Proletariat die „Unmittelbarkeit" des Warenfetischismus überwindet: „(...) Indem es klar zu werden beginnt, was alles diese Unmittelbarkeit voraussetzt, beginnen die fetischistischen Formen der Warenstruktur zu zerfallen: der Arbeiter erkennt sich selbst und seine eigenen Beziehungen in der Ware."[50]

Im Gegensatz zu Broch, der sich vom polyhistorischen Roman die richtige, die totale Erkenntnis der Wirklichkeit verspricht und ihn als „Spiegel aller übrigen Weltbilder" definiert[51], lehnt Lukács jede Ästhetisierung der sozialen Welt ab und verknüpft, eindeutiger und systematischer als Marx, die erkenntnistheoretische Kategorie der Totalität mit dem Bewußtsein der revolutionären Klasse. Georg Ahrweilers Behauptung, „daß das Lukácssche Klassenbewußtsein eine Entfaltung des Hegelschen Selbstbewußtseins (...) darstellt"[52], ist zwar nicht grundsätzlich falsch, aber einseitig, weil sie die gesellschaftskritische, die materialistische Komponente von Lukács' Argumentation außer acht läßt.

An entscheidender Stelle von *Geschichte und Klassenbewußtsein* heißt es zur Fundierung der marxistischen Wissenschaft im Bewußtsein des Proletariats: „D. h. es ist gerade so wenig ein Zufall wie ein rein theoretisch-wissenschaftliches Problem, daß das Bürgertum theoretisch in der Unmittelbarkeit stecken bleibt, während das Proletariat darüber hinausgeht. In dem Unterschied dieser beiden theoretischen Einstellungen drückt sich vielmehr die Verschiedenheit des gesellschaftlichen Seins beider Klassen aus. Freilich ist die Erkenntnis, die sich vom Standpunkt des Proletariats ergibt, die objektiv wissenschaftlich höhere (...)."[53]

In dieser wichtigen Passage kommen zwei für den hier konstruierten theoretischen Kontext wesentliche Gedanken zum Ausdruck: Das Proletariat wird durch *gesellschaftliche* Faktoren in die Lage versetzt, die Schranken der bürgerlichen Erkenntnis zu durchbrechen, und es ist wissenschaftlich dem Bürgertum überlegen. „Seine Fähigkeit, die To-

---

[49] K. Marx, *Das Kapital I.*, op.cit., S. 51.
[50] G. Lukács, *Geschichte und Klassenbewußtsein*, op.cit., S. 295.
[51] H. Broch, „Das Weltbild des Romans", in: ders., *Schriften zur Literatur 2. Theorie*, Frankfurt, Suhrkamp, 1975, S. 115. In Brochs Aufsatz erscheint die Kategorie der Totalität als ein Mittel zur Bewältigung der Angst: „Die großen Wertsysteme, wie z. B. das des Sozialismus, setzen finale Absolutheiten von Weltgeltung als Ziel: wo die ganze Welt umspannt wird, gibt es keine Dunkelheiten mehr. (...) Aber immer sind dies nur Teilweltbilder, und keines von ihnen — auch die Ganzheit der Wissenschaft nicht — vermag jene umfassende Absolutheit zu erreichen, deren der Mensch bedarf, um seine Angst zu besänftigen." (S. 113/114) Der Versuch, die Angst mit Hilfe von Totalität und System zu bannen, verbindet einerseits *Geschichte und Klassenbewußtsein* mit *Die Seele und die Formen*, wo die „Möglichkeit eines Systems" (S. 30) den Essay als etwas Provisorisches erscheinen läßt; andererseits Lukács' Frühschriften mit dem Werke Brochs, in dem nicht das Proletariat, sondern die Romanform durch Totalitarisierung die Angst bannen soll.
[52] G. Ahrweiler, „Weltgeist und Klassenbewußtsein. Zur Theorie politischen Bewußtseins bei Lukács und Hegel", in: ders., (Hrsg.), *Betr.: Lukács, Dialektik zwischen Idealismus und Proletariat*, op. cit., S. 128.
[53] G. Lukács, *Geschichte und Klassenbewußtsein*, op.cit., S. 288. Elf Jahre später (1934) veröffentlichte Max Raphael in Paris ein Buch mit dem Titel *Erkenntnistheorie der konkreten Dialektik*, in dem das Proletariat als Bürge einer höheren Erkenntnis und Wissenschaftlichkeit erscheint. Gleich zu Beginn wirft er die Frage auf, ob die „Schaffenstheorie des Proletariats" tatsächlich „die Methode enthält, mit der man alles auszuschalten vermag, was in den anderen Theorien unberechtigt ist, und gleichzeitig alles aufzubewahren, was an ihnen relativ berechtigt ist; d. h. diejenige Erkenntnistheorie, die uns theoretisch und praktisch den Weg zur klassenlosen Gesellschaft freimachen kann." — M. Raphael, *Theorie des geistigen Schaffens auf marxistischer Grundlage*, Frankfurt, Fischer, 1974, S. 22/23.

talität der Gesellschaft als konkrete, geschichtliche Totalität zu sehen"[54], macht es zum Träger der marxistischen Wissenschaft, die Lukács als „wissenschaftliche(n) Standpunkt des Proletariats"[55] definiert.

Die Tatsache, daß an anderer Stelle von der „Ideologie des kämpfenden Proletariats"[56] die Rede ist und daß der Ideologiebegriff in *Geschichte und Klassenbewußtsein* (wie Jorge Larrain richtig gesehen hat) sowohl positiv als auch negativ verwendet wird, sollte nicht darüber hinwegtäuschen, daß der hier zitierten Passage eine klare Unterscheidung zwischen richtigem und falschem Bewußtsein zugrunde liegt. Das „falsche" Bewußtsein, auf das sich Lukács immer wieder bezieht, steht im Gegensatz zum wissenschaftlichen Bewußtsein und stimmt in vieler Hinsicht mit Marxens Ideologiebegriff überein. Lukács behauptet sogar, daß das Bürgertum in zunehmendem Maße gezwungen ist, aus dem theoretisch-wissenschaftlichen „Reservoir" des Proletariats zu schöpfen.[57]

An dieser Stelle wäre polemisch zu fragen, ob es sich nicht gerade umgekehrt verhält: ob das Proletariat sein revolutionäres Bewußtsein nicht (zumindest teilweise) abtrünnigen bürgerlichen Intellektuellen wie Marx, Lukács oder Gramsci verdankt, da es ja im Gegensatz zum Bürgertum des 17. oder 18. Jahrhunderts kaum ein eigenes intellektuelles Potential entfaltet hat. Zu dieser Frage gesellt sich die komplementäre Frage nach der „Zurechnung", nach dem, was Lukács als „zugerechnetes Bewußtsein" bezeichnet.

Während der Lektüre von *Geschichte und Klassenbewußtsein* fällt auf, daß der Autor immer wieder das empirische, das „psychologische" Bewußtsein des Proletariats von dessen eigentlichem, objektivem oder „zugerechnetem" Bewußtsein unterscheidet. Letzteres wird einer Klasse, gleichsam als Idealtypus, im Hinblick auf die „objektiven" sozio-ökonomischen Verhältnisse zugesprochen: „Die rationell angemessene Reaktion nun, die auf diese Weise einer bestimmten typischen Lage im Produktionsprozeß *zugerechnet* wird, ist das Klassenbewußtsein."[58] Es ist sicherlich kein Zufall, daß dieser Satz von einer Fußnote begleitet wird, die auf Max Webers Theorie der „Idealtypen" verweist.

Da Lukács einerseits empirische Probleme (etwa die „Schichtung der ökonomischen Interessen innerhalb des Proletariats")[59] für sehr wichtig hält, andererseits aber auf empirische Analysen völlig verzichtet, drängt sich der Verdacht auf, daß hier eine Wissenslücke dezisionistisch geschlossen werden soll: Der marxistische Revolutionär rechnet dem Proletariat das „wissenschaftliche" Bewußtsein seiner eigenen Gruppe, der Gruppe bestimmter bürgerlicher Intellektueller, zu. Sollte sich dieser Verdacht erhärten, dann wäre Lukács' archimedischer Punkt der proletarischen Wissenschaft reine Fiktion.

Tatsächlich fällt auf, daß er die Partei (als kollektiven Intellektuellen) mit theoretischen Fähigkeiten und Kompetenzen ausstattet, die bei Marx und Engels bestenfalls Befremden ausgelöst hätten. Es mutet wie eine Paradoxie an, wenn er gerade in seinem Aufsatz über Rosa Luxemburg die Autonomie der Partei der empirischen Wirklichkeit gegen-

---

[54] G. Lukács, *Geschichte und Klassenbewußtsein*, op.cit., S. 338.
[55] ibid., S. 308.
[56] ibid., S. 363.
[57] ibid., S. 362.
[58] ibid., S. 126.
[59] ibid., S. 168.

über betont: „Indem die Partei als geschichtliche Gestalt und als handelnde Trägerin des Klassenbewußtseins erkannt wird, wird sie zugleich zur Trägerin der Ethik des kämpfenden Proletariats. Diese ihre Funktion hat ihre Politik zu bestimmen. Mag ihre Politik mit der augenblicklichen empirischen Wirklichkeit nicht immer im Einklang sein, mögen ihre Parolen in solchen Momenten unbefolgt bleiben, der notwendige Gang der Geschichte wird ihr nicht nur eine Genugtuung bringen, sondern die moralische Kraft des richtigen Klassenbewußtseins, des richtigen, klassenmäßigen Handelns wird auch — praktisch-realpolitisch — ihre Früchte tragen."[60]

Stärker als an anderen Stellen der Aufsatzsammlung tritt hier Lukács' Hegelianismus in Erscheinung. Diese zweideutige Argumentation könnte dahingehend interpretiert werden, daß das Bewußtsein der Partei (-führung) mit dem „zugerechneten Bewußtsein" des Proletariats identifiziert wird. In diesem Fall artikuliert die Parteiorganisation nicht das Bewußtsein der Klasse, sondern *ersetzt* es: vor allem dann, wenn es zu Kollisionen zwischen dem „zugerechneten" und dem empirischen, dem „psychologischen" Bewußtsein kommt. Schließlich fällt auf, daß die oberste Instanz, auf die sich hier Lukács beruft, nicht die Klasse, sondern die Geschichte ist: Sie wird zum eigentlichen Auftraggeber (*Destinateur*, Greimas) der Partei, die sich über das „unreife" oder „spontane" proletarische Bewußtsein mit Hilfe der bekannten Hegelschen Maxime „um so schlimmer für die Tatsachen" idealistisch hinwegsetzen kann.

Bekanntlich hat Lenin Lukács' hegelianische Zweideutigkeit zugunsten der Parteiorganisation beseitigt. Die Partei als Vorhut des Proletariats ist eine *pars pro toto*, die sich nicht so sehr von theoretischen oder wissenschaftlichen, sondern in erster Linie von taktischen Überlegungen leiten läßt. Wie sehr diese Substitution die Wahrheitsfrage, die Frage nach dem theoretischen oder wissenschaftlichen Standort, in den Hintergrund drängt, ist H. J. Lieber in seinem Aufsatz über den Leninismus aufgefallen: „Das aber bedeutet: von einer ursprünglichen Identität von Bewußtsein und Aktion kann nach Lenin eigentlich nur in bezug auf die proletarische Avantgarde, d. h. aber konkret: in bezug auf die Partei der Bolschewiki gesprochen werden. In den Händen der Partei verwandelt sich demzufolge die Funktion der Theorie, sie wird zum Instrument einer steten revolutionären Aktivierung der Massen."[61] — Ähnlich äußert sich Peter Christian Ludz, der im Zusammenhang mit der leninistischen Ideologie von einer „strategisch-taktischen Manipulierung der Macht" spricht.[62]

---

[60] ibid., S. 115/116.

[61] H. J. Lieber, *Philosophie, Soziologie, Gesellschaft. Gesammelte Studien zum Ideologieproblem*, Berlin, De Gruyter, 1965, S. 149.

[62] P. Ch. Ludz, *Ideologiebegriff und marxistische Theorie*, op. cit., S. 112. Diese Ansicht bestätigt Sidney Hook in seinem Buch *From Hegel to Marx. Studies in the Intellectual Development of Karl Marx*, Ann Arbor, University of Michigan Press, 1962, S. 163: „(...) Marx consistently opposed the insurrectionary tactics of extremists who staked all hope for social revolution not so much upon the organised revolutionary proletariat but upon a small group of professional revolutionists who would seize and hold the state power from above."

3. Karl Korsch: Ideologie, Wissenschaft und Philosophie

Klarer als in *Geschichte und Klassenbewußtsein* tritt in Karl Korschs *Marxismus und Philosophie* (1923) das Problem der Zurechnung zutage. Denn Korschs Kontrahenten, Vertreter eines reformistischen Marxismus, werfen Fragen auf, die den ganzen Begründungszusammenhang der „proletarischen Wissenschaft" fragwürdig erscheinen lassen und geben der Suche nach dem archimedischen Punkt eine neue Wende.

Korschs Marxismus-Interpretation, die in wesentlichen Punkten mit der Lukács' übereinstimmt, wird nur dann verstanden, wenn sie im Zusammenhang mit den reformistischen Thesen Karl Kautskys, Karl Renners oder Rudolf Hilferdings gelesen wird. Einige dieser Thesen laufen darauf hinaus, daß der Marxismus nicht dem Proletariat, sondern einem Teil der bürgerlichen Intellektuellen „zugerechnet" und als wertfreie, positive Wissenschaft gedeutet wird.

Karl Kautsky zerstört die soziale Illusion der bürgerlichen Intellektuellen Korsch und Lukács, wenn er mit der ihm eigenen Offenheit unumwunden feststellt: „Das moderne sozialistische Bewußtsein kann nur erstehen auf Grund tiefer wissenschaftlicher Einsicht. In der Tat bildet die heutige ökonomische Wissenschaft ebenso eine Vorbedingung sozialistischer Produktion, wie etwa die heutige Technik, nur kann das Proletariat beim besten Willen die eine ebensowenig schaffen wie die andere; sie entstehen beide aus dem heutigen gesellschaftlichen Prozeß. Der Träger der Wissenschaft ist aber nicht das Proletariat, sondern die *bürgerliche Intelligenz* (...)."[63]

Diese Darstellung ist aus zweierlei Gründen wichtig: In einem ersten Schritt bestreitet Kautsky (zumindest implizit), daß das moderne Proletariat mit dem Dritten Stand, mit dem revolutionären Bürgertum des 18. Jahrhunderts zu vergleichen ist, das — wie Tocqueville wußte — schon lange vor der Revolution im kulturellen, vor allem im wissenschaftlichen Bereich dem Adel überlegen war. Dadurch stellt er nicht nur Lukács' und Korschs, sondern auch Marxens Auffassung vom Proletariat in Frage. In einem zweiten Schritt (der in diesem Kontext noch wichtiger ist, aber eng mit dem ersten zusammenhängt) verlagert er den archimedischen Punkt der Wissenschaft vom proletarischen in den bürgerlichen Bereich. Dadurch relativiert und schwächt er aber die Position des Marxismus: Wenn die Trägerin der marxistischen Wissenschaft eine Gruppe von bürgerlichen Intellektuellen ist, dann verliert diese Wissenschaft ihren privilegierten soziohistorischen Status. Sie wird zu einer Wissenschaftsauffassung unter vielen, und der Standort, von dem aus es hätte gelingen können, die bürgerliche Welt praktisch und kognitiv aus den Angeln zu heben, wird nun innerhalb dieser Welt angesiedelt ...

Die Argumente einiger Austromarxisten stimmen weitgehend mit denen Kautskys überein. Karl Renner beispielsweise versucht in einem Artikel aus dem Jahre 1928, die Ideologie des Proletariats sauber von der marxistischen Wissenschaft zu trennen, weil er bezweifelt, „daß in der ganzen ruhmvollen Geschichte der deutschen Sozialdemokratie jemals ein Promill der Arbeiter, der sozialdemokratischen Wählerschaft, wirklich auch nur einen schmalen Katechismus Marxscher Lehren aufgenommen und verdaut

---

[63] K. Kautsky, in: K. Korsch, *Marxismus und Philosophie*, op. cit., S. 46.

hat (...)."⁶⁴ Daß diese These umstritten ist, zeigen nicht nur Gramscis Überlegungen zur Symbiose zwischen dem „organischen Intellektuellen" und dem Volk⁶⁵, sondern auch Otto Bauers kritische Bemerkungen zu Renners Artikel.⁶⁶ Nicht auf sie will ich hier näher eingehen, sondern auf Renners Auffassung des Marxismus als einer positiven Wissenschaft: „Was ist die Lehre von Karl Marx wirklich? Die ungeheure *Empirie* der ökonomischen Entwicklung und der Klassenkämpfe von 1789, 1795, 1830, 1848, 1870: Diese gewaltigen Erfahrungstatsachen, geistig erlebt, gesammelt und geordnet, und also *Wissenschaft!* — Wissenschaft und nicht Ideologie! Erfahrungswissenschaft und nicht Spekulation und noch weniger *Prophetie!*"⁶⁷ Renners (wie Kautskys) Wissenschaft geht also nicht aus dem Proletariat hervor, sondern ist bürgerlich-intellektueller Herkunft.

Trotz der politischen und verbalen Differenzen, die diese sozialdemokratischen und reformistischen Standpunkte von Lenins Marxismus trennen, ist der Konsens in einem Punkt nicht zu übersehen: Sowohl Lenin als auch die Vertreter der mitteleuropäischen Sozialdemokratie stimmen in der Ansicht überein, daß der Marxismus als Wissenschaft Sache der in der Partei organisierten Intellektuellen ist — und nicht des Proletariats.

Diese grundsätzliche Übereinstimmung hebt Korsch im Jahre 1930 in seiner Vorrede zu *Marxismus und Philosophie* hervor: „So bewährt sich auch an dieser Stelle, in der Beurteilung des geschichtlichen Charakters des sogenannten ‚Marxismus-Leninismus' oder ‚Sowjetmarxismus', die vollkommene grundsätzliche Übereinstimmung zwischen der alten und der neuen, der sozialdemokratischen und der kommunistischen Schule der heutigen Marx-Orthodoxie."⁶⁸

Gegen diese Orthodoxie verteidigt er in seinem Buch aus dem Jahre 1923 zwei wesentliche Grundsätze, die ihn mit Lukács verbinden: den Gedanken, daß die marxistische Wissenschaft organisch aus dem Bewußtsein des Proletariats hervorgeht und den komplementären Gedanken, daß diese neuartige Wissenschaft nichts mit den positiven Wissenschaften des Bürgertums (Nationalökonomie, Soziologie, Psychologie) zu tun hat, da diese als Partialsysteme dem arbeitsteiligen Prinzip gehorchen und zu Ideologien (im Sinne von Marx) verkommen sind.

In *Marxismus und Philosophie* wendet er sich vor allem gegen Rudolf Hilferdings positivistische Auffassung des Marxismus, die diesen zu einer „wertfreien" Wissenschaft im Sinne von Max Weber macht: „Wie die Theorie, so bleibt auch die Politik des Marxismus frei von Werturteilen."⁶⁹ Auch Hilferding möchte also wie Renner einen klaren Trennungsstrich zwischen marxistischer Wissenschaft und den verschiedenen Ideologien der Arbeiterklasse ziehen. Seine Abgrenzungsversuche erinnern in mancher Hinsicht an die Louis Althussers und des Kritischen Rationalismus. In allen diesen Fällen wird

---

64 K. Renner, „Ist der Marxismus Ideologie oder Wissenschaft?", in: G. Mozetič (Hrsg.), *Austromarxistische Positionen*, Wien-Köln-Graz, Böhlau, 1983, S. 84.
65 A. Gramsci, *Philosophie der Praxis*, op.cit., S. 306—307.
66 O. Bauer, „Klassenkampf und Ideologie", in: G. Mozetič (Hrsg.), *Austromarxistische Positionen*, op.cit., S. 105—107.
67 K. Renner, „Ist der Marxismus Ideologie oder Wissenschaft?", op.cit., S. 86.
68 K. Korsch, *Marxismus und Philosophie*, op. cit., S. 71.
69 R. Hilferding, in: K. Korsch, *Marxismus und Philosophie*, op. cit., S. 102.

der Nexus zwischen Theorie und Praxis gelöst und der Standort der Wahrheit in die Wissenschaft selbst verlagert.

Im folgenden möchte ich etwas ausführlicher auf die bereits erwähnten beiden Grundsätze eingehen: die Verknüpfung von Wissenschaftlichkeit und Proletariat und Korschs Festhalten an der Kategorie der Totalität, durch das er sowohl das arbeitsteilige Prinzip als auch die positivistische Definition der Wissenschaft negiert.

Anders als Lukács und Lenin verwendet Korsch den Ideologiebegriff vorwiegend negativ. Wie Lukács setzt er aber die Ideologie als verkehrtes Bewußtsein mit dem arbeitsteiligen Prinzip in Beziehung. Im Anschluß an Marx und Engels definiert er: „Ideologie heißt nur das verkehrte Bewußtsein, speziell dasjenige, das eine Teilerscheinung des gesellschaftlichen Lebens für ein selbständiges Wesen versieht, z. B. jene juristischen und politischen Vorstellungen, welche das Recht und den Staat als selbständige Mächte über der Gesellschaft betrachten."[70]

Wie schon in *Geschichte und Klassenbewußtsein* wird hier die Isolierung und Hypostasierung einzelner Lebensbereiche als falsches Bewußtsein oder als Ideologie mit der Arbeitsteilung in Beziehung gesetzt. Dabei geht es Korsch in erster Linie darum, die isolierenden und hypostasierenden bürgerlichen Wissenschaften durch eine Philosophie der Totalität zu ersetzen, die im Gegensatz zum bürgerlichen Idealismus, dessen Erbin sie ist[71], ihre Verwirklichung anstrebt.

Das einzige Mittel, das es Korschs Ansicht nach gestattet, die Zersplitterung und die Unmittelbarkeit der bürgerlichen Wissenschaften zu überwinden, ist (wie auch bei Lukács) die Kategorie der Totalität. Daß diese nicht hegelianisch, sondern praktisch im Sinne von Marx aufgefaßt wird, geht deutlich aus *Marxismus und Philosophie* hervor. Dort heißt es von den bürgerlichen Ideologien: „Sie alle müssen durch die die Totalität der gesellschaftlichen Wirklichkeit umfassende revolutionäre Gesellschaftskritik des materialistisch-dialektischen wissenschaftlichen Sozialismus theoretisch kritisiert und praktisch umgewälzt werden (...)."[72] Theoretische Kritik und soziale Praxis sind also unzertrennlich miteinander verbunden.

Für den hier entworfenen Zusammenhang ist schließlich ein Text von Karl Korsch aus dem Jahre 1923 wichtig, der unter dem Titel „Die Marxsche Dialektik" erschien. Aus diesem Text geht deutlich hervor, daß Korsch die marxistische Wissenschaft als unmittelbaren Ausdruck proletarischer Klasseninteressen auffaßte: „Nur dadurch, daß er die Form strenger ‚Wissenschaft' annahm, konnte sich jener Komplex proletarischer Klassenanschauungen, der den Inhalt des ‚modernen Sozialismus' ausmacht, von den bürgerlichen Anschauungen, mit denen er kraft seiner Entstehung ursprünglich untrennbar zusammenhing, radikal reinigen (...)."[73] Mit Recht bemerkt Martin Jay zum Verhältnis von Theorie und revolutionärer Praxis beim frühen Korsch: „So war für Korsch der bedeutungsstiftende Mittelpunkt der Totalität die Einheit von revolutionärem Pro-

---

[70] K. Korsch, *Marxismus und Philosophie*, op.cit., S. 122.
[71] ibid., S. 114.
[72] ibid., S. 135.
[73] ibid., S. 166.

zeß und proletarischer Praxis, die sodann in den revolutionären Begriffen der marxistischen Wissenschaft ihren Ausdruck fand."[74] (Auf die Zweideutigkeiten, die später durch Korschs Hinwendung zum Empirismus entstanden sind, kann ich hier nicht eingehen; sie werden ausführlich in Jays *Marxism and Totality* kommentiert.)

In Korschs Text aus den Jahre 1923 kommen zwei wesentliche Gedanken zum Ausdruck: Die marxistische Wissenschaft ist ein Bestandteil des proletarischen Bewußtseins, das zum Träger der neuen Wissenschaft wird, und es ist zu einem radikalen Bruch zwischen der proletarischen Erkenntnisform und den bürgerlichen Formen gekommen. Wie schon bei Marx und Lukács wird hier eine radikale Alterität des proletarischen Bewußtseins und der aus ihm hervorgehenden neuen Wissenschaft postuliert: Beide werden jenseits der bürgerlichen Wissensformen angesiedelt.

In dieser Hinsicht unterscheiden sich Korsch und Lukács nicht von ihren positivistischen Kontrahenten im marxistischen Lager; denn auch sie ziehen einen scharfen Trennungsstrich zwischen Wissenschaft und Ideologie. Während aber die „Positivisten" von Kautsky bis Althusser die marxistische Wissenschaft von den proletarischen (und anderen) Ideologien abtrennen, konstruieren Lukács und Korsch einen schroffen Gegensatz zwischen proletarischer Wissenschaft und bürgerlicher Pseudowissenschaft (Ideologie).

Korschs These von der Einheit zwischen proletarischem Bewußtsein und marxistischer Wissenschaft erklärt, weshalb er im Jahre 1930 zusammen mit den reformistischen Ansätzen auch Lenins Parteiideologie einer schonungslosen Kritik aussetzt. Zur „Diktatur des Proletariats" bemerkt er: „Sie ist erstens eine Diktatur des Proletariats und nicht über das Proletariat. Sie ist zweitens eine Diktatur der Klasse und nicht der Partei oder Parteispitze."[75] (Diese Kritik ist schon in *Marxismus und Philosophie* angelegt, und es trifft sicherlich nicht zu, wie manche Korsch-Kritiker meinen[76], daß sie den Thesen dieses Buches teilweise widerspricht.)

Das von Korsch angeschnittene Problem ist nicht nur organisatorischer Art: Abgesehen von der Frage, wie die „Diktatur der ganzen Klasse" praktisch, organisatorisch aussehen soll, drängt sich die Frage auf, ob sich in den 20er und 30er Jahren bürgerliche Intellektuelle wie Lukács, Korsch, Benjamin und Horkheimer nicht einer Illusion hingaben, als sie die „wahre Erkenntnis" im Proletariat verankerten. Ihre Illusion ist zwar zu erklären, da sie wie Marx „in einer Zeit des verschärften Klassenkampfes" (Korsch) schrieben; aber sie ist theoretisch nicht zu rechtfertigen, auch nicht mit den Hoffnungen, die zahlreiche bürgerliche Intellektuelle damals mit der Revolution verbanden. Zu diesem Aspekt des Problems schreibt Horkheimer: „Als Hitler dann an der Macht war, hofften unzählige Menschen wirklich auf eine Revolution. Wahrscheinlich war diese Hoffnung eine Illusion, ein Traum."[77]

---

[74] M. Jay, *Marxism and Totality. The Adventures of a Concept from Lukács to Habermas*, Berkeley-Los Angeles, Univ. of California Press, 1984, S. 140.
[75] ibid., S. 72.
[76] Siehe: R. de la Vega, „Zur Rezeptionsgeschichte von *Geschichte und Klassenbewußtsein*", in: G. Ahrweiler (Hrsg.), *Betr.: Lukács*, op.cit., S. 72.
[77] M. Horkheimer, *Verwaltete Welt? Ein Gespräch*, Zürich, Die Arche, 1970, S. 26/27.

4. Lucien Goldmann oder der Verlust des archimedischen Punktes

Es kann nicht die Aufgabe einer Theorie sein, Illusionen zu rechtfertigen, auch dort nicht, wo sie am schönsten sind. Eine Theorie aber, die nicht von der Hoffnung auf eine bessere Gesellschaft getragen wird, büßt zusammen mit ihrem kritischen Impuls ihren theoretischen Wert ein. Die Entwicklung von Lucien Goldmanns Ansatz, auf den ich hier abschließend eingehen will, zeigt, daß der Verlust der proletarisch-revolutionären Illusion nicht zwangsläufig den Verzicht auf Hoffnung nach sich zieht.

Im Jahre 1947 steht Goldmann auf einem politischen und zugleich erkenntnistheoretischen Standpunkt, der weitgehend mit dem des jungen Lukács (und des frühen Korsch) übereinstimmt. Im Gegensatz zu Horkheimer, im Gegensatz zur gesamten Kritischen Theorie der Nachkriegszeit (die ich selbst keineswegs als marxistisch bezeichnen würde), glaubt er, daß die marxistische Wissenschaft grundsätzlich noch immer dem Bewußtsein des Proletariats entspricht.

Trotz der Fehleinschätzungen von Marx und Engels, die Goldmann zufolge die Entstehung reformistischer und stalinistischer *Ideologien*[78] im Lager der Arbeiterklasse nicht vorausgesehen haben, meint er, daß die grundsätzlichen Theoreme und Prognosen der beiden Autoren weiterhin volle Gültigkeit beanspruchen können. Ähnlich wie Korsch (im Jahre 1923) plädiert er daher für eine Anwendung der Marxschen Lehre auf die „proletarischen Ideologien" („idéologies prolétariennes") der Vor- und Nachkriegszeit: auf den Reformismus und den Stalinismus.

Die wissenschaftliche Fundierung des Marxismus (Lukácsscher Prägung) scheint er im Jahre 1947, zu einem Zeitpunkt also, als die *Dialektik der Aufklärung* in Amsterdam herauskam, noch als gegeben anzunehmen. Im ersten Aufsatz der *Recherches dialectiques*, der unter dem Titel „Le Matérialisme dialectique est-il une philosophie?" erschien, heißt es zur Wechselbeziehung zwischen proletarischem Bewußtsein und marxistischer Wissenschaft: „Dies ist der Grund, weshalb in der historischen Entwicklung das Proletariat die erste Klasse ist, die *imstande* ist (qui *puisse* arriver), ein wirklich authentisches Bewußtsein (une conscience véritablement authentique) zu erreichen."[79] Einige Seiten weiter fügt er hinzu: „(. . .) Obwohl ein vorübergehendes Auftreten von Ideologien möglich ist, ist es (das Proletariat) *auf die Dauer* die erste Klasse, die nach einer wahren und ungeschminkten Erkenntnis sowohl der physischen als auch der sozialen Welt strebt. Daher nimmt es auch angesichts eines jeden wissenschaftlichen Ergebnisses, das unsere Wirklichkeitserkenntnis fördert, eine positive, angesichts von allen Ideologien, die ganz oder teilweise den Wert oder die Bedeutung der Wissenschaft leugnen, aber eine völlig negative Haltung an."[80]

Hier fällt zweierlei auf: Einerseits wird das Proletariat — wie schon bei Marx, Lukács und Korsch — zum Hüter und Exponenten wissenschaftlicher Erkenntnis. (Ausdrücklich sollte darauf hingewiesen werden, daß — anders als bei Lukács und Lenin — die

---

[78] L. Goldmann, *Recherches dialectiques*, Paris, Gallimard, 1959, S. 22/23.
[79] ibid., S. 20.
[80] ibid., S. 22/23.

Partei bei Goldmann weder auf organisatorischer noch auf erkenntnistheoretischer Ebene eine Rolle spielt.) Andererseits kann es zeitweise von *Ideologien* (Reformismus, Stalinismus) in die Irre geführt werden, so daß die wahre, wissenschaftliche Erkenntnis sich nur *auf die Dauer*, inmitten von wirtschaftlichen und politischen Kämpfen durchzusetzen vermag.

Entscheidend ist, daß bei Goldmann — wie ursprünglich bei Marx — die Ideologie wieder als negative Erscheinung, als verzerrtes oder falsches Bewußtsein aufgefaßt wird. Von einer wissenschaftlichen Ideologie oder einer „richtigen" Ideologie des Proletariats ist nirgends die Rede: Ideologien sind immer illusorisch, auch wenn sie im sozialen Milieu der Arbeiterklasse entstehen. Goldmann vergleicht die Zerrbilder, die Ideologien hervorbringen, mit denen, die aus der psychischen Verdrängung auf individueller Ebene hervorgehen: „Die Erscheinung, die auf sozialer Ebene der Verdrängung entspricht, ist *die Ideologie* (...)."[81]

Goldmanns negative Definition der Ideologie, die ihn nicht nur vom frühen Lukács, sondern auch und vor allem von Lenin unterscheidet, sollte allerdings nicht als eine Rückkehr zum Marxschen Standpunkt mißverstanden werden. Stärker als Marx und Lukács, die sich nur sporadisch mit den „Irrwegen" des Proletariats (Reformismus, Syndikalismus) befaßten, wird Goldmann mit der Tatsache konfrontiert, daß das Proletariat „zeitweise" von Ideologien beherrscht wird, die mit den Zielsetzungen der Marxschen Philosophie, mit der Überwindung des Kapitalismus und der klassenlosen Gesellschaft, unvereinbar sind.

Zwar glaubt er immer noch, daß das der „objektiven Lage" der Arbeiterklasse entsprechende zugerechnete Bewußtsein revolutionäre Gesinnung mit wissenschaftlicher Erkenntnis verknüpft; aber die massive Präsenz des Stalinismus im Osten und des Reformismus im Westen läßt Zweifel an der *Realität* dieses zugerechneten Bewußtseins aufkommen. Dies ist wohl der Grund, weshalb er nie von einer proletarischen Ideologie im positiven, wissenschaftlichen oder revolutionären Sinne spricht. Ideologie erscheint somit als eine ständige Gefahr: als kollektive Deformation, gegen die auch die Arbeiterklasse nicht gefeit ist.

Zwar heißt es in Goldmanns wichtigem Aufsatz über die Verdinglichung, „die Interessen des Arbeiters (seien) nicht verdinglicht"[82], aber diese Ansicht aus den späten fünfziger Jahren (1958) wird im Laufe des nächsten Jahrzehnts revidiert. In seinem Aufsatz „Socialisme et humanisme", der in den sechziger Jahren entstand und im Jahre 1970 in der Aufsatzsammlung *Marxisme et sciences humaines* veröffentlicht wurde, zeigt sich, daß die teilweise Integration des Proletariats in die spätkapitalistische Gesellschaft zu einem der Hauptprobleme des Marxismus wird. Goldmann gibt zu, daß die sozio-ökonomische Entwicklung einige zentrale Thesen des Marxismus (etwa die These über die wachsende Verelendung des Proletariats) widerlegt hat und stellt fest: „(...) Weit davon entfernt, das sozialistische Lager zu stärken, wie Marx und die traditionellen Marxisten es sich

---

[81] ibid., S. 21.
[82] ibid., S. 96.

vorstellten, begünstigt die Infrastruktur die Integration in die bestehende Gesellschaftsordnung."[83] — Gemeint ist die wirtschaftliche Infrastruktur.

Dies ist einer der Gründe, weshalb Goldmann den hegelianischen Standpunkt Lukács' verläßt und statt von einer Identität zwischen Subjekt und Objekt (zwischen Theorie und Praxis, marxistischer Wissenschaft und Proletariat) von einer „Teilidentität" spricht.[84] Er meint, diese Teilidentität noch am ehesten dadurch verwirklichen zu können, daß er seine Theorie auf das Prinzip der Arbeiterselbstverwaltung und die mit diesem Prinzip liierte „neue Arbeiterklasse" („nouvelle classe ouvrière") ausrichtet. Es ist sicherlich kein Zufall, daß er diese neue Ausrichtung der Theorie gerade in einem Vortrag thematisiert, den er kurz vor seinem Tod, im August 1970, auf der jugoslawischen Insel Korčula hielt, und der postum (1971) veröffentlicht wurde: Es geht ihm dort um die Frage: „(. . .) Wie es möglich ist, in der Wirklichkeit, im Objekt, in der Gesellschaft das die Gesellschaft verändernde Subjekt zu finden, um zu versuchen, in seiner Perspektive zu sprechen und trotz aller Risiken, die ein Scheitern mit sich bringt, den Weg zum Sozialismus zu sichern."[85] Der Weg, den Goldmann einschlagen möchte, ist der eines „revolutionären Reformismus" („réformisme révolutionnaire"), dessen wichtigster Träger die „neue Arbeiterklasse" sein soll.

Zunächst fällt auf, daß im Gegensatz zu Marx, Lukács und Korsch das „Subjekt der umwälzenden Praxis" bei Goldmann nicht mehr gegeben ist, sondern gesucht werden muß: Es ist zu einer Unbekannten der marxistischen Wissenschaft geworden. Daß Goldmann sich bei seiner Suche immer wieder auf die Arbeiten von Serge Mallet und André Gorz[86] beruft, um die Glaubwürdigkeit seiner Hypothese über die „nouvelle classe ouvrière" zu verstärken, ändert nichts an der Tatsache, daß diese gesellschaftliche Gruppe eine sehr diffuse Einheit ist, zu der Goldmann nicht nur die Arbeiter im eigentlichen Sinne, sondern auch die „Techniker" und die mittlere Schicht der Angestellten („les techniciens, les couches moyennes salariées")[87] rechnet. Es kommt hinzu, daß diese Gruppe, die soziologisch kaum als solche zu identifizieren ist, in den siebziger Jahren keineswegs zur treibenden Kraft radikaler Reformen wurde und daß das jugoslawische Modell der Selbstverwaltung, an dem sich neben Goldmann auch Gorz, Mallet, Trentin und Foa orientierten, angesichts der neuesten Entwicklungen in Jugoslawien als Alternative zum westeuropäischen System kaum in Frage kommt.

Als Marxist hielt Goldmann konsequent an der Einheit von Theorie und Praxis fest; doch die historische Praxis hat sich seit langem von der marxistischen Wissenschaft abgekoppelt, und der Leerlauf dieser Wissenschaft erklärt zumindest teilweise die Skepsis, mit der ihr die zeitgenössische Öffentlichkeit begegnet. Der Versuch der Marxisten, die

---

[83] L. Goldmann, *Marxisme et sciences humaines*, Paris, Gallimard, 1970, S. 294.
[84] L. Goldmann, „Introduction aux premiers écrits de Lukács", in: G. Lukács, *La Théorie du roman*, Paris, Gonthier, 1963, S. 187.
[85] L. Goldmann, *La Création culturelle dans la société moderne*, Paris, Denoël, 1971, S. 181.
[86] Siehe: A. Gorz, *Zur Strategie der Arbeiterbewegung im Neokapitalismus*, Köln-Wien, Europäische Verlagsanstalt, 1967. Siehe aber auch: Ders., *Abschied vom Proletariat. Jenseits des Sozialismus,* Köln-Wien, Europäische Verlagsanstalt, 1980.
[87] L. Goldmann, *La Création culturelle dans la société moderne*, op.cit., S. 167.

Forderung von Philosophie und Theorie nach einem Praxisbezug zu verwirklichen, wird all denjenigen bewundernswert erscheinen, die sich um ein *nuanciertes Verständnis* dieser Denkform bemühen. Leider ist der Versuch — zumindest beim ersten Anlauf — mißlungen.

Es spricht zwar für Goldmann, daß er sich im Gegensatz zu Lukács und Lenin zeit seines Lebens geweigert hat, die (unauffindbare) revolutionäre Klasse durch eine Parteiorganisation zu ersetzen und dadurch ein *sacrificium intellectus* zu vollziehen. Seine „Dialektik der Immanenz", wie ich seinen Marxismus in einem Büchlein aus dem Jahre 1973 genannt habe[88], scheint jedoch gerade an ihrem Immanenz-Postulat zu scheitern: an ihrem Beharren auf der Forderung nach einer Verwirklichung der Philosophie. Vorerst ist deshalb Adornos *Negativer Dialektik* recht zu geben, deren erster Satz lautet: „Philosophie, die einmal überholt schien, erhält sich am Leben, weil der Augenblick ihrer Verwirklichung versäumt ward."

1. These: Da die Bindung der Theorie an bestimmte historische Gruppierungen oder Organisationen keine Gewähr für ihre kritische Kompetenz bietet, sondern diese eher einzuschränken droht, soll Theorie hier im Gegensatz zur Ideologie als ein Anliegen des autonomen Individuums konzipiert werden. Diese Auffassung, die auf einigen Prämissen der späten Kritischen Theorie gründet, ist nicht als Rückkehr zu Individualismus und Rationalismus zu werten: Wesentliche Gedanken des Marxismus — etwa der Gedanke, daß sowohl Sprache als auch Handlung gesellschaftliche, kollektive Interessen artikulieren — werden in dem hier vorgeschlagenen Ansatz aufbewahrt.

---

[88] P. V. Zima, *Goldmann. Dialectique de l'immanence*, Paris, Editions Universitaires, 1973.

III. Jenseits der Ideologie: „freischwebende Intelligenz" und „ideale Sprechsituation"

Noch in den siebziger Jahren, als die Ereignisse des Jahres 68 im politischen und der „Positivismusstreit" im wissenschaftlichen Bereich die Gemüter erregten, hätte der Titel dieses Kapitels auf manche wie ein rotes Tuch gewirkt; bestenfalls hätte er den Verdacht geweckt, daß hier kritische Positionen revidiert oder gar entschärft werden sollen.

Marxistische und kritisch-theoretische Arbeiten über Mannheim und die Wissenssoziologie, die Ende der sechziger und Anfang der siebziger Jahre erschienen, könnten als Abgrenzungsversuche gelesen werden, in denen es vornehmlich darauf ankommt, eine Kontaminierung der Marxschen Lehre oder der Kritischen Theorie durch die Wissenssoziologie auszuschließen. Charakteristisch für diese Art der Auseinandersetzung sind die beiden Publikationen von Arnhelm Neusüß (*Utopisches Bewußtsein und freischwebende Intelligenz*, 1968) und Kurt Lenk (*Marx in der Wissenssoziologie*, 1972). In beiden wird — größtenteils zu Recht — die unaufhebbare Differenz zwischen Marx und Mannheim hervorgehoben.

Dabei knüpfen sie an Max Horkheimers z. T. berechtigten Vorwurf an, Mannheim habe die Auseinandersetzungen zwischen Weltanschauungen (Ideologien) von den materiellen Interessen der Gruppen abgekoppelt und dadurch einen neuen historisierten Idealismus ins Leben gerufen: „Für ihn gibt es die gemeinen Kämpfe des geschichtlichen Alltags und *daneben auch* die Gegensätze der ‚Weltanschauungssysteme'. Merkwürdig freilich ist, daß dabei jede der kämpfenden Gruppen eines dieser Systeme — man weiß nicht warum — ergriffen hat und an ihm festhält."[1] Das von Horkheimer bis Neusüß und Lenk gegen Mannheim gerichtete Argument lautet, er habe das konkrete sozioökonomische Sein, auf das sich Marxens Ideologiekritik bezieht, in ein allgemeines Sein verflüchtigt und der geistigen Sphäre assimiliert. „Diese Spiritualisierung endet schließlich bei einer Bestimmung des Unterbaus als einer besonderen Form des Geistigen", schreibt beispielsweise Lenk.[2]

Im Gegensatz zu älteren Autoren wie Lewalter, die noch glaubten, Mannheims Wissenssoziologie als eine besondere Variante des Marxismus verstehen und kritisieren zu können, zeigt die neuere Forschung, daß diese Art von Fehlinterpretation z. T. auf eine ungenaue Selbsteinschätzung des Wissenssoziologen zurückzuführen ist. An entscheidenden Stellen in *Ideologie und Utopie* tritt diese Fehleinschätzung der Marxschen Theorie klar zutage: „Wir denken daran, daß der Marxismus die wissenssoziologische Grundeinsicht in die Seinsgebundenheit des menschlichen Denkens *überhaupt* in dieser prinzipiellen Gestalt eigentlich schon längst hätte formulieren können, denn zumindest der Ansatz dazu war ja mit seiner Ideologienlehre mitentdeckt."[3]

---

[1] M. Horkheimer, „Ein neuer Ideologiebegriff?", in: *Der Streit um die Wissenssoziologie* Bd. 2, Hrsg. V. Meja, N. Stehr, Frankfurt, Suhrkamp, 1982, S. 490.
[2] K. Lenk, *Marx in der Wissenssoziologie*, Lüneburg, Dietrich zu Klampen Verlag, 1986, S. 263.
[3] K. Mannheim, *Ideologie und Utopie*, Frankfurt, Schulte-Bulmke-Vlg., 1978, S. 237/238.

Nicht zu Unrecht geben Kritiker der Wissenssoziologie wie Lenk und Neusüß zu bedenken, daß Marx und Engels nicht den geringsten Grund hatten, den wissenssoziologischen Begriff der *totalen Ideologie*, der den eigenen Standort als ideologischen selbstkritisch relativiert und in die soziologische Darstellung einbezieht, zu entwickeln: Denn sie gingen davon aus, daß nicht nur die bürgerlichen Ideologien vom richtigen, vom proletarischen Standpunkt aus kritisiert, sondern daß die verdinglichten und ideologisierten Verhältnisse der kapitalistischen Gesellschaft durch das Proletariat überwunden werden konnten. Ihnen war es also nicht nur um Ideologie- oder Weltanschauungskritik zu tun, sondern um die Umwälzung der bestehenden Herrschaftsverhältnisse.

Der Standpunkt, von dem aus die Wissenssoziologie kritisiert und gegen den Marxismus abgegrenzt wird, tritt klar am Ende von Neusüß' Abhandlung in Erscheinung. Dort wird Mannheim als „Spätliberaler" porträtiert, dessen Position über den miteinander verfeindeten politischen Lagern in Wirklichkeit einem Fluchtversuch gleichkommt. Mannheim floh vor der Gefahr, zwischen den kämpfenden Parteien zerrieben zu werden: „Der Weg Mannheims, durch ‚Kultursynthese' dieser Gefahr zu entgehen und sich damit zugleich über den sozialen und politischen Kampf seiner Zeit zu erheben, bedeutete daher in Wahrheit einen Fluchtversuch. Er endete in der fiktiven Position einer ‚freischwebenden Intelligenz', die, mehr Wunschbild als Realität, alles mit allem synthetisierend vermitteln sollte, während sie tatsächlich Ausdruck sozialer, politischer und geistiger Hilflosigkeit war."[4]

„Qui parle?" — Mit dieser Frage endet Michel Butors Roman *Degrés*; mit ihr sollte jede textsoziologische und diskurskritische Analyse beginnen. Neusüß spricht — wie der frühe Horkheimer — vom Standort eines Marxismus, der seinen Wahrheitsanspruch durch die Bindung an eine historische und gesellschaftliche Kraft legitimiert: an das Proletariat. Dieser Diskurs ist aber, wie ich im zweiten Kapitel zu zeigen versuchte, kaum noch zu rechtfertigen. Gerade die Nachkriegszeit und die Ereignisse der sechziger Jahre haben gezeigt, daß die Klassengegensätze nur noch „latent" wirken (Habermas) und daß die Anhänger der Kritischen Theorie Mannheims „freischwebenden Intellektuellen" gar nicht so unähnlich sind. Hier geht es freilich nicht so sehr um die theoretische Übereinstimmung zwischen Wissenssoziologie und Kritischer Theorie, sondern um das liberale Erbe, das die beiden Theorien miteinander verbindet und das schließlich bewirkt, daß so verschiedene Geister wie Adorno und Mannheim die Gesellschaftskritik dem nichtidentischen oder freischwebenden Individuum anvertrauen und nicht etwa dem revolutionären Kollektivsubjekt.

Die Verwandtschaft zwischen Wissenssoziologie und Kritischer Theorie tritt in einer historischen Situation zutage, in der (Ende der sechziger, Anfang der siebziger Jahre) die isolierte Ohnmacht der Frankfurter Intellektuellen sowohl von konservativer als auch von marxistischer Seite (Goldmann) aufgezeigt wird. Unzulässig vereinfacht allerdings Eckart Huke-Didier, wenn er in seiner ansonsten originellen und anregenden Untersuchung schon die frühe Kritische Theorie Horkheimers der Wissenssoziologie anzunä-

---

[4] A. Neusüß, *Utopisches Bewußtsein und freischwebende Intelligenz. Zur Wissenssoziologie Karl Mannheims*, Meisenheim am Glan, Verlag Anton Hain, 1968, S. 236.

hern sucht: „Dies alles erinnert unverkennbar an die von Horkheimer als Vision empfundene Kategorie der ‚freischwebenden Intelligenz'."[5] In Horkheimers Aufsatz „Traditionelle und kritische Theorie" (1937), auf den sich diese Behauptung bezieht, wird zwar durchaus ein kritisches Verhältnis zwischen den Intellektuellen und dem Proletariat postuliert; zugleich wird allerdings vorausgesetzt (was Huke-Didier übersieht), daß die Intellektuellen sich am revolutionären Bewußtsein des Proletariats orientieren: „Seine Schärfe (des Bewußtseins) zeigt sich in der stets gegebenen Möglichkeit der Spannung zwischen dem Theoretiker und der Klasse, der sein Denken gilt."[6] Kritische Solidarität des Engagierten ist etwas völlig anderes als kritische Distanz des Freischwebenden.

Huke-Didiers Thesen über die Konvergenz von Wissenssoziologie und Kritischer Theorie sind eher auf die Positionen anwendbar, die Horkheimer und Adorno nach dem Krieg einnahmen. Zu Beginn der fünfziger Jahre war Adorno klar, daß kritisches Denken und politische Solidarität mit organisierten Kollektiven nicht zu vereinbaren sind: „Gegenüber den kollektiven Mächten, die in der gegenwärtigen Welt den Weltgeist usurpieren, kann das Allgemeine und Vernünftige beim isolierten Einzelnen besser überwintern, als bei den stärkeren Bataillonen, welche die Allgemeinheit der Vernunft gehorsam preisgegeben haben."[7] In diesem Satz wird allerdings nicht nur der Abstand sichtbar, der die frühe von der späten Kritischen Theorie trennt, sondern auch die Distanz zu Mannheim; denn einige Zeilen weiter heißt es in dem hier zitierten Aufsatz „Individuum und Organisation" (1953), nur in den „rückständigen Bereichen des Lebens, die von der Organisation noch freigelassen sind, reift die Einsicht ins Negative der verwalteten Welt und damit die Idee einer menschenwürdigeren."[8]

1. Mannheim und Habermas

Die letzten Zeilen bezeichnen nicht nur die Differenz zwischen der späten Kritischen Theorie und der Wissenssoziologie, sondern auch die zwischen dieser und Habermas. Die freischwebende Intelligenz Mannheims soll nicht als Statthalterin eines integrierten revolutionären Subjekt die Negativität der verwalteten Welt anprangern, sondern als zeitgemäße Elite jene Kultursynthese herbeiführen, von der nach Alfred Weber, Troeltsch und Sombart eher konservative Soziologen träumten. Ebensowenig soll sie Kommunikationssysteme der „Lebenswelt" (Habermas) gegen systemimmanente Herrschaftsmechanismen (Macht und Geld) in Schutz nehmen; im Gegenteil, sie soll, wie die Theoreme des späten Mannheim zeigen, die in der Zeit seiner Mitgliedschaft im *Moot* entstan-

---

[5] E. Huke-Didier, *Die Wissenssoziologie Karl Mannheims in der Interpretation durch die Kritische Theorie — Kritik einer Kritik*, Frankfurt-Bern-New York, Peter Lang, 1985, S. 110.
[6] M. Horkheimer, *Traditionelle und kritische Theorie. Vier Aufsätze*, Frankfurt, Fischer, 1970, S. 34/35.
[7] Th. W. Adorno, *Kritik. Kleine Schriften zur Gesellschaft*, Frankfurt, Suhrkamp, 1971, S. 84/85.
[8] ibid., S. 85.

den sind, und die, wie Kettler, Meja und Stehr bemerken, im Konzept einer „planenden Elite" („planning elite")[9] konvergieren, zu einer Stütze der Herrschaft werden.

Angesichts dieser Überlegungen wird so manchem Leser der Versuch, Mannheim und Habermas im Zusammenhang mit der Ideologieproblematik aufeinander zu beziehen, nicht mehr plausibel erscheinen. Den Vergleich halte ich aus mehreren Gründen dennoch für legitim, weil die beiden Autoren trotz der zahlreichen Differenzen, auf die ich hier aus Kohärenzgründen nicht mehr eingehen will, von ähnlichen Prämissen ausgehen, die sich teils aus der historischen Entwicklung, teils aus den Einflüssen von M. Weber, W. Dilthey und M. Scheler erklären. Um dem Leser die Übersicht zu erleichtern, will ich sie in fünf Punkten zusammenfassen und mich anschließend den Problemen der freischwebenden Intelligenz und der Synthese bei Mannheim zuwenden.

a) *Kritik des Klassenbegriffs*

Sowohl Mannheim als auch Habermas rücken ab vom marxistischen Gegensatz zwischen Bürgertum und Proletariat und suchen nach Relevanzkriterien, die jenseits des Klassenkampfes und des Klassenkampfdenkens liegen. Schon deshalb sollte man darauf verzichten, ihre Theorien als „marxistisch" zu bezeichnen. Für Mannheim ist der Gegensatz zwischen partiellen Aspektstrukturen und der von den freischwebenden Intellektuellen anvisierten Kultursynthese entscheidend. Ein solcher Gegensatz erfordert eine Klassifizierung der zahlreichen Aspektstrukturen (Weltanschauungen) und eine Relativierung des Klassenbegriffs, der nach Mannheim für eine detaillierte Analyse dieser Strukturen nicht ausreicht: „Nur kann der Forschende im Anblick des konkreten Reichtums der Denktypen und bei dem Versuch ihrer ‚Zurechnung' beim undifferenzierten Klassenbegriff, der mit den außer ihm noch vorhandenen sozialen Einheiten und Lagerungsbestimmtheiten nicht rechnet, heute nicht mehr stehen bleiben."[10]

Die in der Wissenssoziologie angestrebte Kultursynthese kann nur dann zustande kommen, wenn die partikularen ideologischen Standpunkte der einzelnen Klassen relativiert und überwunden werden. In dieser Perspektive kommentiert Mannheim in einem Protokoll des Seminars, das er gemeinsam mit Alfred Weber durchführte, Lukács' *Geschichte und Klassenbewußtsein*. Dort heißt es von der wissenssoziologischen Forschung: „Sie bedeute die Überwindung des Stadiums, in welchem diese Denkstandpunkte sich im ideologischen Kampf füreinander blind und jeder im Namen der alleinigen Wahrheit gegenübertreten."[11]

---

[9] Siehe: D. Kettler, V. Meja, N. Stehr, *Karl Mannheim*, Chichester, Ellis Horwood, 1984, S. 137/138: "Accordingly, Mannheim used his influence in educational circles on the side of those resisting democratization of the school system in the post-war plans, and he especially protected the public schools. (...) This notion of bringing ‚gentlemen' to see themselves as destined for a planning elite, Mannheim believes, overcomes the paradoxes involved in bringing intellectuals to power." — Siehe auch: S. Ziffus, „Karl Mannheim und der Moot-Kreis. Ein wenig beachteter Aspekt seines Wirkens im englischen Exil", in: I. Srubar (Hrsg.), *Exil, Wissenschaft, Identität. Die Emigration deutscher Wissenschaftler 1933–1945*, Frankfurt, Suhrkamp, 1988, S. 211.

[10] K. Mannheim, *Ideologie und Utopie*, op. cit., S. 237.

[11] K. Mannheim, „Über Geschichte und Klassenbewußtsein", in: E. Karádi, E. Vezér (Hrsg.), *Georg Lukács, Karl Mannheim und der Sonntagskreis*, Frankfurt, Sendler Verlag, 1985, S. 300/301.

Habermas geht nicht so sehr von der Notwendigkeit und Möglichkeit einer methodologischen und theoretischen Überwindung der Klassengegensätze aus, sondern von dem Gedanken, daß der Klassengegensatz im Spätkapitalismus domestiziert ist und nicht mehr offen ausgetragen wird. Schon in *Technik und Wissenschaft als ‚Ideologie'* heißt es wahrscheinlich im Anschluß an Adornos Aufsatz „Spätkapitalismus oder Industriegesellschaft": „Der staatlich geregelte Kapitalismus, der aus einer Reaktion auf die durch den offenen Klassenantagonismus erzeugten Systemgefährdungen hervorgegangen ist, stellt den Klassenkonflikt still."[12] Dieser Gedanke wird später in der *Theorie des kommunikativen Handelns* in einem etwas anderen Kontext bestätigt und weiterentwickelt.

Im Gegensatz zu zeitgenössischen Wissenschaftlern, die sich an den Positionen der frühen Kritischen Theorie orientieren (Helmut Dubiel) oder am Marxschen Klassenbegriff festhalten (Pierre Fougeyrollas), ordnen Mannheim und Habermas in ihren Diskursen den Klassengegensatz anderen Gegensätzen wie Klasse/freischwebende Intelligenz oder System/Lebenswelt unter. Aus dieser Umstrukturierung des ursprünglichen semantischen Feldes des Marxismus gehen neue, nichtmarxistische Diskurse hervor.

b) *Niedergang und Überwindung der Ideologie*

Mannheims und Habermas' Einstellung zur Ideologie und zum Ideologiebegriff erklärt sich z. T. aus ihrer Kritik des Marxschen Klassenbegriffes, den beide — obwohl aus verschiedenen Gründen — für unzulänglich halten. Beide gehen davon aus, daß die Ideologie als Symptom der Klassengesellschaft (des 19. Jahrhunderts) allmählich von der Technik, der Technologie und der Wissenschaft verdrängt wird. Für beide ist schließlich eine ablehnende Haltung der technologischen Vernunft charakteristisch, die Mannheim (ähnlich wie Broch) mit der Sachlichkeit und Habermas mit der Verdinglichung und der Herrschaft über Natur und Lebenswelt in Beziehung setzt.

Der Gedanke, daß die Ideologie allmählich von Technik und „Sachlichkeit" abgelöst wird, tritt am Ende des 4. Kapitels von *Ideologie und Utopie* in den Vordergrund. Es ist ein Gedanke, der eine Brücke von der Wissenssoziologie zu Brochs Romantrilogie *Die Schlafwandler* schlägt, und dort vor allem zum dritten Roman *Huguenau oder die Sachlichkeit*. Vom gewissenlosen und wertindifferenten Geschäftsmann Huguenau, der zum Protagonisten des letzten Romans der Trilogie wird, heißt es bei Broch: „Bloß Huguenau ist der wahrhaft ‚wertfreie' Mensch und damit das adäquate Kind seiner Zeit."[13]

Das Wort „adäquat" enthält ein Werturteil, dem sich Karl Mannheim anzuschließen scheint, wenn er über das Verhältnis von trockener Wissenschaftlichkeit einerseits und Ideologie und Utopie andererseits bemerkt: „Weitgehend ist diese sich ankündigende ‚Trockenheit' zu bejahen als einziges Mittel, die Gegenwart zu beherrschen, weitgehend zu bejahen als eine Transformation der Utopie zur Wissenschaft, als eine Destruktion

---

[12] J. Habermas, *Technik und Wissenschaft als ‚Ideologie',* Frankfurt, Suhrkamp, 1974, S. 84. Siehe auch: J. Habermas, *Theorie des kommunikativen Handelns* Bd. 2, Frankfurt, Suhrkamp, 1981, S. 517: „Angesichts eines sozialstaatlich pazifizierten Klassengegensatzes, und der Anonymisierung von Klassenstrukturen, verliert aber die Theorie des Klassenbewußtseins ihren empirischen Bezug."

[13] H. Broch, *Die Schlafwandler* (Kommentare), Frankfurt, Suhrkamp, 1978, S. 726.

der verlogenen und mit unserer Seinswirklichkeit sich nicht in Deckung befindenden Ideologien."[14] Der von Mannheim diagnostizierte Übergang von der Utopie zur Wissenschaft entspricht innerhalb der Brochschen Romantrilogie dem Übergang vom zweiten zum dritten Roman: von Esch, dem utopischen Anarchisten, zum sachlichen, wertfreien Geschäftsmann Huguenau, der in Brochs fiktionaler Welt (nicht zufällig) das Geld, den wertindifferenten Tauschwert symbolisiert. Beide Texte antizipieren Daniel Bells bekannte These über das Ende der Ideologien, die aus der Überlegung hervorgeht, daß die Probleme moderner Industriegesellschaften jenseits der Ideologie strukturell-funktional gelöst werden.[15]

Anders als Bell, aber ähnlich wie der Wertphilosoph und Idealist Broch, kann sich Mannheim mit dieser neuen Sachlichkeit als Wertindifferenz und Wertfreiheit (die hier *nicht* als Synonyme verwendet werden) nicht ohne weiteres abfinden. Sein Einverständnis mit der modernen Entwicklung schränkt er wieder ein, wenn er hinzufügt: „Wer sieht nicht, daß an dieser immer größer werdenden Spannungslosigkeit die politische Aktivität, die wissenschaftliche Intensität, der bisher überwertige Gehalt des Lebens immer mehr erlöschen?"[16] Am Ende des vorletzten Kapitels von *Ideologie und Utopie* heißt es dann unmißverständlich, „daß aber die völlige Destruktion der Seinstranszendenz zu einer Sachlichkeit führt, an der der menschliche Wille zugrunde geht."[17] Antipiziert wird hier einerseits Habermas' Theorem über die Verdinglichung, andererseits Althussers bekannte These, daß die Ideologie die Individuen zu Subjekten macht, die Habermas nicht berücksichtigt.

Die Verdrängung der Ideologien durch Technik, Sachlichkeit und Wissenschaft wird sowohl in *Technik und Wissenschaft als ‚Ideologie'* als auch in der *Theorie des kommunikativen Handelns* thematisiert. Klarer und eindeutiger als Mannheim geht Habermas in dem 1968 erschienenen Aufsatz von der Grundannahme aus, daß Technik und Wissenschaft die traditionellen Ideologien des 19. Jahrhunderts verdrängt haben und selbst zu Ideologien „technokratischer" Provenienz geworden sind: „Denn nunmehr ist die erste Produktivkraft: der in Regie genommene wissenschaftlich-technische Fortschritt selber zur Legitimationsgrundlage geworden. Diese neue Legitimationsform hat freilich die alte Gestalt von *Ideologie* verloren."[18]

Konsequent entwickelt er diese These weiter und versucht, in der *Theorie des kommunikativen Handelns* zu erklären, wie die Interaktion zwischen den zweckrational gesteuerten, von Geld und Machtstreben beherrschten Subsystemen der Gesellschaft einerseits und der auf kommunikative Verständigung angewiesenen Lebenswelt andererseits *ohne* den ideologischen Faktor funktioniert. Als falsch erweist sich dabei die Annahme, daß

---

[14] K. Mannheim, *Ideologie und Utopie*, op. cit., S. 216.
[15] Siehe: D. Bell, *The End of Ideology*, London, Collier Macmillan, 1967, S 402: „Today, these ideologies are exhausted. (...) But out of all this history, one simple fact emerges: for the radical intelligentsia, the old ideologies have lost their ‚truth' and their power to persuade." Damit ist allerdings noch nicht die Frage beantwortet, ob nicht neue Ideologien entstanden sind. . . .
[16] K. Mannheim, *Ideologie und Utopie*, op. cit., S. 220.
[17] ibid., S. 224/225.
[18] J. Habermas, *Technik und Wissenschaft als ‚Ideologie'*, op. cit., S. 88.

die zweckrational und wertfrei („sachlich") funktionierenden Subsysteme (Verwaltung, Wirtschaft) den ideologischen Faktor durch Technisierung und Verwissenschaftlichung einfach eliminieren und „daß die Konkurrenz zwischen Formen der System- und der Sozialintegration offen hervortritt."[19] — Dies geschieht jedoch deshalb nicht, weil die alten Ideologien durch ein neues „falsches" Bewußtsein, nämlich durch das *fragmentierte Alltagsbewußtsein*, ersetzt werden, das einer Erkenntnis des Gesamtzusammenhangs und vor allem des Verhältnisses von Systemen und Lebenswelten (Öffentlichkeit, Privatsphäre) im Wege steht: „An die Stelle des falschen tritt heute das *fragmentierte* Bewußtsein, das der Aufklärung über den Mechanismus der Verdinglichung vorbeugt."[20]

Habermas' Argumente, die den Niedergang der Ideologien und die Fragmentierung des Alltagsbewußtseins, eine der wichtigsten Voraussetzungen für die Kolonialisierung der Lebenswelt durch die Subsysteme, plausibel machen sollen, sind allerdings außerordentlich vage und spekulativ. Sie bilden wahrscheinlich eine der schwächsten Stellen der *Theorie des kommunikativen Handelns*, zumal in diesem umfangreichen Text die Ideologieproblematik auf drei Seiten abgehandelt wird. Die Passage, die den Übergang vom ideologischen zum fragmentierten Bewußtsein erläutern soll, lautet: „(...) So könnte das gesuchte Äquivalent zu den nicht mehr verfügbaren Ideologien einfach darin bestehen, daß das in totalisierter Form auftretende Alltagswissen diffus bleibt, jedenfalls das Artikulationsniveau gar nicht erst erreicht, auf dem Wissen nach Maßstäben der kulturellen Moderne allein als gültig akzeptiert werden kann. Das *Alltagsbewußtsein* wird seiner synthetischen Kraft beraubt, es wird *fragmentiert*."[21]

Diese Argumente überzeugen nicht, zumal auch noch nach dem Erscheinen des hier zitierten Werkes ökologische, nationalistische (Falkland-Krieg), feministische, marxistische, trotzkistische und falangistische Ideologien in Westeuropa den Alltag beherrschen. Die von Habermas ganz zu Recht thematisierte Zersplitterung des Alltagsbewußtseins ist selbst ein eminent ideologischer Prozeß: Es ist eher so, daß die Anzahl der einander befehdenden Ideologien seit der Jahrhundertwende drastisch zugenommen hat und daß die Ideologie als *Einzelerscheinung* an Bedeutung verliert.

In diesem und den folgenden Kapiteln soll deshalb gezeigt werden: 1. daß Habermas voreilig Bells These über den Niedergang der Ideologien übernimmt; 2. daß er ganz zu Unrecht den ideologischen Faktor vernachlässigt, indem er ihn aus seiner Kommunikationstheorie ausklammert; 3. daß Technik und Naturwissenschaft als Diskurse (als semantisch-narrative Strukturen) oder Verfahren nicht ideologisch sind, sondern lediglich im Rahmen ideologischer Diskurse für ideologische Zwecke eingesetzt werden können; 4. daß in der modernen Gesellschaft der Gegensatz zwischen dem wertorientierten ideologischen Dualismus und der Wertindifferenz des Tauschwerts zentral ist. Dieser Gegensatz überschneidet sich nur teilweise mit dem zwischen Systemen und Lebenswelten, zumal gezeigt werden kann, daß der Konflikt zwischen Ideologie und Tauschwert auch in der Verwaltung eine entscheidende Rolle spielt. (Andererseits zeigt sich, daß gerade

---

[19] J. Habermas, *Theorie des kommunikativen Handelns* Bd. 2, op. cit., S. 521.
[20] ibid., S. 522.
[21] ibid., S. 521.

Privatsphäre und Öffentlichkeit von Faktoren wie „Macht" und „Geld" beherrscht werden.)

c) *Kommunikatives und naturwissenschaftliches Denken*

Dem Gegensatz zwischen ideologisch-wertrationalem und technisch-zweckrationalem Denken und Handeln, der den gemeinsamen Nenner von Wissenssoziologie und Habermas' Kommunikationstheorie bildet, entspricht der in der deutschen soziologischen und hermeneutischen Tradition der Zwischenkriegszeit dominierende Gegensatz zwischen der geisteswissenschaftlichen und der naturwissenschaftlichen Methode. Im Anschluß an Wilhelm Dilthey hat wohl Max Scheler diesen Gegensatz im soziologischen Kontext am klarsten hervorgehoben; und da sich sowohl Mannheim als auch Habermas an entscheidenden Stellen auf Diltheys Hermeneutik berufen, erscheint die Annahme legitim, daß der gemeinsame Ursprung der wissenssoziologischen und der Habermasschen Wissenschaftstheorie in dieser Hermeneutik zu suchen ist.

Fünf wesentliche Gedanken der Hermeneutik begründen bei Mannheim und Habermas die Methodologie der Sozialwissenschaften: 1. Während die Naturwissenschaften auf die Quantität und das Quantifizieren ausgerichtet sind und letzteres zu einem der Maßstäbe ihrer Anwendbarkeit machen, haben es die Sozialwissenschaften mit Qualitäten und qualitativen Unterschieden zu tun. 2. Während in den Naturwissenschaften eine Trennung von Subjekt und Objekt grundsätzlich durchführbar ist, ist in den Sozialwissenschaften das Subjekt mit seinem Objekt (teil-)identisch: Das Objekt ist ein „Kosubjekt", auf das das deutende, interpretierende Subjekt dialogisch, kommunikativ reagiert. 3. Insofern kann behauptet werden, daß die Naturwissenschaften einen strategisch-instrumentellen Charakter haben (Objekte werden manipuliert), während die Sozialwissenschaften von der kommunikativen Einstellung des Forschers charakterisiert werden. 4. Aus der Subjekt-Objekt-Identität und der kommunikativen Einstellung ergibt sich der nicht-kumulative Charakter der Sozialwissenschaften, der vor allem von Mannheim mit dem systematisch-kumulativen Verfahren der Naturwissenschaften kontrastiert wird. 5. Der hermeneutisch-kommunikative Charakter der Sozialwissenschaften macht sowohl bei Mannheim als auch bei Habermas eine reflexive und selbstreflexive Einstellung des Wissenschaftlers zu einer der Grundvoraussetzungen soziologischer Forschung.

Reflexivität und Kommunikativität hängen sowohl bei Mannheim als auch bei Scheler sehr eng zusammen. In Mannheims bekanntem Buch *Mensch und Gesellschaft im Zeitalter des Umbaus* (1935) wird klar, daß der Autor die reflexive Rationalität für eine höhere Form des Denkens hält, als die objektgerichtete *ratio* der Technik und der Naturwissenschaften: „Normalerweise lebt der Mensch stets auf die Sachen ausgerichtet, die er handhaben, ändern, formen will, nicht aber auf sein Selbst. Sein eigenes Funktionieren bleibt hierbei unbeobachtet."[22] — Einige Seiten weiter tritt die Affinität zu Habermas' Theorie der Erkenntnisinteressen noch deutlicher in Erscheinung, weil dort nicht zu Unrecht behauptet wird, die Steigerung der „funktionellen" (der technischen) Ratio-

---

[22] K. Mannheim, *Mensch und Gesellschaft im Zeitalter des Umbaus*, Leiden, A. W. Sijthoff, 1935, S. 33.

nalität habe kein symmetrisches Anwachsen der reflexiven oder kommunikativen Rationalität mit sich gebracht. Mannheim erblickt (ähnlich wie Habermas) in dieser Dyssymmetrie einen der Grundwidersprüche der Moderne: „Die steigende Industrialisierung begünstigt mit Notwendigkeit freilich nur die funktionelle Rationalität, d. h. die Durchorganisierung der Verhaltensweisen der Mitglieder einer Gesellschaft in bestimmten Gebieten. Sie fördert aber keineswegs im gleichen Maße die ‚substantielle Rationalität', d. h. die Fähigkeit, aus einer gegebenen Situation heraus auf Grund eigener Einsicht in die Zusammenhänge urteilsfähig zu handeln."[23] Schließlich spricht der Autor von der „urteilslähmende(n) Wirkung der funktionellen Rationalisierung".[24]

Diese negative Einschätzung der technisch-instrumentellen (hier der „funktionellen") Rationalität tritt schon in Max Schelers Buch *Die Wissensformen und die Gesellschaft* mit aller Deutlichkeit in Erscheinung. Dort wird darüber hinaus die Philosophie im Anschluß an eine Kritik des „Technizismus" (des „technischen Erkenntnisinteresses", würde Habermas sagen) von der positiven Wissenschaft, der Naturwissenschaft, getrennt. Diese Trennung wird durch die nicht-instrumentelle, die dialogische oder kommunikative Orientierung der Philosophie gerechtfertigt: „Ja, das ist gerade ein *Wesens*unterschied der Philosophie von der positiven Wissenschaft, daß erstere nicht *bedingt* ist durch das Prinzip der möglichen *technischen Zielsetzung*, daß sie ferner die ‚Formen' des Denkens, Anschauens und die ihnen entsprechenden Seinsformen, in denen die Wissenschaft denkt und in denen stehend sie ihre Gegenstände fertig vorfindet, ihrerseits vielmehr zum *Gegenstand* eines ‚reinen' Wissens macht und dazu ihren Ursprung prüft."[25] — Wie in Habermas' Diskurstheorie werden bereits hier Reflexivität und Kommunikativität zu Unterscheidungsmerkmalen der Geistes- und Sozialwissenschaften.

Hans Albert hat also durchaus recht, wenn er Habermas' Theorie der Erkenntnisinteressen und vor allem seine Unterscheidung zwischen einem technisch-strategischen und einem kommunikativen (praktischen und emanzipatorischen) Erkenntnisinteresse aus Schelers Wissenssoziologie ableitet: „Diese Auffassung enthält zwar Elemente marxistischen Denkens, aber sie kann mit einigem Recht als eine Reformulierung der Lehre von den Wissensformen angesehen werden, die Max Scheler in den 20er Jahren entwickelt hatte."[26] Es geht hier keineswegs darum, Habermas' Theorie der Erkenntnisinteressen durch eine Annäherung an Scheler (oder Mannheim) zu diskreditieren, sondern darum, den Vergleich zwischen Mannheim und Habermas mit dem Argument zu begründen, daß die Wissenschaftstheorien beider Autoren *teilweise* aus den Philosophien Diltheys und Schelers ableitbar sind.

Wenn Habermas etwa in *Erkenntnis und Interesse* behauptet, „wie das instrumentale Handeln selbst, so ist auch der ihm integrierte Sprachgebrauch monologisch"[27], so faßt er einen der Grundgedanken der deutschen Hermeneutik zusammen, der in der Wis-

---

[23] ibid., S. 35.
[24] ibid..
[25] M. Scheler, *Die Wissensformen und die Gesellschaft*, Bern-München, Francke, 1980, S. 94.
[26] H. Albert, *Die Wissenschaft und die Fehlbarkeit der Vernunft*, J. C. B Mohr, Tübingen, 1982, S. 33.
[27] J. Habermas, *Erkenntnis und Interesse*, Frankfurt, Suhrkamp, 1973, S. 236.

senssoziologie in die Überlegung ausmündet, daß die Sozialwissenschaften nicht monologisch-systematisch Wissen akkumulieren, sondern sich als „standortgebundene" und ideologische Denkformen dialogisch um historische Synthesen bemühen sollten. Für sie ist nicht das „additive" Verfahren der Naturwissenschaften, sondern das kommunikativ synthetisierende, weil perspektivisch gebundene Erkennen charakteristisch: „Nur wenn Wesenswissen technizistisches, kumulatives Wissen (wie Scheler es nennt) wäre, wäre eine solche Addierung möglich. Scheler selbst rechnet Wesenswissen zu den an Kultursubjekte gebundenen Erkenntnissen; ist dies aber der Fall, so ist unseres Erachtens allein ein perspektivisches Erfassen vergangener Wesenheiten möglich, ein Erfassen, das sowohl durch unseren historisch-existentiell determinierten Standort wie durch unsere Systematisierungsaxiomatik bedingt ist."[28]

An dieser Stelle drängt sich die Frage nach der Bedeutung der Kommunikation (des kommunikativen Charakters der Sozialwissenschaften) für die Ideologieproblematik auf. Sowohl für Mannheim als auch für Habermas gilt: Die ideologischen Zwänge, der ideologische Partikularismus und die ideologische Unmittelbarkeit sollen durch kommunikative Synthese (Mannheim) oder im kommunikativen Konsens (Habermas) überwunden werden. Allerdings hat sich schon gezeigt, daß die beiden Autoren den Ideologiebegriff auf verschiedene Erscheinungen anwenden: Während Mannheim noch den traditionellen Ideologiebegriff (die Weltanschauung) meint, geht es Habermas um Kritik und Überwindung technokratischer „Ideologien", die sich als „reine Technik" oder „reine Wissenschaft" verkleiden, wobei Probleme der „Lebenswelt" („kommunikative" Probleme) auf strategisch-technische Aufgaben reduziert werden. „In Gestalt des technokratischen Bewußtseins erzeugen Technik und Wissenschaft heute ideologische Begleiteffekte", heißt es in *Zur Rekonstruktion des historischen Materialismus*[29].

In beiden Fällen geht es jedoch darum — und dies ist hier entscheidend —, gesellschaftliche Gegensätze und Konflikte primär *kommunikativ* zu überwinden. Dieser Versuch, soziale Antagonismen nicht länger praktisch-revolutionär, sondern dialogisch zu meistern, geht logisch aus der Kritik am Marxschen Klassenbegriff hervor, den beide Autoren (obwohl aus verschiedenen Gründen) relativieren. Da ich in der vorliegenden Arbeit ebenfalls für eine kommunikative Lösung ideologischer und theoretischer Widersprüche plädiere, soll im folgenden gezeigt werden, wie in der Wissenssoziologie und bei Habermas ideologische Barrieren und Herrschaftsformen durch „Kultursynthese" und „Konsens" überwunden werden.

d) *Kommunikation, Synthese und Konsens*

In den folgenden beiden Abschnitten sollen Begriffe wie „Kultursynthese" (Mannheim) und „herrschaftsfreie Kommunikation" (Habermas) ausführlicher besprochen werden. Daher kann die Darstellung dieser vierten und letzten Gemeinsamkeit, die die Wissenssoziologie mit Habermas' Kommunikationsethik verbindet, relativ kurz ausfallen und

---

[28] K. Mannheim, *Wissenssoziologie. Auswahl aus dem Werk* (Hrsg. K. H. Wolff), Darmstadt, Luchterhand, 1979, S. 354.

[29] J. Habermas, *Zur Rekonstruktion des historischen Materialismus*, Frankfurt, Suhrkamp, 1976, S. 53.

auf zwei Gedanken beschränkt bleiben: daß sowohl bei Mannheim als auch bei Habermas der Klassenkampf und die ihm entsprechende ideologische Auseinandersetzung durch kommunikatives Verhalten ersetzt werden sollen und daß die Idee der „klassenlosen Gesellschaft" von der Utopie einer unbegrenzten Kommunikationsgemeinschaft verdrängt wird.

Aus marxistischer Sicht müssen sowohl Mannheim als auch Habermas als Revisionisten und Idealisten erscheinen. Die auf das Proletariat ausgerichteten Theorien Marxens, Lukács' und Korschs bilden den historischen Wissensvorrat, aus dem die Vorwürfe stammen, die Kurt Lenk an Mannheims Adresse richtet: „An die Stelle der Marxschen Revolutionstheorie tritt daher das theoretische Programm der Kultursynthese mit seinen gesellschaftspolitischen Implikationen, die auf die Überwindung sozialer Konflikte durch kritische Reflexion abstellt."[30]

Diese Einschätzung eines Marxisten mag durchaus richtig sein, spricht aber nicht unbedingt gegen die Theorie des *frühen* Mannheim, dem man mit etwas gutem Willen bescheinigen könnte, er habe im Gegensatz zu Lukács und lange vor Habermas den gefährlichen und zugleich sterilen Charakter der Klassenkampf-Ideologien erkannt. In diesem Zusammenhang ist es übrigens aufschlußreich zu beobachten, wie Lukács selbst in der Zeit des *Sonntagskreises* zwischen den verschiedenen politischen und theoretischen Positionen oszillierte. In seiner Besprechung von Béla Balázs' Drama *Tödliche Jugend*, die 1918 erschien, heißt es wörtlich: „Die Ideologie des Proletariats, sein Solidaritätsgedanke, ist heute noch so abstrakt, daß sie nicht fähig ist — über die Waffen des Klassenkampfes hinaus —, eine echte, auf alle Lebensäußerungen wirkende Ethik zu bieten. (...) Aber ist es tatsächlich unvermeidbar notwendig, daß der Standpunkt außerhalb einer Klasse, wozu die unfruchtbar gewordene Ideologie jeden wahren und ernsthaften Menschen zwingt, zur Romantik oder Anarchie führen muß?"[31]

„Der Standpunkt außerhalb einer Klasse": Ihn glaubte Mannheim in der „freischwebenden Intelligenz" zu finden, die ihm, über den Klassen stehend, jenen archimedischen Punkt zu bieten schien, den Lukács später doch noch, im Widerspruch zu seinen Jugendschriften, mit dem Proletariat identifizierte. Dieser Standpunkt ist schließlich auch der eines Jürgen Habermas, dem nach den Peripetien der Kritischen Theorie der Nachkriegszeit eine „Rückkehr" zum Proletariat oder gar „dessen" Partei als *sacrificium intellectus* erscheinen mußte.[32]

Schon deshalb halte ich es für verfehlt, nur die Differenzen hervorzukehren, die die Wissenssoziologie von der Kritischen Theorie trennen, und die Ähnlichkeiten, die vor allem im kommunikationstheoretischen Bereich liegen, aus ideologischen Gründen zu übergehen. In dieser Hinsicht wirkt Eckart Huke-Didiers Arbeit über die Wissenssozio-

---

[30] K. Lenk, *Marx in der Wissenssoziologie*, op. cit., S. 283.
[31] G. Lukács, „Béla Balázs, Tödliche Jugend", in: E. Karádi, E. Vezér (Hrsg.), *Georg Lukács, Karl Mannheim und der Sonntagskreis*, op. cit., S. 157.
[32] Siehe: J. Habermas, *Legitimationsprobleme im Spätkapitalismus*, Frankfurt, Suhrkamp, 1973, S. 195: „Ebensowenig rechtfertigt die Parteilichkeit für Vernunft den Rückzug in eine marxistisch verbrämte Orthodoxie, die heute bestenfalls zur argumentfreien Etablierung abgeschirmter und politisch folgenloser Subkultur führen kann."

logie und die Kritische Theorie (in der Habermas allerdings nur im Schlußwort behandelt wird) erfrischend und wirft neues Licht auf die Gesamtproblematik. Vor allem seine Einschätzung der beiden Kommunikationstheorien halte ich für richtig: „Wie für Habermas die ‚ideale Sprechsituation' — antizipiert im theoretischen und praktischen Diskurs — den ‚Vorschein einer Lebensform' ausdrückt, ist für Mannheim die ‚Totalsynthese' — jene umstrittene ‚Verarbeitung' einer ‚totalen Seinslage' durch die ‚Kultursynthese' der ‚freischwebenden Intelligenz' — Ausdruck des ‚Sinnzieles' von Geschichte, eines Sinnes, der als umfassende Rationalität ein partiales ‚Sichbekämpfen der Systeme' zu ‚verarbeiten' und ‚aufzuheben' verspricht."[33]

Es wird sich allerdings zeigen, daß sich Mannheims Vorschläge zur Überwindung ideologischer Barrieren von Habermas' Universalpragmatik wesentlich unterscheiden. Gemeinsam ist beiden, daß sie die „menschliche Gemeinschaft", die Goldmann noch als *telos* der Geschichte auffaßte, aus der historischen Entwicklung herausheben.

2. Freischwebende Intelligenz und Kultursynthese

In den Diskussionen über Mannheims Begriff der *freischwebenden Intelligenz* wird allzu häufig übersehen, daß dieser nicht nur, wie Kurt Lenk richtig bemerkt, das Streben nach einer Synthese der damaligen deutschen Soziologie ausdrückt[34], sondern daß er aus der Theorie Alfred Webers hervorging und in mancher Hinsicht vom *Wertfreiheitspostulat* Max Webers geprägt ist. Es ist allerdings ein Begriff, der die Wertfreiheit (Werturteilsfreiheit) sozialwissenschaftlicher und philosophischer Diskurse nicht voraussetzt, sondern aus der Überlegung hervorgeht, daß die Ideologiehaftigkeit und Standortgebundenheit dieser Diskurse überwunden werden muß und überwunden werden kann. Analog zur Utopie der „herrschaftsfreien Kommunikation" (Habermas) versucht Mannheim, die Utopie einer ideologiefreien Kommunikation innerhalb von einer gesellschaftlichen Gruppe zu entwerfen, die nicht standortgebunden ist.

Die Herkunft des Begriffs aus Alfred Webers Soziologie macht sich immer wieder bemerkbar, auch in *Ideologie und Utopie*, wo es an entscheidender Stelle heißt: „Jene nicht eindeutig festgelegte, relativ klassenlose Schicht ist (in Alfred Webers Terminologie gesprochen) die *sozial freischwebende Intelligenz*."[35] Von dieser Gruppe, deren Solidarität nicht aus der gemeinsamen Stellung ihrer Mitglieder im Produktionsprozeß hervorgeht, heißt es bei Mannheim, sie werde durch das Band der *Bildung* zusammengehalten.

An dieser Stelle wird bereits deutlich, daß Mannheim Theoreme Alfred Webers (über die Kulturentwicklung und den Zivilisationsprozeß) mit Theoremen Max Schelers verknüpft. Wie Weber erhofft er sich vom Kulturmenschen einen synthetisierenden Impuls; wie Scheler meint er, im Bereich der Bildung Kräfte und „Erkenntnisinteressen"

---

[33] E. Huke-Didier, *Die Wissenssoziologie Karl Mannheims in der Interpretation durch die Kritische Theorie — Kritik einer Kritik*, op. cit., S. 373.
[34] Siehe: K. Lenk, *Marx in der Wissenssoziologie*, op. cit., S. 39.
[35] K. Mannheim, *Ideologie und Utopie*, op. cit., S. 135.

zu finden, die über Herrschaftswissen und ideologisches Wissen hinausgehen. Eine Passage aus Schelers *Die Wissensformen und die Gesellschaft* verdeutlicht den Kontext, in dem Mannheims Argumentation entstanden ist: „Es ist — sage ich — ein neuer Wille zur Herrschaft über Natur und Seele — in schärfstem Gegensatz zu liebevoller Hingabe an sie und zu bloß begrifflicher Ordnung ihrer Erscheinungen —, der jetzt den Primat in allem erkennenden Verhalten gewinnt. Das Streben nach Bildungswissen und Erlösungswissen wird diesem Willen untergeordnet."[36] Trotz der wesentlichen Unterschiede und Gegensätze zwischen Schelers Wissenssoziologie und der Habermasschen Theorie, zeigt sich hier, daß die Affinitäten nicht zu übersehen sind und daß Mannheims Rekurse auf Schelers Typologie der Wissensformen eine Verwandtschaft zwischen seiner Variante der Wissenssoziologie und der Theorie der Erkenntnisinteressen begründen.

Wesentlich für den hier konstruierten Kontext ist die Tatsache, daß es laut Mannheim einen Kommunikationszusammenhang gibt, in dem Herrschaft und Ideologie mit Hilfe des Bildungswissens überwunden oder neutralisiert werden können. Es soll also einen archimedischen Punkt geben, von dem aus Ideologien relativiert und kritisch durchleuchtet werden können und von dem aus der Unterschied zwischen Ideologien und Utopien wahrgenommen werden kann. (Siehe weiter unten.) Soweit der Einfluß Alfred Webers und Schelers.

Der Einfluß Max Webers schlägt sich in der These nieder, daß die freischwebenden Intellektuellen, indem sie über das standortgebundene Denken (die partikularen Aspektstrukturen) hinausgehen, eine Synthese jenseits der Ideologien bilden, die zumindest in einer bestimmten historischen Situation verallgemeinerungsfähig ist und dem Postulat der Wertfreiheit wenigstens soweit entgegenkommt, als die Intellektuellen sich mit keiner der bestehenden Ideologien oder Klassen identifizieren. An mehreren Stellen des Mannheimschen Werkes, vor allem dort, wo von der Konkurrenz im geistigen und kulturellen Bereich die Rede ist, tritt der „Grundwille zur Wertfreiheit" in den Vordergrund: „Ich trachte also — um es kurz zu sagen — den Grundwillen zur Wertfreiheit noch einmal zu verlebendigen."[37]

Die „freischwebenden Intellektuellen" müssen von diesem Willen beseelt sein, wenn sie die miteinander kollidierenden Ideologien und Werturteile in einer Synthese überwinden wollen. Mannheim stellt sich in *Ideologie und Utopie* diesen Vorgang der Synthetisierung und Neutralisierung als einen Prozeß der Verwissenschaftlichung vor, in dessen Verlauf ideologische Glaubensbekenntnisse allmählich in wissenschaftliche Hypothesen umgewandelt werden: „Da aber allmählich alle sich bekämpfenden Formen der Utopie denselben Schicksalsweg gehen, so zeigen sie sich, wie in der parlamentarischen Praxis, so auch im Gebiete der Wissenschaft immer weniger als sich bekämpfende Glaubensbekenntnisse, sondern immer mehr als nur konkurrierende Parteien, als nur mögliche Forschungshypothesen."[38]

---

[36] M. Scheler, *Die Wissensformen und die Gesellschaft*, op. cit., S. 125.
[37] K. Mannheim, in: „Diskussion über ‚Die Konkurrenz' ", in: *Der Streit um die Wissenssoziologie* Bd. 1, op. cit., S. 401.
[38] K. Mannheim, *Ideologie und Utopie*, op. cit., S. 216.

Die Frage ist, ob eine solche Neutralisierung des ideologischen Faktors nicht nur einer Technokratie gelingt, die im praktisch-politischen Bereich die Ideologie mit Luhmann (s. Kap. 1 und 9) rein funktional als vertauschbare Größe betrachtet und sie im wissenschaftlichen Bereich lediglich als verifizierbare oder falsifizierbare Hypothese *verwendet*. Eine solche Überwindung der Ideologie brächte jedoch kaum „eine höhere Einheit menschlichen Wissens" hervor, wie es in Mannheims *Die Gegenwartsaufgaben der Soziologie* heißt[39], sondern wäre eher als Rückfall in den Szientismus (in eine instrumentale, technizistische Rationalität) zu werten. Dieses Denken überwindet die Ideologie keineswegs; es bildet sich nur ein, sie überwunden zu haben und verzichtet auf die notwendige selbstkritische Reflexion. Bei Mannheim wird nicht klar, ob das Denken der Intellektuellen aufgrund seines synthetischen Charakters als wertfrei aufzufassen ist oder nicht.

An seiner Absicht, die Ideologien mit Hilfe der Syntheseversuche der freischwebenden Intelligenz zu neutralisieren und zu überwinden, sollte allerdings nicht gezweifelt werden. In *Ideologie und Utopie* geht er davon aus, daß bereits die (von den Intellektuellen) geleistete Erkenntnis der Partikularität einzelner ideologischer Standpunkte den Neutralisierungs- und Überwindungsprozeß einleitet: „Indem ich den Sichtindex zu einer sich als absolut nehmenden Sicht hinzufüge, neutralisiere ich in einem bestimmten Sinne schon die Sichtpartikularität. Die meisten unserer Darlegungen bewegten sich ganz spontan in der Richtung einer Neutralisierung der Seinsgebundenheit im Sinne des sich darüber Erhebens."[40] Diese Tendenz zur Neutralisierung als Werturteilsfreiheit wurde in der Vergangenheit von so verschiedenen Autoren wie Kettler, Meja, Stehr, Lenk und Neusüß in Mannheims Werk beobachtet. In ihrer Einleitung zum *Konservatismus*buch stellen beispielsweise die drei ersten der hier genannten Wissenschaftler fest: „Seine eigentliche Vorliebe, zu der er sich stolz bekannte, galt der für das wissenschaftliche Arbeiten unabläßlichen Werturteilsfreiheit."[41]

Der Nexus zwischen Wertfreiheit und freischwebender Intelligenz, in dem implizit eine Beziehung zwischen Alfred Webers und Max Webers (in dieser Hinsicht komplementären) Theorien hergestellt wird, ist seit der Veröffentlichung von *Ideologie und Utopie* unablässig kritisiert worden. Die wesentlichen Argumente, die in dem hier entworfenen Kontext eine Rolle spielen, betreffen: die Homogenität der freischwebenden Intelligenz; ihre kontingente Stellung im historischen Prozeß (Relativismus-Vorwurf); Mannheims eigene Ideologie.

Während Alexander von Schelting im ersten Punkt eine gewisse Sympathie für Mannheims Thesen zeigt und behauptet, es gebe Intellektuellengruppen, denen eine „größere ‚Chance' objektiv gültiger wissenschaftlicher Erkenntnis"[42] zugestanden werden könne,

---

[39] K. Mannheim, *Die Gegenwartsaufgaben der Soziologie*, Tübingen, J. C. B. Mohr, 1932, S. 21.
[40] K. Mannheim, *Ideologie und Utopie*, op. cit., S. 259.
[41] D. Kettler, V. Meja, N. Stehr, „Mannheim und der Konservatismus. Über die Ursprünge des Historismus", in: K. Mannheim, *Konservatismus. Ein Beitrag zur Soziologie des Wissens* (Hrsg. D. Kettler, V. Meja, N. Stehr), Frankfurt, Suhrkamp, 1984, S. 34.
[42] A. von Schelting, „Die Grenzen der Soziologie des Wissens", in: *Der Streit um die Wissenssoziologie* Bd. 2, op. cit., S. 847.

kehrt Theodor Geiger in seinem bekannten Buch *Aufgaben und Stellung der Intelligenz in der Gesellschaft* (1949) Mannheims These schlicht um und macht gerade die Intellektuellen für die Bildung von Ideologien und die Verschärfung ideologischer Konflikte verantwortlich.[43]

Zwischen der Position Scheltings und Geigers sehe ich keinen formalen Widerspruch. Der Widerspruch ist eher dialektisch und auf den ambivalenten Charakter der Intellektuellen zurückzuführen. Diejenigen, die besser als alle anderen ideologische Bedürfnisse zu artikulieren vermögen, werden noch am ehesten in der Lage sein, ideologische Diskurse zu durchschauen, zu kritisieren und u. U. zu entschärfen. Dies bedeutet allerdings nicht, „daß es ohne die Intelligenz gar nicht die ideologischen Gegensätze gäbe", wie Geiger meint[44]; denn die Beiträge von Politikern (Adenauer, Brandt), Gewerkschaftsführern (Séguy) und Unternehmern oder Managern (Philips) zu den ideologischen Auseinandersetzungen der Moderne sind kaum zu übersehen und sollten nicht unterschätzt werden (in diesem Zusammenhang sei nur an Philips' Forderung nach „moralischer Aufrüstung"/„morele herbewapening" erinnert).

Man könnte Geigers These sogar noch weiter relativieren und behaupten, daß ohne die ideologischen Gruppierungen, deren Interessen und Standpunkte sie artikulieren, die ideologischen Reden der Intellektuellen nichts als leeres, unverbindliches Gerede wären und sich bald im Nichts auflösen würden. Die Intellektuellen entwickeln und vervollkommnen zwar die Ideologien: aber in Übereinstimmung mit existierenden Interessen, Positionen und Rhetoriken.

Von einem neomarxistischen Standpunkt aus kritisiert Lucien Goldmann Mannheims Versuch, die Ideologie mit Hilfe der freischwebenden Intelligenz zu neutralisieren. In gewisser Hinsicht formuliert er den Vorwurf Geigers in einem materialistischen Kontext um, indem er den ideologischen (klassenspezifischen) Charakter der Intellektuellen mit partikularen Gruppeninteressen in Beziehung setzt und sie mit anderen Berufsgruppen (Anwälten, Priestern, Schustern) vergleicht: „Wie diese gehören sie einer sozialen Klasse, einer Nation etc. an und vertreten somit allgemeine, partikulare und individuelle wirtschaftliche Interessen."[45] Mit Recht betont auch Hans Speier, daß Bildung die Klassengegensätze nicht aufhebt.[46]

Zwar versucht Mannheim an mehreren Stellen seines Werkes, die Mobilität und die „Heimatlosigkeit" der Intellektuellen zum Ausgangspunkt seiner Argumentation zu machen; dort aber, wo seine Theorie in eine konkrete soziologische und historische Analyse übergeht, zeigt sich, daß die Intellektuellen gar nicht so neutral und wertfrei denken, wie man im Rahmen der Wissenssoziologie annehmen möchte, sondern zwischen Ideologien hin- und hergerissen werden. In seiner Studie über den Konservatismus zeigt Mann-

---

[43] Siehe: Th. Geiger, *Aufgaben und Stellung der Intelligenz in der Gesellschaft*, Stuttgart, Metzler, 1949, S. 63.
[44] ibid.
[45] L. Goldmann, *Sciences humaines et philosophie*, Paris, Gonthier, 1966, S. 52.
[46] H. Speier, „Soziologie oder Ideologie? Bemerkungen zur Soziologie der Intelligenz", in: *Der Streit um die Wissenssoziologie* Bd. 2, op. cit., S. 542: „Bildung verbindet auch insofern nicht, als im Medium des Geistes dieselben unüberbrückbaren Gegensätze zutage treten, die gesellschaftlich zwischen den Klassen wirksam sind."

heim — gleichsam *malgré lui* — daß die Intellektuellen, auch dann, wenn sie isoliert sind, partikulare Standpunkte und Ideologien artikulieren: „Getragen wird diese romantische Strömung, als sie zu einer ‚Bewegung' zusammenrinnt, hauptsächlich von *sozial freischwebenden Intellektuellen*, soziologisch also von derselben Schicht, die auch an der Aufklärung engagiert war, nur daß, während diese Schicht in ihren aufklärerischen Vertretern sozusagen noch in einem inneren Zusammenhang zumindest mit ihren historischen sozialen Ursprüngen war und die bürgerlichen Schriftsteller der Aufklärung noch gleichsam die weltanschauliche Rückendeckung im Bürgertum hatten, das Romantischwerden zugleich eine soziologische und metaphysische Entfremdung und Vereinsamung mit sich bringt."[47] Diese Entwicklung spricht Mannheim zufolge für die „Heimatlosigkeit" der damaligen Intellektuellen und gegen die Möglichkeit, sie einer spezifischen Gruppe zuzurechnen.

Sieht man sich jedoch seine Argumentation genauer an, so läßt sich feststellen: daß die Intellektuellen zeitweise durchaus einer Klasse (dem Bürgertum) zugerechnet werden können; daß ihre Opposition gegen das Bürgertum keine Neutralität oder gar Ideologiefreiheit bedeuten muß (im Gegenteil: das romantische Engagement war häufig antibürgerlich und „feudal": etwa bei Eichendorff oder Novalis); daß Entfremdung und Opposition zur Solidarisierung mit neuen Gruppen führen können (etwa mit dem Proletariat im Falle von Lukács, Auden, Caudwell oder mit den Hirten und Bauern im Falle von Jean Giono). Nicht nur die Entwicklungen im 19. und 20. Jahrhundert, sondern auch die Kommentare Mannheims zeigen, daß von einer Wert- oder Ideologiefreiheit der „intellektuellen" Position nicht die Rede sein kann. Weit davon entfernt, freischwebend und neutral zu sein, artikuliert die Intelligenz widersprüchliche kollektive Positionen, Probleme und Interessen. Sie ist keine homogene Gruppe, sondern ideologisch heterogen.

Dies ist auch der Grund, weshalb es ihr schwerfallen dürfte, den historischen Prozeß objektiv zu erkennen und in einer allumfassenden Synthese zu erfassen: „Es sind also Synthesen möglich und notwendig, sie versuchen das Höchste zu leisten, was einem historisch gebundenen Menschenbewußtsein überhaupt gegeben ist: aus den Grundströmungen der Zeit heraus den historischen Körper selbst zu sehen."[48] — „Genausogut könnte man versuchen, die Zeit am Schwanz zu packen", möchte man an dieser Stelle mit Sartres Erzähler Roquentin antworten: Denn woher soll die ideologisch heterogene (z. B. zwischen Aufklärung und Romantik schwankende) Gruppe der Intellektuellen die Kraft und die Einsicht nehmen, in einer wertfreien Synthese zumindest zeitweise (in einem bestimmten historischen Stadium), den historischen Prozeß als solchen wahrzunehmen? Ein solches Unternehmen erscheint auch dann waghalsig, wenn man mit Mannheim die Relativität der historischen Synthese einräumt. Im zweiten und dritten Teil dieses Buches soll deshalb gezeigt werden, daß ein jeder Diskurs als semantisch-narrative Struktur nur eine partielle und partikulare Darstellung seines Objekts sein kann.

---

[47] K. Mannheim, *Konservatismus*, op. cit., S. 144.
[48] K. Mannheim, *Strukturen des Denkens* (Hrsg. D. Kettler, V. Meja, N. Stehr), Frankfurt, Suhrkamp, 1980, S. 199.

Die hier angesprochene Problematik kann mit Hilfe eines Beispiels aus Mannheims eigenem Repertoire illustriert werden. Bekanntlich geht er von einem historischen Unterschied zwischen Ideologien und Utopien aus: Beide Formen des Bewußtseins sind „seinsinadäquat"; während jedoch Ideologien anachronistisch sind und den sozialen Verhältnissen *nicht mehr* entsprechen (etwa bestimmte Formen des Feudalismus, des Konservatismus etc.) ist die Inkongruenz der Utopien dadurch zu erklären, daß sie ihrer Zeit vorauseilen: „Das Kriterium für Ideologie und Utopie ist die *Verwirklichung*. Ideen, von denen es sich nachträglich herausstellte, daß sie über einer gewesenen oder aufstrebenden Lebensordnung nur als verdeckende Vorstellungen schwebten, waren Ideologien; was von ihnen in der nächsten gewordenen Lebensordnung adäquat verwirklichbar wurde, war relative Utopie."[49]

Diese Problematik gipfelt in einer alten Frage: Wer definiert „Wirklichkeit", „Verwirklichung", „Schein" und „Sein"? — Gäbe es eine homogene Gruppe in der Gesellschaft, die in der Lage wäre, wertneutral und ideologiefrei zu urteilen, könnte es möglicherweise gelingen, Ideologien von Utopien zu unterscheiden. In der gegenwärtigen sprachlichen und sozialen Situation ist es nicht leicht zu entscheiden, ob Nationalsozialismus und Faschismus Ideologien oder Utopien waren. Der Sozialismus war lange Zeit nur Utopie, die Mannheim selbst beschreibt; der verwirklichte Sozialismus ist längst zur Staatsideologie geworden, zu einer Staatsideologie, die jedoch ein (allerdings „offizielles") utopisches Element enthält: den Kommunismus-Gedanken. Ist dieser Gedanke als „Utopie aufstrebender Klassen" (Mannheim) zu *deuten*? Das hängt ganz davon ab, *wer* deutet. Da es keine wertfrei urteilende homogene Intelligenzschicht gibt, wird die Antwort auf diese Frage jedesmal anders lauten. Dieses Problem hat bereits Robert K. Merton in *Social Theory and Social Structure* (1949) angeschnitten.[50]

Schließlich wäre gegen Mannheims Versuch, die Ideologie mit Hilfe der freischwebenden Intelligenz zu transzendieren, der Einwand seiner eigenen Standortgebundenheit vorzubringen. Ihn formulierte bereits Hans Speier, wenn auch nur implizit, in seinem Aufsatz „Soziologie oder Ideologie?" (1930): „Der Bildungsbegriff, den Mannheim verwendet, ist nicht der unserer Zeit. Er stammt aus der deutschen Klassik, die ihn als Ideal errichtete und von der ihn als Ideal der Liberalismus des 19. Jahrhunderts übernahm."[51] — Hier geht es nicht mehr um die Überlegung, daß Bildung als solche die Ideologie nicht neutralisiert (s. o.), sondern um Bildung als *Ideologem*, als Bestandteil einer Ideologie: Denn letzten Endes geht Mannheim von der liberalen Prämisse aus, daß die klassisch-humanistische Bildung die *Individuen* (die „notables", würde Daniel Halévy sagen) in die Lage versetzt, gleichsam über ihren ideologischen Schatten zu springen. Doch gerade diese Annahme ist ein ideologisches, liberal-individualistisches Vorurteil par excellen-

---

[49] K. Mannheim, *Ideologie und Utopie*, op. cit., S. 178.

[50] R.K. Merton, *Social Theory and Social Structure*, London/N. Y., Collier Macmillan/Free Press, 1949, 1968, S. 558: „In this sense, utopian, in contrast to ideological, thought is true rather than illusory. The difficulty of this view is at once evident. How, at any given time, is the observer to discriminate between valid utopian thought and distorted ideological thought?" (Auch hier ist nicht nur die Frage nach dem „Wie" wesentlich, sondern auch die Frage nach dem Beobachter: Wer spricht, von wo aus?)

[51] H. Speier, „Soziologie oder Ideologie?", op. cit., S. 542.

ce; und es ist nicht einzusehen, weshalb dieses Vorurteil höher einzustufen ist als die konservativen Werturteile Gadamers oder die proletarisch-revolutionären Korschs und Lukács'.

Im Gegensatz zu Korsch und Lukács, die die Bindung an ein Kollektiv zur Voraussetzung der wahren Erkenntnis machen, unterschätzt Mannheim nach individualistisch-liberaler Manier den kollektiven Faktor, der letztlich über die Terminologie, die Anordnung der Begriffe und die diskursive Struktur insgesamt entscheidet. Er unterschätzt diesen Faktor, aber vernachlässigt ihn keineswegs, und ich möchte zum Abschluß einen bisher weniger beachteten Aspekt der Wissenssoziologie hervorheben und zeigen, wie Mannheim — zugleich mit Maurice Halbwachs — Bewußtsein und Denken als gruppenspezifische Größen beschreibt, den Dialog *zwischen Wissenschaftlergruppen* thematisiert und dadurch den von Habermas (und den kritischen Rationalisten) verwendeten Begriff der *Intersubjektivität* radikal in Frage stellt.

Frappierend sind die Ähnlichkeiten der Argumentation, die den Wissenssoziologen Mannheim mit dem Durkheim-Schüler Halbwachs verbinden. So heißt es beispielsweise in dem 1938 erschienen Aufsatz von Halbwachs „Psychologie collective du raisonnement" über die kollektive Bedingtheit des Denkens: „Auf diesem Wege sind ebensoviele verschiedene Logiken entstanden, von denen eine jede nur innerhalb der Gruppe Gültigkeit hat, die sich auf sie beruft und die sie hervorgebracht hat."[52] Eine Seite weiter schränkt zwar Halbwachs diesen Partikularismus ein, indem er auf den gemeinsamen Ursprung aller dieser Logiken hinweist: „Alle diese Teillogiken haben freilich einen und denselben Ursprung."[53] Der Artikel endet jedoch einige Zeilen weiter, und die Frage, *wie* die noetischen Partialsysteme miteinander kommunizieren, wird nicht mehr aufgeworfen.

Mit ihr befaßt sich ausführlicher Karl Mannheim in *Ideologie und Utopie*, wo auch angedeutet wird, daß hinter den zu kritisierenden Ideologien und Utopien die *Wirklichkeit* gesucht wird: „Im Ideologie- und Utopiegedanken, in dem Bestreben, dem Ideologischen und Utopischen in gleicher Weise zu entgehen, wird eigentlich letzten Endes die Realität gesucht."[54] Diese erscheint aber nur demjenigen, der in der Lage ist, die Partialsysteme in einer übergreifenden Universalsynthese aufeinander zu beziehen und zu überwinden.

Obwohl ich mit denjenigen unter Mannheims Kritikern einverstanden bin, die behaupten, jede, auch die „intellektuelle" Synthese könne wiederum nur ideologisch sein (wie die Wissenssoziologie selbst), glaube ich, daß die Art, wie Mannheim die *terminologischen* Beziehungen zwischen den ideologischen Gruppen beschreibt, außerordentlich fruchtbar und wichtig ist. Denn ihm ist es um die dialogische, die *kommunikative* Überwindung der ideologischen Barrieren zu tun. Dabei kommt es mir nicht so sehr auf seine Lösungsvorschläge an (Kultursynthese, totale Weltanschauung), sondern auf die Art, wie er die theoretisch-wissenschaftliche Kommunikation als Überwindung der Ideolo-

---

52 M. Halbwachs, *Classes sociales et morphologie*, Paris, Minuit, 1972, S. 150.
53 ibid., S. 151.
54 K. Mannheim, *Ideologie und Utopie*, op. cit., S. 86.

gie und vor allem als interkollektiven (also nicht: intersubjektiven) Konsens auffaßt. Diese Auffassung ist für meine eigene Argumentation (seit der *Textsoziologie*, 1980) entscheidend.

Ausschlaggebend ist seine Unterscheidung zwischen dem Konsens *innerhalb* einer noetischen Gruppe (Aspektstruktur, Ideologie) und dem Konsens *zwischen* zwei oder mehreren Gruppen. Der qualitative Unterschied zwischen den beiden Konsensformen kommt in der folgenden Passage zum Ausdruck, die ich wegen ihrer Bedeutung für dieses Buch *in extenso* zitiere: „Im Falle des seinsverbundenen Denkens wird Objektivität nur etwas Anderes und Neues bedeuten: a) einmal die Tatsache, daß sofern man im selben System, in derselben Aspektstruktur steht, man gerade auf Grund der Einheitlichkeit der vorgegebenen Begriffs- und Kategorialapparatur mit Hilfe einer hier möglichen eindeutigen Diskutierbarkeit zu eindeutigen Ergebnissen kommen kann und alles davon Abweichende als Irrtum auszumerzen in der Lage ist, b) daß wenn man aber in verschiedenen Aspektstrukturen steht, die ‚Objektivität' nur auf Umwegen herstellbar ist, indem man nämlich hier das in beiden Aspektstrukturen richtig, aber verschieden Gesehene aus der Strukturdifferenz der beiden Sichtmodi zu verstehen bestrebt ist und sich um eine Formel der Umrechenbarkeit und Übersetzbarkeit dieser verschiedenen perspektivischen Sichten ineinander bemüht."[55] Mannheim zeigt sich zuversichtlich, was die Erfindung einer solchen Formel für „Umrechnungskontrolle" angeht und stellt die These auf, daß die notwendigen Abweichungen zwischen zwei Aspektstrukturen von „willkürlichen, schlechthin falsch angesehenen Elementen" zu unterscheiden sind.

Mit dieser These will ich mich im dritten Teil dieses Buches ausführlich befassen, denn die Übersetzung einer Terminologie in eine andere ist aus ideologischen und ideologiekritischen Gründen nicht unproblematisch: Es dürfte beispielsweise kaum gelingen, den psychoanalytischen Terminus des *Unbewußten* in die Terminologie einer empirischen Psychologie zu „übersetzen"; als ebenso schwierig und prekär dürfte sich die Übertragung des Marxschen Klassenbegriffs in eine funktionalistische oder interaktionistische Terminologie erweisen. In diesen Terminologien gibt es womöglich deshalb keinen „äquivalenten" Begriff, weil kollektive Interessen einer entsprechenden Begriffsbildung im Wege stehen. Doch kann dieses Problem adäquat nur im Rahmen einer semiotischen (semantischen) Theorie behandelt werden und wird deshalb für den dritten Teil aufbewahrt.

Wesentlich ist der von Mannheim aufgezeigte qualitative Unterschied zwischen *intra*kollektiver und *inter*kollektiver Überprüfung von Aussagen. Diese Unterscheidung hat auch für die zeitgenössische soziologische Diskussion weitreichende Folgen, von denen ich hier zum Abschluß nur zwei erwähnen möchte: 1. Die von Max Weber geforderte Werturteilsfreiheit darf nicht schlicht auf einzelne Aussagen (oder gar Sätze) bezogen werden; wenn sie überhaupt einen Sinn haben soll, so muß sie für die „Aspektstruktur" als ganze (ich würde sagen: für den *Diskurs* als ganzen) gelten. 2. *Intersubjektivität* ist nur *innerhalb* einer ideologischen und/oder wissenschaftlichen Gruppe denkbar; zwischen Gruppen ist sie — zumindest in den Sozialwissenschaften — nicht mehr gegeben und wird hier deshalb durch den komplexeren Begriff der *Interdiskursivität* (s. Teil 3) ersetzt.

---

[55] ibid., S. 258.

In seinem postum veröffentlichten, fragmentarischen Text „Eine soziologische Theorie der Kultur und ihrer Erkennbarkeit" kritisiert Mannheim Webers Begriff der Wertfreiheit im Hinblick auf diesen wesentlichen Unterschied: „Die Wertfreiheit ist in der Soziologie und gesellschaftlichen Erkenntnis in dem Sinne möglich, daß man die zu beschreibenden Phänomene nicht tadeln oder loben, daß man sich also jeder Wertung enthalten soll; die Wertung ist aber in einer viel tieferen Schicht unausschaltbar, nämlich in der Perspektivität, die in die Begriffsbildung eingegangen ist. Wir glauben, daß die Frage der Wertfreiheit in diesem Sinne neu gestellt werden muß, daß in dieser Diskussion noch keineswegs das letzte Wort gesprochen worden ist (cf. Max Weber)."[56]

Ähnlich verhält es sich mit dem Begriff der *Intersubjektivität*, der, wie die Theorien des Kritischen Rationalismus zeigen, eng mit dem der *Wertfreiheit* zusammenhängt. Solange die kollektive Problematik, die im Kommunikationsprozeß der Sozialwissenschaften eine zentrale Rolle spielt, nicht wahrgenommen oder ausgeblendet wird, erscheint das von Mannheim an erster Stelle geschilderte Postulat der Wertfreiheit, das sich wie sein partikularer Ideologiebegriff auf einzelne Aussagen bezieht, sinnvoll: ebenso wie das Kriterium der intersubjektiven Überprüfung von Aussagen, das eine ideologisch homogene Gruppe (Gesellschaft) zur Grundvoraussetzung hat. Werden aber die kollektiven und ideologischen Faktoren berücksichtigt, dann können sowohl Wertfreiheit als auch Intersubjektivität als liberal-individualistische Ideologeme aufgefaßt werden.

Im folgenden soll u. a. gezeigt werden, daß Habermas sich in seiner *Theorie des kommunikativen Handelns* über die hier aufgeworfenen Probleme hinwegsetzt und es versäumt, das Kriterium der Intersubjektivität in Frage zu stellen und Kommunikation als *interkollektiven Prozeß* aufzufassen.

3. Lebenswelt und herrschaftsfreie Kommunikation

Im ersten Teil dieses Kapitels hat sich bereits herausgestellt, daß Habermas, ähnlich wie Mannheim, obwohl aus anderen Gründen, dazu neigt, den ideologischen Faktor zu „neutralisieren" und sich eine Gesellschaftsordnung vorzustellen, in der Ideologien durch Systemzwänge und die Zersplitterung der „Lebenswelt" ersetzt worden sind. Der Vorwurf, daß er den ideologischen Faktor unterschätzt und vernachlässigt, wird in diesem Teil durch einen zweiten Vorwurf ergänzt: durch die These, daß er dem dialektischen (hegelianischen) Begriff der *Vermittlung* an entscheidenden Stellen seiner Argumentation die Kantische *Trennung* vorzieht.

Sein gesamtes Werk könnte als ein großangelegter Versuch gelesen werden, einzelne gesellschaftliche Sphären nicht nur zu unterscheiden (dies ist legitim und unvermeidlich), sondern gegeneinander abzugrenzen und voneinander abzusondern. Fragte jemand, wodurch sich Habermas' Ansatz wesentlich von Adornos Dialektik unterscheidet, so würde ich an erster Stelle weder den Versuch nennen, Wahrheit prozedural zu begründen, noch den Versuch, an die Sozialwissenschaften statt an die künstlerische Mimesis

---

[56] K. Mannheim, *Strukturen des Denkens*, op. cit., S. 275/276.

anzuknüpfen, sondern die Absicht, den kantianischen und phänomenologischen Dualismus dort zu rehabilitieren, wo Adorno (ähnlich wie Sohn-Rethel) die Vermittlung hervorhob. Grundsätzlich in Frage gestellt werden hier Trennungen wie die zwischen „soziologischer" und „formalpragmatischer Lebenswelt", zwischen „realer" und „idealer Kommunikationssituation", zwischen „Wert" und „Norm", zwischen „Handlung" und „Diskurs".

In dieser Hinsicht wird die Kritik an Mannheim fortgesetzt, vor allem an seinem Begriff der „freischwebenden Intelligenz". Kurz zusammengefaßt und stark vereinfacht lautet mein Hauptargument: Die „freischwebende Intelligenz" ist von den gesellschaftlichen und ideologischen Konflikten ebensowenig zu trennen wie die „herrschaftsfreie Kommunikation" oder die „ideale Sprechsituation". Um vorab dem Einwand zu begegnen, daß ich die ideale Sprechsituation mit der realen kontaminiere oder gar verwechsle, möchte ich vorausschicken, daß es auch mir um die *Voraussetzungen* einer jeden Kommunikationssituation und um die „Rekonstruktion" ihrer *Bedingungen* zu tun ist. Es geht hier also nicht *primär* um die Verwendung der Sprache im sozialen, politischen Alltag.

Bevor ich auf den von Habermas selbst postulierten Nexus von Lebenswelt und kommunikativer Rationalität eingehe, möchte ich darauf hinweisen, daß die komplementären Probleme der Vermittlung und der Ideologie schon in den deutschen, englischen und italienischen Kommentaren zu Habermas' Werk eine Rolle spielten. Allerdings wurden sie bisher eher am Rande erwähnt und rückten noch nicht in den Mittelpunkt der Auseinandersetzungen.

In den von Thompson und Held veröffentlichten *Critical Debates* (1982) wirft beispielsweise Agnes Heller Habermas die rigide Trennung von strategischer und kommunikativer Rationalität vor und behauptet — nicht zu Unrecht —, daß auch der Klassenkampf als strategisches Handeln kommunikative Verständigung erforderlich mache: „(...) Klassenkampf kann nicht (...) als rein strategisches Handeln beschrieben werden (...)."[57] — Ähnlich äußert sich Lucio Cortella in *Crisi e razionalità*: „Die Dichotomie Interaktion-Arbeit hindert Habermas daran, der Praxis der Emanzipation einen autonomen Bereich zuzugestehen; diese bewegt sich entweder innerhalb der Grenzen der Kommunikation oder innerhalb derer des strategischen Handelns."[58]

Es geht hier nicht so sehr um den „Inhalt", um die Beziehung zwischen strategischem und kommunikativem Handeln, die — wie ich meine — tatsächlich als *Vermittlung* zu denken ist, sondern um die Rolle der Dichotomie in Habermas' Diskurs. Auf sie geht zumindest indirekt auch John B. Thompson ein, wenn er Habermas vorwirft, bei ihm *schließe* die Zersplitterung der Lebenswelt deren Ideologisierung *aus*: „Aber es erscheint mir verfehlt zu behaupten, daß Fragmentierung ein ‚funktionales' oder anderes Äquivalent von Ideologie ist und daß die Wirkung dieser beiden Äquivalente auf ihrer *Ausschließlichkeit (in exclusion* of) beruht."[59] Auch hier geht es nicht in erster Linie um die

---

[57] A. Heller, „Habermas and Marxism", in: J. B. Thompson, D. Held (Hrsg.), *Habermas. Critical Debates*, London, Macmillan Press, 1982, S. 27.
[58] L. Cortella, *Crisi e razionalità. Da Nietzsche ad Habermas*, Napoli, Guida, 1981, S. 126.
[59] J. B. Thompson, „Universal Pragmatics", in: J. B. Thompson, D. Held (Hrsg.), *Habermas. Critical Debates*, op. cit., S. 301.

eigentliche Behauptung Thompsons, mit der ich völlig übereinstimme und auf die ich noch zurückkommen will, sondern um das diskursive Verfahren der Dichotomisierung, das in den neuesten Debatten auch von Johannes Berger beanstandet wurde. Er spricht in der Zusammenfassung seiner Hauptargumente nicht zu Unrecht von „Polarisierug": „Ich möchte zunächst drei Punkte kurz streifen: a) die Ausblendung von Macht- und Dissensphänomenen; b) die Polarisierung zweier Handlungsformen (anstelle ihrer vielfältigen Verschränkung) sowie die Inkonsistenz in dieser Polarisierung und c) die Zuordnung von Handlungstypen zu Handlungsbereichen."[60]

Dieser Exkurs in die Sekundärliteratur hat nichts mit einer Ausbreitung von symbolischem Kapital („étalage du capital symbolique" im Sinne von Bourdieu) zu tun, sondern soll zeigen, daß der Vorwurf der Dichotomisierung und des idealistischen Dualismus Kantischer und phänomenologischer Provenienz nicht aus der Luft gegriffen ist, sondern von verschiedenen, durchaus *heterogenen* Kommentaren bestätigt wird. Wenn ich recht habe, bildet Habermas' Auffassung von einer ideologiefreien und relativ homogenen „Lebenswelt" und den ihr entsprechenden Kommunikationssituationen und kommunikativen Kompetenzen die Grundvoraussetzung der wichtigsten Dichotomien, die seinen Diskurs strukturieren.

In seiner *Theorie des kommunikativen Handelns* (1981), ebenso wie in *Moralbewußtsein und kommunikatives Handeln* (1983), stellt er einen bedeutsamen und für seine Ausführungen entscheidenden Nexus her: zwischen Lebenswelt einerseits und kommunikativem Handeln andererseits. Diese Verknüpfung der beiden Bereiche ist deshalb wichtig, weil durch sie die Lebenswelt in ihren beiden Komponenten (Öffentlichkeit und Privatleben) mit Hilfe der kommunikativen, der sprachlich vermittelten Rationalität charakterisiert wird: „An dieser Stelle kann ich den *Begriff der Lebenswelt* zunächst als Korrelat zu Verständigungsprozessen einführen. Kommunikativ handelnde Subjekte verständigen sich stets im Horizont einer Lebenswelt. Ihre Lebenswelt baut sich aus mehr oder weniger diffusen, stets unproblematischen Hintergrundüberzeugungen auf."[61]

Im Gegensatz zu den Komponenten der Lebenswelt (Öffentlichkeit und Privatsphäre) werden die Subsysteme „Wirtschaft" und „Verwaltung" vom instrumentellen und strategischen Denken: von den entsprachlichten Medien der Macht und des Geldes beherrscht. Habermas denkt die Beziehung zwischen diesen Subsystemen und der Lebenswelt *nicht* als Dichotomie, sondern als Interferenz: Im Spätkapitalismus kann die von der Arbeitsteilung begünstigte Entstehung von „Expertenkulturen" die Kluft zwischen Lebenswelt und Subsystemen nur vertiefen, so daß die Einwirkung der Wirtschaft und der Verwal-

---

[60] J. Berger, „Die Versprachlichung des Sakralen und die Entsprachlichung der Ökonomie", in: A. Honneth, A. Joas (Hrsg.), *Kommunikatives Handeln. Beiträge zu Jürgen Habermas' „Theorie des kommunikativen Handelns"*, Frankfurt, Suhrkamp, 1986, S. 264.

[61] J. Habermas, *Theorie des kommunikativen Handelns* Bd. 1, op. cit., S. 107. Siehe auch: J. Habermas, „Replik auf Einwände", in: ders., *Vorstudien und Ergänzungen zur Theorie des kommunikativen Handelns*, Frankfurt, Suhrkamp, 1984, S. 546: „Ich führe lieber den Begriff der *Lebenswelt* als Komplementärbegriff zum kommunikativen Handeln ein und begreife kommunikatives Handeln als das *Medium*, über das sich die symbolischen Strukturen der Lebenswelt *reproduzieren*."

tung auf die Lebenswelt sich immer häufiger auf die entsprachlichten Medien „Macht" und „Geld" beschränkt.

Da die Lebenswelt nach Habermas „fragmentiert" ist, kann eine Situation entstehen, die er mit dem Ausdruck „Kolonialisierung der Lebenswelt" (durch Verwaltung und Wirtschaft) umschreibt. Angesichts dieser Entwicklung schrumpft in der zeitgenössischen Gesellschaft kritische Hoffnung zu der Hypothese zusammen, die verbale Kommunikation der Lebenswelt(en) würde in zunehmendem Maße in die Subsysteme „Wirtschaft" und „Verwaltung" eindringen, deren historische Entfaltung sie durch wachsende Rationalisierung selbst mitbedingt hat.[62] Dadurch könnte ein Gleichgewicht zwischen instrumenteller und kommunikativer Vernunft hergestellt werden.

Entscheidend ist nun, daß der mit positiven Konnotationen besetzte Begriff der „Lebenswelt" zum Fundament wird, auf dem Habermas seinen „archimedischen Punkt", die „ideale Sprechsituation", konstruiert. Die Lebenswelt hat zumindest drei Charakteristika: Sie ist homogen; sie ist frei von Herrschaft; sie fördert die Verständigung (den Konsens). Freilich handelt es sich hier um eine idealisierte Lebenswelt, die man den Idealtypen von Max Weber und Alfred Schütz annähern könnte. Tatsächlich beruft sich Habermas an mehreren Stellen seines zweibändigen Werkes auf die phänomenologische Tradition in der Soziologie, um den Begriff der Lebenswelt zu definieren: „Bisher haben wir uns, in Anlehnung an phänomenologische Untersuchungen, auf einen kulturalistischen Begriff der Lebenswelt beschränkt."[63] Aus phänomenologischer Sicht erscheint die Lebenswelt als „fraglos gegeben", als „intersubjektiv geteilt", als „nicht transzendierbare Totalität".[64] — Im Gegensatz zu den „Phänomenologen" von Schütz bis Berger und Luckmann bezieht Habermas den Lebensweltbegriff allerdings nicht auf das individuelle Bewußtsein, sondern auf intersubjektives, kommunikatives Handeln.

Dem Einwand, die Lebenswelt als „überlieferte Kultur" sei weder unproblematisch noch intersubjektiv geteilt, begegnet er mit einer dualistischen Unterscheidung zwischen *soziologischer* und *formalpragmatischer* Lebenswelt: „Das Mißverständnis, ich sei kategorial genötigt, Dissens- und Machtphänomene aus der Lebenswelt auszuschließen, geht, wie ich vermute, wiederum auf die Verwechslung des formalpragmatischen mit dem soziologischen Lebensweltbegriff zurück. (...) Aber soziologisch betrachtet gehören natürlich auch strategische Interaktionen zu der als Lebenswelt konzeptualisierten Gesellschaft."[65] Komplementär dazu kann angenommen werden, daß die entsprachlichten Medien „Geld" und „Macht" nur idealtypisch die Subsysteme charakterisieren; nicht jedoch real. In der Wirklichkeit ist auch in den Subsystemen sprachliche Verständigung denkbar.

---

[62] Wichtig ist Habermas' Gedanke, daß erst die Rationalisierung der Lebenswelt die Hypertrophie der Systemkomplexität ermöglicht. Siehe: J. Habermas, *Theorie des kommunikativen Handelns* Bd. 2, op. cit., S. 232/233: „Die Rationalisierung der Lebenswelt ermöglicht eine Steigerung der Systemkomplexität, die so hypertrophiert, daß die losgelassenen Systemimperative die Fassungskraft der Lebenswelt, die von ihnen instrumentalisiert wird, sprengen."

[63] J. Habermas, *Theorie des kommunikativen Handelns* Bd. 2, op. cit., S. 203.

[64] ibid., S. 198.

[65] J. Habermas, „Entgegnung", in: *Kommunikatives Handeln*, op. cit., S. 372/373.

An dieser Stelle drängt sich eine erste, globale Kritik der semantischen Dichotomie auf. Bekanntlich diente der Dualismus von Plato bis Heidegger dazu, die Vermittlung auszuschalten, die Terme zu trennen und das eine Extrem ohne das andere zu denken. Dabei ging die *Ambivalenz* der Erscheinungen verloren, und der Diskurs brachte Ideologeme hervor: Das platonische Vorurteil, wonach die Herrschaft der Philosophen rein ideeller Art sei, hängt mit der Vorstellung (einer *epochè avant la lettre*) zusammen, der reine Denker könne sich von seinen Trieben und materiellen Bedürfnissen trennen: er könne sie gleichsam an die anderen Gruppen der *Politeia* „abtreten". Machiavelli, Freud und die Realität haben uns nicht nur eines Besseren belehrt, sondern vor allem gezeigt, wie fragwürdig die Dichotomie als diskursives Verfahren ist: Das Ideal selbst ist wirtschaftlich, sozial und sexuell bedingt. Wer die Vermittlung eliminiert, bringt nicht nur Ideologeme hervor, sondern neigt dazu, sie gegen sozialwissenschaftliche Kritik zu immunisieren. In diesem Zusammenhang sei an Adornos Kritik der Heideggerschen Ontologie erinnert, die vor allem die „klappernd obligate" Unterscheidung von „Sein" und „Seiendem" aufs Korn nimmt. Auf sie berief sich Heidegger bekanntlich, um der sozialwissenschaftlichen Kritik an der Seinsphilosophie ein ontologisches Alibi entgegenzustellen.

Mir geht es hier keineswegs darum, den Soziologen Habermas durch eine Annäherung an Plato oder Heidegger zu diskreditieren (zumal ich einige seiner Begriffe wie „Dialogizität" und „Reflexivität" übernehme); ich möchte allerdings zeigen: 1. daß die Trennung der „formalpragmatischen" von der „soziologischen" Lebenswelt Ideologeme zeitigt; 2. daß sie zu einer soziologisch und semiotisch unhaltbaren Auffassung der „idealen Sprechsituation" führt.

Daß die von der realen Gesellschaft abgekoppelte, idealisierte Lebenswelt zu einem ideologischen Konstrukt wird, zeigt sich an entscheidenden Stellen in der *Theorie des kommunikativen Handelns*, wo der Lebenswelt-Begriff bald eine archaisch-mythische, bald eine utopische Komponente aufweist. Im Zusammenhang mit Durkheims Untersuchungen über Stammesgesellschaften heißt es dort: „Der Entwurf einer kollektiv geteilten homogenen Lebenswelt ist gewiß eine Idealisierung; aber aufgrund ihrer familialen Gesellschafts- und mythischen Bewußtseinsstrukturen nähern sich archaische Gesellschaften diesem Idealtypus mehr oder weniger an."[66] — Es wäre zu fragen, ob der Lebensweltbegriff, den Habermas auf die moderne Industriegesellschaft anwendet, nicht allzusehr von einer anthropologischen Utopie geprägt ist, die vor allem dort zum Tragen kommt, wo es gilt, für das „verständigungsorientierte Handeln" eine Grundlage zu finden und die „verarmten Traditionen der Lebenswelt"[67] zu aktualisieren. Mit Recht hebt Antje Linkenbach die Bedeutung archaischer Gesellschaftstypen für Habermas' Definition der Lebenswelt hervor: „Das Konzept der Lebenswelt scheint für Habermas seine Stütze am ehesten in den archaischen Gesellschaften zu finden, in denen die sprach-

---

[66] J. Habermas, *Theorie des kommunikativen Handelns* Bd. 2, op. cit., S. 234.
[67] J. Habermas, *Moralbewußtsein und kommunikatives Handeln*, Frankfurt, Suhrkamp, 1983, S. 26.

lich vermittelten, normengeleiteten Strukturen der Interaktion auch die tragenden Sozialstrukturen darstellen."[68]

Komplementär zum archaischen Idealtypus verhält sich die zukunftsorientierte Utopie der Lebenswelt, die über die systembedingte Verdinglichung hinausweisen soll: „Gewiß, der Begriff kommunikativer Rationalität enthält auch eine utopische Perspektive."[69] Diese ist in der normativen Komponente des Begriffs zu suchen, der etwas über die „*notwendigen* Bedingungen für eine zwanglose Verständigung der Individuen"[70] aussagt.

Sowohl die „archaische" als auch die „utopische" Auffassung der Lebenswelt zeigt, daß diese als homogene Totalität zu denken ist, die die Verständigung und den Konsens ermöglicht. Nicht von der realen, sondern von der idealen, der *formalpragmatischen Lebenswelt* ist die Rede, wenn es in den *Vorstudien* heißt: „Die Lebenswelt hat aber nicht nur eine kontextbildende Funktion. Sie bietet zugleich ein Reservoir von Überzeugungen, aus dem die Kommunikationsteilnehmer schöpfen, um den in einer Situation entstandenen Verständigungsbedarf mit konsensfähigen Interpretationen zu decken. Als *Ressource* ist die Lebenswelt für Prozesse der Verständigung *konstitutiv*."[71] Eine solche auf Konsens und Verständigung ausgerichtete Definition ist freilich nur dort möglich, wo die Widersprüche und Konflikte der *realen Lebenswelt* ausgeblendet werden.

Bei aufmerksamer Lektüre fällt auf, daß Habermas auch die Kultur als Bestandteil der Lebenswelt eher in der Konsensperspektive betrachtet: „*Kultur* nenne ich den Wissensvorrat, aus dem sich die Kommunikationsteilnehmer, indem sie sich über etwas verständigen, mit Interpretationen versorgen."[72]

An dieser Stelle zeigt sich, wie nachteilig sich einseitige Extrapolationen und Trennungen auf die theoretische Argumentation auswirken können. Geht man wie Benjamin und Adorno davon aus, daß Kultur ein ambivalentes Ganzes ist, dessen Universalcharakter von universaler Herrschaft nicht zu trennen ist, wird man dazu neigen, jeden in der Nationalkultur und Nationalsprache herbeigeführten Konsens als indirekt erzwungene Lösung in Frage zu stellen. Mit Renée Balibar und Pierre Bourdieu wird man geneigt sein, den Universalcharakter der Nationalsprache, der „Hochsprache", mit der staatlich sanktionierten Herrschaft einer Klasse in Beziehung zu setzen: Ohne deshalb ihre Bedeutung für Verständigung und Konsensbildung zu vernachlässigen.

Mit anderen Worten: Habermas' phänomenologisch-kantianische Trennung der realen von der formalpragmatischen Lebenswelt, zu der er auch die weiter oben definierte

---

[68] A. Linkenbach, *Opake Gestalten des Denkens. Jürgen Habermas und die Rationalität fremder Lebensformen*, München, Fink, 1986, S. 268.
[69] J. Habermas, „Replik auf Einwände", op. cit., S. 489.
[70] ibid.
[71] J. Habermas, „Erläuterungen zum Begriff des kommunikativen Handelns", in: ders., *Vorstudien und Ergänzungen zur Theorie des kommunikativen Handelns*, op. cit., S. 591. — An anderer Stelle wird die Lebenswelt gar als ein „transzendentaler Ort" aufgefaßt: „Die Lebenswelt ist gleichsam der transzendentale Ort, an dem sich Sprecher und Hörer begegnen (...)." (*Theorie des kommunikativen Handelns* Bd. 2, op. cit., S. 192.)
[72] J. Habermas, „Erläuterungen zum Begriff des kommunikativen Handelns", op. cit., S. 594.

Kultur zählt, hindert ihn daran, Lebenswelt und Kultur als ambivalente Einheiten wahrzunehmen, in denen Verständigung und Konsens auf jahrhundertealter Herrschaft gründen. Unberücksichtigt bleibt Nietzsches Bemerkung aus *Jenseits von Gut und Böse*, die nach dem Scheitern von Hegels Synthese die Ära der Ambivalenz, der offenen, negativen Dialektik inauguriert: „Es wäre sogar noch möglich, daß *was* den Wert jener guten und verehrten Dinge ausmacht, gerade darin bestünde, mit jenen schlimmen, scheinbar entgegengesetzten Dingen auf verfängliche Weise verwandt, verknüpft, verhäkelt, vielleicht gar wesensgleich zu sein."[73] Dies ist der Grund, weshalb hier gleich in der Einleitung nicht nur Kultur und Herrschaft, sondern auch Theorie und Ideologie miteinander verknüpft wurden. Das Konsensideal selbst ist ideologisch belastet, wie die zahlreichen Kritiken am amerikanischen Funktionalismus zeigen.[74]

Klarer noch als im Begriff der Lebenswelt treten die von Habermas nicht thematisierten Widersprüche in seinen Darstellungen der „idealen Sprechsituation" (der „herrschaftsfreien Kommunikation") zutage. Nach einem globalen Kommentar zum Begriff der „idealen Sprechsituation" will ich der Reihe nach auf folgende, die Beschreibungen dieser Situation konstituierende Gegensätze eingehen: Sprechakte/Diskurse; Werte/Normen; Handlung/„Diskurs". (An dieser Stelle ist eine terminologische Klärung notwendig: Bei Habermas bezeichnet „Diskurs" ein *Gespräch*, das die Verallgemeinerungsfähigkeit von Normen und die normative Gültigkeit von Aussagen oder Handlungen zum Gegenstand hat. Mein eigener Diskursbegriff, der in der Einleitung zur Sprache kam und im zweiten und dritten Teil eine wesentliche Rolle spielen wird, ist semiotischen Ursprungs (Greimas, Prieto, Marin) und bezeichnet eine transphrastische, semantisch-narrative Struktur, für die ein Aussagesubjekt (*sujet d'énonciation*) verantwortlich ist und in der bestimmte Subjekte und Objekte (*sujets d'énoncé*) als Aktanten bestimmte Funktionen erfüllen. Die beiden Begriffe haben also nichts miteinander zu tun; dies ist der Grund, weshalb Habermas' Diskursbegriff hier in Anführungszeichen gesetzt wird.)

Zunächst soll darauf hingewiesen werden, daß zwischen dem idealisierten Lebensweltbegriff und dem Begriff der „idealen Sprechsituation" eine Homologie besteht. Im Anschluß an Durkheim und Mead, die zusammen mit den „Phänomenologen" bei der Ausarbeitung des Lebenswelt-Begriffs Pate standen, formuliert Habermas: „Je weiter die strukturellen Komponenten der Lebenswelt und die Prozesse, die zu deren Erhaltung beitragen, ausdifferenziert werden, um so mehr treten die Interaktionszusammenhänge unter Bedingungen einer rational motivierten Verständigung, also einer Konsensbildung, die sich *letztlich* auf die Autorität des besseren Arguments stützt."[75]

Die hier im Zusammenhang mit dem Lebenswelt-Begriff angesprochene „ideale Sprechsituation" zeichnet sich durch folgende Charakteristika aus: 1. Sie unterscheidet sich radikal von den wirklichen Kommunikationssituationen des Alltags; 2. sie ist frei von herr-

---

[73] F. Nietzsche, *Jenseits von Gut und Böse. Vorspiel einer Philosophie der Zukunft*, Frankfurt, Fischer, (Studienausgabe Bd. 3), 1968, S. 28.
[74] Siehe: N. J. Smelser, „Die Beharrlichkeit des Positivismus in der amerikanischen Soziologie", in: *Kölner Zeitschrift für Soziologie und Sozialpsychologie*, März, 1986, S. 140/141.
[75] J. Habermas, *Theorie des kommunikativen Handelns* Bd. 2, op. cit., S. 218.

schaftlichen Zwängen und setzt die argumentative Chancengleichheit der am Gespräch Beteiligten voraus; 3. sie setzt die Vertauschbarkeit der vorhandenen Dialogrollen voraus; 4. sie läßt nur den Zwang des besseren Arguments zu; 5. sie wird in jeder (realen) Kommunikationssituation von den Beteiligten immer schon vorausgesetzt, „kontrafaktisch unterstellt": „Ich möchte es damit erklären, daß wir in jedem Diskurs wechselseitig eine ideale Sprechsituation *unterstellen*."[76] — Es wird sich zeigen, daß diese Rekonstruktion einer „idealen Kommunikationssituation" in sich widersprüchlich ist.

Wichtig ist, was Helga Gripp in den Schlußbemerkungen ihres Buches *Jürgen Habermas* bemerkt: nämlich daß Habermas an Kants Gegensatz „zwischen Seiendem und Denken" festhält und daß er in Übereinstimmung mit dieser Dichotomie die „kommunikative Rationalität nicht inhaltlich, sondern abstrakt als prozedurales Verfahrensprinzip, also als die prinzipielle Fähigkeit der Menschen, über Diskursprozeduren zu einer Einigung darüber zu kommen, was sie als ihr gemeinsames Ziel anerkennen wollen", auffaßt.[77] Im Gegensatz zu der Autorin, die schließlich die empirische Relevanz des Modells in Frage stellt, möchte ich im folgenden zeigen, daß die „ideale Sprechsituation" nicht vorausgesetzt werden *kann*, solange man davon ausgeht, daß sprachliche Strukturen gesellschaftlich und ideologisch *vermittelt* sind.

Für meine Argumentation ist Habermas' Begriff des Sprechaktes entscheidend sowie seine Überlegung, daß Sprechakte (im Sinne von Austin und Searle) als „Konstruktionsmittel" für die ideale Sprechsituation ausreichen: „Wenn wir nun die Sprechakte in der vorgeschlagenen Weise als Kommunikativa, Konstativa, Repräsentativa und Regulativa ordnen, zeigt sich, daß sie und genau sie die zureichenden Konstruktionsmittel für den Entwurf der idealen Sprechsituation sind."[78] Während sich die Kommunikativa auf die Verständlichkeit von Aussagen beziehen, beziehen sich die Konstativa auf deren Wahrheitsanspruch (auf die „Unterscheidung zwischen Sein und Schein"), die Repräsentativa auf deren Wahrhaftigkeit (Einstellung des Sprechenden) und die Regulativa auf deren normative Richtigkeit.

Nicht die von Habermas vorgeschlagenen Definitionen und Einteilungen stehen hier zur Debatte, sondern sein Rekurs auf Austins und Searles Sprechakttheorie. Nicht zu Unrecht wirft Henri Meschonnic Habermas diesen Rückgriff auf eine „traditionelle" Sprachtheorie vor: „Wenn ein so wichtiges Element wie die Sprachtheorie der traditionellen Theorie verpflichtet ist, dann kippt das gesamte Konzept in die traditionelle Theorie."[79] Im Gegensatz zu Meschonnic möchte ich jedoch nicht die Vernachlässigung des Signifikanten und des poetischen Diskurses (im Sinne von Jakobson) beanstanden, son-

---

[76] J. Habermas, „Vorbereitende Bemerkungen zu einer Theorie der kommunikativen Kompetenz", in: J. Habermas, N. Luhmann, *Theorie der Gesellschaft oder Sozialtechnologie — Was leistet die Systemforschung?*, Frankfurt, Suhrkamp, 1971, S. 136.
[77] H. Gripp, *Jürgen Habermas*, Paderborn, Schöningh, 1984, S. 146.
[78] J. Habermas, „Vorbereitende Bemerkungen zu einer Theorie der kommunikativen Kompetenz", op. cit., S. 122.
[79] H. Meschonnic, „Le Langage chez Habermas", in: H. Meschonnic (Hrsg.), *Critique de la Théorie critique. Language et histoire,* Paris, Presses Universitaires de Vincennes, 1985, S. 160.

dern den phrastischen Charakter der Sprechakttheorie, die bekanntlich über das Satzsyntagma nicht hinausgeht.

Man wird womöglich einwenden, daß Searle in dem Kapitel seines Buches „Why study speech acts?" eigens darauf hinweist, daß die Einheit der sprachlichen Kommunikation *nicht* der Satz (das Wort oder das Symbol) ist, sondern: „the production or issuance of the symbol or word or sentence in the performance of the speech act."[80] Geht man systematisch Habermas' Definitionen des Sprechakts durch, so stellt man immer wieder fest, daß er in Übereinstimmung mit Searle diesen als die pragmatische Funktion des *Satzes* auffaßt.

Schon in den „Vorbereitenden Bemerkungen zu einer Theorie der kommunikativen Kompetenz" heißt es unmißverständlich: „Ein Sprechakt erzeugt die Bedingungen dafür, daß ein Satz in einer Äußerung verwendet werden kann; aber gleichzeitig hat er selbst die Form eines Satzes."[81] Die Sprechakte als „Strukturen der Redesituation" und als „pragmatische Universalien"[82] sind also phrastische Einheiten, die über das Satzsyntagma nicht hinausgehen. In der *Theorie des kommunikativen Handelns* wird diese Behauptung weitgehend bestätigt, da es dort von den Geltungsansprüchen, die in der idealen Sprechsituation erhoben werden, heißt, daß sie *„formalpragmatisch*, d. h. auf der Ebene der kommunikativen Verwendung von Sätzen analysiert werden müssen."[83] Sprechakte kommen demnach dadurch zustande, daß Sätze in kommunikativen Äußerungen verwendet werden, wodurch Sprache zu *Handlung* werden kann: Habermas' Modell ist die *illokutive* Äußerung (im Sinne von Austins *How to do Things with Words*), die laut Austin die Form eines Versprechens, eines Befehls, einer Wette etc. annehmen kann und sich von bloßen Äußerungen von Sätzen (den *lokutionären* Akten) dadurch unterscheidet, daß sie als solche ein autonomer Handlungstyp ist.

Worauf es hier ankommt, ist nicht so sehr eine Kritik an Austin und Searle oder an der Klassifikation der Sprechakte (lokutionär, illokutionär, perlokutionär), sondern die Tatsache, daß die drei Autoren Austin, Searle und Habermas eine Pragmatik konzipiert haben, die über phrastische Einheiten nicht hinausgeht. Daran ändert auch Habermas' Bemerkung in „Wahrheitstheorien" nichts, wo verdeutlicht wird, „daß eine Argumentation aus einer Kette nicht von Sätzen, sondern von Sprechakten besteht."[84] Denn was macht eine „Argumentation" aus? Gibt es nicht sprachliche Einheiten, die über das Satzsyntagma hinausgehen, aber ähnlich wie die phrastische Syntax nach bestimmten Regeln gebildet werden?

---

[80] J. R. Searle, *Speech Acts. An Essay in the Philosophy of Language*, Cambridge, Cambridge University Press, 1969, S. 16.
[81] J. Habermas, „Vorbereitende Bemerkungen zu einer Theorie der kommunikativen Kompetenz", op. cit., S. 103.
[82] ibid.
[83] J. Habermas, *Theorie des kommunikativen Handelns* Bd. 1, op. cit., S. 417. Auf Seite 374 dieses Werkes zeigt sich, daß es Habermas ausschließlich um die Gültigkeit von Sätzen zu tun ist; „Die Bedeutung von Sätzen, und das Verstehen der Satzbedeutung, läßt sich von dem der Sprache innewohnenden Bezug zur Gültigkeit von Aussagen nicht trennen."
[84] J. Habermas, „Wahrheitstheorien", in: ders., *Vorstudien und Ergänzungen zur Theorie des kommunikativen Handelns*, op. cit., S. 162.

Meine Kritik an Habermas' Sprachtheorie geht von der Grundannahme aus, daß eine adäquate Analyse von (idealen oder realen) Kommunikationssituationen, die sich auf die Verwendung von Sätzen beschränkt, die entscheidende Tatsache unberücksichtigt läßt, daß kollektive Interessen, Werturteile und Ideologien nicht primär durch Sätze, sondern durch transphrastische Einheiten, durch Diskurse als semantisch-narrative Strukturen, ausgedrückt werden. Individuelle und kollektive Subjekte (Gruppen) drücken ihre Standpunkte und Interessen nicht in Wörtern und Sätzen aus, sondern in Diskursen, in semantisch-narrativen Konstruktionen, die es ihnen gestatten, die Wirklichkeit auf ihre Art zu *erzählen* und zu *beherrschen*.

Der Psychoanalytiker, der die Entwicklung einer Neurose schildert, erzählt etwas im Rahmen eines bestimmten *Diskurstyps*, der für Vertreter der empirischen Psychologie nicht akzeptabel ist, u. a. weil sie die semantischen Gegensätze bewußt/unbewußt, Ich/Es nicht akzeptieren. Vertreter der empirischen Literatursoziologie (Silbermann, Fügen) werden den *Diskurs* der Kritischen Theorie ablehnen, weil sie bestimmte semantische Gegensätze, die diesem Diskurs zugrundeliegen, wie Wahrheitsgehalt/Ideologie, als ästhetische Gegensätze ablehnen. In beiden Fällen können einzelne Sätze, die den Diskurs bilden, für die Kritiker annehmbar sein, *aber ihr Funktionieren in einer bestimmten semantisch-narrativen Einheit ist es nicht.*

Immer wieder weist Habermas darauf hin, daß es ihm im Falle der „idealen Sprechsituation" nicht um ein Kantisches *a priori* geht, sondern um die *Rekonstruktion bestimmter Kompetenzen, die in jeder Kommunikation vorrausgesetzt werden müssen* (Verständlichkeit, Wahrheit, Wahrhaftigkeit und Richtigkeit). Dazu heißt es in *Zur Rekonstruktion des historischen Materialismus*: „Dabei handelt es sich um eine rekonstruktiv verfahrende Theorie, die, wie Logik oder Linguistik, Vorschläge zur Rekonstruktion allgemeiner, intuitiv beherrschter Kompetenzen, hier also der Kompetenz der Teilnahme an Interaktion und Rede überhaupt, enthält."[85] Was aber die sprachliche Kompetenz individueller Subjekte ausmacht, ist nicht nur die richtige Verwendung von Sätzen in Äußerungen, sondern die Bildung von Diskursen als transphrastischen Einheiten. Mit Recht sprechen Greimas und Courtés in diesem Zusammenhang von einer „compétence sémio-narrative".[86] Diese Kompetenz setzt voraus, daß ein Subjekt u. a. in der Lage ist, mit Hilfe bestimmter Relevanzkriterien und Klassifikationen (Taxonomien) narrative Sequenzen zu bilden und die Wirklichkeit auf seine Art zu *erzählen*. Diese Kompetenz setzt zwar die phrastische Kompetenz voraus, unterscheidet sich aber qualitativ von dieser und ist wesentlicher Bestandteil einer jeden (auch einfachen) Kommunikation. (Am Ende dieses Kapitels wird sich zeigen, daß Bourdieu den Kompetenz-Begriff durch den des „linguistischen Kapitals" ersetzt.)

Wird aber der Diskurs als semantisch-narrative Struktur bei der Rekonstruktion der „idealen Sprechsituation" berücksichtigt, dann erscheinen einige wesentliche von Habermas vorgebrachte Thesen als äußerst fragwürdig: an erster Stelle die in seinen Darstel-

---

[85] J. Habermas, *Zur Rekonstruktion des Historischen Materialismus*, op. cit., S. 132.
[86] A. J. Greimas, J. Courtés, *Sémiotique. Dictionnaire raisonné de la théorie du langage*, Paris, Hachette, 1979, S. 54.

lungen implizite These, daß sowohl in der praktischen als auch in der theoretischen Kommunikation *Individuen* sich mit Hilfe von *Sprechakten* verständigen. Denn Diskurse gehen stets aus Gruppensprachen (Soziolekten, s. Teil 2) hervor und drücken daher kollektive Werturteile, in vielen Fällen ganze Ideologien, aus.

Habermas kann diese Faktoren nicht berücksichtigen, denn seiner empiristischen Reduktion der Kommunikation auf phrastische Einheiten (Sprechakte) entspricht seine individualistische Einschränkung der sprachlichen Verständigung auf die individuelle Intersubjektivität. Er geht so weit, interkollektive Beziehungen als interindividuelle zu denken, wobei die von Mannheim und Halbwachs (s. o.) hervorgehobenen kollektiven Faktoren ausgeblendet werden. In „Der Universalitätsanspruch der Hermeneutik" ist sogar von einer Gruppe die Rede, „die ihrerseits gegenüber anderen Gruppen ihre Individualität behauptet, so daß sich auf der Ebene der intersubjektiv verbundenen Kollektive die gleiche Beziehung herstellt wie zwischen den Individuen."[87]

Unberücksichtigt bleibt die von Mannheim und Halbwachs thematisierte Differenz zwischen intersubjektiver Kommunikation innerhalb einer Gruppe („Aspektstruktur", „Weltanschauung", Mannheim) und interdiskursiver Kommunikation zwischen heterogenen Gruppen. Diese Art von sozialer Verständigung involviert immer ein Zusammentreffen heterogener Diskurse und folglich Kollisionen von kollektiven Interessen, Werturteilen und Ideologien. Auch dann, wenn Angehörige heterogener Gruppen miteinander individuell kommunizieren, kommt das, was ich als die *interkollektive* oder *interdiskursive Problematik* bezeichnen möchte, voll zum Tragen.

Habermas' Begriffe der „Intersubjektivität" und der „idealen Sprechsituation" sind höchstens auf die sprachlichen Beziehungen *innerhalb* einer homogenen ideologischen („weltanschaulichen") Gruppe anwendbar, die weitgehend mit Mannheims Begriff der „konjunktiven Gemeinschaft" zu charakterisieren wäre: „Man kann ja oft beobachten, daß je enger eine konjunktiv erkennende Gemeinschaft ist, desto sektiererischer ihre Sprache wird; daß sich in ihr eine eigene Terminologie ausbildet, in der die Worte der weiteren Sprachgemeinschaft immer weniger verständlich werden (. . .)."[88] — Zwar neigt Habermas immer wieder dazu, die Lebenswelt als eine „Verständigungsgemeinschaft" aufzufassen; diese ist jedoch gerade das Gegenteil einer Sekte, die sich durch partikularisierenden Sprachgebrauch auszeichnet: Die aus lebensweltlichen Bedingungen rekonstruierte „ideale Sprechsituation" soll sowohl synchron als auch diachron Universalcharakter beanspruchen können.

Gerade dieser Universalcharakter erscheint jedoch als eine Illusion, sobald man von der hier verteidigten Grundannahme ausgeht, daß die für die gesellschaftliche Kommunikation relevante sprachliche Einheit nicht der Satz als Sprechakt ist, sondern der Diskurs als semantisch-narrative Konstruktion. Es soll hier nochmals betont werden, daß jede in einer Gesellschaft stattfindende Kommunikation, in der Richtigkeit, Wahrheit, Wahrhaftigkeit und Verständlichkeit thematisiert werden, eine Beziehung zwischen *Dis*-

---

[87] J. Habermas, „Der Universalitätsanspruch der Hermeneutik", in: ders., *Kultur und Kritik*, Frankfurt, Suhrkamp, 1973, S. 284.
[88] K. Mannheim, *Strukturen des Denkens*, op. cit., S. 218.

kursen (indirekt zwischen Gruppen) *voraussetzt* und daß die diskursive Struktur (als „Aspektstruktur", Mannheim) nicht aus der *Voraussetzungssituation*, in der Verständigung stattfindet, ausgeblendet werden *kann*.

Der „contrat de véridiction", von dem Greimas und Courtés in *Sémiotique* sprechen, bezieht sich nicht zufällig auf den Wahrheitsgehalt des gesamten Diskurses, denn „er soll ein Vertrauensverhältnis zwischen dem Sprecher und dem Angesprochenen herstellen, das den Wahrheitsstatus (das Wahr-Sagen) des Diskurses als Aussage (discours-énoncé) betrifft."[89] — Der Diskurs aber und die ihm entsprechende „compétence sémio-narrative" sind von Gruppeninteressen und Ideologien nicht zu *trennen*.

Ohne auf Habermas, Mannheim oder Halbwachs einzugehen, stellen Greimas und Courtés eine solche Trennung in Frage, wenn sie in *Sémiotique* Konflikt (ideologische Polemik) und konsensorientierte Verständigung als komplementäre Momente eines jeden Kommunikationsvorgangs darstellen: „Aus semiotischer Sicht erscheint es nicht sinnvoll, sich auf einen der beiden ideologischen Standpunkte festzulegen, von denen der eine das gesellschaftliche Leben als Konflikt und Kampf, der andere aber als lauter ‚Liebeswerk' und ‚Wohlwollen' erscheinen läßt. Die strukturelle Betrachtungsweise erfordert vielmehr, daß die positiven und negativen Terme einer Kategorie gleichzeitig berücksichtigt werden und daß daher die polemischen Strukturen (als Voraussetzungen oder Folgen von Brüchen) als Gegenpol zu den kontraktuellen Strukturen (stricto sensu) aufgefaßt werden, zumal beide einer und derselben kontraktuellen Organisation der Intersubjektivität angehören."[90]

Greimas gibt sich selten so dialektisch wie hier, geht jedoch nirgends auf die von Halbwachs, Mannheim und Habermas angeschnittenen Probleme ein. In dieser Passage entwirft er aber (gemeinsam mit Courtés) eine Alternative zu Habermas' Kommunikationsmodell, die ich in die Textsoziologie aufnehmen möchte: *Jede Kommunikationssituation setzt voraus, daß die Kontrahenten in bestimmten diskursiven Strukturen (Soziolekten) argumentieren und Verständigung nur im dialogischen, interdiskursiven Verhältnis dieser Strukturen anstreben können. Verständigung findet nicht mit Hilfe von Sätzen, sondern mit Hilfe von Diskursen statt.*

Wenn es aber zutrifft, daß Intersubjektivität nur als Interdiskursivität denkbar ist und daß folglich eine Trennung zwischen idealer und realer Sprechsituation nicht in Frage kommt, dann erweisen sich auch die anderen von Habermas vorgeschlagenen Trennungen zwischen „Normen" und „Werten", zwischen „Handlung" und „Diskurs" als unhaltbar. Als fragwürdig erscheinen dann auch die „Herrschaftsfreiheit" oder „argumentative Chancengleichheit", die „Vertauschbarkeit der Dialogrollen" sowie der „Zwang des besseren Arguments".

Die von Habermas in seinen Definitionen der „idealen Sprechsituation" vorgeschlagene Trennung von Normen und Werten entspricht weitgehend der Unterscheidung von idealer und realer Kommunikationssituation: Die Universalpragmatik kann nur deshalb

---

[89] A. J. Greimas, J. Courtés, *Sémiotique*, op. cit., S. 71. — Siehe auch: A. J. Greimas, „Le Contrat de véridiction", in: *Man and World. A Philosophical Review*, Bd. 13, Nr. 3–4, 1980.

[90] A. J. Greimas, J. Courtés, *Sémiotique*, o. cit., S. 70.

den Universalcharakter der ersteren garantieren, weil sie sie von allen Werturteilen und Ideologien reinigt und sie rein prozedural als normativ (im Sinne der Verkehrsregeln) organisierte Verständigung definiert: „Der Universalisierungsgrundsatz funktioniert wie ein Messer, das einen Schnitt legt zwischen ‚das Gute' und ‚das Gerechte', zwischen evaluative und streng normative Aussagen. Kulturelle Werte führen zwar einen Anspruch auf intersubjektive Geltung mit sich, aber sie sind so sehr mit der Totalität einer besonderen Lebensform verwoben, daß sie nicht von Haus aus normative Geltung im strikten Sinne beanspruchen können — sie *kandidieren* allenfalls für eine Verkörperung in Normen, die ein allgemeines Interesse zum Zuge bringen sollen."[91]

Gegen diese Trennung von Werten und Normen ließe sich zunächst einwenden, daß Normen (etwa Rechtsnormen wie *habeas corpus*) aus ganz bestimmten gesellschaftlichen Interessen und Werten hervorgehen. In den Diskursen der Sozialwissenschaften gelten *verschiedene* Normen, die von der Konkurrenz bestimmter Werturteile und Ideologien Zeugnis ablegen: Wenn Vertreter der analytischen Philosophien oder kritische Rationalisten den „dialektischen Widerspruch" als argumentative Norm ablehnen, so lehnen sie nicht nur eine Norm ab, sondern zusammen mit dieser die Werturteile, die ein gesellschaftskritischer Diskurs über eine gesellschaftliche Formation fällt. Habermas' Trennung von Norm und Wert erscheint also aus soziologischer Sicht wenig plausibel, zumal sogar in soziologischen Nachschlagewerken Werte und Normen miteinander verknüpft werden.[92]

In dem hier entworfenen Zusammenhang kommt es aber in erster Linie auf die Überlegung an, daß Diskurse, die immer von besonderen Relevanzkriterien, Selektionen und Klassifikationen ausgehen, Werte und Werturteile artikulieren. Individuelle Subjekte können sich im Kommunikationsvorgang von diesen Diskursen nicht trennen, *da ja der Diskurs die Subjektivität des Einzelnen ausmacht*: Ein Subjekt ohne Diskurs ist ein sprachloses Individuum. Die Fähigkeit, den eigenen Diskurs kritisch zu reflektieren und im Dialog zu relativieren, soll ihnen allerdings nicht abgesprochen werden.

Wenn es nun zutrifft, daß sprachlich artikulierte Normen und Werte unzertrennlich miteinander verbunden sind, weil die semantisch-narrativen Strukturen, die die Subjektivität der miteinander kommunizierenden Individuen ausmachen, Werturteile und Ideologien ausdrücken, dann können in einer Kommunikationssituation die von den Beteiligten eingebrachten Bedeutungen nicht identisch sein. Als besonders fragwürdig erscheint in diesem Zusammenhang Habermas' Beschreibung der Argumentationsvoraussetzungen, in der er im Anschluß an R. Alexy feststellt: „Verschiedene Sprecher dürfen den gleichen Ausdruck nicht mit verschiedenen Bedeutungen benutzen."[93]

---

[91] J. Habermas, *Moralbewußtsein und kommunikatives Handeln*, op. cit., S. 113/114. — Siehe auch: *Theorie des kommunikativen Handelns* Bd. 1, S. 133.

[92] Über soziale Normen schreibt beispielsweise R. Peuckert, sie „können als Spezifikationen allgemeiner soziokultureller *Wertvorstellungen aufgefaßt werden.*" (B. Schäfer, Hrsg., *Grundbegriffe der Soziologie*, Opladen, Leske, 1986, S. 217) — Habermas scheint sich in diesem Punkt übrigens zu widersprechen, wenn er in „Intention, Konvention und sprachliche Interaktion" schreibt: „Denn jede Interpretation ist auf einen Kontext bezogen, in dem diese drei Elemente verwoben sind: Normen und Werte, Objekte und Sachverhalte und intentionale Erlebnisse." (*Vorstudien zu einer Theorie des kommunikativen Handelns*, op. cit., S. 331.)

[93] J. Habermas, *Moralbewußtsein und kommunikatives Handeln*, op. cit., S. 97.

Diese Forderung ist unrealistisch und in sich widersprüchlich, da Kommunikationsfähigkeit Subjektivität voraussetzt, und Subjektivität kann sich nur diskursiv, im Rahmen eines bestimmten Soziolekts, artikulieren. Die Teilnahme bestimmter individueller oder kollektiver Subjekte an einem Gespräch setzt also immer schon verschiedene, z. T. unvereinbare Bedeutungen voraus: Ein *Signifikans* wie *Wissenschaft, Theorie, Demokratie, Kunst* (oder im vorliegenden Falle *Diskurs*) wird von Gruppen und Individuen mit verschiedenen, auch kollidierenden *Signifikaten* verknüpft.

Dies ist einer der Gründe, weshalb Gespräche sinnvoll und fruchtbar sind: Gäbe es nur einen Wissenschafts- oder Kunstbegriff, wären Gespräche über Wissenschaft oder Kunst eher steril. Habermas, der von einer relativ homogenen Lebenswelt ausgeht und ideologische Konflikte sowie private Pathologien aus der „idealen Sprechsituation" ausschalten möchte, überschätzt die Bedeutung des Konsensus und unterschätzt die Fruchtbarkeit der ideologisch bedingten *dissensiones*, die er ausschließlich als „Verzerrungen" denkt: als „verzerrte" Kommunikationsformen. Konflikte und Polemiken kommen aber nicht nur der Demokratie zugute, sondern machen auch die Dynamik der Natur- und Sozialwissenschaften aus. (Siehe Kap. 12.)

Wird einmal die Forderung nach identischen Bedeutungen als illusorisch erkannt, muß auch der Gedanke an die „Vertauschbarkeit der Dialogrollen", der zu den Charakteristika der „idealen Sprechsituation" zählt, zurückgewiesen werden: „Der Witz der diskursethischen Verallgemeinerung besteht vielmehr darin, daß allein durch die kommunikative Struktur einer *alle* Betroffenen moralischen Argumentation der *Rollentausch* eines jeden mit allen anderen erzwungen wird."[94] Ein solcher Rollentausch wäre nur möglich, wenn es einen allgemeingültigen oder verallgemeinerungsfähigen Diskurs (als semantisch-narrative Struktur, als *éconciation* und *énoncé*) gäbe; aber ihn gibt es nicht: denn ein Diskurs ohne ideologisch (gruppenspezifisch) motivierte Selektionen und Klassifikationen auf semantischer Ebene ist ein Widerspruch in sich. In einem Gespräch zwischen Marxisten und kritischen Rationalisten könnte es keinen Rollentausch geben, ohne daß die Beteiligten aufhörten zu sein, was sie sind.

Dies ist auch der Grund, weshalb die von Habermas' für die „ideale Sprechsituation" postulierte „Gleichheit der Chancen" aller Gesprächsteilnehmer eine Fiktion ist: „Dann besteht nicht nur universale Austauschbarkeit der Dialogrollen, sondern effektive Gleichheit der Chancen bei der Wahrnehmung der Dialogrollen, d. h. bei der Performanz beliebiger Sprechakte."[95] Das Problem besteht darin, daß Kommunikation nicht Performanz beliebiger Sprechakte voraussetzt, sondern Sozialisation in bestimmten Diskursen, deren Machtverhältnisse von konkreten Kommunikationssituationen, von der Kompetenz und Performanz der Teilnehmer, sowie *von der Diskursstruktur selbst* abhängen: Das Machtpotential einer systematischen Rede wird meistens größer sein als das eines essayistischen, selbstironischen Diskurses. Im sechsten Kapitel wird sich zeigen, daß es herrschaftsfreie Kommunikation im Sinne von Habermas nicht geben kann, weil

---

[94] J. Habermas, „Replik auf Einwände", op. cit., S. 532.
[95] J. Habermas, „V. Vorlesung. Wahrheit und Gesellschaft. Die diskursive Einlösung faktischer Geltungsansprüche", in: ders., *Vorstudien und Ergänzungen zur Theorie des kommunikativen Handelns*, op. cit., S. 120.

die Zwangsmechanismen und Herrschaftsansprüche dem Diskurs als transphrastischer syntaktischer *Einheit* selbst innewohnen. (Sinnvoll scheint mir hingegen Habermas' Forderung nach einer symmetrischen Verteilung der sozialen, institutionellen Macht im Kommunikationsprozeß zu sein: Jeder soll jeden kritisieren dürfen; jeder soll jedes Argument in Frage stellen dürfen. Dieses Postulat ist zweifellos ein wesentliches Kriterium für kommunikative Rationalität.)

Sind die Herrschaftsansprüche aber (wie Adorno wußte) den diskursiven Verfahren immanent, dann erscheint auch die *Trennung von Handlung und „Diskurs"* als fragwürdig: „Offenbar ist die Freisetzung des Diskurses von Handlungszwängen, welche eine ideale Sprechsituation fordert, nur unter Bedingungen reinen kommunikativen Handelns zu denken."[96] Die Aufgabe des praktischen „Diskurses" besteht darin, problematisch gewordene Geltungsansprüche von Handlungsnormen zu klären und in einer handlungsentlasteten Kommunikationssituation einen Konsens über Geltungsansprüche zu ermöglichen. Geht man nun — wie Althusser und Pêcheux — davon aus, daß erst Ideologien Individuen und Kollektive zu handlungsfähigen Subjekten machen, dann wird es schwierig, sich einen von der sozialen (politischen, ideologischen) Praxis abgelösten, gleichsam freischwebenden „Diskurs" (als Gespräch) vorzustellen. „L'idéologie interpelle les individus en sujets", lautet Althussers bekannter Satz: Der Irrtum besteht darin, daß viele sich die Ideologie als etwas außerhalb des Individuums vorstellen, oder als eine Realität, die in den Subjekten „verankert" ist, während die Ideologien „in Wirklichkeit *die Individuen zu Subjekten machen*"/„*constituent les individus en sujets*" (Althusser, Pêcheux).[97]

Man braucht nicht in jeder Hinsicht mit Althusser und Pêcheux einverstanden zu sein (s. Kap. 5), um zu erkennen, daß individuelle, kollektive Subjektivität und Ideologie unzertrennlich miteinander verwachsen sind und daß sich beide gleichzeitig in der Sprache, in der semantisch-syntaktischen Anordnung der Diskurse konstituieren. Unter dieser *Voraussetzung* erscheint auch Habermas' Darstellung des theoretischen Diskurses, der für die Sozialwissenschaften besonders wichtig ist, problematisch. Denn es ist keineswegs sicher, daß es leichter ist — wie Habermas meint —, die gesellschaftliche Praxis im theoretischen als im praktischen (etwa dem parlamentarischen) Diskurs zu suspendieren: „*Zweitens* können praktische nicht in gleichem Maße wie theoretische und explikative Diskurse vom Druck der gesellschaftlichen Konflikte entlastet werden."[98] Zwar kann aus institutionellen Gründen angenommen werden, daß sich theoretische (etwa sozialwissenschaftliche) Diskussionen wesentlich von den handlungsorientierten und handlungsbelasteten praktischen (etwa politischen) „Diskursen" unterscheiden. Aber ihre Selbstkritik, ihre Reflexivität und Dialogizität, mit denen ich mich in dieser Arbeit noch ausführlich befassen will, sind nicht jenseits oder über den Ideologien, sondern *in* diesen anzusiedeln.

Zu Habermas' Versuch, Zwänge aus der „idealen Sprechsituation" auszublenden, bemerkt Thomas McCarthy: „Das Fehlen solcher Zwänge — sowohl äußerer (z. B. Gewalt

---

[96] ibid.
[97] M. Pêcheux, *Les Vérités de La Palice*, Paris, Maspero, 1975, S. 118.
[98] J. Habermas, *Moralbewußtsein und kommunikatives Handeln*, op. cit., S. 115.

oder Gewaltandrohung) als auch innerer (neurotische oder ideologische Verzerrungen) — kann nach Habermas im Rahmen der pragmatischen Kommunikationsstruktur formal charakterisiert werden."[99] Zur Voraussetzung einer theoretischen (wissenschaftlichen) Diskussion würde auch ich das *Fehlen äußerer Zwänge* machen: die Möglichkeit, die jedem Teilnehmer zusteht, alle anderen Teilnehmer zu kritisieren, sowie die komplementäre Möglichkeit, alle vorgebrachten Argumente in Frage zu stellen. Trotz der Einwände, die man im Rahmen von Bourdieus Soziologie der Institutionen vorbringen könnte, meine ich, daß diese Möglichkeiten in den meisten theoretischen Diskussionen (auch in Seminardiskussionen) gegeben sind.

Wesentlich schwieriger ist es, die *Möglichkeit* der Ausschaltung ideologischer Faktoren zu konzedieren, wenn man davon ausgeht, daß diese den diskursiven Verfahren der Gesprächsteilnehmer *innewohnen*. Wenn Habermas behauptet, der theoretische „Diskurs", der unter formalpragmatischen Bedingungen stattfindet, kenne nur den „zwanglosen Zwang des besseren Arguments"[100], dann drängt sich sogleich die Frage nach der beurteilenden Instanz auf: Welcher Diskurs entscheidet darüber, welches Argument das bessere sei? Während marxistische und hegelianische Diskurse Argumente für die Legitimität des „dialektischen Widerspruchs" akzeptieren, werden dieselben Argumente von Vertretern analytischer Philosophien oder des Kritischen Rationalismus abgelehnt. Nur wenn es den archimedischen Punkt jenseits oder über den Ideologien gäbe, von dem aus ein neutraler Beobachter den Streit schlichten könnte, wäre die Vorstellung von einem übergreifenden, die Gegensätze überwindenden theoretischen „Diskurs" im Sinne von Habermas sinnvoll. Diesen Punkt gibt es aber nicht, und John B. Thompson hat recht mit seiner Behauptung, Habermas gehe mit seinem Versuch, von allen Realfaktoren zu abstrahieren, an den wesentlichen Problemen vorbei: „bypasses the most pressing problems."[101]

Zu diesen Problemen gehört an erster Stelle die Frage nach der Parteilichkeit oder Unparteilichkeit der Sprache. Indem Habermas behauptet, es sei eine sprachliche Situation vorstellbar (rekonstruierbar), in der die Wirkung von Realfaktoren (Pathologien, Ideologien) ausgeschaltet werden könne, schlägt er einen ähnlichen Weg ein wie Karl Mannheim, der in der „Kultursynthese" der „freischwebenden Intelligenz" eine Überwindung des ideologischen Partikularismus erblickt. In beiden Fällen geht es nicht nur um Synthese und Konsens, sondern um die Neutralisierung, die Überparteilichkeit der Sprache. Ihre Bedeutung für die „Konsenstheorie der Wahrheit" und die „kooperative Wahrheitssuche" wird von Habermas klar hervorgehoben: „Dabei wird sich zeigen, daß die Idee von Unparteilichkeit *in* den Strukturen der Argumentation *selbst verwurzelt* ist und nicht als ein zusätzlicher normativer Gehalt in sie *hineingetragen* zu werden braucht."[102]

Gerade diesen Kerngedanken galt es hier in Frage zu stellen: Die Illusion sprachlicher Neutralität oder Überparteilichkeit kann nur solange gehegt werden, wie die Theorie

---

[99] Th. Mc Carthy, *Kritik der Verständigungsverhältnisse. Zur Theorie von Jürgen Habermas*, Frankfurt, Suhrkamp, 1980, S. 347.
[100] J. Habermas, „Wahrheitstheorien", op. cit., S. 161.
[101] J. B. Thompson, „Universal Pragmatics", op. cit., S. 297.
[102] J. Habermas, *Moralbewußtsein und kommunikatives Handeln*, op. cit., S. 86.

nicht über den Satz (als Sprechakt) hinausgeht. Sobald sie jedoch den Diskurs als semantisch-narrative Einheit sowie die semantischen und syntaktischen Modalitäten anvisiert, die die semio-narrative *Kompetenz* des Subjekts ausmachen, verflüchtigt sich die Illusion sprachlicher Neutralität. Neutral ist höchstens die von Saussure beschriebene *langue* als System; die *actes de parole* sowie die Kompetenzen, die sie voraussetzen, sind von Sozialisationsprozessen, von Gruppeninteressen und Ideologien nicht zu trennen: ebensowenig wie die Diskurse der scheinbar „freischwebenden Intellektuellen". Die Textsoziologie wird daher immer wieder von der Parteilichkeit oder Ideologiehaftigkeit sprachlicher Konstruktionen ausgehen.

Von Habermas übernimmt sie allerdings nicht nur den Begriff der *Reflexivität* (s. den 3. Teil dieses Buches), sondern auch den wesentlichen Gedanken, den er bis zu einem gewissen Grad mit Mannheim teilt, daß in der Moderne Wahrheit nur eine dialogische, kommunikative Gestalt annehmen kann: „Die postempiristische Wissenschaftstheorie hat gute Gründe dafür beigebracht, daß der schwankende Boden des rational motivierten Einverständnisses unter Argumentationsteilnehmern unser einziges Fundament ist — in Fragen der Physik nicht weniger als in Fragen der Moral."[103] — Im dritten Teil will ich der Frage nachgehen, wie dieses „rational motivierte Einverständnis" auch dann zustande kommen kann, wenn der ideologische Faktor im Diskurs berücksichtigt wird.

4. Epilog: Von Habermas zu Bourdieu

Im vorigen Abschnitt sollte u. a. gezeigt werden, welche Folgen die Überbetonung des sozialen Konsensus sowie die Abkopplung der Kommunikation als „kooperativer Wahrheitssuche" von den Realfaktoren gesellschaftlichen Umgangs haben können. Pierre Bourdieu, der, wie sich herausstellen wird, eher die Macht- und Herrschaftsverhältnisse im Bereich der sozialen Kommunikation in den Vordergrund rückt, müßte Habermas' Theorie des kommunikativen Handelns eher als eine Konsens-Ideologie im Sinne von Greimas/Courtés (s. o.) auffassen.

Unabhängig von Bourdieu haben in der Vergangenheit Kritiker des Habermasschen Ansatzes die Konsens-Orientierung der Theorie des kommunikativen Handelns als Bestandteil einer nicht näher charakterisierten Ideologie in Frage gestellt. Auch Jefferey Alexander zweifelt — zumindest implizit — an der von Habermas vorgeschlagenen sauberen Trennung von Verständigung und Strategie, von Konsens und Konflikt: „Bei der Gleichsetzung Kommunikation = Einverständnis ist der Wunsch der Vater des Gedankens. Der in sie gesetzten ideologischen Hoffnungen beraubt, bedarf die Kommunikation als Kommunikation nicht der Kooperation. Ebensowenig beinhalten Konflikt und Strategie notwendig einen Mangel an Verständigung."[104]

Die „Ideologie", die Habermas' Kommunikationstheorie zugrunde liegt, ist der Karl Mannheims nicht unähnlich: Sie geht wie die Wissenssoziologie von dem Gedanken an

---

[103] J. Habermas, „Replik auf Einwände", op. cit., S. 504.
[104] J. Alexander, „Habermas' neue Kritische Theorie: Anspruch und Probleme", in: A. Honneth, A. Joas (Hrsg.), *Kommunikatives Handeln*, op. cit., S. 95.

eine Synthese, einen Konsens aus und verknüpft diesen Konsens mit dem Konzept einer gemeinschaftlich organisierten Lebenswelt, die als Alternative zu den von Macht und Geld beherrschten Subsystemen erscheint. Der Gegensatz Lebenswelt/System knüpft bekanntlich an eine lange Tradition in der deutschen Soziologie an, die von einer Reihe solcher (stets verwandter) Gegensätze strukturiert wird: Gemeinschaft/Gesellschaft (Tönnies), Kultur/Zivilisation (A. Weber), Wertrational/Zweckrational (M. Weber), konjunktives/kommunikatives Denken (Mannheim).

Wie sehr nicht nur Habermas, sondern auch Lucien Goldmann, der die „communauté humaine" zum Telos der Geschichte macht, an *diese* Tradition und vor allem an den Begriff der *Gemeinschaft* anknüpft, zeigt ein Text des frühen Mannheim: „Die Kulturgemeinschaft ist aber die umfassendste Erweiterung einer konkreten, konjunktiven Erfahrungsgemeinschaft, die wir bisher kennen. Ob die Menschheit als solche jetzt oder jemals zu einer konjunktiven Erfahrungsgemeinschaft werden kann, bleibe hier dahingestellt."[105] (Bei Mannheim ist das „kommunikative" Denken das abstrakt-allgemeine, das der „Gesellschaft" im Sinne von Tönnies entspricht.)

Pierre Bourdieu begeht nun im Hinblick auf diese soziologische Tradition, mit der er gründlich vertraut ist, ein Sakrileg: Gerade die Kultur erscheint ihm als ein Schlachtfeld, auf dem sich Interessenverbände bekämpfen, auf dem bestimmte Gruppen schwer zugängliches symbolisches Kapital akkumulieren und in hermetischen „Sprachspielen" kommunizieren, deren Marktwert durch ihre Exklusivität potenziert wird. Sprache und Bildung erscheinen in diesem Zusammenhang als Güter, die man sich aneignet: nicht so sehr um mit anderen zu kommunizieren, sondern um soziale Positionen zu erkämpfen, die nicht käuflich zu erwerben sind.

Wichtig ist bei Bourdieu (wie schon bei Marx, von dem er ausgeht) der Nexus zwischen den Marktmechanismen, der (Klassen-)Herrschaft und der Legitimierung der Herrschaftsverhältnisse: „Weil die Aneignung der Kulturgüter Anlagen und Kompetenzen voraussetzt, die ungleich verteilt sind (obwohl scheinbar angeboren), bilden diese Werke den Gegenstand einer exklusiven (materiellen oder symbolischen) Aneignung, und weil ihnen die Funktion von (objektiviertem oder inkorporiertem) kulturellen Kapital zukommt, sichern sie einen *Gewinn an Distinktion* — (...) und einen *Gewinn an Legitimität, den* Gewinn überhaupt, der darin besteht, sich so, wie man ist, im Recht, *im Rahmen der Norm* zu fühlen."[106] — Entscheidend sind hier die beiden Begriffe „Distinktion" und „Legitimität", die auf das Funktionieren der „intellektuellen Felder" („champs intellectuels") und den „Habitus" verweisen.

Die „Felder" sind relativ geschlossene Systeme und werden von Leuten beherrscht, die die institutionalisierten Spielregeln dieser Systeme — etwa der Religion, der Kunst, der Wissenschaft — beherrschen. Der Neuankömmling hat diese Spielregeln zu lernen und zu respektieren, wenn er in seinem „champ intellectuel" reüssieren will: Er muß sich einen bestimmten „Habitus" aneignen, etwa den Habitus des wissenschaftlichen Argumentierens, ohne den sein Verhalten nicht als legitim anerkannt wird. Da jedoch, wie

---

[105] K. Mannheim, *Strukturen des Denkens*, op. cit., S. 226.
[106] P. Bourdieu, *Die feinen Unterschiede. Kritik der gesellschaftlichen Urteilskraft*, Frankfurt, Suhrkamp, 1982, S. 359.

Bourdieu sagt, Anlagen und Kompetenzen ungleich verteilt sind, ist der Zugang zu den diversen kulturellen Feldern (etwa zur Kunst oder Wissenschaft) durch die Klassenzugehörigkeit von Individuen und Gruppen bedingt.

Entscheidend in dem hier konstruierten Kontext sind nun zwei Überlegungen: 1. daß es auch einen „sprachlichen Markt" („marché linguistique") gibt und 2. daß dieser Markt in „Felder" unterteilt werden kann, in denen die Sprache (Kompetenz und Performanz) als von Individuen erworbenes „symbolisches Kapital" funktioniert. Besonders hebt Bourdieu die Tatsache hervor, daß sprachliche Kommunikation nie im Vakuum, sondern im Rahmen von institutionalisierten Herrschaftsverhältnissen vor sich geht. Marktposition und Klassenzugehörigkeit entscheiden darüber, ob der Einzelne überhaupt in die Lage versetzt wird, sich „sprachliches Kapital" und damit Zugang zu den „Feldern" Wissenschaft, Politik, Recht oder Literatur zu verschaffen.

Anders als Habermas, der bestrebt ist, die „kommunikative Kompetenz" des Individuums als Universalkategorie aus den kontingenten gesellschaftlichen Verhältnissen herauszuheben, kritisiert Bourdieu Chomskys abstrakten und idealistischen Ansatz, indem er zu zeigen versucht, wie Kommunikation in den von Marktgesetzen und Klasseninteressen beherrschten „Feldern" abläuft: „Allgemein gefaßt unterscheidet sich der sprachliche Habitus von einer Kompetenz Chomskyscher Prägung dadurch, daß er aus gesellschaftlichen Verhältnissen hervorgeht (produit des conditions sociales) und dadurch, daß er nicht einfach eine Produktion von Diskursen ist, sondern Produktion eines Diskurses für eine bestimmte ‚Situation' oder genauer für einen bestimmten Markt oder ein Feld."[107] (Bourdieus Diskursbegriff stimmt weitgehend mit dem der Semiotik und mit meinem eigenen überein. Auf seine Sprachkritik will ich später ausführlicher eingehen.)

Im Gegensatz zu Habermas, der durch die Trennung von Kompetenz und Performanz die Scheidung der idealen von der realen Sprechsituation plausibel machen möchte (die Kompetenz hat bei ihm, ähnlich wie bei Chomsky, auf den er sich beruft, Universalcharakter), will Bourdieu zeigen, daß die Kompetenz selbst partikular, klassenspezifisch ist; und um idealistische Mißverständnisse zu vermeiden, schlägt er konsequent vor, wir sollten den Kompetenz-Begriff durch den des „linguistischen Kapitals" ersetzen: „Dies führt dazu, daß man den Begriff der Kompetenz durch den des *linguistischen Kapitals* ersetzt."[108] Dies bedeutet, daß Habermas nur deshalb die von ihm imaginierte „ideale Sprechsituation" auf einer Universalkompetenz der Beteiligten fundieren kann, weil er wie Chomsky auf kantianische Art vom gesellschaftlichen Kontext abstrahiert. Die Kompetenz ist jedoch stets als soziales Faktum zu denken.

In diesem Punkt überschneidet sich Bourdieus Betrachtungsweise mit meiner eigenen: In beiden Fällen wird behauptet, daß die sprachliche Problematik nur in spezifischen gesellschaftlichen Kontexten untersucht werden kann. Während Bourdieu aber ausschließlich die Funktionen der Diskurse in „Feldern" und Institutionen anvisiert, geht es in der Textsoziologie auch um die *Struktur* der Diskurse und um die Frage, wie sich kollektive, ideologische Interessen im semantischen und narrativen Bereich niederschlagen.

---

[107] P. Bourdieu, *Questions de sociologie*, Paris, Minuit, 1980, S. 121.
[108] ibid., S. 124.

Daß Bourdieu sich für die Diskursstruktur als solche nicht interessiert, geht klar aus seiner kurzen Kritik an Austins und Habermas' Sprechakttheorie in *Ce que parler veut dire* hervor: „Dieses Prinzip liegt dem Irrtum zugrunde, der in seiner vollständigsten Form bei Austin (oder später bei Habermas) vorkommt, wenn er meint, im Diskurs, d. h. in der eigentlich sprachlichen Substanz — wenn dieser Ausdruck gestattet ist — der Aussage, das Prinzip der Leistungsfähigkeit der Aussage zu finden."[109] Dies ist insofern richtig, als Aussagen und Diskurse nur in bestimmten institutionalisierten Situationen wirken (oder nicht wirken), in denen sich der Einzelne als kompetent (oder nicht kompetent) erweist.

Bourdieus Desinteresse an der Diskursstruktur selbst ist allerdings ein fataler Fehler: Er führt dazu, daß die Frage nach dem Wahrheitsgehalt des Diskurses (nach seiner Ideologiehaftigkeit oder Theoriehaftigkeit) ausgeblendet wird. Indem er die „Felder" rein funktional als „Spiele" oder „Sprachspiele" gleichsam von außen betrachtet, hat er zwar die Möglichkeit, sie (etwa die Kunst) ihres Absolutheitsanspruchs zu entledigen und sie als partikulare oder gar esoterische (Ästhetizismus) Machtbereiche zu relativieren; er begibt sich aber der Möglichkeit, das Wahre vom Falschen zu unterscheiden, z. B. in der folgenden Passage: „Deswegen sind Intellektuelle und Künstler hin- und hergerissen zwischen ihrem Interesse an kultureller Prosleytenmacherei, nämlich an der *Eroberung des Marktes* (...), und anderseits der ängstlichen Sorge um die Exklusivität ihrer Stellung im Kulturleben, die einzige objektive Grundlage ihrer Außergewöhnlichkeit (...)."[110]

Nun ging es aber weder den Schriftstellern Kafka, Proust und Musil noch den Theoretikern Wittgenstein, Neurath oder Marx primär um die „Eroberung des Marktes"; wohl auch nicht um irgendeine Exklusivität im Sinne der haute couture. Die objektive Grundlage ihrer Bedeutung ist in ihren Texten angelegt — die durchaus verschieden rezipiert werden können. Dies ist der Grund, weshalb die Textsoziologie es ablehnt, alle Diskurse zu Sprach*spielen* (im Sinne von Bourdieu) zu degradieren; weshalb sie an der Frage nach dem Wahrheitsgehalt festhält. Dies verbindet sie mit Adorno — und Habermas.

2. These: Im theoretischen Bereich sind ideologische Konflikte nicht durch eine — wie auch immer geartete — revolutionäre Praxis zu überwinden, sondern nur im Dialog. Dieser kann jedoch nicht jenseits der Ideologien liegen: weder auf der Ebene der „freischwebenden Intelligenz" noch auf der einer „idealen Sprechsituation". Festzuhalten ist an Mannheims und Halbwachs' Postulat, daß der Dialog zwischen ideologischen Gruppen auf anderen Voraussetzungen gründet als der Dialog innerhalb einer Gruppe. Der Dialog als „kooperative Wahrheitssuche" ist daher als Kommunikation zwischen ideologisch-theoretischen Gruppen zu verstehen, deren reflexive und dialogische Diskurse über die Ideologie hinausgehen. Aus dieser Definition des interkollektiven Dialogs, der den Begriff der Intersubjektivität ersetzen soll, wird im dritten Teil dieses Buches für die Sozialwissenschaften der Begriff der Interdiskursivität abgeleitet.

---

[109] P. Bourdieu, *Ce que parler veut dire*, Paris, Fayard, 1982, S. 105.
[110] P. Bourdieu, *Die feinen Unterschiede*, op. cit., S. 361.

IV. Ideologie und Wertfreiheit: Von Max Weber zum Kritischen Rationalismus

Der Werturteilsstreit, der fünfzehnte deutsche Soziologentag, der sogenannte Positivismusstreit der späten sechziger Jahre sowie die zahlreichen Auseinandersetzungen um den Szientismus haben gezeigt, daß Max Webers Postulat der Werturteilsfreiheit als Grundvoraussetzung von Wissenschaftlichkeit von den einen leidenschaftlich verteidigt wird, während die anderen, die Vertreter normativer Theorien, es ebenso leidenschaftlich bekämpfen. In den folgenden Kommentaren möchte ich mich weder den einen noch den anderen anschließen, sondern mich von einer paradoxen Überlegung leiten lassen, die eher Pascal- oder Musillesern als Sozialwissenschaftlern gefallen dürfte: *Werturteilsfreiheit in den Sozialwissenschaften ist ein bewundernswertes Ideal, das der Theorie häufig schadet.*

Man könnte dieses Paradoxon durch eine — für den Soziologen eher akzeptable — Umformulierung auflösen: Die Distanz zwischen Ideologie und Theorie ist in den Sozialwissenschaften zwar notwendig, sie ist aber nicht mit Hilfe des Weberschen Wertfreiheitspostulats zu erreichen. Der Sozialwissenschaftler, der auf diese Distanz Wert legt, muß folglich nach anderen Verfahren der Distanzierung Ausschau halten. Wie das Wertfreiheitspostulat sollen auch diese Verfahren die Autonomie des theoretischen Diskurses gewährleisten: allerdings mit anderen Mitteln. Wer nuancierte Theorien bevorzugt und nicht will, daß diese von kruder Propaganda kontaminiert werden, wird Wolfgang Schluchter recht geben, wenn er schreibt: „Die Erfahrungswissenschaft soll gegen den unlösbaren Kampf der Wertordnungen abgeschirmt werden, weil eine in diesem Sinne selbständige Wissenschaft erst einen Wert besitzt."[1] Freilich handelt es sich in diesem Fall, wie Hans Albert immer wieder betont hat, um ein reflektiertes Werturteil, das dem Weberschen Postulat in keiner Weise widerspricht: Politisches Engagement für Wertfreiheit wird von Anhängern der Weberschen Methode als unabdingbare Voraussetzung für wissenschaftliches Arbeiten befürwortet.[2]

Dieses Engagement hat eine lange Vorgeschichte, auf die ich ausführlicher eingehen will, und die in die Heidelberger Zeit Georg Lukács' und in die des bereits öfter erwähnten Budapester „Sonntagskreises" hineinreicht. Aus dieser Zeit stammen Lukács' skeptische Bemerkungen, die erkennen lassen, daß revolutionäres Engagement der Theorie damals auch für ihn keine Selbstverständlichkeit war: „Aber ist es tatsächlich unvermeidbar notwendig, daß der Standpunkt außerhalb einer Klasse, wozu die unfruchtbar gewordene Ideologie jeden wahren und ernsthaften Menschen zwingt, zur Romantik oder Anarchie führen muß?"[3] Die ästhetische Antwort auf diese Frage, die Lukács zu diesem Zeit-

---
[1] W. Schluchter, *Rationalismus der Weltbeherrschung. Studien zu Max Weber*, Suhrkamp, 1980, S. 51.
[2] Siehe: H. Albert, „Programm der Neuen Kritik: Engagement", in: *Neues Forum*, Februar, 1969, S. 78/79: „Die im Max Weberschen Sinne wertfreie Sozialforschung kann also ohne weiteres zu Resultaten führen, denen im Sinne des Programms der Aufklärung eine erhebliche moralische und politische Bedeutung zukommt."
[3] G. Lukács, „Béla Balázs: Tödliche Jugend", in: *Georg Lukács, Karl Mannheim und der Sonntagskreis*, op. cit., S. 157.

punkt in Dostojewskijs Werk suchte, ist hier weniger wichtig als die Tatsache, daß er — ähnlich wie Max Weber und Karl Mannheim — nach einem Standort jenseits der ideologischen Auseinandersetzungen, jenseits der Klassenkämpfe, Ausschau hielt: nach jenem archimedischen Punkt, den Weber mit der Werturteilsfreiheit und Mannheim mit der freischwebenden Intelligenz identifizierte. Wichtig ist in diesem Zusammenhang die Tatsache, daß es allen drei Autoren um die Fundierung des theoretischen, des wissenschaftlichen Diskurses jenseits der Ideologien ging.

An dieser Stelle mag es nicht überflüssig sein, an den Umstand zu erinnern, daß Weber einer früheren Generation angehörte, daß er um rund zwanzig Jahre älter war als die beiden anderen Autoren. Er, der im Jahre 1864 zur Welt kam und 1920 starb, konnte in seiner bekannten Münchner Ansprache aus dem Jahre 1919 („Wissenschaft als Beruf") noch leidenschaftlich an seiner Forderung nach einer wertfreien Wissenschaft festhalten: denn die ideologischen und politischen Auseinandersetzungen zwischen Kommunisten und Faschisten, die die zwanziger und dreißiger Jahre beherrschten, hat er nur in ihren Anfängen erlebt. Sie sind es aber, die Lukács' revolutionäres Engagement und Mannheims Plädoyer für die Kultursynthese der freischwebenden Intellektuellen motiviert haben. Sie sind zumindest teilweise dafür verantwortlich, daß Lukács seinen Standpunkt jenseits der Klassen aufgab und daß Mannheim das Wertfreiheitspostulat wesentlich skeptischer und kritischer beurteilte als Max Weber.

Daß Mannheim gar nicht abgeneigt war, die Forderung nach Wertfreiheit zu verteidigen, ist bereits erwähnt worden. Wichtig für dieses Kapitel ist allerdings, daß der Ideologiekenner und Ideologiekritiker Mannheim, der ein besonderes Gespür für den dialektischen Prozeß der Vermittlung hatte, den problematischen Charakter der Werturteilsfreiheit erkannte. Nicht die marxistischen Polemiken treffen den schwachen Punkt dieses Postulats, sondern (wie so oft) die Kritik eines Sympathisanten, der am liebsten selbst „wertfrei" argumentieren würde, wenn er sich dabei nicht zwingen müßte, wider besseres Wissen zu handeln, denn: „(...) die Wertung ist (...) in einer viel tieferen Schicht unausschaltbar, nämlich in der Perspektivität, die in die Begriffsbildung eingegangen ist. Wir glauben, daß die Frage der Wertfreiheit in diesem Sinne neu gestellt werden muß (...)."[4]

Im vorigen Kapitel, in dem dieser Text bereits vollständig zitiert wurde, versuchte ich zu erklären, weshalb ich mit Mannheims Lösungsvorschlag, die Ideologiehaftigkeit durch die freischwebende Intelligenz zu überwinden, nicht einverstanden sein kann. In diesem Kapitel möchte ich seine Kritik am Wertfreiheitspostulat in einem textsoziologischen Kontext wieder aufgreifen und weiterentwickeln, weil ich meine, daß sie bisher nicht gebührend berücksichtigt wurde: sicherlich nicht von Karl R. Popper, der auf die Kernprobleme der Wissenssoziologie gar nicht eingeht (s. weiter unten); auch nicht von Theodor Geiger, der, wie sich zeigen wird, die Existenz überindividueller, kollektiver Faktoren leugnet.

Diese Mißverständnisse hängen allerdings auch damit zusammen, daß Mannheim seine Kritik am Wertfreiheitspostulat nicht weiterentwickelt hat. Im folgenden soll gezeigt

---

[4] K. Mannheim, *Strukturen des Denkens*, op. cit., S. 275/276.

werden, daß diese Kritik als *Sprachkritik* nur in einer *Textsoziologie*, in der sie einen anderen Stellenwert einnimmt als bei Mannheim, voll zum Tragen kommt.

1. Werturteilsfreiheit bei Max Weber: Theorie und Praxis

Das Wort „Wertfreiheit" ist, wie so mancher andere Schlüsselbegriff der Soziologie, häufig mißverstanden worden. Obwohl Max Weber selbst und Autoren wie Hans Albert, Ernst Topitsch und Wolfgang Schluchter sich in der Vergangenheit große Mühe gaben, diese Mißverständnisse, die einem fruchtbaren theoretischen Dialog im Wege stehen, auszuräumen, tauchen sie in Diskussionen und Polemiken immer wieder auf. Es mag daher nicht völlig überflüssig sein, auf die (beabsichtigten und unbeabsichtigten) Mißdeutungen dieses strapazierten Begriffs noch einmal kurz einzugehen.

Eines der trivialsten Mißverständnisse betrifft den Objektbereich der verstehenden Soziologie Webers: Einige Kritiker dieses Ansatzes haben das Wertfreiheitspostulat als ein Verbot interpretiert, Werte, Wertungen und Wertsysteme zum Gegenstand der soziologischen Betrachtung zu machen. Daß es ein solches Verbot bei Weber nicht gibt, geht eindeutig aus seinem bekannten Aufsatz „Der Sinn der ‚Wertfreiheit' der Sozialwissenschaften" hervor, in dem u. a. gezeigt wird, daß Werte zum Gegenstand soziologischer Betrachtung werden können und daß Diskussionen über Werte und Wertsetzungen sinnvoll und notwendig sind, weil sie die Prämissen klären, von denen einzelne Wissenschaftler oder Wissenschaftlergruppen ausgehen.

Im Zusammenhang mit dem ersten Aspekt der soziologischen Objektivierung von Werten sei hier lediglich auf Webers bekannte Untersuchung über die Rolle der protestantischen Ethik (des puritanischen Protestantismus) in der Entwicklung des Kapitalismus hingewiesen: Die Werturteile, die diese Ethik enthält, können nach Weber verstanden (nachvollzogen) und funktional erklärt werden; eine Bewertung beinhaltet solches Vorgehen mitnichten: „Durch empirisch-psychologische und historische Untersuchung eines bestimmten Wertungsstandpunktes auf seine individuelle, soziale, historische Bedingtheit hin gelangt man nun und nimmer je zu irgend etwas anderem, als dazu: ihn *verstehend zu erklären*."[5]

Der zweite Aspekt der soziologischen Objektivierung von Werten und Werturteilen betrifft die Wertsetzungen, von denen Wissenschaftler in theoretischen Diskussionen ausgehen. Diese Wertsetzungen zu explizieren, zu definieren und gegeneinander abzugrenzen, gehört Weber zufolge durchaus in den Aufgabenbereich der Wissenschaft: „Denn dies ist der eigentliche Sinn einer *Wert*diskussion: das, was der Gegner (oder auch: man selbst) wirklich meint, d. h. den Wert, auf den es jedem der beiden Teile wirklich und nicht nur scheinbar ankommt, zu erfassen und so zu diesem Wert eine Stellungnahme überhaupt erst zu ermöglichen."[6] Hier geht es also in erster Linie darum, die *Erkennt*-

---

[5] M. Weber, „Der Sinn der ‚Wertfreiheit' der soziologischen und ökonomischen Wissenschaften", in: ders., *Gesammelte Aufsätze zur Wissenschaftslehre* (4. Aufl., hrsg. von J. Winckelmann), Tübingen. J. C. B. Mohr, S. 503.

[6] ibid., S. 503.

nisinteressen (Weber) der Beteiligten zu klären und die Werturteile zu erkennen, die bei der Stoffauswahl und der Definition des Objektbereichs auf die Entscheidungen des Wissenschaftlers einwirken.

Die zuletzt zitierte Textpassage bezieht sich auf das zweite Mißverständnis, das einer adäquaten Rezeption der Weberschen Methode im Wege stand: auf den Gedanken, daß Wissenschaftler grundsätzlich nicht werten dürfen. Sie müssen sogar werten, antwortet Weber, wenn sie ihre Objektwahl und die Auswahl ihres Stoffes nicht dem Zufall überlassen wollen. In diesem Kontext spricht er von der *Wertbeziehung* des Wissenschaftlers, die über dessen Interessen, d. h. über dessen Wahl (und Definition) eines bestimmten Objekts oder Objektbereichs mitentscheidet. Im Anschluß an Heinrich Rickerts Philosophie, deren Einfluß auf die verstehende Soziologie R. Prewo thematisiert[7], stellt Weber in seinem Aufsatz über den Sinn der Wertfreiheit fest, „daß der Ausdruck ‚Wertbeziehung' lediglich die philosophische Deutung desjenigen spezifisch wissenschaftlichen ‚Interesses' meint, welches die Auslese und Formung des Objektes einer empirischen Untersuchung beherrscht."[8] Kurz darauf ist von Wertinteressen die Rede, „welche auch der rein empirisch-wissenschaftlichen Arbeit die *Richtung* weisen."[9] — Die kritische Frage, die ich später im Zusammenhang mit dieser Behauptung aufwerfen werde, bezieht sich (wie schon die Kritik im Mannheim-Habermas-Kapitel) auf das Problem der *Vermittlung* und lautet: Wie ist eine rigide Trennung zwischen der wertenden, von Wertinteressen geleiteten Objektkonstitution einerseits und der eigentlichen, der wertfreien, empirischen Untersuchung andererseits möglich?

Vorerst kann zusammenfassend gesagt werden, daß Weber nie vorhatte, die Wertproblematik aus der wissenschaftlichen Diskussion auszublenden. Im Gegenteil: Es war immer seine erklärte Absicht, das Wertproblem zu thematisieren, um die Werturteilsfreiheit des empirischen wissenschaftlichen Diskurses (der Objektsprache: s. weiter unten) zu gewährleisten. In dieser Hinsicht hat Reinhard Bendix durchaus recht, wenn er im Hinblick auf Webers Person von einer „partisanship for impartiality"[10] spricht. Diese etwas paradoxe Formulierung bezieht sich auf die weiter oben bereits erwähnte Trennung zwischen Wertbeziehung und Wertung (Werturteil), die auch Gregor Schöllgen hervorhebt: „Nun ist es eines der wichtigsten und wohl am häufigsten mißverstandenen Anliegen Max Webers, die deutliche Trennung von theoretischer *Wertbeziehung* und praktischer *Wertung* herauszuarbeiten und immer wieder zu betonen (. . .). Worum es hier

---

[7] Siehe: R. Prewo, *Max Webers Wissenschaftsprogramm*, Frankfurt, Suhrkamp, 1979, S. 51: „Mit dem Neukantianer wußte sich Weber jedenfalls darin einig, daß jede Auswahl und jede Begriffsbildung eben *nicht* willkürlich sein durfte, daß die Kulturwerte gegenüber dem einzelnen forschenden Subjekt — wie heute zuweilen gesagt wird — transsubjektiv gelten. Wir müssen, schreibt er, ‚von dem Historiker und Sozialforscher als elementare Voraussetzung verlangen, daß er Wichtiges von Unwichtigem unterscheiden könne'." (Was Weber nicht sah oder nicht sehen konnte, ist die Tatsache, daß in den Sozialwissenschaften der Gegensatz *wichtig/unwichtig* fast nie ideologiefrei ist: Man denke nur an Saussures Überbetonung des systematischen Aspekts der Sprache und an Bachtins oder Voloschinovs ideologiekritische Analyse dieser Systemtheorie, die Henri Lefebvres Kritik an den strukturalen Methoden antizipiert.)
[8] M. Weber, „Der Sinn der ‚Wertfreiheit' der soziologischen und ökonomischen Wissenschaften", op. cit., S.511.
[9] ibid., S. 512.
[10] R. Bendix, *Max Weber. An intellectual portrait*, London, Methuen, 1960, S. 5.

folglich geht, ist die Verbannung wertender, nicht: Werte suchender oder Tatsachen (Werte) auf Werte beziehender, Wissenschaft (und Politik) aus dem akademischen Lehrbetrieb."[11]

Mit anderen Worten: Weber möchte sowohl die in der Gesellschaft vorkommenden Werte als auch die Wertbeziehungen und Wertinteressen der Forscher zum Gegenstand soziologischer Diskussion machen; zugleich will er allerdings verhindern, daß sich Werturteile in die wissenschaftliche Untersuchung selbst, d. h. in die Objektsprache des Soziologen (über den Protestantismus, den Hinduismus oder den Kapitalismus) einschleichen. Daher erscheint es sinnvoller, wie mehrere Autoren bereits betont haben[12], eher von *Werturteilsfreiheit* als von Wertfreiheit zu sprechen. Semiotisch ausgedrückt: Weber läßt Wertungen im Bereich der Metasprache zu (Einwirkung des Wertinteresses auf die Objektkonstitution), nicht jedoch im Bereich der Objektsprache, die werturteilsfrei sein soll.

In der Objektsprache akzeptiert er ausschließlich ein Vorgehen, dem die Zweckrationalität (die Zweck-Mittel-Rationalität) zugrunde liegt. Dies geht klar aus seinem bekannten Vortrag über „Wissenschaft als Beruf" hervor. Dort zeigt sich, daß der Wissenschaftler sich lediglich zu der Wechselbeziehung zwischen Mittel und Zweck äußern kann; nicht jedoch zur Annahme oder Ablehnung bestimmter Zwecke und Ziele: „*Wenn* man die und die Stellung einnimmt, so muß man nach den Erfahrungen der Wissenschaft die und die *Mittel* anwenden, um sie praktisch zur Durchführung zu bringen. Diese Mittel sind nun vielleicht schon an sich solche, die Sie ablehnen zu müssen glauben. Dann muß man zwischen dem Zweck und den unvermeidlichen Mitteln eben wählen. ‚Heiligt' der Zweck diese Mittel oder nicht? Der Lehrer kann die Notwendigkeit dieser Wahl vor Sie hinstellen, mehr kann er, solange er Lehrer bleiben und nicht Demagoge werden will, nicht."[13] Im Zusammenhang mit dieser Darstellung erscheint es legitim, mit Prewo Webers Wissenschaftslehre „als ein Programm zur Fundierung eines technischen oder instrumentellen Erkenntnisinteressen gehorchenden Typus von Sozialwissenschaft" zu charakterisieren.[14] Webers Wissenschaftler hat es zwar nicht ausschließlich, aber doch in erster Linie mit technischen Fragen zu tun, die sich auf das *Verhältnis* von Mittel und Zweck beziehen.

Während Habermas in Webers Ansatz vor allem die Einengung wissenschaftlicher Arbeit auf das technische Erkenntnisinteresse bemängelt[15], möchte ich an dieser Stelle den roten Faden des vorigen Kapitels wieder aufnehmen und näher auf das Problem der Vermittlung eingehen: Um das Postulat der Werturteilsfreiheit verteidigen zu können, *muß*

---

[11] G. Schöllgen, *Handlungsfreiheit und Zweckrationalität. Max Weber und die Tradition der praktischen Philosophie*, Tübingen, J. C. B. Mohr, 1984, S. 59/60.
[12] Siehe z.B.: M. Hennen, *Krise der Rationalität. Dilemma der Soziologie. Zur kritischen Rezeption Max Webers*, Stuttgart, Enke Verlag, 1976, S. 41/42.
[13] M. Weber, „Wissenschaft als Beruf", in: ders., *Gesammelte Aufsätze zur Wissenschaftslehre*, op. cit., S. 607.
[14] R. Prewo, *Max Webers Wissenschaftsprogramm*, op. cit., S. 74.
[15] Siehe: J. Habermas, „Diskussion über ‚Wertfreiheit und Objektivität'", in: *Max Weber und die Soziologie heute. Verhandlungen des 15. deutschen Soziologentages*, Tübingen, J. C. B. Mohr, 1965, S. 78: „Anlaß zur Diskussion gibt offensichtlich erst die wissenschafts*politische* Absicht, die Max Weber mit dem Postulat verband. Er gebrauchte es, um die Sozialwissenschaften auf ein Erkenntnisinteresse einzuschränken, das sich bei der Erzeugung technisch verwertbaren Wissens bescheidet."

Weber von *zwei* komplementären Prämissen ausgehen: 1. daß es in den Sozialwissenschaften Diskurse (als transphrastische, narrative Strukturen) geben kann, die zwar Sinnzusammenhänge herstellen und Wertprobleme deskriptiv behandeln, selbst aber keine Werturteile enthalten; 2. daß die Diskurse der *wertenden Metasprache*, die für die Objektselektion und Objektkonstitution verantwortlich sind, sauber von den *wertfreien Diskursen der Objektsprache* geschieden werden können. (Weber verwendet die Begriffe „Objektsprache" und „Metasprache" natürlich nicht; ich gehe aber davon aus, daß Hans Alberts sprachtheoretische Darstellung dieser Problematik richtig ist und Webers Intention in jeder Hinsicht entspricht. Bei Albert heißt es im *Traktat über kritische Vernunft*: „Der Aussagenbereich, auf den sich das Max Webersche Postulat in erster Linie bezieht, ist der der sozialwissenschaftlichen Objekt-Sprache.")[16] — Im folgenden möchte ich mich zunächst mit dem zweiten (für Weber spezifischen) Problem befassen und mich anschließend, im Zusammenhang mit Webers eigener wissenschaftlicher Praxis, dem ersten (allgemeineren) Problem zuwenden.

Den Ausgangspunkt bildet die These, daß die Metasprache, die für die Objektselektion und Objektkonstitution verantwortlich ist, von der soziologischen Objektsprache nicht zu trennen ist, erstens, weil in allen mir bekannten Fällen das lexikalische Repertoire und die semantischen Klassifikationen der Metasprache in die Objektsprache eingehen, zweitens, weil die Objektkonstitution, die ohne Selektion und Klassifikation nicht auskommt, jede auf ihr gründende und von ihr ausgehende Argumentation steuert. „Eine Realität", schreibt Luis J. Prieto, „wird nur dann zum Objekt, wenn sie als Element einer Klasse erkannt wird: und sie wird nur für das Subjekt, das sie als Element dieser Klasse erkennt, zum Objekt."[17] Was bedeutet dies? Es bedeutet nicht nur, daß die Objektwahl vom subjektiven Interesse abhängt, sondern auch und vor allem, daß das Objekt als solches erst durch die klassifizierende (sprachliche) Tätigkeit des Subjekts *zustandekommt*. Dem Gedanken, daß das Subjekt sich im Übergang von der objektkonstituierenden Metasprache zur Objektsprache von seinem ursprünglichen lexikalischen Repertoire und seinen Klassifikationen trennen könnte, haftet Widersinn an: denn diese Klassifikationen (als semantische Verfahren) machen seine Subjektivität (als Erkenntnisinteresse) aus. (Siehe Kap. 11.)

Ein Beispiel mag die bisher vorgebrachten Argumente verdeutlichen: Wenn Habermas (wie sich im vorigen Kapitel gezeigt hat) von einem Gegensatz wie System(e)/Lebenswelt(en) ausgeht, so legt er sich auf eine bestimmte Klassifikation fest, deren Verfahren darin besteht, einige gesellschaftliche Erscheinungen (etwa „Geld", „Macht") auf der Ebene des Systems und andere (etwa „Kooperation", „Kommunikation") auf der Ebene der Lebenswelt anzusiedeln. Seine Objektkonstitution, die auf Dichotomien und Einteilungen gründet, die andere Wissenschaftler in Frage stellen, legt die Rahmenbedingungen für seine Objektsprache fest: Sooft Habermas den Gegenstand „Lebenswelt" untersucht, geht er implizit oder explizit von der wertenden und gesellschaftskritischen Dichotomie

---

[16] H. Albert, *Traktat über kritische Vernunft*, Tübingen, J. C. B. Mohr, 1980 (4. Aufl.), S. 64. Diese Ansicht wird von M. Hennen (op. cit., S. 41) bestätigt: „(...) Es ist völlig zu Recht darauf hingewiesen worden, daß sich die Webersche Wertabstinenz im Bereich der Objekt-, nicht der Metasprache bewege."

[17] L. J. Prieto, „Entwurf einer allgemeinen Semiologie", in: *Zeitschrift für Semiotik*, Nr. 1, 1979, S. 261.

System/Lebenswelt aus. Diese steuert den von ihm neu interpretierten Gegensatz zwischen *illokutiven* und *perlokutiven* Sprechakten. Eine Trennung von wertender Metasprache und wertfreier Objektsprache ist hier kaum denkbar, und es wird sich zeigen, daß es sich bei Max Weber nicht anders verhält.

Nun könnten Anhänger der verstehenden Soziologie und der Werturteilsfreiheit allerdings einwenden, daß ein bestimmter Standpunkt oder Gesichtspunkt noch keine Wertung beinhaltet, ebensowenig wie die Konstruktion eines Objektbereichs oder Sinnzusammenhangs. Weber und ihm wohlgesinnte Wissenschaftler haben jedoch nie versucht, mit solchen Argumenten das Wertfreiheitspostulat zu retten. Im Gegenteil; sie neigen eher dazu, Webers Theorie dahingehend zu deuten, daß Gesichtspunkte, von denen aus Objekte konstruiert werden, von Werten abhängig und die Begriffe „Sinn" und „Wert" bei Weber als Synonyme zu lesen sind. Zum ersten Punkt schreibt Dieter Henrich: „Max Weber unterscheidet deutlich zwischen Gesichtspunkten und Werten. Gesichtspunkte sind Werten untergeordnet, sie leiten sich aus jenen her."[18] Weit davon entfernt also, Gesichtspunkt und Wertung auseinanderzuhalten, wird jener von dieser (zu Recht, wie ich meine) abhängig gemacht. Johannes Weiß ist sich mit Dieter Henrich darin einig, daß Weber die Begriffe „Sinn" und „Wert" als Synonyme behandelt: „Weber setzt, wie Henrich bemerkt, die Termini Sinn, Bedeutung und Wert durchgehend ineins — und zwar unter eindeutiger Dominanz des Wertbegriffs, jedenfalls in den methodologischen Schriften."[19]

Die Einschränkung am Satzende zeigt bereits, daß nur eine gründliche semantische Analyse einschlägiger Weberscher Texte nachweisen könnte, daß in der verstehenden Soziologie die Begriffe „Sinn", „Bedeutung" und „Wert" Synonyme sind. Eine solche Analyse kann im Rahmen dieses Kapitels natürlich nicht geleistet werden. Mir ging es hier vor allem darum zu zeigen, daß der Standpunkt des Wissenschaftlers von Werturteilen (Ideologien) abhängt (was Weber und seine Anhänger offen zugeben) und daß diese Werturteile, die die Metasprache eines Autors beherrschen, auch in die Objektsprache eingehen (was von Weber und seinen Anhängern bestritten wird).

Deshalb bin ich weitgehend mit Pietro Rossi einverstanden, wenn er in der Werturteilsdiskussion, die anläßlich des 15. deutschen Soziologentages stattfand, bemerkt: „Die Wertbeziehung kann nicht nur die Vorstufe wissenschaftlichen Verfahrens sein und sich in der Abgrenzung des Forschungsgebietes erschöpfen. Im Gegenteil, der Bezug auf die Wertvoraussetzungen findet sich in allen nachfolgenden Stufen der Untersuchung. Die Wertvoraussetzungen bestimmten sowohl die allgemeine Richtung wie die methodischen Entscheidungen, die sich daraus ergeben; und in der Gestalt von Erklärungshypothesen beeinflussen sie auch den Erklärungsvorgang."[20] Es gehört zu einer der wichtigsten Aufgaben der Textsoziologie zu zeigen, wie dieser Prozeß konkret aussieht.

---

[18] D. Henrich, *Die Einheit der Wissenschaftslehre Max Webers*, Tübingen, J. C. B. Mohr, 1952, S. 27. — Siehe auch: J. Weiß, *Max Webers Grundlegung der Soziologie. Eine Einführung*, München, Vlg. Dokumentation, 1975, S. 34: „Um überhaupt ein Objekt seiner Untersuchungen zu besitzen, muß der Forscher die Wirklichkeit aus der Perspektive bestimmter Werte aufgefaßt haben."

[19] J. Weiß, *Max Webers Grundlegung der Soziologie*, op. cit., S. 41.

[20] P. Rossi, „Diskussion über ‚Wertfreiheit und Objektivität'", in: *Max Weber und die Soziologie heute*, op. cit., S. 91.

Bevor ich auf das Problem, wie sich in den Sozialwissenschaften ideologische Werturteile im Diskurs niederschlagen, eingehe, möchte ich mich kurz einer Frage zuwenden, die sich an dieser Stelle so manchem Leser aufdrängen wird: Haben alle Werturteile ideologischen Charakter? Die komplementäre Frage lautet: Sind alle Ideologien Werturteile? — Hier scheint eine klare Unterscheidung vonnöten zu sein: Es gibt zahlreiche Werturteile (etwa: diese Blume, diese Frau ist schöner als jene; Schokoladetorten und Nußtorten sind am leckersten), die einerseits psychisch (individuell), andererseits kulturell (kollektiv) motiviert sind und mit Ideologien meistens nichts zu tun haben. Zusammenfassend ließe sich daher sagen: Nicht alle Werturteile sind ideologisch, aber alle Ideologien gründen auf Werturteilen.

Auch nichtideologische Werturteile gehen in den Diskurs des Wissenschaftlers ein und können dazu führen, daß er sich von persönlichen Vorurteilen leiten läßt oder Maßstäbe der eigenen Kultur bewußt oder unbewußt auf andere Kulturen überträgt. Die Debatte über den Eurozentrismus veranschaulicht nicht nur, was hier gemeint ist, sondern zeigt auch, daß bestimmte Ideologien wie Individualismus und Rationalismus kulturelle Wert- und Vorurteile („Eurozentrismus") verstärken können. Deshalb erscheint es angebracht, in konkreten Fällen psychisch und kulturell bedingte Werturteile auch auf ihre ideologischen Komponenten hin zu untersuchen: Freuds These über den „Penisneid", die von feministischen Autoren wie Juliet Mitchell kritisiert wurde, vereinigt neben psychischen und kulturellen Motivationen wahrscheinlich auch ideologische Elemente, die aus der paternalistischen Struktur des damaligen Wiener Bürgertums ableitbar sind.

Bei näherer Betrachtung zeigt sich nun, daß auch Webers vermeintlich werturteilsfreie Soziologie zahlreiche Werturteile enthält, von denen ich hier nur die ideologischen (gruppenspezifischen) erwähnen möchte. Schon Adorno wußte, daß bei Weber Postulat und Praxis nicht nahtlos ineinander übergehen: „Kunstsoziologie, welche von dem Max Weberschen Postulat sich gängeln ließe, das jener, sobald er Soziologe und nicht Methodologe war, sehr qualifizierte, würde bei allem Pragmatismus unfruchtbar."[21] Die Frage ist, wie sich Max Webers theoretische, diskursive Praxis zu seiner methodologischen Forderung verhält.

Einer aufmerksamen Lektüre von *Wirtschaft und Gesellschaft* wird nicht entgehen, daß dort Begriffe verwendet werden, die in einer durkheimianischen oder marxistischen Untersuchung nicht vorkommen dürften; daß dort Objekte mit Hilfe von bestimmten Klassifikationen konstruiert werden, die ideologische Werturteile beinhalten und anderen soziologischen Klassifikationen von Durkheim bis Marx widersprechen; daß dort schließlich die soziale und historische Entwicklung auf eine Art *erzählt* wird, mit der sich Vertreter anderer soziologischer Wissenschaftlergruppen nicht einverstanden erklären könnten. Im folgenden möchte ich nur einen Satz aus *Wirtschaft und Gesellschaft* ausführlicher untersuchen, um zu zeigen, daß vom lexikalischen Repertoire bis zur narrativen Struktur der Diskurs von ideologischen Interessen gesteuert wird.

---

[21] Th. W. Adorno, „Thesen zur Kunstsoziologie", in: ders., *Ohne Leitbild, Parva Aesthetica*, Frankfurt, Suhrkamp, 1967, S. 99/100.

Viele Sätze sind mehrdeutig, fungibel und können in verschiedenen einander widersprechenden Diskursen vorkommen (etwa der Satz: „In der Revolution von 1917 trug Lenins Partei den Sieg davon."); nicht jedoch der folgende Satz aus *Wirtschaft und Gesellschaft*, wo es vom charismatischen Prinzip heißt: „Es ist in diesem rein empirischen und wertfreien Sinn allerdings die spezifisch ‚schöpferische', revolutionäre Macht der Geschichte."[22] (An anderer Stelle wird in diesem Werk der Charisma-Begriff definiert: „*Charisma* soll eine als außeralltäglich (...) geltende Qualität einer Persönlichkeit heißen (...).")[23]

Es ist immer prekär, stellvertretend für einen ganzen Diskurs, gleichsam als *pars pro toto*, einen einzigen Satz zu analysieren. Denn die meisten Sätze eines Diskurses enthalten nur wenige typische Elemente, so daß ein längerer Text herangezogen werden muß, wenn eine Diskursanalyse auch nur ansatzweise durchgeführt werden soll. (Dies ist der Grund, weshalb ich immer wieder davon ausgehe, daß eine Sprachtheorie *den Diskurs als ganzen* anvisieren sollte.)

Bei dem hier zitierten Satz verhält es sich anders. Wird er im Zusammenhang mit der Definition des *Charismas* gelesen, dann ergibt sich folgendes Bild: 1. Weber prägt den Begriff „Charisma", der eine *individuelle* Eigenschaft bezeichnet; 2. dieser Begriff funktioniert in einem bestimmten semantischen Feld, das von den Gegensätzen *alltäglich/außeralltäglich, alltäglich/schöpferisch, alltäglich/revolutionär* strukturiert wird (weitere Nachforschungen führen zur Entdeckung komplementärer Gegensätze zwischen charismatischer Herrschaft einerseits und „traditionaler", „legaler" oder „bürokratischer" Herrschaft andererseits); 3. ausgehend von diesem (hier unvollständig wiedergegebenen) semantischen Feld, erzählt Weber die historische Entwicklung und macht einen *individuellen* Subjekt-Aktanten als „‚schöpferische', revolutionäre Macht" für die großen historischen Umwälzungen verantwortlich.

Entscheidend ist nun, daß Weber diese Darstellung für werturteilsfrei (ideologiefrei) hält. Sie soll in der Gemeinschaft der Wissenschaftler *intersubjektive Geltung* beanspruchen dürfen. Dazu heißt es in seinem Aufsatz über die Objektivität: „Daraus folgt nun aber selbstverständlich *nicht*, daß auch die kulturwissenschaftliche *Forschung* nur *Ergebnisse* haben könne, die ‚subjektiv' in *dem* Sinne seien, daß sie für den einen *gelten* und für den anderen nicht. Was wechselt, ist vielmehr der Grad, in dem sie den einen *interessieren* und den anderen nicht."[24]

Werden nun diese Überlegungen im Zusammenhang mit dem Text aus *Wirtschaft und Gesellschaft* gelesen, so tritt die Diskrepanz mit aller Deutlichkeit zutage: Der Charisma-Begriff ist als eine aus dem Genie-Ideologem ableitbare Vokabel sicherlich nicht für alle Gruppen von Soziologen akzeptabel; noch weniger sind es die semantischen Gegensätze, aus denen eine historische *Erzählung* hervorgeht, in der wesentliche Veränderungen

---

[22] M. Weber, *Wirtschaft und Gesellschaft. Grundriß der verstehenden Soziologie*, Tübingen, J. C. B. Mohr (5. Aufl.), 1976, Bd. 2, S. 658.
[23] ibid., Bd. 1, S. 140.
[24] M. Weber, „Die ‚Objektivität' sozialwissenschaftlicher und sozialpolitischer Erkenntnis", in: ders., *Gesammelte Aufsätze zur Wissenschaftslehre*, op. cit., S. 183–184.

und Einschnitte mit Hilfe von individuellen Subjekt-Aktanten *erklärt* werden. (Siehe Teil 2 dieses Buches.)

Denn hier geht es nicht um reine Methodenfragen: Die Behauptung, daß nicht Klassen oder Nationen, sondern charismatische *Individuen* (hauptsächlich oder vorwiegend) für historische Veränderungen verantwortlich sind, ist ein *ideologisches Werturteil*, das Vertreter einer durkheimianischen oder marxistischen Soziologie sich sicherlich nicht zu eigen machen möchten. Wie sehr die drei Ansätze sowohl methodologisch als auch ideologisch voneinander abweichen, hat Antonius Cornelis Zijderveld in seiner Dissertation über den Prozeß der Institutionalisierung anschaulich dargetan.[25] Es geht hier also nicht ausschließlich, wie Weber meint, um den individuell, psychisch bedingten Gegensatz interessant/uninteressant, sondern auch und vor allem um den Gegensatz ideologisch annehmbar/ideologisch unannehmbar.

Wichtig ist, daß die ideologische Ausrichtung eines Diskurses (etwa des Weberschen) nicht erst in der Anwendung auf einen konkreten Gegenstand, sondern schon im Stadium der Objektkonstitution (s. o.) festgelegt wird. Im Hinblick auf diese These erscheint auch Webers Behauptung fragwürdig, Tatsachengliederung gehöre dem Bereich wertfreier Wissenschaft an. In einem Brief an Ferdinand Tönnies schreibt er: „Das Denken ist nicht an die Grenzen der Wissenschaft gebunden, aber es soll sich nicht für Wissenschaft ausgeben, wo es nicht entweder 1. *Tatsachengliederung* (einschließlich der Abstraktion und aller empirisch verifizierbaren Synthesen und Hypothesen) oder 2. *Begriffsethik* ist."[26] Nun ist aber die Gliederung mit Begriffen wie *charismatisch, traditionell* und *legal* keineswegs dem Gegenstand („Herrschaft") immanent; sie ist vielmehr als eine *mögliche* Gegenstands*konstitution* aufzufassen, die nach bestimmten partikularen Relevanzkriterien erfolgt, die in den Werturteilen einer Ideologie verankert sind. Die Objektsprache, die von dieser Objektkonstitution als semantischer Klassifikation ausgeht, ist selbst ideologiebedingt. Ein marxistischer Diskurs würde den Gegenstand „Herrschaft" bekanntlich anders konstituieren und in *einigen* Fällen die Begriffe *charismatisch, traditionell, legal* durch *proletarisch, feudal, bürgerlich* ersetzen. Seine Objektsprache würde dann als historische „Erzählung" (*récit*) ganz andere Perspektiven öffnen.

An entscheidenden Stellen von Webers Werk zeigt sich, daß er die Werturteile, die aus der Objektkonstitution (als Klassifikation und Taxonomie) in den wissenschaftlichen Diskurs eingehen, nicht berücksichtigt. In „Wissenschaft als Beruf" hält er eine ideologiefreie (werturteilsfreie) Konstitution des Gegenstandes „Demokratie" für unproblematisch: „In einer Vorlesung oder im Hörsaal dagegen wäre es Frevel, das Wort in dieser Art (politisch, P. V. Z.) zu gebrauchen. Da wird man, wenn etwa von ‚Demokratie' die Rede ist, deren verschiedene Formen vornehmen, sie analysieren in der Art, wie sie funktionieren, feststellen, welche einzelnen Folgen für die Lebensverhältnisse die eine oder andere hat, dann die anderen nicht demokratischen Formen der politischen Ord-

---

[25] A. C. Zijderveld, *Institutionalisering: een studie over het methodologisch dilemma der sociale wetenschappen*, Meppel, Boom, 1974.

[26] M. Weber, „An Professor Tönnies", in: E. Baumgarten (Hrsg.), *Max Weber. Werk und Person*, Tübingen, J. C. B. Mohr, 1964, S. 399.

nung ihnen gegenüberstellen (...)."²⁷ Der Hörer mag diese Formen dann selbst bewerten; der Wissenschaftler aber möge es unterlassen. Wie soll er aber „demokratisch" von „nichtdemokratisch" unterscheiden, ohne zu werten? Ebenso könnte er sich eine Quadratur des Zirkels vornehmen: Wie soll er dem „Marxisten-Leninisten" plausibel machen, daß die „sozialistischen" Staaten, objektiv, wertfrei betrachtet, wirklich keine Demokratien sind? Wie soll er wertfrei entscheiden, ob Jugoslawien oder das Nicaragua der Sandinisten (1988) Demokratien oder Diktaturen sind? Er wird der einzige sein, der seinen Diskurs für werturteilsfrei hält; die anderen werden nur Ideologien sehen. In diesem einen Punkt trifft sich die verstehende Soziologie mit dem „Marxismus-Leninismus", mit dem sie sonst nichts gemein hat: Auch er behauptet, die wissenschaftliche, proletarische (s. o.) *Objektivität*, die allerdings nicht wertfrei ist, gepachtet zu haben ...

Befürworter einer wertfreien Wissenschaft könnten an dieser Stelle polemisch fragen, ob denn — nach der Zurückweisung der „freischwebenden Intelligenz", der „idealen Sprechsituation" und der „Werturteilsfreiheit" — wirklich nichts anderes übrigbleibt als der „Kampf der ideologischen Götter", die keinen Kompromiß kennen. Es gibt, meine ich, sehr wohl einen Ausweg, der nicht — wie der Webers — an der Ideologie vorbeiführt, sondern gleichsam durch sie hindurch. Da ich mich im dritten Teil des Buches ausführlich mit ihm befassen will, mögen hier einige Andeutungen im Zusammenhang mit der Weberschen Problematik genügen.

In „Wissenschaft als Beruf" zeigt sich auch, daß Weber den wissenschaftlichen Diskurs als Monolog auffaßt: „Aber es ist doch etwas allzu bequem, seinen Bekennermut da zu zeigen, wo die Anwesenden und vielleicht Andersdenkenden zum Schweigen verurteilt sind."²⁸ Das Problem ist, daß die Andersdenkenden auch dann zum Schweigen verurteilt sind, wenn jemand meint, wissenschaftlich und wertfrei zu dozieren, zugleich aber Wörter wie „Demokratie" und „Charisma" so verwendet, daß Durkheimianer, Thomisten und Marxisten sie nicht akzeptieren können. Dort, wo Weber „Wertfreiheit" postuliert, werden sie nur ideologische Vorurteile vorfinden. Dies zeigen nicht nur die bekannten marxistischen Kritiken an der verstehenden Soziologie, sondern auch E. B. F. Midgleys *The Ideology of Max Weber. A Thomist Critique*. Dort heißt es: „Nun ist Webers ideologischer Individualismus (der zum Nihilismus führt) mit einem ihm entsprechenden methodologischen Individualismus in der Soziologie (der zum Nihilismus führt) verquickt."²⁹ Wäre Midgley unter Webers Hörern gewesen, hätte er wahrscheinlich das Gefühl gehabt, einem ideologischen Monolog ausgeliefert zu sein. (Obwohl ich weder Thomist noch Marxist bin und das Adjektiv „nihilistisch" weniger großzügig anwenden

---

[27] M. Weber, „Wissenschaft als Beruf", op. cit., S. 601.
[28] ibid., S. 607.
[29] E. B. F. Midgley, *The Ideology of Max Weber. A Thomist Critique*, London, Gower, 1983, S. 32 — Individuelle Methode und ideologischer Individualismus sind nicht von einander zu trennen. Meiner Meinung nach weicht H. Albert diesem Problem aus, wenn er in *Konstruktion und Kritik*, Hamburg, Hoffmann und Campe, 1975, S. 48, in einer Fußnote bemerkt: „(...) Methodologischer Individualismus als Beispiel für eine Verletzung des Wertfreiheitspostulats. In einem solchen Sinne ist allerdings auch die Naturwissenschaft nicht wertfrei." (Ich kenne allerdings keine naturwissenschaftliche Theorie, die — wie die Webers — etwas über die *Bedeutung*, die *Wichtigkeit* des menschlichen Individuums für irgendeinen Vorgang aussagt; ihre Aussagen beziehen sich höchstens auf die Funktion/Dysfunktion des Menschen: etwa für ein ökologisches Gleichgewicht.)

würde, meine ich, daß Midgley recht hat, wenn er Webers ideologischen Individualismus zur Grundlage von dessen methodologischem Individualismus macht.)

Hier zeigt sich, daß das Wertfreiheitspostulat eher dazu angetan ist, Ideologien zu tarnen, als Ideologiekritik zu fördern. Die Alternative zu Webers wertfreiem Monolog, der sich u. a. am Modell der Naturwissenschaften orientiert, wäre daher ein ideologiekritischer Dialog, in dem die ideologischen Prämissen (die Werturteile) der Theorien bloßgelegt und im theoretischen Diskurs selbst aufgezeigt werden. Ideologisch im negativen Sinn, im Sinne des falschen Bewußtseins, handelt ein Wissenschaftler, der sich auf diesen offenen Dialog nicht einläßt oder gar behauptet, seine Theorie sei „objektiv": wertfrei, proletarisch, thomistisch — oder schlicht göttlich.

Was kann sich der Theoretiker von einem solchen Dialog versprechen? Zunächst eine bessere, vielleicht selbstironische Kenntnis der eigenen Position; außerdem eine genauere Kenntnis der fremden Position, die dadurch weniger fremd wird; schließlich einen Überblick über das Verhältnis heterogener Theorien: über Konsensmöglichkeiten, Komplementarität und die unvermeidlichen, ideologisch bedingten Kollisionen, die jedoch alles andere als sterile Konflikte sind. Denn das Andersartige und Fremde macht nicht nur aggressiv, sondern auch nachdenklich und reflexiv.

Als Alternative zur Wertfreiheit erscheint hier neben dem Dialog die ihn ergänzende Reflexivität oder Distanz zum eigenen Diskurs. Auf sie weist auch Norbert Elias in *Engagement und Distanzierung* hin, wo er von der für mich äußerst anregenden Hypothese ausgeht, daß Distanzierung, Selbstkritik und Selbsterkenntnis (ich würde mit Musil hinzufügen: Selbstironie) von einer Gesellschaftsordnung ermöglicht werden, in der Gruppen einander nicht mehr bedrohen, in der das Engagement für den eigenen Standpunkt nicht mehr mit dem Überleben verknüpft ist. Er spricht in diesem Zusammenhang von einer „zunehmenden Erleichterung", die die Distanz zu sich selbst begünstigt: „Wieweit es unter gegenwärtigen Bedingungen für Gruppen wissenschaftlicher Spezialisten möglich ist, die Standards der Autonomie und Adäquatheit im Nachdenken über soziale Ereignisse zu heben und sich selbst die Disziplin größerer Distanzierung aufzuerlegen, kann nur die Erfahrung zeigen. Ebenso wenig kann man im voraus wissen, ob die Bedrohung, die Menschengruppen auf vielen Ebenen füreinander darstellen, noch immer zu groß ist, als daß sie in der Lage wären, ein umfassenderes Bild ihrer selbst zu ertragen und danach zu handeln (. . .)."[30] — Nirgendwo ist dieses Selbstbild leichter zu haben als beim Gegner, der womöglich ein verkappter Freund ist.

2. Von Max Weber zum Kritischen Rationalismus: Hans Albert, Karl R. Popper, Ernst Topitsch

Bei Max Weber war die Forderung nach Werturteilsfreiheit nicht der Gleichgültigkeit allen Wertsetzungen und Werturteilen gegenüber entsprungen, sondern einem Engagement für Neutralität und Wissenschaftlichkeit. Dieses Engagement setzt er selbst mit

---

[30] N. Elias, *Engagement und Distanzierung*, Frankfurt, Suhrkamp, 1983, S. 58.

der Unmöglichkeit in Beziehung, sich als Wissenschaftler in einer „entzauberten Welt" mit einer besonderen Wertskala zu identifizieren. Die „Entzauberung der Welt" und die aus ihr ableitbare Unmöglichkeit der Parteinahme erklärt Weber vor allem im Zusammenhang mit den ideologischen Auseinandersetzungen, die die moderne Gesellschaft geprägt haben: „Die Unmöglichkeit ‚wissenschaftlicher' Vertretung von praktischen Stellungnahmen — außer im Falle der Erörterung der Mittel für einen als fest *gegeben* vorausgesetzten Zweck — folgt aus weit tiefer liegenden Gründen. Sie ist prinzipiell deshalb sinnlos, weil die verschiedenen Wertordnungen der Welt in unlöslichem Kampf untereinander stehen."[31] In textsoziologischer Perspektive könnte diese Passage folgendermaßen interpretiert werden: In einer gesellschaftlichen und sprachlichen Situation, in der die ideologischen Diskurse einander diskreditiert haben, erscheint einem Autor wie Weber Werturteilsfreiheit (Ideologiefreiheit) als der einzige Ausweg.

Doch das Theorem über die „Entzauberung der Welt" hat noch eine andere Komponente, die bisher weder von den Anhängern der verstehenden Soziologie noch von den Vertretern des Kritischen Rationalismus thematisiert wurde. Die „Entzauberung" ist nicht nur auf die von ideologischen Konflikten und der wissenschaftlichen Arbeitsteilung herbeigeführte Krise der Werte (der Sprache) zurückzuführen, sondern auch auf die Vermittlung durch den Tauschwert, mit der sich Marx, Lukács und Goldmann im Zusammenhang mit der Wertproblematik befassen. Schon dem jungen Marx fiel auf, daß das Geld als Tauschwert alle anderen Werte relativierte und diskreditierte: „Da das Geld, als der existierende und sich bestätigende Begriff des Wertes, alle Dinge verwechselt, vertauscht, so ist es die allgemeine *Verwechslung* und *Vertauschung* aller Dinge, also die verkehrte Welt, die Verwechslung und Vertauschung aller natürlichen und menschlichen Qualitäten."[32]

Im Anschluß an Marx haben dann Autoren wie Sohn-Rethel, Lukács, Goldmann und Adorno gezeigt, wie in der Marktgesellschaft (etwa in der „Kulturindustrie") kulturelle oder „qualitative" (Goldmann) Werte als durch den Tauschwert vermittelt erscheinen: „Geistige Gebilde kulturindustriellen Stils sind nicht länger *auch* Waren, sondern sind es durch und durch", heißt es in Adornos „Résumé über Kulturindustrie".[33] An anderer Stelle zeigt sich, wie sich qualitative Fragen im Funktionalen und im Quantum auflösen. Zur Kulturindustrie bemerkt Adorno: „Um ihrer sozialen Rolle willen werden lästige Fragen nach ihrer Qualität, nach Wahrheit oder Unwahrheit, nach dem ästhetischen Rang des Übermittelten unterdrückt oder wenigstens aus der sogenannten Kommunikationssoziologie ausgeschieden."[34] (In einer Kritik an der wertfreien empirischen Kunstsoziologie Alphons Silbermanns und Hans Norbert Fügens habe ich zu zeigen versucht, daß diese Soziologie sich vornehmlich an quantitativen Kriterien und indirekt am Tauschwert orientiert.)[35]

---

31 M. Weber, „Wissenschaft als Beruf", op. cit., S. 603.
32 K. Marx, „Nationalökonomie und Philosophie", in: ders., *Die Frühschriften*, op. cit., S. 301.
33 Th. W. Adorno, „Résumé über Kulturindustrie", in: ders., *Ohne Leitbild. Parva Aesthetica*, op. cit., S. 62.
34 ibid.
35 Siehe: Vf., *Kritik der Literatursoziologie*, Frankfurt, Suhrkamp, 1978, S. 69/70.

Die „Entzauberung" als Unmöglichkeit allgemein verbindlicher Wertsetzungen erscheint hier also nicht nur als eine Folge ideologischer Konflikte, sondern auch als ein Phänomen der Marktgesellschaft, in der alle kulturellen Werte vom Tauschwert beherrscht werden. Parallel dazu ist der Rückzug in die Werturteilsfreiheit als eine Bestätigung (nicht Bejahung) der universellen Geltung des Tauschwerts zu verstehen: Die Wertfreiheit ist dem wertindifferenten Tauschwert homolog. Diese Homologie von Tauschwert und Wertfreiheit bestätigt unabhängig und weitab vom Marxismus der Romancier Hermann Broch, wenn er über den Kaufmann und Händler Huguenau schreibt: „Huguenau, ein wertfreier Mensch, gehörte allerdings auch dem kommerziellen System an (. . .)."[36] Nicht die „kulturelle Atmosphäre" des Kapitalismus bildet, wie René König meint, den Kontext der Wertfreiheit, sondern (genauer) die Vermittlung durch den Tauschwert.[37]

Bei einem Vertreter des Kritischen Rationalismus wie Hans Albert tritt der Nexus zwischen der von Weber befürworteten wertfreien Zweck-Mittel-Rationalität einerseits und dem Tauschwert andererseits in einem individualistischen Utilitarismus zutage, der sich schon bei Hobbes und Bentham an den Marktgesetzen orientierte. Über die Vorzüge des Utilitarismus heißt es beispielsweise in Alberts Aufsatzsammlung *Aufklärung und Steuerung*: „In dieser Hinsicht bedeutet es einen Vorteil des für die utilitaristische Tradition charakteristischen individualistischen Ansatzes im sozialtheoretischen Denken, daß in ihm der Versuch gemacht wird, für die *Erklärung* sozialer Phänomene auf das individuelle Verhalten im sozialen Kontext und damit auch auf individuelle Bedürfnisse zu rekurrieren."[38] Es zeichnet sich hier also nicht nur eine Homologie zwischen Wertfreiheit und Markt (Tauschwert), sondern auch eine komplementäre und häufig (etwa von C. B. Macpherson)[39] erforschte Homologie zwischen Marktgesellschaft und Individualismus ab.

Die individualistische Ideologie, die Vertreter des Kritischen Rationalismus wie Hans Albert, Karl R. Popper und Ernst Topitsch mit Max Weber verbindet, erklärt sowohl ihre Ideologiekritik, die auf dem Wertfreiheitspostulat gründet, als auch ihre Erkenntnislehre, die sich ebenfalls an diesem Postulat orientiert und den individualistischen Begriff der Intersubjektivität in den Mittelpunkt der Diskussion rückt: einen Begriff, der hier in einer anderen Form und in einem anderen Kontext schon im Zusammenhang mit Habermas' Kommunikationstheorie kritisiert wurde.

Es geht hier keineswegs darum, durch diese Hinweise auf die Ideologie des Kritischen Rationalismus diesen zu diskreditieren, sondern zu zeigen, in welchem gesellschaftlichen Kontext seine Theoreme entstanden sind. Dieser Kontext bringt zwar theoretische Beschränkungen und Nachteile mit sich, die ich im folgenden aufzeigen möchte; er ermöglicht aber auch wertvolle Erkenntnisse, die Marxisten und Anhänger der Kritischen Theorie („Positivismusstreit") bisher nicht wahrgenommen haben. In einer Kritik an der ka-

---

[36] H. Broch, *Die Schlafwandler*, op. cit., S. 693.
[37] R. König, „Einige Überlegungen zur Frage der ‚Werturteilsfreiheit' bei Max Weber", in: *Werturteilsstreit* (Hrsg. H. Albert, E. Topitsch), Darmstadt, Wiss. Buchgesellschaft, 1979, S. 172.
[38] H. Albert, *Aufklärung und Steuerung*, Hamburg, Hoffmann und Campe, 1976, S. 121.
[39] C. B. Macpherson, *The Political Theory of Possessive Individualism*, Oxford, Clarendon Press, 1962.

tholischen Theologie Karl Rahners thematisiert Albert die ideologischen (liberalen) Prämissen, von denen seine Theorie ausgeht, und weist zugleich auf die möglichen Vorzüge solcher Prämissen hin: „Dabei scheint ihm (Rahner) jedes Verständnis dafür zu fehlen, daß hinter einer liberalen Erkenntnislehre, die nicht davon ausgeht, daß sich irgend jemand *im Besitz* einer absoluten heilsbedeutsamen Wahrheit befindet, ein Wahrheits*ethos* stehen kann, das zumindest Anspruch auf Beachtung verdient, nicht aber eine ohne weiteres als amoralisch abzuurteilende Gleichgültigkeit gegen die Wahrheit."[40] Im folgenden sollen sowohl die Vorzüge als auch die Nachteile ideologiekritischer Theorien aufgezeigt werden, die, wie schon die verstehende Soziologie, von einem liberalen Individualismus ausgehen.

Anders als Max Weber, der das Wertfreiheitspostulat in den Mittelpunkt der Methodendiskussion rückte, um es zur Grundlage der Wissenschaftlichkeit zu machen, schließt sich Hans Albert Karl Poppers These an, daß Wissenschaftlichkeit nur durch uneingeschränkte Kritik (kritische Überprüfung) und durch einen konsequenten Fallibilismus des Theoretikers gewährleistet werden kann. Auch die letzten Wertsetzungen der Wissenschaftler, die Weber bekanntlich der kritisch-wissenschaftlichen Diskussion entziehen wollte, sollen im Kritischen Rationalismus Alberts zum Gegenstand der Kritik werden. Albert wendet sich ausdrücklich gegen Webers „Auffassung von der *Kritikimmunität sogenannter letzter Voraussetzungen*."[41] Mit Recht fragt er sich, ob nicht beliebige Voraussetzungen als „letzte" deklariert und dadurch der Diskussion entzogen werden könnten; zugleich betont er, daß die Frage nach „letzten Voraussetzungen" zu einem Regreß *ad infinitum* führen kann, sofern die Diskussionsteilnehmer nicht bereit sind, bestimmte Voraussetzungen als „letzte" zu dogmatisieren.

Das Theorem der „kritischen Prüfung", das Albert aus seiner bekannten Analyse des „Münchhausen-Trilemmas" gewinnt[42], wird dadurch zur Grundlage sowohl seiner Wissenschaftstheorie als auch seiner Ideologiekritik. Das Wertfreiheitspostulat wird diesem Theorem einverleibt: „Das Prinzip der Wertfreiheit kann, wie ich zu zeigen versucht habe, als Bestandteil einer methodologischen Konzeption angesehen werden, die an der Idee der freien kritischen Diskussion orientiert ist. Sie ist das Kernstück einer philosophischen Gesamtorientierung, die man als kritischen Rationalismus bezeichnen kann."[43]

Diese Darstellung des Kritischen Rationalismus geht bekanntlich auf Karl Poppers Kritizismus zurück, der seit der *Logik der Forschung* (1935) bestrebt ist, das Kriterium der *Verifikation* durch das der *Falsifikation* zu ersetzen. Popper geht es in erster Linie da-

---

[40] H. Albert, *Traktat über kritische Vernunft*, op. cit., S. 100.
[41] H. Albert, ibid., S. 72.
[42] Siehe: H. Albert, *Traktat über kritische Vernunft*, op. cit., S. 13: Albert geht von dem (durchaus plausiblen) Gedanken aus, daß in der Philosophie alle Versuche der Letztbegründung entweder a) in einen *infiniten Regreß* übergehen, der die „Bodenlosigkeit" des Unternehmens demonstriert, oder b) die Form eines *logischen Zirkels* annehmen, der dadurch entsteht, „daß man im Begründungsverfahren auf Aussagen zurückgreift, die vorher schon als begründungsbedürftig aufgetreten waren", oder c) zu einem willkürlichen *Abbruch des Verfahrens* führen, „der zwar prinzipiell durchführbar erscheint, aber eine willkürliche Suspendierung des Prinzips der zureichenden Begründung involvieren würde". (Es kommt hinzu, daß ein solcher Abbruch *ipso facto* die Begründung durch eine Dogmatisierung ersetzt.)
[43] H. Albert, *Aufklärung und Steuerung*, op. cit., S. 189.

rum, Theoreme und ganze Theorien kritisierbar, der Kritik zugänglich zu machen. Daher heißt es in seinem bekannten Aufsatz über „Die Logik der Sozialwissenschaften" (der in dem sog. Positivismusstreit diskutiert wurde) zur Lösung von Problemen: „Lösungen werden vorgeschlagen und kritisiert. Wenn ein Lösungsversuch der sachlichen Kritik nicht zugänglich ist, so wird er eben deshalb als unwissenschaftlich ausgeschaltet, wenn auch vielleicht nur vorläufig."[44] Diese Überlegungen sind erstens deshalb wichtig, weil sie eine Definition der Wissenschaft beinhalten („wissenschaftlich ist nur die kritisierbare, die falsifizierbare Aussage, Theorie") und zweitens deshalb, weil sie eine Negativdefinition der Ideologie implizieren: „ideologisch sind nicht-falsifizierbare, gegen alle Kritik immune Aussagen oder Pseudotheorien."

Von dieser Negativdefinition geht nun Hans Alberts Ideologiekritik aus, die auf der These gründet, daß die ideologische Rede von nicht-kritisierbaren, nicht-falsifizierbaren und daher dogmatischen Voraussetzungen oder Letztbegründungen ausgeht. Wissenschaftliche Theorie und Versuche der Letztbegründung (wie Gott, Weltgeist oder ideale Sprechsituation) sind nach Albert unvereinbar, da solche Versuche darauf hinauslaufen, daß bestimmte Instanzen oder Werte dogmatisiert und der kritischen Prüfung entzogen werden.

Dies ist der Grund, weshalb er den neopositivistischen Ansatz Theodor Geigers kritisiert, in dem es im wesentlichen um eine (übrigens rein phrastische, auf das phrastische Syntagma beschränkte) Abgrenzung von wissenschaftlich legitimen (werturteilsfreien) und ideologischen (gefühlsbetonten und werturteilsbelasteten) Aussagen geht. Der Positivist Geiger hypostasiert die „objektive Erkenntnis", die ihm als etwas statisch Gegebenes erscheint: „Während echte Theorie rein gegenstandsorientiert, objektiv ist, besagt der Ideologievorwurf, daß der Denkende etwas von seiner Subjektivität in die Aussage eingeschmuggelt hat."[45] Als kritischer Rationalist kann Albert diese Hypostase als Dogmatisierung einer bestimmten Denkweise nicht akzeptieren und weist sie daher selbst als ideologisches Manöver zurück. In seiner Kritik an Geiger definiert er das Verhältnis von Ideologie und Theorie auf seine Art: „Wer die klassische Methodologie, die vom Prinzip der zureichenden Begründung ausgeht, akzeptiert, hat *keine Möglichkeit*, in überzeugender Weise *zwischen Ideologie und Erkenntnis zu unterscheiden*, denn diese Methodologie läßt als praktizierbare Lösung des Geltungsproblems (...) nur den Rekurs auf ein mehr oder weniger verschleiertes Dogma zu, also den Weg, den man als typisch für ideologisches Denken anzusehen pflegt."[46]

In einer ähnlichen Perspektive stellen Ernst Topitsch und Kurt Salamun die Rolle der Dogmatisierung (Letztbegründung) in der ideologischen Rede dar. Auch sie konstruieren — meiner Meinung nach zu Recht — einen Gegensatz zwischen Ideologie und Kritik (kritischer Prüfung): „Bestimmte Einsichten, Prinzipien und Grundüberzeugungen werden als unrevidierbar und absolut gültig angesehen und gleichsam für sakrosankt er-

---

[44] K.R. Popper, „Die Logik der Sozialwissenschaften", in: Th. W. Adorno u. a., *Der Positivismusstreit in der deutschen Soziologie*, Darmstadt-Neuwied, Luchterhand, 1972, S. 105.
[45] Th. Geiger, *Arbeiten zur Soziologie. Methode, Moderne Großgesellschaft, Rechtssoziologie, Ideologiekritik* (Ausgewählt und eingeleitet von P. Trappe), Neuwied-Berlin, Luchterhand, 1962, S. 421.
[46] H. Albert, *Aufklärung und Steuerung*, op. cit., S. 83.

achtet."⁴⁷ (Im zweiten Teil dieser Arbeit wird sich zeigen, daß Topitschs und Salamuns Analysen wichtige Einsichten in die Struktur der Ideologie enthalten, die sich z. T. mit den Ergebnissen meiner eigenen Forschung überschneiden: So wird Ideologie von ihnen u. a. als dualistischer, manichäischer Diskurs definiert — s. Einleitung —, der mit „Leerformeln" auskommt.)

Die kritisch-rationalistischen Einwände gegen die Dogmatisierung bestimmter Axiome und Theoreme, die Autoren wie Topitsch, Albert oder Popper grundsätzlich von Neopositivisten wie Th. Geiger unterscheiden, halte ich für sinnvoll und möchte sie — im Gegensatz zu den transzendentalen Begründungsversuchen Apels und Habermas' — in meinen eigenen textsoziologischen Ansatz aufnehmen. Im vorigen Kapitel hat sich bereits gezeigt, daß Habermas' idealistische Vorstellung von einer „idealen Sprechsituation" für die Textsoziologie als Diskurskritik nicht akzeptabel ist. Was Karl-Otto Apels Universalpragmatik angeht, so kann ich Hans Albert nur recht geben, wenn er (ebenso wie in seiner Kritik an Habermas) daran zweifelt, daß das hermeneutische Ideal einer „unbegrenzten Interpretationsgemeinschaft" von allen Beteiligten vorausgesetzt werden *muß*: „In diesem Falle habe ich die Vermutung, daß die unbegrenzte Interpretationsgemeinschaft jedenfalls ein Apelsches Ideal ist, eine normative Idee, zu der er sich bekennt. Die Frage, ob andere Leute sie in irgendeiner Weise ‚voraussetzen', wollen wir dahingestellt sein lassen."⁴⁸

Mit Albert bin ich weitgehend einverstanden, wenn er den Unterschied hervorhebt „zwischen dem Vertrauen, daß wir im Prinzip in der Lage sind, die Wahrheit zu erreichen, und dem Versuch, eine unerschütterliche Basis zu etablieren, eine Grundlage also, die als unbezweifelbar gelten kann und uns die Wahrheit bestimmter Aussagen garantiert."⁴⁹ Einverstanden bin ich mit dem Vorschlag der Kritischen Rationalisten, Letztbegründungen durch kritische Diskussion oder Überprüfung zu ersetzen. Deshalb halte ich auch die Kritik von Helmut F. Spinner nicht für relevant, der in seinem Buch *Ist der Kritische Rationalismus am Ende?* (1982) fordert, zunächst müsse die schlichte Frage beantwortet werden: „*warum es rational sei, kritisch zu sein.*"⁵⁰ Ein solches Vorgehen muß zu dem von Albert in seiner Kritik des Münchhausen-Trilemmas dargestellten Regreß *ad infinitum* (oder zu Dogmatisierungen) führen. Der Begriff der Kritik ist als solcher nicht dogmatisierbar, weil er prinzipiell alle Argumente als Hypothesen zuläßt.

Meine eigene Kritik setzt an einem anderen Punkt an und sollte als eine Fortsetzung der Kritik an Webers Wissenschaftsbegriff und an seinem Postulat der Wertfreiheit gelesen werden. Im Lichte dieser Kritik wird auch die Forderung nach kritischer Prüfung von Theoremen und Theorien, die ich gemeinsam mit den Kritischen Rationalisten erhebe, eine etwas andere Bedeutung annehmen: und zwar in einem Kontext, der von den hier bereits eingeführten Begriffen „Dialog", „Distanzierung", „Reflexivität" und „Interdiskursivität" gebildet wird.

---

47 E. Topitsch, K. Salamun, *Ideologie. Herrschaft des Vor-Urteils*, Wien, Langen-Müller, 1972, S. 98.
48 H. Albert, *Transzendentale Träumereien. Karl-Otto Apels Sprachspiele und sein hermeneutischer Gott*, Hamburg, Hoffmann und Campe, 1975, S. 63/64.
49 H. Albert, *Die Wissenschaft und die Fehlbarkeit der Vernunft*, Tübingen, J. C. B. Mohr, 1982 S. 84.
50 H. F. Spinner, *Ist der Kritische Rationalismus am Ende?*, Weinheim-Basel, Beltz Vlg., 1982, S. 83.

Zwei Begriffe des Kritischen Rationalismus scheinen mir in dem hier konstruierten Kontext besonders problematisch zu sein: der Begriff der „Wertfreiheit", den Albert und Topitsch von Weber übernehmen und der komplementäre Begriff der „Intersubjektivität", der sie bis zu einem gewissen Grad mit Habermas verbindet. Beide Begriffe sind aus einer individualistischen Ideologie hervorgegangen, und ihre Anwendung führt dazu, daß im Kritischen Rationalismus der *kollektive Faktor im sprachlichen (diskursiven) Bereich* völlig vernachlässigt wird. In einem ersten Schritt möchte ich mich dem Begriff der Wertfreiheit bei Albert und Topitsch zuwenden, um dann in einem zweiten Schritt den Begriff der Intersubjektivität (der intersubjektiven Überprüfung von „Aussagen") in Angriff zu nehmen.

Albert verwendet das Postulat der „Werturteilsfreiheit" auf ähnliche Art wie Max Weber: außer daß er, wie sich oben gezeigt hat, auch die letzten Voraussetzungen der Kritik aussetzen möchte. An der Möglichkeit einer werturteilsfreien Objektsprache zweifelt er ebensowenig wie Weber: „Alles das hat mit der Frage der Einführung von Werturteilen auf der Ebene der Objekt-Sprache, also in die wissenschaftlichen Aussagenzusammenhänge selbst, wenig zu tun. Für diese Frage ist aber die Erörterung des Relevanz-Problems insofern von Bedeutung, als sich meines Erachtens zeigen läßt, daß man tatsächlich alle auf den Objektbereich der Wissenschaft beziehbaren Wertgesichtspunkte als Auswahlgesichtspunkte *behandeln* kann, so daß die ganze *Wertproblematik* nur noch als metawissenschaftliches *Relevanzproblem* auftaucht, also *in die Basis verschoben* wird. Solche Wertgesichtspunkte werden dann bei der Formulierung einer sachlichen Fragestellung zum Tragen gebracht, die aber selbst einer wertfreien Behandlung zugänglich ist."[51]

Wie schon Weber versucht Albert, die wertbedingten Relevanzkriterien, die bei der soziologischen Gegenstandsbestimmung eine Rolle spielen und auf metasprachlicher Ebene thematisiert werden, von der Behandlung „einer sachlichen Fragestellung" auf objektsprachlicher Ebene zu trennen. Im Zusammenhang mit der verstehenden Soziologie habe ich bereits zu zeigen versucht, wie die Relevanzkriterien und die von diesen ausgehenden Klassifikationen (als semantische Grundlage) den gesamten Diskurs steuern. Aus diesem Grunde ist es nicht möglich, die Metasprache sauber von der Objektsprache zu scheiden: denn die Relevanzkriterien und Taxonomien, die bei der Gegenstandsbestimmung eine wichtige Rolle spielen, schlagen sich auch in den „wissenschaftlichen Aussagenzusammenhängen selbst" nieder. Es ist unmöglich, die Wert- und Ideologieproblematik „in die Basis" abzuschieben.

Schon die Auseinandersetzung mit Webers Theorie hat gezeigt, wie die ersten Definitionen („Charisma"), Selektionen und Klassifikationen („charismatische", „traditionelle", „legale" Herrschaft) nicht nur den Gegenstand „Herrschaft" konstituieren, sondern den wissenschaftlichen Diskurs über diesen Gegenstand bestimmen. Ähnliches kann im Zusammenhang mit dem Kritischen Rationalismus festgestellt werden: Auch sein Diskurs als Objektsprache enthält Ideologeme, die als individualistisch und liberal charakterisiert werden könnten. So heißt es beispielsweise in Alberts *Traktat über rationale Praxis*: „Eine Erweiterung der Konkurrenz involviert also eine Vergrößerung des jeweiligen in-

---

[51] H. Albert, *Aufklärung und Steuerung*, op. cit., S. 175.

dividuellen Handlungsspielraums, soweit die dazu notwendige Information vorhanden ist. Eine Verschärfung der Konkurrenz — durch Erhöhung des Konkurrenzdrucks — kann für eine Verbesserung der angebotenen Möglichkeiten und damit ebenfalls zu einer Erweiterung dieses Spielraums führen."[52] — Sicherlich bestätigt der staatlich verwaltete Kapitalismus Osteuropas dieses Theorem; dessen individualistische Ideologie wäre dennoch zu kritisieren, da sie sich in dieser Textpassage über die Folgen hinwegsetzt, die der Konkurrenzdruck für die sozial Schwachen haben kann. Diese Folgen werden eher von Thomisten, Marxisten und Anhängern der Kritischen Theorie thematisiert, die auch nicht wertfrei argumentieren, sondern von anderen Ideologemen ausgehen, die nicht dogmatisiert werden sollten. Denn als Letztbegründungen sind sie nicht brauchbar; nur als mögliche Bewertungen der Lage.

Hier zeigt sich, daß es nicht möglich ist, in den Sozialwissenschaften rein „sachlich" zu argumentieren, so als sei die Objektsprache von den Relevanzkriterien und Klassifikationen unabhängig, die über die Gegenstandskonstitution entscheiden. Als ebenso fragwürdig wie Alberts Unterscheidung zwischen einer „deskriptiven Sprache" der Wissenschaft und einer *„präskriptiven* Sprache der Praxis"[53] erscheint daher Topitschs Versuch, Wertung und reine Tatsachenkenntnis zu trennen. Sicherlich wird man ihm recht geben, wenn er behauptet, daß die „großen Imperien der Menschheitsgeschichte" von einem Pazifisten anders beurteilt werden, als von einem Militaristen. Zweifel sind allerdings bei der folgenden Behauptung angebracht: „Bezüglich des rein Tatsächlichen besteht hier überall völlige Übereinstimmung, es ist konstant, während die wertende Einschätzung variiert."[54] Was aber sind Tatsachen? Wo hören Tatsachen auf und fangen ideologische Urteile an? Ist der Ostblock eine „sozialistische Staatengemeinschaft" oder ein „Imperium der Menschheitsgeschichte"? War Julius Caesar ein „charismatischer Führer", „Exponent bestimmter Klasseninteressen" oder schlicht „Realpolitiker"? Wie soll seine „Geschichte" erzählt werden?

Hier entscheiden die Relevanzkriterien, die anfänglichen Definitionen und Klassifikationen über den gesamten Diskurs. Ich kann Topitsch nicht zustimmen, wenn er über das Vorgehen des Richters schreibt: „So wählt der Richter aus der Fülle möglichen Wissens über eine Straftat und ihren Täter jene Bestandteile aus, die für die rechtliche Beurteilung relevant sind. Durch diese wertbeziehende Auswahl wird weder ein bestimmtes Ergebnis von vornherein festgelegt, noch werden andere — etwa naturwissenschaftliche, künstlerische, historische oder politische — Betrachtungsweisen desselben konkreten Ablaufes der Ereignisse dadurch als falsch oder unberechtigt hingestellt."[55]

Es lohnt sich, sich diese Textpassage genauer anzusehen. Auch Topitsch geht davon aus, daß eine bestimmte kognitive (in diesem Fall juristische) Tätigkeit von bestimmten Relevanzkriterien ausgeht. Aber schon die Phase der Relevanzbestimmung ist nicht un-

---

[52] H. Albert, *Traktat über rationale Praxis*, Tübingen, J. C. B. Mohr, 1978, S. 136/137.
[53] Siehe: H. Albert, *Aufklärung und Steuerung*, op. cit., S. 163.
[54] E. Topitsch, *Sozialphilosophie zwischen Ideologie und Wissenschaft*, Darmstadt-Neuwied, Luchterhand, 1961, 1971, S. 147.
[55] ibid., S. 148.

problematisch: Die richterliche Entscheidung darüber, welche Elemente „für die rechtliche Beurteilung" relevant sind, ist von psychischen, kulturellen, religiösen und ideologischen Interferenzen nicht frei. Albert Camus stellt dieses Problem anschaulich dar in seinem Roman *L'Etranger*, wo der Protagonist Meursault, der, ohne es zu beabsichtigen, einen Araber erschoß, vom Gericht hauptsächlich deshalb zum Tode verurteilt wird, weil er beim Begräbnis seiner Mutter keine Trauer zeigte. In der englischen und schottischen Rechtssprechung, die teilweise auf Präzedenzfällen gründet, zeigt sich immer wieder, daß die Frage, ob in einer bestimmten Situation ein Präzedenzfall als *relevant* anerkannt wird, zu einem Politikum werden kann: Ein Gericht kann beispielsweise entscheiden, daß die *ratio*, die einem bestimmten Präzedenzfall zugrunde liegt, nicht mehr gilt, um ein liberaleres (oder umgekehrt: ein konservativeres) Urteil fällen zu können. Mit anderen Worten: Fiktion und rechtliche Praxis zeigen, daß Relevanzkriterien und Klassifikationen (d. h. die „wertbeziehende Auswahl") über den gesamten diskursiven Ablauf („parcours discursif", Greimas) und dessen Ergebnis entscheiden.

Es ist deshalb nicht legitim, die Metasprache von der Objektsprache, die präskriptive von der deskriptiven Sprache zu isolieren; ebenso fragwürdig erscheint mir die von René König vorgeschlagene Trennung zwischen Handeln und Beobachten, sofern „Beobachten" als sprachliche Tätigkeit und nicht einfach als passives Zuschauen definiert wird: „Die Freiheit von Werturteilen im Sinne von Max Weber hängt — genau wie bei Emile Durkheim — mit einer fundamentalen Unterscheidung zwischen der Perspektive des Handelnden einerseits und der des Beobachters andererseits zusammen."[56] Dem ist entgegenzuhalten, daß jeder Diskurs eine von kollektiven Standpunkten und Interessen motivierte *Handlung* ist, die einen produktiven Aspekt hat, insofern als sie ein Objekt konstituiert (s. o.) und dadurch verändernd, „modellierend" (im Sinne von Lotman) in die sprachliche und gesellschaftliche Wirklichkeit eingreift.

An dieser Stelle sollte ein wichtiges Problem des Kritischen Rationalismus angeschnitten werden, dessen Behandlung den Brückenschlag vom Werturteilspostulat zum Begriff der Intersubjektivität erleichtert. Es geht — wie schon bei Habermas — um das Verhältnis von Satz und Diskurs, von phrastischen und transphrastischen Einheiten. Einer aufmerksamen Lektüre der Texte von Hans Albert und neuerdings Hans Lenk wird nicht entgehen, daß sie stillschweigend davon ausgehen, daß die sprachliche Einheit, in der Werturteile vorkommen können, der *Satz* ist. In dieser Hinsicht stimmen sie weitgehend mit dem von Hans Albert (s. o.) kritisierten Theodor Geiger überein. In dessen Buch über *Ideologie und Wahrheit* (1953) heißt es unmißverständlich: „Solche Sätze sind z. B. die *Werturteile*. Sie sind im folgenden auf ihren Inhalt, ihre Struktur und ihren Ursprung hin eingehender zu untersuchen."[57] Nicht viel anders äußert sich Albert zur sprachlichen Form des Werturteils, wenn er in *Konstruktion und Kritik* die Bedingungen aufzählt, unter denen „ein Satz als ein Werturteil anzusehen" ist.[58]

---

[56] R. König, „Einige Überlegungen zur Frage der ‚Werturteilsfreiheit' bei Max Weber", in: *Werturteilsstreit*, op. cit., S. 165.
[57] Th. Geiger, *Ideologie und Wahrheit*, Stuttgart-Wien, Humboldt Vlg., 1953, S. 53/54.
[58] H. Albert, *Konstruktion und Kritik*, op. cit., S. 53.

Auch Hans Lenks vierzehn Jahre nach *Konstruktion und Kritik* erschienenes — und ansonsten sehr anregendes, weil dialogfreudiges — Buch *Zwischen Wissenschaftstheorie und Sozialwissenschaft* (1986) geht über die Problematik der phrastischen Syntax nicht hinaus: „Man kann nicht aus der Einsicht, daß auch die Wissenschaft (als Institution und soziales Subsystem) von Werten und Normen geleitet wird, ableiten, daß wissenschaftliche Sätze nie ohne Wertungscharakter, nie wertfrei sind (...)."[59] An anderer Stelle wird die phrastische Perspektive bestätigt, wenn der Autor fordert, man müsse *„klar zwischen wertenden und erkenntnisliefernden Sätzen unterscheiden"*.[60] Nun wird niemand bestreiten, daß eine solche Unterscheidung sinnvoll und notwendig ist und daß jeder Versuch, diese Differenz zu verwischen, nicht nur vergeblich, sondern auch für die Theorie schädlich ist. Der Satz „Europa liegt nördlich von Afrika" vermittelt eine Erkenntnis und unterscheidet sich radikal von dem Werturteil: „Unsere Gesellschaftsordnung ist ungerecht".

Tatsache ist aber, daß es scheinbar deskriptive Sätze gibt, die ideologische Werturteile involvieren (wie der im ersten Abschnitt kommentierte Satz aus *Wirtschaft und Gesellschaft*) und wie einzelne Wörter auf bestimmte Diskurse und Gruppensprachen (Soziolekte) bezogen werden können. Der Satz „Das *Ich* vermittelt zwischen dem *Überich* und dem *Es*" mag in den Augen eines Psychoanalytikers rein deskriptiven (intersubjektiven) Charakter haben; auf einen Vertreter der empirischen Psychologie wird er wie ein rotes Tuch, wie ein Ideologem wirken.

Tatsache ist ferner, und dies ist hier das entscheidende Argument, daß Wissenschaftler nicht nur Wörter oder Sätze, sondern transphrastische Strukturen, d. h. Diskurse produzieren, denen bestimmte Relevanzkriterien und semantische Klassifikationen zugrunde liegen. Nur als Autoren von Diskursen werden Wissenschaftler als Subjekte und Gesprächspartner wahrgenommen. Ihre Intentionen, die mit den Intentionen von Gruppen übereinstimmen, können nicht auf der Satzebene untersucht werden: denn Sätze *können* — ebenso wie lexikalische Einheiten — polysem und daher polyvalent sein. Erst wenn sie in einen Diskurs eingehen, fügen sie sich in einen zugleich individuellen und kollektiven Intentionszusammenhang ein und erhalten eine Bedeutung und eine Funktion. Der Satz „Die Niederlage der Nationalsozialisten im Jahre 1945 hat die Welt verändert", erfüllt in einem liberalen Diskurs eine ganz andere Funktion als in einem „marxistisch-leninistischen".

Damit komme ich zum Problem der Intersubjektivität, der intersubjektiven Überprüfbarkeit, das sehr eng mit den Problemen der Wertfreiheit und der diskursiven (transphrastischen) Struktur zusammenhängt. Schon bei Weber zeigte sich, daß Intersubjektivität Wertfreiheit voraussetzt. Diese These wird von Hans Albert bestätigt, wenn er in *Aufklärung und Steuerung* bemerkt: „Überall, wo intersubjektive Kritik möglich ist, sind Werturteile nicht notwendig; wo aber keine solche Kritik mehr möglich ist, da können sie nur dogmatisch eingeführt werden. (...) Die Grenze möglicher Wertfreiheit fällt mit der Grenze der kritischen Diskussion zusammen."[61]

---

[59] H. Lenk, *Zwischen Wissenschaftstheorie und Sozialwissenschaft*, Frankfurt, Suhrkamp, 1986, S. 98.
[60] ibid., S. 173.
[61] H. Albert, *Aufklärung und Steuerung*, op. cit., S. 162.

Klar tritt hier die individualistische Ideologie des Kritischen Rationalismus zutage: Wertfreiheit in der Sprache ist möglich, zumal nach *empiristischer* Manier nur der *Satzzusammenhang* beachtet wird; der *Einzelne* kann prinzipiell immer auf Werturteile verzichten; *intersubjektive* (d. h. interindividuelle) Überprüfung von Theoremen ist möglich, denn: „Jedes Problem läßt sich sachlich erörtern, ohne daß man zu Werturteilen Zuflucht nimmt."[62] Dieses Vorurteil teilen P. Lorenzen und R. Inhetveen mit Albert und Topitsch.[63]

Aus textsoziologischer Sicht sieht das Problem allerdings völlig anders aus: Der Einzelne sucht nicht *Zuflucht* bei Werturteilen, da ja die semantischen Grundlagen seines Diskurses (die Relevanzkriterien und Klassifikationen) normativen Charakter haben. Gegen diesen Gedanken, der in abgewandelter Form und in einem *anderen Kontext* von Karl Mannheim vorgebracht wurde (s. Kap. 3), haben sich die Vertreter des Kritischen Rationalismus immer gewehrt. Zu den bekanntesten Auseinandersetzungen mit der „Ideologiehaftigkeit" des Denkens (der Diskurse) gehört wohl Karl Poppers Kritik an der Wissenssoziologie in *Falsche Propheten*.

In dieser Kritik interessiert mich vor allem die Sprachproblematik. Im Gegensatz zu Mannheim geht Popper von dem Gedanken aus, daß in den Sozialwissenschaften nur die von den falschen Propheten Aristoteles und Hegel beeinflußten Theorien „totale Ideologien" im Sinne von Mannheim sind, weil „einige Sozialwissenschaftler (...) unfähig und sogar unwillens (sind), eine gemeinsame Sprache zu sprechen."[64] Popper bietet anschließend eine individualistische Lösung an und setzt sich über das Problem der Gruppensprachen und den kollektiven Charakter diskursiver Strukturen hinweg: „Der einzige Weg, der den Sozialwissenschaftlern offensteht, besteht darin, alles verbale Feuerwerk zu vergessen und die praktischen Probleme unserer Zeit mit Hilfe jener theoretischen Methoden zu behandeln, die im Grunde *allen* Wissenschaften gemeinsam sind: mit Hilfe der Methode von Versuch und Irrtum, der Methode der Erfindung von Hypothesen, die sich praktisch überprüfen lassen, und mit Hilfe ihrer praktischen Überprüfung."[65]

Damit sind wir wieder beim Thema der kritischen Prüfung angelangt, das hier in einem ganz anderen Licht erscheint, sobald klar wird, daß Sozialwissenschaftler weder unfähig noch unwillens sind, eine gemeinsame Sprache zu sprechen, sondern daß sie in einer sprachlichen Situation kommunizieren, die (wie sich im zweiten Teil dieser Arbeit zeigen wird) von Gruppenkonflikten und ideologischen Antagonismen gekennzeichnet ist. In dieser Situation *gibt* es keine gemeinsame wissenschaftliche Sprache, keine wertfreie Rede und folglich auch keine intersubjektive Überprüfbarkeit von Theoremen. Die

---

[62] ibid.
[63] Siehe: P. Lorenzen, R. Inhetveen, „Die Einheit der Wissenschaften", in: F. Kambartel, J. Mittelstrass (Hrsg.), *Zum normativen Fundament der Wissenschaft*, Frankfurt, Athenäum, 1973, S. 74: „Der Schritt vom bloßen Verstehen zu Werturteilen, vom *Verstehen* zum *Begreifen* in der Hegelschen Terminologie, wird von der überwältigenden Mehrzahl der ‚praktischen' (Sozial-, Kultur-) Wissenschaftler nicht vollzogen." (Mich irritieren seit langem Ausdrücke wie „überwältigende Mehrheit", denen Genauigkeit und empirische Substanz fehlen und die um nichts besser sind als die rhetorischen Gesten der Ideologen, die ebenfalls von der „großen Mehrheit" oder aber einer „verschwindenden Minderheit" sprechen.)
[64] K. R. Popper, *Falsche Propheten. Hegel, Marx und die Folgen*, Bern-München, Francke Vlg., 1958, S. 272.
[65] ibid., S. 272/273.

kritische Prüfung, die auch ich befürworte, wird dadurch zu einem komplexen, interdiskursiven Vorgang, der von psychisch, kulturell und ideologisch bedingten Verständigungsschwierigkeiten gekennzeichnet ist (s. Teil 3).

Da Popper (ähnlich wie Geiger und Albert) nur das Individuum als gesellschaftliche Einheit anerkennt[66], kann er sich nicht vorstellen, daß überindividuelle, kollektive Faktoren Sprache, Denken und Handeln bedingen und Formen der Rationalität entstehen lassen, die miteinander kollidieren. Dies hat im Rahmen eines Diskurses, den ich mir nicht als ganzen zu eigen machen würde, Peter Winch gesehen: „Dagegen sollte hervorgehoben werden, daß Rationalitätsstandards bestimmten Traditionen *innewohnen* und daß sie miteinander in Konflikt geraten können."[67] Man braucht hier gar nicht primär an außereuropäische Kulturen zu denken: Kritische Theorie und Marxismus haben, wie sich im 2. Kapitel gezeigt hat, einen anderen Vernunftbegriff als der Kritische Rationalismus, und dieser hat sprachlichen, diskursiven Charakter (s. Kap. 6).

Popper versucht, das Problem der Gruppensprachen dadurch zu lösen, daß er seine Existenz, ähnlich wie die der kollektiven Interessen, leugnet. In seiner Kritik an Thomas Kuhn („Normal Science and its Dangers") gibt er einerseits zu, daß wir als Theoretiker Gefangene bestimmter Rahmenbedingungen sind; andererseits glaubt er aber, daß wir jederzeit in der Lage sind, aus diesen Rahmenbedingungen auszubrechen: „Ich gebe zu, daß wir zu jedem Zeitpunkt Gefangene unserer theoretischen Rahmenbedingungen; unserer Erwartungen; unserer früherer Erfahrungen; unserer Sprache sind."[68] Aber, fügt er hinzu, wir sollten vor dem Hindernis der Rahmenbedingungen, die unsere Theorien umfassen, nicht kapitulieren, denn: „Entscheidend ist, daß kritische Diskussion und ein Vergleich der verschiedenen Rahmenbedingungen immer möglich sind."[69] Sie sind auch in den Sozialwissenschaften sicherlich möglich und wünschenswert, aber der „Positivismusstreit" (besser: Szientismusstreit) zeigt, daß das Aneinander-Vorbei-Reden eher die Regel ist.

Popper schließt seine Argumentation mit einem Vergleich, der zeigt, daß er das Ideologieproblem und das der Gruppensprachen nicht berücksichtigt: „Es ist bloß ein Dogma — ein gefährliches Dogma —, daß die verschiedenen Rahmenbedingungen Sprachen gleichen, die nicht ineinander zu übersetzen sind. Tatsache ist, daß grundverschiedene Sprachen (wie Englisch, Hopi oder Chinesisch) nicht unübersetzbar sind, und daß es zahlreiche Hopi oder Chinesen gibt, die gelernt haben, die englische Sprache sehr gut

---

[66] Besonders charakteristisch für den rationalistischen Individualismus sind einige Textstellen bei Geiger, *Arbeiten zur Soziologie*, op. cit., S. 427: „Wenn vom Denkprozeß, der nach allgemeiner Auffassung im Gehirn vor sich geht, die Rede ist, dürfte es müßig sein, sich um eine ‚Transzendierung des Individs in Richtung auf ein Kollektivsubjekt' zu bemühen, da ‚Kollektivsubjekte' nachweislich kein Gehirn besitzen. Das ‚Individ' denkt, ihm, nur ihm, sind die Gedanken zuzurechnen." (Hier tritt nicht nur eine individualistische Ideologie reinsten Wassers zutage, sondern auch ein Denken, das letztlich jede soziologische Untersuchung unmöglich macht.)

[67] P. Winch, „Popper and Scientific Method in the Social Sciences", in: *The Philosophy of Karl Popper*, ed. by P. A. Schilpp, La Salle, Illinois, The Library of Living Philosophers (Book II), 1967, S. 902.

[68] K. R. Popper, „Normal Science and its Dangers", in: I. Lakatos, A. Musgrave (Hrsg.), *Criticism and the Growth of Knowledge*, Cambridge, Cambridge Univ. Press., 1970, S. 56.

[69] ibid.

zu beherrschen."⁷⁰ Hier ist Dissens anzumelden: Theorien sind nicht *nur* in natürliche Sprachen (*langue*, Saussure) eingebettet, sondern auch in Gruppensprachen oder Soziolekte, die ideologischen Charakter haben können. Diese sind, wie sich im ersten Kapitel gezeigt hat, *partikulare Systeme* und sind weder mit der Kultur noch mit der Sprache koextensiv. Sie könnten als *sekundäre modellierende Systeme* im Sinne von Lotman aufgefaßt werden.⁷¹

Obwohl kritische Diskussionen und Vergleiche zwischen diesen sprachlichen Subsystemen möglich sind, sind sie immer prekär und haben experimentellen Charakter, weil die Terminologie des einen Systems nicht ohne weiteres in die des anderen übertragbar ist: M. Webers Begriff der „Wertfreiheit" ist nicht mit N. Elias' Begriff der „Distanzierung" zu übersetzen, ebensowenig wie der Kommunikationsbegriff der Informatik in Habermas' Theorie des „kommunikativen Handelns" übertragen werden kann. Hier spielen ideologische Differenzen eine wesentliche Rolle, die *in* den Diskursen der Naturwissenschaften, an denen sich Popper vorwiegend orientiert, nicht vorkommen. Es ist sicherlich kein Zufall, daß Popper sich in seiner Kritik der „Rahmenbedingungen" („framework") vor allem auf die Erfahrungen der Physik stützt und sich von den Sozialwissenschaften distanziert: „Tatsächlich sind, im Vergleich zur Physik, die Soziologie und die Psychologie voller Modeerscheinungen und unkontrollierter Dogmen (riddled with fashions and uncontrolled dogmas)."⁷²

Eine Theorie der kritischen Überprüfung kann nicht von der naiven Vorstellung einer uneingeschränkten Intersubjektivität ausgehen, die Popper als Erbe der Aufklärung in seiner Kritik am „framework" voraussetzt und die auf dem Gedanken gründet, daß theoretische Diskurse wertfrei und „übersetzbar" sind. Donald Davidson kann im Jahre 1984 nur deshalb Poppers Argumentation weiterführen, weil er, wie Albert, Geiger und später Searle (s. Kap. 3), nur den Satz anvisiert (auf seine Überlegungen will ich im 3. Teil dieser Arbeit näher eingehen).⁷³ Die Tatsache, daß terminologische Übersetzungen im Bereich der Sozialwissenschaften häufig scheitern, weil Terminologien mit kollektiven Werturteilen befrachtet sind („Charisma", „Klasse", „Mehrwert"), erklärt, weshalb die kritische Überprüfung nicht als intersubjektiver (individueller), sondern nur als interdiskursiver (interkollektiver) Vorgang denkbar ist.

Sie erklärt auch, weshalb Poppers Begriff der *Falsifikation* in den Sozialwissenschaften kaum anwendbar ist. Dieser Begriff setzt die Begriffe *Wertfreiheit* und *Intersubjektivität* voraus. In einer Situation aber, in der Diskurse, die aus heterogenen Gruppensprachen hervorgehen, miteinander konkurrieren, ist eine intersubjektive Prüfung, die die kollektiven Faktoren ausblendet, eine Illusion, ebenso wie alle Falsifikationsversuche: Selbst wenn eine Aussage des Diskurses *A* der Form nach falsifizierbar ist, ist noch lange nicht gesagt, daß sie vom Diskurs *B* als wissenschaftliche Aussage *anerkannt* wird. Der Satz:

---

[70] ibid.
[71] Siehe: Ju. Lotman, *Die Struktur des künstlerischen Textes*, Frankfurt, Suhrkamp, 1973, Kap. 4.
[72] K. R. Popper, „Normal Science and its Dangers", op. cit., S. 57/58.
[73] Siehe: D. Davidson, „On the Very Idea of a Conceptual Scheme", in: ders., *Inquiries into Truth and Interpretation*, Oxford, Clarendon Press, 1984, S. 188: „(. . .) In accepting a sentence as true" ist wohl eine der Kernaussagen in diesem Kapitel.

„Kein kapitalistisches System kommt ohne die Produktion von Mehrwert aus", ist der Form nach falsifizierbar; es ist aber unwahrscheinlich, daß ein kritischer Rationalist oder ein Schüler von Talcott Parsons ihn als wissenschaftliche Aussage akzeptiert.

Der inadäquate Charakter der „Intersubjektivität", die ich hier im dritten Teil durch den Begriff der „Interdiskursivität" ersetze, erklärt zumindest teilweise, weshalb das Falsifikationsprinzip in den Sozialwissenschaften so erfolglos war: Was der eine Theoretiker für ein längst überholtes Falsifikat hält, verteidigt der andere als Wahrheit oder als brauchbares Theorem (z. B. das Postulat der Wertfreiheit, das am 15. deutschen Soziologentag zahlreiche Kontroversen auslöste: s. o.). Ob ein Theorem als „falsifiziert" erscheint, hängt nicht nur von empirischen Tatbeständen ab, sondern auch von deren Rekonstruktion durch heterogene, ideologisch bedingte theoretische Diskurse. So kann Andrew Sayer vom Falsifikationstheorem sogar behaupten, „es sei fast unmöglich, es anzuwenden" („virtually impossible to put it into practice").[74]

Einige Bestandteile von Poppers Theorie halte ich für sinnvoll und richtig; allerdings unter drei Bedingungen:

a) Um einen Dialog zwischen heterogenen Theorien in den Sozialwissenschaften sinnvoll zu gestalten (d. h. um Polemiken in der Art des „Positivismusstreits" zu vermeiden), ist es notwendig, daß die Gesprächspartner sich über die ideologischen Grundlagen der beteiligten theoretischen Diskurse im klaren sind. Aus dem bisher Gesagten geht hervor, daß z. B. die Terminologie des Kritischen Rationalismus aus einem liberalen Individualismus hervorgeht, der näher zu bestimmen wäre: Begriffe wie „Individualismus", „individuelle Methode", „Konkurrenz", „Wertfreiheit", „Intersubjektivität", „Empirismus", „piecemeal engineering" etc. bilden einen semantischen Raster, der alles andere als neutral ist. Ihr ideologischer Ursprung sagt jedoch nichts über den theoretischen Wert dieser Begriffe aus. Auch der begriffliche Raster der Kritischen Theorie ist einem liberalen — allerdings marxistisch reflektierten — Individualismus verpflichtet.[75] Diese Hybris der Kritischen Theorie ist den kritischen Rationalisten ein Dorn im Auge und sollte daher vor jeder Diskussion *ideologiekritisch* aufgearbeitet werden: Erst dann ist eine theoretische Analyse sinnvoll. (Auf einige Ideologeme des Wiener Kreises geht auch Viktor Kraft ein.)[76]

b) Wird einmal die Ideologiehaftigkeit der Begriffe anerkannt, entfallen zusammen mit dem Wertfreiheitspostulat die Forderungen nach *intersubjektiver* Prüfung und Falsifikation. Wo die inter-individuelle, individualistische Kritik der Theoreme durch eine inter-diskursive, d. h. inter-kollektive Kritik ersetzt wird, scheint der Begriff der *Erschütterung*, den Otto Neurath in seiner Kritik an Popper vorschlägt, als Alternative in Frage zu kommen: „Wo Popper an die Stelle der ‚Verifikation' die ‚Bewährung' einer Theorie treten läßt, lassen wir an die Stelle der ‚Falsifikation' die ‚*Erschütterung*' einer Theorie

---

[74] A. Sayer, *Method in Social Science*, London, Hutchinson, 1984, S. 205.
[75] In der Einleitung zu meinem Buch *L'Ecole de Francfort. Dialectique de la particularité*, Paris, Editions Universitaires, 1974, habe ich mich mit der Beziehung zwischen Liberalismus, Individualismus und der *Terminologie* der Kritischen Theorie befaßt.
[76] Siehe: V. Kraft, „Popper and the Vienna Circle", in: *The Philosophy of Karl Popper*, op. cit., (Book I), S. 191: „The Vienna Circle was dominated by the sensualistic empircism of Mach and Russell."

treten (...)."⁷⁷ Gerade in den Sozialwissenschaften, wo ideologische Gruppen und nicht atomisierte Individuen Theoreme beurteilen, gilt Neuraths Ergänzung: „Denn wir kennen ja den Schnitt nicht, der die ‚falsifizierbaren' Theorien von den ‚unfalsifizierbaren' trennen soll."⁷⁸ Man könnte hinzufügen, daß auch der Trennungsstrich zwischen den falsifizierten und den nicht-falsifizierten nicht klar zu ziehen ist.

c) Die dritte Bedingung, unter der eine kritische Diskussion in den Sozialwissenschaften stattfinden kann, habe ich bereits im Zusammenhang mit Max Webers Ansatz erwähnt: Das Wertfreiheitspostulat soll durch Distanzierung dem eigenen Diskurs, der eigenen Ideologie gegenüber ersetzt werden. Erst wenn der Nexus zwischen dem eigenen theoretischen Diskurs und der Ideologie, aus der er hervorgeht, kritisch reflektiert wird, ist die Hoffnung auf Verständigung berechtigt, weil dann ein entscheidendes ideologisches Manöver unterbleibt: die Gleichsetzung des eigenen Diskurses mit den Referenten (mit *der* Wissenschaft, *der* Geschichte, *der* Kritik, *der* Kunst etc.).

Mit Popper bin ich einverstanden, wenn er versucht, die Objektivität der Wissenschaften dialogisch zu definieren: „Objektivität", schreibt Günter Witschel, „wird nach Popper nicht durch den Standort des Wissenschaftlers bewirkt, sondern auf sozialem Wege durch ‚gegenseitige Kritik', ‚freundlich-feindliche Arbeitsteilung', durch ‚Zusammenarbeit' und auch durch ‚Gegeneinanderarbeit'."⁷⁹ Nur die *Rahmenbedingungen* wollte ich hier in einem anderen Licht darstellen als die Rationalisten Albert, Popper und Topitsch. Auf diese Bedingungen will ich ausführlicher und in einem anderen Kontext im dritten Teil dieses Buches eingehen.

3. These: Das Postulat der Wertfreiheit ist keine Alternative zum politischen, „proletarischen" Engagement der Theorie, da es in den Sozialwissenschaften unter den gegenwärtigen Bedingungen unmöglich ist, wertende von wertfreien Diskursen zu unterscheiden. Fragwürdig sind Versuche Webers und der Kritischen Rationalisten, einen Trennungsstrich zwischen wertender Metasprache und wertfreier Objektsprache zu ziehen: Die Werturteile der Metasprache gehen auf lexikalischer, semantischer und narrativer (aktantieller) Ebene in den Diskurs der Objektsprache ein. In diesem Kontext müssen auch die das Wertfreiheitspostulat ergänzenden Begriffe der „Intersubjektivität" und der „Falsifizierbarkeit" in Frage gestellt werden. Wenn es zutrifft, daß die Diskurse der Sozialwissenschaften ideologisch vermittelt sind, dann können Dialog und kritische Überprüfung im sozialwissenschaftlichen Bereich nicht individualistisch als intersubjektive (inter-individuelle) Vorgänge aufgefaßt werden. Sie werden hier in einem interdiskursiven (inter-kollektiven) Zusammenhang neu definiert.

---

77 O. Neurath, „Pseudorationalismus der Falsifikation", in: ders., *Gesammelte philosophische und methodologische Schriften* (Bd. 2), (Hrsg. R. Haller, H. Rutte), Wien, Hölder-Pichler-Tempsky-Vlg., 1981, S. 638.
78 ibid., S. 639.
79 G. Witschel, *Wertvorstellung im Werk Karl R. Poppers*, Bonn, Bouvier, 1977 (2. Aufl), S. 61.

V. Ideologie und Wissenschaft:
Von Louis Althusser zu Michel Pêcheux

So mancher wird überrascht sein, daß ein Kapitel, in dem Louis Althussers Ideologiekritik im Mittelpunkt steht, nicht dem zweiten Kapitel dieses Buches angeschlossen oder einverleibt wurde, das sich mit den ideologiekritischen Positionen einiger Marxisten befaßt. Abgesehen von der versteckten Polemik gegen Pauschalbezeichnungen wie „Marxismus", „Neomarxismus" oder „Strukturalismus" erklärt sich diese etwas ungewöhnliche Reihenfolge aus der Überlegung, daß Althussers Marx-Interpretation sowie seine Versuche, Ideologie und Wissenschaft gegeneinander abzugrenzen, aus einer rationalistischen Tradition hervorgegangen sind, die recht wenig mit dem Hegelianismus Lukács', Korschs oder Goldmanns zu tun hat. An dieser Tatsache ändert auch der gemeinsame Bezugspunkt, das Werk von Karl Marx, nichts.

Ähnlich wie die Vertreter des Kritischen Rationalismus, deren Theorien im vorigen Kapitel zur Sprache kamen, bemühen sich auch Althusser und seine Schüler (Lecourt, Pêcheux), sauber zwischen Wissenschaft und Metaphysik, zwischen Wissenschaft und Ideologie zu unterscheiden. Auch Althusser sind wertbefrachtete Begriffe wie „Mensch", „Entfremdung" oder „Menschlichkeit" suspekt; auch er gibt — ohne allerdings Weber zu erwähnen — einem wertfreien oder scheinbar wertfreien Sprachgebrauch den Vorzug und stützt sich dabei auf wissenschaftliche Begriffe wie „Produktivkräfte", „Produktionsverhältnisse", „Mehrwert" etc. Wie Otto Neurath setzt er (leider nur implizit) eine Einheitswissenschaft voraus, indem er die gemeinsamen Anliegen Marxens und Galileos, des historischen Materialismus (der „marxistischen Wissenschaft") und der Physik hervorhebt, ohne allerdings wie Neurath auf das Problem der Einheitssprache einzugehen. (Auf Ähnlichkeiten zwischen Neuraths und Althussers Marx-Deutungen will ich im folgenden noch näher eingehen.) Wie im Wiener Kreis ist bei Althusser ein Szientismus am Werk, der die Sozialwissenschaften *sub specie physicae* betrachtet und sie mit naturwissenschaftlichen Maßstäben mißt.

Sowohl Althussers Rationalismus als auch der des Wiener Kreises (Carnaps, Poppers, Neuraths) neigt dazu, den dialektischen Begriff der *Vermittlung* durch den der *Trennung*, der „coupure" oder „rupture", zu ersetzen. Auch in diesem Kapitel soll gezeigt werden, daß das Trennungsdenken des Rationalismus, das sich sogar bei Habermas und Mannheim bemerkbar macht (s. Kap. 3), idealistische Konstrukte wie „ideale Sprechsituation", „wertfreie Objektsprache" oder „wissenschaftlicher Diskurs" hervorbringt, die, sobald sie der Öffentlichkeit vorgestellt werden, dem Ideologieverdikt verfallen. So wird das, was zur Grundlage einer neuen Ideologiekritik werden sollte, selbst als Ideologem entlarvt.

Da Althussers *epistemologischer Schnitt* in seiner Rigidität Rudolf Carnaps Trennung von Metaphysik und Wissenschaft nicht nachsteht, soll hier gezeigt werden, wie der Rationalismus in den Sozialwissenschaften in einer Variante des Marxismus seinen Höhepunkt erreicht. Insofern kann dieses Kapitel als eine logische Fortsetzung der beiden vorangehenden gelesen werden; erst im nächsten Kapitel, das dem textsoziologischen Entwurf unmittelbar vorangeht, wird die rationalistische Trennung in ihr Gegenteil umschlagen: in die dialektische Erkenntnis, daß alle Diskurse gesellschaftlich vermittelt sind und daß „Ideologie" ein Problem der diskursiven Anordnung ist.

Es sollte allerdings niemand die Illusion hegen, daß Althusser und seine Schüler jemals den Begriff der Vermittlung als Alternative zum Begriff der Trennung („coupure", „rupture") anerkennen werden. Unmißverständlich lehnt der Autor von *Lire le Capital* den hier vorgeschlagenen Terminus als ideologisch, hegelianisch und humanistisch ab: „Begriffe wie ‚Ursprung', ‚Mutterboden' (‚sol originaire'), ‚Genese', ‚Vermittlung' muß man *a priori* für suspekt halten; nicht nur, weil sie immer mehr oder weniger die Ideologie, der sie ihre Entstehung verdanken, mit ins Spiel bringen, sondern weil sie als Begriffe, die ausschließlich für die Zwecke einer Ideologie produziert worden sind, nichts anderes sind als die Träger dieser Ideologie."[1]

Es fällt in dieser Passage allerdings auf, daß Althusser den Begriff der „Genese" einerseits ablehnt, ihn andererseits aber in seiner Argumentation verwendet, wenn er behauptet, die zitierten Begriffe seien aus einer bestimmten Ideologie entstanden: „l'idéologie qui les a produits (...), produits uniquement pour l'usage de cette idéologie".[2] Die deutsche Übersetzung zeigt, daß „produzieren" hier durchaus als Synonym für „Entstehung" oder „entstehen aus" gelesen werden kann. Wenn es aber zutrifft, daß bestimmte Termini aus einer Ideologie entstanden sind (von einer Ideologie produziert wurden), dann sind sie ideologisch vermittelt ... Eben weil Althusser den Begriff der Vermittlung ablehnt, kann er nicht zeigen, *wie* Begriffe aus bestimmten sprachlichen Kontexten hervorgehen; außerdem vermag er nur selten, seine eigene Terminologie als historisch vermittelte Konstruktion zu reflektieren.

Althussers Kritiker — von Raymond Aron bis Henri Lefebvre — haben immer wieder versucht, diese Lücke zu füllen und die historischen oder ideologischen Hintergründe eines „strukturalistischen" Marxismus zu erhellen. Bevor ich selbst versuche, den rationalistischen Kontext, aus dem Althussers Diskurs hervorging, zu rekonstruieren, möchte ich kurz auf die „bürgerliche" und „marxistische" Kritik eingehen, ohne die mein Rekonstruktionsversuch nicht konkret zu verstehen ist.

Da Althussers Hauptwerke *Pour Marx* (1965) und *Lire le Capital* (1965, 1968, 2. erweiterte Aufl.) beide in den sechziger Jahren entstanden sind, als Lévi-Strauss' *Strukturale Anthropologie* (1958), Foucaults philosophische „Archeologie", Saussures synchrone Linguistik und Propps Narrativik die Diskussion beherrschten, drängte sich vielen der Gedanke auf, daß mit diesen Werken eine modische Synthese vorgelegt wurde, die an Sartres marxistischen Existentialismus erinnerte. Der Vergleich mit Sartre wird von Raymond Aron flugs auf einen ödipalen Konflikt zugespitzt: „Kurz, es geht gleichzeitig darum, den Vater zu töten — nämlich J.-P. Sartre, der nur die Menschen kannte und alle kollektiven Probleme auf erlebte Erfahrungen zurückführte — und Hegels Geist zu beschwören, eines Philosophen, demzufolge das Ende der Geschichte mit der Vollendung der Menschheit und dem Erscheinen der Wahrheit zusammenfällt."[3] In Überein-

---

[1] L. Althusser, E. Balibar, *Das Kapital Lesen I*, Reinbek, Rowohlt, 1972, S. 84.
[2] L. Althusser, E. Balibar, *Lire le Capital I*, Paris, Maspero, 1968, S. 77.
[3] R. Aron, *Marxismes imaginaires*, Paris, Gallimard, 1970, S. 337.

stimmung mit den von Althusserianern als „bürgerlich" definierten Marxisten wirft Aron Althusser vor, er habe die „revolutionäre *Praxis*" des Proletariats in „interstrukturelle Gesetze" („lois interstructurales") verwandelt.⁴

Seitdem hat der Strukturalismus-Vorwurf Althusser und seine Schüler nicht mehr verlassen. Dazu trugen wahrscheinlich auch weniger bekannte Veröffentlichungen wie Lucien Sebags *Marxisme et structuralisme* (1964) bei, in denen der dialektische Prozeß der Vermittlung und Aufhebung vom Begriff der „rupture" verdrängt wird. Besonders charakteristisch für die Mitte der sechziger Jahre ist Sebags Behauptung: „Von nun an ist der Bruch zur Grundregel geworden."⁵ Ausgehend von Lévi-Strauss' *Struktureler Anthropologie* und Lacans Psychoanalyse, kommt Sebag zu ähnlichen Ergebnissen wie Althusser, dessen Hauptwerke ein Jahr später erschienen. In beiden Fällen geht es — ähnlich wie in Foucaults Theorie der *Episteme* — um historische Einschnitte und Mutationen, die die Kontinuität der gesellschaftlichen Entwicklung und deren genetische Erklärung radikal in Frage stellen. Der „Strukturalismus"-Begriff ist in diesem Kontext jedoch zu vage, da er auch auf Autoren wie Barthes, Greimas, Piaget und Goldmann angewandt wird, die mit Bachelard und der rationalistischen Philosophie nichts oder wenig zu tun haben.

Am deutlichsten wurde der Strukturalismus-Vorwurf von Vertretern eines humanistischen Marxismus vorgebracht, die viele ihrer Artikel in der Zeitschrift *L'Homme et la société* des Anthropos-Verlags publizierten. Der damalige Verlagsbesitzer und Herausgeber der Zeitschrift, Serge Jonas, war ein erbitterter Gegner des „Strukturalismus" und vor allem Althussers. Er hatte seine Freude an Titeln wie Henri Lefebvres „Les Paradoxes d'Althusser" (Nr. 13, 1969) oder — noch besser: „L'Epistémologie althussérienne ou un positivisme délirant" von Freddy Tellez (Nr. 41—42, 1976). Hier zeigt sich, zumindest andeutungsweise, daß den Strukturalismus-Vorwurf ein Positivismus-Vorwurf ergänzt — der bei Tellez allerdings ebenso vage bleibt wie Lefebvres Kritik am „Strukturalismus".

Er wird von Lucien Goldmann in *Marxisme et sciences humaines* nuanciert und zum ersten Mal im französischen Kontext mit dem Postulat der Wertfreiheit in Beziehung gesetzt. Goldmann wirft die durchaus berechtigte Frage auf, „ob man Tatsachenurteile und Werturteile trennen kann, um auf diese Weise im Namen des Marxismus eine rein

---

⁴ ibid., S. 336. Noch im Jahre 1980 legt F. Bourricaud Althusser auf „den Strukturalismus" fest: „Il est vrai que le Marx de M. Althusser n'est plus celui de Sartre. C'est un Marx structuraliste, qui aurait lu Saussure, MM. Lacan et Lévi-Strauss." (F. Bourricaud, *Le Bricolage idéologique*, op. cit., S. 206—207.) Bourricauds professorale Ironie paart sich stellenweise mit so groben Vereinfachungen, daß sie peinlich wirkt. In seinen *Eléments d'autocritique*, Paris, Hachette, 1974, hat Althusser schließlich selbst versucht, das „Strukturalismus"-Mißverständnis aufzuklären. Unumwunden gibt er dort seinen Spinozismus zu, beschließt aber das Kapitel mit der Überschrift „Structuralisme?" mit dem Satz: „Mais nous n'avons pas été structuralistes." (S. 64) Den Einfluß Lacans relativiert D. Lecourt in seinem Buch *La philosophie sans feinte*, Paris, Hallier / Albin Michel, 1982, S. 117, wenn er schreibt, Althusser habe sich von Lacans Psychoanalyse „einschüchtern" lassen: „Althusser avait, comme tant d'autres, cédé à l'effet d'intimidation dont l'œuvre de Lacan tire une bonne part de sa force."

⁵ L. Sebag, *Marxisme et structuralisme*, Paris, Payot, 1964, S. 101. Entsprechende Stellen finden sich auch in M. Foucaults *L'Archéologie du savoir*, Paris, Gallimard, 1969, wo sich wie bei Althusser der Einfluß Bachelards bemerkbar macht: „Interruptions dont le statut et la nature sont fort divers. *Actes et seuils épstémologiques* décrits par G. Bachelard (. . .)." (S. 11)

positivistische Position zu verteidigen (was ja Althusser in der Gesamtheit seiner Schriften tut)."⁶ (Um vorab terminologische Mißverständnisse auszuschließen, weise ich bei dieser Gelegenheit darauf hin, daß ich selbst im Zusammenhang mit Althusser und den Kritischen Rationalisten weder von Positivismus noch von Neopositivismus, sondern ausschließlich von *Szientismus* spreche.) (Siehe Kap. 4.)⁷

Das Fazit der Pariser humanistischen Marxisten: „Marx richtet das Denken auf den Inhalt aus, auf Formen, die als Formen von Inhalten existieren, und nicht auf eine freischwebende Form. Ist die Form zweiten Grades, die nur mit dem philosophischen Denken verknüpft ist — Diskurs über einen Diskurs, Metasprache —, nicht eine Ideologie zweiten Grades, die sich bemüht, mit Hilfe von (scheinbarer) systematischer Strenge ihren eigenen ideologischen Charakter zu vertuschen?"⁸ — Soweit Lefebvre in *L'Idéologie structuraliste*. Hier ist — wieder einmal — die Situation entstanden, die ich in meiner Einleitung zum ersten Teil dieses Buches skizziert habe: Ideologie ist immer das Denken des anderen ...

Etwas nuancierter fiel die Althusser-Rezeption in Deutschland aus, wo beispielsweise die Autoren des Projekts *Ideologie-Theorie* (ganz zu Recht, wie ich meine) von der „Fruchtbarkeit der ideologietheoretischen Problemstellungen Althussers" sprechen.⁹ Auch Althusser-Kritiker wie Urs Jaeggi zeigen mehr Verständnis als Lefebvre für die Nuancen und Innovationen des neuen Marxismus.¹⁰ Schließlich setzt sich aber bei Alfred Schmidt der von Lefebvre und Goldmann vorgebrachte Vorwurf durch, Althusser löse die „Subjektivität" in Strukturen auf, trenne die Theorie von der Praxis (was nicht unbedingt richtig ist) und gebe „die ökonomische Subjekt-Objekt-Dialektik zugunsten eines formalisierten Objektivismus" auf.¹¹

Im Gegensatz zu den hier zitierten Autoren möchte ich im folgenden zeigen, daß Althussers Ansatz und vor allem seine Ideologietheorie nur im Koordinatensystem bestimmter rationalistischer Strömungen konkret zu erklären sind. Bisher sind diese Strömungen (Spinozas und Hobbes' Philosophie, Bachelards „épistémologie", Saussures synchrone Linguistik und Lacans Psychoanalyse) einzeln, als „Einflüsse" in Althussers Werk behandelt worden. Ich möchte hier zeigen, wie verschiedene Strömungen *zusammenwirken* und die Entstehung eines rationalistischen Marxismus ermöglichen, der in vieler Hinsicht an den Marxismus Otto Neuraths erinnert, sowie an dessen Versuche, Metaphysik (Ideologie) sauber von der Wissenschaft zu scheiden. Wie bisher soll die Kritik

---

[6] L. Goldmann, *Marxisme et sciences humaines*, op. cit., S. 187.
[7] In dieser Hinsicht folge ich H. Lenk (*Zwischen Wissenschaftstheorie und Sozialwissenschaft*, op. cit.), der überzeugend für eine Unterscheidung von *Positivismus* und *Szientismus* plädiert: Es sollte sich niemand reduktionistisch über Poppers und Althussers Kritik am traditionellen Positivismus hinwegsetzen.
[8] H. Lefebvre, *L'Idéologie structuraliste*, Paris, Anthropos, 1971, S. 129.
[9] M. Behrens u. a., „Ideologische Staatsapparate und Subjekteffekt bei Althusser", in: *Theorien über Ideologie, Argument*-Sonderband, AS 40, 1979, S. 105.
[10] Siehe: U. Jaeggi, *Theoretische Praxis. Probleme eines strukturalen Marxismus*, Frankfurt, Suhrkamp, 1976, S. 103: „Der Vorwurf, dieser Ansatz sehe nur die ‚Synchronie', nicht auch die ‚Diachronie', er sehe nur die Produktionsmechanismen einer bestimmten Gesellschaftsformation, ist gängig, indes falsch."
[11] A. Schmidt, „Der strukturalistische Angriff auf die Geschichte", in: ders. (Hrsg.), *Beiträge zur marxistischen Erkenntnistheorie*, Frankfurt, Suhrkamp, 1969, S. 208.

einen dialogischen Charakter haben und der Frage nachgehen, welche Theoreme Althussers für die Textsoziologie wesentlich sind.

1. Epistemologischer Schnitt I: Rationalismus

Althussers Marx-Interpretation ist oft und ausführlich kritisiert worden, und die Kritiker scheinen sich — von Raymond Aron bis Alfred Schmidt — in einem Punkt einig zu sein: Althusser vernachlässige die Kontinuität zugunsten der Differenz, der Dichotomie. Es wird sich hier allerdings zeigen, daß die Entscheidung darüber, wessen Marx-Interpretation die richtige sei, nicht so einfach ist, wie die Beteiligten es sich mitunter vorstellen. Um Althussers eigenwillige Lesart beurteilen zu können, muß man versuchen, sie in dem Kontext zu verstehen, in dem sie zusammen mit dem Begriff des *epistemologischen Schnitts* entstanden ist. Dieser Begriff, der für Althussers Trennung von Ideologie und Wissenschaft wesentlich ist, gehört einer rationalistischen Tradition an, die ich im Zusammenhang mit Hobbes' und Comtes Kritik der Metaphysik bereits in der Einleitung erwähnte.

Bisher wurde immer wieder und ganz zu Recht Althussers Spinozismus zur Erklärung von *Pour Marx* und *Lire le Capital* herangezogen; übersehen wurden von den meisten die Hinweise auf Thomas Hobbes und Auguste Comte, die nicht zufällig in den beiden Werken zitiert werden. Ausschlaggebend ist natürlich der Zusammenhang, in dem sich der Autor von *Lire le Capital* auf Hobbes beruft. In seinem Kapitel über „Marx' große theoretische Umwälzung" huldigt er jenem mathematischen Ideal, von dem sich bereits Hobbes, Spinoza („more geometrico") und später Comte faszinieren ließen: „Die Gesellschaftswissenschaften haben nicht die Reinheit der mathematischen Wissenschaften. Schon Hobbes bemerkte: ‚Die Geometrie vereint die Menschen, die Gesellschaftswissenschaft trennt sie.'"[12] Auch Althusser möchte, wie vor ihm Hobbes und Spinoza, eine Wissenschaft jenseits der ideologischen Konflikte begründen: und eine solche Wissenschaft ist bei ihm (wie bei Hobbes) nur „more geometrico" denkbar. Bekanntlich erblickte Hobbes in der Geometrie eine Alternative zur damals herrschenden Scholastik und zur Philosophie ganz allgemein. Von der Geometrie heißt es im letzten Teil von Leviathan („Of the Kingdome of Darknesse"): „There were many that studied that Science to the great advantage of mankind: but there is no mention of their Schools: nor was there any sect of Geometricians; nor did they then passe under the name of Philosophers."[13]

Noch wichtiger als dieser Szientismus *avant la lettre* scheint in unserem Zusammenhang Hobbes' intellektueller Werdegang wichtig zu sein, zumal auch er einen „epistemologischen Einschnitt" aufweist: Bekanntlich ging Hobbes ursprünglich von der These des Thukydides aus (dessen Werk er übersetzte), daß die Menschen von der *Geschichte*

---

[12] L. Althusser, E. Balibar, *Das Kapital lesen II*, op. cit., S. 248–249. Siehe auch: L. Althusser, *Für Marx*, Frankfurt, Suhrkamp, 1974, S. 92.
[13] Th. Hobbes, *Leviathan*, op. cit., S. 686.

lernen sollten. Doch ein Jahr nach der Veröffentlichung seiner Übersetzung, im Jahre 1629, bekehrte er sich jäh zu einem völlig anderen, a-historischen Wissenschaftsbegriff, den er später, nach seiner Begegnung mit Galileo, auf die politische Wissenschaft anwandte: zu dem der Geometrie.

An Hobbes' Bekehrung denkt der Leser nicht nur, wenn er auf Althussers Bemerkungen über den englischen Philosophen stößt, sondern auch dann, wenn er in *Lénine et la philosophie seine* späte Begegnung mit Galileos Lehre miterlebt: In diesem Buch soll gezeigt werden, wie, nach der Erschließung des „mathematischen Kontinents" durch die Griechen und des „physikalischen Kontinents" durch Galileo, Marx den dritten, den „historischen Kontinent" („le continent Histoire") entdeckt, und damit die Sozial*wissenschaft par excellence*: den *historischen Materialismus*, begründet.[14] (Der Frage, weshalb dreihundert Jahre nach Hobbes und Spinoza und rund 130 Jahre nach Comte die Sozialwissenschaften immer noch von ideologischen Konflikten zerrissen sind — statt wie die Mathematik die Menschen zu „vereinen" — geht Althusser nicht nach.)

Im Zusammenhang mit Althussers Marxismus ergänzt und präzisiert Spinozas Erkenntnislehre deshalb Hobbes' Kritik an der Scholastik und Metaphysik, weil die *Ethik* das menschliche Denken hierarchisiert und dabei einen klaren Trennungsstrich zwischen *opinio* oder *imaginatio* auf der einen Seite und der *ratio* und der *scientia intuitiva* auf der anderen Seite zieht. Obwohl ich Piet Steenbakkers recht gebe, wenn er sich gegen eine mechanische Ableitung von Althussers Erkenntnishierarchie (der drei *généralités*) aus Spinozas *Ethik* wendet[15], so meine ich doch, daß Spinozas und Hobbes' rationalistische *Denkweise* den Kontext abgibt, in dem Althusser das Marxsche Werk rezipiert und deutet. Es ist ein Kontext, der, wie sich gezeigt hat, von der Trennung und nicht von der dialektischen Vermittlung und vom dialektischen Gegensatz strukturiert wird. (Auf die Beziehung zwischen Althussers drei *Allgemeinheiten* oder *généralités* werde ich im dritten Abschnitt im Zusammenhang mit dem Gegensatz Ideologie/Wissenschaft näher eingehen.)

In seinem wichtigen Buch *Hegel ou Spinoza* zeigt Pierre Macherey, daß bei Spinoza auch andere Schlüsselbegriffe der Dialektik fehlen; zu ihnen gehört der Begriff des *Widerspruchs*: „Was bei Hegel die Triebfeder der vernünftigen Entwicklung ausmacht, der Widerspruch, fehlt völlig in der Darstellung Spinozas (...)."[16] Spinozas Erkenntnisprozeß hat, Macherey zufolge, einen rein kausalen Charakter (wie auch der eines Thomas Hobbes).

Kausalismus und Determinismus des 17. Jahrhunderts werden in *Lire le Capital* zur Synthese gebracht, um die Wirkungen der Struktur, des Systems, zu erklären: „Die Struktur ist ihren Wirkungen immanent, sie ist eine ihren Wirkungen immanente Ursache im Sinne Spinozas; *ihre ganze Existenz besteht in ihren Wirkungen*, und außerhalb ihrer Wirkungen ist sie als spezifische Verbindung ihrer Elemente ein Nichts."[17] Althusser

---

[14] L. Althusser, *Lénine et la philosophie*, Paris, Maspero, 1972, S. 53.
[15] P. Steenbakkers, *Over kennis en ideologie bij Louis Althusser. Een materialistische kritiek*, Groningen, Konstapel, 1982, S. 99.
[16] P. Macherey, *Hegel ou Spinoza*, Paris, Maspero, 1979, S. 66.
[17] L. Althusser, E. Balibar, *Das Kapital lesen II*, op. cit., S. 254.

ist hier bestrebt, die Argumentation von Ausdrücken wie „innen" und „außen", „äußere Einwirkung", „innere Veränderung" etc. zu befreien, und der Leser hat bisweilen den Eindruck, der Entfaltung einer funktionalen Systemtheorie beizuwohnen. Einige Seiten weiter zeigt sich allerdings, daß der Autor den Marxschen Systembegriff eher aus der Sicht des 17. Jahrhunderts betrachtet. Marxens bekannte Metaphern wie „Mechanismus" und „Triebwerk" faßt er als „schon fast perfekte Begriffe" auf: „Diese Begriffe treten immer da auf, wo Marx das kapitalistische System als ‚Mechanismus' (...), ‚Triebwerk' (...), ‚Getriebe' (...) oder als ‚Zusammenhang des gesellschaftlichen Stoffwechsels' (...) bezeichnet. In diesem Fall verschwindet dann die traditionelle Unterscheidung zwischen Innen und Außen (...)."[18]

Es geht hier nicht darum, Althussers Marxismus auf den mechanischen Materialismus seiner geistigen Vorfahren zu reduzieren; denn das ist er nicht: dazu orientiert er sich zu stark an der strukturalen (funktionalen) Linguistik und an der Psychoanalyse sowie an einigen Begriffen Spinozas, deren vorhegelianischen und vordialektischen Einschlag Pierre Macherey aufgezeigt hat.[19] Es trifft jedoch sicherlich zu, daß Althussers *penchant* für die rationalistische Tradition des 17. Jahrhunderts ihn immer wieder daran hindert, den dialektischen Widerspruch als Einheit der Gegensätze (d. h. als Vermittlung) zu denken. Indirekt geht er selbst auf dieses Problem ein, wenn er in *Eléments d'autocritique* (1974) bemerkt, er habe in seinen früheren Arbeiten den Widerspruch (vor allem den zwischen den Klassen) vernachlässigt, und hinzufügt: „(...) Spinoza wird immer fehlen, was Hegel Marx gab: *der Widerspruch*."[20] Dieser ist jedoch dialektisch ohne die Vermittlung der Gegensätze nicht zu denken; und es wird sich zeigen, daß Althusser den Widerspruch zwischen Wissenschaft und Ideologie, zwischen marxistischen Wissenschaftlern und ideologisch denkenden Proletariern auch in seinen späteren Arbeiten weiterhin „analytisch-synthetisch" (Hobbes) und nicht dialektisch denkt.

In die hier skizzierte rationalistische Tradition fügt sich die *Wissenschaftsphilosophie* („épistémologie": also *nicht* Erkenntnislehre) Gaston Bachelards nahtlos ein. Diese Philosophie ist, wie Dominique Lecourt richtig bemerkt, ein Antievolutionismus, der — wie auch Canguilhems und Foucaults Theorien — die Diskontinuität und den Bruch betont. Etwas einseitig scheint mir vor allem Lecourts Bemerkung zu sein, diese epistemologische Kritik am Evolutionismus (an den Begriffen des „Ursprungs", der „Genese" und des „Vorläufers") sei durch die Einheit der Philosophie mit der historischen Praxis der Wissenschaften zustande gekommen. Größere Bedeutung ist wohl seinem zusätzlichen Hinweis beizumessen, daß „Auguste Comte und seine Schüler diese Einheit ermöglicht und in der Institution der französischen Universität durchgesetzt haben".[21] Denn dieser Hinweis wird durch eine Passage in *Pour Marx* ergänzt (und wahrscheinlich auch antizipiert), in der Comte bescheinigt wird, er sei der „einzige interessante Denker", den die französische Philosophie nach 1789 hervorbrachte.[22]

---

[18] ibid., S. 260.
[19] Siehe: P. Macherey, *Hegel ou Spinoza*, op. cit., S. 58—63.
[20] L. Althusser, *Eléments d'autocritique*, op. cit., S. 81.
[21] D. Lecourt, *Pour une critique de l'épistémologie*, Paris, Maspero, 1972 S. 15.
[22] L. Althusser, *Für Marx*, op.cit., S. 23.

Mit Comte (und Althusser) verbindet Bachelard die Ausrichtung auf die Naturwissenschaften und deren von Einschnitten und Brüchen gezeichnete Geschichte. Mit Hobbes verbindet ihn der Glaube an eine wahre (natur-)wissenschaftliche Erkenntnis und mit Spinoza der Versuch, Wissenschaft sauber vom Pseudowissen zu trennen. Schon in seinem Buch über den „neuen wissenschaftlichen Geist" wendet er sich gegen das, was Spinoza *cognitio ab experientia vaga, opinio* oder *imaginatio* bezeichnet: „Jede neue Wahrheit entsteht trotz der unmittelbaren Wahrnehmung (évidence), jede neue Erfahrung entsteht trotz der unmittelbaren Erfahrung."[23] Entscheidend ist hier nicht so sehr der Gegensatz zwischen Meinung (Unmittelbarkeit) und Erkenntnis, der von Plato bis Hegel ein Leitmotiv der Philosophie ist, sondern die rigide Trennung der beiden Wissensmodi durch die Negativität: durch das „Trotz" („malgré").

Diese Negativität wird in *La Philosophie du non* im Zusammenhang mit einer „chimie non-lavoisienne" und einer „logique non-aristotélicienne" näher bestimmt: und zwar als ein radikaler Bruch zwischen Wissenschaft und Alltagsverstand, zwischen Wissenschaft und Metaphysik. Anhand eines Begriffs wie „Masse" macht Bachelard den Gegensatz zwischen dessen Verwendung im Alltag und der Physik plausibel. Der Alltagsbegriff „Masse" ist ein Hindernis für die Erkenntnis: „In diesem Stadium ist der Begriff der Masse ein Hindernis-Begriff (un concept-obstacle). Dieser Begriff schiebt der Erkenntnis einen Riegel vor."[24] Der eigentliche wissenschaftliche Terminus entfaltet sich in der Negation der Alltagsvorstellung und ihrer „obstacles épistémologiques" (Bachelard, Althusser): von Newton bis Dirac. Dabei spielt seine Quantifizierbarkeit eine entscheidende Rolle.

Analog dazu entwickelt sich die gesamte Wissenschaft als Negation bestehender Systeme: „Es gibt nur ein Mittel, die Wissenschaft fortschreiten zu lassen: der bestehenden Wissenschaft unrecht geben, d. h. deren Konstitution ändern."[25] Der Realismus in der Wissenschaftsphilosophie, sagt Bachelard, kennt keine Einschnitte, weil er sich alles zu eigen macht, alles assimiliert und dadurch den Systemumbruch ausschließt. Er „engagiert sich nicht", geht kein Risiko ein. Der Rationalismus hingegen, dem Bachelard das Wort redet, „stellt sich selbst bei jedem Experiment global in Frage. Der Erfolg ist hier aber — wieder einmal — auf seiten des größten Risikos."[26] Die Affinität zu Poppers Forderung nach „strenger Prüfbarkeit", nach der Möglichkeit, eine Theorie „scheitern" zu lassen, ist hier sicherlich kein Zufall, sondern im Kontext des europäischen Rationalismus zu erklären.

Auch kein Zufall ist Bachelards Ablehnung des Hegelschen Widerspruchs, die ihn mit Althusser (und Popper) verbindet. Im letzten Kapitel von *La Philosophie du non*, wo Hegels Dialektik an mehreren Stellen abgelehnt wird, zeigt sich, weshalb Bachelards Negativität mit der dialektischen nicht verwechselt werden sollte: „Sie akzeptiert nicht den inneren Widerspruch."[27] Dieser Satz, der *in nuce* Althussers gesamte Problematik anti-

---

[23] G. Bachelard, *Le Nouvel esprit scientifique*, Paris, PUF, 1934, S. 11.
[24] G. Bachelard, *La Philosophie du non*, Paris, PUF, 1940, S. 23.
[25] ibid., S. 32.
[26] ibid., S. 33.
[27] ibid., S. 135.

zipiert und Zweifel an seinem späten Bekenntnis (in *Eléments d'autocritique*, s. o.) zum Widerspruch weckt, führt mitten in die Problematik seiner Marx-Interpretation.

2. Epistemologischer Schnitt II: Marx-Exegese: von Althusser zu Neurath

Es mag sein, daß ich mich inzwischen selbst von der rationalistischen Metapher des „Mechanismus" habe anstecken lassen, aber ich meine, daß man anhand der hier erörterten Schlüsselbegriffe und Gegensatzpaare (Trennung/Vermittlung; Bruch/Evolution; Geometrie/Geschichte; Wissenschaft/Meinung; Wissenschaft/Metaphysik etc.) Althussers Marx-Lektüre fast mechanisch generieren könnte, ohne *Lire le Capital* zu kennen. Sicherlich ist dies eine Übertreibung; jedoch eine nützliche, weil sie die eingangs formulierte These veranschaulicht, daß Althussers Marx-Kommentare nur mit Bezug auf eine Variante des Rationalismus und dessen Terminologie zu verstehen sind.

Tatsächlich zeigt sich, daß Althusser im Gegensatz zu Habermas, der im Zusammenhang mit Marx und Freud von einem „szientistischen Mißverständnis" spricht[28], nicht versucht, zwischen szientistischen und dialektischen (hermeneutischen) Elementen in Marxens Werk *zu vermitteln* (so wie beispielsweise Adorno in seiner Analyse von Georges Lyrik Ideologie und Kritik vermittelnd aufeinander bezieht). Auch diesmal wird die dialektische Vermittlung durch die Trennung ersetzt.

Diese kommt dadurch zustande, daß Althusser sich bemüht, mit Hilfe eines Leseverfahrens, das er als „symptomal" („lecture symptomale") bezeichnet und in Übereinstimmung mit Bachelard[29] durchaus als einen psychoanalytischen Vorgang auffaßt, in Marxens Text die ideologische Spreu vom wissenschaftlichen Weizen zu trennen. Dabei geht er von Bachelards Gedanken aus, daß jede neue Wissenschaft von Rückfällen ins ideologische Denken bedroht wird. Dies gilt auch für den „historischen Materialismus", dessen wissenschaftlichen Bereich Marx abgesteckt hat (s. o. den Vergleich mit Galileo), ohne sich allerdings der Tragweite seiner Entdeckung *bewußt* zu sein. Dieser Mangel an Bewußtsein bei Marx erklärt, weshalb sogar die späten (nach 1857 entstandenen) Schriften, die Althusser für wissenschaftlich hält, ideologische Elemente aufweisen und von einem Rückfall in die Ideologie bedroht sind.

---

[28] Siehe: J. Habermas, *Erkenntnis und Interesse*, op. cit., S. 85: „Hätte Marx Interaktion mit Arbeit nicht unter dem Titel der gesellschaftlichen Praxis zusammengeworfen, hätte er stattdessen den materialistischen Begriff der Synthesis auf die Leistungen instrumentalen und die Verknüpfungen kommunikativen Handelns gleichermaßen bezogen, dann wäre die Idee einer Wissenschaft vom Menschen nicht durch die Identifikation mit Naturwissenschaft verdunkelt worden." Diese Passage sagt ebensoviel über Habermas' Marx-Interpretation aus wie über die Althussers: Während Habermas den Marxschen Text kommunikationspragmatisch liest, liest Althusser ihn monologisch-mechanistisch im Sinne des 17. Jahrhunderts. Die Begriffe, die ihn interessieren und die er für „fast perfekt" hält, gehören der Mechanik an: „Diese Begriffe treten immer da auf, wo Marx das kapitalistische System als ‚Mechanismus' (...), ‚Triebwerk' (...), ‚Getriebe' (...) oder als ‚Zusammenhang des gesellschaftlichen Stoffwechsels' (...) bezeichnet." (*Das Kapital lesen II*, S. 260)

[29] Siehe: G. Bachelard, *La Philosophie du non*, op. cit., S. 25.

Deshalb faßt er seine Marx-Exegese als Säuberungsprozeß auf: „Wir wissen, daß es eine ‚reine' Wissenschaft nur unter der Bedingung gibt, daß man sie ständig reinigt, eine in der Notwendigkeit ihrer Geschichte freie Wissenschaft nur unter der Bedingung, daß man sie ständig von der Ideologie befreit, die sie besetzt, verfolgt und belauert."[30] Der rationalistische, nicht-dialektische Einschlag dieser Textpassage fällt sogleich auf: Die Frage lautet nicht, wie Ideologie und Wissenschaft einander bei Marx wechselseitig bedingen oder wie Marxens Wissenschaft durch seine Ideologie ermöglicht wird, sondern bezieht sich ausschließlich auf den — unvermittelten — Gegensatz der beiden Terme.

Die Reinigung, die sich Althusser vornimmt, soll bekanntlich mit Hilfe der im *Kapital*, in der Wissenschaft des historischen Materialismus, latenten marxistischen Philosophie, mit Hilfe des dialektischen Materialismus, durchgeführt werden. Dieser dialektische Materialismus, den es nach Althusser als solchen noch nicht gibt, weil er nur implizit in Marxens Wissenschaft enthalten ist, ist folglich sowohl Instrument als auch Gegenstand (Ziel) der Untersuchung. Althusser faßt (in *Pour Marx* und *Lire le Capital*) die Wissenschaft des historischen Materialismus als „theoretische Praxis" und den dialektischen Materialismus als wissenschaftsphilosophische Theorie über die wissenschaftliche Praxis auf: als *théorie de la pratique théorique*.

Von ihr erwartet er, daß sie die Lücken im *Kapital* schließt und die ideologischen *lapsus* des reifen Marx (seine Rückfälle in die Ideologie der Frühschriften) beseitigt: Wo Marx zweideutig ist oder schweigt, soll — mit Hilfe des aus dem Kapital herausdestillierten dialektischen Materialismus — die Wissenschaft sprechen: „Vielmehr habe ich dieses Schweigen als mögliche Schwäche eines Diskurses unter dem Druck eines übermächtigen anderen Diskurses verstanden, der auf Grund seiner Übermacht die Stelle des ersten Diskurses einnimmt und in dessen Schweigen hineinspricht: ich meine den empiristischen Diskurs. Dieses Schweigen habe ich im ersten Diskurs wieder zum Sprechen gebracht, indem ich den zweiten Diskurs auflöste."[31]

Auf die Tatsache, daß Althusser über keinen semiotischen Diskursbegriff verfügt, der es ihm gestatten würde, verschiedene Diskurse innerhalb eines Textes gegeneinander abzugrenzen, will ich noch eingehen. Vorerst geht es darum, daß auch in dieser Passage nur das eine (die Ideologie, der Empirismus) ohne das andere (die Wissenschaft, den historischen Materialismus) gedacht wird. Wechselseitige Bedingtheit scheint nicht in Frage zu kommen. Dieses rationalistische Verfahren führt dazu, daß dem Text — nach Althussers eigener Darstellung: „indem ich den zweiten Diskurs auflöste" — eindeutig Gewalt angetan wird. Denn es ist durchaus legitim, ideologische Tendenzen in einem Text (Marxens, Nietzsches, Freuds, Georges) zu kritisieren; es ist aber nicht legitim, sie schlicht als *lapsus* oder *bévues* (Althusser) auszublenden. In diesem Zusammenhang ist Henri Lefebvre recht zu geben, wenn er angesichts solcher Interpretationsmethoden von einem „mythe de la rigueur" („Mythos der Genauigkeit") spricht.[32]

---

[30] L. Althusser, *Für Marx*, op. cit., S. 109.
[31] L. Althusser, E. Balibar, *Das Kapital lesen I*, op. cit., S. 118.
[32] H. Lefebvre, *L'Idéologie structuraliste*, op. cit., S. 129.

Althussers Trennungsdenken läuft bei der Betrachtung des gesamten Marxschen Textkorpus auf die Feststellung eines *epistemologischen Bruchs* zwischen den Frühschriften und dem *Kapital* hinaus. Er schlägt vor, alle Werke von Marx nach 1857 als Werke der Reife zu bezeichnen, und plädiert für die folgende Einteilung: 1840—1844: Jugendwerke; 1845: Werke des Einschnitts (zu diesen rechnet er die *Thesen über Feuerbach* und *Die deutsche Ideologie*); 1845—1857: Werke der Reifung und 1857—1883: Werke der Reife (die „Einleitung" zu *Grundrisse der Kritik der Politischen Ökonomie* und *Das Kapital*). Außer in den *Manuskripten von 1844*, sagt Althusser, sei Marx nie wirklich Hegelianer gewesen, sondern zuerst Kantianer und Fichteaner, dann Feuerbachianer. Der Bruch mit Hegel werde in den „Werken des Einschnitts" eingeleitet und in den Werken der Reife, vor allem im *Kapital*, vollzogen.

Wichtig ist zunächst die Tatsache, daß Althusser sich nicht einen jähen Bruch zwischen dem Hegelianer Marx und dem „Marxisten" Marx vorstellt, sondern zwischen die *Manuskripte von 1844* und die Werke der Reifung und der Reife eine Übergangsphase einfügt, die mit den *Thesen über Feuerbach* und der *Deutschen Ideologie* zusammenfällt. In diesen Texten, meint er, finde auf terminologischer Ebene eine Mutation statt, die einem Übergang von der idealistischen und humanistischen Ideologie zur marxistischen Wissenschaft gleichkomme.

Die Frage, die eine solche Gliederung des Marxschen Werkes geradezu provoziert, betrifft natürlich die Methode, die es gestattet, solche Einschnitte vorzunehmen und den Text nach sprachlichen Gesichtspunkten zu analysieren. Diese Methode wird in *Pour Marx* skizziert und — wie bereits erwähnt — mit der „marxistischen Philosophie" (dem dialektischen Materialismus) identifiziert: „Die Theorie, die gestattet, in Marx klar zu sehen, die Wissenschaft von der Ideologie zu unterscheiden (...), die gestattet, ein Wort von einem Begriff zu unterscheiden, die Existenz oder Nichtexistenz eines Begriffs unter einem Wort auszumachen, die Existenz eines Begriffs durch die Funktion eines Wortes in der theoretischen Rede zu ermitteln, die Natur eines Begriffs durch seine Funktion in der Problematik und dadurch den Ort, den er im System der ‚Theorie' einnimmt, zu definieren, diese Theorie, die allein eine authentische Lektüre der Texte von Marx gestattet, eine gleichzeitig wissenschaftstheoretische und historische Lektüre, ist in der Tat nichts anderes als die marxistische Philosophie selbst."[33]

Dieser lange Satz ist deshalb besonders wichtig, weil er die einzige Textstelle in Althussers Werk ist, an der seine Interpretationsmethode zusammenfassend dargestellt wird. Aus semiotischer Sicht fällt zweierlei auf: 1. Althusser richtet sein Augenmerk vor allem auf lexikalische Einheiten („Wörter", „Begriffe"); 2. er verwendet vier Begriffe, die über den lexikalischen Bereich hinausgehen: „Funktion", „theoretische Rede" („discours théorique"), „System" und „Problematik". Von diesen vier Begriffen wird nur einer ausgearbeitet und präzisiert: „Problematik". Vor allem der Diskurs-Begriff, der sehr häufig vorkommt, bleibt undefiniert. Sehen wir uns den „Problematik"-Begriff näher an.

---

[33] L. Althusser, *Für Marx*, op. cit., S. 40—41.

In *Pour Marx* wird dieser Terminus näher bestimmt als eine „Gesamtheit von Begriffen, die systematisch untereinander verbunden sind."[34] So unterscheidet sich beispielsweise Feuerbachs humanistische Problematik radikal von Marxens wissenschaftlicher Problematik im Kapital. Leider ist *Problematik* jedoch kein semantischer Begriff (wie z. B. *Kode* oder *Isotopie*, Greimas), der es gestatten würde, lexikalische Einheiten („Wörter", „Begriffe") mehr oder weniger eindeutig einer Problematik zuzurechnen. Althussers Problematik-Begriff ähnelt bisweilen Foucaults *Episteme*, stellenweise sogar Kuhns *Paradigma*; an anderen Stellen wird er dem Diskurs-Begriff angenähert, so daß Ted Benton in seinem Althusser-Buch sogar „Diskurs" und „Problematik" als Synonyme auffaßt: „the two types of discourse (or problematic)."[35]

Die Frage nach der Bedeutung dieses Schlüsselbegriffs ist keine rein „scholastische": Denn alles hängt davon ab, ob in der „Einleitung" von 1857 und im *Kapital* eine *dominierende semantische Struktur* ausgemacht werden kann, die mit dem Oberbegriff „Wissenschaft" umschrieben wird und die bestimmte wissenschaftliche Begriffe wie „Produktivkräfte" oder „Produktionsverhältnisse" einschließt, während sie andere (Pseudo-)-Begriffe wie „Entfremdung", „Mensch" etc. ausschließt: so wie die Chemie, mit der Althusser den historischen Materialismus vergleicht[36], Begriffe wie „Wasser" und „Sauerstoff" zuläßt, nicht jedoch Bezeichnungen wie „Feuer" oder „Erde". Tatsächlich ist aber Althussers Problematik-Begriff für eine solche Strukturierung völlig ungeeignet, da er im Gegensatz zu etwa Greimas' Isotopie-Begriff keine semantischen Komponenten aufweist. Insgesamt würde ich Althusser nicht seinen vielgeschmähten „Strukturalismus" zum Vorwurf machen, sondern eher einen *Mangel* an struktureller Analyse.

Denn nur eine semantische Analyse des Marxschen Textes (zumindest eines Textfragments) würde eine sinnvolle Diskussion der Althusserschen These ermöglichen, daß Marxens *Das Kapital* mit dem Idealismus und Humanismus der damaligen deutschen Philosophie bricht. Solange eine solche Analyse nicht durchgeführt wird, können humanistische Marxisten wie Lefebvre die Gegenbehauptung aufstellen, daß die hegelianische Dialektik sowie „Menschlichkeit" und „Entfremdung" im Kapital ebenso wichtig sind wie in den Frühschriften ...

Sieht man sich den Kontext an, in dem das Wort „Mensch" (das Althusser zusammen mit Wörtern wie „Entfremdung" in die humanistische Ideologie relegiert) im *Kapital* vorkommt, so kann keineswegs behauptet werden, es werde nur ironisch, mit ideologiekritischer Distanz verwendet; ebensowenig kann behauptet werden, es handle sich in den folgenden Fällen um *lapsus* in einem „psychoanalytisch-epistemologischen" Sinn: So heißt es beispielsweise in dem bekannten 8. Kapitel über den Arbeitstag (Bd. I): „Es versteht sich zunächst von selbst, daß der Arbeiter seinen ganzen Lebenstag durch nichts ist außer Arbeitskraft (. . .) Zeit zu menschlicher Bildung, zu geistiger Entwicklung, zur Erfüllung sozialer Funktionen, zu geselligem Verkehr, zum freien Spiel der physischen

---

[34] ibid., S. 47.
[35] T. Benton, *The Rise and Fall of Structural Marxism. Althusser and his influence*, London, Macmillan, 1984, S. 47.
[36] Siehe: L. Althusser, E. Balibar, *Das Kapital lesen I*, op. cit., S. 202.

und geistigen Lebenskräfte, selbst die Feierzeit des Sonntags — und wäre es im Lande der Sabbatheiligen — reiner Firlefanz!"[37]

Es dürfte Vertretern einer strengen (wertfreien?) marxistischen Wissenschaft schwerfallen, in dieser Textpassage lexikalische Einheiten wie „Lebenstag", „Bildung", „geistig", „menschlich", „gesellig", „frei", „Feierzeit" als humanistisch-idealistische Ideologeme ausfallen zu lassen: Die kritische Stoßrichtung der Marxschen Argumentation ginge verloren, ja der Text würde unzusammenhängend, im Extremfall unverständlich werden.

Es kommt hinzu, daß Lexeme wie „Mensch" oder „menschlich" nicht nur in kritisch-polemischen („humanistischen") Kontexten vorkommen, sondern an anderen Stellen des *Kapitals* unentbehrliche Funktionen in der wirtschaftswissenschaftlichen Argumentation erfüllen. So heißt es beispielsweise im 2. Band dieses Werkes (3. Absch., 19. Kap. „Die Reproduktion und Zirkulation des gesellschaftlichen Gesamtkapitals") über die *Rente*: „Sie ist das Werk der Natur, welches übrigbleibt nach Abzug oder Ersatz alles dessen, was als Menschenwerk betrachtet werden kann."[38]

Wird in diesem Satz das Lexem „Mensch" (d. h. das Sem „menschlich") ersatzlos gestrichen oder durch ein anderes (andere) Lexem(e) ersetzt, wird die Marxsche Definition des Begriffs „Rente", den Althusser für wissenschaftlich hält, in Frage gestellt. Als semantisch besonders fragwürdig erscheint in diesem Kontext Althussers terminologischer Trennungsversuch in *Lire le Capital*: „Wir können die entsprechenden, bei Marx noch unzulänglichen wissenschaftlichen Begriffe in aller Schärfe nur unter der absoluten Bedingung bestimmen, daß wir die ideologische Natur der philosophischen Begriffe erkennen, die an ihre Stelle getreten sind (. . .)."[39] In *Pour Marx* ist wissenschaftliche Erkenntnis nur unter der Bedingung möglich, „daß man auf die *theoretischen Dienste* des Begriffs Mensch (. . .) ganz verzichte."[40]

Nun meine ich aber, daß sich semantisch (vielleicht sogar universell-intersubjektiv im Sinne des Kritischen Rationalismus) nachweisen ließe, daß ein Verzicht auf den Begriff „Mensch" in *Das Kapital* nicht nur den ökonomischen Begriff der „Rente" fragwürdig werden läßt, sondern auch andere „streng wissenschaftliche" Termini wie „Kapitalist", „Arbeiter", „Produzent", „Konsument" oder „Arbeitszeit". Denn einer der Gründe, weshalb diese Lexeme (Sememe) in Marx' Spätwerk bestimmte semantische Funktionen erfüllen, ist die Möglichkeit, sie dem Oberbegriff (*Klassem*, Greimas) „Mensch" zu subsumieren, d. h. sie auf der semantischen Isotopie „menschlich" zu lesen. Das semantische Merkmal „menschlich" ist in den hier aufgeführten „wissenschaftlichen Begriffen" enthalten: ob es Althusser paßt oder nicht . . . Könnte es nicht sein, daß Marx gerade deshalb eine neue „Problematik" entdeckte, weil er im Gegensatz zur Politischen Ökonomie bestimmte soziologische Termini wie „Mensch", „Klasse", „Entfremdung", „Produktions*verhältnisse*", „Klassenkampf" und „Revolution" in den ökonomischen Kontext einführte?

---

[37] K. Marx, *Das Kapital I*, op. cit., S. 229.
[38] K. Marx, *Das Kapital II*, op. cit., S. 337.
[39] L. Althusser, E. Balibar, *Das Kapital lesen I*, op. cit., S. 194.
[40] L. Althusser, *Für Marx*, op. cit., S. 197.

Hier zeigt sich bereits, daß es nicht genügt, sich auf die lexikalische (bestenfalls semantische) Ebene zu konzentrieren, wie ich es bisher — *Althusser folgend* — getan habe: Denn Marxens semantische Synthese von gesellschaftlichen und ökonomischen Faktoren bringt anscheinend einen neuen *Diskurs* hervor, der wie alle Diskurse eine narrative Struktur hat und ähnlich wie Hegels Philosophie auf ein *telos* ausgerichtet ist: auf die „klassenlose Gesellschaft". Da Althusser den narrativen Ablauf des Marxschen Diskurses nicht thematisiert (und wohl gar nicht thematisieren kann), vermag er seine These, daß dem Marxschen Text Hegels Teleologie fehlt, nicht zu erhärten.

Bisher haben jedoch auch Autoren wie Löwith oder Tucker, die eine solche Teleologie in Marxens Werken vermuten, keine überzeugenden Textanalysen durchgeführt. Es gibt allerdings Hinweise auf diese Teleologie, die nicht nur auf semantischer, sondern vor allem auf narrativer Ebene auszumachen wäre. So zitiert Tucker beispielsweise einen Kommentar von Marx, der vom 8.12.1857 datiert: „Ich arbeite wie wahnsinnig die Nächte hindurch daran, meine ökonomischen Studien zusammenzukriegen, so daß ich mindestens die Grundzüge klar habe, bevor die Flut kommt."[41]

Hier sollte man sich nicht mit der ironischen Bemerkung begnügen, daß die Zeit gar nicht so knapp war, wie Marx dachte; denn die Textstelle zeigt etwas weitaus Wichtigeres: daß nämlich die Marxsche Wissenschaft wesentliche Impulse der Marxschen Ideologie im neutralen oder gar positiven Sinne dieses Wortes verdankt: seiner humanistischen Hoffnung und seinem revolutionären Messianismus, ohne die *Das Kapital* vielleicht nur ein langweiliger Traktat geworden wäre. Wie wenn Althussers Leistung gerade darin bestünde, die rationalistischen Diskurse, von denen hier die Rede war, zum ersten Mal systematisch auf Marxens Spätwerk anzuwenden, das durchaus rationalistische, szientistische Züge aufweist?

So einmalig ist diese Leistung freilich auch wieder nicht: denn Althusser hat einen geistigen Vorfahren, den er nie erwähnt und den auch Dominique Lecourt in seinem Buch über den „logischen Positivismus" nur aus zweiter Hand zu kennen scheint: Otto Neurath.[42] Aus drei Gründen ist Neurath für Althussers ideologiekritisches Unternehmen wichtig: 1. Wie Althusser orientiert er sich an den Naturwissenschaften (an der Physik) und versucht, die Sozialwissenschaften dem Ideal naturwissenschaftlicher Exaktheit anzunähern. 2. Zugleich sucht er nach einem Verfahren, das es gestatten würde, wissenschaftliche von nichtwissenschaftlichen („metaphysischen") Aussagen zu trennen. 3. Schließlich (und das ist hier wohl der wichtigste Punkt) möchte auch Neurath Marx als einen „exakten Wissenschaftler" verstehen, dessen Werk nur zufällig „metaphysische" Einsprengsel enthält.

Neuraths Streben nach einer „Einheitswissenschaft" und nach einer „Einheitssprache" aller Wissenschaften ist bekannt. Es kommt vor allem in seinen wichtigen Aufsätzen „Empirische Soziologie" (1931) und „Grundlagen der Sozialwissenschaften" (1944) zum Ausdruck. Gegen Dilthey und die an ihn anknüpfende hermeneutische Tradition vertei-

---

[41] K. Marx, in: R. C. Tucker, *Karl Marx*, op. cit., S. 299.
[42] Siehe: D. Lecourt, *L'Ordre et les jeux. Le positivisme logique en question*, Paris, Grasset, 1981. Von Neurath werden fast ausschließlich englische Texte zitiert; seine Theorien werden nicht besprochen.

digt er konsequent die *Einheit der Objektwelt* und lehnt alle Versuche, Objekte der „Geisteswissenschaften" oder Sozialwissenschaften von denen der Naturwissenschaften zu trennen, entschieden ab. Unüberhörbar ist der antitheologische, antimetaphysische Ton: „Hier wird jeder Versuch abgelehnt, die theologische Trennung: Stein, Tier, Mensch, in verfeinerter philosophischer Fassung anzunehmen, ebenso jeder Versuch, mehrere Formen des ‚Seins' oder mehrere Formen der ‚Kausalität', eine besondere ‚teleologische', ‚normende' oder sonstwie der physikalischen gegenübertretende Betrachtungsweise einzuführen. Es entfallen Begriffe wie ‚Volksgeist', ‚Geist eines Zeitalters', ‚geistige Vorgänge' usw."[43] Dieser Diskurs, der teils von Rudolf Carnaps Kritik der Metaphysik, teils von Moritz Schlicks Erkenntnislehre ausgeht, läuft auf einen Physikalismus hinaus, der nur einen wissenschaftlichen Bereich kennt: „Für ihn wird der Name *Einheitswissenschaft* vorgeschlagen. Will man betonen, daß auf diese Weise eigentlich alles zu Physik wird, so mag man von *Physikalismus* sprechen."[44]

Zunächst fällt auf, daß Neurath sich viel ausführlicher mit dem Verhältnis von Sozialwissenschaften und Naturwissenschaften (Physik) befaßt als Althusser, der sich — etwa in *Lénine et la philosophie* — mit Analogien zwischen dem historischen Materialismus einerseits und der Physik und der Mathematik andererseits begnügt. Ein weiterer Unterschied ist auf Neuraths sprachanalytisches Interesse zurückzuführen, das bei Althusser fehlt. Im Gegensatz zu dem Pariser Marxisten, der die Wissenschaftlichkeit bestimmter Begriffe (wie „Produktionsmittel", „Mehrwert" etc.) schlicht postuliert, möchte der Wiener Sprachkritiker in Anlehnung an Carnap „akzeptable" von „nicht akzeptablen Aussagen" trennen. Folgendes Beispiel mag seinen Ansatz illustrieren: „Statt frei herauszusagen ‚Eine menschliche Gruppe tötete eine andere und zerstörte ihre Gebäude und Bücher', ziehen es gewisse Historiker vor, zu sagen, ‚Unter dem Zwang ihrer historischen Mission begann die Nation, ihre Zivilisation über die Erde auszubreiten'."[45]

Ebenso wie bei Althusser spielt in dieser Passage das Postulat der Wertfreiheit eine wesentliche Rolle. Daß dieses Postulat nicht unproblematisch ist, sollte vor allem im vorigen Kapitel gezeigt werden. Es ist auch bei Neurath nicht unproblematisch, weil sich der Wiener Philosoph — ähnlich wie Althusser und in einem ganz anderen Kontext Habermas — auf phrastische Aussagen und Begriffe (lexikalische Einheiten) beschränkt: „Akzeptierte und abgelehnte Sätze" lautet ein Untertitel in seinem 1944 erschienen Aufsatz.[46] Nun mag der einzelne Satz (scheinbar) wertfrei sein; der Diskurs als transphrastische, semantisch-narrative Struktur ist es keineswegs.

Diese Überlegung ist nicht nur im Hinblick auf Althussers, sondern auch auf Neuraths Marx-Interpretation entscheidend. Sein Versuch, Marxens Text von allen metaphysischen „Überresten" zu säubern, könnte daran scheitern, daß er sich wie Althusser über die semantischen Grundlagen sowie über die narrative Teleologie der Marxschen Rede

---

[43] O. Neurath, *Gesammelte philosophische und methodologische Schriften I*, Hrsg. R. Haller, H. Rutte, Wien, Hölder-Pichler-Tempsky, 1981, S. 424.
[44] ibid.
[45] O. Neurath, *Gesammelte philosophische und methodologische Schriften II*, op. cit., S. 933.
[46] ibid., S. 935.

(Revolution, klassenlose Gesellschaft) hinwegsetzt. Seine wertfreie und antimetaphysische Lesart dieser Rede mag bestechend sein; sie wird nirgendwo mit stichhaltigen Argumenten belegt: „Gewiß findet man bei Marx und den Marxisten noch vielerlei metaphysische Wendungen, aber keine ist für die Argumentation wesentlich. Sie können wegbleiben, ohne den hier dargestellten Grundgedanken zu ändern. Und die kräftigen Werturteile, die überall eingestreut sind, sind reine Begleitäußerungen und gehen in die Argumentation nicht ein (. . .)."[47] Wie weiß Neurath, daß es sich wirklich so verhält? Nur eine ausführliche Diskursanalyse könnte solche pauschalen Aussagen rechtfertigen; sie fehlt jedoch bei beiden Marx-Exegeten (und bei ihren Kontrahenten).

Wie sehr Neurath Althussers Vorhaben, Marx zu einem „exakten" Wissenschaftler zu machen, antizipiert, geht aus seinem Versuch hervor, dort ein wenig nachzuhelfen, wo Marx in nichtwissenschaftliches Reden verfällt, und die Marxsche Terminologie in eine „physikalische" zu übersetzen: „Wenn man alle Begriffe des Marxismus von vornherein streng auf materialistischer Basis aufbaut und in der physikalischen Sprache (Carnap) formuliert, fallen manche Versuche, den Marxismus idealistisch begründen zu wollen, von vornherein als ‚sinnlos' weg. Aber mit der bloßen Umdeutung vorhandener Bezeichnungen ist es wohl nicht immer getan, vielfach wird die Art der Begriffsverknüpfung geändert werden müssen."[48] An dieser Stelle mag Neurath gespürt haben, daß ein rein terminologisches, lexikologisches oder phrastisches Verfahren nicht ausreicht, um sein Vorhaben zu verwirklichen. Der Hinweis auf die „Begriffsverknüpfung" läßt die Notwendigkeit einer semantischen Analyse erkennen; und letztere ginge, gleichsam von selbst, in eine Diskursanalyse über.

Das Fehlen einer solchen Analyse erklärt wahrscheinlich auch, weshalb Neurath und Althusser die Beziehung zwischen Marx und Hegel sehr unterschiedlich einschätzen. Während Althusser nahezu alle Bestandteile der Hegelschen Philosophie (bis auf den „Widerspruch") als metaphysisch ablehnt, traut Neurath sich eine nicht-metaphysische Hegel-Lektüre zu: „Man sieht schon aus solcher Andeutung, wie Hegelsche Deduktionen zur Beschreibung großzügiger sozialer Wandlungen nicht ungeeignet sind, wie man ihre Großzügigkeit behalten kann, ohne die metaphysischen Wendungen weiter zu gebrauchen."[49] Hier würde Althusser sicherlich widersprechen... Die theoretische Frage kann nicht lauten: Wer hat recht? Die Theorie fragt eher, ob es eine diskursanalytische Methode gibt, die es gestattet, solche Fragen zu beantworten.

Der Vergleich der beiden Marx-Lektüren könnte vor allem „Komparatisten" dazu anregen, die Theorien des Wiener Kreises (Carnap, Neurath, Schlick) mit denen der französischen *épistémologie* (Bachelard, Canguilhem) im Rahmen der europäischen rationalistischen Tradition zu vergleichen. Es ist schade, daß Lecourt in seinem Buch *L'Ordre et les jeux* (1981), in dem es vor allem um eine Kritik an Popper und Wittgenstein geht, auf die Verwandtschaft der beiden Marx-Exegesen nicht eingeht. Es würde mich nicht wundern, wenn ein solcher Vergleich in der Gruppensprache der Althusserianer als Häresie verpönt wäre...

---

[47] O. Neurath, *Gesammelte philosophische und methodologische Schriften I*, op. cit., S. 449.
[48] ibid., S. 455.
[49] ibid., S. 451.

3. Epistemologischer Schnitt III: Ideologie und Wissenschaft

Althussers Hauptproblem ist — wie sich gezeigt hat — die Möglichkeit, Ideologie und Wissenschaft gegeneinander abzugrenzen. Im vorigen Abschnitt ging es mir nicht so sehr darum, seine oder Neuraths Marx-Interpretation zu widerlegen: Ein solches Vorhaben würde den Rahmen dieses Kapitels sprengen. Es sollte vielmehr gezeigt werden, daß seine (und Neuraths) Methode der Textanalyse fragwürdig ist, weil sie sich auf den lexikalischen Bereich konzentriert, im semantischen Bereich mit vagen Begriffen wie „Problematik" operiert und die narrative Syntax der Marxschen Texte vernachlässigt. Das hat u. a. zur Folge, daß er an entscheidenden Stellen (etwa bei der Ablehnung des Terminus „Mensch") semantisch fragwürdige, meiner Meinung nach unhaltbare Thesen aufstellt.

Dies ist wohl der Grund, weshalb sein Abgrenzungsversuch von Ideologie und Theorie nicht nur im Bereich der Marx-Exegese, sondern auch in seiner allgemeinen Form viele, sogar sympathisierende Kritiker nicht überzeugt hat. Wenn eine seiner Definitionen der Ideologie lautet, diese sei Symptom einer anderen Wirklichkeit als der, auf die sie sich bezieht (m. a. W. die Ideologie tut so, als würde sie eine bestimmte Wirklichkeit, etwa das Schulsystem oder die Wirtschaft, erklären, artikuliert aber Klasseninteressen: ist also Symptom einer anderen Wirklichkeit), so hat er noch nicht bewiesen, daß es in einer Sozialwissenschaft, etwa in seinem eigenen Diskurs, anders ist. Nicht zu Unrecht stellen beispielsweise Gregor McLennan, Victor Molina und Roy Peters fest: „Dies ist nicht nur Althussers Problem: Wir können konkret in allen Einzelheiten so viele Ideologien untersuchen, wie wir wollen; solange wir nicht in klaren Begriffen angeben können, was auf theoretischer Ebene Ideologie von anderen Realitäten (und Begriffen) — die Wissenschaft inbegriffen — trennt, wissen wir nicht, was wir untersuchen."[50]

Die Autoren haben recht: Man kann zwar Begriffe wie „Mensch", „Entfremdung", „Freiheit" für ideologisch erklären, den Begriff „Mehrwert" hingegen für wissenschaftlich halten und seine Entdeckung sogar (wie Althusser es tut) mit der des Sauerstoffs vergleichen[51]. Einen dem Übergang vor der Alchimie zur Chemie vergleichbaren Übergang in den Sozialwissenschaften wird man höchstens im kleinen Kreis der eigenen Anhänger (also intradiskursiv) bewerkstelligen können. Die anderen bleiben skeptisch, weil sie ahnen, daß Begriffe wie „Mehrwert", „Charisma" und „Unbewußtes" mit dem Sauerstoff-Begriff aus bestimmten Gründen nicht zu vergleichen sind.

Dennoch ist Althussers Ansatz wichtig: weil in ihm, ähnlich wie in diesem Buch und in der Textsoziologie allgemein, untersucht wird, wie sich Ideologie und Theorie voneinander unterscheiden und vor allem: wie der theoretische (wissenschaftliche) Diskurs aus dem ideologischen *hervorgeht*. Im folgenden soll dargetan werden, wie sich Althusser in seiner Darstellung der drei „Allgemeinheiten" („généralités") diesen Vorgang vorstellt und wie er ihn in dem zu wenig beachteten Buch *Philosophie et philosophie spontanée des savants* (1967) im Zusammenhang mit dem Klassenkampf konkretisiert.

---

[50] G. McLennan, V. Molina, R. Peters, „Althusser's Theory of Ideology", in: *On Ideology* (Centre for Contemporary Cultural Studies), London, Hutchinson, 1978, S. 99.
[51] Siehe: L. Althusser, E. Balibar, *Das Kapital lesen I*, op. cit., S. 192.

Im *Pour Marx* und *Lire le Capital* unterscheidet er drei Ebenen, auf denen sich das Denken bewegt: Die erste Ebene (Allgemeinheit I) kann in vielen Fällen einen vorwiegend ideologischen Charakter haben, kann aber auch als Konglomerat von ideologischen und überholten wissenschaftlichen Aussagen aufgefaßt werden. Althusser umschreibt diese Ebene mit der Metapher „Grundmaterie": „Wenn eine schon konstituierte Wissenschaft sich entwickelt, so arbeitet sie an einer Grundmaterie (Allgemeinheit I), die sich entweder aus noch ideologischen Begriffen konstituiert oder aus wissenschaftlichen ‚Tatsachen' oder aber aus schon wissenschaftlich ausgearbeiteten Begriffen, die aber einem vorherigen Stadium der Wissenschaft angehören (eine Ex-Allgemeinheit III)."[52]

Die Allgemeinheit II, die Althusser auch als „Theorie" (in Anführungszeichen) bezeichnet, ist die theoretische Arbeit oder Praxis („pratique théorique") einer sich selbst konstituierenden Wissenschaft: etwa der Physik oder des historischen Materialismus. Diese theoretische Praxis oder „Theorie" hat zur Aufgabe, die ideologische, vorwissenschaftliche oder pseudowissenschaftliche Spreu vom wissenschaftlichen Weizen zu trennen und die wissenschaftliche Erkenntnis oder Allgemeinheit III („généralité III") zu konstituieren. Mit anderen Worten: Die Allgemeinheit III ist das Produkt der „theoretischen" Arbeit, die auf der Ebene der Allgemeinheit II durchgeführt wird.

Zwischen den Ebenen I und III gibt es keine Vermittlung im Sinne von Hegel, sondern einen *epistemologischen Bruch* im Sinne von Bachelard und indirekt Hobbes und Spinoza. Althusser wirft Hegel vor, er habe diesen wesentlichen Bruch aufgrund seiner idealistischen Kategorie der Totalität, die es ihm gestattet, Subjekt und Objekt zu identifizieren, geleugnet: „Die Leugnung des Unterschieds, der diese zwei Typen von Allgemeinheit unterscheidet, die Verkennung des Primats der Allgemeinheit II (die arbeitet), d. h. der ‚Theorie', über die Allgemeinheit I (die bearbeitet wird), *das ist genau der Kern des Hegelschen Idealismus,* den Marx zurückweist."[53] Wichtig ist hier der Gedanke, daß aus der ideologischen oder vorwissenschaftlichen Allgemeinheit I (aus der „ideologischen Praxis") unvermittelt etwas Neues hervorbricht: die wissenschaftliche Erkenntnis oder die Allgemeinheit III.

Wie schon angedeutet, ist dieses Theorem der drei Ebenen aus Spinozas *Ethik* ableitbar. Bekanntlich unterscheidet Spinoza grundsätzlich zwischen drei Arten der Erkenntnis, von denen die erste, *opinio* oder *imaginatio,* als falsch und trügerisch abzulehnen ist, während die zweite und die dritte, die *ratio* und die *scientia intuitiva,* zur Wahrheit führen. Unmißverständlich heißt es in der Ethik: „*Die Erkenntnis der zweiten und dritten, nicht die der ersten Gattung, lehrt uns das Wahre vom Falschen unterscheiden.*"[54]

In den Niederlanden, wo eine ausführliche Diskussion über Althussers Spinozismus stattgefunden hat, wirft Piet Steenbakkers nicht zu Unrecht einigen Althusser-Lesern wie Marin Terpstra vor, sie hätten allzu mechanisch die drei „Allgemeinheiten" von Spinozas Drei-Stadien-Theorie abgeleitet: Diese Theorie enthalte nicht den Althusserschen

---

[52] L. Althusser, *Für Marx,* op. cit., S. 126.
[53] ibid., S. 135.
[54] B. de Spinoza, *Die Ethik. Nach geometrischer Methode dargestellt,* Hamburg, Felix Meiner Verlag, 1976, S. 91.

Gedanken eines Produktions- oder Transformationsprozesses. Dies ist wahrscheinlich richtig; Steenbakkers geht jedoch zu weit, wenn er behauptet, daß die Beziehung zwischen den „Allgemeinheiten" und Spinozas *Ethik* „lediglich auf einer oberflächlichen Assoziation beruht".[55] Denn ein Vergleich der beiden Erkenntnistheorien zeigt sogleich, daß Einteilung und Stellenwert der drei Erkenntnisarten sehr ähnlich sind: Die *ratio* entspricht in vieler Hinsicht der „Theorie" und die *scientia intuitiva* der konstituierten Wissenschaft oder Allgemeinheit III. Es kommt hinzu, daß Althusser in seiner „Soutenance d'Amiens" das Theorem der drei Allgemeinheiten und den komplementären Begriff des „epistemologischen Schnittes" selbst aus Spinozas Philosophie ableitet: „Aber dennoch blieb jener Grenzfall eines rein ideologischen Rohstoffs, dessen Hypothese es mir erlaubte, das Paar Wissenschaft/Ideologie sowie den epistemologischen Einschnitt auszumachen, welchen Spinoza — bereits lange vor Bachelard — zwischen der ersten und der zweiten Erkenntnisart angezeigt hatte."[56]

Dieser Zusammenhang ist einerseits deshalb wichtig, weil er Althussers Bindung an den materialistischen Rationalismus bestätigt; andererseits auch deshalb, weil er die Frage aufkommen läßt, ob sich seit Spinozas Begründung der wahren Erkenntnis etwas geändert hat: Der Leser, der sich für Diskursanalyse im gesellschaftlichen Kontext interessiert, ist natürlich begierig zu erfahren, wie dieser Bruch zwischen wahrem und falschem Wissen, der hier eine so wichtige Rolle spielt, konkret zustande kommt. Wenn es nämlich Althusser gelänge, den Bruch zwischen Ebene I und Ebene III plausibel zu machen, könnte ich meine Abhandlung an dieser Stelle abbrechen: Die Frage, wie sich Ideologie von wissenschaftlicher Theorie unterscheidet, wäre beantwortet.

Eine Schwierigkeit besteht nun darin, daß Althusser auf jede Art von semantisch und erzähltheoretisch fundierter Diskursanalyse verzichtet und statt dessen versucht, den Übergang vom ideologischen zum wissenschaftlichen Bereich mit Hilfe einer marxistischen Terminologie darzustellen, die für diese Zwecke völlig ungeeignet ist. Der Terminus „Produktionsmittel" ist wohl kaum geeignet, den „theoretischen" (s. o.) Differenzierungsprozeß zu erklären, der zum „epistemologischen Bruch" zwischen Ideologie als Allgemeinheit I und Wissenschaft als Allgemeinheit III führt: Auf die Frage „*Wer* arbeitet aber?" — antwortet er: „die Theorie" — und identifiziert diese mit den theoretischen Produktionsmitteln: „Wenn wir bei diesen Produktionsmitteln vorübergehend von den Menschen abstrahieren; das nennen wir die *Allgemeinheit II*, konstituiert durch das Gebäude der Begriffe, deren mehr oder weniger widersprüchliche Einheit die ‚Theorie' der Wissenschaft im jeweiligen (historischen) Augenblick bildet (...)."[57] Mir ist unverständlich, wie Althusser einige Seiten weiter (*Für Marx*, S. 137) fordern kann, „daß man die Worte, die man gebraucht, nicht in einem metaphorischen, sondern in einem rigorosen Sinn anwende." Was ist dann von semantisch völlig unbrauchbaren Metaphern wie „theoretische Produktionsmittel" oder „das Gebäude der Begriffe" zu halten?

---

[55] P. Steenbakkers, *Over kennis en ideologie bij Louis Althusser*, op. cit., S. 99.
[56] L. Althusser, „Ist es einfach, in der Philosophie Marxist zu sein?", in: ders., *Ideologie und ideologische Staatsapparate*, Hamburg-Berlin, 1977, S. 73. (Frz.: „Soutenance d'Amiens" in: *Positions*, Paris, Ed. Sociales, 1976, S. 168.)
[57] L. Althusser, *Für Marx*, op. cit., S. 126.

Die andere Schwierigkeit besteht darin, daß er sich — wie auch diese Textstellen zeigen — auf die terminologischen, lexikalischen Komponenten des Problems konzentriert. Dadurch verfällt er dem Empirismus, den er als schillernden, nie definierten Begriff allen anderen vorwirft. Auch Terpstra muß diese Ausrichtung auf das Wort und den Begriff aufgefallen sein, denn er beschreibt den Bruch zwischen Allgemeinheit I und III als einen rein begrifflichen, lexikalischen Prozeß: „Zwischen Allgemeinheit I und Allgemeinheit III tritt ein radikaler Bruch auf; die Begriffe, die durch den Bearbeitungs- oder Verarbeitungsprozeß entstehen, sind völlig *neue* Begriffe, die von ihrer ideologischen ‚Vorgeschichte' abgelöst wurden."[58]

Hier drängen sich drei Fragen auf: 1. Sind neue Begriffe *ipso facto* wissenschaftlich? 2. In welchem Kontext werden die neuen oder wissenschaftlichen (nicht-ideologischen) Begriffe definiert? 3. Wer, d. h. welcher Wissenschaftsbegriff und welche Gruppe von Wissenschaftlern entscheiden über den Kontext und die kontextgebundenen Definitionen? Die erste Frage ist leicht zu beantworten: Neue Begriffe können ebenso ideologisch sein wie die alten — oder noch ideologischer. Wichtiger sind die beiden anderen Fragen.

Auf den wissenschaftlichen Kontext geht Althusser zumindest indirekt ein. Er holt weiter aus, indem er neben der „Theorie" im Sinne der (inner-)wissenschaftlichen Selbstreflexion die THEORIE im Sinne einer Wissenschaftsphilosophie einführt, die über die theoretische Praxis der Wissenschaften nachdenken soll. Er nennt sie deshalb auch (in seinem Frühwerk) „Theorie der theoretischen Praxis". Im Falle des Marxismus wäre die „Theorie" der *historische Materialismus*; die THEORIE oder Philosophie dieser „Theorie" wäre folgerichtig der *dialektische Materialismus*: „Diese THEORIE ist die materialistische *Dialektik*, die eins ist mit dem dialektischen Materialismus."[59]

Es ist lohnend, die Rolle dieser marxistischen Wissenschaftsphilosophie näher zu betrachten. In *Philosophie et philosophie spontanée des savants*, wo Althusser versucht, die „theorezistische" Tendenz seiner Hauptwerke zu korrigieren, indem er stärker auf die politische und klassenkämpferische Funktion der Philosophie eingeht, soll einerseits gezeigt werden, daß Wissenschaftler (Naturwissenschaftler) dazu neigen, eine „spontane Philosophie" zu entwickeln, die in vieler Hinsicht die herrschende, die bürgerliche Ideologie stärkt. Gestärkt durch die „theoretische Praxis" des historischen Materialismus soll die marxistische Philosophie trachten, alle ideologischen Versuche, die Erkenntnisse oder Erkenntnislücken der Wissenschaften zu usurpieren und für nicht-wissenschaftliche Zwecke auszuschlachten, zu vereiteln.

Anders als in *Pour Marx* und *Lire le Capital*, wo der dialektische Materialismus häufig als reine Wissenschaftsphilosophie erschien, siedelt Althusser in seiner Kritik der „spontanen Philosophie" die philosophische Reflexion an der Grenze zwischen Wissenschaft und Ideologie an: „Die Philosophie wird ab jetzt durch ihren Doppelbezug definiert: zu den Wissenschaften und zu den praktischen Ideologien."[60] Ihre Aufgabe besteht je-

---

[58] M. Terpstra, „Althusser en Spinoza", in: *Seminar Althusser. De marxistiese filosofie en haar verhouding tot Spinoza en Hegel, Bachelard en Lacan*, Nijmegen, SUN, 1977, S. 130.
[59] L. Althusser, *Für Marx*, op. cit., S. 106—107.
[60] L. Althusser, *Philosophie et philosophie spontanée des savants (1967)*, Paris, Maspero, 1974, S. 27.

doch nach wie vor darin, für eine saubere Trennung zwischen Ideologie und Wissenschaft zu sorgen: „Die Hauptaufgabe der Philosophie besteht darin, eine Demarkationslinie zwischen dem Ideologischen der Ideologien einerseits und dem Wissenschaftlichen der Wissenschaften andererseits zu ziehen."[61]

Abermals drängt sich die Frage auf, was denn das „Ideologische" oder das „Wissenschaftliche" einer Theorie ausmache, sowie die komplementäre Frage nach dem Kontext (unsere 2. Frage). Althusser läßt diese beiden Fragen zwar nicht unbeantwortet, aber seine Antworten sind ziemlich enttäuschend. Der dialektische Materialismus, sagt er, bilde den Kontext, in dem „Ideologie" und „Wissenschaft" definiert werden; und eine der Hauptaufgaben dieser Philosophie bestehe darin, auf die Wissenschafter einzuwirken, um ihrem Materialismus Vorschub zu leisten und um ihre idealistischen Neigungen im Keime zu ersticken.

Es handelt sich letztlich um den alten Kampf gegen den Idealismus, der in der „bürgerlichen" Gesellschaft natürlich mit der herrschenden Ideologie identifiziert wird: „In der spontanen Philosophie der Wissenschaftler (P. S. S.) wird das Element 1 (das materialistische) in den meisten Fällen (...) vom *Element 2* beherrscht. Diese Situation reproduziert *im Inneren des P. S. S.* das uns bekannte philosophische Kräfteverhältnis der Welt, in der die Wissenschaftler leben: das Verhältnis zwischen Materialismus und Idealismus und die Herrschaft des Idealismus über den Materialismus."[62] Nach Althusser kommt dieses Herrschaftsverhältnis dadurch zum Ausdruck, daß die Krisen und Lücken der Wissenschaften von Pascal bis Teilhard de Chardin für idealistische, religiöse und metaphysische Zwecke ausgebeutet werden: Das Verhältnis von idealistischer Ideologie und Wissenschaft ist eines der Ausbeutung.

Jemand, der den dialektischen Materialismus zwar nicht in Bausch und Bogen verurteilt, ihn aber auch nicht vorbehaltlos akzeptiert, wird sich indessen fragen, weshalb es nicht auch eine materialistische oder marxistische, althusserianische Ideologie geben sollte, die die Wissenschaften für ihre Zwecke ausschlachtet. *Back to square one*: Der Ideologievorwurf wird gegen den Ideologiekritiker selbst gewendet: „Selber ideologisch!"

Dieser Vorwurf erscheint umso berechtigter, als Althusser gleichsam per Dekret verfügt, daß der historische Materialismus, die Psychoanalyse (Freuds, Lacans) und die Linguistik (welche?) nicht ideologisch sind[63] und daß die Wissenschaft nicht dem „Überbau" zuzurechnen ist: „Ebensowenig wie die Sprache, die sich — wie schon Stalin gezeigt hat — diesem Begriff entzieht, kann auch die Wissenschaft mit dem Begriff der

---

[61] ibid., S. 26.
[62] ibid., S. 102.
[63] Es zeigt sich, das Althusser seine szientistische Lesart auch auf Freuds Psychoanalyse ausdehnt. In seinem bekannten Aufsatz „Über Marx und Freud" (in: *Ideologie und ideologische Staatsapparate*, op. cit., S. 89) heißt es: „Mit Marx und Freud beginnen plötzlich *wissenschaftliche* Theorien ‚Regionen' zu besetzen, die bis dahin theoretischen Formationen der bürgerlichen *Ideologie* (Politische Ökonomie, Soziologie, Psychologie) vorbehalten waren (...)." An dieser Stelle zeigt sich, wie unhaltbar Althussers wissenschaftliche Position ist: Zunächst ist völlig unklar, welche Soziologie oder Psychologie er meint (Luhmanns Soziologie ist wohl nicht mit der Touraines oder N. Elias' auf einen „bürgerlichen" Nenner zu bringen); es kommt hinzu, daß er keine Kriterien für „Wissenschaftlichkeit" vorschlägt, sondern sich mit dogmatischen Erklärungen begnügt. Siehe auch: *Philosophie et philosophie spontanée des savants*, op. cit., S. 38—39.

,Suprastruktur' erfaßt werden."⁶⁴ Abgesehen davon, daß ich den metaphorischen Gegensatz Basis/Überbau nicht für sehr brauchbar halte, werde ich im zweiten Teil dieses Buches anders argumentieren: Die Sprache als historisches System ist zwar keine Ideologie; sie ist aber stark von der Arbeitsteilung (Fachsprachen) sowie von ideologischen Konflikten geprägt, und keine Wissenschaft bleibt von diesen Prozessen unberührt.

Der Ausdruck „per Dekret verfügt" ist hier mehr als eine polemische Redewendung: An entscheidenden Stellen von Althussers Werk wird nämlich deutlich, daß er es strikt ablehnt, seinen eigenen Ansatz oder den historischen Materialismus als wissenschaftliche Methode an irgendwelchen Wahrheitskriterien zu messen. Der hier beschriebene Erkenntnisprozeß von der Ideologie zur Wissenschaft ist, wie schon häufig bemerkt wurde, ein Prozeß ohne Subjekt, in dem „das Subjekt nicht die Rolle spielt, die es zu spielen glaubt, sondern die, welche ihm der Mechanismus des Prozesses diktiert (...)."⁶⁵ Althussers wissenschaftliche Produktion ist jedoch in einem noch ganz anderen Sinne „subjektlos", als bisher angenommen wurde; denn es wird nicht nur die Rolle des *Senders*, des Autors, im Rahmen eines spinozistischen Determinismus negiert, sondern auch die des *Empfängers*, der sich unter „Wissenschaft" immerhin etwas anderes vorstellen könnte als Althusser und seine Schüler.

Die Kriterien der anderen sind irrelevant, weil dem historischen Materialismus seine Wahrheitskriterien *immanent* sind wie der Mathematik. An eine intersubjektive oder interdiskursive Prüfung von Aussagen ist offenbar nicht gedacht: „(...) Die theoretische Praxis ist ihr eigenes Kriterium (...)."⁶⁶ Und: „Das Kriterium für die ,Wahrheit' der von Marx produzierten Erkenntnisse ist die theoretische Praxis von Marx selbst."⁶⁷ Konsequent wird auch der hypothetische, provisorische Charakter historisch-materialistischer Aussagen geleugnet: „Und weil es sich dabei um wirkliche Erkenntnisse und nicht um zufällige Hypothesen handelt, haben sie zu den bekannten Resultaten geführt (...)."⁶⁸ Mit anderen Worten: die marxistische Wissenschaft ist wahr, weil sie wahr ist. (Siehe auch Kap. 9, Absch. 3 b.)

Wichtiger als diese Tautologie ist die Tatsache, daß hier in einem monologischen und autoritären Diskurs die Erwartungen und Meinungen der Adressaten (der anderen Philosophen oder Wissenschaftler) schlicht ausgeklammert werden. Dadurch soll eine „Wissenschaft" zustande kommen, die niemand als Subjekt hervorbringt und die von keinem individuellen oder kollektiven Subjekt bestätigt oder widerlegt werden kann.

In diesem Kontext kann es nicht als Zufall erscheinen, daß Althusser Bachelards Begriffe des „Experiments" und der „Wissenschaftlergemeinschaft" *nicht* übernimmt, und daß er den zweiten Begriff in *Eléments d'autocritique* als ein Produkt der „bürgerlichen Arbeitsteilung"⁶⁹ pauschal verurteilt. Althussers Schüler Dominique Lecourt spricht so-

---

[64] L. Althusser, E. Balibar, *Das Kapital lesen I*, op. cit., S. 177.
[65] ibid., S. 31.
[66] ibid., S. 78.
[67] ibid., S. 79.
[68] ibid.
[69] L. Althusser, *Eléments d'autocritique*, op. cit., S. 47.

gar im Zusammenhang mit Poppers Forderung nach kritischer Überprüfung von Hypothesen von einer „juridischen Ideologie als herrschende(r) Form der herrschenden Ideologie".[70] Auch hier macht sich Althussers Spinozismus als Form eines extremen Rationalismus bemerkbar: „Habemus enim ideam veram" und „Verum index sui et falsi" ...
Im nächsten Abschnitt wird sich allerdings zeigen, daß Althusser und seine Schüler (Lecourt, Pêcheux) schließlich doch das Bedürfnis verspüren, den Status ihrer Wissenschaft durch eine externe Garantie abzusichern: durch die Verbindung mit den Positionen des Proletariats. Mir kommt diese Lösung bekannt vor.

Bevor ich mich diesem Thema zuwende, will ich noch kurz darauf hinweisen, daß Althussers im doppelten Sinne subjektloser und monologischer Wissenschaftsbegriff in vielen Punkten meinem eigenen Theoriebegriff diametral entgegengesetzt ist: weil ich zeigen möchte, wie eine Theorie, die ihre eigene historisch und gruppenspezifisch bedingte Partikularität reflektiert und im Dialog thematisiert, den monologisch-dogmatischen Panzer der *Ideologie* sprengen und eine dialogische „Objektivität" (interdiskursive Gültigkeit) erreichen kann.

4. Von Althusser zu Pêcheux: Ideologie als Diskurs

Althusser hat Ende der sechziger Jahre im Anschluß an Gramscis Theorie der Hegemonie das Ideologieproblem neu formuliert, indem er nicht mehr die Struktur der Ideologie und ihren Gegensatz zur Wissenschaft in den Mittelpunkt rückte, sondern ihre Herrschaftsfunktion in den Institutionen, in den staatlich verwalteten Bereichen des gesellschaftlichen Lebens.

In dem 1970 veröffentlichten und inzwischen sehr bekannt gewordenen Aufsatz „Ideologie und ideologische Staatsapparate"[71] vertritt er im wesentlichen vier komplementäre Thesen: 1. In den kapitalistischen und vorkapitalistischen Gesellschaften üben die herrschenden Klassen ihre Macht nicht nur mit Hilfe repressiver Staatsapparate (wie Armee und Polizei), sondern auch und vielleicht vor allem mit Hilfe *ideologischer Staatsapparate* (Erziehungswesen, Kirche, Kunst etc.) aus, um die bestehenden Produktionsverhältnisse zu konsolidieren. 2. Die Ideologie als Staatsapparat und als Praxis kommt ausschließlich in materiellen Formen (Ritual, Predigt, Gebet) vor, die im Rahmen bestimmter staatlicher oder staatlich geförderter Institutionen (Kirche) definiert werden. 3. Die Ideologie ist stets unbewußt und gehört dem Bereich des Imaginären im Sinne von Lacan an; wie Freuds „Unbewußtes" ist sie zeitlos: Sie hat keine Geschichte. 4. Der Subjekt-Begriff ist der zentrale Begriff der Ideologie und der ideologische Begriff *par excellence*: denn „die Ideologie ruft die Individuen als Subjekte an" und macht sie dadurch zu dem, was sie sind, sein sollen — und unbewußt sein wollen.

---

[70] D. Lecourt, *La Philosophie sans feinte*, op. cit., S. 89.
[71] Siehe: L. Althusser, „Idéologie et appareils idéologiques d'Etat", in: ders., *Positions*, op. cit.; dt. „Ideologie und ideologische Staatsapparate", op. cit.

Im folgenden will ich in aller Knappheit auf diese vier Thesen eingehen, um anschließend die letzte These im Zusammenhang mit Michel Pêcheux' Arbeiten (vor allem *Les Vérités de La Palice*, 1975) kritisch zu untersuchen. Denn es ist Pêcheux' Verdienst, die Beziehung zwischen Subjektivität und Ideologie in einem diskurskritischen Kontext zu erforschen. Zugleich soll gezeigt werden, daß sowohl beim späteren Althusser als auch bei Pêcheux und Lecourt der noetische Wert der „proletarischen Ideologie" (ihre Bedeutung für die wissenschaftliche Praxis) aufgewertet wird. Entscheidende Bedeutung kommt dabei der Frage zu, wie der Nexus zwischen proletarischer Ideologie und marxistischer Wissenschaft genau aussieht.

Doch zurück zu Althussers Aufsatz. Seine erste These erinnert an Marxens *bon mot*, der Staat sei „das Exekutivkomitee der Bourgeoisie", und stärker noch an Gramscis Gegensatz zwischen „bürgerlicher Hegemonie" und der „subalternen Kultur" des Proletariats. Trotz dieser Übereinstimmung enthält Althussers These ein neues Element: Indem er (wie schon in *Lire le Capital*)[72] davon ausgeht, daß Strukturen nicht homogene Totalitäten im Sinne von Hegel sind, sondern komplexe und widersprüchliche Einheiten, in denen zu verschiedenen historischen Zeitpunkten verschiedene Elemente vorherrschen können, kann er zeigen, wie im säkularisierten bürgerlichen Staat das Erziehungssystem (vor allem die Schule) die Funktion der Kirche übernimmt: „Wir glauben, daß derjenige Ideologische Staatsapparat, der in den reifen kapitalistischen Formationen am Ende eines gewaltsamen politischen und ideologischen Klassenkampfes gegen den früheren dominierenden Ideologischen Staatsapparat in eine dominierende Position gebracht worden ist, der schulische Ideologische Staatsapparat ist."[73]

In ihren sprach- und stilkritischen Studien hat später Renée Balibar diese These konkretisiert und veranschaulicht, indem sie u. a. zeigte, wie die Schule anhand von kanonisierten literarischen Texten den Schülern bestimmte sprachlich-ideologische Fertigkeiten vermittelt und wie die Werke bestimmter Autoren (etwa Camus' *L'Etranger*) von den institutionalisierten Stilübungen geprägt sind. Balibar macht auch auf Ideologeme wie „Originalität", „Kreativität" und „Talent" aufmerksam, die im Rahmen der literarischen und künstlerischen Schulpraxis vermittelt werden und die Schüler zu Subjekten einer bestimmten ästhetischen Ideologie machen.[74]

Diese Betrachtungsweise hat einerseits den Vorteil, daß sie Ideologien mit konkreten Institutionen verknüpft; sie hat andererseits den Vorzug, Ideologie — wenn auch nur ansatzweise — *als sprachliche Struktur* aufzufassen, statt sie wie noch Althusser in *Pour Marx* als „System von Vorstellungen (Bildern, Mythen, Ideen oder Begriffen . . .)"[75] zu definieren. Einer ihrer Nachteile besteht (sowohl bei Althusser als auch bei Renée Bali-

---

[72] Siehe: L. Althusser, E. Balibar, *Das Kapital lesen I*, op. cit., S. 129: „Die Struktur des Ganzen ist gegliedert wie die Struktur eines organischen hierarchischen Ganzen. Die Koexistenz der Teile und Beziehungen in einem Ganzen unterliegt der Ordnung einer dominierenden Struktur, die die Gliederung der einzelnen Teile und Beziehungen auf spezifische Weise regelt."

[73] L. Althusser, „Ideologie und ideologische Staatsapparate", op. cit., S. 126.

[74] Siehe: R. Balibar, *Les Français fictifs*, Paris, Hachette, 1974 — sowie meine Kritik an Balibars Analyse von Camus' *L'Etranger*, in: P. V. Zima, *Manuel de Sociocritique*, Paris, Picard, 1985.

[75] L. Althusser, *Für Marx*, op. cit., S. 181.

bar und Pêcheux) darin, daß immer wieder pauschal von „Bourgeoisie" und von *der* „bürgerlichen Ideologie" die Rede ist. Dadurch entsteht ein Diskurs, dem der — meiner Meinung nach mythische, weil ungenaue — semantische Gegensatz Bürgertum/Proletariat zugrunde liegt: „Denn die bürgerliche Ideologie, die bürgerliche ‚Kultur' ist an der Macht."[76] Unbeantwortet bleibt hier die Frage, ob nicht gerade der „sozialistische Realismus" mit klassisch-realistischen, also „bürgerlichen" Verfahren arbeitet. Allzu eindeutig wird hingegen (zumindest für einen Soziologen) die Frage nach der Herkunft des Nationalsozialismus beantwortet: Die „imperialistische Bourgeoisie", sagt Althusser in dem hier genannten Aufsatz, habe sich in der Weimarer Republik „dem Nazismus anvertraut."[77] (So einfach ist die Welt, wenn man sich selbst einem manichäischen Diskurs anvertraut.)

Wer die nuancierten sprachkritischen Arbeiten von Renée Balibar kennt, ist etwas verwundert und irritiert, wenn er in Althussers Aufsatz über die ideologischen Staatsapparate erfährt, die Ideologie habe „eine materielle Existenz"[78]. Nach rationalistisch-materialistischer Manier versucht er, den materiellen, ja den körperlichen Charakter der Ideologie plausibel zu machen. Vom Individuum sagt er: „Wenn es an Gott glaubt, so geht es in die Kirche, um an der Messe teilzunehmen, kniet nieder, betet, beichtet, tut Buße (...)."[79] Sicherlich trifft es zu, daß Ideologien praktische Folgen haben: affektive, politische, religiöse. Sie *müssen* sie aber nicht haben: Jemand kann an Gott oder eine Gottheit glauben, ohne seinen Glauben zu praktizieren; er kann sich eine ideale (konservative oder anarchistische) Gesellschaftsordnung *vorstellen*, ohne an die Verwirklichung seiner Vorstellungen auch nur zu denken.

Es hat meiner Meinung nach wenig Sinn, die Ideologie als etwas „Materielles" zu definieren. Wesentlich genauer scheint mir die These zu sein, daß Ideologien *verbale und nichtverbale Zeichensysteme* sind, in deren Rahmen ein Teil der gesellschaftlichen Praxis stattfindet, die ihrerseits diese Zeichensysteme verändert: in Übereinstimmung mit neuen historischen Situationen.

Mit Althusser bin ich weitgehend einverstanden, wenn er schreibt, die Ideologie sei denjenigen, die in ihrem Rahmen handeln, nicht bewußt. Im Zusammenhang mit Pêcheux' Ansatz wird sich zeigen, wie sehr das Individuum (ich würde hinzufügen: auch die Gruppe) die Aussagen der eigenen Ideologie für „evident", für „natürlich" und „selbstverständlich" hält, ohne sich der Entstehung und der (Herrschafts-) Funktion der Ideologie bewußt zu sein. Der psychoanalytische Begriff des Unbewußten ist für die Ideologietheorie auch deshalb wichtig, weil er erklärt, weshalb Individuen aufgrund von kollektiven Tabus und individuellen Verdrängungen nicht ohne weiteres in der Lage sind, ihre Ideologie(n) zu reflektieren und zu kritisieren.

Nicht einzusehen ist allerdings, weshalb Althusser auch eine *Analogie* zwischen dem Unbewußten und der Ideologie postuliert und von der letzteren behauptet, sie sei (wie

---

[76] ibid., S. 208.
[77] L. Althusser, „Ideologie und ideologische Staatsapparate", op. cit., S. 127.
[78] ibid., S. 136.
[79] ibid., S. 137.

Freuds Unbewußtes) „ewig", „zeitlos", „transhistorisch": „Wenn unter ‚ewig' verstanden wird, nicht jede (zeitliche) Geschichte transzendierend, sondern allgegenwärtig, transhistorisch, also der Form nach unveränderlich über die gesamte Geschichte sich erstreckend, dann greife ich den Freudschen Ausdruck Wort für Wort auf und sage: *Die Ideologie ist ewig*, ebenso wie das Unbewußte ewig ist."[80]

Abgesehen davon, daß ich das Wort „ewig" lieber nicht als wissenschaftlichen Terminus institutionalisieren möchte, würde ich mich entschieden gegen die Auffassung der Ideologie als transhistorischer Erscheinung wehren: Wahrscheinlich haben Adorno, P. Heintel u. a. recht, wenn sie behaupten, von Ideologien könne man erst seit dem Beginn der bürgerlichen Ära sprechen (s. Einleitung). Die These über den transhistorischen Charakter der Ideologie bringt nicht nur einen Panideologismus hervor, der dazu führt, daß der Ideologiebegriff auf sehr heterogene Erscheinungen (feudales Christentum, Islam) angewandt wird, sondern bewirkt auch, daß die Ideologie als „der Form nach unveränderlich" definiert wird. Im zweiten Teil dieser Arbeit soll hingegen gezeigt werden, daß Ideologien sehr verschiedene Strukturen aufweisen können.

Dennoch ist Althussers Verknüpfung von Unbewußtem und Ideologie wichtig: vor allem weil sie erkennen läßt, wie Ideologien Individuen zu *Subjekten* machen und wie diese sich spontan (unbewußt) mit der sie beherrschenden Ideologie identifizieren (*sujet: sub-iectum*: Unterworfenes): „Wir sagen: Die Kategorie des Subjekts ist konstitutiv für jede Ideologie. Aber gleichzeitig fügen wir unmittelbar hinzu, *daß die Kategorie des Subjekts nur insofern konstitutiv für jede Ideologie ist, als jede Ideologie die (sie definierende) Funktion hat, konkrete Individuen zu Subjekten zu ‚konstituieren'*."[81] Ergänzend ließe sich sagen: Indem Ideologien Individuen und Gruppen zu Subjekten machen, ermöglichen sie ihre Orientierung und ihre Handlungsfähigkeit im sozialen Kontext.

Stichwortartig zusammengefaßt lauten Althussers Thesen über den Nexus von Subjektivität und Ideologie: Die Ideologie konstituiert Individuen als Subjekte. Die Einzelsubjekte sind aus einem alles beherrschenden Subjekt ableitbar, das in den meisten Kulturen die Gottheit ist. (Mit der Frage, ob in der kommunistischen Öffentlichkeit Osteuropas die Stelle der Gottheit nicht von der Partei eingenommen wird, befassen sich Althusser und seine Schüler nicht.) Die miteinander kommunizierenden Subjekte erkennen einander unbewußt in einem übergreifenden Subjekt, daß sie sowohl zu Subjekten als verantwortlichen und handelnden Instanzen als auch zu Sub-jekten (*sub-iectum*) als Unterworfenen macht. Solange die Subjekte das Großsubjekt (an-)erkennen und sich in ihm erkennen, bleibt die bestehende Gesellschaftsordnung erhalten.

In *Les Vérités de La Palice* versucht Michel Pêcheux, die Hauptthesen von Althussers Artikel über die Staatsapparate, vor allem aber die Beziehung zwischen Ideologie und Subjektivität, in einem diskurskritischen Kontext weiterzuentwickeln. Obwohl dem Buch, das von einer materialistischen Kritik an Freges Sprachphilosophie ausgeht, ein semiotischer Diskursbegriff (Semantik, Makrosyntax) fehlt, ist es wichtig, weil es — meiner Meinung nach überzeugend — die unbewußte Identifikation des Individuums mit den es

---

[80] ibid., S. 133.
[81] ibid., S. 140.

beherrschenden sprachlichen Strukturen (Diskursen) darstellt. Pêcheux geht von dem für mich anregenden Gedanken aus, daß die diskursiven Verfahren der Ideologie „Sinn-Evidenzen hervorbringen, welche das Subjekt als Sinn-volles Subjekt, Ursache seiner selbst, seiner Gedanken, Gesten und Worte konstituieren."[82]

Es geht also in erster Linie um eine Kritik an der *idée reçue*, derzufolge das individuelle Subjekt freies *agens* und Ursache seiner selbst ist. Kritisiert wird die „Sinnevidenz": „l'évidence du sens".[83] Ausgehend von Althussers bekannter These ‚l'idéologie interpelle les individus en sujets', interpretiert Pêcheux: „In Wirklichkeit besagt die These ‚die Ideologie ruft die Individuen als Subjekte an', daß ein ‚Nicht-Subjekt' von der Ideologie angerufen-konstituiert wird."[84] In einer ähnlichen Perspektive habe ich in der Vergangenheit die Unterscheidung zwischen Individuum und Subjekt vorgeschlagen: Das Individuum wird erst als Subjekt erkannt, wenn es anfängt, bestimmte Zeichen von sich zu geben, wenn es anfängt zu *sprechen*. (Siehe Teil 2 dieses Buches.)

In Anlehnung an Foucault, der in *L'Archéologie du savoir* die *formation discursive* reichlich vage als „Gliederungssystem" umschreibt, in dem bestimmte „Aussagetypen", „Begriffe" und „Themen" regelmäßig auftreten[85], schlägt Pêcheux folgende Definition der „diskursiven Formation" vor: „Wir bezeichnen von nun an das als *diskursive Formation*, was innerhalb einer bestimmten ideologischen Formation, d. h. ausgehend von einer bestimmten Position, die vom Zustand des Klassenkampfes determiniert wird, darüber entscheidet („détermine"), ‚was gesagt werden kann und gesagt werden soll' (...)."[86]

Selbst jemand, der sich eine konkretere Bestimmung des Diskurses auf semantischer und narrativer Ebene wünscht und dem spinozistischen Determinismus Pêcheux' mit Mißtrauen begegnet, wird diese Definition nützlich finden: Sie zeigt nämlich, daß in einer bestimmten sprachlichen und zugleich ideologischen Situation (negativ ausgedrückt) nicht alles sagbar ist. Nur bestimmte Dinge sind sagbar in Form von Gebeten, Predigten, Traktaten, Manifesten, Telegrammen oder Teletexten. Die Ideologie entscheidet nicht nur über die „Thematik", sondern auch über die „Form".

Wie sieht nun das Verhältnis von Diskurs und Ideologie genau aus? Eine klare Antwort auf diese Frage bleibt uns Pêcheux' Buch leider schuldig. Das Verhältnis wird eher *ex negativo* definiert: Zwischen Diskurs und Ideologie, heißt es, herrsche kein Äquivalenzverhältnis: „Man sollte eher von einer ‚Eingliederung' (‚intrication') der diskursiven Formationen in die ideologischen sprechen, Eingliederung, die eher nach dem Prinzip der ‚Anrufung' (‚interpellation') erfolgen würde."[87] Der Konditional und die vage Bezeichnung ‚intrication' (ein frz. Synonym für *intriquer* ist *entremêler=vermischen*) zeigen eine gewisse Ratlosigkeit an. (Auf das Verhältnis von Diskurs und Ideologie komme ich im zweiten Teil ausführlich zu sprechen.)

---

[82] M. Pêcheux, „Ideologie — Festung oder paradoxer Raum?", in: *Das Argument* 139, Mai/Juni, 1983, S. 383.
[83] M. Pêcheux, *Les Vérités de la Palice,* Paris, Maspero, 1975, S. 137.
[84] ibid., S. 139.
[85] M. Foucault, *L'Archéologie du savoir,* Paris, Gallimard, 1969, S. 53.
[86] M. Pêcheux, *Les Vérités de la Palice,* op. cit., S. 144.
[87] ibid., S. 145.

Wichtig ist, daß Pêcheux einen Schritt weiter geht als Foucault und zu zeigen versucht, daß die „herrschende Ideologie" ein diskursives Äquivalent hat und daß die einzelnen diskursiven Formationen im Rahmen eines widersprüchlichen, aber letztlich alles beherrschenden *Interdiskurses* (*interdiscours*) zu betrachten sind. Dieser Interdiskurs ist gleichsam die letzte Instanz, durch die alle anderen Diskurs-Subjekte als solche konstituiert werden.

Ausgehend von Althussers Begriff der *Überdeterminierung* (*surdétermination*), der aus der Freudschen Psychoanalyse stammt und sich auf die Tatsache bezieht, „daß eine Bildung des Unbewußten — Symptom, Traum etc. — auf eine Vielzahl determinierender Faktoren verweist"[88], definiert Pêcheux den Interdiskurs: „Wir wollen diese ‚komplexe Totalität mit einer Dominanten' der diskursiven Formationen Interdiskurs nennen und dabei hervorheben, daß dieser ebenfalls dem Gesetz der Ungleichheit-Widersprüchlichkeit-Subordination gehorcht, von dem wir sagten, daß es auch für den Komplex der ideologischen Formationen charakteristisch ist."[89]

Die Behauptung, daß die Gesamtheit der Diskurse (diskursiven Formationen), die zu einem bestimmten historischen Zeitpunkt von einem Diskurstyp beherrscht wird, in sich widersprüchlich ist und daß die in dieser Totalität enthaltenen Formationen auf die Individuen ungleich einwirken, scheint mir wesentlich problematischer zu sein als der erste Gedanke, demzufolge eine „diskursive Formation" die Individuen „als sprechende Subjekte (als Subjekte *ihres* Diskurses)"[90] anruft. Denn wie soll festgestellt werden, welche diskursive Formation die herrschende ist? Das Theorem über den „herrschenden Diskurs" (den Interdiskurs) ergänzt — wie der zitierte Text zeigt — das Theorem über die herrschende Ideologie, das in der Vergangenheit immer wieder, etwa von Abercrombie u. a.[91], in Frage gestellt wurde. (Im zeitgenössischen Frankreich dürfte es Althusser und seinen Schülern schwerfallen, eine herrschende Ideologie oder eine diskursive Dominante innerhalb des Interdiskurses auszumachen: es sei denn, daß sie auch die sozialistischen und radikalen Diskurse als „bürgerlich" bezeichnen. Ein solches Verfahren trägt aber nicht gerade zur Genauigkeit und Nuanciertheit der Analyse bei.)

Es kommt hinzu, daß auch in diesem Fall Ideologie nicht als etwas aufgefaßt wird, was der Sprache, dem Diskurs innewohnt, sondern als etwas, das ihm „entspricht". Diese „Entsprechung" wird nirgends näher erläutert, so daß ich annehmen muß, daß die Ideologie bei Pêcheux dem Diskurs (Interdiskurs) äußerlich ist. Im Gegensatz dazu gehe ich davon aus, daß die Ideologie sich in den lexikalischen, semantischen und syntaktischen Strukturen der Diskurse artikuliert, so wie sie sich in der Architektur (etwa in

---

[88] J. Laplanche, J.-B. Pontalis, *Das Vokabular der Psychoanalyse*, Frankfurt, Suhrkamp, 1973, S. 544.
[89] M. Pêcheux, *Les Vérités de la Palice*, op. cit., S. 146.
[90] ibid., S. 145.
[91] Siehe: N. Abercrombie, S. Hill, B. S. Turner, *The Dominant Ideology Thesis*, London, Allen & Unwin, 1980. Einige in diesem Buch formulierte Thesen widersprechen diametral Althussers und Pêcheux' Behauptung, die beherrschten Individuen würden vom „Interdiskurs" oder von der herrschenden Ideologie zu dem gemacht, was sie sind: „We are now in a position to present the historical evidence for the view that in feudalism the dominant ideology integrated the dominant class rather than controlled the subordinate class." (S. 72) Ob es sinnvoll sei, im Zusammenhang mit dem Feudalismus von „Ideologie" zu sprechen, ist eine andere Frage.

der faschistischen oder stalinistischen) im Gesamtplan, in der Technik und in den Formen niederschlägt.

Wichtig für Pêcheux' Argumentation ist der Gedanke, daß das als Subjekt konstituierte Individuum „vergißt", daß es „gemacht", „konstituiert" wurde. Es handelt sich jedoch nicht um ein alltägliches „Vergessen", sondern um einen Prozeß, der analog zur psychoanalytischen Verdrängung aufzufassen ist: „par analogie avec le refoulement inconscient."[92] Zu dieser ersten Variante des Vergessens gesellt sich eine zweite, die die diskursiven Verfahren des Subjekts selbst betrifft: Es meint, zwischen verschiedenen Aussagemöglichkeiten („Paraphrasen") frei wählen zu können und vergißt, verdrängt dabei seine Überdeterminiertheit im Rahmen des Interdiskurses. Es bekommt vom Interdiskurs gleichsam vorfabrizierte Strukturen „vorgesetzt", die Pêcheux als „Präkonstrukte" („préconstruit") auffaßt.[93]

An diesem Determinismus ist sicherlich etwas wahr: Adorno hob einen seiner Aspekte hervor, als er in den *Minima Moralia* lapidar feststellte: „Bei vielen Menschen ist es bereits eine Unverschämtheit, wenn sie Ich sagen."[94] Sicherlich ist das Ich präkonstruiert. Als Rationalisten und Deterministen, als geistige Nachfahren von Hobbes und Spinoza, sind jedoch Althusser und seine Schüler nicht in der Lage zu erklären, weshalb es auch denjenigen, die wie Adorno nicht im Rahmen der marxistisch-leninistischen Wissenschaft denken, immer wieder gelingt, aus dem Determinismus auszubrechen und das Präkonstrukt als solches zu erkennen. Pêcheux versucht, die Frage nach der Überwindung des Determinismus zu beantworten, indem er drei Möglichkeiten, drei Situationen ins Auge faßt.

Auf die erste dieser drei Situationen, die des „guten Subjekts" („bon sujet"), brauche ich hier nicht mehr einzugehen, da sie durch die volle Übereinstimmung zwischen Subjekt und Interdiskurs, d. h. durch die bedingungslose Unterwerfung des Subjekts unter die herrschende diskursive Formation gekennzeichnet ist. Diese Situation wurde hier im Zusammenhang mit den Begriffen der „interpellation" und des „préconstruit" dargestellt.

Interessanter ist die Lage des „schlechten Subjekts", des „mauvais sujet", das versucht, aus dem Identifikationsmechanismus auszubrechen, indem es die im Rahmen des Interdiskurses verfügbaren Behauptungen umkehrt; indem es versucht, sich von ihnen zu distanzieren. Das klarste von Pêcheux angeführte Beispiel ist der Satz: „Derjenige, der durch seinen Tod auf dem Kreuz die Welt erlöst hat, hat niemals existiert."[95] Pêcheux hat recht, wenn er im Zusammenhang mit diesem Satz feststellt, daß er sich lediglich mit

---

[92] M. Pêcheux, *Les Vérités de la Palice,* op. cit., S. 159.
[93] Der Begriff „le préconstruit" wurde von P. Henry in die Diskussion eingebracht: P. Henry, „Constructions relatives et articulations discursives", in: *Langages* 37, März, 1975.
Mit der Funktion des Begriffs „Präkonstrukt" („préconstruit") befassen sich ausführlich die niederländischen Autoren W. Campschreur, T. Hak, E. Top, „De bijdrage van M. Pêcheux aan de diskoers-analyse", in: *Krisis* 20, 1985, und zeigen, daß scheinbar neutrale Aussagen wie: „Wir werden mit verschiedenen ethnischen Minderheiten konfrontiert" als Präkonstrukte wirken können.
[94] Th. W. Adorno, *Minima Moralia*, Frankfurt, Suhrkamp, 1970, S. 57.
[95] M. Pêcheux, *Les Vérités de la Palice,* op. cit., S. 198.

dem herrschenden Diskurs „gegen- identifiziert": „Kurz, das Subjekt als ‚böses Subjekt', als ‚böser Geist' *gegen-identifiziert sich* (*se contre-identifie*) mit der ihm vom ‚Interdiskurs' auferlegten diskursiven Formation (...)."[96]

In der Ideologiekritik ist dieses Argument gar nicht so neu: Die Atheisten und Satanisten reproduzieren bekanntlich die diskursiven Formen der guten Christen. Der Atheismus ist — metaphorisch ausgedrückt — nur die Kehrseite der Medaille: so wie der militante Faschismus lediglich als Umkehrung eines militanten Sozialismus gedacht werden kann (das zeigt nicht nur Mussolinis bekannte Entwicklung, sondern auch die des Soziologen und Wissenschaftlers Ernst Lewalter, der als Marxist die Wissenssoziologie kritisierte und später für die NSDAP Bücher wie *Raubstaat England* verfaßte).[97]

Mich stört vor allem der in Pêcheux' Ausführungen implizite, unausgesprochene Gedanke: nämlich daß Diskurskritik, die sich nicht an der marxistisch-leninistischen Wissenschaft und an der Ideologie des Proletariats orientiert, vergeblich sei. Nun ist aber Pêcheux' „contre-identification" bestenfalls eine Karikatur solcher Kritik. Denn diese muß, meine ich, wenigstens den folgenden fünf Anforderungen genügen:

1. Sie soll nach der *historischen Entstehung* eines Diskurses fragen.
2. Sie soll die *Wechselbeziehung zwischen semantischer Basis und diskursiver Syntax* thematisieren und darf sich nicht — wie Althusser und Pêcheux — auf Satzeinheiten und lexikalische Faktoren beschränken.
3. Sie sollte sich mit der *gesellschaftlichen Funktion* des kritisierten Diskurses befassen.
4. Sie sollte auch die *empirische Überprüfbarkeit* der im Diskurs vorkommenden wichtigen Aussagen thematisieren. Es ist klar, daß im vorliegenden Fall die Aussage des Atheisten über die Nichtexistenz Christi genauso wertlos ist wie die Gegenbehauptung des Theisten (vom theoretischen Standpunkt aus betrachtet, versteht sich).
5. Sie hat schließlich diese vier Punkte auch in der *selbstkritischen Reflexion* des eigenen Diskurses zu berücksichtigen.

Eine solche Diskurskritik, die hier im zweiten und dritten Teil entwickelt wird, setzt freilich voraus, daß das Individuum als Subjekt nicht völlig (über-)determiniert ist. Pêcheux billigt ihm jedoch keine Reflexionsfreiheit zu und legt sich dadurch auf Althussers spinozistischen (Hobbesschen) Determinismus fest. Dieser wird ganz zu Recht von John B. Thompson in Frage gestellt: „Eine kritische Theorie der Ideologie setzt eine Auffassung des Subjekts voraus, die einerseits zwar erkennt, daß dieses innerlich gespalten und von Bedingungen abhängig ist, die jenseits seiner unmittelbaren Einflußnahme sind, die andererseits aber erkennt, daß das Subjekt als handelnde Instanz in der Lage ist, diese Bedingungen zu reflektieren und sie zu ändern."[98]

Dies ist auch meine Meinung; denn Pêcheux setzt sich über die Möglichkeiten einer mehr oder weniger rationalen Diskurskritik hinweg, wenn er schließlich die Lösung des Problems in zwei komplementären Faktoren erblickt: in der von Althusser behaupteten

---

[96] ibid.
[97] Siehe: V. Meja, N. Stehr, *Der Streit um die Wissenssoziologie II*, op. cit., S. 950.
[98] J. B. Thompson, „Ideology and the Analysis of Discourse. A critical introduction to the work of Michel Pêcheux", in: ders., *Studies in the Theory of Ideology*, Cambridge, Polity Press, 1984, S. 252.

Subjektlosigkeit der wissenschaftlichen Entwicklung (s. o.) und in der materialistischen Ideologie des Proletariats.

Wie Althusser und Etienne Balibar in *Lire le Capital*, behauptet auch Pêcheux, daß die Wissenschaft als Prozeß *per definitionem* kein Subjekt habe und folglich jenseits der Ideologie liege. Es kommt zu der bekannten und hier bereits kritisierten Disjunktion („rupture") von Wissenschaft und Ideologie: „Der Prozeß der Erkenntnisproduktion ist ein Prozeß ohne Subjekt (...)."[99]

Wichtig ist nun das komplementäre Argument, das das Proletariat als eine „subjektlose" Gruppe definiert, oder zumindest als Gruppe, deren politische Praxis die bestehenden Formen der Subjektivität in Frage stellt: So spricht Pêcheux beispielsweise von der „proletarischen ideologischen Praxis, die darin besteht, daß sie (...) explizit und konsequent an der Subjekt-Form arbeitet."[100] An anderer Stelle heißt es ergänzend: „Die ent-identifizierende Arbeit der proletarischen Ideologie, die integraler Bestandteil der proletarischen politischen Praxis ist, entwickelt sich paradoxerweise durch neue Identifikationen, in denen die Anrufung („interpellation") *umgekehrt* (*à l'envers*) funktioniert: d. h. in bezug auf ‚Nicht-Subjekte' wie Geschichte, die Massen, die Arbeiterklasse und ihre Organisationen."[101]

Hier kristallisiert sich also Pêcheux' Alternative zu den ersten beiden Situationen (zu der des „guten" und des „schlechten", sich „gegen-identifizierenden" Subjekts) heraus: Das Subjekt kann sich nur dann „ent-identifizieren", sich vom Interdiskurs distanzieren, wenn es die subjektlose Wissenschaft des Marxismus-Leninismus anerkennt und sich zugleich an der ent-subjektivierenden Praxis des Proletariats orientiert. Die zweite Forderung wird sowohl von Althusser als auch von Lecourt bestätigt: „Die marxistisch-leninistische Philosophie oder der dialektische Materialismus repräsentiert den proletarischen Klassenkampf *in der Theorie*."[102] Ergänzend heißt es bei Lecourt, Theorie sei nur *marxistische* Theorie „unter der Bedingung, daß sie praktiziert wird, wie es sich gehört: *auf den theoretischen Positionen der proletarischen Klasse.*"[103]

Da die Autoren jedoch weiterhin am Begriff des *epistemologischen Bruchs* zwischen Ideologie und Wissenschaft festhalten, tritt ein Problem auf, das zu bewältigen sie nicht in der Lage sind: das Problem der Beziehung zwischen proletarischer Ideologie und marxistisch-leninistischer Wissenschaft. Dieses Problem ist auch nicht durch willkürliche Behauptungen wie diese zu lösen: „Die proletarische Ideologie wirkt *deformierend, ohne mystifizierend zu wirken* (...)."[104] Hier geht ein marxistischer Diskurs in Scholastik über.

Wie soll man sich diese Beziehung, die die „Ent-identifizierung", die Distanzierung vom herrschenden Diskurs garantieren soll, *diskursiv* (semantisch, syntaktisch) vorstellen? Die Antwort auf diese Frage fällt bei Pêcheux spärlich aus: „*Subjektive Aneignung*

---

[99] M. Pêcheux, *Les Vérités de la Palice*, op. cit., S. 180.
[100] ibid., S. 200.
[101] ibid., S. 250.
[102] L. Althusser, *Für Marx*, op. cit., S. 211.
[103] D. Lecourt, *La Philosophie sans feinte*, op. cit., S. 123.
[104] M. Pêcheux, *Les Vérités de la Palice*, op. cit., S. 203–204.

der proletarischen Politik (insbesondere der Funktionen der proletarischen politischen Diskurse) (...)."[105] An anderen Stellen ist vom Kampf bestimmter Wörter gegen andere Wörter die Rede, von einem Kampf, den Pêcheux und Françoise Gadet in *La Langue introuvable* anhand von „Wortschlachten" aus der Zeit der russischen Revolution illustrieren.[106]

Wenn es zutrifft, daß zwischen Wissenschaft und Ideologie ein grundsätzlicher Bruch herrscht, dann sind alle Versuche vergeblich, zwischen ideologischen und wissenschaftlichen Diskursen zu vermitteln: Wer sich für die rationalistische *Trennung* entschieden hat, sollte nicht versuchen, die dialektische (hegelianische) *Vermittlung* durch eine Hintertür wieder einzuführen. Auch der „beste", der materialistische ideologische Diskurs, vermag nicht auf den wissenschaftlichen einzuwirken, wenn dieser das radikal *Andere* ist. Man könnte zwar versuchen, das Problem mit Jorge Larrain zu lösen und zu sagen: „Die spontane Ideologie der Arbeiterklasse muß ‚unter dem Einfluß eines neuen, von der Ideologie radikal verschiedenen Elements (umgeformt werden): eben von der Wissenschaft'."[107] Hier taucht dasselbe Problem nur mit umgekehrten Vorzeichen auf: Wie soll die Wissenschaft auf die Ideologie einwirken, wenn die beiden keine gemeinsame Sprache verbindet?

Der „archimedische Punkt", von dem aus die Ideologie aus den Angeln gehoben werden soll, zerfällt hier in zwei kaum tragfähige, weil unvermittelt koexistierende Teile: eine willkürlich postulierte Wissenschaftlichkeit des historischen Materialismus oder Marxismus-Leninismus und eine ebenso willkürlich postulierte Überlegenheit der proletarischen Ideologie: „*Nicht alle theoretischen Ideologien sind gleichwertig* (...)."[108] Die Position der Althusserianer ist deshalb schwächer als die Lukács' und Korschs, weil die Rationalisten sich einerseits auf die kognitive Überlegenheit proletarischer Positionen berufen, andererseits jedoch den Nexus zwischen wissenschaftlicher Erkenntnis und proletarischer Ideologie lösen. Dieses Paradoxon ist für eine Zeit charakteristisch, in der klar geworden ist, daß es keine notwendige Beziehung zwischen dem historischen Materialismus und dem („zugerechneten" oder „spontanen") Denken von Arbeitern und Angestellten gibt.

Deshalb geht die hier vorgebrachte Kritik nicht weit genug (ich wollte mich jedoch auf das Verhältnis Wissenschaft-Ideologie konzentrieren). Man müßte schließlich auch die von Althusserianern unreflektiert verwendete Bezeichnung „Proletariat" in Frage stellen: Ist die zeitgenössische europäische Gesellschaft immer noch in eine bürgerliche (kapitalistische) Minderheit und eine proletarische Mehrheit aufzuteilen oder haben wir es im Falle von Althusser und Pêcheux mit einer manichäischen Ideologie zu tun? Ist der Marxismus-Leninismus, wie Pêcheux dogmatisch behauptet („la science marxiste-léniniste de l'histoire est bien *une science*")[109], wirklich eine Wissenschaft? Ist nicht vielmehr die Wortverbindung „Marxismus-Leninismus" an sich schon ideologieverdächtig?

---

[105] ibid., S. 201.
[106] F. Gadet, M. Pêcheux, *La Langue introuvable*, Paris, Maspero, 1981, Kap. 8: „Octobre 17 et la force des mots".
[107] J. Larrain, *The Concept of Ideology*, op. cit., S. 196.
[108] M. Pêcheux, *Les Vérités de la Palice*, op. cit., S. 173.
[109] ibid., S. 182.

Die Annahme, Marxens Diskurs gehe bruchlos in den Lenins über, ist entweder ein ideologisches Dogma oder eine Naivität, die ich den Spezialisten des „epistemologischen Bruchs" nicht zutrauen möchte. Ein Diskursvergleich Marx-Lenin würde sicherlich nicht schaden.

Sowohl Althusser als auch seinen Schülern haben ihre Dogmen (als unreflektierte Prämissen) sehr geschadet. Ihr zentrales Dogma ist wohl das des „epistemologischen Bruchs" zwischen Ideologie und Theorie, ein Dogma, das ihnen, wie Urs Jaeggi richtig sah, die Fähigkeit nahm, zwischen Theorie und Praxis zu *vermitteln*.[110] Es sollte hier aber gezeigt werden, daß bestimmte Theoreme der Althusser-Gruppe — wie das der Subjekt-Konstituierung durch die Ideologie — sehr wichtig sind: vor allem dort, wo idealistisch-arglos von „Intersubjektivität" und „intersubjektiver Überprüfbarkeit" gesprochen wird.

4. These: Der absolute Gegensatz zwischen Ideologie und Theorie (Wissenschaft), der vom frühen Althusser vorbehaltlos und vom später mit Vorbehalten verteidigt wird, ist unhaltbar. Fragwürdig ist auch die These über den grundsätzlichen Gegensatz zwischen Marxens Frühwerk und seinem Spätwerk, die sich über die Wechselbeziehung zwischen Ideologie und Theorie hinwegsetzt. Gerade Althussers und Pêcheux' Analysen zeigen, wie unreflektierte ideologische Prämissen in den theoretischen Diskurs eindringen können. Von großer Bedeutung für eine kritische Diskurstheorie ist jedoch Althussers und Pêcheux' Theorem über die unbewußte diskursive Konstituierung der Subjekte, da es zum Ausgangspunkt für eine Kritik am Begriff der Intersubjektivität werden kann: unter der Voraussetzung allerdings, daß es in einem reflexiven und dialogischen Kontext neu gedeutet wird.

---

[110] U. Jaeggi, *Theoretische Praxis*, op. cit., S. 107: „Nicht aber wird, außer in einem sehr vagen Zusammenhang, die Verbindung der Inhalte *der politischen Praxis mit der theoretischen Praxis aufgezeigt*." Ich würde nicht sagen, daß Pêcheux' Beitrag dieses Manko behoben hat.

VI. Ideologie als Diskurs: Von Adorno zu Derrida

Auch in diesem Kapitel wird vielleicht so mancher Leser über die unorthodoxe Mischung der theoretischen Karten verwundert sein: Adorno erscheint hier nicht so sehr als Vorläufer von Habermas' Kritik der instrumentellen, zweckrationalen Vernunft, sondern als geistiger Nachbar Derridas. Diese Nachbarschaft wird nicht im Rahmen der „Postmodernismus"-Debatte plausibel gemacht, sondern durch die Überlegung, daß die beiden Autoren in viel stärkerem Maße noch als Michel Foucault *die diskursive, transphrastische Struktur als ganze* zum Gegenstand einer radikalen Kritik machen. Darin sehe ich auch die anhaltende Aktualität von Adornos Dialektik: in der ihr zugrundeliegenden These, daß der Diskurs als *ganzer*, als systematischer Zwangsmechanismus und kausaler Ablauf, Ideologeme vermittelt.

Obwohl ich meine, daß Habermas' Einwände gegen Adornos und Horkheimers *Dialektik der Aufklärung* z. T. berechtigt sind[1], weil dieses Buch das in der zeitgenössischen Gesellschaft vorhandene kritische Potential nicht berücksichtigt, gehe ich hier von dem Gedanken aus, daß Adornos und Derridas Diskurskritik über die von Habermas hinausgeht. Im Gegensatz zu Habermas, den kritischen Rationalisten und auch Althusser setzt sich Adorno nicht mit semantisch oder pragmatisch konzipierten Satzeinheiten auseinander, sondern visiert — wie später Jacques Derrida und Julia Kristeva — den gesamten Diskurs: als transphrastische Struktur an.

Mit diesen Überlegungen, die zum Ausgangspunkt der Textsoziologie werden, knüpfe ich an einige frühere Arbeiten[2] sowie an meinen kursorischen Vergleich von Adorno, Derrida und Foucault aus dem Jahre 1977 an.[3] Schon damals ging es um die Frage, ob und unter welchen Bedingungen Adornos, Derridas und Foucaults Diskurstheorien für eine semiotische Ideologiekritik fruchtbar gemacht werden könnten, die Ideologie und Theorie als verschiedene Möglichkeiten diskursiver Anordnung auffaßt. Im Mittelpunkt standen dort — wie auch hier— Begriffe wie *Essay, Modell, Parataxis* und *différance*, mit deren Hilfe Adorno und Derrida das systematisierende Identitätsdenken ideologischer Diskurse aufzubrechen suchen.

Indem Adorno seine Theorie auf bestimmte Textformen wie den Essay, das Modell und die Parataxis ausrichtet, nimmt er bewußt — wie später Derrida — die Aporie in Kauf, die aus dem Versuch hervorgeht, begriffliches Denken und künstlerische Mimesis zur Synthese zu bringen. Es geht ihm nicht darum, den Begriff abzuschaffen, sondern darum, ihn mit dem Objekt, mit der von einer herrschenden, techno-logischen Vernunft malträtierten Natur zu versöhnen; oder um es mit den Herausgebern der *Ästhetischen Theorie* zu sagen: Es soll ein assoziatives, „reihendes Verfahren" gefunden werden, wel-

---

[1] Siehe: J. Habermas, *Der philosophische Diskurs der Moderne*, Frankfurt, Suhrkamp, 1985, S. 137—138.
[2] Siehe: Vf., *Textsoziologie. Eine kritische Einführung*, Stuttgart, Metzler 1980; *L'Ambivalence romanesque. Proust, Kafka, Musil*, Paris, 1980, 2. Aufl., Bern-Frankfurt-Paris, Peter Lang Vlg., 1988, Kap. 7: „La réception de la *Recherche* dans la Théorie critique: Adorno lecteur de Proust".
[3] Siehe: Vf., „Diskurs als Ideologie", in: P. V. Zima (Hrsg.), *Textsemiotik als Ideologiekritik*, Frankfurt, Suhrkamp, 1977.

ches das Einmalige, das „individuum ineffabile" ausdrückt, das weder reproduziert werden kann noch im Begrifflichen aufgeht. Eine solche Theorie wird jedoch früher oder später, wie die Herausgeber richtig bemerken, mit ihrem eigenen theoretischen Anspruch in Konflikt geraten.

In der Vergangenheit schien es nicht einfach, Alternativen zu den von Adorno vorgeschlagenen Verfahren und Lösungen zu entwerfen. Eine Kritik des systematischen und unreflektierten „Identitätsdenkens" schien nur aus seiner Sicht und mit seinen Mitteln möglich zu sein. Als Alternativen boten sich, außer einem Marxismus im Sinne von Lukács oder Goldmann, der Kritische Rationalismus Poppers und Alberts sowie Althussers Synthese zwischen Marxens Philosophie und einer rationalistischen Wissenschaftsphilosophie an.[4]

In der gegenwärtigen Situation meine ich — vor allem nach den Auseinandersetzungen mit der Wissenssoziologie, Habermas' Kommunikationstheorie und dem Kritischen Rationalismus —, einige Komponenten von Adornos System- und Diskurskritik akzeptieren zu können, ohne für eine „nichttheoretische", „mimetische", „essayistische" oder „parataktische" Theorie zu plädieren. Zugleich scheint es möglich, einige Argumente aus Derridas Kritik der Metaphysik und des Logozentrismus nachzuvollziehen, ohne die Grenze zwischen Theorie und Fiktion zu verwischen und der Dekonstruktion das Wort zu reden (s. Absch. 3).

Die Ausrichtung der Theorie auf eine kritische Literatur, auf die ideologiekritischen und essayistisch, parataktisch konstruierten Romane der Jahrhundertwende, für die ich mich noch im Jahre 1980 einsetzte[5], erscheint nur auf der Ebene der diskursiven *Problematik* sinnvoll: Eine kritische Theorie sollte sich zwar mit der Art, wie ideologiekritische und theoretische Probleme in den Romanen Musils, Prousts, Kafkas oder Svevos thematisiert werden, befassen; sie sollte sich jedoch hüten, der Dekonstruktion als kommerzialisierter Mode nachzugeben[6] und die Differenz zwischen Theorie und Fiktion aufzuheben. Sie wird hier auch nicht — Adorno folgend — versuchen, die künstlerische Mimesis in den begrifflichen Diskurs aufzunehmen: denn ein solcher Versuch würde, wie Habermas richtig sah, einen Keil zwischen die Theorie und die Praxis der Sozialwissenschaften (der Soziologie, der Semiotik und der Psychologie) treiben. Statt eine Annäherung der Theorie an die fiktionale Mimesis zu befürworten, sollte es möglich sein, einige der von Adorno formulierten Probleme auf begrifflicher Ebene und mit den Mitteln der Sozialwissenschaften anzugehen.

Im folgenden soll in den beiden ersten Abschnitten die Sprachproblematik bei Adorno kritisch untersucht werden. Im dritten Abschnitt will ich zeigen, wie diese Problematik von Derrida im Rahmen einer „allgemeinen Strategie der Dekonstruktion" („stra-

---

[4] Siehe Kap. 5 im vorliegenden Band, in dem die Bedeutung von Althussers und Pêcheux' Ideologiekritik für die Textsoziologie hervorgehoben wird.

[5] Siehe: Vf., *L'Ambivalence romanesque*, op. cit.

[6] Der Einfluß der Mode(n) auf die zeitgenössische Theoriediskussion wird u. a. von W. Moser thematisiert: W. Moser, „Mode — Moderne — Postmoderne", in: *Etudes françaises*, 20, 2, 1984, S. 32–33: „La postmodernité par contre semble plus nettement avoir partie liée avec le phénomène de la mode."

tégie générale de la déconstruction")[7] abgewandelt und im Sinne einer globalen Vereinfachung radikalisiert wird.

In einem ersten Schritt soll die gesellschaftlich bedingte Krise der Sprache kommentiert werden, mit der Adorno in seinen Frühschriften konfrontiert wird. Es geht mir u. a. um eine soziologische Erklärung dieser Krise — sowie der philosophischen Reaktion Adornos auf das, was er selbst als „zerfallene Sprache" bezeichnet.

Trotz der sozialwissenschaftlichen Ausrichtung dieses Buches soll die philosophische Reflexion nicht ausgespart werden; im Gegenteil, ich möchte zeigen, daß eine durchgehende Reflexion und Selbstreflexion in Adornos Schriften stellenweise fehlt und daß die von ihm entwickelten Formen — Essay, Modell, Parataxis — ihn nicht davon abgehalten haben, einige der von ihm behandelten Objekte zurechtzustutzen und zu „identifizieren": trotz seines Plädoyers für das Einmalige und Partikulare.

Im dritten Abschnitt werden die ideologischen Schwächen und Aporien des parataktischen Diskurses zutage treten; zugleich sollen sie im Zusammenhang mit der von Derrida entwickelten Theorie der Dekonstruktion betrachtet werden. Es wird sich zeigen, daß diese Theorie sich — trotz aller Unterschiede und Gegensätze, die sie von Adornos Parataxis trennen — in ähnliche Widersprüche verstrickt wie die negative Dialektik.

Abschließend will ich der Frage nachgehen, welche Alternativen zum Essayismus, zum „Denken in Modellen", zur Parataxis und zur Dekonstruktion im Rahmen einer Textsoziologie entwickelt werden könnten. Diese Frage, die hier nur andeutungsweise beantwortet wird, wird im dritten Teil dieses Buches in den Mittelpunkt der Diskussion gerückt.

1. Zerfallene Sprache

Die Kritik der Sprache, die Nietzsches Polemik gegen die Metaphysik und deren ewige Wahrheiten entfachte, wird in den zwanziger und dreißiger Jahren zu einem der Hauptprobleme kritischer Philosophien. Nach Nietzsche, der die unaufhebbare Ambivalenz der Wörter entdeckt, die keine Synthese, keine „bestimmte Negation" im Sinne von Hegel zu beseitigen vermag, reagieren so verschiedene Philosophen wie Heidegger, Wittgenstein, Sartre, Camus und Adorno auf die Krise der Sprache. Ihre Kritik der traditionellen Begriffsbildung sowie der herrschenden Begriffe und Terminologien ist nicht von der Krise zu trennen, die sich in der Sprache auf lexikalischer, semantischer und syntaktischer Ebene abzeichnet.

Der von Reinhart Koselleck hergestellte Nexus zwischen Kritik und Krise nimmt in diesem Zusammenhang eine besondere Bedeutung an: Die Kritik, die Heidegger und Jaspers gegen die depravierte Kommunikation richten, Sartres Kritik der ideologischen Diskurse und Adornos Ablehnung der systematischen Konstruktion, des Hegelschen Makrosyntagmas, sind als kritische Reaktionen auf die gesellschaftlich bedingte Krise der semantischen Einheiten zu werten.

---

[7] J. Derrida, *Positions*, Paris, Minuit, 1972, S. 56.

Leider wird dieser Sachverhalt von den hier genannten Autoren nicht systematisch reflektiert. Ein reflexives Vorgehen wird vor allem durch die ontologische Betrachtungsweise Heideggers oder des jungen Sartre erschwert, wenn nicht gar unmöglich gemacht, weil ihre Theorien die „ontische" Perspektive der Sozialwissenschaften ausschließen. Beim jungen und späten Adorno wird sie durch eine Kunstmetaphysik verstellt, die sich über die gesellschaftlichen Ursachen einer Entwicklung hinwegsetzt, die Greimas mit dem Ausdruck „fortschreitende Entsemantisierung" umschreibt.[8]

Trotz dieser Kritik meine ich, daß eher Adornos als Heideggers oder Sartres Sprachanalysen eine Beschreibung der Prozesse ermöglichen, die die Entwertung des Wortes bewirken. Für sie ist zunächst die Arbeitsteilung verantwortlich, die Adorno zufolge Heidegger veranlaßte, auf die spezialisierten Sprachen der Wissenschaften zu verzichten, und die Philosophie als ein Residualwissen aufzufassen, das mit dem ontologischen Bereich zusammenfällt: „Das Sein, in dessen Namen Heideggers Philosophie mehr und mehr sich zusammenzieht (...)."[9]

Neben der Arbeitsteilung trägt das Marktgesetz als Vermittlung durch den Tauschwert entscheidend zu einer Verschärfung der sprachlichen Krise bei: „Denn Kommunikation ist die Anpassung des Geistes an das Nützliche, durch welche er sich unter die Waren einreiht, und was heute Sinn heißt, partizipiert an diesem Unwesen."[10]

Die Marktgesellschaft ist — wie sich im zweiten Teil herausstellen wird — zugleich die Welt der Ideologien, und die semantische Entwertung, von der Greimas spricht, ist häufig auf ideologische Konflikte und die aus ihnen hervorgehenden Zweideutigkeiten zurückzuführen. In seinen Analysen der Gedichte Hölderlins, Georges und Eichendorffs geht Adorno an mehreren Stellen auf die verheerende Auswirkung ideologischer Interpretationen auf den lyrischen Text ein. Im Zusammenhang mit Georges Dichtung spricht er von dem „lyrisch noch tragfähig(en) sprachlich(en) Material"[11] und versucht in einigen anderen Essays, den „Wahrheitsgehalt" literarischer Werke vor dem Zugriff der Ideologien zu retten.

Nimmt man sich die existentialistischen Arbeiten der zwanziger und dreißiger Jahre vor, so stellt man fest, daß die sprachlichen Auswirkungen der Arbeitsteilung, der Vermittlung durch den Tauschwert und der ideologischen Kämpfe indirekt auch von ihnen thematisiert werden.

In *Sein und Zeit* bemüht sich Heidegger, die Krise der Sprache darzustellen und dabei einen Rekurs auf die Sozialwissenschaften, vor allem auf die Linguistik, zu vermeiden. Indem er versucht, Entwicklung und Zerfall der Sprache auf ontologischer Ebene zu beschreiben und den eigenen Standort jenseits der empirischen Wissenschaften anzusiedeln, reagiert er auf seine Art auf die Arbeitsteilung: Er verzichtet auf das Vokabular der Sozialwissenschaften und weist der Philosophie die ontologische Enklave zu. Seine

---

[8] A. J. Greimas, *Sémiotique et sciences sociales*, Paris, Seuil, 1976, S. 55.
[9] Th. W. Adorno, „Wozu noch Philosophie", in: ders., *Eingriffe. Neun kritische Modelle*, Frankfurt, Suhrkamp, 1971, S. 17.
[10] Th. W. Adorno, *Ästhetische Theorie*, Frankfurt, Suhrkamp, 1970, S. 115.
[11] Th. W. Adorno, „George", in: ders., *Noten zur Literatur IV*, Frankfurt, Suhrkamp, 1974, S. 48.

Abkehr von der Sozialwissenschaft ist der des späten Adorno nicht ganz unähnlich: „Was besagt ontologisch, eine Sprache wächst und zerfällt? Wir besitzen eine Sprachwissenschaft, und das Sein des Seienden, das sie zum Thema hat, ist dunkel (...)."[12] Mit anderen Worten: Die Linguistik vermag das Geheimnis des Sprachzerfalls nicht zu ergründen.

In einem ganz anderen Kontext kritisiert Karl Jaspers das Gerede des Salonredners, der nur spricht, um zu glänzen, um seinen mondänen Ehrgeiz und seinen Narzißmus zu befriedigen. Die Rhetorik des *Causeur*, den Jaspers als „assoziativen Zufallsdenker" bezeichnet, ist sehr heterogen: Er gibt aufsehenerregende Assoziationen und Analogien von sich, die dazu angetan sind, sein mondänes Prestige in den Augen der Anwesenden zu steigern. Dieses Prestige hat jedoch keine Grundlage, und Jaspers zitiert Hegel, der im Zusammenhang mit dem „zerrissenen Bewußtsein" (dem des Salonredners) schreibt: „Diese Eitelkeit bedarf dabei der Eitelkeit aller Dinge, um aus ihnen sich das Bewußtsein des Selbsts zu geben... Macht und Reichtum sind die höchsten Zwecke seiner Anstrengung."[13]

Mit Adorno ließe sich sagen, daß selbst in Fällen, in denen der unmittelbare Zweck der schöngeistigen Rede nicht das Geld ist, diese von Sprachgesten beherrscht wird, die vom Gesetz der Nachfrage und des Angebots bestimmt werden. Indem er die Bewunderung der anderen erheischt und ihre Nachfrage zu steigern sucht, ahmt der schöngeistige Redner die Werbung nach, die die Machtausübung mit der Suche nach Profit verknüpft: „Das Prinzip des Füranderesseins, scheinbar Widerpart des Fetischismus, ist das des Tausches und in ihm vermummt sich die Herrschaft."[14]

Heideggers und Jaspers' Sprachkritik zeigt, daß auch diese Autoren sich über die gesellschaftlichen Ursachen der Krise klar waren. Dies zeigt nicht nur Jaspers' hegelianische Beschreibung des Salonredners, die zusammen mit der Kommunikationsproblematik die des Tauschwerts thematisiert, sondern auch Heideggers Versuch, die Auswirkungen der Arbeitsteilung sprachlich-ontologisch zu bewältigen.

Noch eindeutiger ist die von Sartre postulierte Wechselbeziehung zwischen dem Zerfall der Sprache und den ideologischen Konflikten der dreißiger und vierziger Jahre. In seinem bekannten Essay über Brice Parain ist von einer kranken, von Ambivalenzen zersetzten Sprache die Rede: „Parain untersucht die Sprache um 1940, nicht die Sprache allgemein. Es ist die Sprache der kranken Wörter, in der ‚Frieden' Aggression bedeutet, ‚Freiheit' Unterdrückung und ‚Sozialismus' Regime der Ungleichheit."[15]

Es ist also der *newspeak* der Ideologen, der den wahren Ausdruck vorab ausschließt und der nachträglich erklärt, weshalb Nietzsche der alten metaphysischen Dichotomie die Ambivalenz der Wörter und der Werte gegenüberstellte. Die kranke Sprache ist nicht nur die der Zyniker, der Propagandisten, sondern auch die der Skeptiker und luziden Nihilisten, die angesichts der semantischen Krise aus der Ambivalenz die Triebfeder ihrer Kritik machen und ihre Diskurse jenseits der tradierten metaphysischen Gegensätze

---

[12] M. Heidegger, *Sein und Zeit* (1927), Tübingen, Niemeyer, 1963, S. 160. Etwas weiter lesen wir über die Verdinglichung der Sprache: „Die Sprache kann zerschlagen werden in vorhandene Wörterdinge." (S. 161)
[13] K. Jaspers, *Psychologie der Weltanschauungen*, op. cit., S. 295.
[14] Th. W. Adorno, *Ästhetische Theorie*, op. cit., S. 337.
[15] J.-P. Sartre, „Aller et retour", in: ders., *Critiques littéraires. Situations I*, Paris, Gallimard, „idées", 1947, S. 236.

entfalten: jenseits von Gut und Böse, von Wahrheit und Lüge, von Schönheit und Häßlichkeit.

Man sieht, daß die Kritik die Tendenzen der Krise verstärken und den Zerfallsprozeß beschleunigen kann. Freilich streben die Kritiker nicht den Zerfall der Sprache, sondern deren Reinigung an: das von Kommerz und Ideologie verschonte reine Wort. (Sie gleichen den Chirurgen, die so lange reinigen, bis der Patient stirbt.) Das humanistisch-sozialistische „Geschwätz" hat einen Autor wie Francis Ponge in die Arme der KPF getrieben: „Was uns an der KP reizte", erklärt Ponge im Jahre 1950, „das war zunächst die Revolte gegen die Lebensbedingungen der Menschen, die Vorliebe für die Tugend und das Verlangen, einer grandiosen Sache zu dienen. Es war aber auch der Ekel vor den schmutzigen Machenschaften, dem humanistischen Geblök, der Geschwätzigkeit und den faulen Kompromissen der Sozialisten (S. F. I. O.) (. . .)."[16]

Dieses Verlangen nach sprachlicher Reinheit, das sich mit einer kompromißlosen Ablehnung des Slogans paart, kann zur radikalen Ablehnung einer jeden Komplizenschaft führen und zu der komplementären Vorstellung einer wertindifferenten Sprache, in der die lexikalischen Einheiten ihre Bedeutungen eingebüßt haben. Diese Endvision erfüllt Sartre mit Angst, und er stellt in einem Kommentar zu Ponge fest, daß eine radikale und konsequente Kritik der depravierten Sprache in Verzweiflung umschlagen könnte: „Führen wir nicht eine Bewegung fort, die die ‚unreinen Münder', die wir verachten, begannen, treiben wir nicht den Wörtern ihren eigentlichen Sinn aus, und werden wir uns nicht, mitten in der Katastrophe, in einer absoluten Gleichwertigkeit aller Namen wiederfinden und dennoch gezwungen sein zu sprechen?"[17] Auf diese Problematik des Sprachzerfalls, der als eine Folge radikaler Ideologiekritik aufgefaßt werden könnte, will ich hier nicht näher eingehen.

Hier mag die abschließende Bemerkung genügen, daß die Ambivalenz der Bezeichnungen, die als einer der ersten Nietzsche thematisierte, zur semantischen *Indifferenz* führen kann: zu einer Situation, in der die Wort-Werte nichts mehr ausdrücken, in der Wörter wie „Freiheit", „Kritik" oder „Wissenschaft" aufhören, etwas Bestimmtes zu bedeuten, weil sich — Parasiten gleich — widersprüchliche ideologische Bedeutungen an sie heften.

Dieser kurze Exkurs zum deutschen und französischen Existentialismus erfüllt hier zwei komplementäre Funktionen: Er konkretisiert die gesellschaftliche und sprachliche Situation, in der Adorno seine ersten kritischen Aufsätze verfaßte, die in vieler Hinsicht seine späteren Arbeiten antizipieren. Er läßt zugleich den gemeinsamen Ausgangspunkt des deutschen Existentialismus und der Kritischen Theorie erkennen: die Krise der Sprache, die Heidegger durch eine etymologisch fundierte Ontologie überwinden möchte und auf die Adorno mit einer Ausrichtung der Theorie auf künstlerische Mimesis reagiert. Trotz aller Divergenzen, die die negative Dialektik von der existentialistischen Ontologie trennen (und die auch in ihrer Einstellung zu den Sozialwissenschaften zutage

---

16 F. Ponge, *Nioque de l'Avant-Printemps*, Paris, Gallimard, 1983, S. 30.
17 J.-P. Sartre, „Der Mensch und die Dinge", in: ders., *Der Mensch und die Dinge. Aufsätze zur Literatur 1938–1946*, Reinbek, Rowohlt, 1978, S. 111.

treten), kann hier eine Analogie zwischen den in *Sein und Zeit* vorgeschlagenen Lösungen und denen Adornos aufgezeigt werden. Angesichts des arbeitsteiligen Prinzips in den Wissenschaften versuchen Heidegger und Adorno das begriffliche Denken auf zwei besondere Sprachbereiche auszurichten: auf den ontologischen des Seins und auf den ästhetischen der künstlerischen Mimesis.

Wichtiger als die Analogie selbst scheint mir die theoretische Funktion dieser beiden Einengungen des philosophischen Diskurses zu sein: In beiden Fällen verzichtet der Philosoph auf die Verknüpfung sozialwissenschaftlicher Methoden mit der philosophischen Reflexion. An dieser Stelle wird man mir vielleicht entgegenhalten, daß die Kritische Theorie schon immer eine Synthese zwischen der Philosophie und den Sozialwissenschaften (Soziologie, Psychoanalyse) angestrebt hat. Dies ist zweifellos richtig, und zahlreiche Arbeiten Adornos und Horkheimers aus den dreißiger Jahren stellen diesen Syntheseversuch anschaulich dar.[18] Er wird jedoch von Adornos Spätwerk, vor allem von seiner *Ästhetischen Theorie* (1970), die dem parataktischen Schreibduktus Hölderlins folgt, wieder in Frage gestellt.

In der *Theorie des kommunikativen Handelns* erinnert Jürgen Habermas an einige Grundgedanken der *Dialektik der Aufklärung* (1947), deren Autoren versuchen, die begriffliche Rede durch die Aufnahme der ästhetischen Mimesis mit der Natur zu versöhnen. Nach Habermas kann ihr Plädoyer für eine mimetische Theorie als ein Bruch mit dem „interdisziplinären Materialismus" gewertet werden, der für die Kritische Theorie der Vorkriegszeit kennzeichnend war: „Die Philosophie, die sich hinter die Linien des diskursiven Denkens aufs ‚Eingedenken der Natur' zurückzieht, bezahlt für die erweckende Kraft ihres Exerzitiums mit der Abkehr vom Ziel theoretischer Erkenntnis — und damit von jenem Programm des ‚interdisziplinären Materialismus', in dessen Namen die kritische Gesellschaftstheorie Anfang der dreißiger Jahre einmal angetreten war."[19] Einige Jahre später — in *Der philosophische Diskurs der Moderne* — geht Habermas noch weiter, wenn er den beiden Autoren vorwirft, sie hätten das Vernunftpotential der modernen Gesellschaft, das er selbst, wie sich im 3. Kap. gezeigt hat, vornehmlich in der Lebenswelt ansiedelt, schlicht übersehen: „Die *Dialektik der Aufklärung* wird dem vernünftigen Gehalt der kulturellen Moderne, der in den bürgerlichen Idealen festgehalten (und mit ihnen auch instrumentalisiert) worden ist, nicht gerecht."[20]

Der „vernünftige Gehalt der kulturellen Moderne" bleibt bei Habermas ein — durchaus anfechtbares — Postulat, das Adorno und Horkheimer wohl zurückweisen würden. Überzeugender als dieses Postulat ist Habermas' Überlegung, daß die Ausrichtung der Theorie auf den ästhetischen Bereich einen Bruch mit den Sozialwissenschaften mit sich bringt. Dieser Einwand wird auch weitgehend von Helmut Dubiel bestätigt, der nicht zu Unrecht Adorno vorwirft, er neige dazu, die Fachwissenschaften mit dem „Positivis-

---

[18] Siehe z. B.: *Studien über Autorität und Familie*, Paris, Alcan, 1936.
[19] J. Habermas, *Theorie des kommunikativen Handelns* Bd. 1, op. cit., S. 516—517.
[20] J. Habermas, *Der philosophische Diskurs der Moderne*, op. cit., S. 137—138.

mus" und der „instrumentellen Vernunft" zu identifizieren. Zugleich weist er auf die Isolierung der empirischen Arbeiten innerhalb von Adornos Werk hin.[21]

Obwohl Habermas' Gegenüberstellung der „materialistischen" und „fachwissenschaftlichen" Kritischen Theorie der dreißiger Jahre und der „metaphysischen" und „ästhetisierenden" Kritischen Theorie der Nachkriegszeit plausibel und nützlich ist, leidet sie am Schematismus aller Dichotomien: Wo er den Bruch betont, neigt er dazu, die Kontinuität von Adornos Denken zu vernachlässigen. Diese tritt in Erscheinung, sobald man das Spätwerk (*Negative Dialektik, Ästhetische Theorie*) mit einigen Frühschriften wie „Die Aktualität der Philosophie", „Die Idee der Naturgeschichte" oder „Thesen über die Sprache des Philosophen" vergleicht.

Vor allem in dem letztgenannten Aufsatz, der Rolf Tiedemann zufolge zu Beginn der dreißiger Jahre entstand, wird die Krise der Sprache in den Mittelpunkt der Betrachtungen gerückt.[22] Diese zeigen einerseits, daß der Gedanke an eine nichtbegriffliche, auf das ästetische Modell ausgerichtete Theorie bereits in den Jugendschriften Adornos aufkommt: Es handelt sich somit nicht um einen Gedanken, der aus den Enttäuschungen des Zweiten Weltkrieges oder aus denen der Emigration hervorging. Sie zeigen andererseits, daß die Ästhetisierung der Theorie eine Reaktion auf die hier skizzierte Krise der Sprache ist.

Die Krise ist der Hintergrund, vor dem die „Thesen" der frühen dreißiger Jahre zu lesen sind. Vor allem in der siebenten These tritt sie deutlich in Erscheinung: „Es steht heute der Philosoph der zerfallenen Sprache gegenüber. Sein Material sind die Trümmer der Worte (...)."[23]

In den Betrachtungen des jungen Adorno fällt zunächst die Abwesenheit wirtschaftlicher oder soziologischer Erklärungen der Krise auf. Erst die Lektüre einiger späterer Arbeiten gestattet es, die „zerfallene Sprache" mit den ideologischen Konflikten, der wissenschaftlichen Arbeitsteilung und der Vermittlung durch den Tauschwert zu verknüpfen. Es zeigt sich also, daß Adorno von Anfang an dazu neigte, die wissenschaftliche Argumentation zu sublimieren und sich (wie in der *Dialektik der Aufklärung*, wo die „Urgeschichte des Subjekts" zur Mythologie wird) auf die meta-wissenschaftliche und meta-materielle Ebene zu begeben.

Diese Sublimierung der sozialwissenschaftlichen Problematik erklärt z. T., weshalb Adorno den gemeinsamen Ursprung von Existentialismus und Kritischer Theorie in der sozial bedingten Krise der Sprache nicht reflektiert. Hätte er von Anfang an die gesellschaftlichen, wirtschaftlichen und politischen Ursachen der fortschreitenden Entsemantisierung der Sprache erforscht, hätte er vielleicht festgestellt, daß Heidegger, Jaspers und

---

[21] Siehe: H. Dubiel, *Wissenschaftsorganisation und politische Erfahrung*, Frankfurt, Suhrkamp, 1978, S. 101. Einige Seiten weiter tritt die genetisch-historische Affinität zu Derrida in Erscheinung: „Feindbild, d. h. zentraler Kritikgegenstand ist nämlich nicht mehr und nicht weniger als die abendländische Vernunfttradition überhaupt von ihren frühgeschichtlichen, mythologischen Anfängen bis zur Gegenwart des von den Faschisten entfesselten Weltkrieges. Nach Horkheimer/Adorno bietet gerade die faschistische Ära die welthistorische Chance zur Einsicht in die Pathogenese abendländischer Vernunfttradition." (S. 108)
[22] Siehe: R. Tiedemann, „Editorische Nachbemerkung" in: Th. W. Adorno, *Philosophische Frühschriften, Gesammelte Schriften I*, Frankfurt, Suhrkamp, 1973, S. 383.
[23] Th. W. Adorno, *Philosophische Frühschriften*, op. cit., S. 368.

Sartre sich mit Problemen auseinandersetzen, die auch der Kritischen Theorie (vor und nach dem Krieg) zu schaffen machten: mit den Fachsprachen, mit dem ideologischen Mißbrauch der Sprache und mit deren zunehmender Kommerzialisierung. Aus dieser Sicht hätte er nicht nur eine gemeinsame sozio-linguistische Problematik diagnostizieren, sondern zugleich erklären können, weshalb die Kritische Theorie den politischen Liberalismus, aus dem sie wie der Existentialismus hervorgegangen war, ganz anders einschätzte als dieser und sich schließlich für Lösungen entschied, die denen der deutschen und französischen Existentialisten diametral entgegengesetzt waren.

Doch welche Lösungen schlägt Adorno in den „Thesen über die Sprache des Philosophen" vor? — In einer atomisierten, heterogenen Gesellschaft sind Objektivität und Transparenz der Sprache nicht mehr gegeben: Sie können auch nicht auf abstrakte Art postuliert oder dekretiert werden. Nur das Nachdenken über die historische Situation des Wortes bietet dem Philosophen eine Chance, zwei Gefahren, die seinen Diskurs bedrohen, zu entgehen: der Banalität einer scheinbar durchsichtigen, weil willkürlich gesetzten Terminologie und dem Archaismus Heideggers, der bewußt die historische Entwicklung der Sprache und die gesellschaftlichen Ursachen der Krise ausblendet. Adornos historische Reflexion schließt die organische Beziehung zwischen Wörtern und Dingen ein. Im Zusammenhang mit der philosophischen Sprache hebt er die „getreue Übereinstimmung mit den gemeinten Sachen" und den „getreuen Einsatz der Worte nach dem geschichtlichen Stand der Wahrheit in ihnen" hervor.[24]

Der Philosoph vermag nicht, ein neues Vokabular jenseits des historischen Geschehens hervorzubringen. Ein solches Vokabular wäre den Dingen, die es in ihrer Besonderheit zu erklären gilt, äußerlich. Beim jungen Adorno führt philosophische Reflexion zu der Erkenntnis, daß die traditionelle Sprache der Philosophie die einzig mögliche ist: „Die herkömmliche Terminologie, und wäre sie zertrümmert, ist zu bewahren (...)."[25] Doch wie ist Denken in einer von Ideologie, Arbeitsteilung und Marktgesetz zertrümmerten Sprache noch möglich?

In seinen frühen Versuchen, diese Frage zu beantworten, entwirft Adorno ein Verfahren, das er später — in der *Ästhetischen Theorie* — weiterentwickelt: Die neue Wahrheit verdankt die Philosophie einer besonderen Konfiguration der alten Wörter. Erhalten bleibt die Möglichkeit, „die Worte so um die neue Wahrheit zu stellen, daß deren bloße Konfiguration die neue Wahrheit ergibt."[26] Der Ausdruck „konfigurative Sprache", der an anderer Stelle vorkommt, nimmt die assoziativen, parataktischen Verfahren der *Ästhetischen Theorie* vorweg.

Wie der parataktische Diskurs der *Ästhetischen Theorie* orientiert sich schon die „konfigurative Sprache" des jungen Adorno an der künstlerischen Mimesis: an der ästhetischen Funktion des Wortes: „Es ist bei den Worten zu fragen, wie weit sie fähig sind, die ihnen zugemuteten Intentionen zu tragen, wieweit ihre Kraft geschichtlich erloschen

---

[24] ibid.
[25] ibid.
[26] ibid., S. 369.

ist, wie weit sie etwa konfigurativ bewahrt werden mag. Kriterium dessen ist wesentlich die *ästhetische* Dignität der Worte."[27]

„*Ästhetische* Dignität der Worte": Gegenwärtig ist es schwierig, sich eine Sozialwissenschaft vorzustellen, die bereit wäre, ihre Terminologie nach ästhetischen Gesichtspunkten zusammenzusetzen. Begriffe wie „Kode", „reference group" oder „Idiolekt" haben nie eine ästhetische Dignität besessen. Dennoch wäre es absurd, sie aufzugeben: angeangesichts einer sprachlichen Situation, in der Vertreter der Avantgarde (etwa Alain Robbe-Grillet oder Jean Ricardou) Ausdrücke wie „ästhetische Dignität der Worte" bestenfalls mit einem ratlosen Achselzucken verabschieden würden. Hier tritt ein globaler Widerspruch zutage, an dem die gesamte Ästhetik Adornos leidet, sooft sie versucht, die Praxis moderner Avantgarden mit der ästhetischen Autonomie des Wortes zu verknüpfen.

Indem Adorno das theoretische Kriterium mit dem ästhetischen identifiziert, gerät er in eine Sackgasse. Die theoretische Utopie, die er seit den Frühschriften nicht mehr aus den Augen verlor, ist der Wunsch, das Besondere, Singuläre mit Hilfe einer nichttheoretischen Theorie zu erfassen und, wie Lüdke sagt, „das Begriffslose, Nichtidentische, mit Begriffen aufzutun, ohne es den Begriffen gleichzumachen (...)."[28] Durch die Aufnahme mimetischer, nichtbegrifflicher Impulse in den theoretischen Diskurs soll versucht werden, das Einmalige und Singuläre: das Unvertauschbare in Erscheinung treten zu lassen, das die philosophischen Systeme durch ihre Abstraktion und die Ideologien durch ihre Slogans einebnen. Der Diskurs soll sich dem Gegenstand angleichen, statt ihn zu manipulieren und ihn — wie die rationalistischen oder hegelianischen Systeme — in der Abstraktion aufzulösen. Es geht darum, sein „An sich" zu erfassen.[29]

Der Diskurs, der die Synthese von künstlerischer Mimesis und theoretischem Begriff herbeiführen soll, erweist sich als aporetisch, „denn das Besondere, Nichtidentische ist ja eben das, was sich festen Bestimmungen, Begriffen — der Identifikation — entzieht."[30] Die Aporie, auf die W. Martin Lüdke hinweist, kann in wenigen Worten zusammengefaßt werden: Es ist unmöglich, das zu definieren oder zu identifizieren, was vorab als undefinierbar und nichtidentifizierbar gekennzeichnet wurde.

2. Essay, Modell, Parataxis

In mancher Hinsicht erfüllt der ästhetische Bereich als „archimedischer Punkt" bei Adorno eine ähnliche Funktion wie die Ontologie bei Heidegger, die Wissenschaft bei Althusser, die ideale Sprechsituation bei Habermas, die Wertfreiheit im Kritischen Rationalismus und das Proletariat bei Lukács. Die ästhetische Integrität des Wortes scheint die einzige Gewähr für dessen Widerstand gegen Ideologie und Kommunikation zu sein. Mit Widerstand ist bei Adorno jedoch immer auch Negativität gemeint: die Negativität

---

[27] ibid., S. 370.
[28] W. M. Lüdke, *Anmerkungen zu einer „Logik des Zerfalls": Adorno-Beckett*, Frankfurt, Suhrkamp, 1981, S. 96.
[29] Siehe: M. Horkheimer, Th. W. Adorno, *Dialektik der Aufklärung*, Amsterdam, Querido, 1947, S. 20.
[30] W. M. Lüdke, op. cit., S. 68.

einer Kunst, die die Ablehnung aller ideologischen und kommunizierbaren Slogans bis zur Zerstörung des Sinnes, bis zur Selbstaufgabe treibt.[31]

Wie sehr Ideologiekritik in Adornos Augen Negativität und Ablehnung der Kommunikation ist, geht auch aus seinem (zuerst 1953/54) veröffentlichten Aufsatz „Beitrag zur Ideologienlehre" hervor: „Man könnte fast sagen, daß heute das Bewußtsein, das schon Hegel wesentlich als das Moment der Negativität bestimmte, überhaupt nur soweit überleben kann, wie es die Ideologiekritik in sich selbst aufnimmt."[32] Die Ideologiekritik als Negativität ist den Texten Prousts, Valérys, Becketts und Kafkas immanent; an ihnen orientiert sich die späte Kritische Theorie.

Es soll nun gezeigt werden, daß diese ästhetische Ausrichtung der Theorie weit über den lexikalischen Bereich hinausgeht, der im vorigen Abschnitt noch im Mittelpunkt stand. Die *Noten zur Literatur*, die *Negative Dialektik* und die *Ästhetische Theorie* sind deshalb wichtig, weil sie eine globale Kritik des ideologischen, des identifizierenden und systematischen Diskurses anvisieren. Tatsächlich läßt sich zeigen, daß Adornos Ideologiekritik einen semantischen und einen makrosyntaktischen (narrativen) Aspekt aufweist. Diese Tatsache ist bisher zu selten (und wenn, dann nur andeutungsweise) berücksichtigt worden.

Ausgehend von der unaufhebbaren Ambivalenz der Begriffe und Erscheinungen, die schon Nietzsche als Junghegelianer gegenüber Hegel betonte[33], stellt Adorno die manichäischen Diskurse der Ideologen in Frage, die fast immer von rigiden semantischen Gegensätzen wie normal/abnormal, Körper/Geist, Kunst/Theorie oder Mimesis/Poiesis ausgehen. In seinen Essays deckt er die Ambivalenz eines Autors wie Stefan George auf und zeigt, wie bestimmte Gedichte dieses Dichters eine elitäre Ideologie, die in archaischen Stilfiguren zum Ausdruck kommt, mit einer kritischen Sprache kombinieren, die sich gegen die ideologischen und kommerzialisierten Rhetoriken der damaligen Zeit resistent erweist. In seinem Essay über Eichendorff zeigt er, wie der Konservatismus des Romantikers gesellschaftskritische Elemente zeitigt, die von einer traditionalistischen Literaturkritik totgeschwiegen wurden.[34]

Im Gegensatz zu Brecht und Lukács, die George, Rilke oder Nietzsche mit bestimmten Ideologien (Imperialismus, Nationalsozialismus) identifizieren oder im Zusammenhang mit den Gedichten Rilkes und Georges von „Manifesten des Klassenkampfes" sprechen[35], entscheidet sich Adorno für eine essayistische Betrachtungsweise. Der Essay ermöglicht eine offene Darstellung des Objekts, die nicht auf dessen Identifizierung

---

[31] Siehe: Th. W. Adorno, *Ästhetische Theorie*, op. cit., S. 305: „Das sprachähnliche Moment der Kunst ist ihr Mimetisches; beredt allgemein wird sie einzig in der spezifischen Regung, weg vom Allgemeinen. Die Paradoxie, daß Kunst es sagt und doch nicht sagt, hat zum Grunde, daß jenes Mimetische, durch welches sie es sagt, als Opakes und Besonderes dem Sagen zugleich opponiert."

[32] Th. W. Adorno, „Beitrag zur Ideologienlehre", op. cit., S. 287.

[33] Siehe: F. Nietzsche, *Jenseits von Gut und Böse*, in: ders., *Werke in sechs Bänden* (Hrsg. K. Schlechta), Bd. 4, München, Hanser, 1980, S. 568.

[34] Siehe: Th. W. Adorno, „Zum Gedächtnis Eichendorffs", in: ders., *Noten zur Literatur I*, Frankfurt, Suhrkamp, 1958, S. 118.

[35] B. Brecht, *Über Lyrik*, Frankfurt, Suhrkamp, 1964, S. 12.

mit einem manichäischen und geschlossenen ideologischen Diskurs hinausläuft, dessen Objekt häufig auf *einen* der beiden Terme des semantischen Grundgegensatzes reduziert wird.

Adornos Essay hat das Einmalige, das Nichtidentische zum Gegenstand: „Er trägt dem Bewußtsein der Nichtidentität Rechnung, ohne es auch nur auszusprechen (...)."[36] Er widersetzt sich dem begrifflichen Raster, der den Objekten vom systematischen Diskurs von oben auferlegt wird: „Weil die lückenlose Ordnung der Begriffe nicht eins ist mit dem Seienden, zielt er nicht auf geschlossenen, deduktiven oder induktiven Aufbau."[37]

Ein Vergleich von Adornos und Musils „Essayismus" zeigt, daß es beiden Autoren darum geht, dem Logozentrismus eines diskreditierten systematischen Diskurses auszuweichen. Beide suchen nach Alternativen für den fiktionalen, den historischen oder den theoretischen Diskurs, der sich, ausgehend von bestimmten semantischen Dichotomien, der Wirklichkeit schlechthin gleichsetzt. Zum Essayismus seines Helden Ulrich bemerkt Musil in *Der Mann ohne Eigenschaften*: „Ungefähr wie ein Essay in der Folge seiner Abschnitte ein Ding von vielen Seiten nimmt, ohne es ganz zu erfassen, — denn ein ganz erfaßtes Ding verliert mit einem Male seinen Umfang und schmilzt zu einem Begriff ein — glaubte er, Welt und eigenes Leben am richtigsten ansehen und behandeln zu können."[38] (Auf die Beziehungen zwischen Ambivalenz, Ideologiekritik und Essayismus bei Musil und Broch will ich im 10. Kap. ausführlicher eingehen.)

Wie Musil lehnt Adorno die syntaktische, die narrative Kausalität ab: Statt jedes Argument aus dem vorhergehenden abzuleiten, setzt er sich in der *Negativen Dialektik* für die Form des Modells ein, das nicht kausal-argumentativ in den Gesamttext integriert wird, sondern metonymisch-synekdochisch. Sogar von Hegel behauptet er, dessen nie verwirklichtes Ideal sei im Grunde „nichtargumentatives Denken gewesen".[39] Gleich zu Beginn des Buches erläutert er die kognitive Funktion des theoretischen Modells: „Das Modell trifft das Spezifische und mehr als das Spezifische, ohne es in seinen allgemeineren Oberbegriff zu verflüchtigen. Philosophisch denken ist soviel wie in Modellen denken: negative Dialektik ein Ensemble von Modellanalysen."[40]

Der letzte Teil des Buches, der den Titel trägt „Meditationen zur Metaphysik", ist nicht aus dem vorletzten ableitbar, der die Philosophie Hegels zum Gegenstand hat. Es handelt sich um einen autonomen Text, in dem die beiden vorangehenden Modellanalysen, in denen sich Adorno mit Kant und Hegel befaßt, in einem neuen Licht erscheinen: Es geht darum, die Negativität der Dialektik, deren Ablehnung des Identitätspostulats und der hegelianischen Synthese, durch einen Rekurs auf Kant zu rechtfertigen, der das Absolute denkt, ohne wie Hegel zu behaupten, es existiere. In Adornos Kritik an Kant schimmert dort die Solidarität der negativen Dialektik mit dem Kantschen Denken durch.

---

[36] Th. W. Adorno, „Der Essay als Form", in: ders., *Noten zur Literatur I*, op. cit., S. 22.
[37] ibid., S. 23.
[38] R. Musil, *Der Mann ohne Eigenschaften. Gesammelte Schriften* Bd. 1, (Hrsg. A. Frisé), Reinbek, Rowohlt, 1978, S. 250.
[39] Th. W. Adorno, *Drei Studien zu Hegel*, Frankfurt, Suhrkamp, 1966, S. 158.
[40] Th. W. Adorno, *Negative Dialektik*, Frankfurt, Suhrkamp, 1966, S. 37.

Im Zusammenhang mit Kant heißt es: „Auch im Äußersten ist die Negation keine Positivität."[41] (Diese Überlegung wird hier im dritten Teil eine wichtige Rolle spielen.)

Ohne von ihnen ableitbar zu sein, ist die letzte Modellanalyse der *Negativen Dialektik* eng mit den vorangehenden Modellen verbunden. Ihre Beziehungen zum Rest des Buches könnten mit der Funktion von *Le Temps retrouvé* am Ende von Prousts *Recherche* verglichen werden; denn der letzte Teil des Romans greift die Hauptthemen noch einmal auf und kondensiert sie in synekdochischer Form: als *pars pro toto*. Nicht zufällig enthält der zweite Band der *Noten der Literatur* einen Aufsatz über Marcel Proust, in dem von einer Romankonstruktion die Rede ist, die das Besondere in Erscheinung treten läßt, das gegen den systematischen und identifizierenden Logos revoltiert.[42]

Diese Revolte nimmt in der *Ästhetischen Theorie*, einem Text, der die Hauptgedanken der „Thesen" weiterführt, eine extreme Form an. Über die *Ästhetische Theorie* schreibt Adorno selbst: „Das Buch muß gleichsam konzentrisch in gleichgewichtigen, parataktischen Teilen geschrieben werden, die um einen Mittelpunkt angeordnet sind, den sie durch ihre Konstellation ausdrücken."[43] Beim Lesen dieser Zeilen wird man an die „Thesen" des jungen Adorno erinnert, die die Wahrheit in einer Konfiguration ansiedeln. Man mag auch an seine viel später erschienenen *Drei Studien zu Hegel* denken, wo er feststellt, daß dem Hegelschen System das assoziative Prinzip zugrunde liegt: „Hegel kann nur assoziativ gelesen werden."[44]

In der *Ästhetischen Theorie*, die sich an der assoziativen und parataktischen Schreibweise Hölderlins orientiert, soll dieses im Hegelschen Diskurs latente Prinzip, das Hegel durch die Aufhebung der Ambivalenzen und die Versöhnung der Widersprüche neutralisierte, entfaltet werden. Adornos postum veröffentlichtes Werk wird durch eine assoziative Verknüpfung der Sätze und Absätze gekennzeichnet, die schon in seinem Hölderlin-Aufsatz zu den Hauptthemen gehörte: „die rondohaft assoziative Verbindung der Sätze."[45]

Das Wort „rondohaft" verweist auf die musikalische Komposition, die Adorno selbst an entscheidender Stelle erwähnt, wenn er Hölderlins parataktischen Stil dem musikalischen Verfahren annähert: „Musikhaft ist die Verwandlung der Sprache in eine Reihung, deren Elemente anders sich verknüpfen als im Urteil."[46] In diesem Sinne setzt sich die *Ästhetische Theorie* nicht aus Urteilen zusammen, sondern aus autonomen Sätzen und Passagen, die dank ihrer semantischen Verwandtschaft aufeinander verweisen. In ihrem Aufbau ähnelt sie den Romanen Prousts, Kafkas, Musils oder Svevos, die die traditionelle syntaktische und narrative Konstruktion durch eine semantische und paradigmatische ersetzen.

---

[41] ibid., S. 383.
[42] Th. W. Adorno, „Kleine Proust-Kommentare", in: ders., *Noten zur Literatur II*, Frankfurt, Suhrkamp, 1961, 1970, S. 95.
[43] Th. W. Adorno, *Ästhetische Theorie* (Editorisches Nachwort), op. cit., S. 541.
[44] Th. W. Adorno, *Drei Studien zu Hegel*, op. cit., S. 159.
[45] Th. W. Adorno, „Parataxis. Zur späten Lyrik Hölderlins", in: ders., *Noten zur Literatur III*, Frankfurt, Suhrkamp, 1965, S. 186.
[46] ibid., S. 185.

Wie diese Romanciers, die ebenfalls auf die Krise der Sprache reagieren, kritisiert Adorno das systematische (syntagmatische) Prinzip, dem außer den traditionellen Theorien fast alle ideologischen Diskurse gehorchen, die die Wirklichkeit in ein Erzählschema zwängen. Trotz der Sympathie, die ich immer noch für Adornos luzide und subtile Gesellschaftskritik empfinde, frage ich mich, ob die in *Noten zur Literatur* oder in der *Ästhetischen Theorie* entwickelten essayistischen und paratakischen Verfahren in der gegenwärtigen Lage zum Ausgangspunkt einer kritischen Sozialwissenschaft werden können. (Meine Skepsis hat allerdings nichts mit der Polemik einiger Sozialwissenschaftler zu tun, die Adornos Schriften pauschal als „metaphysisch" verurteilen, weil sie sie nicht verstehen — ebensowenig wie die Hegels.)

Wendet man sich nochmals der Romanproblematik und vor allem Musils *Der Mann ohne Eigenschaften* zu, so stellt man fest, daß die radikale Kritik am System und an der narrativen Syntax dort schließlich den Roman als solchen in Frage stellt. Die Verwandtschaft zwischen Musils Essayismus und dem, was Adorno als die „Logik des Zerfalls" bezeichnet, tritt klar zutage. Ist es nun notwendig, konsequent bis ans Ende zu gehen und parallel zu Musil, der die Unmöglichkeit des Romans thematisiert, die Auflösung der Theorie ins Auge zu fassen? — Bevor ich versuche, diese Frage zu beantworten (die weder übertrieben noch sinnlos ist), will ich noch auf die theoretischen Folgen des essayistischen, modellierenden und parataktischen Verfahrens bei Adorno selbst eingehen.

Trotz seiner Nuancen bietet dieses Verfahren nicht immer eine Gewähr für die von Adorno angestrebte partikularisierende Darstellung des Objekts, seiner Widersprüche und Zweideutigkeiten. Einer aufmerksamen Lektüre von „Parataxis. Zur späten Lyrik Hölderlins" wird nicht entgehen, das Adornos kritische und historische Interpretationen ebenso einseitig und reduktionistisch sind, wie die „patriotischen" Kommentare Heideggers. Die politische Sympathie, die ich für Adorno empfinde, ändert nichts an diesem Eindruck.

Wahrscheinlich hat Adorno recht, wenn er den Versuch Hölderlins hervorhebt, den Geist mit der Natur, das Ganze mit den Teilen zu versöhnen; zu Unrecht schließt er jedoch die Interpretationen aus (z. B. die Heideggers), die die germanischen und christlichen Mythen dieser Dichtung in den Mittelpunkt stellen. Selbst wenn man nicht geneigt ist, K. Nussbächers Vereinfachungen ernst zu nehmen, wenn er im Zusammenhang mit *Patmos* von einer „großen christlichen Dichtung"[47] spricht, so bleibt der Gedanke, daß eine theoretisch vertretbare Textanalyse die germanischen und christlichen Elemente in Hölderlins Texten nicht vernachlässigen oder gar ausblenden sollte: auf die Gefahr hin, daß diese Texte sich als ideologisch ambivalent und als vieldeutig erweisen.

Gedichte wie *Der Rhein, Germanien, Stuttgart* oder *Rückkehr in die Heimat* mögen die nationalistischen und bodenständigen Klänge, die manche (nicht alle) Heidegger-Interpretationen begleiten, nicht rechtfertigen; es wäre aber falsch, ihre nationalen Aspekte, die von der altgriechischen Mythologie nicht zu trennen sind, zu vernachlässigen: ebensowenig wie die Analogie zwischen Christus und Dionysos, die bei Hölderlin an entscheidenden Stellen vorkommt.

---

[47] K. Nussbächer, „Nachwort", in: F. Hölderlin, *Gedichte*, Stuttgart, Reclam, 1966, S. 220.

Es ist merkwürdig, daß gerade während der Lektüre von „Parataxis", einem der wichtigsten Aufsätze Adornos, Zweifel an der Fruchtbarkeit des essayistischen Verfahrens aufkommen. Gerade der Autor der *Ästhetischen Theorie*, der in einer Hegel-Kritik die „intolerance of ambiguity" anprangert und der autoritären Persönlichkeit zurechnet[48], reduziert schließlich die Ambiguität und die Vieldeutigkeit der Hölderlinschen Gedichte, indem er einige semantische Strukturen des lyrischen Textes mit dem Text als ganzem und diesen mit dem Diskurs der Kritischen Theorie identifiziert.

In dieser Hinsicht könnten die Sozialwissenschaften Alternativen für die Interpretationen Adornos und Heideggers anbieten. Weit davon entfernt, Gedichte auf abstrakte und nichtssagende Schemata zu reduzieren, würde eine semiotische Analyse des lyrischen Textes dessen semantische Vielfalt aufdecken. Sie würde der Frage nachgehen, wie bestimmte semantische Strukturen in Hölderlins Gedichten (Heimat/Fremde, Germanien/Griechenland, Christus/Dionysos) einander wechselseitig bedingen: wie sie einander widersprechen und einander dennoch ergänzen. Der Besonderheit des Textes und seinen dialektischen Gegensätzen könnte sie dadurch eher gerecht werden als Adornos polemischer Kommentar, der einige Elemente auf etwas willkürliche Art ausklammert. Sie würde eher Adornos George-Interpretation folgen, in der die Wechselbeziehung zwischen Ideologie und Ideologiekritik auf sehr subtile Art untersucht wird.

Die Erkenntnis und die Anerkennung der Polysemie und des Widerspruchs bringt keinen Verzicht auf soziologische Deutung mit sich: Es käme im Gegenteil darauf an, sowohl die Affinitäten als auch die Widersprüche zwischen semantischen Strukturen — etwa die zwischen Hellenismus und Germanentum — im sozialen und sprachlichen Kontext der damaligen Zeit zu erklären. (In meinem Kommentar zu Sartres *La Nausée* versuche ich beispielsweise, den Gegensatz zwischen Sartres Kritik eines rationalistischen Humanismus und seiner Verteidigung des cartesianischen und individualistischen Rationalismus auf ästhetischer Ebene soziologisch zu erklären.)[49]

Adorno weist immer wieder darauf hin, daß Widerspruch und Negation des Sinnes keineswegs als Beweise für die Sinnlosigkeit der modernen Kunst gewertet werden können: „Kunstwerke synthesieren unvereinbare, unidentische, aneinander sich reibende Momente (...)."[50] Auf derselben Seite heißt es: „Daher spottet Kunst der Verbaldefinition."[51] Seine eigenen Hölderlin-Interpretationen scheinen diesen Erkenntnissen kaum Rechnung zu tragen. In gemeinsamen Anstrengungen könnten Soziologie und Semiotik zeigen, wie die semantischen und syntaktischen Gegensätze in Hölderlins Dichtung in einer bestimmten sozialen und sprachlichen Situation entstanden sind. (Ohne zu behaupten, daß die Verfahren dieser Disziplinen unproblematisch sind, ziehe ich sie den Interpretationen Heideggers und Adornos vor, die intuitiv dazu neigen, in Hölderlins Gedichten die semantischen Isotopien zu isolieren, die ihre theoretischen Diskurse bestätigen. Die Offenheit und Pluralität des Textes geht dabei verloren.)

---

[48] Th. W. Adorno, *Ästhetische Theorie*, op. cit., S. 176.
[49] Siehe: Vf., *Der gleichgültige Held. Textsoziologische Untersuchungen zu Sartre, Moravia und Camus*, Stuttgart, Metzler, 1983, Kap. 2.
[50] Th. W. Adorno, *Ästhetische Theorie*, op. cit., S. 263.
[51] ibid.

Mit Adorno könnte man gegen diese Kritik einwenden, daß jede Theorie dazu neigt, ihren Gegenstand zu vereinnahmen, sich ideologisch mit der Gesamtheit ihrer Referenten zu identifizieren. Selbst wenn man diesen Einwand gelten läßt, wird man darauf hinweisen können, daß eine semiotische Theorie, die über ein begriffliches Instrumentarium verfügt, das es ihr gestattet, die Komplexität und Pluralität eines Textes aufzudecken, in der Lage ist, weniger reduktionistisch vorzugehen und über ihre eigenen semantischen und syntaktischen Verfahren nachzudenken. Adorno und Heidegger können sich der Tatsache, daß sie bestimmte semantische Isotopien privilegieren, nicht bewußt sein, da sie ja den Isotopie-Begriff nicht kennen. Die Begriffe der Sozialwissenschaften sind nicht immer reduktionistisch, und sie erschweren nicht immer die Reflexion: im Gegenteil.

Eine der schwerwiegendsten Reduktionen in Adornos Werk ist wohl seine karikaturale Darstellung von Heideggers Philosophie in der *Negativen Dialektik* und in *Jargon der Eigentlichkeit*. Obwohl ich selbst Heideggers Ontologie, die sozialwissenschaftliche Überlegungen ausschließt, ablehne und Adorno oder Bourdieu recht gebe, wenn sie die Seinsphilosophie ideologiekritisch angehen, meine ich, daß die Art, wie Adorno unmittelbare Beziehungen zwischen dieser Philosophie und dem Nationalsozialismus herstellt, zu mechanistisch und zu abstrakt ist.

Wenn er beispielsweise behauptet, daß Heideggers frühes Plädoyer für den Nationalsozialismus nicht aus individuellem Opportunismus zu erklären ist, sondern aus der Seinsphilosophie selbst, „die Sein und Führer identifizierte"[52], abgeleitet werden kann, so begeht er eine Reduktion, die jede Sozialwissenschaft vermeiden sollte. Er setzt einen philosophischen Begriff einer politischen Gestalt gleich, ohne der *philosophischen Evolution* (im Sinne der russischen Formalisten) von Parmenides bis Husserl und Heidegger Rechnung zu tragen. Diese Art von Reduktion erinnert an Goldmanns Gleichsetzung von Robbe-Grillets „sachlicher" Schreibweise mit dem sozio-ökonomischen Prozeß der Verdinglichung.

Selbst wenn man die Bedeutung der Verdinglichung für den Nouveau Roman anerkennt und den ideologischen Charakter der Seinsphilosophie erkannt hat, wird man zögern, einen Roman von Robbe-Grillet aus der Verdinglichung abzuleiten und Heideggers Seinsbegriff der Führergestalt (oder gar der Person Adolf Hitlers) gleichzusetzen.

Für ebenso fragwürdig halte ich Adornos Versuch, eine Philosophie, die zur Entstehung eines Jargons, einer ideologischen Gruppensprache, entscheidend beigetragen hat, mit diesem kollektiven Jargon in einen Topf zu werfen.[53] Ließe man ein solches Verfahren zu, hätten die Gegner der Kritischen Theorie, die vage von einem „Frankfurter Jargon" sprechen und Ausdrücke wie „Emanzipation", „verwaltete Welt" und „Systemdenken" als Klischees anprangern, leichtes Spiel: Sie könnten die *Negative Dialektik* auf die Slogans der Medien reduzieren und sich dabei auf Adornos Argumentationsweise berufen. Denn das „Denken in Modellen" hat den kritischen Theoretiker nicht daran gehindert, eine ambivalente und gefährliche Philosophie mit deren Karikatur zu ver-

---

[52] Th. W. Adorno, *Eingriffe*, op. cit., S. 17.
[53] Siehe: Th. W. Adorno, *Jargon der Eigentlichkeit. Zur deutschen Ideologie*, Frankfurt, Suhrkamp, 1967, S. 132–134.

wechseln: mit dem Jargon der Eigentlichkeit, der von Heideggers Ontologie ebensoweit entfernt ist, wie die negative Dialektik von den Slogans der „außerparlamentarischen Opposition". Es hat ihn leider auch nicht daran gehindert, den wesentlichen — philosophischen und politischen — Unterschied zwischen Heidegger und Jaspers zu übergehen.

Sollte das *Sein*, auf das sich Heidegger und Jaspers in sehr verschiedenen Zusammenhängen berufen, wirklich mit dem Führergedanken identifiziert werden können, dann wären die von Sartre und Derrida vorgeschlagenen Interpretationen von *Sein und Zeit* bestenfalls Spitzfindigkeiten. Die beiden französischen Philosophen wären einer ontologisch verbrämten Ideologie der Zwischenkriegszeit aufgesessen. Auch jemand, der die Pariser Heidegger-Rezeption mit Skepsis betrachtet, wird Derrida recht geben, wenn er in einem Gespräch mit J.-L. Houdebine und G. Scarpetta sagt: „Wir sind glücklicherweise weit von jener analogisierenden und überstürzten Verwechslung entfernt (...), die uns glauben macht, daß es bei Heidegger *nichts anderes gibt* als die deutsche Ideologie der Zwischenkriegszeit: Es handelt sich um eine Reduktion, die für einen bestimmten Rezeptionsmodus symptomatisch ist (...)."[54] Wichtig ist hier tatsächlich das von Derrida Hervorgehobene: Heideggers Philosophie geht — wie jede Philosophie — über die ihr zugrundeliegende Ideologie hinaus. (Dieses „Mehr" an Philosophie sollte allerdings nicht — wie es bei Derrida geschieht — von der Ideologie abgekoppelt werden: Hier könnte Adornos dialektische Kritik an Derrida ansetzen.)

Sieht man sich den Text der *Ästhetischen Theorie* genauer an, so entdeckt man auch in diesem, für mein Buch so wichtigen Werk, Passagen, die von apodiktischen und reduktionistischen Behauptungen beherrscht werden. Die politisch-ästhetische Solidarität mit dem Surrealismus und mit der europäischen Avantgarde allgemein hat Adorno daran gehindert, die Zweideutigkeit der surrealistischen Texte wahrzunehmen: „Richtungen wie der Expressionismus und der Surrealismus, deren Irrationalitäten befremdeten, gingen an gegen Gewalt, Autorität, Obskurantismus."[55] Selbst wer diese Darstellung des Surrealismus teilweise akzeptiert und für die Expressionisten und Surrealisten gegen ihre nationalsozialistischen oder stalinistischen Verleumder Partei ergreift, wird nicht den autoritären Charakter Bretons und seiner Gruppe verschweigen wollen: ebensowenig wie das surrealistische *penchant* für Gewalt und einige Varianten des *machismo*, das die Jünger Bretons mit denen Marinettis verbindet.[56]

Es geht hier nicht darum, auf thematisch-inhaltlicher Ebene Adorno seine parteiliche Interpretation des Surrealismus vorzuwerfen; wichtiger ist die Frage, ob die parataktische Anordnung des Textes geeignet ist, jenseits des identifizierenden Diskurses der Ideologie, das Nichtidentische, das Partikulare hervortreten zu lassen. In Anbetracht des bisher Gesagten kann diese Frage kaum noch bejaht werden: denn es hat sich gezeigt, daß Adorno wesentliche Aspekte der Avantgarde, die mit seiner Theorie nicht übereinstimmen, schlicht ausläßt.

---

[54] J. Derrida, *Positions*, op. cit., S. 75.
[55] Th. W. Adorno, *Ästhetische Theorie*, op. cit., S. 88.
[56] Siehe z. B.: K.-H. Bohrer, „Surrealismus und Terror", in: *Merkur* 10, Oktober, 1969 und X. Gauthier, *Surréalisme et sexualité*, Paris, Gallimard, „idées", 1971.

Eine Lektüre von Adornos Essays über Kafka und Beckett zeigt, daß er diese Autoren häufig als Bürgen der Kritischen Theorie auftreten läßt.[57] Wiederum könnte man einwenden, daß die meisten Theorien sich auf Autoren und Texte stützen, die ihre Theoreme bestätigen; man könnte sogar hinzufügen, daß ein solches Vorgehen unvermeidlich ist, da ja alle Texte nur im Zusammenhang mit bestimmten Metatexten (der Kritiker, der Rezipienten) bedeuten. In diesem Falle wäre es jedoch schwierig, die Funktion der *Parataxis* plausibel zu machen: Wenn sie die allen theoretischen Konstruktionen innewohnenden Reduktionen, Zerrbilder und „Identifikationen" nicht verhindert, dann ist nicht einzusehen, weshalb sie unentbehrlich sein sollte. Dies bedeutet freilich nicht, daß der essayistische oder parataktische Diskurs durch jeden beliebigen theoretischen Diskurs ersetzt werden kann: Sicherlich ist er nuancierter als etwa der des alten Lukács; bestimmte Probleme, die er lösen sollte, hat er jedoch nicht gelöst.

In seiner Arbeit über die Ästhetik der Frankfurter Schule verteidigt Marc Jimenez Adorno gegen meine Kritik (die vor einigen Jahren gemäßigter war): „Die Rückkehr zum nichtlogischen, mimetischen und nichtbewußten Prinzip, die P. V. Zima beanstandet, erscheint nur dann aporetisch, wenn man die Problematik der Kritischen Theorie auf ihre scheinbaren Widersprüche festlegt. Diese Rückkehr und deren Folge, der Hermetismus, können auch als eine strategische Entscheidung aufgefaßt werden, als letzte noch mögliche Form des Widerstandes und des ‚Engagements': insofern, als die *Ästhetische Theorie* auf der Annahme gründet, daß sowohl Engagement als auch Hermetismus aus der Ablehnung des *status quo* hervorgehen. Die parataktische Schreibweise, der Bruch mit dem diskursiven Syntagma sowie das Beharren auf der Mimesis werden als Mittel der Rebellion gegen die falsche Objektivität, die Pseudo-Transparenz, die Lüge von der Universalität eingesetzt."[58]

Diese Argumente, die im wesentlichen Bekanntes resümieren, überzeugen mich nicht, zumal ich hier zeigen wollte, weshalb Adornos Theorie an entscheidenden Stellen ihren eigenen Ansprüchen (Partikularität, Ambivalenz der Erscheinungen, Dialektik) nicht genügt. Der Rückzug auf den archimedischen Punkt der Kunst, den der bekannte Satz aus der *Ästhetischen Theorie* „Ratio ohne Mimesis negiert sich selbst" signalisiert, schließt anscheinend ideologische Reduktionen und identifizierendes Denken nicht aus. Es bleibt daher die Frage nach einer kritischen Sozialwissenschaft, die zwar keinen archimedischen Punkt kennt, dafür aber ihre eigene Ideologie- und Sprachproblematik systematisch reflektiert.

---

[57] Wenn er beispielsweise in den „Aufzeichnungen zu Kafka", in: *Prismen. Kulturkritik und Gesellschaft*, Frankfurt, Suhrkamp, 1976, S. 336 schreibt: „Kafka reagiert im Geiste der Aufklärung auf deren Rückschlag in Mythologie." — Wird hier Kafkas Text nicht auf eine Theorie festgelegt? Wie verträgt sich diese Interpretation mit der Bemerkung aus der *Ästhetischen Theorie*, „Kunst spotte der Verbaldefintion"?

[58] M. Jimenez, *Vers une esthétique négative. Adorno et la modernité*, Paris, Le Sycomore, 1983, S. 132.

3. Von Adorno zu Derrida

Eine ästhetische Lösung des Ideologie- und Theorieproblems scheint sich dann anzubieten, wenn die Krise der Sprache zu einer Zersplitterung der Begriffe, der *Signifikate* (Saussure) führt und wenn *Signifikanten* wie Freiheit, Gerechtigkeit, Demokratie, Wissenschaft und Kunst verschiedene widersprüchliche Bedeutungen anhaften. In einer solchen sprachlichen Situation, in der die universelle Geltung der Begriffe (*Signifikate*) nicht mehr gegeben ist, versuchen manche Autoren, die Krise auf ästhetischer Ebene zu bewältigen, indem sie den theoretischen Diskurs von der *Inhaltsebene* auf die *Ausdrucksebene* transponieren, die im Sinne von Hjelmslev als „das Saussuresche Signifikans in der Gesamtheit seiner Ausdrucksformen" definiert wird.[59] Im folgenden möchte ich zeigen, weshalb diese Verschiebung der Problematik in den Ausdrucksbereich dem Theoriebegriff als solchem widerspricht und für die Sozialwissenschaften nicht fruchtbar gemacht werden kann. Dabei soll auf einige Affinitäten zwischen Adornos und Derridas Ästhetisierung der Theorie hingewiesen werden.

Jeder Versuch, Adorno und Derrida miteinander zu vergleichen, ist prekär, da sich hinter jeder Ähnlichkeit oder Analogie ein Gegensatz verbergen kann. In einer Zeit wuchernder Dekonstruktion reicht dieses Hindernis aus, um eine Definition der Ähnlichkeiten und Unterschiede *ad calendas graecas* zu verschieben. In einem ersten Schritt soll daher hervorgehoben werden, daß Begriffe der Kritischen Theorie wie „Wahrheitsgehalt", „Subjekt", „Denken" oder „Geist" von Derrida als Überreste der von ihm attackierten metaphysischen Tradition zurückgewiesen werden müßten (nicht zu Unrecht übrigens, da sich ja Adorno selbst im letzten Satz der *Negativen Dialektik* „solidarisch" erklärt „mit Metaphysik im Augenblick ihres Sturzes").[60] Doch in einem zweiten Schritt können frappierende Analogien zwischen den beiden philosophischen Richtungen aufgezeigt werden, die beide gegen das repressive Auftreten des Logos aufbegehren und sich für eine *Suspension* des Sinnes (Adorno) oder für dessen *Verschiebung, différance* (Derrida) aussprechen. Gerade in den Punkten, in denen sich Adornos und Derridas Diskurse überschneiden, treten auch ihre Aporien in Erscheinung.

1. Eingangs wurde bereits auf die Unmöglichkeit einer Theorie der Mimesis hingewiesen: denn das Mimetische ist gerade das, was mit Hilfe eines begrifflichen Instrumentariums nicht zu bestimmen ist. Im Hinblick auf den paradoxen Charakter der Kritik der instrumentellen Vernunft bemerkt Habermas zu Recht, „daß Horkheimer und Adorno eine *Theorie* der Mimesis aufstellen müßten, die nach ihren eigenen Begriffen unmöglich ist."[61]

Im Bereich der „Grammatologie", die Derrida selbst als „allgemeine, theoretische und systematische Strategie der philosophischen Dekonstruktion" definiert[62], macht sich eine analoge Aporie bemerkbar: Eine „Theorie" oder gar „Wissenschaft", die darauf ab-

---

[59] A. J. Greimas, J. Courtés, *Sémiotique. Dictionnaire raisonné de la théorie du language*, op. cit., S. 140.
[60] Th. W. Adorno, *Negative Dialektik*, op. cit., S. 398.
[61] J. Habermas, *Theorie des kommunikativen Handelns Bd. 1.*, op. cit., S. 512.
[62] J. Derrida, *Positions*, op. cit., S. 56.

zielt, die von Nietzsche kritisierten metaphysischen Gegensätze und zusammen mit diesen die „Gegenwart" des Begriffs zu dekonstruieren, gerät zwangsläufig in Konflikt mit ihrem eigenen theoretisch-begrifflichen Entwurf. Derrida erkennt dieses Paradox in der *Grammatologie*, wo er gleich zu Beginn betont: „Wir werden um so weniger auf diese Begriffe verzichten, als sie für unser Vorhaben unentbehrlich sind, das Erbe zu erschüttern, dem sie angehören."[63] Die aus diesem Vorhaben sich ergebenden Aporien und Paradoxien resumiert Jonathan Culler: „Im Gegenteil, Derridas Analysen der Allgegenwart des Logozentrismus (...) lassen erkennen, daß die Analyse als solche notwendig logozentrisch ist: Sogar die schärfsten Kritiker des Logozentrismus können diesem nicht entgehen, da ja die Begriffe, die sie verwenden, dem System angehören, das dekonstruiert wird."[64] Der Autor der *Grammatologie* könnte gegen diese Diagnose wohl nichts einwenden.

Angesichts dieser Kritik muß man sich fragen, ob es sich lohnt, das Unmögliche in Angriff zu nehmen und eine mimetische oder dekonstruktive Theorie zu entwerfen, die in eine Aporie ausmündet. Solche Fragen vereinfachen das Problem allzu sehr, weil sie sich über die (hier entscheidende) Tatsache hinwegsetzen, daß der aporetische Radikalismus Adornos und Derridas eine globale Diskurskritik erst ermöglicht.

2. Obwohl beide für die Erkenntnis der Ambivalenz, die Nichtidentität (Adorno) und die *différance* (Derrida) plädieren, entgehen sie weder dem ideologischen (metaphysischen) Dualismus noch den eindeutigen Begriffsbestimmungen. Ihre Versuche, die Hegelsche Dialektik zu radikalisieren und über sich selbst hinauszuführen, haben sie nicht daran gehindert, bestimmte Gegenstände mit dem eigenen Diskurs zu identifizieren und neue — ideologisierbare — Dichotomien einzuführen.

Es sind hier einige interessante Parallelen zwischen der negativen Dialektik und der Dekonstruktion festzustellen. Beiden erscheint Hegel nicht nur als der Philosoph des Absoluten (der Identität), sondern zugleich als Kritiker des rationalistischen Logozentrismus und als Vorläufer eines assoziativen, paradigmatischen Denkens (Adorno) oder einer differenzierenden *écriture* (Derrida). Über die Wechselbeziehung zwischen Einheit und Differenz bei Hegel schreibt Adorno: „Die Bewegung des Begriffs ist keine sophistische Manipulation, die ihm von außen her wechselnde Bedeutungen einlegte, sondern das allgegenwärtige, jede genuine Erkenntnis beseelende Bewußtsein der Einheit und der gleichwohl unvermeidlichen Differenz des Begriffs von dem, was er ausdrücken soll. Weil Philosophie von jener Einheit nicht abläßt, muß sie dieser Differenz sich überantworten."[65]

Zunächst ist hier auf einen wesentlichen Unterschied zwischen den beiden Philosophien hinzuweisen: Adornos Begriff der Einheit würde Derrida sicherlich als „metaphysisch", als von der begrifflichen Präsenz ableitbar und mit der Offenheit der Schrift unvereinbar zurückweisen. Doch ähnlich wie Adorno, der bei Hegel den Gedanken an die

---

[63] J. Derrida, *De la Grammatologie*, Paris, Seuil, 1967, S. 25.
[64] J. Culler, „Semiotics and Deconstruction", in: *Poetics Today* 1–2, 1979, S. 140.
[65] Th. W. Adorno, *Drei Studien zu Hegel*, op. cit., S. 87. — Es ist wohl nicht notwendig, darauf hinzuweisen, daß Adornos Differenz-Begriff etwas anderes meint als der Derridas.

Differenz zwischen Begriff und Sache fand, liest Derrida Hegel als einen Vorläufer der *écriture*: „Dennoch, alles, was Hegel vor diesem Hintergrund dachte, d. h. alles bis auf die Eschatologie, kann als eine Meditation der Schrift wiedergelesen werden. Hegel ist zugleich der Autor der unauslöschbaren Differenz. Er hat das Denken als Zeichen *produzierendes Gedächtnis* rehabilitiert."[66]

Trotz aller Gegensätze und Unterschiede erscheinen hier die beiden Philosophien als Kritiken der metaphysischen Präsenz des Begriffs (des Signifikats) und — komplementär dazu — als Versuche, die absoluten Gegensätze zusammen mit den begrifflichen Hierarchien, die auf ihnen gründen, zu dekonstruieren: „Den Gegensatz dekonstruieren", schreibt Derrida, „bedeutet zunächst, zu einem bestimmten Zeitpunkt die Hierarchie umwerfen."[67] Adorno wäre mit dieser nietzscheanischen Behauptung Derridas wohl einverstanden.

Dennoch haben die Radikalisierung der Hegelschen Dialektik sowie die Kritik des metaphysischen Gegensatzes die Rückkehr der semantischen Dichotomie in den Texten Adornos und Derridas nicht verhindert: Die Gegensätze zwischen kritischer und ideologischer Kunst, Tauschwert und Gebrauchswert, Kommunikation und Nichtkommunikation, zwischen Metaphysik und Dekonstruktion, *parole* und *écriture* sind zu Ideologemen einer kommerzialisierten Wissenschaft geworden. Wer möchte sich schon dem Vorwurf des Logozentrismus aussetzen. Der letzte der hier genannten Gegensätze ist für die ästhetisierende Diskurskritik wesentlich.

3. Obwohl er in dieser Hinsicht weniger explizit ist als Derrida, weist Adorno der Schrift, nicht dem gesprochenen Wort, die Hauptrolle zu. Seine „Thesen zur Sprache des Philosophen", seine Essays und die paratektische Anordnung der *Ästhetischen Theorie* zeigen es. Fast alle seine Arbeiten leisten dem *Résumé* Widerstand, das sich in wissenschaftlichen Kommentaren und Diskussionen immer wieder als unentbehrlich erweist. Das Buch von F. Grenz, das den ominösen Titel *Adornos Philosophie in Grundbegriffen* trägt[68], zeigt nämlich, daß selbst ein Denken, das gegen die falsche Universalität des Tauschwerts aufbegehrt, schließlich, wenn auch gewaltsam, mit der Kommunikation versöhnt wird: Es wird systematisch dargestellt, zusammengefaßt und übersetzt. Dies ist einer der Gründe, weshalb ich in diesem Buch Adornos Ablehnung der Kommunikation durch die *Frage nach sinnvoller theoretischer Kommunikation in den Sozialwissenschaften* ersetze.

Wie Adorno folgt auch Derrida der Schrift und stellt die in Saussures *Cours* gefestigte Herrschaft des gesprochenen Wortes in Frage; wie Adorno lehnt er den geronnenen Begriff ab, der ein für allemal definiert, kommuniziert, übersetzt wird. Im Unterschied zu Adorno läßt er keine Wahrheit, keinen Wahrheitsgehalt zu; er strebt nach einer „Dekonstruktion aller Bedeutungen, die ihren Ursprung im Logos haben. Vor allem der Bedeutung von Wahrheit."[69] In seinen Analysen der *différance* (als Verschiebung, Aufhe-

---

[66] J. Derrida, *De la grammatologie*, op. cit., S. 41.
[67] J. Derrida, *Positions*, op. cit., S. 57.
[68] Siehe: F. Grenz, *Adornos Philosophie in Grundbegriffen*, Frankfurt, Suhrkamp, 1974.
[69] J. Derrida, *De la grammatologie*, op. cit., S. 21.

bung der Bedeutung) beruft er sich auf jene „elements of non-intended signification", von denen Norris spricht[70], und die jeden, auch den metaphysischen Text, mit einer Polysemie ausstatten, die bewirkt, daß seine Bedeutungen nie fixiert werden können.

Aus dieser Sicht erscheint der theoretische Diskurs als endloser Prozeß, der auf der Ausdrucksebene (Hjelmslev) abläuft und der unablässig die Inhaltsebene (die Ebene der Signifikate) destabilisiert: „Und wenn der Sinn des Sinnes (im allgemeinen Sinne und nicht als Signal) nichts als endloser Widerspruch wäre? Ein unbegrenztes Verhalten von Signifikans zu Signifikans? Wie wenn seine Kraft eine reine und endlose Zweideutigkeit wäre, die dem bedeuteten Sinn keine Rast, keine Ruhe gönnt, ihn aufgrund seiner eigenen *Ökonomie* zwingt, abermals zu bedeuten und zu *differieren*? Außer in Mallarmés ungeschriebenem Buch ist das Geschriebene nirgendwo mit sich selbst identisch."[71]

Der Hinweis auf Mallarmé ist kein Zufall in *L'Ecriture et la différence*: Der Dichter wollte den mit sich selbst identischen Text nicht verwirklichen; im Gegenteil, er hat schließlich die Einheit des Textes und des Sinnes radikal in Frage gestellt. Angesichts dieser Mallarmé-Lektüre, die Sartres Kritik an Mallarmés Ästhetizismus widerspricht[72], nimmt es nicht wunder, daß Derrida sich — ähnlich wie Adorno — am fiktionalen Text, insbesondere an dem der Avantgarde, orientiert. Mit Recht bemerkt Norris, Derrida vertrete die Ansicht, „daß die Verfahren der rhetorischen Analyse, die bisher vor allem auf literarische Texte angewandt wurden, sich bei der Lektüre eines jeden Diskurses, auch des philosophischen, als unentbehrlich erweisen."[73] Das Spiel des fiktionalen Textes mit dem vieldeutigen Signifikanten und seine ständige Aufschiebung, Aufhebung des Signifikats werden zu wesentlichen Bestandteilen der Dekonstruktion und der *Ästhetischen Theorie*, in der Adorno Hegel dessen „intolerance of ambiguity" vorwirft. Nach Derrida gehören die dekonstruktiven Texte „weder dem ‚philosophischen' noch dem ‚literarischen' Register an."[74] In den USA haben derlei Aussagen einer Literaturkritik zum Durchbruch verholfen, die die Grenzen zwischen Theorie und Fiktion schlicht beseitigt und — wie schon die Romantik — den Kritiker als „erweiterten Autor" auffaßt, der im Extremfall der Phantasie freien Lauf läßt.[75]

Dennoch gibt es einen wesentlichen, unaufhebbaren Unterschied zwischen einem Gedicht Mallarmés und einem Essay Adornos oder Derridas. Sinnlos wäre jeder Versuch, ein Gedicht Mallarmés oder auch ein Prosagedicht Baudelaires zusammenfassen zu wollen; Zusammenfassungen von Adornos Beckett- oder Derridas Rousseau-Interpretationen sind hingegen nicht nur möglich, sondern in theoretischen Diskussionen notwendig (wie

---

[70] Ch. Norris, *Deconstruction. Theory and Practice*, London-New York, Methuen, 1982, S. 46.
[71] J. Derrida, *L'Ecriture et la différence*, Paris, Seuil, 1967, S. 42.
[72] Siehe: J.-P. Sartre, „L'Engagement de Mallarmé", in: *Obliques* „Sartre", 1979.
[73] Ch. Norris, *Deconstruction*, op. cit., S. 19.
[74] J. Derrida, *Positions*, op. cit., S. 95.
[75] Siehe: Ch. Norris, „Derrida at Yale. The ‚Deconstructive Moment' in Modernist Poetics", in: *Philosophy and Literature* Nr. 2, Herbst, 1980, S. 252: „For Hartman, the only way out is for the critic to throw off his inferiority complex, and enter wholeheartedly — with a Nietzschean swagger — into the dance of meaning." — Die Theorie verkommt zu einem Wortspiel. Derrida ist an diesem Zerfall der Theorie nicht unbeteiligt: „L'avènement de l'écriture est l'avènement du jeu (...)". (*De la Grammatologie*, S. 16.) In diesem Punkt unterscheidet er sich radikal von Adorno, dem Philosophen des „Wahrheitsgehalts".

die Sekundärliteratur zu Adornos und Derridas Werken zeigt). Ermöglicht werden sie durch die Tatsache, daß sowohl Adornos als auch Derridas Text mit *Begriffen* arbeitet und den Anspruch erhebt, über diese Begriffe *etwas auszusagen* (im Gegensatz zu Mallarmés Gedicht oder zu einem dadaistischen Text). Auch die Dekonstruktion von Begriffen wie Wahrheit und Bedeutung ist letztlich ein begrifflicher Prozeß, der neue Begriffe zeitigt wie: *Mimesis, différance, trace, gramma, déconstruction.* Selbst wenn solche Termini niemals eindeutig und endgültig zu bestimmten sind, so fordern sie als Begriffe eine Definition heraus. In Wirklichkeit dreht sich in Adornos und Derridas Diskursen alles um die Definition (Abgrenzung) neuer Begriffe, selbst wenn Derrida behauptet, daß „die Spur *nichts ist*" („la trace n'est rien")[76] oder sich zu der zweideutigen Bemerkung verleiten läßt, „*dissémination* bedeute letzten Endes gar nichts . . ." („dissémination ne veut rien dire en dernière instance . . .").[77]

Im Gegensatz zu diesen Begriffen erfüllt zwar Mallarmés vieldeutiges Signifikans *azur* verschiedene semantische Funktionen im Gedicht, kann aber nicht als Begriff gelesen werden. Niemand käme wohl auf den Gedanken, Mallarmé vorzuwerfen, er verwende das Wort *azur* ungenau; dagegen ist der Vorwurf, Derridas Zeichenbegriff oder Adornos Ideologiebegriff sei zu vage, durchaus sinnvoll, da es sich um sozialwissenschaftliche Termini handelt, deren Auflösung in „poetische" Bezeichnungen die Auflösung der Sozialwissenschaften mit sich brächte. Insofern ein Gedicht Mallarmés keine Begriffe im Sinne der Sozialwissenschaften enthält, kann es weder zusammengefaßt noch übersetzt werden: Das zeigen die Nachdichtungen Stefan Georges mit aller Deutlichkeit. Wo immer sie sich an der Schreibweise der symbolistischen oder avantgardistischen Literatur orientiert, wendet sich die philosophische Theorie gegen sich selbst: Sobald sie beginnt, ihre theoretischen und begrifflichen Funktionen zu negieren, gerät sie in eine Sackgasse: oder sie dekretiert ihre eigene Auflösung wie bei den Vertretern der Dekonstruktion in Yale.

Habermas hat recht, wenn er in diesem Zusammenhang über Derrida bemerkt: „Auch er entkoppelt das wesentliche, nämlich dekonstruierende Denken von der wissenschaftlichen Analyse und landet bei der leerformelhaften Beschwörung einer unbestimmten Autorität."[78] Von Heidegger führt über Adorno ein an Windungen und Mäandern reicher Weg zu Derrida, auf dem sich die Philosophie von der Sozialwissenschaft entfernt. Die Kluft, die auf diese Weise zwischen wissenschaftlicher Praxis und philosophischer Reflexion entstehen könnte, die in vielen Fällen schon entstanden ist, muß wieder überbrückt werden. Gelingt der Brückenschlag nicht, dann wird die Soziologie als kritische Gesellschaftswissenschaft, die bei Adorno mit der Dialektik, bei Schütz mit der Phänomenologie und bei Topitsch oder Albert mit dem Kritischen Rationalismus liiert ist, zu einem staatlich subventionierten Empirismus verkommen. Die Philosophie bleibt von dieser Entwicklung nicht unberührt: Ihr ontologischer oder poststrukturalistischer Leerlauf bei Heidegger und Derrida zeigt, daß sich ihr Gegenstand im Sein, im Nichts oder in der *différance* aufzulösen droht.

---

[76] J. Derrida, *De la grammatologie*, op. cit., S. 110.
[77] J. Derrida, *Positions*, op. cit., S. 61.
[78] J. Habermas, *Der philosophische Diskurs der Moderne*, op. cit., S. 214.

Es geht mir nicht darum, einem neuen Logozentrismus das Wort zu reden und ihn den philosophischen Entwürfen Adornos und Derridas entgegenzusetzen. Die Alternative ist kein neuer (soziologischer oder semiotischer) Logos, sondern eine dialogische Theorie, die der Frage nach einer kritischen Kommunikation nicht aus dem Wege geht und sowohl Adornos als auch Derridas Flucht in die Nichtkommunikation und den Monolog meidet.

Am klarsten kommt Derridas Ablehnung der dialogischen Rede wohl in seinem Text über Condillac zum Ausdruck, in dem die *frivolité* der Schrift gegen Condillacs „Kunst des Räsonnierens" verteidigt wird: „Die Wurzel des Übels ist die Schrift. Der frivole Stil ist der — geschriebene Stil. Im Unterschied zum Dichter und Redner waren die Philosophen (Erfinder der Prosa, vergessen wir das nicht) nicht ‚Zeugen der Eindrücke, die sie hervorriefen' und fanden nicht im lebendigen Austausch die Regel ihres Diskurses. Abwesenheit des Gegenstandes, Abwesenheit des Gesprächspartners, die Philosophie, die Schrift, die Frivolität: Wo ist das schwache Glied dieser Kette?"[79] Etwas weiter wird der Text noch deutlicher: „Die Frivolität geht nicht nur aus der Abweichung des Signifikanten hervor, sondern auch aus seiner Selbstbezogenheit, aus seiner geschlossenen und nicht darstellenden Identität."[80]

Die Alternative zur „frivolité" ist kein neuer „esprit sérieux", sondern eine Theorie, die sowohl den Narzißmus der Nichtkommunikation als auch den der hermetischen Signifikanten meidet und die Frage nach dem Dialog zwischen arbeitsteilig und ideologisch motivierten Gruppen aufwirft.

Eine solche Theorie wird sich jedoch nicht über die wichtigen Erkenntnisse der negativen Dialektik und der Dekonstruktion hinwegsetzen. Denn diese beiden Richtungen haben drei wesentliche Gedanken formuliert, die auch für den hier entwickelten textsoziologischen Ansatz wichtig sind.

a) Sie haben gezeigt, daß der Begriff keine statische Entität, keine reine Form im platonischen Sinn ist, sondern ein historischer Prozeß. Mit Recht bemerkt Derrida über den Logozentrismus: „Er ist mit der Geschichte des Abendlandes verknüpft."[81] (An dieser Stelle könnten weitere Gegensätze zwischen Adorno und Derrida thematisiert werden; ich muß darauf verzichten.) Ihre ideologiekritischen und historischen Darstellungen der sich entfaltenden Begrifflichkeit haben die *Reflexion* und *Selbstreflexion* des Diskurses als transphrastischer Struktur ermöglicht oder zumindest erleichtert. Dieser reflexive und selbstreflexive Prozeß müßte von einer kritischen Sozialwissenschaft weitergeführt werden, die der positivistischen Versuchung widersteht, *ex nihilo* künstliche Sprachen, Sprachspiele oder Metatexte zu erschaffen.

b) Die *Ambivalenz* der Begriffe und ganzer Texte, zu deren Erkenntnis Nietzsches Kritik der Metaphysik führte, ist von Derrida und vor allem Adorno als eine Folge der semantischen Krise erkannt worden: Es gibt keine eindeutigen und unschuldigen Begriffe, ebensowenig wie es fiktionale Texte gibt, die eindeutig auf ideologische oder philosophische

---

[79] J. Derrida, *L'Archéologie du frivole. Lire Condillac*, Paris, Denoël-Gonthier, 1973, S. 113—114.
[80] ibid., S. 114.
[81] J. Derrida, *De la grammatologie*, op. cit., S. 117.

Äquivalente reduziert werden können. Eine kritische Sozialwissenschaft wird sich mit dem Phänomen der Ambivalenz im sprachlichen, sozialen und historischen Kontext auseinandersetzen müssen.

c) Zugleich mit anderen Autoren wie Luis J. Prieto oder Michel Foucault haben Adorno und Derrida auf überzeugende Art den logozentrischen, den *identifizierenden* Diskurs kritisiert, der sich selbst für „natürlich" hält und sich implizit oder explizit seinen Referenten gleichsetzt. Ihm gegenüber insistieren sie auf der Notwendigkeit der *Nichtidentität* und der unaufhebbaren *Differenz*.

Eine kritische Gesellschaftswissenschaft wird sich einerseits hüten, diese Erkenntnisse für trivial zu erklären; sie wird andererseits jedoch die von Adorno und Derrida vorgeschlagenen parataktischen und dekonstruktivistischen Lösungen meiden, die zu einer Auflösung der Theorie führen. Statt sich an der Polysemie fiktionaler Texte zu orientieren, wird sie die Offenheit des theoretischen Diskurses (d. h. die Nichtidentität) im dialogischen, interdiskursiven Prozeß suchen, der keinen Abschluß kennt, weil die theoretische Erkenntnis nie aufhört. Im interdiskursiven Dialog zwischen heterogenen Theorien sollte es möglich sein, die Distanz zwischen Diskurs und Objekt zu wahren und der Besonderheit des Objekts, seiner Nichtreduzierbarkeit auf eine bestimmte Begrifflichkeit, Rechnung zu tragen.

Der Ausgangspunkt einer kritischen Theorie der Gesellschaft könnte eine Bemerkung Bertil Malmbergs zu Derridas Polemik gegen das begriffliche Denken sein: „In Wirklichkeit ist es also das Prinzip der allgemeinen (Tiefen-)Strukturen und der linguistischen Universalien, das die Möglichkeit von Übersetzungen erklärt, so wie es die Möglichkeit von Transformationen innerhalb der Sprachen erklärt."[82] Ähnlich äußerte sich in Privatgesprächen Greimas zu den Problemen der Dekonstruktion.

Diese Kritik Malmbergs, die es gestattet, eine dialektische Beziehung zwischen den Konstanten und den Variablen des Sprachsystems herzustellen, widerspricht nur teilweise Derridas und Adornos Plädoyer für Nichtidentität, Nicht-Präsenz (des Begriffs) und für diskursive Offenheit; zugleich gibt sie jedoch zu verstehen, daß Negativität und Offenheit *nur im Hinblick auf etwas Identifizierbares und eindeutig Bestimmbares denkbar sind*: im Hinblick auf sprachliche Universalien und Tiefenstrukturen, die in allen Diskursen von Parmenides bis Heidegger und von Heraklit bis Nietzsche und Derrida auszumachen sind.

Die Idee der Universalien schließt eine historische und ideologiekritische Betrachtung des Begriffs und des gesamten Diskurses nicht aus. Im Gegenteil, sie ermöglicht erst die Reflexion über die begrifflichen und diskursiven Differenzen und bildet die Voraussetzung dafür, daß heterogene Diskurse aufgrund bestimmter gemeinsamer Elemente miteinander verglichen werden können. Gäbe es diese gemeinsamen Universalien nicht, wären die Terminologien der Sozialwissenschaften nicht nur widersprüchlich und fragmentiert, sondern inkommensurabel, und jedes Gespräch zwischen Soziologen, Semiotikern und Psychologen wäre ein Taubstummendialog. Vor allem im dritten Teil dieses Buches soll

---

[82] B. Malmberg, „Derrida et la sémiologie: Quelques notes marginales", in: *Semiotica* 11: 2, 1974, S. 196.

gezeigt werden, daß der Taubstummendialog nicht unserer Weisheit letzter Schluß zu sein braucht — ebensowenig wie Parataxis und Dekonstruktion.

5. These: Adornos und Derridas Schlüsselbegriffe wie „Essay", „Modell", „Parataxis", „différance" und „Dekonstruktion" zeigen, daß der Gegenstand der Diskurskritik nicht der einzelne Satz ist, sondern der Diskurs in seiner Gesamtheit: als transphrastische Struktur. Ideologische Verfahren wie Identifizierung, Geschlossenheit (clôture) oder Dichotomisierung können nur im Rahmen dieser Struktur entwickelt und kritisiert werden. Ideologiekritik als Parataxis oder Dekonstruktion ist in der gegenwärtigen sprachlichen und gesellschaftlichen Situation zwar möglich, wird aber demjenigen, der den Nexus zwischen philosophischer Reflexion und kritischer Sozialwissenschaft nicht aus den Augen verloren hat, weder als zwingend noch als sinnvoll erscheinen: Die Annäherung des philosophischen an den fiktionalen Diskurs, die von den beiden Autoren in verschiedenen Kontexten befürwortet wird, führt zwangsläufig zur Auflösung dieses für die Philosophie und die Sozialwissenschaften lebenswichtigen Nexus. Als Alternative zeichnet sich eine Theorie ab, die die ideologischen Mechanismen des Diskurses durch Reflexion, Dialektik (Ambivalenz) und Dialog zu zerlegen sucht.

Zweiter Teil
Der Diskurs der Ideologie:
Textsoziologische Analysen

Im zweiten und dritten Teil sollen u. a. die Ergebnisse der vorangegangenen Kapitel ausgewertet werden. Dabei geht es im folgenden vor allem um den Entwurf einer textsoziologischen oder sozio-semiotischen Theorie der Ideologie, während in den letzten Kapiteln Kriterien für den theoretischen, den ideologiekritischen Diskurs formuliert werden. Der semiotische Charakter des zweiten und dritten Teils erklärt, weshalb die wenigen semiotischen Theorien, die sich mit der Ideologieproblematik befassen (Prieto, Rossi-Landi, Eco, Greimas), nicht im kritischen Teil diskutiert, sondern in den textsoziologischen Ansatz integriert wurden.

Die gesamte Arbeit gründet auf der eingangs bereits erwähnten Prämisse, daß im sozialwissenschaftlichen Bereich Ideologie und Theorie nur in ihrer Wechselbeziehung zu definieren sind, weil Theorien aus Ideologien hervorgehen und weil ideologische Diskurse immer wieder mit dem Anspruch auf Theoriehaftigkeit oder Wissenschaftlichkeit auftreten. Vor allem im 9. Kapitel wird sich zeigen, wie stark der ideologische Einschlag theoretischer (wissenschaftlicher) Texte ist.

Im Anschluß an die erste These (Kap. 2) soll hier der Gedanke weiterentwickelt werden, daß Sprache und Handlung sowie Sprache als Handlung vollständig nur im Zusammenhang mit *kollektiven Positionen* und Interessen zu verstehen sind. Saussures *parole* oder Chomskys *performance* sind in den meisten Fällen zwar individuelle Handlungen; sie können jedoch nur in einer von verschiedenen Gruppensprachen dominierten *sprachlichen Situation* verstanden werden, in der sich Individuen und Gruppen — zumeist unbewußt — im Rahmen der vorhandenen, d. h. historisch gewachsenen diskursiven Strukturen orientieren. Die Wachstums-Metapher ist hier weder Enigma noch Verlegenheitsgeste, sondern besagt, daß Sprache in ihrer Gesamtheit (als *langue*) durch individuelle und kollektive Sprachhandlungen, *actes de parole*, verändert wird.

Der einzelne Geisteswissenschaftler, der in den 50er Jahren noch geheimnisvoll vom „Seinsgrund" bei Hölderlin sprach, wird heute, wenn er nicht sogar von älteren Ordinarien als ewig gestrig verabschiedet werden will, sein Dissertationsthema anders formulieren: etwa „Die Hölderlin-Rezeption in X" oder „Eine dekonstruktive Lektüre von Hölderlins Lyrik". Fragte ihn ein verwunderter Soziologe, dem dieses Vokabular wenig bedeutet: „Weshalb Dekonstruktion und nicht Seinsgrund?", so fiele ihm eine plausible Erklärung wohl schwer. Tatsache ist aber, daß der von Adorno unermüdlich attackierte „Jargon der Eigentlichkeit" als Gruppensprache seine Kraft eingebüßt hat, während die „Dekonstruktion" in bedeutenden Institutionen von einflußreichen Gruppen (etwa in Yale) praktiziert wird. Wer also „Eigentlichkeit", „Klassenkampf", „Rezeption" oder „Dekonstruktion" zu seiner Wahrheit macht, wird — ob er es weiß/zugibt oder nicht — zum Sprachrohr eines oft schwer auffindbaren Kollektivs, dessen Diskurse mit denen anderer Gruppen konkurrieren und kollidieren.

Es wird hier von Diskursen und nicht nur von Wörtern (lexikalischen Einheiten) oder Sätzen die Rede sein, weil ich davon ausgehe, daß Ideologien als kollektive Positionen, Problematiken und Interessen vollständig und in ihrer Besonderheit, Andersartigkeit nur in transphrastischen Strukturen, d. h. in *Diskursen*, zum Ausdruck kommen. Diese Überlegungen richten sich vor allem gegen eine sprachphilosophische Tradition, die Habermas in seine Universalpragmatik aufgenommen hat und die ihr Augenmerk auf den Satz und dessen pragmatische (kommunikative) Funktionen richtet. Die meisten Sätze sind jedoch — wie einzelne Vokabeln — vieldeutig oder gar mehrdeutig, so daß es kaum möglich erscheint, die semantischen und syntaktischen Verfahren von Ideologien in einzelnen Sätzen auszumachen, auch wenn diese aufeinander bezogen werden.

Es ist auch sehr schwierig, wenn nicht gar unmöglich, eine Ideologie im isolierten Wort oder Satz zu erkennen. Selbst scheinbar eindeutige Ausrufe wie: „Es lebe die Revolution!" oder „Es lebe der Sozialismus!" sagen mir nicht, mit welcher Ideologie ich es zu tun habe. Im *Extremfall* kann es sich sogar um eine faschistische Ideologie handeln, deren Autoren es für opportun halten, den antibürgerlichen oder „futuristischen" Elementen ihrer Doktrin mehr Resonanz zu verschaffen. Sicherlich gibt es auch (fast) eindeutige Sätze (etwa: „Università a Corti!" — die Forderung der korsischen Separatisten nach einer eigenen Universität in Corte/Corti), die von demjenigen, der den Kontext kennt, ohne Schwierigkeiten einem bestimmten ideologischen Diskurs zugerechnet werden können; sie kommen aber in politischen Reden, in Zeitungsartikeln und vor allem in wissenschaftlichen Texten relativ selten vor, und es wäre eine vergebliche empiristische Liebesmüh, wollte man sich (um sicher zu gehen) nur an ihnen orientieren. Eine in vieler Hinsicht problematische und lückenhafte Diskurstheorie bleibt daher dem Ideologieforscher nicht erspart.

Eine solche Theorie geht von der in der vierten These formulierten Annahme aus, daß auch die individuelle oder kollektive *Subjektivität* sich nur im Diskurs, d. h. in der transphrastischen Struktur zu erkennen gibt. Diese Überlegung ergänzt die von mir akzeptierte Behauptung Althussers und Pêcheux', daß die Ideologie als Diskurs die Individuen (die Gruppen) zu Subjekten macht. Selbst wer den Determinismus dieser These bei den Althusserianern nicht akzeptiert, weil er dem Einzelnen kritische Reflexion zutraut (schließlich könnte man sich auch einen Dissertanten vorstellen, der der sprachlichen Entwicklung vom „Seinsgrund" zur „Dekonstruktion" nicht blindlings folgt, sondern sie zum Gegenstand einer kritischen Arbeit macht), tut gut daran, den Satz „l'idéologie interpelle les individus en sujets" ernst zu nehmen.

An dieser Stelle bietet sich eine Unterscheidung zwischen *Individuum* und *Subjekt* an. Das Individuum als biologisches Wesen ist stumm und besitzt keine Subjektivität; diese kann erst mit Hilfe von nichtverbalen und verbalen Zeichen zum Ausdruck kommen. Als Subjekt kann ich jemanden (ein Individuum oder eine Gruppe) erst in einem mehr oder weniger kohärenten Diskurs erkennen. Wer nur Worte oder unzusammenhängende Sätze stammelt, wird nicht als Subjekt erkannt; sogar derjenige, der scheinbar eindeutig (jedenfalls provokativ): „Es lebe die Revolution!" ruft, muß noch einiges hinzufügen, wenn er als Subjekt erkannt werden soll: wenn ich entscheiden soll, ob es sich um einen Sozialisten, einen Bolschewiken, einen Anarchisten, einen Faschisten, einen Hippie oder einfach um einen Witzbold handelt, der diskreditierte Diskurse parodiert. (Dabei hängt viel von der pragmatischen Komponente: von der Situation, dem Publikum, der Kleidung etc. ab.)

Am klarsten zeigt sich bei Autoren wie Adorno, Derrida, Foucault und Kristeva, daß die *diskursiven Verfahren*, in denen Subjektivität erkannt und anerkannt wird, transphrastischer Natur sind. Das systematische Vorgehen, das Klassifizieren, das Definieren, sowie die Erstellung von Taxonomien und Hierarchien, sind die diskursiven Mechanismen, mit deren Hilfe sich ein jedes Subjekt — sowohl in der Ideologie als auch in der Theorie — konstituiert und in der Wirklichkeit orientiert.

Adornos und Derridas radikale Diskurskritik stellt schließlich (und das bisher Gesagte zeigt, weshalb) die Subjektivität und den *Subjektbegriff* in Frage. Wenn im folgenden dieser Begriff nicht als „ideologisch" oder „metaphysisch" verabschiedet wird, so deshalb, weil hier auch der Diskurs als transphrastische Anordnung nicht radikal dekonstruiert werden soll. Die ideologischen Verfahren des Monologs, der Identifizierung und des Abschlusses sollen mit anderen Mitteln zerlegt werden, um zu vermeiden, daß das Kind mit dem Bad, die Theorie mit der Ideologie ausgeschüttet wird.

Werden die hier (vorerst nur im Hinblick auf die Ideologieproblematik) zusammengefaßten Thesen als brauchbare Ausgangspunkte akzeptiert, dann stellt sich sogleich die Frage nach einer Theorie, die in der Lage ist, sie systematisch zu entwickeln. Eine solche Theorie muß einerseits eine semiotische (semantische und syntaktische oder narrative) Analyse ideologischer, theoretischer und fiktionaler Diskurse ermöglichen; sie muß andererseits eine solide soziologische Komponente aufweisen und die soziologischen Diskussionen, die im ersten Teil dieses Buches die Szene beherrschten, berücksichtigen.

Das Manko aller bisherigen semiotischen Ansätze besteht im wesentlichen darin, daß die soziologische Ideologieforschung in ihnen kaum Spuren hinterlassen hat. Eine gründliche semiotische Auseinandersetzung mit Mannheim, H. Albert, Althusser oder Habermas ist mir nicht bekannt. Es kommt hinzu, daß die meisten semiotischen Arbeiten (auch die Ecos und Greimas') die Ideologieproblematik bisher nicht in den Mittelpunkt ihrer Betrachtungen gerückt haben. Deshalb soll hier nicht nur eine Synthese von soziologischen und semiotischen Methoden anvisiert werden, sondern auch die Erweiterung der semiotischen Komponenten der Ideologiekritik.

Außer der Semiotik (der Soziosemiotik) hat in der Vergangenheit die Soziolinguistik wichtige Anstöße zur Ideologieforschung und Ideologiekritik gegeben. Da sie sich jedoch vornehmlich mit natürlichen Sprachen und ihren Varianten (sozialen und regionalen Dialekten) befaßt, wird sie Ideologien, Theorien (Fachsprachen) und fiktionalen Texten als künstlichen, in relativ kurzer Zeit konstruierten Sprachen nicht gerecht. Es wird sich auch zeigen, daß eine Schwäche soziolinguistischer Ansätze darin besteht, daß ihre Exponenten den Lesern (sich selbst) nicht immer klarmachen, mit welchen soziologischen Modellen (Theorien) sie arbeiten.

Die *Textsoziologie*, die hier im Anschluß an frühere Arbeiten weiterentwickelt wird, und deren Stellung zwischen der *Semiotik* und der *Soziolinguistik* im nächsten Kapitel näher bestimmt wird, hat daher zur Aufgabe, eine Synthese von Semiotik und Soziologie (eine Variante der Kritischen Theorie) zu entwerfen und sie für die Ideologiekritik fruchtbar zu machen. Ihr Gegenstand ist — wie sich zeigen wird — nicht die natürliche, sondern die künstliche, die sekundäre, abgeleitete Sprache: die Fiktion, die Ideologie, die theoretische Fachsprache.

VII. Textsoziologie

Angesichts der rasch fortschreitenden Arbeitsteilung wird es in den Sozialwissenschaften immer schwieriger, Theorien und ihre Bereiche gegeneinander abzugrenzen, da es trotz wachsender Differenzierung immer mehr Ähnlichkeiten und Verwandtschaften zu geben scheint. Kunst- und Literatursoziologie überschneiden sich an zahlreichen Stellen mit der Ästhetik und der Kunst- oder Literaturgeschichte; die deutsche Textlinguistik hat einen ähnlichen Gegenstand wie die französische Semiotik, und beide Theoriegruppen berühren sich mit der (englischen, deutschen und amerikanischen) Soziolinguistik sowie mit der „discourse analysis", der „analyse du discours" und der „Diskurskritik". Im dritten Kapitel hat sich gezeigt, daß wesentliche Anliegen der Universalpragmatik mit denen der Textsoziologie und der Diskursanalyse (Diskurskritik) konkurrieren.

Angesichts dieser Entwicklung erscheint es nicht besonders sinnvoll, ohne triftigen Grund neue Bezeichnungen wie *Textsoziologie* einzuführen. Die Gründe, weshalb ich an dieser relativ neuen Wortverbindung festhalte, sollen deshalb gleich am Anfang in aller Knappheit aufgezählt werden: Die Textsoziologie hat einen anderen Gegenstand als die Soziolinguistik, und die Verschiedenartigket der beiden theoretischen Objekte soll hier im ersten Abschnitt thematisiert werden. Trotz vieler Überschneidungen zwischen der Textsoziologie auf der einen und der Textsemiotik oder Textlinguistik auf der anderen Seite unterscheidet sich die Textsoziologie von der letzteren vor allem durch ihren soziologischen Ursprung sowie durch ihre soziologischen Anliegen. Diese kommen nicht nur in der deutschen Textlinguistik zu kurz, die eher die Möglichkeiten einer allgemeingültigen Textgrammatik erforscht, sondern auch in der französischen, italienischen und sowjetischen Semiotik, die sich nur sehr sporadisch mit den gesellschaftlichen Komponenten der Sprache und des Diskurses befaßt. Wesentliche Ausnahmen bilden Ferruccio Rossi-Landi und Luis J. Prieto, auf deren Arbeiten ich immer wieder eingehen werde.

In der Vergangenheit versuchte freilich auch Greimas, dessen strukturale Semantik für die Textsoziologie sehr wichtig ist, von der Semiotik eine Brücke zur Soziologie zu schlagen. Sein Versuch — vor allem in *Sémiotique et sciences sociales* (1976) — ist sicherlich nicht in jeder Hinsicht fehlgeschlagen, leidet jedoch an einem entscheidenden Manko: Greimas übernimmt auf reichlich willkürliche Art einige Schlüsselbegriffe der amerikanischen und britischen Soziologie, ohne eine theoretische Grundsatzdiskussion mit den bestehenden soziologischen Ansätzen zu suchen. Eine solche Diskussion ist jedoch als *Selbstreflexion* unerläßlich, wenn dem Leser oder Gesprächspartner klargemacht werden soll, von welchen politischen Positionen die semiotische Theorie ausgeht und wie sich ihre politischen Optionen auf ihren begrifflichen Apparat und ihre Methoden auswirken.

Greimas spricht zwar von ideologischen Diskursen oder Ideologien und stellt schließlich sogar die fragwürdige Behauptung auf, im Gegensatz zur Wissenschaft verzeichne die Ideologie keinen Fortschritt.[1] Er versäumt es aber, sich ausführlich mit den beste-

---

[1] Siehe: A. J. Greimas, „Der wissenschaftliche Diskurs in den Sozialwissenschaften", in: P. V. Zima (Hrsg.), *Textsemiotik als Ideologiekritik*, Frankfurt, Suhrkamp, 1977, S. 111: „Ebensowenig kann die Idee des Fort-

henden Ideologiebegriffen auseinanderzusetzen, die — wie sich im ersten Teil gezeigt hat — aus einer langen soziologischen Tradition hervorgegangen sind und einander teilweise widersprechen. Dies ist wohl der Grund, weshalb seine Bemerkungen zur Ideologieproblematik häufig etwas laienhaft anmuten, ohne deshalb trivial oder gar falsch zu sein.

Die Lage sieht in Umberto Ecos *Trattato di semiotica generale* (1975) leider nicht viel anders aus: Auch dort wird die Ideologie (als „Kode") im Rahmen eines kybernetischen Modells erklärt, das unabhängig von der soziologischen (philosophischen) Diskussion entwickelt und — auf eher lockere Art — in den Gesamtzusammenhang eines semiotischen Ansatzes eingefügt wird. Im ersten Teil hat sich jedoch herausgestellt, daß in wichtigen soziologischen Ansätzen von Mannheim über Albert und Topitsch bis Adorno die sprachliche Problematik der Ideologie in einem Kontext erörtert wird, der auch die Theorieproblematik und die sozio-historische Entwicklung umfaßt. Wer mit ihm vertraut ist, der wird ihn bei Eco vermissen und die Abstraktion seines Modells als wesentlichen Nachteil empfinden.

An dieser Stelle kann die Wortverbindung *Text-Soziologie* verdeutlicht und vielleicht plausibel gemacht werden. Es handelt sich um eine Theorie, die ähnlich wie Greimas' oder Ecos Semiotik ideologische, wissenschaftliche, fiktionale, juristische oder kommerzielle Texte analysiert: ohne allerdings die Textanalyse und Textkritik von den soziologischen Fragestellungen, mit denen ich mich im ersten Teil befasse, abzukoppeln. Daher die Akzentverschiebung und die Betonung der *Soziologie*, die beide im Kontext der zeitgenössischen Methodendiskussion aus dieser Wortverbindung herauszulesen sind. Die Textsoziologie könnte auch als eine Sozio-Semiotik definiert werden, die ihre soziologische Aufgabe ernst nimmt und sich viel stärker als die bestehenden Semiotiken an der Soziologie orientiert.

Diese Kurskorrektur im Sinne der Soziologie kann als eine (durchaus theoretische) Polemik gegen die Kommerzialisierung der Theorien aufgefaßt werden, die dazu geführt hat, daß die Soziologie als Mode der 60er Jahre in den 70er Jahren von Modeerscheinungen wie Semiotik oder Linguistik und schließlich von der Dekonstruktion abgelöst wurde. Es geht hier nicht darum, Modeerscheinungen miteinander zu kombinieren, sondern darum, die Aussagekraft von Soziologie *und* Semiotik durch ein synthetisierendes Verfahren zu steigern. Darin sehe ich eine Möglichkeit, Theorien, die diese Bezeichnung verdienen, gegen den modischen Mißbrauch in der Marktgesellschaft, der in der Entwertung und Einebnung aller Begriffe zum Ausdruck kommt, zu verteidigen.

---

schritts, wie sie auf die Wissenschaft anwendbar ist, auf die Ideologien angewendet werden." — Man könnte polemisch einwenden, daß seit der Renaissance vielleicht gerade die säkularisierten, humanistischen Ideologien (etwa der Aufklärung) den Aufschwung und Fortschritt der Sozialwissenschaften ermöglicht haben.

1. Textsoziologie und Soziolinguistik

Ähnlich wie die Textsoziologie, die von der Kritischen Theorie Horkheimers, Adornos und Habermas' ausgeht, könnte auch die Soziolinguistik als eine besondere Form der Soziologie aufgefaßt werden. Die reichlich heterogenen Ansätze, die diese Disziplin ausmachen, zeigen allerdings, daß nicht alle ihre Anhänger über ihre soziologischen Grundlagen nachdenken. Nimmt man sich eine Einführung aus dem englischen Sprachbereich vor, etwa Peter Trudgills *Sociolinguistics,* so stellt man fest, daß im ersten Kapitel zwar die Beziehung zwischen Sprache und Gesellschaft (Sprache und Kultur) behandelt wird, nicht jedoch die zwischen Linguistik und Soziologie.[2]

Dieser Mangel an theoretischer Reflexion wirkt sich überall nachteilig auf Trudgills Darstellung aus, wo er spontan und unbekümmert Begriffe des amerikanischen Funktionalismus und die eines nicht näher definierten Marxismus übernimmt, ohne sich Gedanken über deren Entstehungsgeschichte in einer bestimmten Theorie oder Ideologie zu machen. Während der *Klassenbegriff*, der in Trudgills Buch eine zentrale Rolle spielt, aus dem theoretischen Kontext des Marxismus stammt, ist der *Statusbegriff* aus Max Webers Soziologie ableitbar und nicht ohne weiteres mit dem Klassenbegriff zu kombinieren. Von „Status" und „Prestige" ist bei Trudgill gerade dort die Rede, wo sprachliche Symptome der Klassenherrschaft (z. B. der „richtige Akzent") besprochen werden.[3] Wie aber verhalten sich „Status" und „Klasse" zueinander? Diese soziologische Frage wird an keiner Stelle aufgeworfen.

Das häufig unreflektierte Oszillieren der Soziolinguistik zwischen heterogenen soziologischen Ansätzen scheint auch für die Arbeiten anderer Autoren charakteristisch zu sein, die wie M. A. K. Halliday allgemein von einer „sozialen Theorie" sprechen, ohne der Heterogenität der Soziologie Rechnung zu tragen. So schreibt beispielsweise Halliday: „Was wir mit ‚gesellschaftlichem Kontext' meinen, ist ein verallgemeinerter Situationstypus, der als solcher in bezug auf die Kategorien und Konzepte irgendeiner Gesellschaftstheorie (some social theory) bedeutsam ist."[4] Einzelne Theorien werden nicht unterschieden, sondern lediglich soziale Bereiche, die sie zum Gegenstand haben könnte: „Formen der Sozialisierung", „Rollenbeziehungen", „Machtstrukturen", „symbolische Systeme", „Wertsysteme" etc. Nun können aber alle diese Bereiche von grundverschiedenen Theorien (funktionalistischen, interaktionistischen, kritisch-rationalistischen oder marxistischen) untersucht werden . . .

Die meisten Arbeiten amerikanischer und britischer Autoren verwenden die Terminologie des Funktionalismus und hier vor allem Begriffe wie „Gruppe", „Rolle" und „Status". So befaßt sich beispielsweise J. A. Fishman sowohl mit „Rollenbeziehungen" („role relations") als auch mit verwandten Erscheinungen wie „Gruppengrenzen" („group boundaries"), „Rollenmustern" („role networks"), „Rollenrepertoires" („role repertoi-

---

[2] Siehe: P. Trudgill, *Sociolinguistics. An Introduction*, Harmondsworth, Penguin, 1974, Kap. 1.
[3] ibid., S. 19—20.
[4] M. A. K. Halliday, *Explorations in the Functions of Language*, London, Edward Arnold, 1973, S. 63.

res") und „Rollenteilung" („role compartmentalization") im sprachlichen Kontext.[5] Der Rollenbegriff, der in der amerikanischen Soziologie vor allem von Ralph Linton und Robert K. Merton entwickelt wurde, wird nicht problematisiert.

Es gibt jedoch Autoren, die in dieser Hinsicht wesentlich genauer vorgehen und den soziologischen Hintergrund ihrer Argumentation explizieren: etwa H. G. Widdowson, der in seinem Aufsatz „Sociolinguistics and Language Teaching" auf den durkheimianischen Ursprung von Saussures *langue/parole*-Gegensatz hinweist und in seinem eigenen Ansatz an Durkheims Selbstmord-Studie anknüpft. Der Umstand, daß Durkheims Soziologie inzwischen weiterentwickelt und nuanciert wurde (etwa bei Jean Duvignaud), wird von Widdowson nicht berücksichtigt.

Noch expliziter als er ist der für die Textsoziologie besonders wichtige Basil Bernstein, der seine soziologische Perspektive ziemlich genau bestimmt, wenn er in „Social Class, Language and Socialization" erklärt: „Um das Wesentliche kurz zu formulieren: Ich habe Durkheim und Marx auf der Makroebene und Mead auf der Mikroebene verwendet, um zu einer soziolinguistischen These zu gelangen, die von einer Reihe anthropologischer, linguistischer, soziologischer und psychologischer Arbeiten ergänzt werden könnte."[6] (Ähnlich explizit sind die Autoren des Bandes *Soziologie und Linguistik*: F. Hager, H. Haberland und R. Paris.)[7]

Die erste wesentliche Gemeinsamkeit, die Soziolinguistik und Textsoziologie miteinander verbindet, ist somit das *Interesse für sprachliche Erscheinungen im gesellschaftlichen und historischen Kontext*. Im Gegensatz zur allgemeinen Sprachwissenschaft von Saussure bis Chomsky visieren Soziolinguistik und Textsoziologie nicht die abstrakte Beziehung zwischen *langue* und *parole*, zwischen *competence* und *performance* an, sondern eine Analyse der *parole* oder der *performance* im sozialen, kollektiven Kontext. Die *parole* oder *performance* erscheint aus soziolinguistischer Sicht nicht als individuelle Anwendung abstrakter (grammatischer) Regeln, sondern als sozial, kulturell und gruppenspezifisch geförderte oder eingeschränkte Fähigkeit: als „symbolisches Kapital", würde Bourdieu sagen. (Siehe: Kap. 3,4.)

Der Textsoziologe ist in jeder Hinsicht mit Bernstein einverstanden, wenn dieser schreibt: „Wenn wir jedoch die Rede, *la parole*, untersuchen, so geben wir uns unvermeidlich dem Studium eines ganz anderen Regelsystems hin; dem Studium formaler und informaler Regeln, die die Entscheidungen bestimmen, welche wir in verschiedenen Kontexten, in denen wir uns befinden, treffen. Dieses zweite Regelsystem ist das Kultursystem."[8] Komplementär zu Bernsteins Kritik an einer abstrakten, nicht-soziologischen Linguistik verhält sich die wenige Jahre später geäußerte Kritik M. A. K. Hallidays an

---

[5] J. A. Fishman, „The Sociology of Language", in: P. P. Giglioli (Hrsg.), *Language and Social Context*, Harmondsworth, Penguin, 1972, S. 55.
[6] B. Bernstein, *Class, Codes and Control*, St. Albans, Paladin, 1973, S. 196.
[7] Siehe: F. Hager, H. Haberland, R. Paris, *Soziologie und Linguistik. Die schlechte Aufhebung sozialer Ungleichheit durch Sprache*, Stuttgart, Metzler, 1973, S. 210—222: „Exkurs über Klasse und Schicht". Die Autoren gehen nicht naiv von einer Terminologie aus, sondern konfrontieren mehrere soziologische Schichtungstheorien miteinander.
[8] B. Bernstein, *Class, Codes and Control*, op. cit., S. 197.

Saussures Dichotomie: „Das Bild der Sprache als einer ‚reinen' Form (*langue*), die durch den Prozeß der Übertragung in gesprochene Rede (*parole*) kontaminiert wird, hat nur geringen Wert in einem soziologischen Kontext."[9]

Diese Kritik der Soziolinguisten an Saussures und Chomskys rationalistischer Sprachtheorie wird in mancher Hinsicht von den Kritiken Bachtins und Vološinovs aus den späten 20er Jahren ergänzt und bestätigt. Auf sie will ich am Ende dieses Kapitels eingehen, um zu zeigen, daß gesprochene und geschriebene Texte nicht in einem abstrakten und ahistorischen Sprachsystem entstehen, sondern in einer sozio-linguistischen Situation, die von sprachlich vermittelten gesellschaftlichen Konflikten geprägt ist. Für die Darstellung dieser Situation sind die Ausführungen und kritischen Bemerkungen Bernsteins und Hallidays wichtig.

Trotz dieser wesentlichen Übereinstimmung kann die Textsoziologie nicht als ein Bestandteil der Soziolinguistik definiert werden, und zwar deshalb nicht, weil sie einen anderen *Gegenstand* hat. Um den Gegenstand der Textsoziologie näher zu bestimmen, erscheint an dieser Stelle eine — wenn auch nur skizzenhafte — Darstellung des Objektbereichs der Soziolinguistik sinnvoll.

Im Zusammenhang mit der Textsoziologie sind vor allem zwei Unterscheidungsmerkmale der Soziolinguistik von Bedeutung: ihr Interesse für die *natürliche Sprache* und deren Varianten sowie ihr Interesse für das *gesprochene Wort*. In diesen beiden Punkten gibt es anscheinend einen Konsens unter den Vertretern dieser Disziplin. Nahezu alle Arbeiten von Soziolinguisten untersuchen das Funktionieren von natürlichen Sprachen im sozialen (kulturellen, historischen) Kontext, in dem regionale und soziale Dialekte eine wichtige Rolle spielen.

Zahlreiche Beispiele, die dieses besondere Erkenntnisinteresse der Soziolinguistik veranschaulichen, könnten angeführt werden. An dieser Stelle seien nur einige bekannte Studien erwähnt, die das Forschungsprogramm dieser Disziplin besonders klar illustrieren: Im Jahre 1965 veröffentlichte Fishman seine Studie „Who speaks what language to whom and when"[10], in der u. a. die Verwendung des Niederländischen und des Französischen in verschiedenen sozialen Kontexten der zweisprachigen Hauptstadt Brüssel untersucht wird. In seiner bekannten Untersuchung „Der Ausdruck sozialer Prozesse in linguistischen Strukturen" (1970) befaßt sich W. Labov mit der Korrelation zwischen Aussprache und sozialem Status in New York City und geht dabei von der Prämisse aus, „daß das ausgesprochene /r/ den Status eines Prestigemerkmals hat und daß Verschlußlaute und Affrikate für /th/ stigmatisierende Formen sind."[11] Es geht hier also vorrangig um die „Ethnographie des Sprechens"[12], wie Labov selbst sagt — oder um eine soziologische Untersuchung phonetischer Charakteristika in einer besonderen Variante des Englischen. Dialektvarianten des Norwegischen untersucht John J. Gumperz, der sich in einer seiner Studien mit den sozialen Funktionen nordnorwegischer Mundarten

---

[9] M. A. K. Halliday, *Explorations in the Functions of Language*, op. cit., S. 67.
[10] Siehe: J. A. Fishman, „Who speaks what language to whom and when", *La Linguistique*, Bd. 2, 1965.
[11] W. Labov, „Der Ausdruck sozialer Prozesse in linguistischen Strukturen", in: H. Holzer, K. Steinbacher (Hrsg.), *Sprache und Gesellschaft*, Hamburg, Hoffmann und Campe, 1972, S. 340—341.
[12] ibid., S. 341.

befaßt und feststellt, daß sie „eine wichtige Rolle bei der Aufrechterhaltung der lokalen Identität (...) spielen."[13]

Alle diese Studien zeugen von einem besonders stark ausgeprägten Interesse der Soziolinguistik für *das gesprochene Wort in einer natürlichen Sprache* oder einer ihrer Varianten. Aus dieser Gegenstandsbestimmung ist auch die Affinität zwischen Soziolinguistik und Anthropologie (Ethnologie) ableitbar, die auf einem gemeinsamen Interesse für zwischensprachliche und interkulturelle Beziehungen beruht. So beschreibt beispielsweise C. A. Ferguson, der sich auch mit Problemen der Diglossie befaßt, die Rolle des Arabischen in Äthiopien[14], und N. Tanner untersucht die sprachliche Heterogenität der indonesischen „Elite".[15] Es zeigt sich hier, daß die Soziolinguistik eine der Querverbindungen ist, die von der Soziologie zur Anthropologie führen (zusammen mit Gruppensoziologie, Kultursoziologie, Schichtungstheorie und Demographie).

Zugleich wird allerdings auch deutlich, daß der *Gegenstand* der Soziolinguistik, der hier natürlich nicht in seiner Gesamtheit erfaßt werden konnte, mit dem der Textsoziologie oder der Textsemiotik kaum etwas gemein hat: Im Gegensatz zur Soziolinguistik haben es diese beiden Ansätze vorwiegend oder ausschließlich mit *geschriebenen Texten abgeleiteter oder sekundärer Sprachen zu tun*. Mit sekundären Sprachen sind hier — im Anschluß an Greimas und Lotman — die Sprachen der Fiktion, der Wissenschaft, der Ideologie, der Philosophie, der Werbung etc. gemeint. Der wesentliche Unterschied zwischen ihnen und den natürlichen Sprachen besteht darin, daß sie, um funktionieren zu können, die Existenz einer natürlichen Sprache (des Deutschen, des Englischen) voraussetzen. Mit Hilfe des Vokabulars, der Semantik und der Syntax der natürlichen Sprache bringen sie dann ihre besonderen, sekundären Bedeutungen hervor, die nicht immer unabhängig von den primären Bedeutungen und dem entsprechenden kulturellen Kontext verstanden werden können. (Auf den Gegenstand der Textsoziologie und der Semiotik will ich im zweiten und dritten Abschnitt näher eingehen.)

Ein weiterer Unterschied zwischen Textsoziologie und Soziolinguistik ergibt sich aus der Tatsache, daß die letztere sich bis vor kurzem mit sprachlichen Strukturen befaßte, die nicht über die Satzebene (die phrastische Syntax) hinausgingen. Für diese (zumeist implizite) Einschränkung auf den phrastischen Bereich mag in Großbritannien und Nordamerika der Einfluß von Leonard Bloomfields Sprachwissenschaft verantwortlich sein, die sich *expressis verbis* auf das Satzgefüge beschränkte.[16] Bernsteins bekannte und hier bereits erwähnte Untersuchungen über den „restricted (= public) code" und den „elaborated (= formal) code" zeigen, daß die phrastische Grammatik das Hauptkriterium für die Beurteilung der Aussagen ist. Auch in den Arbeiten von D. Lawton und W. P. Robinson, in denen Briefe und Schüleraufsätze im Zusammenhang mit Bernsteins Theorie

---

[13] J. J. Gumperz, *Sprache, lokale Kultur und soziale Identität*, Düsseldorf, Schwann, 1975, S. 44.
[14] C. A. Ferguson, „The Role of Arabic in Ethiopia, a Sociolinguistic Perspective", in: J. B. Pride, J. Holmes (Hrsg.), *Sociolinguistics*, Harmondsworth, Penguin, 1972.
[15] N. Tanner, „Speech and Society among the Indonesian Elite. A Case Study of a Multilingual Community", in: J. B. Pride, J. Holmes (Hrsg.), *Sociolinguistics*, op. cit., S. 127.
[16] Siehe: L. Bloomfield, *Language*, London, Allen & Unwin, (1933), 1970, Kap. 11 und 12.

analysiert werden, wird die traditionelle Grammatik auf das Textmaterial angewandt[17], und Ulrich Oevermann präzisiert zwar (in *Sprache und soziale Herkunft*, 1970) Bernsteins Kode-Begriff, geht jedoch auf die transphrastische, diskursive Kohärenz (Inkohärenz) der untersuchten Texte nicht ein.

Erst in neuester Zeit hat sich die Soziolinguistik der Diskursanalyse zugewandt und versucht, die transphrastischen Strukturen im sozialen Kontext zu erklären. Wo dies geschieht, nähert sie sich der Textsoziologie (Soziosemiotik) und stellt Überlegungen an, die in vieler Hinsicht die textsoziologische Argumentation bestätigen. In seinem Buch *Discourse Analysis. The Sociolinguistic Analysis of Natural Language* (1983) hält Michael Stubbs zwar am traditionellen Gegenstand der Soziolinguistik (der natürlichen Sprache) fest, macht jedoch einen entscheidenden Schritt auf die Semiotik und die Textsoziologie zu, wenn er sich gleich im ersten Kapitel vornimmt, „die Organisation der Sprache jenseits des Satzes" zu untersuchen: „to study the organization of language above the sentence."[18] Es ist wohl kein Zufall, daß er — ähnlich wie ich im 3. Kapitel — zwischen der transphrastischen Diskursanalyse und den auf der Satzebene operierenden Sprechakttheorien unterscheidet.[19] Diese Unterscheidung ist auch für die Textsoziologie wesentlich und läßt hoffen, daß künftig weitere soziolinguistische Arbeiten mit denen der Textsoziologie und der Soziosemiotik konvergieren werden.

Insgesamt ist die Soziolinguistik — trotz der Andersartigkeit ihres Gegenstandes — für die Textsoziologie sehr wichtig: vor allem, wenn es darum geht, Bernsteins Unterscheidung zwischen einem „restricted" und einem „elaborated code" für die Rezeptions- und Funktionsanalyse ideologischer Diskurse fruchtbar zu machen. Auf dieses Problem komme ich noch zu sprechen.

2. Textsoziologie, Textlinguistik, Semiotik

Meine Bemerkungen über Stubbs' Buch lassen bereits vermuten, daß es mit der Zeit immer schwieriger sein wird, Soziolinguistik und Textsoziologie (Sozio-Semiotik) sauber voneinander zu trennen. Nur jemand, dem enzyklopädisches Klassifizieren und Schemata wichtiger sind als theoretischer Dialog, wird dies bedauern. Wer die internationale Geschichte der Soziolinguistik kennt, der weiß, daß die hier vorgeschlagene Unterscheidung (Soziolinguistik/Textsoziologie-Semiotik) im französischen Sprachbereich nicht besonders nützlich (vielleicht sogar irreführend) wäre.

Mit Recht bemerkt Brigitte Schlieben-Lange zur Lage der Soziolinguistik in Frankreich: „Was in Frankreich zunächst als Soziolinguistik firmiert, ist eher eine Art Textlin-

---

[17] Siehe: W. P. Robinson, *Language and Social Behaviour*, Harmondsworth, Penguin, 1972, S. 167.
[18] M. Stubbs, *Discourse Analysis. The Sociolinguistic Analysis of Natural Language*, Oxford, Basil Blackwell, 1983, S. 1.
[19] ibid., S. 11: „Surprisingly, even some studies of (a) isolated, (b) contrived, (c) decontextualized sentences manage to squeeze into discourse analysis. For example, most of the substantial literature on speech act theory falls under this description."

guistik, die vorzugsweise an politischen Texten arbeitet."[20] Mit anderen Worten: Der Gegenstand der französischen Soziolinguistik (zumindest einer ihrer Hauptrichtungen) stimmt weitgehend mit dem der Textsoziologie als Soziosemiotik überein. Dies ist wohl der Grund, weshalb in Greimas' und Courtés' *Sémiotique* (1979) die Beziehung zwischen Sprache und Gesellschaft unter dem Stichwort „Sociosémiotique" behandelt wird und das Stichwort „Sociolinguistique", das in Ducrots und Todorovs *Dictionnaire* (1972) noch vorkommt, fehlt.[21] Es wird sich zeigen, daß die von Greimas und Courtés definierte Soziosemiotik in vieler Hinsicht mit der Textsoziologie übereinstimmt.

Eine solche Übereinstimmung kann im Falle der deutschen und niederländischen *Textlinguistik* nicht festgestellt werden: denn diese vernachlässigt in allen mir bekannten Arbeiten den gesellschaftlichen Faktor und richtet ihr Augenmerk auf den Entwurf einer Textgrammatik, die die transphrastische Kohärenz des Diskurses zum Gegenstand hat. Dieses Streben nach einer semantischen und syntaktischen Darstellung diskursiver Strukturen ist auch ein Anliegen der Textsoziologie; deshalb will ich hier kurz auf die vor allem in Deutschland und den Niederlanden entwickelte Textlinguistik eingehen; ausführlicher will ich mich jedoch mit der französischen und italienischen Semiotik befassen, die den Nexus zwischen Sprache und Gesellschaft sowie die gesellschaftskritischen Aufgaben der Theorie nicht aus den Augen verloren hat.

Für die Textsoziologie sind vor allem Versuche der Textlinguisten anregend, die transphrastische Kohäsion von Texten zu beschreiben und zu begründen. Eines der Hauptanliegen des textlinguistischen Ansatzes faßt Wolfgang Dressler zusammen, wenn er in seiner *Einführung in die Textlinguistik* (1972) programmatisch feststellt: „Aufgabe der Textsemantik ist die Darstellung der Bedeutungsstruktur eines Textes oder Textstücks und insbesondere der semantischen Relationen, die über die Bedeutungsstrukturen der Einzelsätze hinausgehen."[22] (Dressler geht davon aus, daß Textsemantik, Textsyntax und Textpragmatik die wesentlichen Bestandteile der Textlinguistik sind.) Hätte Habermas sich in den siebziger Jahren bei der Ausarbeitung seiner Universalpragmatik an der Textlinguistik oder Semiotik orientiert, statt sich von der auf die phrastische Syntax beschränkten Sprechakttheorie faszinieren zu lassen, wäre er schließlich auf die Frage nach dem diskursiven Ausdruck kollektiver Interessen gestoßen.

So weit geht die Textlinguistik freilich nicht; sooft sie sich jedoch mit Anaphorisierungsverfahren, mit logischen Inklusionen, Exklusionen und Implikationen befaßt, verfolgt sie ähnliche Ziele wie Greimas' *Strukturale Semantik* (1966, dt. 1971), die eine der Grundlagen der Textsoziologie bildet und im deutschen Sprachraum häufig als Textlinguistik definiert und klassifiziert wird. Wenn Dressler beispielsweise zeigt, wie ein Ober-

---

[20] B. Schlieben-Lange, *Soziolinguistik. Eine Einführung* (2. Aufl.), Stuttgart, Kohlhammer, 1978, S. 49.
[21] Siehe: O. Ducrot, T. Todorov, *Dictionnaire encyclopédique des sciences du langage*, Paris, Seuil, 1972, S. 84—91.
[22] W. Dressler, *Einführung in die Textlinguistik*, Tübingen, Niemeyer, 1972, S. 16. — Siehe auch: W. Dressler, „Wege der Textlinguistik", in: ders. (Hrsg.), *Textlinguistik*, Darmstadt, Wiss. Buchgesellschaft, 1978, S. 3: „Das Prinzip der Unvollständigkeit besagt vor allem, daß Einzelsätze eines Textes für sich unvollständig und nicht unabhängig sind, was zu einem Standardargument der Textlinguistik geworden ist (...)." Siehe auch: R. de Beaugrande, W. Dressler, *Introduction to Textlinguistics*, London-New York, Longman, 1981, 24—29.

begriff zwei Begriffe in einer Satzfolge verbindet, so illustriert er Greimas' Begriff des *Klassems*, das zwei oder mehreren Sememen (Lexemen im Kontext) gemeinsam ist und zur Sicherung der Textkohärenz beiträgt. In den zwei Sätzen, die Dressler als Beispiele zitiert („Hier stehen zwei Motorräder. Das dritte Fahrzeug ist ein Motorroller.") spielen Klassifikationsverfahren eine wesentliche Rolle bei der Textkonstitution.[23]

Ein skeptischer Leser wird an dieser Stelle vielleicht einwenden, daß die Konnexionsverfahren, die einer Satzsequenz zugrundeliegen, für die Analyse ideologischer Diskurse (d. h. für die Ideologiekritik) nicht besonders wichtig sein können. Seine Skepsis mag u. a. damit zusammenhängen, daß die deutsche und niederländische Textlinguistik es bisher versäumt hat, die ideologiekritische Dimension ihrer Problematik zu thematisieren. Es gibt jedoch keinen plausiblen Grund, weshalb sich die Textlinguistik oder Semiotik auf Peter, Hans und ihren Motorroller beschränken sollte.

Die von Dressler im Zusammenhang mit der natürlichen Sprache beschriebenen Klassifikationsverfahren (Motorrad, Motorroller: Fahrzeug) sind für die ideologischen Sprachen oder Diskurse lebenswichtig. Auch die Ideologie gründet — wie sich noch zeigen wird — auf Selektionen, Definitionen, Klassifikationen und Implikationen, die die Sätze der ideologischen Rede miteinander verbinden und das ideologische Erzählen erst ermöglichen. So wird beispielsweise Lucien Goldmann von Literaturwissenschaftlern der DDR als „bürgerlicher Soziologe" definiert: „Kategorisch erklärt der bürgerliche Soziologe Lucien Goldmann . . ."[24] (Es folgt ein Zitat.) In diesem Satz wird Goldmann, der hier im ersten Kapitel zusammen mit Marx, Lukács und Korsch als Marxist *klassifiziert* wurde, nicht nur als „bürgerlich" definiert, sondern gleichzeitig zur Klasse der „bürgerlichen" Soziologen gerechnet, der implizit die Klasse der „marxistischen" Soziologen gegenübergestellt wird.

Dieses Verfahren ist nicht nur deshalb wichtig, weil es Verbindungen zwischen den Sätzen des marxistisch-leninistischen Diskurses ermöglicht (dem Oberbegriffe wie „Bürgertum", „Kapitalismus", „Modernismus" zugrundeliegen), sondern auch deshalb, weil es aufgrund bestimmter Klassifikationen (Taxonomien) eine „mögliche Welt" entstehen läßt, in deren Rahmen der Marxist-Leninist denkt, in der er sich orientieren kann, in der er, ausgehend von bestimmten Begriffen, Definitionen und Taxonomien, sprechen und schreiben kann.

Für diese „mögliche Welt", die ein sprachliches Konstrukt ist, gilt, was Teun van Dijk in *Text and Context* schreibt: „Wie wir im Zusammenhang mit der Konnexionssemantik gesehen haben, wird die MÖGLICHE WELT, in der ein Satz interpretiert wird, durch die Interpretation früherer Sätze in früheren Modellen des Diskursmodells determiniert."[25] Dies bedeutet u. a., daß Sätze erst im Diskurs eine bestimmte Bedeutung annehmen; erst im Diskurs wird klar, ob z. B. Goldmann in dem zitierten Satz von einem marxistisch-leninistischen oder von einem thomistischen Standpunkt aus kritisiert wird.

---

[23] W. Dressler, *Einführung in die Textlinguistik*, op. cit., S. 37.
[24] Autorenkollektiv, *Zur Theorie des sozialistischen Realismus*, Ostberlin, Dietz Verlag, 1974, S. 860.
[25] T. A. Van Dijk, *Text and Context. Explorations in the Semantics and Pragmatics of Discourse*, London, Longman, 1980, S. 96.

Semantische Verfahren wie Definition, Klassifikation und Implikation sind nicht nur für die Textlinguistik (als Textsemantik) wichtig, sondern auch für die Textsoziologie, die der Überlegung von M. A. K. Halliday folgt, daß „innerhalb des Sprachsystems das *semantische System* im soziolinguistischen Kontext bevorzugt behandelt wird."[26] Denn auf semantischer Ebene dringen kollektive Standpunkte und Interessen in den Diskurs ein. In den folgenden Abschnitten soll der Nexus zwischen dieser Ebene und den Aktanten oder „Handlungsrollen" (wie Dressler sagt) näher untersucht werden.

Diese Verbindung zwischen Semantik und Soziologie scheinen Michael Metzeltin und Harald Jaksche aus den Augen verloren zu haben, wenn sie in ihrem ansonsten sehr anregenden Buch *Textsemantik* (1983) von der Textwissenschaft behaupten: „Von der Psycho- und Soziokritik unterscheidet sie sich dadurch, daß sie primär den Aufbau von Texten erforscht und nicht durchleuchtet, inwiefern diese mit bestimmten psychischen oder sozialen Zuständen zusammenhängen."[27] Daß diese Festlegung der Textwissenschaft (Textlinguistik) auf Textimmanenz weder zwingend noch wünschenswert ist, zeigen einige französische und italienische Ansätze, die als semiotische oder soziosemiotische Theorien in vieler Hinsicht mit der Textsoziologie verwandt sind. Da ich später im Zusammenhang mit der Textsoziologie näher auf ihre Terminologien eingehen will, begnüge ich mich in diesem Abschnitt mit einer kurzen Übersicht, in der vor allem die soziologischen Komponenten hervorgehoben werden.

Im Gegensatz zu der deutschen und niederländischen Textlinguistik, die der Soziologie eher mit Zurückhaltung begegnet und Kontextprobleme mit Hilfe der Pragmatik lösen möchte[28], sucht die französische und italienische Semiotik seit den sechziger Jahren, etwa seit Ferruccio Rossi-Landis *Il linguaggio come lavoro e come mercato* (1968), den Dialog mit den Sozialwissenschaften. Von diesem Willen zum Dialog zeugen ebenfalls die wesentlich später erschienenen Werke Algirdas Julien Greimas' (*Sémiotique et sciences sociales*, 1976) sowie Luis J. Prietos *Pertinence et pratique* (1975).

Zugleich befaßt sich auch der Soziologe Pierre Bourdieu mit der Sprache als Herrschaftsinstrument und mit der Institutionalisierung diskursiver Strukturen (*Ce que parler veut dire*, 1982). Seine neueren Arbeiten scheinen den von Semiotikern gezogenen Kreis zu schließen, der den Objektbereich der Soziosemiotik umfaßt: Während Semiotik und Soziolinguistik die gesellschaftliche Bedingtheit der Sprache erkennen, entdeckt der Soziologe die sprachlichen Grundlagen der Herrschaft, des Tausches und der Institutionalisierung.

Da zahlreiche Begriffe dieser Semiotik in die Textsoziologie eingegangen sind und im folgenden ausführlicher besprochen werden, will ich mich hier mit einer Skizze der soziologischen Komponenten einiger semiotischer Ansätze begnügen. Dabei wird sich herausstellen, daß die methodologische und ideologische Zersplitterung der Soziologie den

---

[26] M. A. K. Halliday, *Language as Social Semiotic. The Social Interpretation of Language and Meaning*, London, Edward Arnold, 1978, S. 111.
[27] M. Metzeltin, H. Jaschke, *Textsemantik. Ein Modell zur Analyse von Texten*, Tübingen, Gunter Narr, 1983, S. 13.
[28] Siehe: T. A. Van Dijk, *Studies in the Pragmatics of Discourse*, Den Haag, Mouton, 1980.

Spaltungsprozeß innerhalb der Semiotik noch beschleunigt, so daß neben einer marxistischen Semiotik (Rossi-Landi, Prieto) eine Semiotik entsteht, die eher mit den Begriffen des amerikanischen Funktionalismus arbeitet (Greimas), im übrigen aber innerhalb der europäischen Saussure-Hjelmslev-Tradition verbleibt.

Einer der Grundgedanken aus *Sémiotique et sciences sociales*, den die Textsoziologie sich zu eigen macht, ist die Überlegung, daß nicht nur fiktionale, sondern auch theoretische, juristische und ideologische Reden eine Erzählstruktur aufweisen und folglich mit Hilfe einer Semiotik und Narrativik untersucht werden können, die der Frage nach der Beziehung zwischen semantischer Basis und narrativem Ablauf nachgeht. Hier hakt die Textsoziologie ein, indem sie einen Nexus zwischen den semantischen Verfahren des sprechenden Subjekts und seiner gesellschaftlichen Position aufzeigt. Subjekte (als Aussagesubjekte/Sujets d'énonciation) orientieren sich nicht nur an bestimmten *Normen* und *Rollen* — wie Greimas ganz zu Recht betont[29] —, sondern artikulieren zugleich kollektive Standpunkte und Interessen: Sie definieren, klassifizieren und erzählen in Übereinstimmung mit diesen Interessen.

Auf den Gedanken, daß Klassifizieren nicht nur ein semantischer, sondern zugleich ein gesellschaftlicher Vorgang ist, geht auch Barthes in seinem bekannten *bon mot* ein: „*Dis-moi comment tu classes, je te dirai qui tu es.*"[30] Dieser Satz, den man auf die semantische Subjektkonstitution nicht nur in deren individueller, sondern auch in deren kollektiver Form anwenden könnte, wird von Prieto in einem semiotischen (semiologischen) und von Bourdieu in einem soziologischen Kontext zu einer Theorie weiterentwickelt.

In *Pertinence et Pratique* zeigt sich u. a., daß die Relevanzkriterien (*pertinence*), die dem Klassifizieren zugrundeliegen, gesellschaftlichen Ursprungs sind und alles andere als neutral: „Die Tatsache jedoch, daß die Relevanz (pertinence) durch ein Subjekt herbeigeführt wird, das stets ein gesellschaftliches Subjekt ist, bedeutet, daß es keine gesellschaftlich ‚neutrale' Erkenntnis der materiellen Wirklichkeit geben kann."[31] Auf diesen für die Textsoziologie wesentlichen Gedanken sowie auf den Relevanz-Begriff komme ich noch ausführlich zu sprechen.

Es ist aufschlußreich zu beobachten, wie der Soziologe Bourdieu den Gedanken Prietos aufgreift, daß Relevanzkriterien und die aus ihnen hervorgehenden Klassifikationen von kollektiven Standpunkten, Herrschaftsmechanismen und sozialen Konflikten nicht zu trennen sind. Die Gesellschaftswissenschaft (*science sociale*) soll „die Rolle der Wörter in der Konstruktion gesellschaftlicher Gegenstände untersuchen sowie den Beitrag des Klassifizierungskampfes, den ein jeder Klassenkampf zur Konstituierung der Klassen mit sich bringt: der Altersklassen, Geschlechtsklassen oder Gesellschaftsklassen; aber auch der Clans, der Stämme, der ethnischen Einheiten oder der Nationen."[32]

Ideologie, Wissenschaft, Literatur und Religion sind solche gesellschaftlichen Gegenstände, die durch kollektive Definitionen, Selektionen, Klassifikationen und narrative

---

[29] A. J. Greimas, *Sémiotique et sciences sociales*, Paris, Seuil, 1976, S. 53—54.
[30] R. Barthes, *Essais critiques*, Paris, Seuil, 1964, S. 179.
[31] L. J. Prieto, *Pertinence et pratique. Essai de sémiologie*, Paris, Minuit, 1975, S. 149.
[32] P. Bourdieu, *Ce que parler veut dire*, op. cit., S. 99.

Darstellungen zustande kommen und von antagonistischen Interessen oft widersprüchlich konstituiert werden. Man denke an Bezeichnungen wie „Wissenschaft", „Literatur" oder „Kunst", die in der zeitgenössischen Gesellschaft so widersprüchlich definiert werden, daß sie sich aufzulösen drohen. Was dem einen Wissenschaft ist (etwa die Psychoanalyse), ist dem anderen Religionsersatz oder Metaphysik; was der eine als Kunst verehrt, ist dem anderen entartete Kunst, dekadente Kunst oder schlicht Schmiererei. Immer wieder stellt sich in diesem Zusammenhang die Frage, mit der Michel Butors Roman *Degrés* schließt: *qui parle?/wer spricht?* Wer konstruiert mit Hilfe neuer Wörter, Unterscheidungen, Gegensätze und Lexeme jenes neue Objekt, das er selbst als Wissenschaft, Kunst, Realismus, Surrealismus, Demokratie oder Nationalsozialismus bezeichnet?

Es besteht kein Zweifel, daß Politiker, Wissenschaftler und Künstler sich einer oder mehrerer *natürlicher Sprachen* bedienen müssen, um mit sprachlichen Mitteln neue soziale (sozio-linguistische) Gegenstände wie den Surrealismus, den Futurismus, den sozialistischen Realismus, den Nationalsozialismus, den Kritischen Rationalismus oder die Kritische Theorie entstehen zu lassen. Mit Hilfe der natürlichen Sprache (der *langue*) konstruieren sie sekundäre, abgeleitete Systeme, die einen philosophischen, wissenschaftlichen, ideologischen oder fiktionalen Charakter haben können, jedoch in allen Fällen sekundäre Bedeutungen aufweisen, die nicht mit den Bedeutungen der natürlichen Sprache identisch sind.

Jurij Lotman hat wohl als erster den literarischen Text als *sekundäres modellierendes System* definiert, das sich an die natürliche Sprache (*jestestvennyj jazyk*) gleichsam heftet, um deren Bedeutungen für die eigenen Zielsetzungen und Interessen zu verwerten. Zwar hat sich Lotman — ähnlich wie seine Schüler — vorwiegend mit dem literarischen oder künstlerischen Text befaßt; aber einige seiner Bemerkungen zeigen, daß die Bezeichnung „sekundäres modellierendes System" auch auf die Ideologie oder die Theorie anzuwenden ist: „Sekundäre modellierende Systeme stellen Strukturen dar, denen die natürliche Sprache zugrunde liegt. Im weiteren jedoch erhält das System eine ergänzende, sekundäre Struktur des ideologischen, ethischen, künstlerischen oder irgendeines anderen Typus."[33] Auch Ideologien kommen dadurch zustande, daß Wörter der natürlichen Sprache mit neuen Bedeutungen und Konnotationen versehen werden, die häufig die alten Bedeutungen überwuchern: Man denke an das Wort „Führer", das gegenwärtig wohl nur noch in Wortverbindungen wie „Bergführer", „Pilzführer" oder „Fremdenführer" zu verwenden ist.

Lotmans Ansatz wird weitgehend von dem Rossi-Landis bestätigt, der — wahrscheinlich unabhängig von Lotman — in den sechziger Jahren für eine Unterscheidung zwischen primären und sekundären (abgeleiteten) Zeichensystemen plädierte. Während die Semiotik es mit allen verbalen und nichtverbalen Zeichensystemen zu tun hat und weit über den Bereich der Linguistik hinausgeht, hat die Semiologie verbale Zeichensysteme zweiten Grades zum Gegenstand: „Die *Semiologie* hingegen, wie sie sich in der Nachkriegszeit entwickelt hat, untersucht die trans- oder postverbalen Strukturen, d. h. Struk-

---

[33] Ju. Lotman, *Die Struktur des künstlerischen Textes*, Frankfurt, Suhrkamp, 1973, S. 64.

turen ‚zweiten Grades' in bezug auf das sprachliche Faktum. Als solche interessiert die Semiologie vor allem die Philologen und die Literaturwissenschaftler (...)."[34] An anderer Stelle definiert Rossi-Landi die Semiotik als „allgemeine Wissenschaft von den Zeichen" („scienza generale dei segni") und die Semiologie als „Untersuchung der in bezug auf die Sprache sekundären Zeichensysteme" („studio di sistemi segnici secondi alla lingua").[35]

Diese Definition der Semiologie stimmt weitgehend mit der des *frühen* Barthes überein, und Rossi-Landi hat wohl recht, wenn er bemerkt: „Die Semiologie *à la* Barthes ist tatsächlich eine *post-* oder *trans*linguistische Disziplin, die eine ‚Sprache zweiten Grades' zum Gegenstand hat, die nach der verbalen Sprache und auf deren Grundlage gebildet wurde."[36]

Es sollte hier *en passant* darauf hingewiesen werden, daß angesichts dieser Unterscheidungen das Wort *Semiologie* nicht schlicht als ein unzeitgemäßes Synonym für *Semiotik* aufgefaßt werden sollte: Nicht nur bei Rossi-Landi, sondern auch bei Hjelmslev erfüllt die Unterscheidung Semiotik/Semiologie eine wesentliche Funktion. Bekanntlich definiert Hjelmslev die Semiologie als eine *Metasemiotik*, die eine Semiotik als Objektsprache zum Gegenstand hat.[37]

Zu dieser wissenschaftstheoretischen Unterscheidung gesellt sich bei Julia Kristeva (in den 60er Jahren) eine ideologiekritische, die den „technischen Diskurs" einer auf die Naturwissenschaften ausgerichteten *Semiotik* von dem kritischen und selbstkritischen Diskurs der *Semiologie* unterscheidet. Von diesem heißt es in „Semiologie als Ideologiewissenschaft": „Insofern als er ein zugleich kritischer und selbstkritischer Diskurs ist, der seine eigene Wissenschaftlichkeit wissenschaftlich betrachtet, mündet er in Ideologie: Er stellt die Ideologie seiner ‚Gegenstände' und die seines eigenen Zeichenmusters in Frage und denkt sich selbst als Ideologie. Wir wollen diesen Diskurstyp vorläufig, um ihn von dem anderen zu unterscheiden, als *Semiologie* bezeichnen."[38]

Es zeigt sich hier, daß der Gegensatz *Semiotik/Semiologie* verschiedene theoretische Funktionen erfüllt und daß grobe Vereinfachungen, die gewöhnlich auf eine Reduktion von *Semiologie* auf *Semiotik* hinauslaufen, zwar auf Kongressen sanktionierte Modeerscheinungen und Trends bestätigen, den Nuancen der theoretischen Diskussion jedoch nicht gerecht werden.

Aus dem bisher Gesagten sollen hier zum Abschluß zwei Grundgedanken herausgegriffen und für die Textsoziologie festgehalten werden:

---

[34] F. Rossi-Landi, *Semiotica e ideologia*, Milano, Bompiani, 1972, S. 73.
[35] ibid., S. 66.
[36] ibid., S. 12.
[37] L. Hjelmslev, *Prolegomena to a Theory of Language*, London-Madison-Milwaukee, The Univ. of Wisconsin Press, 1969, S. 120: „In conformity with Saussure's terminology we can define a *semiology* as a metasemiotic with a non-scientific semiotic as an object semiotic. And finally, we can use the designation *metasemiology* of a meta-(scientific semiotic) whose object semiotics are semiologies."
[38] J. Kristeva, „Semiologie als Ideologiewissenschaft", in: P. V. Zima (Hrsg.), *Textsemiotik als Ideologiekritik*, op. cit., S. 66.

1. Wie die Semiotik oder Semiologie (Barthes, Rossi-Landi) hat die *Textsoziologie* es nicht mit der natürlichen Sprache zu tun, sondern mit „sekundären modellierenden Systemen" im Sinne von Lotman, die die Zeichen (Signifikans + Signifikat) der natürlichen Sprachen in ihrer Gesamtheit als Signifikanten mit neuen, sekundären Bedeutungen und Konnotationen einsetzen. Zu diesen sekundären modellierenden Systemen gehören außer den Ideologien fiktionale, philosophische, religiöse und wissenschaftliche Texte, die wie Heideggers *Sein und Zeit*, Wittgensteins *Tractatus*, Adornos *Ästhetische Theorie* oder Greimas' *Strukturale Semantik* als neue semantisch-syntaktische Welten aufzufassen sind, deren Bedeutungen sich zwar mit denen der natürlichen Sprache überschneiden, nicht jedoch auf sie reduziert werden können.

2. Wie die von Kristeva dargestellte Semiologie ist die *Textsoziologie* eine ideologiekritische, d. h. sich selbst reflektierende Theorie, die auch andere Theorien in einem gesellschaftskritischen und historisch-genetischen Kontext betrachtet. Als solche wurde sie in der Einleitung im Zusammenhang mit dem Gegensatz Ideologie/Theorie bereits definiert.

Der wesentliche Unterschied zwischen der Textsoziologie und den bisher entwickelten semiotischen und soziosemiotischen Ansätzen besteht darin, daß jene in gleichem Maße Semiotik *und* Soziologie sein will und bei der Analyse sekundärer modellierender Systeme (Fiktion, Ideologie) stets auch die soziologische Diskussion im Auge behält. Bevor ich auf die Schlüsselbegriffe der Textsoziologie eingehe, will ich daher in der Einleitung zum nächsten Abschnitt versuchen, ihre soziologischen Voraussetzungen zu erläutern.

3. Textsoziologie: Position und Methode

Die Textsoziologie hat sich in den siebziger Jahren aus der Kritik der Literatursoziologie entwickelt[39] und wurde von mir später in den achtziger Jahren — in *Textsoziologie* (1980) und in *Manuel de Sociocritique* (1985) — präzisiert und auf einige Romantexte angewandt. Ihre Entwicklung ist noch lange nicht abgeschlossen, zumal in den ersten Entwürfen die Komplexität des Gegenstandes (u. a. die Synthese von Soziologie und Semiotik) sicherlich nicht bewältigt wurde. Dies gilt vor allem für das Buch *Textsoziologie*, in dem zwar das Verhältnis zur traditionellen Literatursoziologie, nicht jedoch das zur Soziolinguistik, Textlinguistik und Semiotik dargestellt wird. Auch in dem wesentlich umfangreicheren *Manuel de Sociocritique* wird diese Problematik nicht angeschnitten. So ist der lange Vorspann zu diesem textsoziologischen Kapitel zu erklären: Der theoretische Ansatz soll präzisiert und konkretisiert werden, bevor er auf einen neuen Gegenstand, nämlich die Ideologie, angewandt wird.

Die Bedeutung der bisherigen textsoziologischen Analysen für die Ideologie- und Theorieproblematik kann vorerst in wenigen Worten zusammengefaßt werden: Es hat sich herausgestellt, daß im fiktionalen Bereich nicht irgendwelche „Inhalte" oder „Ideen" so-

---

[39] Siehe: Vf., *Kritik der Literatursoziologie*, Frankfurt, Suhrkamp, 1978.

ziologisch relevant sind, sondern die semantischen und narrativen Strukturen, in denen sich kollektive Positionen und Interessen niederschlagen. Die Art und Weise, wie die „Wirklichkeit" definiert, klassifiziert und erzählt wird, ist entscheidend und nicht die „social ideas", die Raymond Williams im Zusammenhang mit Dickens untersucht, oder die sozialen Normen, die der Literaturwissenschaftler Hans Robert Jauß in französischen Gedichten zu finden meint.[40] Im 10. Kapitel will ich zeigen, wie Ideologie und Fiktion, Ideologie und fiktionale Ideologiekritik ineinandergreifen und als sprachliche Strukturen soziologisch bedeutsam werden können.

Geht man nun mit Greimas von der Prämisse aus, daß nicht nur fiktionale, literarische Texte, sondern auch Ideologien und Theorien in erster Linie sprachliche, semantisch-syntaktische Konstrukte sind, dann erscheint der Gedanke plausibel, daß nur eine Textsoziologie oder eine Soziosemiotik, die ihre soziologischen Komponenten ernst nimmt, sie adäquat im sozio-historischen und sozio-linguistischen Kontext erfassen kann. Doch bevor ich mich der Terminologie und Methode der Textsoziologie zuwende, will ich — wenn auch nur skizzenhaft — ihre gesellschaftskritische und soziologische Position näher bestimmen. Der Frage aus Butors Roman: „wer spricht?", „qui parle?", die hier schon mehrmals aufgeworfen wurde, sollte keine Theorie ausweichen.

a) *Die Position der Textsoziologie*

Schon die Bezeichnung „Textsoziologie" deutet darauf hin, daß es sich um eine *besondere Soziologie* handelt, die nicht als Theorie des Gesellschaftssystems aufzufassen ist. Sie hat nur einen relativ kleinen Ausschnitt der sozialen Wirklichkeit zum Gegenstand, der weiter oben als „sekundäre modellierende Systeme" definiert wurde. Dies bedeutet nicht, daß der Textsoziologe seine Einstellung zu bestehenden soziologischen Ansätzen und zur gesamtgesellschaftlichen Wirklichkeit (Entwicklung) nicht zu reflektieren braucht: zumal die Textsoziologie in neuester Zeit nicht nur von Literatur- und Theaterwissenschaftlern, sondern auch von Psychologen und Psychosoziologen angewandt und weiterentwickelt wird.[41] Dabei werden Fragen nach der soziologischen und gesellschaftskritischen Ausrichtung der Theorie häufig ganz oder teilweise ausgeblendet.

Da ich mich im ersten Teil ausführlich mit einigen soziologischen und sozialphilosophischen Theorien befaßt und sie vom textsoziologischen Standpunkt aus kritisiert habe, soll hier eine kurze Darstellung der soziologischen und gesellschaftskritischen Prämissen der Textsoziologie genügen. Eine solche thesenhafte Zusammenfassung scheint mir noch am ehesten geeignet zu sein, Wiederholungen und Wildwuchs zu vermeiden, dem Leser aber die lästige Aufgabe abzunehmen, die gesellschaftliche Position der Text-

---

[40] Siehe: R. Williams, „Dickens and Social Ideas", in: E. Burns, T. Burns (Hrsg.), *Sociology of Literature and Drama*, Harmondsworth, Penguin, 1973 und H. R. Jauß , „La Douceur du foyer — Lyrik des Jahres 1857 als Muster der Vermittlung sozialer Normen", in: R. Warning (Hrsg.), *Rezeptionsästhetik*, München, Fink, 1975.

[41] Siehe z. B.: G. Opsomer, *Bouwstenen voor een sociosemiotische studie van het volkstoneeldiscours*, Diss., Leuven, 1988; darin Kap 2.3.3.: „De socio-semiotiek van P. V. Zima" sowie: T. Hak, *Tekstsociologische analyse*, Diss., Amsterdam, 1988, Kap. 1.

soziologie anhand der kritischen Ausführungen im ersten Teil selbst rekonstruieren zu müssen.

Sie wird im wesentlichen zwei Aspekte aufweisen: Im ersten Schritt soll die gesellschaftliche Position des theoretischen Aussagesubjekts bestimmt werden; im zweiten Schritt wird dann der Ideologiebegriff der Textsoziologie im Anschluß an den der Kritischen Theorie noch einmal im funktionalen Kontext präzisiert. Freilich geht es dabei nicht um den Entwurf einer neuen Gesellschaftstheorie, sondern lediglich um den Versuch, die ideologiekritische und theoretische Frage nach dem gesellschaftlichen Standort des Diskurses zu beantworten. Diese Standortsbestimmung ist nicht nur für den ideologiekritischen Teil dieses Buches, sondern auch für den theoretischen wesentlich.

Schon im zweiten Kapitel hat sich gezeigt, daß es für die Theorie zusehends schwieriger wird, sich an einem historischen Kollektivsubjekt zu orientieren. Überzeugend argumentiert beispielsweise Helmut Dubiel gegen den „Mythos der organisatorisch vermittelten Einheit von theoretischer und politischer Allgemeinheit"[42], indem er auf die Erfahrungen der frühen Kritischen Theorie verweist, in denen dieser Mythos zerfiel: „Aber — und das ist unsere These: in jenem in der kritischen Theorie dokumentierten Zerfall des Einheitsmythos werden die Dimensionen greifbar, in denen die politische Selbstreflexion einer sozialwissenschaftlichen Intelligenz sich abzuspielen hätte, die sich der normativen Implikate jenes Mythos auch heute noch verpflichtet weiß."[43]

Die Abwendung vom Mythos bringt keinen Verzicht auf eine Gesellschaftskritik mit sich, die nicht nur Herrschaftsverhältnisse im sozialen und wirtschaftlichen Bereich zum Gegenstand hat, sondern auch sprachliche und nichtsprachliche Strukturen (etwa Ideologien), die entscheidend zur Konsolidierung dieser Verhältnisse beitragen. Nichtidentität im Sinne der Kritischen Theorie (Adornos, Horkheimers) bedeutet, daß der kritische Impuls vom Individuum ausgeht, auf die Erkenntnis als solche abzielt und nicht von politisch-taktischen oder anderen heteronomen Erwägungen geschwächt wird. Der Rückzug der Kritik in den individuellen Bereich bedeutet weder subjektive Beliebigkeit noch Flucht in die Innerlichkeit der Privatsphäre, denn „das individuelle Bewußtsein, welches das Ganze erkennt, worin die Individuen eingespannt sind, ist auch heute noch nicht bloß individuell, sondern hält in der Konsequenz des Gedankens das Allgemeine fest."[44]

Allgemeingültigkeit kann aber nur dort erreicht werden, wo der theoretische Diskurs nicht nur seine eigene gesellschaftliche Position reflektiert, sondern die Reflexion dazu benutzt, sich den Argumenten anderer, *heterogener* Diskurse zu öffnen, um im Bereich der Sozialwissenschaften gemeinsam mit ihnen eine neue dialogische Objektivität zu fundieren. Für den Dialog, der eine solche Objektivität begründet, können nur autonome Individuen verantwortlich sein, die keiner wirtschaftlichen, politischen oder religiösen Organisation verpflichtet sind. Nur sie können Selbstreflexion, Dialog und kritische Über-

---

[42] H. Dubiel, „Proletarisches Wissen und Kritische Wissenschaft", in: G. Böhme, M. Engelhardt (Hrsg.), *Entfremdete Wissenschaft*, Frankfurt, Suhrkamp, 1979, S. 225.
[43] ibid., S. 227.
[44] Th. W. Adorno, *Kritik. Kleine Schriften zur Gesellschaft*, Frankfurt, 1971, S. 84.

prüfung von Hypothesen (im Sinne des Kritischen Rationalismus) ernst nehmen und verwirklichen.

Mein Vorschlag, das Verfahren der kritischen Überprüfung, für das Popper und Albert plädieren, in die Textsoziologie als Variante der Kritischen Theorie aufzunehmen, hängt mit zwei Überlegungen zusammen: Die dialogische Offenheit der Theorie, die auch Habermas in seiner Universalpragmatik befürwortet, ist in der kommunikativen Praxis der Sozialwissenschaften nur dann gewährleistet, wenn Theoreme nicht dogmatisiert werden, wenn jedes Theorem als Hypothese einer offenen Diskussion und Überprüfung ausgesetzt wird. Dieses Verfahren widerspricht — soweit ich sehe — in keiner Weise den Hauptanliegen der Kritischen Theorie, die von Adorno, Horkheimer und Habermas immer als eine offene Theorie (im Gegensatz zum System- und Identitätsdenken) konzipiert wurde. Die zweite Überlegung hat einen eher historisch-soziologischen Charakter und bezieht sich auf den gemeinsamen Ursprung von Kritischem Rationalismus und Kritischer Theorie im bürgerlich-liberalen Individualismus, für den individuelle Autonomie, Selbstkritik und Offenheit charakteristisch sind.[45] Vor diesem Hintergrund erscheint die Aufnahme des Prinzips der kritischen Überprüfung in die Kritische Theorie nicht als ein eklektischer Akt der Willkür, sondern als notwendige dialogische Ergänzung. (Das Prinzip der kritischen Prüfung ist allerdings — wie Hans Albert immer wieder bemerkt — mit dem Anspruch auf Letztbegründung unvereinbar. Doch dieser Anspruch wird hier — anders als bei Habermas und Apel — nicht erhoben.)

Freilich kann es nicht darum gehen, zwei heterogene und z. T. unvereinbare Positionen zu identifizieren: Während die Autoren der Kritischen Theorie den Liberalismus und den Individualismus einer radikalen Kritik unterwarfen und zahlreiche Anleihen bei Marx machten, um die kapitalistische Marktwirtschaft kritisch zu erklären, haben die Vertreter des Kritischen Rationalismus bisher weder die individualistische Tradition noch die kapitalistische Wirtschaftsform in Frage gestellt. (Siehe Kap. 9 und 12.)

So ist es zu erklären, daß die Begriffe der „Intersubjektivität" und der „Falsifizierbarkeit" sowie das Theorem der „intersubjektiven Überprüfbarkeit" nie im Zusammenhang mit dem *kollektiven Faktor* beurteilt wurden, den nicht nur die marxistische Soziologie, (Goldmann, Lefebvre), sondern auch die Wissenssoziologie (Mannheim) und die Soziologie der Durkheim-Gruppe (Halbwachs, Mauss, Duvignaud) betonen. Im Gegensatz dazu hat sich der Kritische Rationalismus häufig an den individualistischen und ökonomischen Theorien amerikanischer Soziologen wie James M. Buchanan und Gordon Tullock orientiert, die ihrerseits danach streben, gesellschaftliche Prozesse mit Hilfe der Spieltheorie („games theory") zu erklären.[46] *Diesen* Individualismus macht sich die Textsoziologie nicht zu eigen, sondern versucht, das Problem der „intersubjektiven Überprüfbarkeit" im Sinne der Kritischen Theorie und der Wissenssoziologie mit dem der kollektiven Interessen zu verknüpfen. (Siehe Teil 3.)

---

[45] Siehe: M. Jay, „Die Genese der Kritischen Theorie", in: ders. *Dialektische Phantasie. Die Geschichte der Frankfurter Schule und des Instituts für Sozialforschung* 1923—1950, Frankfurt, Fischer, 1973. Siehe auch: Vf.: „Libéralisme et Théorie critique", in: ders. *L'Ecole de Francfort. Dialectique de la particularité*, Paris, Ed. Universitaires, 1974.

[46] Siehe z. B.: J. Buchanan, G. Tullock, *The Calculus of Consent*, Ann Arbor, University of Michigan Press, 1967.

Mit Gruppeninteressen verknüpft wird auch die Ideologie als kollektive Sprachform (als *Soziolekt*), die in der modernen Marktgesellschaft Individuen und Gruppen zu handlungsfähigen Subjekten (im Sinne von Althusser und Pêcheux) macht. In den folgenden Kapiteln wird deutlich werden, wie wichtig die ideologische Funktion in dieser Gesellschaft ist, die Habermas in einem historischen Stadium jenseits der Ideologien ansiedelt. Es könnte jedoch gezeigt werden, daß Ideologien sowohl in der Lebenswelt als auch in den kommunikationsarmen Subsystemen (Macht, Geld) eine entscheidende Rolle spielen: Während in Großbritannien und den Vereinigten Staaten eine neokonservative Rhetorik der *austerity* darüber hinwegtäuschen sollte, daß die Ausgaben der öffentlichen Hand ununterbrochen stiegen, versuchten Mitterrands Sozialisten in Frankreich, ihre Sparmaßnahmen (die denen des konservativen Raymond Barre gar nicht unähnlich waren) mit sozialen Reden zu übertünchen.

Für die zeitgenössische Marktgesellschaft scheint mir nicht so sehr der Gegensatz zwischen Lebenswelten und „sprachlosen" Subsystemen relevant zu sein, sondern der zwischen *ideologischer Sinnstiftung* auf der einen und *marktbedingter Sinnindifferenz* auf der anderen Seite. In den folgenden Kapiteln soll u. a. gezeigt werden, wie in einer Marktgesellschaft, die von dem alle kulturellen, qualitativen Werte negierenden Tauschwert beherrscht wird, den Ideologien die Aufgabe zufällt, bestimmte religiöse, politische, ethische oder ästhetische Werte zu verteidigen. Nicht nur im gesellschaftlichen und politischen, sondern auch im philosophischen und literarischen Bereich kristallisiert sich schließlich eine dialektische Opposition zwischen Ideologie und Tauschwert heraus, die quer durch die Lebenswelten und Subsysteme verläuft.

Ideologie ist hier zwar weiterhin affirmatives und identifizierendes Denken, jedoch nicht mehr wie bei Adorno das „unwahre Ganze" oder die „falsche Totalität"[47], sondern der Versuch der Herrschenden oder der Beherrschten, den wertindifferenten und sinnfremden Tauschwert mit Hilfe von Bedeutungskonstruktionen zu bändigen, um die eigene Handlungsfähigkeit zu sichern. Daß diese Konstruktionen einen dualistischen (manichäischen), affirmativen und identifizierenden Charakter haben, kann eine Textsoziologie nachweisen, die die semantischen und narrativen Verfahren des sekundären modellierenden Systems „Ideologie" näher untersucht. Im nächsten Abschnitt soll daher die Textsoziologie als Soziosemiotik dargestellt werden; die diskursiven Verfahren der Ideologie werden zum Hauptthema des nächsten Kapitels.

b) *Das soziosemiotische Projekt: Methode*

Die Abgrenzungen der Textsoziologie gegen Soziolinguistik, Textlinguistik und Semiotik haben u. a. die Bedeutung der französischen, italienischen und sowjetischen Semiotik für den textsoziologischen Ansatz hervortreten lassen. Diese Semiotik bildet jedoch ein widersprüchliches und heterogenes Ganzes, dessen Begriffe nicht als solche, unvermittelt einer soziologischen Theorie einverleibt werden können. Der Eklektizismus, der in der Vergangenheit immer wieder als Mittel zur Bewältigung „interdisziplinärer" Probleme empfohlen wurde, wird zum Handikap zeitgenössischer Theorien, deren Begriffe

---

[47] Siehe: T. W. Adorno, *Ästhetische Theorie*, Frankfurt, Suhrkamp, 1970, S. 85.

häufig zu disparat sind, um ein zusammenhängendes Ganzes zu bilden. So leidet beispielsweise die von Philippe Hamon in *Texte et idéologie* (1984) und anderen Schriften entworfene Ideologiekritik an ihrer Abkoppelung von soziologischen Theorien und von der soziologischen Diskussion.[48] Der Autor versäumt es, auf die bestehenden Ideologiebegriffe (Marx, Pareto, Mannheim, Althusser) einzugehen, und weicht der Frage aus, wie Ideologien in der modernen Gesellschaft entstehen und welche Funktionen sie erfüllen.

Um diese Art von begrifflicher Isolierung zu vermeiden, möchte ich die im ersten Teil und im vorigen Abschnitt skizzierte gesellschaftliche und soziologische Position der Textsoziologie zum Ausgangspunkt der hier anvisierten soziosemiotischen Synthese nehmen. Im Rahmen dieser Synthese werden semiotische Schlüsselbegriffe wie „semantische Isotopie", „Kode", „narrative Struktur" und „Soziolekt" neu definiert, so daß sie im „sekundären modellierenden System" der Textsoziologie neue Bedeutungen annehmen, die sich zwar mit den alten Bedeutungen überschneiden, zugleich aber von ihnen abweichen.

Diese Begriffe werden hier vorerst nicht auf ideologische Diskurse angewandt (das geschieht erst im nächsten Kapitel), sondern im Hinblick auf *alle* in diesem Kapitel erwähnten sekundären modellierenden Systeme umgedeutet. Sie sollen — zumindest prinzipiell — auf theoretische, ideologische, fiktionale, philosophische und andere Textsorten anwendbar sein, die zwar in der modernen Gesellschaft verschiedene Funktionen erfüllen und verschieden institutionalisiert sind, in allen Fällen jedoch in bezug auf die natürliche Sprache einen sekundären, abgeleiteten Charakter haben.

Da in einem Buch über das Verhältnis von Ideologie und Theorie die textsoziologische Methode (Terminologie) nicht zum Selbstzweck werden darf, will ich mich in den folgenden Ausführungen auf eine detaillierte Zusammenfassung bestehender Arbeiten und Ergebnisse beschränken. Dabei soll immer wieder die Tatsache berücksichtigt werden, daß diesmal nicht der fiktionale, sondern der theoretische oder ideologische Text im Mittelpunkt steht. Obwohl der textsoziologische Ansatz auch auf gesprochene Texte (politische Reden, wissenschaftliche Vorträge und Diskussionen) anwendbar sein soll, ist hier mit „Text" fast immer der geschriebene oder der vorgetragene und später gedruckte Text gemeint.

c) *Die lexikalische Ebene*

Auf der lexikalischen Ebene schlagen sich gesellschaftliche Probleme unmittelbar in der Sprache nieder. Die zeitgenössische Soziolinguistik hat häufig den historischen Ursprung und die soziale Funktion des einzelnen Wortzeichens hervorgehoben. Trotz ihrer elementaren Beschaffenheit ist die These über die mimetische Beziehung zwischen Wörtern und gesellschaftlichen Einrichtungen oder Funktionen mehr als eine Binsenweisheit und sollte in jeder Untersuchung über die Beziehungen von Sprache und Gesellschaft mitberücksichtigt werden. Dem Linguisten V. Skalička ist durchaus recht zu geben,

---

[48] Siehe: P. Hamon, *Texte et idéologie. Valeurs, hiérarchies et évaluations dans l'œuvre littéraire*, Paris, PUF, 1984. Der Autor zitiert zwar Greimas und Courtés' Definition der Ideologie in *Sémiotique*, op. cit., S. 179—180 (Hamon, S. 10) sowie P. Machereys Ideologiekritik (S. 12), bezieht sich jedoch nirgends auf die soziologische Ideologiedebatte, und bleibt schließlich dem Leser eine klare Definition des Begriffs schuldig.

wenn er bemerkt: „Es trifft zu, daß im Lexikon die Wörter (oder vielmehr: lexikalische Einheiten) Teilen der Wirklichkeit entsprechen. Lexikalische Einheiten, zumeist Wörter wie *König, reich, Reich, Ministerium, verhaften,* sind Bilder einer außersprachlichen Wirklichkeit, in diesem Fall einer sozialen."⁴⁹

In einem ganz anderen Zusammenhang weist Michel Pêcheux im Anschluß an Louis Althusser darauf hin, daß das Wort immer wieder zum Gegenstand gesellschaftlicher Konflikte werden kann: „Der ganze Klassenkampf kann bisweilen als ein Kampf für oder gegen ein Wort aufgefaßt werden."⁵⁰ Mag sein, daß dies eine Übertreibung ist; sie ist jedoch insofern nützlich, als sie den Konfliktcharakter der Sprache hervorhebt, der auch von anderen Autoren und in anderen Zusammenhängen thematisiert wurde.

Lange vor Pêcheux und den anderen Althusserianern hoben Bachtin und Vološinov die ideologischen Konnotationen und Funktionen der Wortzeichen hervor: Diese sind alles andere als neutral, und die Subjekte bedienen sich ihrer nicht (wie die synchrone Linguistik von Saussure bis Martinet annimmt) in einem rein grammatischen, technischen Kontext: „Wir sprechen in Wirklichkeit keine Wörter aus und hören keine Wörter, sondern hören Wahrheit und Lüge, Gutes oder Schlechtes, Angenehmes oder Unangenehmes usw. *Das Wort ist immer mit ideologischem oder aus dem Leben genommenem Inhalt und Bedeutung* erfüllt."⁵¹ Am Ende dieses Kapitels will ich im Zusammenhang mit dem Begriff der *sozio-linguistischen Situation* im Anschluß an Bachtin, Vološinov, Halliday und Bourdieu zeigen, daß abstrakte Begriffe wie *langue, parole* (Saussure), *competence, performance* (Chomsky) und *ideale Sprechsituation* (Habermas) dem gesellschaftlichen, antagonistischen und dialogischen Charakter der Sprache nicht Rechnung tragen und schon deshalb für die Darstellung der Ideologieproblematik wenig geeignet sind. Zugleich werde ich einige Argumente aus der Einleitung (1. Kap., 2.a) und aus dem dritten Kapitel (über Mannheim, Habermas und Bourdieu) wieder aufgreifen.

In seinen lexikologischen Untersuchungen, die er Anfang der fünfziger Jahre gemeinsam mit A. J. Greimas durchführte, befaßte sich auch Georges Matoré mit den gesellschaftlichen Aspekten und Funktionen des Wortes und zeigte u. a., wie sich in der Ära Louis-Philippes politische und wirtschaftliche Entwicklungen im französischen Vokabular niederschlagen. Sein Buch *Le Vocabulaire et la société sous Louis-Philippe,* das 1951 mit einem Vorwort von Greimas erschien, ergänzt insofern die Arbeiten Vološinovs und Bachtins, als es zeigt, daß nicht nur politische, religiöse und moralische Konflikte auf den Wortschatz einer Sprache einwirken, sondern daß die Wörter und die Werte, die sie ausdrücken, von den Marktgesetzen erfaßt und entwertet werden: „Das Leben dieser Wörter, die die Mode sich aneignet, ist natürlich ephemer (. . .)."⁵² Matoré, der vor allem den Wortgebrauch des Schriftstellers Théophile Gautier beschreibt, zeigt, wie die marktgängige Mode in die Fiktion eindringt: „Bei Gautier ist alles *délirant*: die Frauen, die Küsse, die Westen! Das Wort, das zu häufig verwendet wird, ist schnell verbraucht

---

49 V. Skalička, „Hranice sociolingvistiky", in: *Slovo a slovesnost,* Nr. 2, Bd. 36, 1975, S. 113.
50 M. Pêcheux, *Les Vérités de La Palice,* op. cit., S. 194.
51 V. N. Vološinov, *Marxismus und Spachphilosophie,* Frankfurt-Berlin-Wien, Ullstein, 1975, S. 126.
52 G. Matoré, *Le Vocabulaire et la société sous Louis-Philippe,* Genève, Droz, 1951, S. 63.
53 ibid.

und wird lächerlich, bemerkt Dégleny (...)."[53] Diese Hinweise sind deshalb wichtig, weil sie zeigen, daß das Wort als lexikalische Einheit nicht nur die von Bachtin und Vološinov aufgezeigten ideologischen, sondern auch kommerzielle Komponenten aufweist. Im Anschluß an diese Überlegungen soll im nächsten Kapitel gezeigt werden, wie in der Marktgesellschaft die Sprache als Diskurs zwischen Ideologie und Tauschwert oszilliert.

Obwohl lexikalische Untersuchungen in der Textsoziologie kein Selbstzweck sind, kommt ihnen — wie sich hier im Zusammenhang mit dem Begriff des *Soziolekts* noch zeigen wird — eine große Bedeutung zu, weil Lexeme einen „symptomatischen" Charakter annehmen können, der es uns gestattet, die verschiedenen Gruppensprachen einer Gesellschaft zu erkennen und sie voneinander zu unterscheiden. Adjektive wie „revisionistisch", „reaktionär" oder „internationalistisch" kündigen eine marxistisch-leninistische Gruppensprache an, die sich auf allen Ebenen vom liberalen, konservativen oder anarchistischen Sprachgebrauch unterscheidet. Während auf der lexikalischen Ebene die Besonderheiten und Differenzen manchmal ins Auge springen und oft intuitiv erfaßt werden können, kann sie auf der semantischen und makrosyntaktischen (narrativen) Ebene nur eine gründliche und umfassende Analyse hervortreten lassen.

Obwohl das Vokabular eine wichtige empirische und „symptomatische" Funktion erfüllt, sooft es darauf ankommt, Gruppensprachen gegeneinander abzugrenzen, darf die soziosemiotische Untersuchung nicht auf den lexikalischen Bereich beschränkt bleiben. Denn die Gruppenpositionen, um die es hier in erster Linie geht, treten vornehmlich auf semantischer und narrativer Ebene in Erscheinung.

Greimas selbst geht in der gegenwärtigen Situation davon aus, daß sein mit Matoré begonnenes lexikologisches Projekt in der strukturalen Semantik und der sie umfassenden Semiotik aufgehoben wurde: „Die Ausarbeitung von Methoden semischer (Frankreich) und komponentieller (USA) Analyse bringt die Transformation der Lexikologie in eine lexikalische Semantik mit sich, die sich hauptsächlich mit taxonomischen Fragen befaßt."[54] Diese Darstellung gilt uneingeschränkt auch für die Textsoziologie, die allerdings das Problem der Taxonomie durch die Probleme der Herrschaft und der kollektiven Interessen ergänzt und damit eine Brücke von der strukturalen Semantik zur Kritischen Theorie und zu Bourdieus Soziologie schlägt.

d) *Die semantische Ebene: Relevanz, Klasse und Kode*

Die semantische Ebene bildet die Grundlage der Diskursanalyse, da auf dieser Ebene die kollektiven Positionen und Interessen in die Sprache eindringen, die, wie sich zeigen wird, kein statisches System ist, sondern ein Ensemble von historischen Strukturen, deren Entwicklung eng mit den Auseinandersetzungen zwischen gesellschaftlichen Gruppen zusammenhängt. Der Kampf um die Wörter wäre sinnlos, wenn das Lexem nichts anderes wäre als eine fensterlose Monade ohne semantische und pragmatische Verbindungen zu anderen lexikalischen Einheiten.

---

[54] A. H. Greimas, J. Courtés, *Sémiotique*, op. cit., S. 209.

Erst die Zugehörigkeit von Wörtern zu bestimmten semantischen Klassen sowie die Möglichkeit, sie anders zu klassifizieren, sie in anderen Klassen unterzubringen, erklären die Bedeutung „lexikalischer" Konflikte. Jeder Versuch, die sprachlichen Einheiten von neuem zu klassifizieren, bringt sowohl im politischen, wirtschaftlichen, religiösen und juristischen als auch im sozialwissenschaftlichen Bereich individuelle und kollektive Orientierungen an einer neuen *Relevanz* mit sich, die besonderen, partikularen Interessen entspricht und niemals *der* Gesellschaft in deren Gesamtheit zugerechnet werden kann.

Im Zusammenhang mit der *semantischen Relevanz* (*pertinence*) bemerkt Luis J. Prieto nicht zu Unrecht, sie entspreche dem Standpunkt, von dem aus Gruppen und Klassen die sprachliche und nichtsprachliche Wirklichkeit klassifizieren. Zugleich weist er — in Übereinstimmung mit Marx und Althusser — darauf hin, daß die herrschenden Gruppen stets bestrebt sind, ihre Relevanzkriterien als natürlich darzustellen und den historischen, partikularen und instrumentellen Charakter dieser Kriterien zu vertuschen: „In dem Maße, wie der Standort, von dem die Relevanz einer Erkenntnis der materiellen Wirklichkeit ausgeht, nicht für alle Mitglieder einer Gesellschaft akzeptabel ist, weil er einen Teil dieser Gesellschaft auf Kosten des anderen bevorzugt, sind die Privilegierten natürlich daran interessiert, diesen Standort zu verbergen und ihre Erkenntnis als etwas darzustellen, das uns von der materiellen Wirklichkeit selbst diktiert wird."[55] Anders ausgedrückt: Die Herrschenden behaupten von ihren Klassifikationen (Taxonomien), sie seien objektimmanent und setzen sich dabei bewußt oder unbewußt über die Tatsache hinweg, daß die Objekte der Ideologien, der Sozialwissenschaften, der Literaturen, Religionen und Philosophien durch das Definieren, Klassifizieren (und Erzählen) erst konstituiert oder mit-konstituiert werden.

Da jede Klassifikation eng mit dem Standort verknüpft ist, von dem aus ein Teil der Wirklichkeit klassifiziert wird, ist der Nexus zwischen Relevanz und Klassifikation (Taxonomie) ohne weiteres zu erkennen. Eine jede Klassifikation (sowohl im ideologischen als auch im sozialwissenschaftlichen Diskurs) ist aus den Relevanzkriterien eines Kollektivs ableitbar, das seine Interessen nur dadurch zu artikulieren vermag, daß es bestimmte Klassifikationskriterien akzeptiert, andere aber als irrelevant ablehnt. Ein Marxist, der vom Klassenbegriff und vom Klassengegensatz (als Klassifikationsgrundlage) ausgeht und gesellschaftliche oder ökonomische Erscheinungen als „bürgerlich" oder „proletarisch" einstuft, wird den Gegensatz der Durkheimianer zwischen „mechanischer" und „organischer" Solidarität womöglich als irrelevant ablehnen, weil diese beiden Typen der Solidarität (implizit) als klassenübergreifend definiert wurden und deshalb nicht ohne weiteres in eine orthodox-marxistische Taxonomie zu integrieren sind.

Diese Überlegungen werden global von Sprachwissenschaftlern wie Robert Hodge und Gunther Kress bestätigt, die im Anschluß an Halliday den gruppenspezifischen Charakter der Klassifizierungsprozesse und Klassifizierungsmuster thematisieren: „Aber Klassi-

---

[55] L. J. Prieto, *Pertinence et pratique*, op. cit., S. 162.

fikationssysteme gehören nicht einer ganzen Gesellschaft an: verschiedene Gruppen haben verschiedene Systeme, obwohl die Unterschiede nur gering sein können."[56]

Auf seiten der Soziologie bestätigt Pierre Bourdieu Prietos Thesen, indem er die gesellschaftliche Grundlage des Klassifizierungsvorgangs aufdeckt. In *Ce que parler veut dire* spricht er von „einer ganzen Reihe von Unterschieden, denen bestimmte gesellschaftliche Unterschiede entsprechen, und die, vom Standpunkt des Linguisten aus betrachtet, zu vernachlässigen sind, aus der Sicht des Soziologen aber relevant erscheinen, weil sie sich in ein System von Gegensätzen fügen, das als *Übertragung* (*retraduction*) eines Systems von gesellschaftlichen Unterschieden aufzufassen ist."[57] Es fällt auf, daß der Soziologe und der Sprachwissenschaftler in der Ansicht übereinstimmen, daß es keine neutrale oder objektive Relevanz (und Klassifikation) im Bereich der Sozialwissenschaften geben kann. Die Unterschlagung dieser Tatsache, für die der Szientismus oder Objektivismus in den Sozialwissenschaften verantwortlich ist (s. Kap. 4), ist zugleich ein gefährliches Vorurteil.

Das bisher Gesagte ermöglicht eine soziologische Definition des *Kodebegriffs*. Als Ergebnis eines Klassifikationsprozesses oder einer „taxonomischen Tätigkeit" (würde Greimas sagen) kann der Kode als ein *System von Definitionen, Gegensätzen und Unterschieden* aufgefaßt werden. Trotz seiner Kritik an der Entsemantisierung des Kodebegriffs (er spricht von einem „Fetischbegriff"), trotz seiner Versuche, die verschiedenen Kodearten zu klassifizieren (er unterscheidet beispielsweise den institutionellen vom paleografischen und vom korrelationellen Kode), gelingt es Eco nicht, den Begriff genauer zu bestimmen und den Kode als Ausdrucksform gesellschaftlicher Interessen zu erklären.[58] In dem hier entworfenen Zusammenhang wird der semantische Kode nicht schlicht als ein mehr oder weniger zusammenhängendes und hierarchisiertes Ensemble von Klassen definiert, dessen Gegensätze und Unterschiede besondere Interessen ausdrücken; er wird zugleich als ein System von Klassen gedacht, von denen jede einer *semantischen Isotopie* im Sinne von Greimas entspricht.

Bekanntlich denken Ideologen, Theoretiker, Philosophen und Schriftsteller nicht in einfachen Gegensätzen oder Unterscheidungen, sondern versuchen, in Übereinstimmung mit diesen Gegensätzen und Unterscheidungen die Wirklichkeit einzuteilen, zu klassifizieren. Die semantische Isotopie könnte als das Ergebnis solcher Klassifikationen oder Klassifikationsversuche aufgefaßt werden. Greimas und Courtés definieren sie als „regelmäßiges Auftreten auf syntagmatischer Achse von Klassemen, die dem Diskurs als Aussage seine Homogenität garantieren."[59] Wird das *Klassem* (oder: *kontextuelles Sem*) in Übereinstimmung mit den beiden Autoren als ein „Oberbegriff" definiert, der eine „Wortklasse" (Klasse von *Sememen* oder: *Lexemen im Kontext*) als semantische Isotopie konstituiert, so ist der Nexus zwischen Kodes, semantischen Isotopien und Gruppeninteres-

---

[56] G. Kress, R. Hodge, *Language as Ideology*, London-Boston-Henley, Routledge & Kegan Paul, 1979, S. 63.
[57] P. Bourdieu, *Ce que parler veut dire*, op. cit., S. 41.
[58] Siehe: U. Eco, *Semiotica e filosofia del linguaggio*, Torino, Einaudi, 1984, S. 255 u. S. 302 vor allem den Abschnitt mit dem Titel „Codice e enciclopedia".
[59] A. J. Greimas, J. Courtés, *Sémiotique*, op. cit., S. 197.

sen hergestellt: Der Kode erscheint dann als ein *System von Isotopien*, für dessen Entstehung ein Kollektivsubjekt (eine Wissenschaftler- oder Schriftstellergruppe, eine Gewerkschaft oder eine Partei) verantwortlich ist.

Die Mitglieder solcher Gruppen werden dazu neigen, die sie umgebenden Texte und Zeichen im Rahmen eines Kodes, d. h. auf bestimmten Isotopieebenen zu lesen, wobei bestimmte Klasseme aus ihrem semantisch-lexikalischen Repertoire „dominant gesetzt" werden.[60] Ein Beispiel aus der Literaturwissenschaft mag veranschaulichen, was gemeint ist: Während Anhänger der Heideggerschen Ontologie Hölderlins Gedichte im Rahmen des semantischen Gegensatzes *Sein/Seiendes* lasen und versuchten (wenn auch intuitiv), die lexikalischen Einheiten des lyrischen Textes diesen beiden Klassemen zu subsumieren, hob ein Vertreter der Kritischen Theorie wie Adorno die beiden Klasseme *Integration/Emanzipation* und die ihnen entsprechenden Isotopien und Konnotationen hervor. Ein Grund, weshalb sich Ideologen (Politiker, Gewerkschaftler, Geistliche und Erzieher) selten über einen Text verständigen können, besteht darin, daß jeder von ihnen die Klasseme und Isotopien privilegiert, die seinem Kode und indirekt den Interessen und Standpunkten seiner Gruppe entsprechen. Dies gilt nicht nur für Gedichte, sondern in noch stärkerem Ausmaß für Zeitungskommentare, Gesetze, Verträge und Verfassungen.

An dieser Stelle kann die *Konnotation* als pragmatischer Aspekt der Isotopie definiert werden. Lexeme wie „Sein", „Eigentlichkeit", „Sorge" oder „völkisch", „arisch", „total" konnotieren (im Sinne der „Mitbedeutung") die Klassifikation sekundärer modellierender Systeme, die stark von denen der natürlichen Sprache abweichen. Zugleich bilden sie „Konnotationsketten" (U. Eco), die als Isotopien („Sein", „Volk") gelesen werden können. Solche Isotopien kommen beim Leser jedoch nur dann zustande, wenn er die lexikalischen Einheiten auf *pragmatischer Ebene* bestimmten Soziolekten (s. weiter unten) zuordnen kann. Außerhalb dieser Gruppensprachen und deren Kodes zerfallen die Isotopien als Konnotationsketten; denn in der natürlichen Sprache gibt es keine konventionell abgesicherte semantische Verbindung zwischen „Sein" und „Eigentlichkeit" oder „völkisch" und „total". Die Konnotation als sekundäre Bedeutung innerhalb eines sekundären modellierenden Systems ist daher für die Ideologieproblematik besonders wichtig.

Zum Abschluß noch eine Bemerkung zum Problem des semantischen Gegensatzes. Häufig wird man mit der Frage konfrontiert, ob denn nur ein Denken in binären Gegensätzen möglich sei. Dieses Problem ist im vorigen Kapitel im Zusammenhang mit Adorno und Derrida behandelt worden. Es hat sich dort u. a. herausgestellt, daß alle Versuche, den binären Gegensatz auf theoretischer Ebene zu dekonstruieren und eine „nichttheoretische Theorie" zu konzipieren, in der Aporie ausmünden, weil (wie Derrida selbst zugibt) die Dekonstruktion nur mit Hilfe von Begriffen und Begriffsgegensätzen möglich ist (etwa: *parole/écriture* oder *Metaphysik/Dekonstruktion*). Im Gegen-

---

[60] Der Prozeß der „Dominantsetzung" von Klassemen wird anhand von Beispielen von Kallmeyer, Klein u. a. im *Lektürekolleg zur Textlinguistik. Band 1: Einführung*, Frankfurt, Athenäum-Fischer, 1974, S. 147—148 veranschaulicht.

satz zur kritischen Philosophie und zur kritischen Romanliteratur, die im 10. Kap. ausführlicher behandelt werden, lebt die Ideologie vom polemischen und dualistischen Charakter ihres Diskurses. Wie der ideologische Manichäismus mit der *Funktion* der Ideologie zusammenhängt, will ich im nächsten Kapitel untersuchen.

Der Dualismus könnte auch als anthropologische Konstante gedacht werden. Eine besonders aufschlußreiche Bemerkung zu diesem Problem findet sich in Metzeltins und Jaksches *Textsemantik*: „Bei der Strukturierung der Texte besteht die vielleicht körperlich (...), anthropologisch (...) und gnoseologisch bedingte Tendenz, antonymische Begriffspaare aufzustellen."[61] Der Soziologe kann sich diesen Gedanken unter der Voraussetzung aneignen, daß er die sozio-historische Variabilität dieser „Konstanten" sowie ihre ideologische (ideologiebildende) Funktion nicht aus den Augen verliert. Dies ist der Hauptgrund, weshalb hier im dritten Teil der ideologische Dualismus im dialektischen Kontext (im Zusammenhang mit dem Ambivalenz-Begriff) grundsätzlich in Frage gestellt wird.

Zusammenfassend ließe sich sagen, daß die Darstellung der semantischen Grundlage des Diskurses deshalb wesentlich ist, weil der syntaktisch-narrative Ablauf aus den semantischen Verfahren (Klassifizierung, Kodifizierung) hervorgeht. Hier gilt, was Greimas lapidar in einem Gespräch mit Hans-George Ruprecht feststellt: „Das Paradigmatische organisiert das Syntagmatische." („C'est le paradigmatique qui organise le syntagmatique.")[62] Dieser wichtige Gedanke soll im nächsten Abschnitt erläutert werden.

e) *Die syntaktisch-narrative Ebene: der Diskurs*

Hier geht es nicht so sehr um die neuesten Entwicklungen der diskursiven Semiotik, sondern um die Anwendung bestehender und bewährter Begriffe und Modelle auf die Ideologie- und Theorieproblematik, die eine soziologische Deutung der Terminologie erfordert. Im wesentlichen soll gezeigt werden, daß die semantischen Muster die narrativen Abläufe bestimmen und daß ein individuelles und/oder kollektives Subjekt für den diskursiven Ablauf verantwortlich ist.

Bevor ich mich jedoch der diskursiven Problematik zuwende, möchte ich etwas zum Satz, zur phrastischen Syntax sagen. Die Neutralität des Satzes ist ebenso fiktiv wie die des Wortes und kann nur durch die Isolierung dieser sprachlichen Einheit plausibel gemacht werden. Einer der Gründe, weshalb die traditionelle Linguistik (etwa die Bloomfields)[63] bisher wertfrei oder scheinbar wertfrei arbeiten konnte, ohne auf die Ideologieproblematik zu stoßen, ist ihre kompromißlose Einschränkung des Objektbereichs auf das phrastische Syntagma. In Wirklichkeit drücken wir jedoch (wie Vološinov und Bachtin wußten) unsere Gedanken nicht in isolierten Wörtern oder Sätzen aus, sondern in mehr oder weniger langen *Diskursen*, die in einer bestimmten soziohistorischen Situation auf andere Diskurse reagieren (s. weiter unten).

---

[61] M. Metzeltin, H. Jaksche, *Textsemantik*, op. cit. S. 67.
[62] A. J. Greimas, in: H.-G. Ruprecht, „Ouvertures métasémiotiques: entretien avec Algirdas Julien Greimas", in: *Recherches sémiotiques / Semiotic Inquiry* Bd. 4, Nr. 1, 1984 , S. 9.
[63] Siehe: L. Bloomfield, *Language*, op. cit., S. 153.

Es kommt hinzu, daß der Satz als Form oder als ästhetisches Prinzip stets ein Politikum war. Es ist wohl kein Zufall, daß die europäischen Romantiker sich bemühten, das Wort von den syntaktischen Zwängen zu befreien, während Charles Maurras' konservative und neoklassizistische Kritik an der Romantik zahlreiche Plädoyers für die Integrität der Syntax enthält. Maurras zufolge hob die Bewegung von 1830 „das Wort auf den Thron ... (und) vertrieb die Schönheit zugunsten der Schönheiten (...).",[64] Seiner Ansicht nach ist die unteilbare Schönheit im vollkommenen Satzgefüge enthalten, das ein Jahrhundert später, aber auf ebenso autoritäre Art wie Maurras, die Marxisten-Leninisten gegen die surrealistische Avantgarde verteidigten.

Obwohl der Satz in der Vergangenheit immer wieder zum Spielball ästhetischer und politischer Auseinandersetzungen wurde, sollten die textsoziologischen Untersuchungen nicht auf den Bereich der phrastischen Syntax eingeschränkt werden, da diese als isoliertes Faktum immer wieder den Eindruck der Neutralität erweckt. Erst jenseits des Satzgefüges treten die semantischen Unterschiede und Gegensätze in Erscheinung. Isoliert betrachtet, ist ein Satz wie „die bolschewistische Partei trug im Jahre 1917 den Sieg davon" ebenso neutral wie das Wort „bolschewistisch" in einem Lexikon. Erst in einem transphrastischen, diskursiven Zusammenhang nimmt er konkrete Bedeutung an.

An dieser Stelle erscheint die Unterscheidung zwischen „interphrastisch" und „transphrastisch", für die Jean-Claude Coquet in seiner Kritik an Zellig Harris plädiert, besonders fruchtbar: Während Harris sich in seinem bekannten Aufsatz über „Discourse Analysis" (1952) vorwiegend mit den Beziehungen zwischen einzelnen Sätzen, also mit interphrastischen Relationen befaßt[65], kommt es sowohl der Greimasschen Semiotik als auch der Textsoziologie auf transphrastische Strukturen an, die nicht in einzelne Sätze zu zerlegen sind: „Wenn wir neue Ursachen der Verwirrung epistemologischer und methodologischer Art vermeiden wollen, müssen wir den Bereich des Interphrastischen (Z. Harris) vom (semiotischen) Bereich des Transphrastischen unterscheiden."[66] Coquet spricht im Zusammenhang mit der Differenz zwischen interphrastischer und transphrastischer Betrachtungsweise sogar von einem „epistemologischen Bruch" im Sinne von Bachelard (s. Kap. 5).

Nur im Rahmen einer diskursiven, d. h. transphrastischen Struktur wird die Funktion der „bolschewistischen Partei" und des oben zitierten Satzes im Hinblick auf die semantischen Klassen, die dominierenden Gegensätze und Unterscheidungen sowie die Isotopien eines besonderen Kodes näher bestimmt. Erst im Diskurs erscheint die „Partei" als positive oder negative, heilbringende oder unheilbringende, bürokratische, politische oder gar charismatische Kraft. Sie wird als narrative Funktion darstellbar, deren Wirkungsbereich im Zusammenhang mit den Gegensätzen und Unterschieden des Ko-

---

64 Ch. Maurras in: G. Matoré, *Le Vocabulaire et la société sous Louis-Philippe*, op. cit., S. 150.
65 Sogar Teun A. van Dijk konzentriert sich in *Some Aspects of Text-Grammars*, Den Haag, Mouton, 1972 und in seinem Artikel „Aspekte einer Textgrammatik", in: W. Dressler (Hrsg.), *Textlinguistik*, op. cit., S. 275 auf Verbindungen zwischen Sätzen: „(...) Um Textstrukturen zu beschreiben, werden wir zuallererst einzelne Regelmäßigkeiten untersuchen, die der Aneinanderfügung von Sätzen in einem grammatischen Text zugrunde liegen."
66 J.-Cl. Coquet, *Sémiotique. L'Ecole de Paris*, Paris, Hachette, 1982, S. 33.

des und mit der *Tiefenstruktur* (dem Grundgegensatz), die die semantische Welt des Diskurses in deren Gesamtheit strukturiert, untersucht wird. Die semantische Grundlage bestimmt somit die Distribution der diskursiven „Rollen" sowie deren Funktion in einem dramatisierten Ablauf.

An dieser Stelle wird klar, weshalb Halliday in *Language as Social Semiotic* (1978) die Bedeutung der semantischen Basis hervorhebt (s. 2. Abschnitt). Man versteht auch, weshalb diejenigen unter den Diskurstheoretikern, die versuchen, die makrosyntaktische von der semantischen Analyse abzukoppeln, schließlich die sozialen Aspekte der sprachlichen Struktur vernachlässigen. Mit Recht bemerkt Nicolas Ruwet zur traditionellen (interphrastischen) Analyse eines Harris: „Harris klammert absichtlich alle semantischen und vor allem pragmatischen Überlegungen aus."[67] Das bisher Gesagte ermöglicht eine Ergänzung dieses Kommentars: Harris ist gezwungen, die pragmatischen und gesellschaftlichen Komponenten des Diskurses außer acht zu lassen, weil er sich über die semantische Ebene hinwegsetzt. (D. Maingueneau geht weiter im Sinne der Textsoziologie, wenn er Harris eine „occultation du sémantique" vorhält.)[68]

Im Gegensatz zu der Betrachtungsweise von Harris, die Anfang der fünfziger Jahre entstand, visieren Textsoziologie und Semiotik die Beziehungen zwischen der soziosemantischen Grundlage des Diskurses und der Distribution der aktantiellen Funktionen an: die „dramatischen Rollen" des Diskurses, der als narrative Struktur aufgefaßt wird. Jedes menschliche Projekt — sei es individuell oder kollektiv, verbal oder nichtverbal — nimmt schließlich eine narrative Form an, und das handelnde Subjekt wird zum Erzähler. „Ich glaube", erklärt Greimas in einem Gespräch, „daß man das narrative Schema als ein ideologisches Modell bezeichnen könnte, durch das sich der Mensch dem Leben stellt und durch das er, aufgrund verschiedener Qualifikationen bzw. Kompetenzen, einen Sinn, ein Projekt zu realisieren sucht. Man kann nicht sagen, daß das narrative Schema eine logische Abfolge von Programmen enthält, es scheint vielmehr, daß es eine gewünschte Abfolge formuliert, die auf einem „Tun-Wollen" (vouloir-faire) beruht, d. h. auf dem Bedürfnis, dem Leben einen Sinn, ein Rückgrat zu geben."[69] Hier ist nicht so sehr das Adjektiv „ideologisch" wichtig, das allzu vage bleibt, als vielmehr der Gedanke, daß individuelle und kollektive Handlungen im Rahmen von Sinnstrukturen mit narrativem Charakter durchgeführt werden.

Eines der wesentlichen Verdienste der Greimasschen Semiotik ist sicherlich die Erkenntnis, daß auch nichtfiktionale (politische, juristische oder wissenschaftliche) Diskurse „Erzähltexte" sind und eine aktantielle Struktur aufweisen, deren dramatischer und polemischer Charakter soziale Konflikte ausdrückt. In *Sémiotique et sciences sociales*, wo u. a. der juristische Diskurs als Erzählung und aktantielles Schema untersucht wird, erscheint die Handelsgesellschaft als kollektiver Aktant: „Die Handelsgesellschaft entspricht in großen Zügen einer solchen Definition: Sie nimmt im juristischen Text

---

[67] N. Ruwet, „Parallélismes et déviations en poésie", in: *Langue, discours, société*, Paris, Seuil, 1975, S. 310.
[68] D. Maingueneau, *Initiation aux méthodes de l'analyse du discours*, Paris, Hachette, 1976, S. 76.
[69] A. J. Greimas im Gespräch mit P. Stockinger, „Interview. Zur aktuellen Lage der semiotischen Forschung", in: *Zeitschrift für Semiotik*, Nr. 5, 1983.

die Gestalt eines Aktanten mit Charakter an; sie ist ein *kollektiver Aktant*, und die ihr untergeordneten Aktoren sind ebenfalls *kollektive Aktoren*."[70]

Wie in literarischen und mythischen Erzählungen kommen in politischen, philosophischen oder wissenschaftlichen Diskursen Helden und Antihelden, Helfer und Widersacher, Auftraggeber und Gegenauftraggeber vor. Im Anschluß an Louis Tesnière definiert Greimas den Aktanten der Erzählung (*énoncé*) als eine syntaktische oder narrative Funktion, die sich im Verlauf des Erzählvorgangs ändern kann: „So ist der Held nur in bestimmten Erzählsituationen Held: Er war es vorher keineswegs und braucht es auch später nicht mehr zu sein."[71] Wichtig ist hier die Überlegung, daß Aktanten und Akteure nur im Hinblick auf Handlungen, die sie verrichten oder erleiden, also funktional zu definieren sind. Es kommt hinzu, daß ein Aktant sowohl eine Person als auch ein Kollektiv, eine Institution, ein Gegenstand oder ein Begriff sein kann: daher die abstrakte Bezeichnung „Aktant", die weder mit „Person" noch mit „Individuum" identifizierbar ist.

Innerhalb der *Erzählung* als *récit* unterscheidet Greimas folgende Aktanten: *Auftraggeber, Gegenauftraggeber, Subjekt, Antisubjekt* und *Objekt*. In der *Strukturalen Semantik* (1966) fügt er noch (symmetrisch zu den hier aufgeführten Instanzen) den *Helfer* und den *Widersacher (adjuvant, opposant)* hinzu, auf die er später verzichtet[72], die ich jedoch beibehalten möchte, da ich meine, daß sie in einigen Fällen eine nuanciertere Darstellung ermöglichen. Jeder Aktant kann im Diskurs in der Gestalt von verschiedenen Akteuren auftreten, und ein Akteur kann — wie Courtés bemerkt — als Synthese mehrerer Aktanten in Erscheinung treten.[73] So kann der kollektive Aktant „Partei" zahlreiche individuelle Akteure subsumieren, und ein Parteimitglied kann als Akteur an mehreren Aktanten („Partei", „Kunst", „Revolution") teilhaben und mit ihnen in innere und äußere Konflikte geraten.[74]

Die funktionale Beziehung zwischen Aktanten innerhalb der Erzählung als *récit* stellt Greimas am anschaulichsten dar, wenn er das hierarchische Verhältnis von Auftraggeber (*destinateur*) und Held (*héros, sujet*) schildert: „Der Auftraggeber (eine gesellschaftliche Autorität, die dem Helden einen bestimmten Heilsauftrag gibt) stattet den Helden mit der Rolle des Beauftragten aus und stellt dadurch eine kontraktuelle Beziehung her, da ja vorausgesetzt wird, daß die Erfüllung des Vertrages eine Belohnung mit sich bringt (...)."[75] Wichtig ist in diesem Zusammenhang nicht nur die vertragliche Beziehung zwischen Auftraggeber und Subjekt (oder zwischen Gegenauftraggeber und Antisubjekt), sondern auch das hierarchische Verhältnis zwischen den beiden Aktanten. Es wird sich nämlich zeigen, daß auch in ideologischen und wissenschaftlichen Texten der „Held"

---

[70] A. J. Greimas, *Sémiotique et sciences sociales*, op. cit., S. 96.
[71] A. J. Greimas, J. Courtés, *Sémiotique*, op. cit., S. 4.
[72] Siehe: J.-Cl. Coquet, *Sémiotique. L'Ecole de Paris*, op. cit., S. 54.
[73] Siehe: J. Courtés, *Introduction à la sémiotique narrative et discursive*, Paris, Hachette, 1976, S. 95—96.
[74] A. J. Greimas, *Du Sens II*, Paris, Seuil, 1983, S. 49: "(...) Si un actant (A_1) pouvait être manifesté dans le discours par plusieurs acteurs (a_1, a_2, a_3), l'inverse était également possible, un seul acteur (a_1) pouvant être le syncrétisme de plusieurs actants (A_1, A_2, A_3)."
[75] A. J. Greimas, *Du Sens*, Paris, Seuil, 1970, S. 234.

als Moralist, Politiker oder Wissenschaftler sich von einer sozialen Autorität (destinateur) beauftragen läßt, deren Legitimität er nicht in Frage stellt. Wie wichtig für die Ideologieproblematik die Beziehungen zwischen Aktanten und vor allem zwischen Auftraggebern und Subjekten (Gegenauftraggebern und Antisubjekten) sind, geht aus einigen Bemerkungen von Jean-Claude Coquet hervor: „Jede uneingeschränkt ausgeübte Macht (z. B. die der Institution, insbesondere die des ideologischen Staatsapparates [L. Althusser] sowie die des Vaters oder Gottes etc.) geht vom Auftraggeber aus und definiert ihn."[76]

Das Aktantenmodell und die ihm entsprechenden syntaktischen Funktionen können nur im Zusammenhang mit der paradigmatischen, der semantischen Struktur des Diskurses verstanden werden. Dieser Gedanke, daß die Distribution der Aktanten und ihrer Funktionen aus den binären Gegensätzen und den ihnen entsprechenden Taxonomien ableitbar ist, die die diskursive Basis bilden, ging bei Greimas aus einer Synthese zwischen Propps Theorie der Funktionen und Lévi-Strauss' Mythenforschung hervor: Während Propp vor allem (aber nicht ausschließlich) die Funktionen von Akteuren und Aktanten im russischen Märchen beschreibt, richtet Lévi-Strauss sein Augenmerk auf die semantischen Gegensätze, von denen die mythische Erzählung ausgeht. Die Verschmelzung dieser beiden Ansätze führt u. a. zu der Erkenntnis, daß es „ein Beziehungsmuster paradigmatischer Art gibt, das den Aktanten, so wie sie in Erzählungen erscheinen, zugrundeliegt".[77]

Dieses Beziehungsmuster ist in dem (seit dem Erscheinen der *Strukturalen Semantik*) sehr bekannten *semiotischen Viereck* (*carré sémiotique*) darstellbar, in dem Gegensätze (*contraires*) bestimmte Widersprüche (*contradictions*) und Implikationen (*implications*) mit sich bringen. Der Gegensatz *Sein/Schein* beispielsweise beinhaltet die zwei Widersprüche zwischen Sein und Nicht-Sein und zwischen Schein und Nicht-Schein sowie die Implikationsverhältnisse zwischen Sein und Nicht-Schein und Schein und Nicht-Sein.[78] Ein entsprechender Gegensatz zwischen *Wissenschaft* und *Ideologie* (im Sinne von Althusser) bringt die beiden Widersprüche Wissenschaft: Nicht-Wissenschaft sowie Ideologie: Nicht-Ideologie und die beiden Implikationen Wissenschaft (Nicht-Ideologie) und Ideologie (Nicht-Wissenschaft) mit sich.

Das *carré sémiotique* ist deshalb wichtig, weil es die Funktionen und die *narrativen Programme* (Greimas) der Aktanten erklärt. Während der Gegensatz zwischen Sein und Schein mit seinen Widersprüchen und Implikationen die aktantiellen Funktionen eines Kriminalromans erklären könnte, bildet der Gegensatz zwischen Wissenschaft und Ideologie einen möglichen Ausgangspunkt für ein besseres Verständnis von Althussers Diskurs: Der marxistische Philosoph als Subjekt („Held") erhält von der *Wissenschaft* als *Auftraggeber* den Heilsauftrag, ein *Objekt*, nämlich die *marxistische Wissenschaft*, den „Historischen Materialismus", zu finden und wird dabei mit dem individuellen oder kollektiven *Antisubjekt*, dem (oder den) *bürgerlichen Philosophen* konfrontiert, der im Namen des *Gegenauftraggebers Ideologie* handelt und sich dabei verschiedener *Widersacher* (etwa einiger idealistischer Philosophien) bedient, um dem Marxisten sein Objekt streitig zu

---

[76] J.-Cl. Coquet, *Sémiotique. L'Ecole de Paris*, op. cit., S. 54.
[77] A. J. Greimas, *Du Sens II*, op. cit., S. 51.
[78] ibid., S. 54.

machen. Die Helfer des Marxisten sind in diesem Fall, außer Marx selbst, Spinoza, Comte und Bachelard. Wichtig ist schließlich, daß der diskursive Ablauf (Althussers „Erzählung") keine lineare Bewegung von der Ideologie zur Theorie ist, sondern mehrere „Grauzonen" durchzieht, die mit Hilfe des semiotischen Vierecks ziemlich genau zu bezeichnen sind: die Nicht-Wissenschaft (etwa Marxens idealistische Phase), die keine reine Ideologie mehr ist, aber *noch* keine Wissenschaft, und die Nicht-Ideologie, zu der die Erfahrungen des Althusser-Marxisten mit Marxens „epistemologischem Bruch" gerechnet werden könnten. (Siehe Kap. 5.)

Diese Skizze zeigt bereits, daß ein Aktant (etwa der „marxistische Philosoph" Althussers) nicht einfach Handlungen verrichtet, um ein narratives Programm durchzuführen, sondern zugleich bestimmte „Eigenschaften" besitzt, die es ihm gestatten, als wissenschaftliches Subjekt aufzutreten, die Lage zu verändern und sein narratives Programm zu verwirklichen, d. h. sich das begehrte Objekt anzueignen („habemus enim ideam veram"). Diese „Eigenschaften" nennt Greimas *Modalitäten* und unterscheidet die „virtualisierenden Modalitäten": *müssen, wollen*; die „aktualisierenden": *können, wissen* und die „realisierenden": *tun, sein*. Es leuchtet ein, daß in einer fiktionalen oder theoretischen „Erzählung" nur dann etwas geschehen kann, wenn die handelnden Instanzen etwas tun müssen oder tun wollen, wenn sie etwas wissen und können und wenn sie auf ihre Lage verändernd einwirken.

Entscheidend ist nun, daß das *erzählende Subjekt* (als *sujet d'énonciation*) die Aktanten seiner Erzählung oder Aussage (also die *sujets d'énoncé*) nicht nur in Gute und Böse, Wissende und Unwissende, Schöne und Häßliche einteilt, sondern sie auch mit entsprechenden Modalitäten ausstattet: So wird beispielsweise der psychoanalytische „Erzähler" zeigen wollen, daß dem Vertreter der empirischen Psychologie das Wollen, das Wissen und das Können fehlen, das Objekt (etwa das Unbewußte) zu erreichen. Im marxistischen Diskurs wird der „bürgerliche Philosoph" immer scheitern, wenn es darum geht, sich die „Wirklichkeit" anzueignen.

Für die Textsoziologie als Ideologiekritik ist das Verhältnis des erzählenden Subjekts (*sujet d'énonciation*) zu seinem eigenen Diskurs als Erzählung (als *énoncé*) ausschlaggebend: Ist das sprechende Subjekt sich der semantisch-syntaktischen Verfahren, die es anwendet, bewußt oder nicht? Geht es bewußt von bestimmten Gegensätzen und Klassifikationen aus oder unbewußt? Weiß es, wie das von ihm konstruierte (verwendete) Aktantenmodell funktioniert, oder akzeptiert es unbewußt (halb bewußt) vorhandene aktantielle Schemata? Kurzum: Wie steht das aussagende Subjekt zu seiner Aussage, zu seinem Diskurs?

Dieser wird hier zusammenfassend definiert als: *transphrastische Einheit, deren semantische Tiefenstruktur von Gegensätzen zwischen Semen (Klassemen und folglich ganzen kodifizierten Isotopien) gebildet wird und deren syntaktischer Ablauf mit Hilfe eines Aktantenmodells darstellbar ist.* — An dieser Stelle sollte der Unterschied zwischen *Text* und *Diskurs* festgehalten werden: Jeder Diskurs ist ein Text, aber nicht jeder Text ist ein Diskurs. Einzelne Wörter oder Sätze sowie syntaxlose Textcollagen oder Wörterbücher können als „Texte" bezeichnet werden; nicht jedoch als Diskurse. Für diese ist die transphrastische oder narrative Syntax kennzeichnend.

f) *Die pragmatische Ebene: der Soziolekt*

Es ist nun möglich, zur Problematik des Abschnitts (c) zurückzukehren, in dem von den Kollektivsprachen die Rede war, die „symptomatisch" an ihrem lexikalischen Repertoire zu erkennen sind. Die bisher vorgebrachten Hypothesen ermöglichen eine (wenngleich offene und vorläufige) Definition der ideologischen, wissenschaftlichen oder künstlerischen Gruppensprache als *Soziolekt* auf lexikalischer, semantischer und narrativer Ebene.

Jedes gesellschaftliche Kollektiv bedient sich — ob es sich selbst primär als politisch, religiös oder wissenschaftlich einstuft — eines besonderen Vokabulars, das es von anderen Gruppen unterscheidet. Zugleich teilt es sein lexikalisches Repertoire in Übereinstimmung mit einem besonderen Kode (einem Klassifikationssystem) ein, der die Relevanzkriterien und Taxonomien anderer Gruppen ganz oder teilweise ausschließt. Es ist deshalb prekär, vom semantischen oder gar kulturellen Kode einer ganzen Gesellschaft zu sprechen; ebenso fragwürdig ist die Annahme, eine Ideologie entspreche einer Gesellschaft oder einer „Zeit".

Nicht viel nützlicher als diese Ansichten, denen man in den Sozialwissenschaften leider noch immer begegnet, ist die von Greimas vorgebrachte Hypothese, derzufolge *Soziolekte* Berufssprachen oder „langages spécialisés"[79] sind, die aus der *sekundären Sozialisierung* hervorgehen. Greimas läßt die Interaktion zwischen Berufssprachen und anderen — etwa ideologischen — Soziolekten unberücksichtigt. Das katholische, protestantische, liberale, sozialistische, anarchistische oder kommunistische Vokabular kann jedoch schon während der *primären Sozialisierung* eine wesentliche Rolle spielen und später auf die Fachsprachen einwirken. (Ich denke z. B. an die kommunistische Subkultur in der sog. roten „banlieue" von Paris, deren Sozialisationsprozesse sich durchaus im primären Bereich auswirken.) Es scheint daher notwendig zu sein, die Interdependenz zwischen der primären und der sekundären Ebene im Auge zu behalten und Auswirkungen politischer, religiöser oder metaphysischer Soziolekte auf die Berufs- oder Fachsprachen einzukalkulieren.

Es kommt hinzu, daß die lexikalische Komponente des Soziolekts als strukturierender Faktor bei weitem nicht so wichtig ist wie die semantische. Selbst wenn man sich Greimas' These zu eigen macht, derzufolge eine spezialisierte Sprache „etwa dreitausend Lexeme umfaßt"[80], kann man nicht behaupten, daß das Vokabular als solches einen Soziolekt ausmacht. Erst die semantische Konstruktion, die Relevanz, die Klassifizierung und Kodifizierung machen aus dem Soziolekt eine Einheit, die sich von der natürlichen Sprache als *langue* und von anderen Gruppensprachen abhebt.

Im Anschluß an den zweiten Abschnitt dieses Kapitels kann der Soziolekt nun als *sekundäres modellierendes System* aufgefaßt werden: Erst im Rahmen einer besonderen, für den Soziolekt charakteristischen Relevanz und Klassifikation nehmen zahlreiche Ein-

---

[79] A. J. Greimas, *Sémiotique et sciences sociales*, op. cit., S. 53—55.
[80] ibid., S. 54.

heiten der natürlichen Sprache eine zweite, sekundäre Bedeutung an, die allmählich die primäre, die natürliche Bedeutung verdrängt. Diese Überlegungen gelten für die Fiktion (man denke an Lexeme der Surrealisten wie „attente mystique", „amour fou" oder „hasard objectif"), für die Wissenschaft (etwa das Lexem „Akteur" oder „acteur" bei Greimas) und natürlich auch für die Ideologie.

Man denke etwa an Lexeme wie „entartet", „völkisch" oder „Totaleinsatz", deren Bedeutungen so stark vom nationalsozialistischen Soziolekt geprägt wurden, daß sie in einem anderen Kontext kaum mehr zu verwenden sind. Nicht so stark belastet ist das Adjektiv „kosmopolitisch", das in einem liberalen Soziolekt positiv, im Marxismus-Leninismus hingegen negativ (im Gegensatz zu „Internationalismus") kodifiziert ist, ähnlich wie bei Jean-Marie Le Pen, der von einer „mafia cosmopolite" spricht, der er — Maurras folgend — „la France française" gegenüberstellt (*Le Monde*, 20.9.1988, S. 8). Eine liberale Gruppensprache würde den semantischen Gegensatz *Kosmopolitismus/Internationalismus* durch den Gegensatz *Kosmopolitismus/Nationalismus* ersetzen und dadurch die Grundlage für eine ganz andere ideologische „Erzählung" schaffen: Der „Kosmopolitismus" erscheint nicht länger als „bürgerlicher oder zionistischer Verrat am proletarischen Internationalismus", sondern als „humanistische Alternative zu Nationalismus und Protektionismus". Man sieht, wie das Wegfallen eines einzelnen Präfix (hier: *inter-*) nicht nur die semantische Struktur, sondern auch das Aktantenmodell und den narrativen Ablauf eines Diskurses verändern kann.

Diese Überlegungen beziehen sich keineswegs nur auf die Vergangenheit, auf eine „Zeit der Ideologien", von der Bell, Habermas und andere behaupten, wir seien ihr entwachsen, sondern vor allem auf die zeitgenössische Situation, die von Sprachregelungen aller Art geprägt ist. So spricht beispielsweise die französische KP im Gegensatz zu den konservativen und liberalen Parteien nicht von *der* Freiheit, sondern von *den* Freiheiten (*les libertés*), der türkische Kleinbürger ist nicht „arbeitslos", sondern „wartet auf seine Rente", und der glücklose Vietnamese redet von „langer Schulung", wenn er lebend eine Strafkolonie verlassen darf. (Es ist aufschlußreich zu beobachten, wie sich die Opfer — auch die des Nationalsozialismus und des Stalinismus — das lexikalische Repertoire des herrschenden Soziolekts zu eigen machen.)

Begriffe wie „lexikalisches Repertoire" oder „semantischer Kode" sind, wenn sie sich auf Soziolekte beziehen, nichts als soziologische und semiotische *Hypothesen über die Wirklichkeit*. Denn keiner der zahlreichen Diskurse, die aus einem und demselben Soziolekt hervorgehen, verwirklicht alle semantischen und lexikalischen Möglichkeiten seiner Gruppensprache: Er verwirklicht nur einen Teil, der aber ausreicht, um die Verwandtschaft mit den anderen Diskursen des Soziolekts zu signalisieren. Eine solche Verwandtschaft schließt Gegensätze nicht aus, und ein Diskurs kann den anderen Diskursen, die seiner „Familie" angehören, durchaus widersprechen, indem er bestimmte Unterschiede oder Gegensätze, die die anderen als sekundär darstellen, in den Mittelpunkt rücken läßt. (Den gruppenspezifischen Charakter des Kodes haben auch die Autoren von *Language and Control* erkannt: „Sprecher als Mitglieder spezifischer gesellschaftlicher und sprachlicher Gruppen geraten regelmäßig in bestimmte Situationen, die sie mit ähnlichen Anforderungen konfrontieren. Diese Tatsache erklärt leicht die Entstehung von Kodes oder Sprachstilen sowie den Umstand, daß die ‚Bedeutungen' solcher Kodes leicht zu erkennen sind.")[81]

In diesem Zusammenhang erscheint Ernest W. B. Hess-Lüttichs Vorschlag, den Kode-Begriff im Gegensatz zum „Soziolekt" „semiotisch und nicht soziologisch zu definieren"[82], nicht sehr sinnvoll: In den Klassifikationen und Isotopien des Kodes artikulieren sich die Standpunkte und Interessen der „gesellschaftlich abgrenzbaren Gruppe von Individuen", von der Hess-Lüttich im Anschluß an Steinig spricht.[83] In der Soziosemiotik oder Textsoziologie sind die soziologischen und die semiotischen Aspekte nicht voneinander zu trennen; denn das Sprachliche ist gesellschaftlich vermittelt, und Definitionen, Klassifikationen und Erzählungen sind als soziale Prozesse zu denken.

Ein weiterer Aspekt der Soziolekt-Problematik besteht darin, daß der Einzelne oder die Gruppe versuchen kann, zwei oder mehrere Soziolekte miteinander zu kombinieren. Auch in solchen Fällen kommt es zu Ungereimtheiten und semantischen Verschiebungen innerhalb der einzelnen Gruppensprachen. Die Auseinandersetzungen innerhalb eines bestimmten Soziolekts, etwa zwischen marxistischen oder nichtmarxistischen Katholiken, sind in diesem Zusammenhang zu betrachten: Während die einen den Gegensatz zwischen historischer und eschatologischer Zukunft für besonders relevant halten, definieren die anderen „Zukunft" ausschließlich als „Transzendenz" und zweifeln dadurch implizit oder explizit einen der Grundgegensätze (sowie die Relevanzkriterien) ihrer Gesprächspartner an.

Auf empirischer Ebene erscheint ein Soziolekt daher immer als ein Ensemble von Diskursen, die einander teilweise widersprechen können, die jedoch einen gemeinsamen Nenner aufweisen: ein lexikalisches Repertoire und einen semantischen Kode. Rein theoretisch kann der Soziolekt als ein *Ensemble von wirklichen oder potentiellen Diskursen definiert werden, die von einem gemeinsamen lexikalischen Repertoire und einer gemeinsamen semantischen Grundlage ausgehen.* Zugleich sind Ideologie und Theorie als *sekundäre modellierende Systeme darstellbar, die als Soziolekte und/oder Diskurse beschrieben und kritisiert werden können.* Der Unterschied zwischen den beiden hängt im wesentlichen von der diskursiven Anordnung sowie der Einstellung des Aussagesubjekts (*sujet d'énonciation*) zu seinen eigenen semantisch-syntaktischen Verfahren ab.

g) *Die sozio-linguistische Situation: Intertextualität*

Geht man davon aus, daß Individuen und Gruppen nicht im luftleeren Raum, sondern im Rahmen von Diskursen und Soziolekten miteinander kommunizieren, dann muß (wie bereits im 3. Kapitel dargetan wurde) Habermas' Begriff der idealen Sprechsituation grundsätzlich in Frage gestellt werden. Eine solche Situation wäre als Voraussetzung einer jeden Kommunikation nur dann denkbar, wenn es theoretisch gelänge, sich individuelle oder kollektive Subjekte vorzustellen, die *über* den hier dargestellten Soziolekten

---

[81] R. Fowler, B. Hodge, G. Kress, T. Trew, *Language and Control*, London, Routledge & Kegan Paul, 1979, S. 88.
[82] E. W. B. Hess-Lüttich, *Angewandte Sprachsoziologie. Eine Einführung in linguistische, soziologische und pädagogische Ansätze*, Stuttgart, Metzler, 1987, S. 62.
[83] ibid.

und Diskursen stehen. Da jedoch Soziolekte und Diskurse die *Grundlage* der kollektiven und individuellen *Subjektivität* bilden, haftet einer solchen Vorstellung Widersinn an. Die Grundvoraussetzung aller denkbaren Kommunikationssituationen ist daher die sprachlich und gesellschaftlich vermittelte Subjektivität.

Um seine These von der idealen Sprechsituation verteidigen zu können, muß Habermas vom Konzept einer neutralen Sprache ausgehen, das in vieler Hinsicht mit Saussures *langue* übereinstimmt. Saussures Auffassung des Sprachsystems als eines neutralen Repertoires, dessen sich das Individuum uneingeschränkt bedienen kann, ist in der Vergangenheit von verschiedenen Seiten kritisiert worden. Schon in den zwanziger und dreißiger Jahren gingen Bachtin und Vološinov davon aus, daß das Wort immer „mit ideologischem Inhalt erfüllt" ist.[84] Es kommt hinzu, daß die Veränderungen innerhalb eines bestimmten geschichtlichen Sprachsystems nur im Zusammenhang mit der technischen und wissenschaftlichen Arbeitsteilung (Fachsprachen), den ideologischen Konflikten, der literarisch-künstlerischen Innovation etc. zu erklären sind.

Mit anderen Worten: Subjekte kommunizieren in einem historischen Sprachsystem, dessen Bedeutungen sich ändern und dabei stets von neuem besondere, partikulare Positionen und Interessen ausdrücken. Dies ist der Hauptgrund, weshalb Bourdieu vorgeschlagen hat, Chomskys Begriff der sprachlichen Kompetenz durch den des „linguistischen Kapitals" zu ersetzen. (Siehe Kap. 3.) Der Einzelne und die Gruppe bedienen sich nicht einer neutralen Sprache, indem sie die *langue* in der *parole*, die *competence* in der *performance* realisieren, sondern reagieren auf Definitionen, Klassifikationen und „Erzählungen", die allesamt gruppenspezifischen, partikularen Charakter haben. So ist es auch zu erklären, daß in einem anderen Zusammenhang, jedoch komplementär zu Bourdieu, Augusto Ponzio Chomskys idealistische und individualistische Ideologie kritisiert, und zwar vor allem „den Begriff der ‚Freiheit', der als natürliche Gabe und als ‚Fähigkeit', als individueller ‚Instinkt', als Wesen des ahistorisch betrachteten menschlichen Individuums, aufgefaßt wird; den Begriff der ‚sprachlichen Kreativität' (. . .)."[85]

Ähnlich explizit ist Louis-Jean Calvet, ein Vertreter der französischen Soziolinguistik, wenn er über die formale Sprachwissenschaft und deren Trennung von Sprachsystem und gesellschaftlichen Antagonismen und Interessen bemerkt: „Wir finden hier die Konvergenz wieder zwischen Saussures struktularer Linguistik und Stalins Äußerungen zur Sprache. Denn der Gedanke, daß die Sprache (das Zeichen) nichts mit sozialen Konflikten, mit dem Klassenkampf und mit der Gesellschaft, die sie hervorgebracht hat und die sie verwendet, zu tun hat, führt unmittelbar zum Formalismus, zur Autonomie der Linguistik (oder der Semiologie): zur Ablehnung einer materialistischen Betrachtung der sprachlichen Fakten."[86]

---

[84] Siehe: V. N. Vološinov, *Marxismus und Sprachphilosophie*, op. cit., S. 126.
[85] A. Ponzio, *Segni e contraddizioni. Fra Marx e Bachtin*, Verona, Bertani, 1981, S. 129. — In diesem Kontext sollte auch das Buch von R. Fowler, B. Hodge, G. Kress und T. Trew *Language and Control*, op. cit. erwähnt werden, dessen Autoren Chomsky aus soziologischer Sicht kritisieren. Auf S. 189 heißt u. a.: „Chomskyan linguistics posits biological universals as the source of language."
[86] L.-J. Calvet, *Pour et contre Saussure. Vers une linguistique sociale*, Paris, Payot, 1975, S. 90.

Im Anschluß an diese Überlegungen und an meine Kritik der „idealen Sprechsituation" bei Habermas, soll hier die Kommunikationssituation, in der Ideologien wirken, in der aber auch die theoretische Verständigung gesucht wird, als *sozio-linguistische Situation* gedacht werden, in der Soziolekte und Diskurse aufeinander reagieren, einander bestätigen, miteinander verschmelzen oder in Konflikt geraten. Der Begriff der „soziolinguistischen Situation", dessen wesentliche Aspekte (Soziolekte, Diskurse) weiter oben konkretisiert wurden, wird hier als Alternative zur „idealen Sprechsituation" aufgefaßt. Zugleich wird der idealistische und individualistische Begriff der „Intersubjektivität" durch den soziosemiotischen Begriff der „Interdiskursivität" ersetzt: denn nicht isolierte Individuen, sondern Gruppen, Soziolekte und Diskurse bilden die *Voraussetzungen* der Kommunikation.

In einer textsoziologisch konzipierten Kommunikationssituation nehmen Wörter widersprüchliche Bedeutungen an, die verschiedenen, miteinander rivalisierenden Gruppensprachen angehören; und semantische Prozesse wie das Definieren oder das Klassifizieren erscheinen als Versuche von Individuen und Gruppen, sich anderen Individuen und Gruppen gegenüber zu behaupten oder zu rechtfertigen. Auch das Aktantenschema eines bestimmten ideologischen oder theoretischen Diskurses kann in den meisten Fällen nur adäquat verstanden werden, wenn es als eine dialogisch-polemische Reaktion auf andere Diskurse aufgefaßt wird. Wenn beispielsweise das Subjekt eines liberalen Diskurses seine(n) „Helden" die „individuelle Initiative" verkörpern läßt, ohne die negativen Instanzen und Prädikate beim Namen zu nennen, so kann man in vielen Fällen dennoch davon ausgehen, daß dem Diskurs der semantische Gegensatz *individuelle Initiative/staatliche Bevormundung* zugrundeliegt. Die Texte, die innerhalb einer bestimmten, historisch begrenzbaren sozio-linguistischen Situation entstanden sind, können daher nur dialogisch oder *intertextuell* verstanden werden. (Ich spreche an dieser Stelle nicht von Interdiskursivität, sondern Intertextualität, da nicht nur Diskurse, sondern auch syntaxlose Gedichte und vor allem Textcollagen als dialogisch-polemische Reaktionen auf andere Texte gelesen werden können.)

Den Begriff der Intertextualität hat in den späten sechziger Jahren Julia Kristeva im Anschluß an Bachtin und Vološinov (s. o.) geprägt und vor allem für die literaturwissenschaftliche Semiotik fruchtbar gemacht. Er könnte im Sinne von Götz Wienold auch als „Textverarbeitung"[87] definiert werden, wobei der Gedanke ausschlaggebend ist, daß sekundäre modellierende Systeme wie Literatur, Ideologie, Werbung oder Theorie nur dialogisch-polemisch als gesellschaftlich motivierte Transformationen anderer (gesprochener oder geschriebener, historischer oder zeitgenössischer) Texte zu erklären sind.

In der Vergangenheit habe ich den Begriff vor allem auf literarische Werke angewandt, um zu zeigen, auf welche Art Gruppensprachen — etwa die mondäne Konversation bei Proust und Wilde, die ideologischen Sprachen bei Musil, Sartre und Camus — parodiert, pastichiert und kritisiert werden. Dabei hat sich immer wieder herausgestellt, daß die

---

[87] G. Wienold, *Semiotik der Literatur*, Frankfurt, Athenäum, 1972, S. 26—28.

Struktur des analysierten Textes (in diesem Fall des Romans) nicht unabhängig von dem intertextuell verarbeiteten Text verstanden werden kann.[88]

Literaturwissenschaftler wie Laurent Jenny haben im Laufe der Debatte versucht, „Intertextualität" auf „die im Text belegbare Präsenz von ‚éléments structurés antérieurement à lui'"[89] einzuengen. Dabei besteht die doppelte Gefahr, daß der Begriff empiristisch auf das Zitat reduziert wird und daß die strukturellen, d. h. diskursiven Zusammenhänge aus dem Blickfeld verschwinden.

Die Intertextualität ist deshalb als struktureller Prozeß aufzufassen, weil die sprechenden Subjekte nicht auf einzelne Wörter, Sätze oder Textpassagen reagieren, sondern auf die in ihrer sozio-linguistischen Situation und für ihre Position relevanten semantischen und narrativen Strukturen. Camus' Kritik des christlich-humanistischen Soziolekts beispielsweise richtet sich nicht gegen einzelne Wörter, Ausdrücke oder Behauptungen, sondern gegen das semantisch-narrative Schema eines teleologisch aufgebauten Diskurses: „Von der frohen Botschaft bis zum Jüngsten Gericht hat die Menschheit keine andere Aufgabe, als sich den ausdrücklich moralischen Absichten eines im voraus geschriebenen Berichtes anzupassen."[90] Außer der Teleologie und dem Objekt-Aktanten (*Erlösung*) wird hier das Verhältnis zwischen dem Subjekt (*Menschheit*) und dem nicht genannten Auftraggeber (*Gott*) in Frage gestellt. Die gesamte Romanstruktur von Camus' *L'Etranger* geht aus dieser Kritik auf intertextueller Ebene hervor.

Ein anderes Beispiel ist das Ende dieses Kapitels: Es macht sehr viel aus, ob der Begriff „sozio-linguistische Situation" in einem literatursoziologischen Kontext als Alternative zum marxistischen Begriff des ästhetischen „Realismus" (Mimesis) angeboten wird, oder ob er auf einer ganz anderen intertextuellen Ebene gegen Habermas' Begriff der „idealen Sprechsituation" ausgespielt wird. Im ersten Falle kann er als kritisch-polemische Reaktion auf einen bestimmten marxistischen Reduktionismus aufgefaßt werden, im zweiten wird er eher als eine materialistische Alternative zur universal-pragmatischen Idealkonstruktion erscheinen. Der semantische Gegensatz *sozio-linguistische Situation / Realität (realistische Widerspiegelung)* bringt einen anderen Diskurs hervor als der Gegensatz *soziolinguistische Situation / ideale Sprechsituation*: Während die Textsoziologie im ersten Fall gegen eine mechanisch-materialistische Reduktion vorgeht, wendet sie sich im zweiten Fall gegen eine idealistische Abstraktion. Hier zeigt sich, wie sozio-linguistische Situation und intertextueller Zusammenhang auf die semantische Grundlage des Diskurses und auf dessen Ablauf einwirken.

---

[88] Siehe: Vf. *L'Ambivalence romanesque. Proust, Kafka, Musil*, Frankfurt-Bern-New York-Paris, Peter Lang Vlg. (2. Aufl.), 1987, sowie: *Roman und Ideologie. Zur Sozialgeschichte des modernen Romans*, München, Fink, 1986.

[89] O. Ette, „Intertextualität. Ein Forschungsbericht mit literatursoziologischen Anmerkungen", in: *Romanistische Zeitschrift für Literaturgeschichte*, Nr. 3/4, 1985, S. 503. Siehe auch: L. Jenny „La stratégie de la forme", in: *Poétique* Nr. 27, 1976, S. 262: „A partir de quel moment peut-on parler de présence d'un texte dans un autre en termes d'intertextualité?"

[90] A. Camus, *Der Mensch in der Revolte*, Reinbek, Rowohlt, 1969, S. 58.

VIII. Die diskursiven Verfahren der Ideologie

Bevor Funktion und Struktur ideologischer Diskurse näher untersucht werden, soll hier im Anschluß an das vorige Kapitel eine vollständige Definition der Ideologie den Einstieg in die ideologiekritische Praxis erleichtern. Eine solche Definition, die an die Begriffsbestimmungen im ersten Kapitel anknüpft, ist in der gegenwärtigen Lage deshalb unerläßlich, weil trotz der umfangreichen Forschung, die uns auch im sprachwissenschaftlichen Bereich zur Verfügung steht, zahlreiche Wissenschaftler immer noch glauben, dem schillernden Begriff mit Hilfe von Ausdrücken wie „Bildsprache", „Werturteil", „affektiver Sprachgebrauch" (Th. Geiger), „unzutreffende Aussage" (W. Hofmann) oder „falsche Idee" (R. Boudon) beikommen zu können.

Raymond Boudon beispielsweise, der an entscheidenden Stellen seines Buches *L'Idéologie* (1986) die Ideologie als ein Ensemble falscher, aber wissenschaftlich sanktionierter Ideen definiert[1], setzt sich allzu leichtfertig über Fragen hinweg, die gerade die Semiotik, die Textsoziologie und die Diskurstheorie beschäftigen: Gibt es „richtige oder falsche Ideen"? Wer definiert eine Idee als „richtig" oder als „falsch"? Wie sieht das Verhältnis zwischen ideologischen und theoretischen (wissenschaftlichen) Diskursen aus?

Vor allem die letzten beiden Fragen bleiben bei Boudon unbeantwortet. Mit der ersten befaßt sich der Autor zwar ausgiebig, aber seine Antworten sind nicht unproblematisch: etwa dann, wenn er meint, es sei leicht, „den Eckpfeiler der Marxschen Lehre, die Mehrwerttheorie, zu widerlegen."[2] Es mag sein, daß der „Mehrwert" als Objektkonstruktion im Rahmen des weberianischen Diskurses, für den sich der Soziologe Boudon entschieden hat, als leerer Begriff oder als Unding erscheint. Dem Charisma- oder Wertfreiheit-Begriff geht es jedoch im marxistischen Kontext nicht viel besser. Auch hier läuft schließlich die Argumentation darauf hinaus, daß Ideologie als „falsche Idee" („idée fausse") mit der Terminologie des Andersdenkenden identifiziert wird.

Für die Textsoziologie hingegen gibt es keine richtigen oder falschen „Ideen" (aus dem Wort „Idee" wird wohl nie ein brauchbarer Begriff), sondern diskursive Verfahren, die den theoretischen Dialog und die Erkenntnis eines Gegenstandes fördern und diskursive Verfahren, die beiden einen Riegel vorschieben. Während der Ideologe fragt, wie er die anderen sprachlich optimal manipulieren kann, fragt der Theoretiker, unter welchen sprachlichen Bedingungen er sich mit den anderen über einen Gegenstand optimal verständigen kann. Daß die Ideologie in erster Linie ein diskursives Verfahren ist und nicht „Lüge", „Idee" oder „Bewußtsein", ist in letzter Zeit vor allem Semiotikern, Sprachwissenschaftlern und rhetorisch interessierten Politologen aufgefallen. Das Interesse der Soziologen für die sprachlichen Aspekte gesellschaftlicher Erscheinungen scheint nur allmählich zu erwachen.

Im französischen Sprachbereich hat Olivier Reboul versucht, die rhetorischen Manöver der Ideologie in allen Einzelheiten zu beschreiben. Seine Analyse unterscheidet sich

---

[1] Siehe: R. Boudon, *L'Idéologie — ou l'origine des idées reçues*, Paris, Fayard, 1986, S. 52, S. 100—101.
[2] ibid., S. 43.

vorteilhaft von der Boudons, weil sie konkret zeigt, durch welche sprachliche „Tricks" Ideologen das Denken in bestimmte Bahnen lenken und die kritische Reflexion erfolgreich verhindern. Die ideologische Sprache, so Reboul, sei von „Schockwörtern" („motchocs"), „Disqualifizierungsversuchen" („disqualifications") und „magischen Formeln" („formules magiques") geprägt. Er zeigt leider nicht, wie diese verschiedenen Aspekte des ideologischen Sprachgebrauchs zusammenhängen. Wenn er — ganz zu Recht — die Naturalisierungsverfahren des Diskurses erwähnt, die den Aussagevorgang verschleiern, und im Anschluß daran die „Disqualifizierung" des Gegners und die „autoritäre Argumentationsweise" bespricht, so hat er noch nicht gezeigt, wie diese verschiedenen rhetorischen Formen ein diskursives (semantisch-narratives) Ganzes bilden. Zugleich fehlt ihm eine Erklärung dieser Formen im Rahmen der diskursiven Totalität. Denn die (für mich unproblematische) Feststellung, es gebe „einen anderen Diskurstyp, der dazu neigt, alle Spuren des Aussagevorgangs zu verwischen und sich selbst als allgemeingültig und natürlich darzustellen"[3], fordert geradezu die Frage heraus, mit welchen semantischen und syntaktischen Verfahren der Schein der Natürlichkeit hervorgerufen wird.

Hier tritt ein grundsätzlicher Nachteil der rhetorischen Analyse in Erscheinung: ihr Empirismus, der zwar durchaus in der Lage ist, verschiedene rhetorische Techniken der Ideologie zu beschreiben, aber meistens versagt, wenn es darum geht, die Ideologie als Diskurs (als semantisch-narrative Struktur) global zu definieren und von der Theorie oder der Alltagssprache abzugrenzen. Denn auch in der natürlichen Sprache, in der Alltagssprache, kommen die von Reboul analysierten „Euphemismen", „autoritären Argumente", „Naturalisierungen" und „Kategoriefehler" vor. Der Ausruf „ich werde dir helfen!" verknüpft in bestimmten Situationen den automatisierten Euphemismus mit einer autoritären Gebärde; es wäre jedoch sinnlos, ihn als „ideologisch" zu bezeichnen. Ebenso fragwürdig ist Rebouls Versuch, die ideologische Rede mit Hilfe von Stilfiguren wie Metapher, Chiasmus, Ironie und Paradoxon zu charakterisieren. Denn unschwer ließe sich zeigen, daß sogar die Naturwissenschaften auf Wortbilder wie „magnetisches Feld", „Wellenlänge", „schwarze Löcher" etc. angewiesen sind und daß Paradoxie und Ironie in vielen theoretischen Texten, die manche von uns besonders schätzen (Adorno, Wittgenstein), eine kritische oder gar ideologiekritische Funktion erfüllen. Schon Viktor Šklovskij verkündete in seiner bekannten Polemik gegen Alexander Potjebnja, daß Literatur nicht als „Bildsprache" zu definieren ist[4]; Ideologie auch nicht.

Im Anschluß an diese Kritik, die *mutatis mutandis* auf die meisten rhetorischen Analysen zutrifft[5], wäre auch an Erich Straßners Versuch zu zweifeln, mit Hilfe des Symbolbegriffs die ideologische von der Alltagssprache unterscheiden zu können: „Von der Alltagssprache unterscheidet sich die Sprache, der Dialekt der Gruppierung, durch den

---

[3] O. Reboul, *Langage et idéologie*, Paris, PUF, 1980, S. 91.
[4] Siehe: V. Šklovskij, „Die Kunst als Verfahren", in: J. Striedter, *Russischer Formalismus*, München, Fink, 1969, S. 7.
[5] Siehe z. B.: W. Betz, *Verändert Sprache die Welt? Semantik, Politik und Manipulation*, Zürich, Edition Interfrom AG, 1977, S. 27. — Die „alten Mittel der *Rhetorik*", von denen bei Betz die Rede ist, sind auch für die Umgangssprache kennzeichnend, die nicht global als ideologisch betrachtet werden kann.

diskursiven Symbolismus, d. h. durch die Verfestigung der geltenden Doktrin im Symbol, etwa im Begriff der *Gleichheit* (...)."[6] Sicherlich hat jede ideologische Sprache ihre Symbolbegriffe (ich habe sie im vorigen Kapitel als „symptomatische" Lexeme bezeichnet), und Straßner hat durchaus recht, wenn er sich in seinem — ansonsten sehr brauchbaren — Buch auf „Kenn- und Schlagwörter" konzentriert. Der ideologische *Diskurs* in seiner Gesamtheit und Besonderheit wird allerdings in diesem theoretischen Kontext, der einen vorwiegend lexikologischen Charakter hat, nicht erfaßt. Hier gilt, was ich im vorigen Kapitel zum lexikologischen Ansatz und zu seiner Überwindung in der strukturalen Semantik und der Semiotik gesagt habe.

Deshalb wird hier im Anschluß an das erste und das textsoziologische Kapitel noch einmal eine Globaldefinition der Ideologie vorgeschlagen, die den praktischen Analysen zugrunde gelegt werden kann. Obwohl in der Einleitung von einer „provisorischen Definition" der Ideologie die Rede war, soll nicht der Eindruck erweckt werden, als werde in diesem Kapitel eine endgültige Definition angestrebt. Die hier formulierte zweite Begriffsbestimmung ist nur insofern endgültig, als ihr keine dritte mehr folgen wird; im übrigen ist sie genauso provisorisch und hypothetisch wie diese Arbeit selbst: wie jede theoretische Arbeit, die immer nur *Vorarbeit* ist.

Im Zusammenhang mit dem Abschnitt (d) der Einleitung kann die Doppeldefinition der Ideologie nun wie folgt umformuliert werden: *Die Ideologie als Diskurs, als transphrastische Struktur ist — im Unterschied zur natürlichen Sprache — ein sekundäres modellierendes System, dem das lexikalische Repertoire, die semantischen Gegensätze und die kodifizierten Klassifikationen sowie die Aktantenmodelle und die narrativen Abläufe eines Soziolekts zugrundeliegen.* — So betrachtet, unterscheidet sich die Ideologie durch nichts von der Theorie als Fachsprache, die ebenfalls ein sekundäres modellierendes System ist, in dem die Bedeutungen der natürlichen Sprache in Übereinstimmung mit Gruppeninteressen umgedeutet werden. Deshalb ist eine zweite, „restriktive" Definition des ideologischen Diskurses vonnöten, die sich am dialektischen (also nicht: dichotomischen) Gegensatz zwischen Ideologie und Theorie orientiert: *Die Ideologie ist ein diskursives, mit einem bestimmten Soziolekt identifizierbares Partialsystem, das von der semantischen Dichotomie und den ihr entsprechenden narrativen Verfahren (Held / Widersacher) beherrscht wird und dessen Aussagesubjekt entweder nicht bereit oder nicht in der Lage ist, seine semantischen und syntaktischen Verfahren zu reflektieren und zum Gegenstand eines offenen Dialogs zu machen. Statt dessen stellt es seinen Diskurs und seinen Soziolekt als die einzig möglichen (wahren, natürlichen) dar und identifiziert sie mit der Gesamtheit seiner wirklichen und potentiellen Referenten.*

Diese restriktive oder negative Definition des ideologischen Diskurses wird im folgenden im Zusammenhang mit konkreten ideologischen Verfahren veranschaulicht und präzisiert. In den Modellanalysen wird sich u. a. herausstellen, daß bestimmte Verfahren wie Dichotomisierung und Naturalisierung in grundverschiedenen ideologischen Diskursen (Soziolekten) vorkommen und für die Ideologie als allgemeine Erscheinung kenn-

---

[6] E. Straßner, *Ideologie-Sprache-Politik*, Tübingen, Niemeyer, 1987, S. 53.

zeichnend sind. Überall wird hier Ideologie implizit und explizit im Gegensatz zur Theorie aufgefaßt und dargestellt; zugleich soll jedoch gezeigt werden, daß der Gegensatz nicht absolut ist und daß es auch in ideologischen Texten theoretische Ansätze gibt. Symmetrisch dazu wird das nächste Kapitel ideologische Aspekte theoretischer Texte hervortreten lassen. — Doch bevor ich mich der ideologiekritischen Praxis zuwende, möchte ich etwas über das Verhältnis von Funktion und Struktur ideologischer Diskurse sagen.

1. Ideologie: Funktion und Struktur

Wie schon im ersten Kapitel gehe ich auch hier von der Überlegung aus, daß Ideologie als soziale und historische Erscheinung einer „entfalteten städtischen Marktwirtschaft" (Adorno) zuzurechnen ist und daß es daher wenig Sinn hat, von Ideologien der feudalen Ära zu sprechen, wie es beispielsweise die Autoren des Buches *The Dominant Ideology Thesis* (1980) tun, die durch die Dehnung des Ideologiebegriffs eine Ineinssetzung von Ideologie und Religion herbeiführen.[7]

Trotz dieser — durchaus heuristisch gemeinten — Begrenzung des Begriffs auf die moderne Industriegesellschaft ist seine Anwendbarkeit auf Gesellschaftsformationen der Antike nicht vorab auszuschließen: denn auch die antike, vor allem die römische Gesellschaft war in vieler Hinsicht eine säkularisierte Marktgesellschaft, in der nicht eine Universalreligion herrschte, sondern verschiedene autonome Wertsysteme oder Soziolekte miteinander konkurrierten. Deshalb mag Hans Kloft recht haben, wenn er in seiner Einleitung zu dem wichtigen Sammelband *Ideologie und Herrschaft in der Antike* (1979) bemerkt: „Die *politische Philosophie* der Antike deckt in ihrer Verschränkung von grundsätzlicher Überlegung und auf Aktion bedachter Ermahnung einen Großteil von Inhalten ab, die dem heutigen Wortverständnis nach der Ideologie zuzurechnen sind."[8]

Gewiß, es gibt auch wesentliche Überschneidungen zwischen ideologischen und religiösen Sprachen, aber dies bedeutet noch keineswegs, daß die von Kloft erwähnten politischen Philosophien der Antike (etwa Aristoteles' *Nikomachische Ethik*), die christliche Religion des Mittelalters und eine Ideologie des 19. oder 20. Jahrhunderts ähnliche oder gar identische soziale Funktionen erfüllten. Erst eine vergleichende soziologische Struktur- und Funktionsanalyse würde zeigen, ob einige antike Denkmuster mit modernen Ideologien zu vergleichen sind.

Ein wesentlicher Unterschied zwischen der modernen und der antiken Problematik besteht sicherlich darin, daß es in den griechischen und römischen Gesellschaften keine Natur- und Sozialwissenschaft im modernen Sinne gab und folglich auch keine symbio-

---

[7] Siehe: N. Abercrombie, S. Hill, B. S. Turner, *The Dominant Ideology Thesis,* London, G. Allen & Unwin, 1980, S. 72: „We are now in a position to present the historical evidence for the view that in feudalism the dominant ideology integrated the dominant class rather than controlled the subordinate class." Auf funktionaler Ebene mögen die Autoren recht haben; es fragt sich nur, ob es sinnvoll ist, den Ideologiebegriff, der für eine säkularisierte Gesellschaft charakteristisch ist, auch auf den Feudalismus anzuwenden.

[8] H. Kloft, „Einleitung", in: H. Kloft (Hrsg.), *Ideologie und Herrschaft in der Antike*, Darmstadt, Wiss. Buchgesellschaft, 1979, S. 9.

tische und polemische Wechselbeziehung zwischen „Wissenschaft" und „Ideologie". Diese Beziehung ist jedoch für die moderne Ideologie, die häufig zu Recht als „Pseudowissenschaft" bezeichnet wurde, charakteristisch. Es kommt — ebenfalls auf funktionaler Ebene — hinzu, daß die Philosophien der Antike zwar wie manche moderne Ideologien als Stützen der Herrschaft aufgefaßt werden können[9], nicht jedoch als Polemiken gegen die Herrschaft der Marktgesetze, des Tauschwerts.

In der modernen, der bürgerlichen Gesellschaft kristallisiert sich hingegen bald ein globaler Gegensatz zwischen Ideologie und Markt, zwischen ideologischem Wert und Tauschwert heraus, der im 19. Jahrhundert klare Konturen und im 20. Jahrhundert extreme Formen annimmt. Da die Geschichte dieses Gegensatzes, der mich auch im nächsten und übernächsten Kapitel (im soziologischen und fiktionalen Kontext) beschäftigen wird, zum Gegenstand einer umfangreichen Arbeit werden könnte, muß ich mich hier, um die Grenzen eines ohnehin langen Kapitels nicht zu sprengen, auf einige wesentliche Punkte beschränken.

An moralischen Polemiken gegen die Herrschaft des Geldes fehlt es weder bei mittelalterlichen Autoren noch bei Rousseau und den Romantikern[10]; erst Marxens Kritik am Warentausch und am Geld hat jedoch nachhaltig ideologiebildend gewirkt. Bekannt sind seine polemischen Bemerkungen zum Geld als Tauschwert in den postum veröffentlichten *Philosophisch-Ökonomischen Manuskripten* von 1844: „1. Es ist die sichtbare Gottheit, die Verwandlung aller menschlichen und natürlichen Eigenschaften in ihr Gegenteil, die allgemeine Verwechslung und Verkehrung der Dinge; es verbrüdert Unmöglichkeiten. 2. Es ist die allgemeine Hure, der allgemeine Kuppler der Menschen und Völker."[11] Marxens Kritik an der Vermittlung durch den Tauschwert, am Kapital und an der Marktgesellschaft allgemein nimmt hier ihren Anfang, und sein Werk wird zum Ausgangspunkt einer zugleich ideologischen und theoretischen Auseinandersetzung mit dem Geld als Kapital im Marxismus.

Diese Auseinandersetzung erreichte einen ihrer Höhepunkte in den sechziger Jahren, als O. Lange in Polen, E. Liberman in der Sowjetunion und O. Šik in der Tschechoslowakei vorsichtig versuchten, marxistische Pauschalurteile über Geld, Ware und Marktgesetz in Frage zu stellen und die Beziehung zwischen Plan und Markt in den osteuropäischen Gesellschaften dialektisch zu untersuchen. Vor allem Ota Šik ging es darum, die Dichotomie Sozialismus/Geldwirtschaft aufzuheben und seinen Lesern die Notwendigkeit eines „sozialistischen Marktes" plausibel zu machen. Dabei wandte er sich u. a. gegen Stalins Versuch, den Gegensatz zwischen Sozialismus und Marktwirtschaft als Dichotomie zu denken: „Stalin behauptete, Ware und Geld seien tatsächlich Fremdkörper

---

[9] Siehe z. B.: A. Heuss, „Alexander der Große und die politische Ideologie des Altertums", in: H. Kloft (Hrsg.), op. cit., S. 153—155.

[10] Im Zusammenhang mit den *Fabliaux* des Jehan Bodel (1165—1210) weist G. C. Belletti darauf hin, daß der Bösewicht in Bodels Texten „intensiv Handel treibt": „che al villano (...) è devoluta una intensa attività commerciale (...)." (Siehe: G. C. Belletti, „Dal ‚mercato osceno' all' oscenità del mercato", in: *L'immagine riflessa* Nr. 9, 1986, S. 254.)

[11] K. Marx, *Die Frühschriften. Von 1837 bis zum Manifest der kommunistischen Partei*, Stuttgart, Kröner, 1971, S. 299.

in der sozialistischen Wirtschaft und seien nur durch die Privateigentumspsychose der Bauern bedingt, die auch durch die Kollektivierung nicht voll zu sozialistischen Produzenten würden."[12]

Zwanzig Jahre später zeigt sich, daß die ideologischen Widerstände gegen die Geldwirtschaft zwar noch beachtlich sind, daß jedoch Warentausch und Marktgesetz im östlichen Europa und in China alles andere als auszumerzende Fremdkörper sind. Im Gegenteil, man möchte die Vorteile der Marktwirtschaft voll nutzen, zugleich jedoch die ideologische und politische Hegemonie der Partei wahren.

Mir geht es hier nicht um die Frage, ob es sich hier um eine neue Quadratur des Kreises handelt, sondern um die Erkenntnis, daß sowohl im Osten als auch im Westen der Gegensatz zwischen Markt und Ideologie eine entscheidende Rolle spielt und daß er (wie sich im nächsten Kapitel zeigen wird) die Entwicklung der soziologischen Terminologie nachhaltig beeinflußt hat. Denn nicht nur Marx und die marxistischen Ideologen stellten das Geld als böse Gottheit dar, sondern auch die konservativen und rechtsradikalen Kritiker des Kapitalismus haben es im Anschluß an monarchistische, carlistische (Pereda) und romantische Strömungen unter die finsteren Mächte der Moderne gereiht.

Zu den bekanntesten Kritikern der Geldwirtschaft gehörte um die Jahrhundertwende Charles Maurras, der Begründer der rechtsradikalen, nationalistischen, monarchistischen und antisemitischen *Action Française* (1899). Stärker noch als Marx hob er die zerstörerische Wirkung des Geldes hervor, das in seinem Diskurs ebenfalls zu einem mythischen Aktanten, zu einer bösen, hinterlistigen Gottheit wird. Der positive Aktant, mit dessen Hilfe das unheilbringende Geld besiegt oder zumindest in Schach gehalten werden soll, ist das Blut, und die semantische Dichotomie *sang/argent* gehört zu den wichtigsten strukturierenden Gegensätzen in Maurras' Diskurs: „In Deutschland oder in England kann das Geld nicht die Wahl des Staatsoberhauptes entscheiden, denn dieses verdankt ja seine Existenz der Geburt und nicht der Meinung. Wie auch immer die finanziellen Einflüsse geartet sein mögen, hier stoßen sie auf einen engen und starken Kreis, den sie nicht durchdringen können. Dieser Kreis gehorcht seinem eigenen Gesetz, das nicht auf die Macht des Geldes reduziert werden kann, das von den Bewegungen der öffentlichen Meinung unberührt bleibt: das natürliche Gesetz des Blutes."[13]

Diese rechtsradikale Argumentation erinnert an die Alfred Rosenbergs und der deutschen Nationalsozialisten, bei denen noch stärker als bei Maurras die Kritik an der Geldwirtschaft mit antisemitischen Parolen verschmilzt. Sie sprechen von „Bankhebräern", „Börsenjuden", dem „leihkapitalistischen Hebräertum" und der „jüdischen Börsendiktatur".[14] Die Originalität dieser Polemik, die einen antisemitischen mit einem antikapitalistischen Diskurs kombiniert, ist freilich gar nicht so groß, wenn man bedenkt, daß es schon im Jahre 1882 im „Manifest des Ersten Internationalen Antijüdischen Kongres-

---

[12] O. Šik, *Plan und Markt im Sozialismus*, Wien, Molden Verlag, 1967, S. 22.
[13] Ch. Maurras, „L'Avenir de l'intelligence", in: ders., *Romantisme et révolution*, Paris, Nouvelle Librairie Nationale, 1922, S. 76.
[14] Zitiert nach: E. Straßner, *Ideologie-Sprache-Politik*, op. cit., S. 171.

ses zu Dresden" hieß: „Die Juden sind zu unumschränkten Herrschern des Geldmarktes geworden (...)."[15] Durch die Verknüpfung der beiden Aktanten *Jude* und *Geld* entsteht ein besonders publikumswirksamer Diskurs, der dem abstrakten Tauschwert eine anthropomorphe Gestalt gibt und ihn dadurch als greifbaren Antihelden erscheinen läßt.

Ein Liberaler, etwa ein Anhänger des Kritischen Rationalismus, könnte nun versucht sein zu schließen: hier zeige sich wieder einmal, welch ein gefährlicher Ungeist linke Marxisten mit rechtsradikalen Ideologen verbinde, deren Ablehnung der Marktwirtschaft mit einer Ablehnung des Pluralismus und der Demokratie Hand in Hand gehe ... Das Problem ist leider nicht so einfach, denn ein aufmerksamer Leser von Maurras' Werk stößt hin und wieder auf kritische Argumente, denen er sich nicht ohne weiteres verschließen kann: „Nun, diese Suche nach der intellektuellen Ware auf einem Wirtschaftsmarkt macht die wahre Bedrohung der zeitgenössischen Intelligenz aus."[16] Marx, die Marxisten und Vertreter der Kritischen Theorie hätten gegen diese Aussage wohl nichts einzuwenden.

Das Problem ist, daß die Marktgesetze durch ihre Indifferenz allen qualitativen (moralischen, politischen, ästhetischen und affektiven) Werten gegenüber und durch ihre destruktiven Auswirkungen auf bestimmte Gebrauchswerte wie Lebensmittel, Medikamente und Bestandteile der Umwelt immer wieder neue ideologische und kritisch-theoretische Reaktionen provozieren. Diese kommen in der Gegenwart vor allem in den Schriften der ökologischen, feministischen und ökofeministischen Bewegungen zum Ausdruck, die zeigen, daß das „Ende der Ideologien" noch recht weit entfernt ist. Besonders charakteristisch für den Gegensatz zwischen Markt und Ideologie ist die Streitschrift von Françoise d'Eaubonne, in der an entscheidender Stelle zu lesen ist: „Die erste Verantwortliche ist die hyperurbane und hyperindustrialisierte technologische Zivilisation, die in rasender, unaufhaltsamer Fahrt dem Profit nachjagt, wie das brennende Rad, das die Gallier die Hügel hinunterrollen ließen (...)."[17] Angriffe auf die marktorientierte Technologie, die kommerzialisierte Sexualität (Pornographie) und die marktbedingte Umweltzerstörung finden sich in zahlreichen Publikationen der ökologischen und feministischen Bewegungen: etwa in *Emma*.[18]

Daß wir es mit einem globalen und seit dem frühen 19. Jahrhundert immer schon latent wirkenden Gegensatz zwischen Markt und Ideologie, zwischen Tauschwert und ideologischem Wert, zu tun haben, zeigen auch eher banale Zeitungsartikel und Zeitungskommentare, die alle Jahre wieder in der Vorweihnachtszeit veröffentlicht werden. So heißt es beispielsweise in den *Aachener Nachrichten* (8.11.85, S. 1) im Zusammenhang mit einem Appell des „Zentralkomitees der deutschen Katholiken": „Weihnachten ist ‚ein Fest, kein Jahrmarkt'": „An Wirtschaft, Werbung, die Medien und alle Christen

---

[15] ibid., S. 162.
[16] Ch. Maurras, op. cit., S. 70.
[17] F. d'Eaubonne, *Feminismus oder Tod. Thesen zur Ökologiedebatte*, München, Verlag Frauenoffensive, 1975, S. 190.
[18] Siehe: z. B.: *Emma* Nr. 11, November, 1987, S. 27: „Deswegen betrachten wir ja Porno und Werbung im Zusammenhang bei unserer Kampagne." — Siehe auch S. 22.

appellierte das Komitee am Donnerstag, diese Zeit nicht in ‚oberflächlicher Betriebsamkeit, in Werberummel und Medienspektakel' aufgehen zu lassen." Etwas nuancierter drückt zwei Jahre später Dr. Ulrich Wilckens, der Bischof von Holstein-Lübeck, den ideologischen Antagonismus zum Markt aus, wenn er in der *Zeit* (25.12.87, S. 1) über das Urbild christlicher Nächstenliebe schreibt: „Solange das allerdings nur als ein Ideal gilt, so schön wie fern der rauhen Wirklichkeit, in der es um Geld und Macht geht und in der man so oft genötigt wird, das Auge der Nächstenliebe zuzudrücken (...) — so lange ist der eigentliche Sinn von Weihnachten noch nicht entdeckt." Wie schon im Text des „Zentralkomitees" werden auch im Leitartikel des Bischofs Markterscheinungen (*Jahrmarkt, Betriebsamkeit, Werberummel, Geld, Macht*) mit negativen Konnotationen versehen und (wahrscheinlich im Anschluß an Habermas) der *gemeinsamen Lebenswelt* und den ihr entsprechenden semantischen Isotopien entgegengesetzt.

Die Zählebigkeit und *Heterogenität* der Kollektivsprachen oder Soziolekte, deren Diskurse sich gegen die Marktgesellschaft richten, scheinen die hier formulierte Hypothese zu bestätigen, daß es einen globalen strukturierenden Gegensatz zwischen Markt und Ideologie gibt und daß Struktur und Funktion der Ideologie im Rahmen dieses dialektischen (nicht: dichotomischen) Gegensatzes zu erklären sind.

Natürlich bedeutet dies nicht, daß Apologien der „freien" oder der „sozialen Marktwirtschaft", die so manche Rede Helmut Kohls, Margaret Thatchers und Ronald Reagans beherrschen, keine Ideologien sind. Es ist in diesem Zusammenhang wichtig zu bedenken, daß gerade „Freiheit" und „soziale Verantwortung" oder „Gerechtigkeit" als Ideologeme qualitative Werte bezeichnen, die jederzeit mit den Marktgesetzen kollidieren können: sooft der individuelle Unternehmer der wirtschaftlichen Konzentration zum Opfer fällt, sooft Sparmaßnahmen oder Fusionen auf Kosten der sozial Schwachen durchgesetzt werden. Auch die Apologien der Tauschgesellschaft — etwa im Liberalismus — laufen schließlich auf eine ideologische Verteidigung der Qualität gegen quantitative Kriterien hinaus. Der Grundwiderspruch der liberalen Ideologien ist in diesem Kontext zu verstehen: Sie verteidigen eine Gesellschaftsordnung, die immer wieder ihre Werte — individuelle Autonomie, Leistung, Gerechtigkeit, Freiheit, ethische Verantwortung und ästhetische Qualität — durch den Tauschwert negiert. — Der Markt, der den liberalen Individualismus hervorbrachte, stellt ihn selbst wieder in Frage.

Welche Funktion erfüllt nun die Ideologie als Diskurs in der modernen Marktgesellschaft? Sie macht Individuen und Gruppen zu handlungsfähigen Subjekten, indem sie sie — wie die hier angeführten Beispiele zeigen — gegen die Indifferenz des Tauschwerts mobilisiert, die jene „Verbraucherhaltung" zeitigt, von der auch Erich Straßner in *Ideologie, Sprache, Politik* (1987) spricht: „Ursachen für diese Indifferenz und Verbraucherhaltung sind ein Mangel an persönlicher Betroffenheit, eine antizipierte und reale gesellschaftliche Hilflosigkeit (....)."[19] In dem hier konstruierten Kontext erscheint allerdings eine Umkehrung von Straßners Argumentation möglich: Nicht der „Mangel an persönlicher Betroffenheit" und die „Hilflosigkeit" sind die Ursachen der Indifferenz und Ver-

---

[19] E. Straßner, *Ideologie-Sprache-Politik*, op. cit., S. 39.

braucherhaltung, sondern die Indifferenz als marktbedingte Krise der kulturellen und sprachlichen Werte (der „Wort-Werte") ist für die Dominanz des Konsumverhaltens und für die politische, moralische und religiöse Gleichgültigkeit verantwortlich.

Den hier beschriebenen Kausalnexus hat bereits Georg Simmel in seinem bekannten Aufsatz „Die Großstädte und das Geistesleben" sowie in der *Philosophie des Geldes* (1900) untersucht: „Indem das Geld alle Mannigfaltigkeiten der Dinge gleichmäßig aufwiegt, alle qualitativen Unterschiede zwischen ihnen durch Unterschiede des Wieviel ausdrückt, indem das Geld, mit seiner Farblosigkeit und Indifferenz, sich zum Generalnenner aller Werte aufwirft, wird es der fürchterlichste Nivellierer, es höhlt den Kern der Dinge, ihre Eigenart, ihren spezifischen Wert, ihre Unvergleichbarkeit rettungslos aus."[20] In der Philosophie des Geldes ist schließlich von der „Charakterlosigkeit" des Geldes die Rede.[21]

Dieser kritische Diskurs, der für die Soziologie der Jahrhundertwende kennzeichnend ist, und den Jahrzehnte später Theodor Adorno, Walter Benjamin und Lucien Goldmann in einer Zeit allumfassender Kommerzialisierung weiterentwickeln[22], stellt die Auswirkungen des Tauschwerts in deren extremer Form dar: Die Indifferenz als Vertauschbarkeit und Nivellierung der kulturellen und sprachlichen Werte ist das Endstadium einer langen Entwicklung, die verschiedene Phasen durchläuft, zu denen die Ambiguität und die Ambivalenz der Werte (der Wort-Werte) gehören. Die Sprache der Werbung neigt dazu, semantische Gegensätze durch spektakuläre, „karnevalistische" (Bachtin) Assoziationen zu reduzieren. Dabei werden das Hohe und das Niedere, das Wichtige und das Triviale, Kunst und Schund, Wissenschaft und Aberglaube auf destruktive Art miteinander verknüpft. Ein bekanntes Beispiel ist der von Musil zitierte Ausdruck „ein geniales Rennpferd", der das „Geniale" mit dem „Animalischen" verschmelzen läßt und dadurch das Genie als etwas Ambivalentes diskreditiert. Ähnliches geschieht, wenn mit Goethe für ein Mineralwasser oder mit Napoleon für einen Cognac geworben wird.

Nun sollte die kritische Wirkung dieser karnevalistischen Verbindungen nicht übersehen oder gar geleugnet werden. Mit Recht hebt Michail Bachtin immer wieder die *kritische* Funktion der karnevalistischen Ambivalenz in der Romanliteratur und im Karnevalsgeschehen selbst hervor.[23] Da er die Ambivalenz jedoch nicht auf den Tauschwert und die Marktgesetze bezieht, verdeckt er ihre destruktiven Impulse, die zur Indifferenz drängen. Die Ambivalenz als dialektisches Prinzip, als Einheit der Gegensätze, ist zwar

---

[20] G. Simmel, „Die Großstädte und das Geistesleben", in: ders., *Das Individuum und die Freiheit. Essais*, Berlin, Verlag Klaus Wagenbach, 1984, S. 196.

[21] G. Simmel, *Die Philosophie des Geldes*, Berlin, Duncker & Humblot, 1977 (6. Aufl.), S. 483: „Eben dies ist ersichtlich auch die Charakterlosigkeit des Geldes. Wie es an und für sich der mechanische Reflex der Wertverhältnisse der Dinge ist und allen Parteien sich gleichmäßig darbietet, so sind innerhalb des Geldgeschäftes alle Personen gleichwertig, nicht, weil jede, sondern weil keine etwas wert ist, sondern nur das Geld."

[22] L. Goldmanns Kommentar zur Herrschaft des Tauschwerts über die „qualitativen Werte" erinnert häufig an die Darstellungen Simmels. In seiner *Soziologie des Romans*, Frankfurt, Suhrkamp, 1984, S. 33 ist von der gegenwärtigen Tendenz die Rede, „das Geld und das soziale Prestige zu absoluten Werten zu machen und nicht mehr als Vermittlungen zu begreifen, welche den Zugang zu anderen, qualitativen Werten ermöglichen (...)."

[23] Siehe: M. M. Bachtin, *Probleme der Poetik Dostoevskijs*, München, Hanser, 1971, S. 200: „Die Karnevalisierung hat die *offene* Struktur des großen Dialogs ermöglicht (...)."

ein kritisches Verfahren, das auch die Romanliteratur, wie sich im übernächsten Kapitel zeigen wird, mit Erfolg gegen den ideologischen Dogmatismus wendet; sie ist aber zugleich ein zerstörerisches Prinzip, dessen sich die kommerzialisierten Sprachen und allen voran die Werbung auf skrupellose Art bedienen, um die Umsatzraten zu steigern: „Umweltschutz trägt Zinsen. 7 Prozent."[24]

Der radikale Ideologe würde in diesem Fall — vielleicht nicht zu Unrecht — einwenden: daß erst jenseits der Zinsenwirtschaft sinnvoller Umweltschutz möglich ist. Die grundsätzliche Ambivalenz des Marktes besteht darin, daß er auch Faktoren integriert, die seine Existenz oder Daseinsberechtigung in Frage stellen: den Umweltschutz, die Revolution, den Ästhetizismus und den religiösen Glauben. Der gleichgültige Kapitalist ist im Prinzip bereit, „Umweltanleihen", Che-Guevara-Mützen, Madonna-Statuen, Pilgerfahrten nach Lourdes oder Apfelsinen aus Südafrika, Israel und Kuba zu verkaufen.

Hier treten die Ideologen auf den Plan und versuchen, gleichgültige Konsumenten zu motivieren, keine Waren aus Südafrika oder Chile (aus der Sowjetunion oder Vietnam) zu kaufen. Sie möchten die Individuen aus der marktbedingten Indifferenz herausführen, um sie zu ideologischen Subjekten zu machen, die sich nicht mehr ausschließlich (überhaupt nicht mehr) am Preis orientieren. Hier zeigt sich, daß Althusser und Pêcheux zwar recht haben, wenn sie behaupten, die Ideologie mache die Individuen zu Subjekten (s. Kap. 5), daß sie es aber versäumen, auf den konkreten sozio-ökonomischen und sozio-linguistischen Kontext einzugehen, in dem die ideologische Subjektivität sich konstituiert: auf den Kontext der Marktgesellschaft, in der die Ideologie der Indifferenz der Marktgesetze (des Tauschwerts) opponiert. Die Wurzeln dieser Opposition reichen tief in vergangene Jahrhunderte hinein, in denen die Gegensätze zwischen Geld und Moral oder Geld und Glauben eine wichtige Rolle spielten. Ganz zu Recht erinnert Daniel Bell an das feudale Erbe des bolschewistischen Helden, des ideologischen Subjekts *par excellence*: „Er allein setzt als ein Mann der Tat und als Soldat der Zukunft die Tradition der Tapferkeit fort: das aristokratische Erbe, welches der westlichen Kultur zuteil wurde, jedoch durch das engstirnige Geldkalkül der Bourgeoisie verkam. (Kann der Geschäftsmann ein Held sein?)"[25] (Auf die Bedeutung des Gegensatzes zwischen Markt und Ideologie für die *Soziologie* will ich im nächsten Kapitel näher eingehen.)

Die Funktion der Ideologie in der Marktgesellschaft erschöpft sich freilich nicht in ihrer Opposition zum Markt, sondern wird weitgehend von ihrem Gegensatz zu anderen Ideologien bestimmt. Dieser Aspekt des Ideologieproblems ist häufig erörtert worden und wird hier deshalb nicht ausführlich untersucht. So verschiedene Autoren wie Pierre Ansart, Michel Roig, Martin Seliger und Göran Therborn stimmen in der Ansicht überein, daß Ideologien einen polemischen Charakter haben und stets im Rahmen eines Konfliktmodells, d. h. im Zusammenhang mit anderen Ideologien, zu verstehen sind.

Im Anschluß an Georges Sorels *Réflexions sur la violence* (1906) weist Pierre Ansart darauf hin, daß die Ideologie als sozialer „Mythos" (Sorel) dadurch für das Handeln einer Gruppe oder Klasse funktional wird, daß sie ihr als „unwiderlegbares Projekt", als

---

[24] *Kleine Zeitung* (Klagenfurt), 24.11.87, S. 13.
[25] D. Bell, *The End of Ideology*, New York, The Free Press, London, Collier Macmillan (1960), 1967, S. 292.

„Überzeugung" gestattet, „sich dem ideologischen Zugriff feindlicher Klassen zu entziehen."[26] Dieser Gedanke wird von Göran Therborn weiterentwickelt, wenn er zwischen „ego-ideologies" und „alter-ideologies" unterscheidet, um zu zeigen, daß eine Ideologie im Hinblick auf ein Kollektiv sowohl eine interne als auch eine externe Funktion erfüllt: „Die Ideologie einer herrschenden Bourgeoisie beispielsweise sollte sowohl als Ego-Ideologie analysiert werden, die die Subjekte der Bourgeoisie selbst bildet, als auch als Alter-Ideologie, die die Bildung anderer Klassensubjekte beherrscht oder zu beherrschen sucht."[27]

Diese These setzt freilich voraus, daß es immer gelingt, eine Ideologie (genauer: einen ideologischen Soziolekt) einer bestimmten Gruppe zuzuordnen. Diese Möglichkeit wurde in der Vergangenheit vor allem von Martin Seliger in Frage gestellt.[28] Während die Ideologie der *Action française*, der *Azione cattolica* oder der *Roten Armee Fraktion* einer bestimmten Gruppe zugerechnet werden kann, ist die Zurechnung der sozialistischen Ideologie in Frankreich und der sozialdemokratischen in Westdeutschland, Österreich oder der Schweiz wesentlich problematischer.

Richtig ist wohl auch Seligers Hinweis, daß die meisten Ideologien zwar miteinander konkurrieren und in Konflikt geraten, einander jedoch nicht in jeder Hinsicht ausschließen: „Obwohl Ideologien in bezug auf Zeitraum und Klasse unterschieden werden können, müssen sie aus diesem Grunde nicht in allen wesentlichen Punkten miteinander unvereinbar sein."[29] Die textsoziologische Erweiterung dieses Satzes lautet: Ideologische Soziolekte und Diskurse geraten in einer bestimmten sozio-linguistischen Situation in Konflikt, die ihre gemeinsame noetische Grundlage bildet. Jurij Lotman würde sagen, daß die Ideologen *nolens volens* im Rahmen eines bestimmten *Kulturtextes* agieren, der den gemeinsamen Nenner ihrer Querelen bildet. Es bleibt jedoch der Gedanke, das Ideologien einen polemischen Charakter, einen Konfliktcharakter haben. Aus ihm kann ihre *dualistische, manichäische Struktur* abgeleitet werden.

Da ich im nächsten Abschnitt ausführlich auf die strukturellen Aspekte und die diskursiven Verfahren der Ideologie(n) eingehen werde, will ich mich hier auf zwei wesentliche Charakteristika des ideologischen Diskurses beschränken: den Dualismus (Manichäismus) und den Monolog. Beide sind im Zusammenhang mit der ideologischen Funktion zu erklären, da die Ideologie der Indifferenz des Tauschwertes sowie anderen

---

[26] P. Ansart, *Idéologies, conflits et pouvoir*, Paris, PUF, 1977, S. 66.
In einem ähnlichen Zusammenhang weist Michel Roig auf die Funktion des ideologischen Manichäismus hin: „C'est en effet en créant ou en attisant la séparation et l'hostilité entre les groupes qu'elle (l'idéologie) favorise et développe l'unité dans chacun de ces groupes." (M. Roig, „Réflexions sur les propriétés structurelles du discours idéologique", in: *Analyse de l'idéologie*, sous la direction de G. Duprat, Paris, Editions Galilée, 1980, S. 57.)

[27] G. Thörborn, *The Ideology of Power and the Power of Ideology*, London, Verso Edition/NLB, 1980, S. 28. (Siehe auch Anmerkung Nr. 7 in diesem Kapitel.)

[28] Siehe: M. Seliger, *The Marxist Conception of Ideology. A Critical Essay*, Cambridge, Cambridge University Press, 1977, S. 166: „Overlapping of the specific contents of ideologies in any one or more of these components of ideological argumentation, that is, ideological pluralism, affords further proof of the severely limited validity of the contention that ideologies are linked in every respect to a certain social class structure and a given period and are explicable only in reference to them."

[29] M. Seliger, op. cit., S. 202.

Ideologien nur dann wirksam begegnen kann, wenn sie von semantischen Dichotomien ausgeht und die Welt in Gut und Böse, Freund und Feind, Wahr und Falsch einteilt. Zugleich muß sie monologisch den Anspruch erheben, nicht Partialsystem, sondern die ganze Wahrheit, die ganze Wirklichkeit zu sein. Nur so kann es ihr gelingen, Individuen und Gruppen als Subjekte im Rahmen bestimmter diskursiver Schemata zu mobilisieren und die Erkenntnisansprüche konkurrierender Ideologien auszuschalten.

Das dualistische und monologische Schema des ideologischen Diskurses ist nicht statisch, sondern variiert in seiner Intensität und Radikalität in Übereinstimmung mit der sozialen Funktion, die eine Ideologie zu einem bestimmten Zeitpunkt zu erfüllen hat. Konkret bedeutet dies, daß der Manichäismus und Monologismus (Hermetismus) eines ideologischen Diskurses sich in dem Maße verstärkt, wie sich der sprachliche und soziale Konflikt zuspitzt. In einer sozio-linguistischen Situation, in der Gruppen und Klassen einander im Extremfall mit Gewalt bekämpfen, entsteht der ideologische Diskurs *par excellence*, der einen scharfen Trennungsstrich zwischen Gut und Böse, zwischen Freund und Feind zieht.

Es ist der rechtsradikale oder linksradikale Diskurs, der auf einem dualistischen Aktantenmodell aufbaut und nur Helden und Verräter (Unmenschen) kennt. Im Rahmen eines solchen Diskurses werden Formen der Ambiguität, der Ambivalenz oder gar der Indifferenz als Verrat geahndet: „Wer nicht für uns ist, ist gegen uns." Ein solcher Diskurs läßt keinen Dialog mit andersartigen Sprachformen zu: denn der Dialog geht aus der Ambiguität und der Ambivalenz hervor und setzt eine gewisse ironische Distanz dem eigenen Tun und Sagen gegenüber voraus. Eine solche Distanz wird jedoch in den Sprachen des Nationalsozialismus, des Stalinismus und des Maoismus der Kulturrevolution als Verrat definiert: „Hacks", heißt es in einer Rede des SED-Funktionärs Kurt Hager, „läßt also absichtlich nicht zu, daß sich der Zuschauer emotionell mit den Gestalten, die die Partei und die Arbeiterklasse verkörpern, identifiziert. Die kritische Distanz ersetzt die sozialistische Parteilichkeit."[30] — Wo Individuen und Gruppen als ideologische Subjekte mobilisiert werden sollen, sind ästhetische Ambiguität und Distanz (oder gar Ironie) nicht gefragt.

Natürlich gibt es auch liberale, konservative, katholische, sozialdemokratische oder kommunistische (PCI) Diskurse, deren dualistische Konstruktionen an zahlreichen Stellen abgeschwächt sind und deren Autoren zumindest *scheinbar* Zweideutigkeiten anerkennen und auf die Argumente der Gegner eingehen. Es zeigt sich aber immer wieder, daß dualistische Schemata voll zum Tragen kommen, sobald ein Konflikt sich verschärft, sobald ein soziales Ereignis die Gemüter erregt. So lehnen beispielsweise die katholischen Bischöfe Gesamtirlands in ihrem Kommentar zum Terroranschlag der IRA in Enniskillen *expressis verbis* die *Ambivalenz* ab und reden dem ideologischen *Dualismus* das Wort: „Es kann keinen Platz für Ambivalenz geben. Die Wahl für alle Katholiken ist klar. Es ist die Wahl zwischen Gut und Böse. Es ist sündhaft, Organisationen, die in Gewalttaten engagiert sind, beizutreten oder in ihnen zu verbleiben."[31]

---

[30] K. Hager, „Parteilichkeit und Volksverbundenheit unserer Literatur und Kunst" (1963), in: *Dokumente zur Kunst-, Literatur- und Kulturpolitik der SED* (Hrsg. E. Schubbe), Stuttgart, Seewald Verlag, 1972, S. 868.

[31] Zitiert nach: R. Hill, „Gemeinsam gegen den Terror", in: *Die Presse* (Wien), 13.11.87, S. 3.

Klar tritt in dieser Passage die praktische Funktion des ideologischen Dualismus zutage: Er soll vor allem unter Sympathisanten oder politischen Anhängern der IRA eine „Entweder-Oder-Entscheidung" für das „Gute" herbeiführen. Daß das Gute in Irland zumindest teilweise auf jahrhundertealter Gewaltanwendung gründet und mit dem Bösen — wie Nietzsche sagen würde — „verknüpft, verhäkelt" ist, darf der Ideologe nicht aussprechen; der Theoretiker muß es aber tun, wenn er das dualistische und monologische Gehäuse sprengen will.

Diese Überlegungen zum Nexus zwischen Struktur und Funktion der Ideologie lassen vermuten, daß ein Ende der Ideologien noch nicht abzusehen ist. Die These vom Ende des ideologischen Zeitalters, die zusammen mit Raymond Aron Daniel Bell (1960) verteidigte, in späteren Arbeiten jedoch relativierte[32], und die Jürgen Habermas neuerdings weiterentwickelt (s. Kap. 4), enthält zumindest drei Schwachstellen:

1. Sie gründet bei allen drei Autoren auf der Annahme, daß ideologische Entscheidungen in der modernen Industriegesellschaft allmählich von pragmatischen, technischen und wertindifferenten Entscheidungen verdrängt werden. Unberücksichtigt bleibt dabei die Dialektik zwischen marktbedingter Indifferenz und ideologischer Reaktion: die Tatsache, daß gerade die Wertindifferenz des Tauschwerts ideologische, dualistische Reaktionen provoziert. Dies zeigen die hier angeführten Beispiele von Maurras über den Nationalsozialismus bis zum zeitgenössischen Ökofeminismus und Marxismus.

2. Sie konzentriert sich — wie Habermas' Bemerkungen in der *Theorie des kommunikativen Handelns* zeigen — auf die sogenannten Großideologien (Konservatismus, Liberalismus, Marxismus, Faschismus), die in der Zwischenkriegszeit große Massen bewegten, und vergessen dabei die „Kleinideologien" relativ homogener Splittergruppen, die in kurzer Zeit allerdings größere Teile der Gesellschaft erfassen können: Ökologen, Feministinnen, Pazifisten etc. Gerade Habermas, der ideologisierbare Begriff wie „System" und „Lebenswelt" geprägt hat, die heute das Vokabular der Bischöfe, der Grünen und der Pazifisten bereichern, hatte keinen Grund, die Funktion von Ideologien zu unterschätzen.

3. Sie setzt sich allzu leichtfertig über die Tatsache hinweg, daß gerade in der modernen Gesellschaft, in der Religionen der Säkularisierung weichen, Ideologien für das individuelle und kollektive *Handeln* unentbehrlich werden. Woher sollen Gruppen und Individuen in einer säkularisierten und vom wertindifferenten Tauschwert beherrschten Gesellschaft ihre Subjektivität (Althusser, Pêcheux) beziehen, wenn nicht aus der Sprache der Ideologie? Mit ihrer Hilfe können sie die soziale Wirklichkeit definieren, klassifizieren und zusammenhängend erzählen; mit ihrer Hilfe können sie die Komplexität ihrer Umwelt reduzieren und handeln.

---

[32] Siehe: R. Aron, „Fin de l'Age Idéologique?", in: *Sociologica I. Aufsätze Max Horkheimer zum 60. Geburtstag gewidmet*, Köln, Europäische Verlagsanstalt, 1974 (2. Aufl.), S. 222; D. Bell, *The End of Ideology*, op.cit. und D. Bell, *Die Zukunft der westlichen Welt. Kultur und Technologie im Widerstreit*, Frankfurt, Fischer, 1976. — Im letztgenannten Buch nimmt Bell seine Hauptthese aus den sechziger Jahren zurück, wenn er schreibt: „Im Unterschied zu Wirtschaftsformen und veralteten Technologien verschwinden Ideologien nicht." (S. 78)

In diesem Zusammenhang kann ich Niklas Luhmann nur recht geben, wenn er feststellt: „Ideologien erweisen sich Tag für Tag als lebenskräftig: Von einem Ende des ideologischen Zeitalters kann keine Rede sein. Richtig ist nur, daß der ideologische Eifer erlahmt (weil er nicht mehr benötigt wird) und durch eine routinierte Pflege ideologischer Orientierungen ersetzt wird."[33] Den letzten Satz möchte ich allerdings anzweifeln: Er zeigt, daß Luhmanns Text aus dem Jahre 1962 stammt, als es weder den radikalen Feminismus, noch die „Grünen", noch die neue IRA, noch die neofaschistische MSI in ihrer heutigen Form gab. Wesentlich scheint mir jedoch seine Überlegung aus *Soziale Systeme* (1984) zu sein, derzufolge die Krise der Wertsetzungen und der tradierten „Erzählungen", die die Postmoderne prägt, kein „Ende der Ideologien" mit sich bringt, sondern — im Gegenteil — ideologische Reaktionen: „Lyotard hat die Postmoderne geradezu als das Ende aller ‚métarécits', als ‚l'incrédulité à l'égard des métarécits' charakterisiert (und das ist eine bessere Formel als die vom Ende der Ideologien, weil Ideologien dem gleichen Syndrom angehören und schon eine Antwort darauf waren)."[34] Im übernächsten Kapitel wird sich im Zusammenhang mit der Ideologiekritik im Roman zeigen, wie die Ideologie auf die Krise der Sprache und der Erzählung („récit") reagiert.

Doch Ideologien sind nicht nur Reaktionen auf die marktbedingte Krise der Werte und der Sprache; sie reagieren auch auf die marktorientierte Technik und die wertfreie Naturwissenschaft, die immer wieder von wertenden Diskursen vereinnahmt werden. Die Entwicklung der Technik, der Technologien und der Naturwissenschaften ist *als solche*, als wertneutraler Prozeß, für die individuelle oder kollektive Subjektkonstitution untauglich. Erst dort, wo im Rahmen eines liberalen, marxistischen oder faschistischen Diskurses vom „technischen oder wissenschaftlichen Fortschritt" die Rede ist, werden „Technik" und „Wissenschaft" zu Ideologemen, die die Subjektkonstitution begünstigen: Sie werden zu Aktanten eines *narrativen Programms* (Greimas), dessen Ziel die klassenlose Gesellschaft, die Herrschaft einer Rasse oder die völlig rationale Welt der Aufklärung ist.

Könnte es nicht sein, daß das Bedürfnis nach Ideologie in dem Maße wächst, wie Geld, Technik und Wissenschaft ihren Machtbereich ausdehnen und immer neue existentielle *Fragen* aufwerfen, die nur ideologisch *eindeutig zu beantworten* sind? In diesem Zusammenhang argumentiert auch Karl Dietrich Bracher gegen die These vom Ende der Ideologien: „Das Bedürfnis nach Weltanschauungen, die Anfälligkeit für den Gebrauch und Mißbrauch politischer Ideologien wird gerade im Augenblick der neuen dramatisierten Fortschrittsbrechungen spürbar und mobilisierbar. Wissenschaftlicher und technischer Fortschritt haben uns nicht etwa besser befähigt, ideologischen Verführungen besser entgegenzutreten, sie haben vielmehr die Aufgabe noch erschwert, die dem Menschen als Bürger gestellt ist: Politik selbst zu denken und mitzugestalten (...)".[35]

---

[33] N. Luhmann, „Wahrheit und Ideologie. Vorschläge zur Wiederaufnahme der Diskussion" (1962), in: H.-J. Lieber (Hrsg.), *Ideologie-Wissenschaft-Gesellschaft*, Darmstadt, Wiss. Buchgesellschaft, 1976, S. 53.
[34] N. Luhmann, *Soziale Systeme. Grundriß einer allgemeinen Theorie*, Frankfurt, Suhrkamp, 1987, S. 587.
[35] K. D. Bracher, *Zeit der Ideologien. Eine Geschichte politischen Denkens im 20. Jahrhundert*, Stuttgart, Deutsche Verlags-Anstalt, 1982, S. 18.

Daniel Bell und Raymond Aron irrten, als sie glaubten, pragmatische Wirtschaftsplanung und technologischer Fortschritt würden die ideologischen Fragestellungen allmählich verdrängen. Was Bell als „acceptance of a welfare state" bezeichnet[36], schließt ideologische Reaktionen keineswegs aus. Im Gegenteil: Margaret Thatcher und die radikalen Konservativen haben gezeigt, daß der Wohlfahrtsstaat der sechziger Jahre, aus dem Werke wie *The End of Ideology* (1960) hervorgegangen sind, zur Zielscheibe ideologischer Angriffe werden kann.

Zugleich fällt auf, daß die neuen, die jüngeren Exponenten der britischen Labour Party keineswegs (wie seinerzeit Hugh Gaitskell, Harold Wilson und Jim Callaghan) einem ideologiefreien Pragmatismus das Wort reden. Roy Hattersley setzt sich beispielsweise in *Choose Freedom* (1987) für eine kohärente Formulierung und Erneuerung der Labour-Ideologie aus. Im ersten Kapitel des Buches, das den symptomatischen Titel „In Praise of Ideology" trägt, heißt es: „Irgendeine klare ideologische Grundlage ist wesentlich. Wir sollten uns vergewissern, daß wir uns für die richtige entscheiden."[37] Hattersley reagiert mit solchen Forderungen nicht nur auf den wirtschaftlichen Neoliberalismus der Tories, sondern auch auf die politische Konkurrenz der Sozialdemokraten und Liberalen, von denen er behauptet, sie hätten den ideologiefeindlichen Pragmatismus der alten Labour-Partei usurpiert ... Es ist übrigens aufschlußreich zu beobachten, daß er sein ideologisches Projekt *im Gegensatz zum Utilitarismus* der alten Labour-Bewegung formuliert (die er als „Benthamite movement" bezeichnet) und dadurch in einem ganz anderen Kontext den stets von neuem ausbrechenden Antagonismus zwischen Markt, Technik und Ideologie inszeniert. Dieser hat freilich dialektischen Charakter und ist nicht linear-kausal als Verdrängung der Ideologien durch Wirtschaft und Technik oder als endgültige Ideologisierung der Gesellschaft zu beschreiben.

2. Die diskursiven Verfahren der Ideologie

Anders als Luhmann glaube ich nicht, daß die Alternative zu einer ideologischen Kritik der Ideologien deren Funktionsanalyse ist und daß die „Möglichkeiten einer wissenschaftlichen Ideologiekritik (...) an die Funktion der Ideologie anknüpfen."[38] Obwohl ich eine Funktionsanalyse nicht nur im Bereich der Ideologie, sondern auch im Bereich der Theorie für notwendig halte (s. Teil 3), meine ich, daß eine theoretische (wissenschaftliche) Kritik der Ideologie vor allem die diskursive Anordnung anvisieren sollte.

Das Problem kann nicht dadurch gelöst werden, daß man es auf die funktionale Ebene verlagert: Denn der funktionale systemtheoretische Diskurs ist selbst nicht völlig ideologiefrei; auch er kann die eigene Ideologieproblematik, die seiner diskursiven Anordnung zugrundeliegt, nicht schlicht ausblenden und so tun, als verbinde ihn nichts mit seinem Gegenstand, mit der Ideologie. Der theoretische Diskurs, für den ich plädiere,

---

[36] D. Bell, *The End of Ideology*, op. cit., S. 402.
[37] R. Hattersley, *Choose Freedom. The Future for Democratic Socialism*, London, Penguin, 1987, S. 20.
[38] N. Luhmann, „Wahrheit und Ideologie", op. cit., S. 46.

geht von der eigenen Komplizenschaft mit der Ideologie aus und ist bestrebt, diese Komplizenschaft durch eine Analyse der diskursiven Verfahren der Ideologie abzuschwächen. Von einem radikalen Bruch mit der Ideologie kann in diesem Kontext (anders als bei den Kritischen Rationalisten oder bei Althusser) nicht die Rede sein.

In der Einleitung zu diesem Kapitel habe ich bereits angedeutet, daß eine Diskurskritik im Sinne der Textsoziologie sich nicht damit begnügen kann, die „rhetorischen Tricks" der Ideologen und Propagandisten aufzuzählen. Es geht darum, den ideologischen Diskurs — soweit wie möglich — als eine Struktur, als semantisch-syntaktische Einheit zu beschreiben und zu zeigen, wie seine wesentlichen Aspekte einander ergänzen und bedingen. Olivier Reboul meint beispielsweise, ein Charakteristikum der ideologischen Sprache sei ihre „Esoterik" (etwa lateinische Termini oder philosophische Floskeln), mit deren Hilfe Machthaber ihr unwissendes Publikum einschüchtern oder manipulieren.[39] Nun gibt es aber auch esoterische Ausdrücke im theoretischen oder fiktionalen Bereich, die entweder keine ideologische Funktion erfüllen (etwa Hjelmslevs Begriff „Metasemiologie") oder gar ideologie- und sprachkritisch wirken, wie manche Wortkombinationen Celans oder Mallarmés.[40] Esoterik erfüllt erst dann eine ideologische Funktion, wenn sie zusammen mit anderen Faktoren im Diskurs ein Strukturganzes bildet: eine Art Syndrom.

Diese Überlegungen scheinen mir deshalb wichtig zu sein, weil ich meine, daß nur die Darstellung eines *Strukturganzen* eine Unterscheidung zwischen Ideologie und Theorie ermöglicht. Auf lexikalischer, stilistischer und rhetorischer Ebene können zahlreiche Übereinstimmungen zwischen ideologischen und theoretischen Diskursen aufgezeigt werden, zumal Ideologen immer wieder versuchen, ihre Argumente „wissenschaftlich" zu fundieren und das Vokabular der Natur- und Sozialwissenschaften rhetorisch optimal einzusetzen. Metaphern, Metonymien, Synekdochen und andere Stilfiguren kommen sowohl in ideologischen als auch in theoretischen Texten vor; auch Übertreibungen, die in zahlreichen Schemata und Diagrammen der Naturwissenschaften eine didaktische Funktion erfüllen. Bekanntlich sagte Adorno von der Psychoanalyse, an ihr seien „nur die Übertreibungen wahr". Diese Behauptung ist wohl selbst eine Übertreibung, jedoch keine ideologische. Um ideologisch zu wirken, müssen alle diese Faktoren zu Funktionen einer bestimmten diskursiven Anordnung werden.

Diese gilt es hier zu untersuchen: mit Hilfe eines zugleich analytischen und synthetischen Verfahrens, das es gestatten soll, verschiedene Aspekte des ideologischen Diskurses zu unterscheiden und zu zeigen, wie diese Aspekte in einzelnen Diskurstypen (Modellen) praktisch zusammenwirken.

a) *Dualismus, Relevanz und Klassifikation*

Im vorigen Kapitel wurde die Bedeutung der Relevanzkriterien und der Klassifikation für den ideologischen Diskurs hervorgehoben. Barthes' bereits zitiertes *bon mot* „dis-

---
[39] O. Reboul, *Langage et idéologie*, op. cit., S. 111.
[40] In diesem Zusammenhang sei an Titel wie Celans *Fadensonnen* erinnert oder an Mallarmés Neologismen und Exotismen.

moi comment tu classes, je te dirai qui tu es", wurde später von Bourdieu ideologiekritisch gedeutet und für die Soziologie fruchtbar gemacht. Bourdieu zeigt, daß die meisten politischen, geopolitischen, wirtschaftlichen, aber auch soziologischen Klassifikationen nicht neutral sind, sondern ideologische Interessen ausdrücken.[41]

Wer von einer „spanischen Nation" spricht (etwa Fraga Iribarne), bestreitet implizit oder explizit, daß es so etwas wie eine galizische, katalanische, baskische oder andalusische Nation gibt. Wer hingegen von einer katalanischen Nation spricht, wehrt sich im allgemeinen dagegen, daß die Bezeichnung „Katalonien" der Bezeichnung „Spanien" subsumiert wird: Er rechnet Katalonien nicht zur Klasse der spanischen Provinzen (Regionen), sondern zur Klasse der selbständigen politischen Nationen; er vergleicht es nicht mit Andalusien oder Aragón, sondern mit Portugal oder Schweden: „Catalunya no es Espanya." Ähnlich verhält sich ein galizischer Nationalist, der einige Kilometer vor der Grenze zwischen Galizien und León einen Wegweiser mit der Aufschrift ESPANHA anbringt. Umgekehrt wurden in der Zwischenkriegszeit im Königreich der Südslawen (SHS-Monarchie) Mazedonier und Montenegriner als Serben klassifiziert.

Wichtig ist, daß am Anfang eines jeden Klassifizierungsvorgangs eine Entscheidung über Relevanzkriterien steht, daß das Subjekt des Diskurses darüber entscheidet, welche sprachliche, geographische, politische Merkmale, Unterschiede und Gegensätze relevant sind und welche nicht: Sind bayerische Aussprache und Lebensart relevant oder nicht? Bin ich Bayer, Deutscher oder beides? Ist der semantische Gegensatz zwischen Wirtschaft und Umwelt, Mann und Frau oder Bürgertum und Proletariat relevant? Oder sind alle drei Gegensätze relevant, wobei „Mann", „Kapitalist" und „Bürger" zu einem einzigen — meist negativ besetzten — Aktanten verschmelzen?

Sieht man sich ideologische Texte genauer an, so stellt man fest, daß Relevanzentscheidungen sehr häufig einen dualistischen Charakter aufweisen und daß die aus ihnen ableitbaren Klassifikationsverfahren von der semantischen Dichotomie strukturiert werden. Dabei wird der einfache Dualismus der Terme zu einem Gegensatz zwischen semantischen Isotopien (s. Kap. 7) erweitert. Häufig ist es möglich, den gesamten semantischen Kode eines Diskurses — und indirekt eines ganzen Soziolekts — aus einer relativ kurzen Textpassage herauszudestillieren. Als Beispiel sei ein Absatz aus Margaret Thatchers *In Defence of Freedom. Speeches on Britain's Relations with the World* (1976—1986) zitiert:

> Diese Philosophie ist diametral der sozialistischen Betrachtungsweise entgegengesetzt, die darauf beharrt, einen jeden in effizienten Einheiten unterzubringen, damit er tue, was immer die sozialistische Weisheit für richtig hält. Aber Freiheit ist individuell; so etwas wie ‚kollektive Freiheit' gibt es nicht. Dennoch hat eine falsche ‚kollektive' Mystik in die Sprache des Sozialismus Eingang gefunden.
>
> This philosophy is diametrically opposite to the Socialist approach which insists on putting everyone into efficient units to do whatever the collectivist Socialist wisdom

---

[41] Siehe: P. Bourdieu, *Questions de sociologie*, Paris, Minuit, 1980, S. 29—30: „Par exemple, dans *La distinction*, je m' efforce d'établir empiriquement la relation entre les classes sociales et les systèmes de classement (. . .)."

considers best. But freedom is individual; there is no such thing as ‚collective freedom'. Nevertheless a false ‚collective' mystique has entered into the language of Socialism. (Vollständiger Absatz; der Kommentar bezieht sich ausschließlich auf das Original.)[42]

Schon bei der ersten Lektüre fällt auf, daß eine semantische Dichotomie für relevant erklärt wird: nämlich der Gegensatz zwischen „this philosophy" (dem konservativen Denken) und „the Socialist approach". Dabei werden zwei kollektive Aktanten, Konservatismus und Sozialismus, sowie die ihnen entsprechenden narrativen Programme einander unversöhnlich gegenübergestellt. Die beiden Lexeme „diametrically opposite" kündigen bereits an, daß es sich um eine semantische Disjunktion ohne Kompromisse und Übergänge handelt.

Entsprechend dualistisch fällt die Trennung der beiden semantischen Isotopien aus, die die Kohärenz der Textpassage gewährleisten: Auf der einen Seite müssen die Sememe aufgereiht werden, die dem Klassem „Konservatismus" entsprechen: *this philosophy; diametrically opposite; freedom; individual*; auf der anderen die Sememe, die das Klassem „Sozialismus" umfaßt und die zahlreicher sind: *Socialist approach; insists; putting everyone; efficient units; to do; collectivist; Socialist wisdom; considers best; false; ‚collective' mystique; language of Socialism*.

Drei weitere Erkenntnisse sind wichtig: 1. Mindestens fünf Einheiten der „sozialistischen" Isotopie enthalten das Sem „Zwang": *insists; putting everyone; efficient units; to do; collectivist*. 2. Der semantische Dualismus wird dadurch verstärkt, daß die Möglichkeit, die Sememe *collective* und *freedom* zu kombinieren, geleugnet wird. In der zitierten Passage erscheint die Wortverbindung „collective freedom" als Oxymoron: als ein Unding. Entscheidend ist nicht, daß Thatcher „kollektive Freiheit" für baren Unsinn erklärt, sondern daß diese durch die semantischen Verfahren ihres Diskurses unsinnig *wird*. Man könnte eine solche Erscheinung als den „Wirklichkeitseffekt" des Diskurses bezeichnen: „Kollektive Freiheit" wird durch die Anordnung der Isotopien (durch deren disjunktiven Gegensatz) sinnlos und folglich unmöglich. 3. Man beachte schließlich die Funktion des „But", das den zweiten Satz einleitet: es bestätigt auf syntaktischer Ebene die semantische Zweiteilung und zeigt, daß nicht nur die semantischen, sondern auch die syntaktischen Funktionen dem ideologischen Anliegen gehorchen.

Nun könnte jemand einwenden, daß Margaret Thatcher eine besonders militante Politikerin ist, und daß der semantische Dualismus, der ihren Diskurs kennzeichnet, für andere Diskurse nicht typisch ist. Es stellt sich jedoch heraus, daß auch der Soziolekt der Sozialdemokraten, die nicht gerade für ihre Radikalität bekannt sind, häufig von der Dichotomie strukturiert wird. Dies zeigt ein „öko-sozialistischer" Text von Oskar Lafontaine:

Niemand wird heute — 1985 — akzeptieren, daß wir uns bewußt für Hungertod, Atomtod, Naturzerstörung und soziale Not entschieden hätten. Für Freiheit von

---

[42] M. Thatcher, *In Defence of Freedom. Speeches on Britain's Relations with the World* (1976—1986), London, Aurum Press, 1986, S. 13.

Atomwaffen, Ernährung für alle, Naturschutz und Wohlstand für jeden haben wir uns allerdings auch nicht entschieden.[43]

Auch in dieser Textpassage entspricht die syntaktische Teilung der semantischen: Der erste Satz, der mit der Negation „Niemand" beginnt, wird fast zur Hälfte von der Isotopie „Unglück" oder „Dysphorie" (Greimas) ausgefüllt, während sich der zweite Satz, der duch das positive „Für" eingeleitet wird, mehr als zur Hälfte aus „euphorischen" Sememen zusammensetzt, die dem Klassem „Glück" subsumiert werden können. Der negativen semantischen Struktur wird also eine positive diametral entgegengesetzt: *Hungertod; Atomtod; Naturzerstörung; soziale Not / Ernährung für alle; Freiheit von Atomwaffen; Naturschutz; Wohlstand für jeden.*

Zunächst fällt zweierlei auf: Der einfache Gegensatz zwischen „Glück" und „Unglück", der den Ausgangspunkt von Lafontaines Buch *Der andere Fortschritt* (1985) bildet, läuft auf einen Gegensatz zwischen zwei semantischen Isotopien hinaus; diese bilden jedoch Makrostrukturen, deren Sememe — etwa *Naturschutz* oder *Wohlstand* — zu Elementen neuer Isotopien werden, sobald sie nicht syntagmatisch („horizontal"), sondern paradigmatisch („vertikal") gelesen werden. Anders ausgedrückt: Die Isotopie „Glück" enthält *in nuce* die Isotopien „Sozialismus", „Pazifismus" und „Ökologie", die Lafontaine in dem Oberbegriff „Ökosozialismus" (Klappentext) zur Synthese bringt.

Lafontaines „narratives Programm" besteht nun größtenteils darin, diese sekundären Isotopien im Rahmen des Grundgegensatzes Glück / Unglück zu entwickeln und sie im Gegensatz zu den negativen Klassemen „Wirtschaftswachstum", „Naturzerstörung", „Armut", „Tod" zu definieren. Es ist für seinen gesamten Diskurs kennzeichnend, daß diese Begriffe nicht eindeutig mit dem „Kapitalismus" als Antonym zu „Sozialismus" oder mit den politischen Positionen der CDU (oder der FDP) identifiziert werden. Die ideologische Dichotomie Sozialismus / Kapitalismus meidet er an entscheidender Stelle, um nicht vom Soziolekt des Marxismus oder gar des Marxismus-Leninismus vereinnahmt werden zu können: „Auch an der Ausbeutung der Natur sind die unterschiedlichen Gesellschaftssysteme in Ost und West gleichermaßen beteiligt."[44] An anderer Stelle ist allerdings von „der Logik kapitalistischer Profitmaximierung"[45], die natürlich abgelehnt wird, die Rede. (Auch hier zeigt sich übrigens, daß der Ideologe sich stets von neuem gegen den Tauschwert wendet.)

Entscheidend scheint mir im Anschluß an das bisher Gesagte die Tatsache zu sein, daß der dualistische Diskurs Lafontaines noch eindeutiger als der Margaret Thatchers als Entscheidungshilfe oder Handlungsanweisung verstanden werden will. Das Ende der hier zitierten Textpassage verdeutlicht die Absicht des Aussagesubjekts: „(. . .) haben wir uns allerdings auch nicht entschieden." — „Da Politik und Gesellschaft ratlos geworden sind, muß die Frage gestellt werden, was wir eigentlich wollen, welche Ziele wir haben."[46] Auf diese Frage antwortet der SPD-Politiker mit einem klaren, manichäischen

---

[43] O. Lafontaine, *Der andere Fortschritt*, München, Knaur, 1985, S. 11—12.
[44] ibid., S. 15.
[45] ibid., S. 50.
[46] ibid., S. 12.

Entweder/Oder. In dieser Hinsicht unterscheidet sich sein Diskurs *strukturell* kaum von dem Thatchers.

Der Dualismus ist ideologisch im restriktiven Sinne, im Sinne des falschen Bewußtseins, weil er der kritischen Reflexion, die die Zweideutigkeit der Erscheinungen und Begriffe zum Gegenstand hat, einen Riegel vorschiebt: Wie wenn die kollektive Freiheit, die Thatcher für unsinnig hält, eine Grundvoraussetzung der individuellen Freiheit wäre? Sind nicht unabhängige Gewerkschaften eine Grundvoraussetzung für individuelle Freiheit? Kämpft die polnische Gewerkschaftsbewegung *Solidarność* nicht auch *für die individuelle Freiheit? Der dualistische Diskurs ist gezwungen, derlei Fragen auszublenden, weil er keine Ambivalenzen zulassen darf, wenn er praktisch wirken will: entweder/oder.* Es gibt jedoch, wie schon Isaiah Berlin wußte, mindestens zwei Freiheitsbegriffe: einen negativen, der soviel bedeutet wie „Freiheit von Zwängen" und den individuellen Handlungsspielraum meint, und einen positiven, den Berlin als „positive freedom" bezeichnet und der sich auf die kollektiv bedingten Möglichkeiten des Einzelnen bezieht.[47] Diese beiden Begriffe können, müssen jedoch nicht miteinander kollidieren. Dies gilt natürlich auch für die beiden Begriffe „Wirtschaftswachstum" und „Wohlstand", die in anderen Ideologien zu Synonymen werden, die Lafontaine jedoch in dualistischem Eifer in zwei gegensätzlichen Bereichen unterbringt. Zugleich weicht er der Frage aus, ob nicht etwa „Naturschutz" und „Wohlstand" miteinander in Konflikt geraten können. Es zeigt sich hier, daß der ideologische Diskurs von bestimmten Relevanzkriterien, Definitionen und Klassifikationen ausgeht und bestrebt ist, andere Kriterien und Einteilungen entweder zu verurteilen (Thatcher) oder schlicht zu übergehen (Lafontaine).

Daß ideologische Relevanzkriterien mitunter repressiven Charakter annehmen können, zeigt ein Artikel von N. Orlow in der DDR-Zeitung *Tägliche Rundschau* (1951): „Bei den Goethe-Feiern brachte es jemand fertig, aus Goethes Werken einzelne von Verfall und Niedergang handelnde, beinahe dekadent zu nennende Gedichte herauszusuchen, und scheute sich nicht, sie vor einem größeren Publikum zu verlesen."[48] Für Orlow sind nur „humanistische" und „optimistische" Gedichte Goethes relevant und *klassifizierbar* — die anderen gibt es einfach nicht. Daß die repressive Selektion der Ideologen regelmäßig in Gewaltanwendung übergeht, zeigt ein neueres Beispiel aus der DDR: Am 17.1.88 werden (laut *F.A.Z.* vom 18.1.88 und *Die Zeit* vom 22.1.88) „30 Mitglieder von unabhängigen Friedens- und Umweltgruppen", die sich einem Demonstrationszug für „Sozialismus und Frieden" anschließen wollten, vom Staatssicherheitsdienst festgehalten und daran gehindert, ein selbstgefertigtes Plakat mit dem Rosa-Luxemburg-Zitat „Freiheit ist immer die Freiheit des Andersdenkenden" aufzurollen. Für Relevanz und Selektion aller Zitate ist bekanntlich die Partei zuständig.[49]

---

[47] I. Berlin, *Two Concepts of Liberty. An Inaugural Lecture delivered before the University of Oxford on 31 October 1958*, Oxford, Clarendon Press, 1958, S. 7—19.

[48] N. Orlow, „Wege und Irrwege der modernen Kunst", in: *Tägliche Rundschau* Nr. 17, 20/21.1.51, zitiert nach: *Dokumente zur Kunst-, Literatur- und Kulturpolitik der SED*, op. cit , S. 167.

[49] Siehe: „30 Demonstranten in Ost-Berlin festgenommen", in: FAZ, 18.1.88, S. 1; M. Menge, „Gegen Rosas Geist", in: *Die Zeit*, 22.1.88, S. 4. — Diese Berichte wurden vom österreichischen und jugoslawischen Fernsehen (Zagreb) bestätigt.

b) *Isotopien als Konnotationsketten: „over-lexicalization"*

Eine der Hauptschwächen des hier verwendeten Isotopiebegriffs besteht darin, daß die semantische Isotopie nicht ausschließlich textimmanent zu konstituieren ist: Nur wer die *sprachliche Situation* kennt, der ein Text angehört, kann darüber entscheiden, welche *Seme* ein bestimmtes *Semem* (*Lexem* im Kontext) enthält und welche nicht. Die Zuordnung eines Semems zu einer bestimmten Isotopie hängt also in vielen Fällen von kulturellen, sozialen und soziolinguistischen Faktoren ab. Ohne Rekurs auf den soziokulturellen Kontext könnte beispielsweise François Rastier in seiner semantischen Analyse von Mallarmés Gedicht *Salut* nicht behaupten, das Semem *écume* (*Schaum*) könne als Metonymie für „Champagner" gelesen werden, der in Frankreich bei feierlichen Anlässen getrunken werde.[50] Ohne Kenntnis des historischen Kontextes kann der heutige Leser den im ersten Kapitel zitierten Ausruf des ostdeutschen Marxisten-Leninisten W. Girnus „vergleiche Nietzsche, Trotzki, Tito!" gar nicht verstehen. Das Sem „Imperialismus", das diesen drei Namen innewohnt und dafür bürgt, daß ihre Aufzählung mehr ist als eine unzusammenhängende Schimpftirade, kann nur von Lesern aktualisiert werden, die mit dem marxistisch-leninistischen Soziolekt der Stalinisten in der Zeit des *Kominform* (1947—1956) vertraut sind.

Anders ausgedrückt, man sollte die Einwirkung pragmatischer (sozialer, kultureller) Faktoren auf den semantischen Bereich nicht unterschätzen, sondern versuchen, die sozialen Konnotationen der semantischen Einheiten in die Analyse einzubeziehen. Von der Konnotation sagt Umberto Eco im kultursemiotischen Kontext, daß sie „die Gesamtheit aller kulturellen Einheiten sei, die von einer intensionellen Definition des Signifikans ins Spiel gebracht werden können; sie ist daher die Summe aller kulturellen Einheiten, die das Signifikans dem Empfänger ins Gedächtnis rufen kann." Mit Recht fügt er hinzu: „Dieses ‚kann' spielt nicht auf psychische Möglichkeit an, sondern auf eine kulturelle Verfügbarkeit."[51]

Der Begriff „Konnotation" bezieht sich jedoch nicht nur auf einzelne Zeichen, auf isolierte Wortzeichen oder Lexeme, sondern auch und vor allem auf semantische Konstruktionen, die nicht immer (wie bei Girnus) die Form von Aufzählungen annehmen müssen. Sicherlich spielen Aufzählungen, vor allem in stark ideologisierten Texten, eine wichtige Rolle, etwa in Alfred Rosenbergs *Der Mythus des 20. Jahrhunderts*: „Es gilt ein Abstreifen der Vorherrschaft des scholastisch-humanistisch-klassizistischen Schematismus zugunsten der organisch-rassisch-völkischen Weltanschauung."[52] Obwohl solche Bindestrich-Ausdrücke in zahlreichen Ideologien linker und rechter Provenienz eine wichtige polarisierende Funktion erfüllen, die — wie im vorliegenden Fall — den semantischen Dualismus noch verstärkt, sind die negativ oder positiv konnotierten Sememe meistens auf den ganzen Text verteilt und bilden dort *negativ oder positiv konnotierte Isotopien oder: Konnotationsketten*.

---

50 Siehe: F. Rastier, „Systématique des isotopies", in: *Essais de sémiotique poétique*, Paris, Larousse, 1972, S. 86.
51 U. Eco, *Einführung in die Semiotik*, München, Fink, 1972, S. 108.
52 A. Rosenberg, *Der Mythus des 20. Jahrhunderts. Eine Wertung der seelisch-geistigen Gestaltenkämpfe unserer Zeit*, München, Hoheneichen-Verlag, 1936, S. 693.

Daß nicht nur militante Politiker und Berufsideologen wie Girnus und Rosenberg dualistisch klassifizieren und die klassifizierten Einheiten mit positiven oder negativen Konnotationen versehen, zeigt sich immer wieder bei der Lektüre von Zeitungsartikeln und Kommentaren, deren Autoren gar nicht bewußt bestimmte ideologische oder politische Ziele verfolgen, sondern sich lediglich auf etablierte ideologische Doxa stützen. So kommentiert beispielsweise Sibylle Zehle im *Zeit-Magazin* (22.1.88, S. 31) mit folgenden Zeilen Hongkongs Übernahme durch die Volksrepublik China:

> In neun Jahren ist es soweit: Hongkong, seit 1840 britische Kronkolonie, fällt an die Volksrepublik China. Niemand weiß, was die Rotchinesen aus der goldenen Gans des Ostens machen werden. Noch blühen die Geschäfte, doch mancher sucht die Sicherheit im Ausland.

Den kurzen Text, der als Kurzkommentar zu einer Großaufnahme der Stadtsilhouette von Hongkong am Seitenrand abgedruckt ist, beherrscht die fettgedruckte Überschrift: DIE ZITTERNDE STADT. Drei Isotopien durchziehen diesen Text, von denen die erste mit dem Klassem „Kommunismus" zu umschreiben wäre: *Volksrepublik China; Rotchinesen; machen werden*. Die zweite wird vom Klassem „Kapitalismus" zusammengehalten: *Hongkong; britische Kronkolonie; fällt; goldene Gans des Ostens; blühen; Geschäfte; Sicherheit; zitternde Stadt*. Mehrere dieser Sememe können gleichzeitig auf einer dritten Isotopie mit dem Klassem „Unsicherheit" („Angst"?) gelesen werden: *soweit; fällt; niemand weiß; noch; mancher sucht; doch; Sicherheit im Ausland; zitternde Stadt*.

In diesem Fall ist nicht so sehr die dualistische Gliederung des Diskurses, die im Hinblick auf die Ereignisse in Hongkong gerechtfertigt werden könnte, von Interesse, sondern die positiven und negativen Konnotationen der Isotopien und ihrer Einheiten. Immerhin hätte die Autorin auch schreiben können: „In neun Jahren ist es soweit: die Grenze zwischen der Volksrepublik China und Hongkong wird verschwinden. Über die Zukunftspläne der chinesischen Regierung in bezug auf Hongkong ist einiges bekannt etc." Sie hat sich jedoch für ein Vokabular entschieden, das in der zeitgenössischen soziolinguistischen Situation „rote Gefahr" oder „kommunistische Gefahr" konnotiert.

Vor allem die erste Isotopie, in der die Wortverbindung *Rot-Chinesen* als mythischer Aktant (s. weiter unten) dominiert, evoziert *Gefahr*; denn zu den sozialen Konnotationen gehören u. a.: *Rote Armee, rote Revolution, Rotfront* etc. Frei von positiven oder negativen Konnotationen wäre der Ausdruck „die Regierung der Volksrepublik China" oder „die Regierung in Peking".

Einheiten der zweiten Isotopie konnotieren einen märchenhaften Wohlstand im Kapitalismus (*goldene Gans des Ostens*), der durch seine orientalischen Aspekte noch potenziert wird. Die Sememe *fällt, Sicherheit* und *zitternde Stadt* konnotieren hingegen die „Angst des Kapitalismus" vor den „roten Revolutionären, Armeen oder Horden". Der Dualismus der Ideologie erhält dadurch auf konnotativer Ebene soziale und affektive Komponenten.

Diese kommen vor allem in der dritten Isotopie zum Ausdruck, wo *soweit, fällt, noch, doch, Sicherheit im Ausland* und natürlich *zitternde Stadt* einen nahenden Untergang andeuten, der den einen an die Eroberung Konstantinopels durch die türkische, den anderen an die Einnahme Berlins durch die sowjetische Armee erinnern mag. — Die goldene Gans wird vielleicht bald geschlachtet ...

Wichtig scheint mir hier vor allem die Erkenntnis zu sein, daß die mit Alliterationen, Metaphern und Metonymien beladene journalistische Schreibweise alles andere als neutral ist. Ihre Stilfiguren verstärken durch ihre positiven und negativen Konnotationen häufig bestehende ideologische Muster, die weder den Berichterstattern noch ihren Leserinnen und Lesern völlig bewußt sind. Auf diese Tatsache wies bereits Eco in seinen Analysen von Flemings James-Bond-Romanen hin.[53]

Zum Abschluß möchte ich im Zusammenhang mit dem Konnotations-Problem noch einen Aspekt beleuchten, den im Anschluß an M. A. K. Halliday Roger Fowler und Gunther Kress als „overlexicalization" bezeichnet haben: „der Einsatz einer Vielzahl von Synonymen oder fast-synonymen Termini zur Mitteilung eines besonderen Erlebnisbereichs."[54] Die Autoren führen ein Beispiel aus der Kreditwerbung an; sie zeigen, daß in einem kurzen Artikel der Wochenzeitung *Observer* (26.3.78) elf Synonyme für das Lexem „Darlehen" vorkommen: *credit deal, credit bargains, low-interest finance, low-interest-rate schemes, special credit scheme* etc.

Aus semantischer Sicht handelt es sich um eine alltägliche Erscheinung, die mit Greimas' Terminus der *Semrekurrenz* oder *Semredundanz* ausreichend erklärt wird: Allen hier aufgezählten Einheiten ist das Sem „Darlehen" gemeinsam; seine Rekurrenz (Redundanz) springt geradezu ins Auge, da die Isotopie sich aus Synonymen oder Fast-Synonymen zusammensetzt. Welche Bedeutung hat nun dieses Phänomen für die Ideologiekritik? — „Für eine kritische Sprachwissenschaft ist die Überlexikalisierung (overlexicalization) deshalb wichtig, weil sie auf besonders stark empfundene Erlebnisse und Werte der Gruppe schließen läßt, die für sie verantwortlich ist, und es dadurch dem Linguisten ermöglicht, die Besonderheiten der Ideologie dieser Gruppe auszumachen."[55] Bildlich ausgedrückt: „Overlexicalization" ist der semantische Bereich, in dem sich die Ideologie aus affektiven Gründen verdichtet. In seiner Analyse einiger Zeitungsberichte über die Karnevalsunruhen am Londoner Notting Hill (1977) zeigt beispielsweise Tony Trew, wie in der Zeitung *Sun* gewalttätige Jugendliche als „louts", „thugs", „yobs" und „hooligans" bezeichnet werden.[56] Auch hier handelt es sich um Synonyme oder Quasi-Synonyme, deren Redundanz von der semantischen Intensität der Ideologie und dem Affekt des Ideologen zeugen.

Im deutschen Sprachraum stößt der Leser auf dieses Phänomen am häufigsten in der radikalen Presse linker und rechter Provenienz. So werden beispielsweise in der Wochenzeitung *Deutscher Anzeiger* (22.1.88., S. 3) Gewalttäter, die sich in der Silvesternacht von 1987/88 in Hamburg, Berlin und Bremen Demonstrationen von Alternativgruppen an-

---

[53] Siehe: U. Eco, „Erzählstrukturen bei Ian Fleming", in: P. V. Zima (Hrsg.), *Textsemiotik als Ideologiekritik*, Frankfurt, Suhrkamp, 1977.
[54] R. Fowler, G. Kress, „Critical Linguistics", in: R. Fowler, B. Hodge, G. Kress, T. Trew, *Language and Control*, London-Boston-Henley, Routledge & Kegan Paul, 1979, S. 211.
[55] ibid., S. 211—212.
[56] T. Trew, „'What the papers say': linguistic variation and ideological difference", in: *Language and Control*, op. cit., S. 136.

geschlossen haben sollen, mit Hilfe der Überlexikalisierung im Rahmen eines dualistischen Schemas als Antisubjekte (Antihelden) charakterisiert: „der linksextreme Pöbel in Berlin", „vermummte Chaoten", „die Kriminellen", „rund 500 Straftäter", „linksterroristische Banden", „plündernde Banden". Die Überlexikalisierung erfüllt hier aufgrund von negativen Konnotationen (*Vulgarität; Chaos; Verbrechen; Terror*) eine klare ideologische Funktion: Sie soll die zugleich kritische und sachliche Frage ausschalten, wie die Gewalt (falls es sie gab) zustandekam: ob sie von Kriminellen initiiert wurde, spontan ausbrach oder provoziert wurde. Ich weiß es nicht; der Berichterstatter des *Deutschen Anzeigers* weiß es hingegen genau: Er läßt nur die erste Möglichkeit gelten, da er die Gewalttäter vorab als Verbrecher klassifiziert und mit negativen Konnotationen überlexikalisiert. Damit zeigt er lediglich, daß die Ideologie ein geschlossener Diskurs ist, der offene Fragen nicht kennt.

Viele denken, handeln und leben im Rahmen eines solchen hermetischen Diskurses, der — wie Jean Pierre Faye im Zusammenhang mit dem Nationalsozialismus gezeigt hat[57] — zum Wirklichkeitsersatz wird und sowohl individuelles als auch kollektives Handeln ermöglicht. Der Fanatismus dieses Handelns hängt u. a. damit zusammen, daß der geschlossene Diskurs der empirischen und dialogischen Überprüfung nicht zugänglich ist. Notfalls erschafft er — wie Gunther Kress zeigt[58] — seine eigenen fiktiven Fakten: die Dolchstoßlegende, die zionistische, kapitalistische oder kommunistische Weltverschwörung etc. Da sich die Fakten oder Ereignisse häufig auch dem Zugriff des theoretischen Diskurses entziehen, muß dieser so offen konzipiert werden, daß er jederzeit die empirische und dialogische Überprüfung *zuläßt*.

c) *Mythische Aktanten: „énonciation"*

Aus den bisherigen Darstellungen, die fast ausschließlich den semantischen Bereich zum Gegenstand hatten, geht hervor, daß semantische Analysen gleichsam von selbst in syntaktisch-narrative übergehen. In allen hier angeführten Beispielen ist ein *sprechendes Subjekt* für die diskursiven Verfahren, die Relevanzkriterien, Klassifikationen und Konnotationen verantwortlich. Der *Aussagevorgang* ist ein subjektgesteuerter Prozeß, für den Vertreter der französischen Semiotik und Narrativik die Bezeichnung *énonciation* erfanden, um ihn von der Struktur als *Aussage* oder *énoncé* zu unterscheiden. Während die Frage *wer spricht?* die Ebene der *énonciation* betrifft, bezieht sich die Frage *wer handelt?* auf die Ebene des *énoncé* oder der *Aussage* als Aktantenmodell. — In diesem Abschnitt will ich mich der ersten Frage zuwenden.

---

[57] Siehe: J. P. Faye, *Théorie du récit. Introduction aux „langages totalitaires"*, Paris, Hermann, 1972, S. 112.
[58] Siehe: G. Kress, „Linguistic and ideological transformation in news reporting", in: H. Davis, P. Watson (Hrsg.), *Language, Image, Media*, Oxford, Basil Blackwell, 1983, S. 122. Kress geht der Frage nach, ob der Theoretiker in der Lage ist, den ideologischen Schleier zu lüften und den wahren Sachverhalt, die Tatsachen, zu rekonstruieren: „The second point implies that an appropriate methodology of ‚reading' may help to reconstitute the original event. The third point implies that even if we cannot reconstruct the original event, if a ‚lie' has been written, we can discover the ideology which gives content and structure to the ‚lie'. That is, using some of the insights of linguistic theory may be an aid in uncovering the ideological layerings of meaning in a given text."

Im vorigen Kapitel (e) wies ich bereits darauf hin, daß der theoretische oder ideologische Charakter eines Diskurses auch von der Einstellung des Aussagesubjekts zu seinen eigenen Verfahren abhängt. Es fragt sich natürlich, wie die Stellung des Subjekts zu seinem eigenen semantisch-syntaktischen Verhalten beschrieben werden kann. In diesem Zusammenhang erscheint eine allgemeine Unterscheidung möglich zwischen Subjekten, die sich klar und eindeutig zu erkennen geben, und Subjekten, die sich hinter schwer definierbaren oder nicht definierbaren Instanzen verbergen. Das bekannteste, aber eher harmlose Beispiel ist der Wissenschaftler, der aus institutionellen Gründen (weil andere es auch tun), aus Unsicherheit oder um Objektivität und kollektiven Konsens vorzutäuschen, „wir" statt „ich" sagt. Der Leser, der sich von einem solchen „Wir", das sich häufig auf die Autorität des gedruckten Wortes stützt, beeindrucken läßt, läßt sich von einem mythischen Kollektiv („wir Wissenschaftler", „wir Soziologen") an der Nase herumführen. Bekanntlich handelt es sich hier nicht nur um ein sprachliches und soziales, sondern auch um ein existentielles Problem, das Jean-Paul Sartre in seinem Aufsatz über Kierkegaard anschnitt, als er Hegel vorwarf, er habe sich in seiner Geschichtsphilosophie nie als das kontingente Individuum zu erkennen gegeben, das er war.[59]

Auch in der zeitgenössischen Gesellschaft fällt es vielen noch schwer, die eigene Kontingenz, gegen die Antoine Roquentin einen quichotteksen Kampf führt, einzugestehen. So kommt es wohl, daß man regelmäßig auf Texte stößt, deren Aussagesubjekte nicht eindeutig zu bestimmen sind, weil die Autoren sich aus psychischen oder sozialen Gründen auf mythische Aktanten berufen: auf ein *Er*, das Gott, die Wahrheit, die Nation oder die Partei sein kann; auf ein abstraktes *Wir*, das kein konkretes Kollektiv bezeichnet (Lafontaine: s. o.); auf ein *Sie*, das alle, von den Göttern bis zu den Menschen, bezeichnen kann; schließlich auf ein anonymes *Man*, das wie die Pronomina zahlreiche Verwandlungen durchmachen kann und nicht in der Normalform vorkommen muß.

Der Religionslehrer, der den Schülern sagt: „Gott verlangt Keuschheit von euch", weiß intuitiv, daß er aus kognitiven und institutionellen Gründen nicht mit der skeptischen Frage konfrontiert wird: „Wie weißt du das?" Sagte er hingegen: „Ich verlange Keuschheit von euch", so würde er die Kontingenz des von ihm vertretenen Prinzips bloßlegen und das Risiko, mit skeptischen Fragen konfrontiert zu werden, entsprechend steigern. — „Wir können nicht dulden, daß unser Vaterland auf diese Art verunglimpft wird", sagte ein österreichischer Politiker im Fernsehen, als Kurt Waldheims Vergangenheit besonders heftig diskutiert wurde. Wer mit diesem diffusen „Wir" gemeint sein soll, ist nicht ganz klar; klar tritt nur die solidarisierende und polarisierende Funktion dieses mythischen Pronomens in Erscheinung. — „Die Menschen bewundern heute den künstlichen Erdtrabanten, der als erstes menschliches Gebilde nach astronomischen Gesetzen die Erde umkreist", schreibt Wilhelm Girnus im Jahre 1957.[60] Hätte er auf Genauigkeit

---

[59] Siehe: J.-P. Sartre, „L'Universel singulier", in: *Kierkegaard vivant. Colloque organisé par l'UNESCO à Paris du 21 au 23 avril 1964*, Paris, Gallimard, 1966, S. 39: „De ce point de vue, au commencement du système hégélien, il n'y a point l'être mais la personne de Hegel, telle qu'on la faite, telle qu'elle s'est faite."

[60] W. Girnus, „Kulturfragen sind Machtfragen" (Diskussionsbeitrag von Wilhelm Girnus für die Kulturkonferenz des ZK der SED, 23. und 24. Oktober 1957), in: *Dokumente zur Kunst-, Literatur- und Kulturpolitik der SED*, op. cit., S. 510.

Wert gelegt und stattdessen gesagt: „*Manche* Menschen bewundern . . .", so hätte er seinen Worten das Pathos genommen und die Mitglieder des ZK der SED vielleicht sogar zum Nachdenken verführt.

In ideologischen Diskursen besonders beliebt ist das anonyme *Man*, hinter dem sich Autoren verstecken, wenn sie nicht so recht wissen, ob sie sich mit bestimmten Definitionen, Klassifikationen und Konnotationen identifizieren sollen, oder wenn sie versuchen, die Autorität ihrer Aussagen ins Objektive zu steigern. Daß diese beiden Motivationen einander nicht ausschließen, zeigt der folgende Text, der es seinem Autor gestattet, „objektive Wahrheiten" auszusprechen, ohne für sie persönlich verantwortlich zu sein. Es handelt sich um einen Artikel aus der Wiener Zeitschrift *Industrie. Die Wochenzeitschrift für Unternehmer und Führungskräfte* (Nr. 43, 21.10.87., S. 3.), in dem Milan Frühbauer unter dem Titel „Rückkehr zur Praxis" Veränderungen an der Universität von Klagenfurt kommentiert:

> Bis vor wenigen Jahren galt sie als Kaderschmiede für systemüberwindende Pädagogen oder alternative Didaktiker. Das Image der Universität für Bildungswissenschaften stand nicht immer zum Besten. Doch mittlerweile hat sich die Ausgangslage grundlegend geändert. Mit dem Studienversuch „Angewandte Betriebswirtschaft" sowie mit der Studienrichtung „Angewandte Informatik" setzt die Universität im Süden des Landes neue und erfreuliche Akzente. (Der Absatz geht weiter.)

Wie verhält sich nun das Aussagesubjekt als „sujet d'énonciation" zu seinen eigenen diskursiven Verfahren? Verkürzt ausgedrückt: unverantwortlich. Diese Bezeichnung ist wörtlich zu verstehen: Die Sememe *galt sie; Image; stand nicht* (zum Besten) verweisen auf ein anonymes *Man* („man sagt"), das für die negative, mit revolutionären Konnotationen belastete Isotopie verantwortlich ist, die die ersten beiden Sätze beherrscht. Wie der Autor zu diesem *Man* steht, ist zunächst nicht klar.

Wie sehen diese Isotopien und ihre Konnotationen genau aus? Folgende Sememe der ersten zwei Sätze enthalten das Klassem „Revolution": *Kaderschmiede; systemüberwindende; Pädagogen* (im Kontext); *alternative; Didaktiker* (im Kontext); *Universität für Bildungswissenschaften* (im Kontext); *stand nicht* (zum Besten). („Im Kontext" bedeutet hier, daß Sememe wie *Pädagogen* oder *Didaktiker* auch auf der Isotopie „Revolution" zu lesen sind, da sie ja syntagmatisch mit den Adjektiven „systemüberwindend" und „alternative" verknüpft werden.) Die soziolinguistischen und soziokulturellen Konnotationen sind nicht zu übersehen: „Kaderschmiede" verweist auf die revolutionäre Entwicklung seit 1917 (Lenin), „Systemüberwindung" konnotiert eher die Ereignisse des Jahres 1968 (Marcuse), und der Ausdruck „alternative Didaktiker" erinnert an die zeitgenössischen „alternativen Gruppen" oder an die „Grün-Alternativen" in Österreich. Es ist merkwürdig, daß in Frühbauers Text die Anordnung der Sememe (auf konnotativer Ebene) genau der historischen Chronologie gehorcht. Ich will nicht darüber spekulieren, ob dies Zufall ist oder etwas mit der unbewußten Verarbeitung historischer Ereignisse zu tun hat, auf die sich Lucien Goldmann manchmal berief.[61]

---

[61] Siehe: L. Goldmann, *Structures mentales et création culturelle*, Paris, Anthropos, 1970, S. 287.

Es ist also nicht klar, wer genau für die negativ besetzte Isotopie „Revolution" verantwortlich ist: Ein anonymes *Man* als Schöpfer aller „Images" scheint sie in die Welt gesetzt zu haben. Die zweite Hälfte des Textes zeigt jedoch, daß der Autor Frühbauer keineswegs versucht, dieses Image kritisch zu zerlegen oder seine Entstehungsgeschichte zu untersuchen, sondern im vierten Satz darangeht, sich unauffällig mit den Negativurteilen zu identifizieren, indem er die Veränderung, die sich anbahnt, als „neu" und „erfreulich" apostrophiert. Zugleich bestätigt er indirekt, und ohne sich mit dem, was man sagt, explizit zu identifizieren, die ideologischen Stereotypen der ersten Zeilen.

Syntaktisch erfolgt der Wendepunkt im dritten Satz: „Doch mittlerweile hat sich die Ausgangslage grundlegend geändert". Dieser scheinbar neutrale Satz trennt auf narrativer Ebene die negative von der positiven Isotopie, deren Aktanten im Gegensatz zu denen der negativen Isotopie als „neu" und „erfreulich" definiert werden. Das Ergebnis ist im aktantiellen Bereich: *Pädagogen, Didaktiker* vs. *Angewandte Betriebswirtschaft, Angewandte Informatik*; im semantischen Bereich: *Revolution* vs. *Wirtschaft*. Dieser Zweiteilung des Textanfangs (und des gesamter Textes) entspricht auch der Titel „Rückkehr zur Praxis", der natürlich die wirtschaftliche — und nicht etwa die revolutionäre — Praxis meint. Auch hier tritt der für alle ideologischen Diskurse charakteristische Dualismus zutage.

Wichtig scheint mir schließlich die Überlegung zu sein, daß der Autor durch eine geschickte semantisch-syntaktische Zweiteilung, durch die Anonymität des Aussagevorgangs im ersten Teil und durch eine unpersönlich gehaltene Zustimmung im zweiten Teil („setzt die Universität im Süden des Landes neue und erfreuliche Akzente") eine Scheinobjektivität konstruiert, die oberflächlichen Lesern vielleicht gar nicht auffällt: Die Abkehr „der Universität" von der Revolution und „ihre" Hinwendung zur wirtschaftlichen Praxis sollen den Lesern der *Industrie* als *Fakten* erscheinen. Auf dieses Problem komme ich noch ausführlich im Zusammenhang mit dem *Naturalismus* des ideologischen Diskurses zu sprechen.

d) *Mythische Aktanten: „énoncé"*

Dem mythischen Charakter ideologischer Aussagesubjekte entspricht im Bereich der Aussage der mythische Einschlag der handelnden Instanzen: der „actants de l'énoncé" oder „actants de la narration": „Aktanten der Erzählung".[62] In dem hier kommentierten Text von M. Frühbauer können solche Aktanten aufgezeigt werden: *Kaderschmiede, Image, die Universität im Süden*. Sogar die dritte Bezeichnung hat mythischen Charakter, da nicht nur die „Pädagogen", sondern auch einige Vertreter der Sozialwissenschaften und der Philologien den Ausbau der Betriebswirtschaft und der Informatik mit gemischten Gefühlen beobachteten. Natürlich geht es hier nicht um Bedeutung und Wert dieser beiden Fächer, sondern um die Unmöglichkeit, die Klagenfurter Universität als einheitlichen Aktanten aufzufassen und so zu tun, als hätte „sie" sich zur „wirtschaftlichen Pra-

---

[62] Eine ausführliche Definition der „actants de la narration" findet sich in: A. J. Greimas, J. Courtés, *Sémiotique. Dictionnaire raisonné de la théórie du langage*, op. cit., S. 3—4.

xis" bekehrt. Das „tat sie" mitnichten, und der Autor dieser Zeilen hat noch heute Gelegenheit, in verschiedenen Gremien (mit ideologiekritischem Genuß) den Auseinandersetzungen zu folgen. Sicherlich ist die Universität Klagenfurt, wie jede andere Universität, als kollektiver Aktant theoretisch darstellbar, etwa wenn festgestellt wird: „die Universität wird ausgebaut", oder: „die Universität hat Partnerschaftsabkommen mit den Universitäten Udine und Laibach"; nicht jedoch im Zusammenhang mit (aktantiellen) Bezeichnungen wie „Kaderschmiede" oder „Image", die aus ihr auf semantischer und narrativer Ebene eine mythische Instanz machen.

In manchen Texten tritt der mythische Charakter ideologischer Aktanten besonders kraß in Erscheinung, und es zeigt sich dann, daß Ideologie, Religion und Mythos (s. Kap. 1) viele Gemeinsamkeiten aufweisen. Der folgende Kommentar aus dem konservativen *The Daily Telegraph* (4.1.88., S. 12) zu Margaret Thatchers „Amtszeit-Rekord" wurde unter dem Titel „The Thatcher record" abgedruckt und faßt in den letzten vier Sätzen die Erfolge der Premierministerin zusammen. Ich beschränke mich auf diese vier Syntagmen, die eine klare Ereignisstruktur aufweisen:

> Sie hat das Vertrauen des britischen Volkes zu unserer Fähigkeit, den Kapitalismus funktionsfähig zu machen, wiederhergestellt. Sie hat die falschen Götter des Sozialismus in die Flucht geschlagen. Sie hat dieses Land wieder aufgerichtet. Wir heben unser Glas zu ihrem Wohl an diesem neuen Meilenstein ihrer erstaunlichen Laufbahn und hoffen, noch viele von dieser Art feiern zu können.
>
> She has restored the faith of the British people in our ability to make capitalism work. She has driven the false gods of socialism into headlong flight. She has raised this country from its knees. We lift a glass to her at this latest landmark of her astonishing career, and look to celebrate many more. (Ende des Artikels. Der Kommentar bezieht sich ausschließlich auf das Original.)

Der semantische Gegensatz, der diesen stark polarisierten Text beherrscht, ist der zwischen *Kapitalismus* und *Sozialismus*. Aus diesen beiden Klassemen und den ihnen entsprechenden Isotopien gehen Auftraggeber (destinateur) und Gegenauftraggeber (antidestinateur) hervor, deren Funktionen den Rahmen dieser kurzen politischen Erzählung abstecken: Dem Auftraggeber *Kapitalismus*, dessen narratives Programm das *britische Volk* als Subjekt verwirklichen soll, opponiert der Gegenauftraggeber *Sozialismus*, dessen „falsche Götter" als Widersacher des Volkes (opposants) von Margaret Thatcher als Helferin (adjuvant) in die Flucht geschlagen wurden. Der Objekt-Aktant, den das Subjekt sich mit Thatchers Hilfe angeeignet hat, ist ein modaler Wert, nämlich das *Vertrauen*: „restored the *faith* of the British people in our ability (...)." Dieser Objekt-Aktant fällt in unserem Text mit zwei Modalitäten zusammen, die als ein „Können" (savoir-faire, Greimas) aufzufassen sind und in den Sememen *faith* und *ability* zum Ausdruck kommen.

Eigentlich fassen die beiden ersten Sätze die wesentlichen Ereignisse der „Erzählung" (Sieg des Kapitalismus über den Sozialismus) zusammen, so daß der dritte Satz vorwiegend durch semantische und narrative Redundanz gekennzeichnet ist. Auf narrativer Ebene bestätigt er lediglich die „Wiedergeburt des Helden": „This country" ist eine andere Bezeichnung für den Subjekt-Aktanten, d. h. ein Substitut (Metonymie) für „the British people". Auf semantischer Ebene erfüllt er allerdings eine besondere Funktion, da er mit dem Semem *raised* (from its knees) eine Aufwärtsbewegung einleitet, die der letzte Satz mit dem Semem *lift* fortsetzt: Der gerettete Subjekt-Aktant, der in *our* und *we* mit dem Aussagesubjekt (sujet d'énonciation) zusammenfällt, hebt sein Glas, dankt seiner Retterin oder Helferin und erhofft eine Fortsetzung der Erfolgsstory.

Das Zusammenfallen der beiden Subjekte und der beiden narrativen Ebenen des „énoncé" und der „énonciation", das sowohl im Original als auch in meiner Übersetzung eine grammatische Unebenheit entstehen läßt, hat große ideologische Bedeutung: Das Volk als mythischer Aktant wird *beredt* und spricht *mit einer Stimme* der Helferin seinen Dank aus. Zugleich zeigt sich, daß der Ideologe, ein anonymer Kommentator des *Daily Telegraph*, notfalls bereit ist, sich über elementare Regeln der Syntax („the faith of the British people in *our* ability") hinwegzusetzen: „to rough-ride over the grammar", wie ein *native speaker* in diesem Falle sagte.

Daß eine Bezeichnung wie „the British people" in diesem Kontext mythischen Charakter hat, wird klar, sobald man bedenkt, daß die britische Gesellschaft sich —wie die französische, deutsche oder sowjetische — aus verschiedenen politischen und religiösen Gruppierungen, aus Schotten, Engländern, Walisern und Iren zusammensetzt und sich in ihrer Gesamtheit weder von einem Politiker der Labour-Party noch von einem Politiker der Tories vertreten fühlen *kann*. Ebenso mythisch sind natürlich die Auftraggeber *Kapitalismus* und *Sozialismus*, die einander als überirdische Mächte bekämpfen: Wo die „falschen Götter" des Sozialismus vertrieben wurden, müßte es im Sinne des Kommentators sein, die richtigen Götter des Kapitalismus anzubeten ... Angesichts dieser Mystifikationen kann der Theoretiker nur versuchen, die Aktanten seines Diskurses auf ihre historische und soziologische Begrifflichkeit zu reduzieren: „der britische Kapitalismus der viktorianischen Ära", „der jugoslawische Sozialismus der 60er Jahre" etc.

Leider ist der *Daily Telegraph* nicht die einzige Zeitung, deren Texte von mythischen Aktanten beherrscht werden. Selbst wenn man von Publikationen wie der *Bild-„Zeitung"* absieht, stellt man fest, daß auch in der deutschsprachigen Presse mythische Aktanten gang und gebe sind. In einem Artikel, den Christoph Bertram in der *Zeit* (22.1.88, S. 1) veröffentlichte, wird deutlich, daß ein Hang zum Anthropomorphen und zur Psychologisierung zu den Charakteristika mythischer Aktanten gehört: „Frankreich fühlt sich, im Gegensatz zum selbstzufriedenen deutschen Nachbarn, in seiner Haut nicht recht wohl." — Schon Psychologen würden die Feststellung, jemand fühle sich in seiner Haut nicht wohl, mit irritiertem Schulterzucken verabschieden; wie soll erst ein politisch und wirtschaftlich interessierter Leser reagieren, wenn solche Ausdrücke auf komplexe Industriegesellschaften angewandt werden?

Komplementär zu Bertrams Artikel verhält sich die scheinbar klare Forderung von Raymond Barre (*Le Monde*, 16.2.88, S. 8): „Frankreich muß einen neuen Start machen." („La France doit prendre un nouveau départ.") Bei näherem Hinsehen zeigt sich nämlich, daß die Leerformel „Frankreich" (ähnlich wie im *Daily Telegraph* „the British people") im folgenden Satz mit einem vieldeutigen „Wir" („nous") verknüpft wird, das für Barres Wahlprogramm, für sein *narratives Programm*, verantwortlich ist: „Wir müssen einen neuen Weg einschlagen (...).„ („Nous devons nous engager dans une voie nouvelle ...")

Es wäre jedoch eine grobe Vereinfachung, wollte man annehmen, daß Politiker und Journalisten nur verschleiern, während Wissenschaftler aufklären. Eine solche Behauptung liefe einer der Hauptthesen dieser Arbeit zuwider, derzufolge die Grenzen zwischen Ideologie und Theorie fließend sind, weil der theoretische Diskurs in allen Fällen aus dem ideologischen hervorgeht. Wie dies konkret geschieht, zeigt eine Rede von Palmiro Togliatti, in der das schillernde und oft mißbrauchte Wort „Faschismus" kritisch betrachtet wird.

Freilich argumentiert Togliatti nicht kritisch, weil er einer privaten Vorliebe für Theorie folgt, sondern weil er entdeckt hat, daß die undifferenzierte Anwendung der Bezeichnung „Faschismus" im Jahre 1928 der Kommunistischen Partei Italiens erheblich schaden könnte: „Damit wir uns nicht falsch verstehen: Es handelt sich nicht um eine bloße Frage der Terminologie. Wenn man es für richtig hält, die Bezeichnung ‚Faschismus' auf jede Form der Reaktion anzuwenden, meinetwegen. Aber ich verstehe nicht, wozu uns das nützt, außer vielleicht zu Zwecken der Agitation. Die Wirklichkeit sieht anders aus. Der Faschismus stellt eine besondere, spezifische Form der Reaktion dar, und es ist notwendig, daß wir genau erkennen, was diese seine Besonderheit ausmacht."[63]

Wörter wie „meinetwegen" und „nützt" sind aufschlußreich, weil sie zeigen, daß der Ideologe nur nützliche Erkenntnis schätzt. Dennoch handelt es sich um theoretisch brauchbares Wissen, das auch ein ideologischer Diskurs hervorbringen kann, sobald die Praxis es erfordert: sobald sich herausstellt, daß ein mythischer Aktant wie „Faschismus" die Partei auf einen gefahrvollen Holzweg führen kann. Diese praktische Luzidität Togliattis hat später die italienischen Kommunisten, nicht daran gehindert, Franco, Pinochet und sogar Nixon als „Faschisten" zu bezeichnen; schließlich dehnten die französischen Trotzkisten diesen Terminus auch auf Breschnew aus... Der mythische Aktant erfüllt in diesem Fall die Funktion einer Leerformel im Sinne von Ernst Topitsch: „Auch im Falle von mehrdeutigen Begriffen, d. h. wenn mehrere, prinzipiell unterscheidbare Sachverhalte mit ein und demselben Begriff bezeichnet werden, kommt es gar nicht so selten vor, daß im einzelnen Verwendungsfall aus dem Sprach- und Situationszusammenhang nicht ersehen werden kann, welcher dieser Sachverhalte gemeint ist, so daß der Satz, der den mehrdeutigen Begriff an zentraler Stelle enthält, sich als Leerformel erweist."[64]

Togliattis Text zeigt allerdings, daß der Diskurs des Ideologen sich auch gegen ideologische Verfahren wie die „Leerformel" wenden kann, die Topitsch mit Recht für ein Ideologem hält. Der kritische Rationalist übersieht jedoch die Ambivalenz der Ideologie, die durchaus theoretische Elemente enthalten kann, während die Sozialwissenschaft (auch die „wertfreie") häufig ideologische Aspekte aufweist.

Der Soziologe stimmt bis zu einem gewissen Grade Togliatti zu: Nicht einmal Franco wird er als Faschisten bezeichnen, weil er den stets von neuem ausbrechenden Konflikt zwischen den Anhängern Francos und den faschistischen Falangisten des jüngeren Pri-

---

[63] P. Togliatti, *Reden und Schriften. Eine Auswahl*, Frankfurt, Fischer, 1967, S. 23.
[64] E. Topitsch, K. Salamun, *Ideologie. Herrschaft des Vor-Urteils*, Wien, Langen-Müller, 1972, S. 117.

mo de Rivera *erklären muß*. Er weiß jedoch, daß Ideologie nur zufällig, aus taktischen Erwägungen heraus, Theorie hervorbringt. Das nächste Kapitel wird zeigen, daß — umgekehrt — die Ideologie im theoretischen Diskurs wesentlich besser vertreten ist.

e) *Naturalismus und Teleologie*

So verschiedene Autoren wie Hans Albert und Werner Hofmann stimmen in der Ansicht überein, daß die Ideologie ein teleologisches Konstrukt ist. — „Ideologie ist meist final gerichtet", resümiert beispielsweise Werner Hofmann.[65] Dies ist zweifellos richtig, denn der Ideologe ordnet, wie die hier durchgeführten Analysen gezeigt haben, seine Argumentation einem praktischen Zweck oder Ziel unter.

Leider ist jedoch die Definition der Ideologie als „teleologischer Diskurs" nicht unproblematisch, weil ja auch theoretische oder als „wissenschaftlich" institutionalisierte Diskurse teleologisch aufgebaut sind. Einerseits erwarten wir von Wissenschaftlern, daß sie mit widerlegbaren, überprüfbaren Hypothesen arbeiten, andererseits hoffen wir, daß sie in ihren Vorträgen und Abhandlungen eine bestimmte Absicht verfolgen und ein Ziel anvisieren: etwa die Richtigkeit des Wertfreiheitspostulats, die Trennung von Ideologie und Wissenschaft oder (wie hier) die Wechselbeziehung zwischen beiden. Manchmal ist die Teleologie geradezu im Titel enthalten: Hält jemand einen Vortrag über „Wahrheit und Ideologie", so setzt er sich einem argumentativen Druck aus, die beiden Terme zu differenzieren; nicht weniger teleologisch ist der prekäre Versuch, sie für Synonyme zu erklären, der von einem *parti pris* gegen den Wahrheitsbegriff ausgeht. Habermas' Aufsatz „Technik und Wissenschaft als ‚Ideologie'" legt die Stoßrichtung der Argumentation vorab fest: Technik und Wissenschaft sollen *als* ideologische Erscheinungen aufgefaßt werden. Es fragt sich nun, ob es möglich ist, eine theoretische von einer ideologischen Teleologie zu unterscheiden.

Ein wesentlicher Unterschied scheint darin zu bestehen, daß der theoretische Diskurs den hypothetischen, heuristischen Charakter seiner Begriffe und Theoreme zugibt, während der ideologische sie für notwendig oder natürlich erklärt. Dabei spielen mythische Aktanten sowohl auf der Ebene des Aussagevorgans als auch auf der Ebene der Aussage eine wichtige Rolle.

Spricht jemand im Namen eines mythischen Aktanten, im Namen einer Gottheit, einer Wahrheit, der Menschheit oder der Natur, so büßt die Teleologie seines Diskurses ihren heuristischen, hypothetischen Charakter ein, und das vom Aussagesubjekt angepeilte *telos* wird zum einzig möglichen. In vielen, den meisten Fällen ist dieses *telos* ein mythischer Objekt-Aktant, der empirischen Untersuchungen unzugänglich ist. Ihm entsprechen andere mythische Aktanten, die Funktionen von Auftraggebern und Gegenauftraggebern, Subjekten und Antisubjekten, Helfern und Widersachern erfüllen, welche den Diskurs zu einer großangelegten Leerformel machen, die im Bereich des Aussagevorgangs keinen Widerspruch duldet und im Bereich der Aussage (*énoncé*) empirisch nicht überprüfbar ist.

---

[65] W. Hofmann, *Universität, Ideologie, Gesellschaft. Beiträge zur Wissenschaftssoziologie*, Frankfurt, Suhrkamp, 1968, S. 66.

Fast alle ideologischen Soziolekte haben solche autoritären, leeren und gegen jede Art von Kritik immunen Diskurse hervorgebracht. Besonders klar tritt jedoch der Nexus zwischen ideologischer Teleologie und mythischen Aktanten im Soziolekt des Nationalsozialismus, und hier vor allem im Diskurs Adolf Hitlers, zutage. Der Autor von *Mein Kampf* macht sich im 11. Kapitel seines Buches zum Sprachrohr der *Natur*, die im Bereich der Aussage zugleich als Auftraggeber des *germanischen Menschen* (des Subjekts) erscheint, der mit dem Heilsauftrag („mission de salut", Greimas) betraut wird, sich eines bestimmten Objekts, der *Rassenreinheit*, zu bemächtigen.

Zunächst tritt die Natur als mythisches *Aussagesubjekt*, als „actant de communication" oder „d'énonciation", auf: „Es gibt Wahrheiten, die so sehr auf der Straße liegen, daß sie gerade deshalb von der gewöhnlichen Welt nicht gesehen oder wenigstens nicht erkannt werden."[66] Einige Zeilen weiter verkündet der Autor im Namen der Natur eines ihrer Grundgesetze: die innere „Abgeschlossenheit der Arten sämtlicher Lebewesen dieser Erde."[67]

Zugleich zeigt sich, daß er eine bestimmte Klassifikation und eine bestimmte Art zu klassifizieren als *natürlich* — im wörtlichen und im übertragenen Sinn — voraussetzt: „Jedes Tier paart sich nur mit einem Genossen der gleichen Art." Und: „Der Fuchs ist immer ein Fuchs, die Gans eine Gans, der Tiger ein Tiger usw. (...) Es wird aber nie ein Fuchs zu finden sein, der seiner inneren Gesinnung nach etwa humane Anwandlungen Gänsen gegenüber haben könnte, wie es ebenso auch keine Katze gibt mit freundlicher Zuneigung zu Mäusen."[68] Indem er nun eine Analogie zwischen Tiergattungen (Fuchs, Gans, Tiger) und Menschenrassen herstellt, gelangt er zu einer rigiden Rassentrennung (Pseudotaxonomie), die durch mythische Aktanten wie *Germanen* und vor allem *Arier* noch verstärkt wird: „Sie (die geschichtliche Erfahrung) zeigt in erschreckender Deutlichkeit, daß bei jeder Blutsvermengung des Ariers mit niedrigeren Völkern als Ergebnis das Ende des Kulturträgers herauskam."[69] Wie willkürlich diese Taxonomie ist, zeigen Kommentare des amerikanischen Schriftstellers Emerson zur Klassifizierbarkeit der Rassen.[70]

Das narrative Programm der Natur als *Auftraggeberin* gründet auf dieser willkürlichen, aber im Zitat als natürlich und notwendig geltenden Klassifikation. Im Rahmen dieser Klassifikation und der ihr entsprechenden narrativen Struktur muß jeder Versuch des beauftragten Subjekts (des Menschen), seinen Heilsauftrag, die Rassenreinheit, in Frage zu stellen, als hoffnungslose Perversion erscheinen:

---

66 A. Hitler, *Mein Kampf*, München, Verlag Franz Eher Nachfolger, 1934, S. 311.
67 ibid.
68 ibid., S. 312.
69 ibid., S. 313.
70 Siehe: R. W. Emerson, „English Traits", in: *The Selected Writings of Ralph Waldo Emerson*, New York, Random House, 1968, S. 545: „Yet each variety shades down imperceptibly into the next, and you cannot draw the line where a race begins or ends. Hence every writer makes a different count." — Im Gegensatz zu Hitler thematisiert und problematisiert Emerson das Klassifikationsverfahren als subjektive Tätigkeit und unterscheidet dadurch implizit Objekt und Objektkonstruktion (Hypothese).

> Indem der Mensch versucht, sich gegen die eiserne Logik der Natur aufzubäumen, gerät er in Kampf mit den Grundsätzen, denen auch er selber sein Dasein als Mensch verdankt. So muß sein Handeln gegen die Natur zu seinem eigenen Untergang führen. (Vollständiger Absatz.)[71]

Das narrative Programm der Natur, das der Mensch erfüllen muß, wenn er nicht untergehen will, wird hier nicht als ein mögliches Vorhaben aufgefaßt, das scheitern kann, sondern als ein der Anziehungskraft vergleichbares Naturgesetz, dem sich niemand widersetzen kann. Sememe wie *eiserne Logik, Grundsätzen, Dasein, muß, Untergang* konnotieren einen rigiden Determinismus, *der dem Gegenstand selbst innewohnt*.

Und dies ist der entscheidende Gedanke: Der Autor Adolf Hitler, der sich zunächst mit einem mythischen Aktanten auf der Ebene des Aussagevorgangs identifiziert, macht schließlich diesen Aktanten auf der Ebene des *énoncé* zum Auftraggeber seines Helden (des arischen Menschen), der sich den vom Autor willkürlich dekretierten und durchaus kontingenten „Naturgesetzen" ebensowenig entziehen kann wie der Anziehungskraft oder dem Sauerstoffbedarf. Der ideologische Trick besteht darin, daß Aussagen über die Wirklichkeit dieser schlicht gleichgesetzt werden: „Die Erkenntnis einer materiellen Wirklichkeit ist ideologisch", schreibt Luis J. Prieto, „wenn das Subjekt die Grenzen und die Identität des Objektes, zu dem diese Realität für es geworden ist, als in der Realität selbst befindlich betrachtet, d. h. wenn das Subjekt der Realität selbst die Idee zuspricht, die es aus ihr konstruiert hat."[72]

In *Mein Kampf* ist das der Fall: Die Teleologie wird als „eiserne Logik der Natur", d. h. als objektimmanentes Gesetz aufgefaßt und nicht als These oder gar als eine zu prüfende Hypothese über die Wirklichkeit. Es handelt sich hier folglich um eine objektimmanente Teleologie im aristotelischen Sinne, die der Theoretiker Kant durch eine rein heuristische Auffassung der Teleologie ersetzte, in der diese als ein vom Subjekt eingesetztes Mittel der Erkenntnis erscheint.

Solange die von Hitler entwickelte objektimmanente Teleologie nicht als narrativer Trick erkannt wird, müssen alle Einwände gegen sie als sinnlos oder dumm erscheinen:

> Hier freilich kommt der echt judenhaft freche, aber ebenso dumme Einwand des modernen Pazifisten: „Der Mensch überwindet eben die Natur!" (Vollständiger Absatz; schließt an den vorigen an.)[73]

Im Rahmen der von Hitler konstruierten objektimmanenten Teleologie haben Antisubjekt (Jude) und Widersacher (Pazifist) weder auf der Ebene des Aussagevorgangs noch auf der des narrativen Ablaufs eine Chance, denn ihr Auftraggeber (Gegenauftraggeber im Diskurs) ist die *Widernatur*. Deren narratives Programm ist vorab zum Scheitern verurteilt, da es sich ja gegen die Naturgesetze richtet. Es zeigt sich hier, wie die Sprache der Naturwissenschaften ideologisiert, mythisiert wird; zugleich wird deutlich, weshalb

---

[71] A. Hitler, *Mein Kampf*, op. cit., S. 314.
[72] L. J. Prieto, *Pertinence et pratique. Essai de sémiologie*, Paris, Minuit, 1975 S. 263.
[73] A. Hitler, *Mein Kampf*, op. cit., S. 314.

in diesem Diskurs Antisubjekt und Widersacher als *widernatürlich*, als pervers erscheinen müssen.

Um Mißverständnissen vorzubeugen, möchte ich zum Abschluß noch darauf hinweisen, daß Hitlers Diskurs unter zwei verschiedenen, aber komplementären Gesichtspunkten als naturalistisch erscheint: Einerseits deshalb, weil der Autor von *Mein Kampf* bestimmte Relevanzkriterien und das ihnen entsprechende Klassifikationsverfahren als selbstverständlich, wirklich und wahr darstellt; andererseits, weil die von ihm verteidigten Wahrheiten oder Relevanzkriterien dem Bereich der *Natur* angehören. Es versteht sich deshalb von selbst, daß auch Diskurse, in denen das Wort „Natur" *nicht* vorkommt, naturalistisch in dem hier definierten Sinn sein können, etwa Diskurse, die mit Redewendungen beginnen wie: „Jeder weiß, daß . . ." „Es ist bekannt, daß . . ." „Es gibt Wahrheiten . . ."

f) *Identitätsdenken und Monolog*

Aus den meisten hier durchgeführten Analysen, vor allem aber aus der letzten, geht hervor, daß die meisten ideologischen Diskurse dazu neigen, sich der Wirklichkeit, genauer: den von ihnen thematisierten Referenten gleichzusetzen. Dies ist der Grund, weshalb Adorno und Horkheimer in der Vergangenheit die Ideologie als „Identitätsdenken" charakterisierten. Komplementär dazu sollte die textsoziologische Analyse zeigen, wie die diskursiven Verfahren aussehen, die den Schein einer solchen Identifizierung hervorbringen: Einerseits kommt er dadurch zustande, daß ein Aussagesubjekt sich implizit mit einem mythischen Aktanten (mit der „Wirklichkeit", der „Natur" oder der „Gottheit") identifiziert, sich zum Sprachrohr dieses Akanten macht; andererseits dadurch, daß bestimmte diskursive Verfahren wie semantische Klassifikationen, aktantielle Schemata und narrative Abläufe als objektimmanent, als natürlich und notwendig erscheinen. So sind auch Stuart Halls Bemerkungen über die „Naturalisierung" sprachlicher Kodes zu verstehen.[74]

Die Identifizierung kommt dadurch zustande, daß ein wesentlicher Aspekt der Subjekt-Objekt-Beziehung ausgeblendet wird: die *Objektkonstruktion*, die sowohl in den Naturwissenschaften als auch in den Sozialwissenschaften eine wesentliche Rolle spielt. Das Licht kann sowohl im Rahmen einer Wellentheorie als auch im Rahmen einer Partikeltheorie dargestellt und erklärt werden: Es handelt sich hier um zwei mögliche Objektkonstruktionen, die das menschliche Subjekt heuristisch als Modelle, als Mittel der Erkenntnis, verwendet. Freuds „Unbewußtes" und Lacans „inconscient" sind solche Objektkonstruktionen, ebenso wie der textsoziologische Ideologiebegriff, der hier vorgeschlagen wird, der aber nur ein möglicher Ideologiebegriff ist: ein Modell, mit dessen Hilfe ich versuche, die Ideologie als Diskurs so zusammenhängend wie möglich zu er-

---

[74] Siehe: S. Hall „Encoding / decoding", in: S. Hall, D. Hobson, A. Lowe, P. Willis (Hrsg.), *Culture, Media, Language. Working Papers in Cultural Studies* (1972–1979), London, Hutchinson, 1980, S. 132: „Certain codes may, of course, be so widely distributed in a specific language community or culture, and be learned at so early an age, that they appear not to be constructed — the effect of an articulation between sign and referent — but to be ‚naturally given'."

klären. Ich muß zur Kenntnis nehmen, daß es andere Modelle gibt, daß der Gegenstand auch *anders* konstruiert werden kann.

Gerade diese Überlegung fehlt im ideologischen Diskurs: Der Ideologe klammert das Problem der Objektkonstruktion schlicht aus, weil er weiß oder nur intuitiv befürchtet, daß eine Thematisierung des Subjekt-Objekt-Verhältnisses und der Objektkonstruktion seinen Diskurs relativieren könnte. Es scheint mir notwendig, dieses Problem auch aus der Sicht des Ideologen zu betrachten: Wollte er den nur möglichen, kontingenten Charakter seiner Definitionen, Klassifikationen und Relevanzkriterien öffentlich zugeben, würde er sich in den Augen der meisten restlos diskreditieren. Hätte Hitler seine Klassifikationen und Relevanzkriterien zur Diskussion gestellt, hätte er wie Emerson zugegeben, daß die Einteilung der Menschheit in eine bestimmte Anzahl von Rassen ein außerordentlich schwieriges Unterfangen ist und daß Humboldt drei, Blumenbach fünf und Mr. Pickering elf unterscheidet[75], dann hätten vielleicht einige Anthropologen dem Dilettanten ermutigend auf die Schulter geklopft, aber zu einer politischen Massenwirkung wäre es sicherlich nicht gekommen. Sie erreichte er durch die hier beschriebenen diskursiven Verfahren, die den Gedanken an eine Objektkonstruktion gar nicht aufkommen lassen.

Diese Verfahren der Identifizierung bringen einen Monolog hervor, der keinen Widerspruch duldet, da er ja die Wirklichkeit selbst *ist*. Wer sich wie Hitler mit der Wirklichkeit oder der Wahrheit identifiziert, kann Einwände nicht tolerieren: Jeder Einwand (etwa des Pazifisten) muß als „Dummheit" oder „Frechheit" erscheinen. Freilich ist Hitler nicht der Erfinder des autoritär-monologischen Diskurses: eher sein Opfer; denn: „l'idéologie interpelle les individus en sujets" (Althusser). In vielen mitteleuropäischen (nicht nur deutschen) Schulen war in der Zeit des Ersten Weltkrieges dieser Diskurs die herrschende Form.

Die ostdeutschen Anhänger des sozialistischen Realismus, die im Namen des mythischen Aktanten *Wirklichkeit* sprechen, setzen ihn — wenn auch mit anderen Mitteln — im Jahre 1974 fort: „Wirklichkeitsnähe ist ein künstlerisches *Prinzip* des sozialistischen Realismus."[76] Wer aber definiert die „Wirklichkeit" auf diskursiver Ebene? In der DDR ist es der marxistisch-leninistische Soziolekt der SED, so daß interpretiert werden kann: das künstlerische Prinzip des sozialistischen Realismus ist die Nähe zum Marxismus-Leninismus, der als Diskurs über die Wirklichkeit mit dieser identifiziert wird. Auch in diesem Falle wird die Frage nach der Objektkonstruktion unterschlagen, und der monologische Diskurs duldet keine Widerrede, sooft er das „Wissen um den gesetzmäßigen Sieg des Sozialismus"[77] beschwört. Dieses Wissen in Frage zu stellen, kann sich nur ein Unwissender oder ein Verräter vornehmen ...

Der ideologische Monolog läßt nur die rhetorische Frage gelten, die sowohl bei Stalin als auch bei Mao Tse-Tung didaktische Formen annimmt: „*Frage: Hat die* Prawda *richtig gehandelt, als sie eine freie Diskussion über Probleme der Sprachwissenschaft eröffnete? - Ant-*

---

[75] Siehe: R. W. Emerson, „English Traits", in: ders., op. cit., S. 545.
[76] Autorenkollektiv, *Zur Theorie des sozialistischen Realismus*, Ost-Berlin, Dietz-Verlag, 1974, S. 502.
[77] ibid., S. 402.

wort: Sie hat richtig gehandelt."⁷⁸ Während Stalins Frage- und Antwort-Spiel eher didaktischen Charakter hat, tritt in Maos Fragen die rhetorische und zirkuläre Form in den Vordergrund: „Können wir es denn dulden, daß ein so abscheuliches Verhalten vor den Volksmassen besungen wird (...)?"⁷⁹ Hier erübrigt sich die Antwort.

An dieser Stelle schließt sich der Kreis: denn es zeigt sich, daß der monologische Charakter des ideologischen Diskurses nicht nur mit dessen Identifikationsmechanismen und mit der Ausblendung der Objektkonstruktion zusammenhängt, sondern auch mit dessen Dualismus, Manichäismus. Wo Wahrheit und Lüge, Gut und Böse, Held und Antiheld aufeinanderprallen, kann es keinen Dialog geben. Im Extremfall wird der Andere niedergeschrien: Seine Argumente können ja nur Dummheit oder Frechheit sein, während die eigenen ausschließlich Wahrheit, Schönheit und Güte vermitteln. Der Dialog kommt zwar zu kurz, nicht jedoch der kollektive Narzißmus, auf den Theodor Adorno, Else Frenkel-Brunswik u. a. in ihren *Studien zum autoritären Charakter* ausführlich eingehen.⁸⁰

g) *Die Rezeption der Ideologie: Kode, Soziolekt und sprachliche Situation*

Im vorigen Abschnitt wurde bereits angedeutet, daß der Ideologe, der mit seinem Diskurs auf größere Gruppen oder gar Massen einwirken will, sich nicht-ideologisches oder theoretisches Argumentieren vielleicht gar nicht leisten kann. Deshalb möchte ich diesen Abschnitt über die diskursiven Verfahren der Ideologie mit der Frage abschließen, welche Wirkungsmöglichkeiten ideologische und theoretische Diskurse in einer konkreten sozio-linguistischen Situation haben. Zugleich drängt sich die komplementäre und spezifische Frage auf, ob es jemals zu einer Einheit von Theorie und Praxis kommen kann, ob nicht jeder theoretische Diskurs, der auf Breitenwirkung abzielt, gleichsam unwillkürlich die hier beschriebenen ideologischen Verfahren entwickelt. Zwei überlegungen mögen diesen Gedankengang verdeutlichen.

In der Vergangenheit hat sich immer wieder gezeigt, daß die skrupellosen sprachlichen Vereinfacher eher publikumswirksam auftreten konnten als gewissenhafte Theoretiker — etwa die Mitglieder des Wiener Kreises —, die unaufhörlich von der Frage geplagt wurden: „Ist diese Aussage vertretbar, haltbar?" Derlei Skrupel hatten die Nationalsozialisten, die dem Wiener Kreis ein gewaltsames Ende bereiteten, bekanntlich nicht. Charakteristisch für die Gesinnung dieser Ideologen ist eine Kurzdarstellung des Nationalsozialismus in Dietrich Klagges' *Geschichtsunterricht als nationalpolitische Erziehung* (1937, 2. Aufl.): „In einem unterscheidet sich die nationalsozialistische Weltanschauung von vornherein von allen anderen Weltanschauungen und Philosophien. Während jene alle so außerordentlich schwierig und kompliziert sind, daß sie erst nach jahrelangen

---

[78] J. W. Stalin „Über den Marxismus in der Sprachwissenschaft", in: F. J. Raddatz, *Marxismus und Literatur* Bd. 3, Reinbek, Rowohlt, 1969, S. 24.
[79] Mao Tse-Tung, *Fünf Dokumente über Literatur und Kunst*, Peking, Verlag für fremdsprachige Literatur, 1967, S. 4.
[80] Siehe: Th. W. Adorno, E. Frenkel-Brunswik e. a., *Studien zum autoritären Charakter*, Frankfurt, Suhrkamp, 1973, S. 360—361.

mühevollen und aufopfernden Studien einigermaßen verständlich werden, ja vielfach so verdreht und absurd anmuten, daß sie außer ihrem Erfinder überhaupt niemand begreift, ist das nationalsozialistische Wollen und Denken von einer wunderbaren Klarheit und Einfachheit."[81] (Aus dem Kontext geht hervor, daß es sich hier *nicht* um eine Parodie oder Ironie handelt: der Autor meint, was er sagt.)

Wichtig scheint mir hier die Verbindung von „Wollen" und „Denken" zu sein. Wer sich politisch durchsetzen will, wird in seinen Ansprachen und Schriften zur Vereinfachung neigen: zu einer dualistischen Klassifikation, zu einem simplen Aktantenmodell, zur diskursiven Identifikation etc. Ambivalenz und Ironie wird er ebenso meiden wie komplexe Taxonomien, offene Fragen und konkurrierende Diskurse; denn er weiß intuitiv, daß theoretische Verfahren das „Wollen" von Individuen und Gruppen nicht stärken. Dazu sind ideologische Schemata wesentlich besser geeignet. Deshalb ist es nicht sinnvoll, Theorien mit „Kohärenz" und Ideologien mit „Inkohärenz" zu assoziieren.

Die zweite Überlegung betrifft die Rezeption der Seinsphilosophie, der Kritischen Theorie und des Kritischen Rationalismus in den letzten Jahrzehnten. In allen drei Fällen erfolgte eine Ideologisierung der philosophischen Sprache, die sich sogar im „Positivismusstreit" der sechziger Jahre niederschlug: Wo auf beiden Seiten mythische Aktanten wie „Positivismus" (bestenfalls: „Neopositivismus") und „Neomarxismus" verwendet werden, ist ein vernünftiger Dialog kaum möglich. Dem „Jargon der Eigentlichkeit" (Adorno) folgte ein „Frankfurter Jargon", der die Kritische Theorie für heteronome (ideologische) Zwecke einsetzte: „Verwaltete Welt", lautete eines der Pauschalurteile über die zeitgenössische Gesellschaft, in der freilich ohne Verwaltung nicht einmal der Autobus zur Universität abfahren würde. Wer schließlich flugs zum Postulat der Falsifizierbarkeit greift, wenn es gilt, einen „neomarxistischen" Diskurs als „unwissenschaftlich" zu widerlegen, der erweist dem Kritischen Rationalismus einen ähnlichen Bärendienst wie die außerparlamentarische Opposition der Kritischen Theorie: Er macht aus einem kritischen, aber in vieler Hinsicht problematischen Gedanken ein Ideologem.

Die hier angeführten Beispiele zeigen zweierlei: Daß die Ideologie von der groben Vereinfachung, von einer drastischen „Reduktion der Komplexität" lebt, während die Theorie zur Ideologie, zum „Jargon" verkommt, sobald sie ihrer Komplexität entledigt und für praktisch-politische Ziele eingesetzt wird. In diesem Zusammenhang drängt sich die Frage auf, ob die Forderung nach Einheit von Theorie und Praxis nicht ebenso widersprüchlich und undurchdacht sei, wie die Forderung nach einer „wissenschaftlichen Ideologie" im Sinne von Lenin. Ist kollektives Handeln von Gewerkschaften, Parteien und Regierungen nicht nur als ideologisches Handeln denkbar?

Hier spielt der Bereich der Rezeption eine entscheidende Rolle: In einer konkreten sozio-linguistischen Situation entscheiden die Soziolekte und die ihnen entsprechenden semantischen Kodes darüber, ob theoretische Diskurse gehört und verstanden werden, oder ob nur ideologische Diskurse in der Öffentlichkeit eine Chance haben. Dabei kommt

---

[81] D. Klagges, *Geschichtsunterricht als nationalpolitische Erziehung,* Frankfurt, Verlag Moritz Diesterweg, 1937 (2. Aufl.), S. 10.

zwei Faktoren wesentliche Bedeutung zu: 1. der Intensität gesellschaftlicher Konflikte; 2. der sprachlichen und kulturellen Kompetenz der Adressaten.

In der Zwischenkriegszeit war — wie die Erfahrungen des Instituts für Sozialforschung und des Wiener Kreises zeigen — die Theorie deshalb zur Ohnmacht verurteilt, weil die mitteleuropäischen Gesellschaften besonders stark polarisiert waren: ähnlich wie die französische, die spanische und die italienische. Schon im ersten Abschnitt dieses Kapitels hat sich gezeigt, daß in einer solchen sprachlichen Situation Ambivalenz, Kritik und Ironie von manichäischen Sprachformen verdrängt werden. Charakteristisch für diese Zeit sind Robert Musils Bemerkungen zur Abwesenheit der „konstruktiven Ironie", die der Erkenntnis dient und nicht der Verspottung des Gegners: „Diese Art Ironie — die konstruktive Ironie — ist im heutigen Deutschland ziemlich unbekannt."[82]

In vielen lateinamerikanischen, in den meisten afrikanischen und asiatischen Gesellschaften beherrschen ideologische Rhetoriken das Geschehen, weil die gesellschaftlichen Konflikte sich eher zuspitzen, statt abzunehmen. Das Engagement ist so stark, daß eine theoretische Distanzierung im Sinne von Norbert Elias kaum in Frage kommt. Die Hoffnung auf eine theoretische Distanzierung in der westeuropäischen Gesellschaft hängt u. a. mit dem Prozeß der Demokratisierung — auch der wirtschaftlichen — zusammen.

Die ideologischen Schemata werden jedoch weiterhin durch die Vorherrschaft restringierter Kodes im Sinne von Basil Bernstein begünstigt: In einer sprachlichen Situation, in der bestimmten Gruppen nur ein begrenzter Wortschatz und eine rudimentäre Syntax zur Verfügung stehen, setzen sich ideologische Diskurse leichter und schneller durch als theoretische, die auf eine relativ komplexe Syntax angewiesen sind und nicht immer auf Fachtermini verzichten können. Wer die Vieldeutigkeit literarischer Texte erklären will, ist auf den Isotopiebegriff („komplexe Isotopie") oder auf einen analogen semantischen Begriff angewiesen. Gibt er diese Begriffe preis, so räumt er eine Position, die rasch von Ideologen mit mythischen Aktanten besetzt wird: Sie sprechen dann vom „geheimen Kern des Gedichts" oder vom „magischen Zauber der Dichtung".

Angesichts dieser Tatsachen zeichnet sich in einer von den audiovisuellen Medien beherrschten Gesellschaft eine Gefahr für die Theorie ab: Dualistische Schemata, negative oder positive Konnotationen und simple Aktantenmodelle sind durch Fernsehen und Videofilm wesentlich leichter zu vermitteln als theoretische Erklärungen, Beschreibungen und Kritiken. Ein einfaches Mittel zur Bewältigung dieses Problems gibt es — soweit ich sehe — nicht. Jeder Wissenschaftler hat jedoch die Möglichkeit, der Ideologisierung seines Faches in Lehre und Forschung entgegenzuwirken.

---

[82] R. Musil, *Der Mann ohne Eigenschaften*, Reinbek, Rowohlt, 1952, S. 1603.

3. Sind alle Ideologien gleichwertig?

Diese Frage erscheint einerseits berechtigt, weil immer wieder behauptet wird, alle Ideologien seien gleich „schlecht", „dogmatisch", „steril"[83]; andererseits ist sie problematisch, da sie sogleich die Gegenfrage provoziert, welche *Kriterien* denn über den Wert von Ideologien entscheiden sollen.

Auf diese Frage antwortet hier die restriktive Definition des ideologischen Diskurses, die im Abschnitt über die „diskursiven Verfahren der Ideologie" konkretisiert wurde: Im Zusammenhang mit dieser Definition und den hier durchgeführten Analysen läßt sich sagen, daß der theoretische Wert eines Diskurses in dem Maße abnimmt, wie er sich dem Idealtyp des ideologischen Diskurses nähert. Ein Text, der von allen hier dargestellten ideologischen Verfahren beherrscht wird, ist theoretisch nahezu wertlos, weil er mit Hilfe von dualistischen Schemata, mythischen Aktanten und monologisch-autoritären Sprachgebärden die Erkenntnis des Gegenstandes und den Dialog eher behindert als fördert.

Dieses noetische Werturteil bedeutet jedoch zugleich, daß es auch ideologische Diskurse gibt, die nicht restlos von den semantischen und narrativen Mechanismen der Ideologie beherrscht werden und die mitunter wichtige theoretische Erkenntnisse vermitteln. Dies zeigt etwa der hier zitierte Text von Togliatti, der aus taktischen Gründen einen mythischen Aktanten (eine „Leerformel", würde Topitsch sagen) in Frage stellt. Die Reden anderer marxistischer und nicht-marxistischer Politiker bringen häufig brauchbare Theoreme und wertlose Ideologeme zur Synthese, die nur schwer zu entwirren sind. So enthält beispielsweise Oskar Lafontaines weiter oben zitiertes Buch zahlreiche theoretisch brauchbare Sätze: „Eine natürliche Arbeitslosigkeit gibt es nicht. Massenarbeitslosigkeit ist nicht schicksalhaft."[84] Auch in Françoise d'Eaubonnes *Feminismus oder Tod* und in Margaret Thatchers *In Defence of Freedom* stößt der Leser hin und wieder auf theoretisch-kritische Passagen.

Für den eklektischen, halb theoretischen, halb ideologischen Charakter dieser Texte gibt es plausible Erklärungen: In einer Industriegesellschaft, in der viele Lebensbereiche von der Wissenschaft beherrscht werden, können Journalisten, Politiker und Geistliche nicht völlig auf theoretische Maßstäbe verzichten: Sie müssen wenigstens so tun, als dächten sie über das Gesagte nach, als führten sie einen Dialog mit wirklichen oder imaginären Gesprächspartnern, als stützten sie sich auf empirisch überprüfbare Aussagen. Auf diese Weise entsteht ein parasitärer Sprachgebrauch, der von den Ergebnissen der Forschung und vom Prestige der Wissenschaft lebt, ohne sich an deren theoretische Regeln und Verfahren zu halten. Größeren gesellschaftlichen Gruppen fällt es deshalb schwer, Theorie von Ideologie, Wissenschaft von Pseudowissenschaft zu unterscheiden. Es kommt hinzu, daß Journalisten, Aktivisten und Politiker sehr wohl wissen, daß der extrem ideologische Diskurs, der Idealtypus, in einer „verwissenschaftlichten" Industriegesellschaft

---

[83] Siehe z. B.: P. Watzlawick, „Bausteine ideologischer ‚Wirklichkeiten'", in: ders. (Hrsg.), *Die erfundene Wirklichkeit. Wie wissen wir, was wir zu wissen glauben? Beiträge zum Konstruktivismus*, München, Piper, 1984, S. 192—193.
[84] O. Lafontaine, *Der andere Fortschritt*, op. cit., S. 85.

kaum noch zu gebrauchen ist; deshalb berufen sich die meisten von ihnen (Thatcher, Lafontaine) auf Wissenschaften und Philosophien.

Komplementär zu den Texten dieser Ideologen verhalten sich die Arbeiten vieler engagierter Wissenschaftler, die den umgekehrten Weg gehen und versuchen, mit Hilfe von ideologischen Verfahren ihrer „Wissenschaft" im gesellschaftlichen Alltag zum Durchbruch zu verhelfen. In manchen Fällen sind die Diskurse solcher Wissenschaftler von denen der Ideologen kaum noch zu unterscheiden, und es gibt in unserer Gesellschaft eine Grauzone, in der Sozialwissenschaften und Ideologien ineinander übergehen, sich in einer Symbiose vereinigen, die für die ersteren verhängnisvoll werden könnte. (Die Naturwissenschaften scheinen in dieser Hinsicht weniger verwundbar zu sein, weil ihre Popularisierung in den Medien sich — soweit ich es beurteilen kann — nicht auf ihre stark formalisierten Diskurse auswirkt.)

Gegen die hier vorgeschlagenen diskurskritischen Kriterien zur Bewertung von Ideologien (und Theorien) könnten nun die engagierten Sozialwissenschaftler einwenden: es sei nicht möglich, nicht sinnvoll, den Wahrheitsgehalt eines ideologischen oder theoretischen Diskurses ausschließlich „formal", auf semantischer, syntaktischer und narrativer Ebene zu beurteilen, es sei notwendig, auch oder vor allem die gesellschaftliche Position des Aussagesubjekts zu berücksichtigen. Lafontaines Ideologie sei der Margaret Thatchers oder Ronald Reagans vorzuziehen, weil sie „fortschrittlich", „human" oder „gerecht" sei.

Da ich meine, daß dieser Einwand ernstzunehmen ist, möchte ich zunächst die diskursiven oder diskurskritischen Kriterien (die alles andere als „formal" sind) gegen ihn verteidigen: Innerhalb der wissenschaftlichen Institutionen ermöglichen sie eine Unterscheidung zwischen theoretisch akzeptablen und ideologischen oder gar propagandistischen marxistischen, feministischen, psychoanalytischen und kritisch-rationalistischen Arbeiten. Wer die diskursiven Verfahren zum Gegenstand seiner Kritik macht, der wird einen Text nicht mehr pauschal verurteilen, weil er „positivistisch", „neomarxistisch" oder „feministisch" ist. Er wird *a priori* sowohl dem feministischen als auch dem marxistischen oder dem kritisch-rationalistischen Ansatz „Theoriehaftigkeit", Nuanciertheit und empirische Überprüfbarkeit zutrauen. Erst wenn eine Textanalyse zeigt, daß der Diskurs monologisch Dogmen verkündet, sich mit seinem Gegenstand verwechselt und nicht ohne mythische Aktanten auskommt, wird er seine Meinung ändern und ihn mit Hilfe des restriktiven Ideologiebegriffs kritisieren.

Den Einwand der engagierten Wissenschaftler kann ich dennoch nachvollziehen, denn er bezieht sich auf die *allgemeine Definition der Ideologie*, die in der Einleitung und in diesem Kapitel vorgeschlagen wurde: auf die Ideologie als sekundäres modellierendes System und als Soziolekt, das die Positionen, Wertsetzungen und Interessen einer bestimmten Gruppe oder mehrerer Gruppen artikuliert. Vereinfacht lautet die Frage: Ist ein marxistischer, liberaler oder feministischer Soziolekt nicht *ipso facto* rationaler, theoretischer als ein faschistischer oder nationalsozialistischer? Es geht hier um das von Habermas in *Erkenntnis und Interesse* angeschnittene Problem der „Verallgemeinerungsfähigkeit der Interessen" oder (wie ich sagen würde) der Werte. Dieses Problem ist nicht auf Anhieb zu lösen, und ich komme im letzten Teil dieses Buches (Kap. 12) ausführlich darauf zurück.

Geht man jedoch davon aus, daß nicht alle Werte gleichwertig, d. h. gleich rational oder verallgemeinerungsfähig sind, so kann man auch im Zusammenhang mit der allgemeinen Definition der Ideologie nicht von der Gleichwertigkeit ideologischer Soziolekte und Diskurse ausgehen. Es macht sehr viel aus, ob der Objekt-Aktant eines Diskurses die *Rassenreinheit*, die *klassenlose Gesellschaft* oder die *pluralistische Demokratie* ist. Selbst wenn ich an dem Gedanken festhalte, daß Ausdrücke wie „Pluralismus" und „klassenlose Gesellschaft" Ideologeme sind und mythischen Charakter haben, werde ich dennoch verstehen, daß diese Ausdrücke sich gegen bestimmte Formen der Herrschaft richten und — wenigstens bis zu einem gewissen Grad — verallgemeinerungsfähig sein *können*. Ausdrücke wie *Herrenrasse* und *Diktatur des Proletariats* enthalten jedoch *nachweislich* die Seme „Gewalt" und „Unterdrückung". Sie sind nicht nur nicht verallgemeinerungsfähig, sondern schlicht gefährlich.

Es ist in vielen Fällen natürlich äußerst schwierig und prekär, einen bestimmten Wert einem anderen vorzuziehen; in einigen Fällen ist es jedoch — etwa wenn es um den Wort-Wert „Herrenrasse" geht — unbedingt notwendig, und nichts wirkt sich in solchen Fällen verheerender auf das theoretische Denken aus als der Relativismus, laut Karl Popper „die These, daß jedes beliebige Wertsystem sich in gleicher Weise verteidigen läßt und daß daher alle Wertsysteme gleich gültig (und daher gleichgültig) sind."[85]

Deshalb würde ich den engagierten Wissenschaftlern recht geben, wenn sie behaupten, daß es auf die Interessen und Wertsetzungen ankommt, die eine Gruppe verteidigt und die sich in ihrem Sprachgebrauch niederschlagen. Zugleich würde ich jedoch dafür plädieren, daß diese Interessen und Werte auf die diskursiven Verfahren eines Soziolekts bezogen werden. Vielfach tritt nämlich der irrationale und fragwürdige Charakter bestimmter Werturteile und der ihnen entsprechenden Relevanzkriterien und Klassifikationen auf diskursiver Ebene zutage.

Etwa in dem bereits zitierten Werk von Dietrich Klagges, in dem der „erkünstelte" Charakter eines bestimmten Denkens durch Hinweise auf dessen „jüdischen" („nicht-arischen") Ursprung diskreditiert werden soll: „Nur so ist auch das Ansehen des jüdischen Philosophen Vaihinger zu erklären, der von der willkürlich gewählten Millimeterbasis des ‚Als ob' aus ein umfangreiches, aber durchaus erkünsteltes Gebäude aufstellte, das ganz einer auf die Spitze gestellten Pyramide gleicht, und damit nur den einen Zweck verfolgte, uns das handfeste Sein in trügerischen Schein zu verfälschen."[86] — Zufällig fand ich in diesem Buch einen alten Korrekturzettel mit folgendem Text: „*Berichtigung*: Nach Mitteilung der Verlagsbuchhandlung Felix Meiner ist der auf Seite 10 genannte Philosoph Hans Vaihinger arischer Abstammung." Der Philosoph, dessen Denken hier durch negative Konnotationen und durch Zurechnung zum Handlungsbereich des Antihelden (*Judentum*) diskreditiert und im Zusammenhang mit Einstein wohl auch „erklärt" werden soll, entpuppt sich jäh als *Arier*: als Held. Damit fällt Klagges' Argumentation mitsamt ihrer (indirekten) „Erklärung" flach: Weshalb sollte uns ein Arier „das handfeste Sein in trügerischen Schein (...) verfälschen?"

---

[85] K. R. Popper, *Ausgangspunkte. Meine intellektuelle Entwicklung*, Hamburg, Hoffman und Campe, 1979, S. 165.
[86] D. Klagges, *Geschichtsunterricht als nationalpolitische Erziehung*, op. cit., S. 10.

Es zeigt sich hier, daß Ideologien und ihre Wertsetzungen nicht nur nicht gleichwertig sind, sondern auch Relevanzkriterien und Klassifikationen von unterschiedlicher theoretischer Qualität hervorbringen. Der fragwürdige, ideologische Charakter aller Klassifikationen, die vom Gegensatz *arisch/jüdisch* abgeleitet werden, tritt hier in Ungereimtheiten des nationalsozialistischen Soziolekts (zweier Diskurse) zutage, die an Selbstparodie grenzen.

Der Nexus zwischen Interessen und Wertsetzungen auf der einen und diskursiven Verfahren auf der anderen Seite sollte nicht nur bei „Ideologieverdacht" überprüft werden. Jedem Theoretiker fällt die Aufgabe zu, der Frage nachzugehen, wie sich die Interessen und Werte, die er verteidigt, auf seine diskursive Struktur auswirken. Zur „Theoriehaftigkeit" eines Diskurses gehört die Aufdeckung und Erklärung dieses Nexus. Im nächsten Kapitel wird sich zeigen, daß eine Theorie auch dadurch ideologisch werden kann, daß sie die durchaus *legitimen* Interessen und Wertsetzungen, die ihr zugrundeliegen, auf diskursiver Ebene — als Relevanzkriterien, Klassifikationen und narrative Schemata — nicht reflektiert.

IX. Ideologie in der Theorie: Soziologische Modelle

Im vorigen Kapitel sollte vor allem gezeigt werden, daß Ideologie im restriktiven Sinn als diskursive Anordnung definierbar und beschreibbar ist. Bisher wurde „falsches Bewußtsein" häufig im Zusammenhang mit einem bestimmten gesellschaftlichen Standort: dem des Bürgertums, des Adels, der Intellektuellen etc. verknüpft und in vielen Fällen im Gegensatz zum archimedischen Punkt der „wahren Erkenntnis" definiert. Die Analyse ideologischer Diskurse läßt jedoch vermuten, daß keine gesellschaftliche Gruppe die Wahrheit als Theorie oder Wissenschaft gepachtet hat, weil kein Soziolekt als lexikalisches Repertoire und Kode gegen die diskursiven Mechanismen der Ideologie immun ist. Spezifisch ausgedrückt: Ein psychoanalytischer, marxistischer, kritisch-rationalistischer oder kritisch-theoretischer Soziolekt (d. h. Gruppenstandpunkt) bietet noch keine Gewähr für die theoretische Qualität des Diskurses.

Am Ende des Kapitels hat sich allerdings herausgestellt, daß Soziolekte als Ideologien im allgemeinen Sinne *nicht* gleichwertig sind: Es ist nicht gleichgültig, ob ich als Theoretiker von einer liberalen, einer marxistischen oder einer nationalsozialistischen Gruppensprache ausgehe; denn die Axiomatik des Soziolekts kann die theoretischen Verfahren auf allen sprachlichen Ebenen fördern oder behindern. Es ist daher ratsam, die Wechselbeziehung zwischen den beiden Aspekten der Ideologie — zwischen der Ideologie im allgemeinen und der Ideologie im restriktiven Sinn — nicht aus den Augen zu verlieren.

Verallgemeinerungsfähige Werte scheinen zwar eine Grundvoraussetzung für den theoretischen Charakter eines Diskurses zu sein; sie sind jedoch nicht als Garantien aufzufassen. Der verallgemeinerungsfähige Gedanke, daß alle Menschen ein Recht auf Leben haben, schließt — wie Francis Ponge, Maurice Merleau-Ponty und Jean-Paul Sartre wußten — ein Abgleiten des Diskurses in humanistische Ideologie und Propaganda nicht aus.[1] Im lexikalischen Repertoire des Nationalsozialismus und des Marxismus-Leninismus, das Wort-Werte wie „Rassenseele" und „Klassenfeind" enthält, sind jedoch ideologische Verfahren wie *Dualismus* und *mythische Aktanten in nuce* angelegt.

Mit Absicht werden hier extreme Beispiele angeführt, denn es ist in vielen Fällen nicht *vorab* zu entscheiden, ob bestimmte Lexeme im theoretischen Diskurs eingesetzt werden können oder nicht. Dies gilt beispielsweise für Begriffe wie „Pluralismus", „Sozialismus", „Kapitalismus" oder „Klasse". Spricht jemand vom „Sozialismus der Selbstverwaltung" („samoupravni socijalizam", „socialisme autogestionnaire") oder von „Plan und Markt im Sozialismus" (O. Šik), so kann man zumindest davon ausgehen, daß er der theoretischen Argumentation nicht *a priori* einen Riegel vorschiebt; wer hingegen das „Wissen um den gesetzmäßigen Sieg des Sozialismus" beschwört (s. Kap. 8), ruft mythische Aktanten auf den Plan, die ihm den Zugang zur Wirklichkeit verstellen. Freilich kann dieses Problem nicht auf lexikalischer oder phrastischer Ebene gelöst werden; die Gründe hierfür wurden im 7. Kapitel ausführlich besprochen. Es zeigt sich aber, daß

---

[1] Siehe z. B.: M. Merleau-Ponty, *Humanisme et terreur. Essai sur le problème communiste,* Paris, Gallimard, 1947; F. Ponge, *Nioque de l'Avant-Printemps,* Paris, Gallimard, 1983.

bereits symptomatische Lexeme wie „Rassenseele" oder „Klassenfeind" Zweifel an der theoretischen Eignung eines ganzen Soziolekts rechtfertigen.

Die hier skizzierte Wechselbeziehung zwischen der Ideologie als diskursivem Verfahren und der Ideologie als Soziolekt und Ausdruck von kollektiven Werten und Interessen wirft neues Licht auf Karl Mannheims ungelöstes Problem des Relativismus. Auch Mannheim unterscheidet, wie sich im 3. Kapitel gezeigt hat, zwei Ideologiebegriffe: einen „partikularen" und einen „totalen". Diese haben jedoch kaum etwas miteinander zu tun. Während der eine als psychologisch motivierte Verschleierung aufgefaßt wird, wird der andere auf das gesamte Kategorialsystem einer sozialen Gruppe ausgedehnt: „Das Funktionalisieren spielt sich bei dem partikularen Ideologiebegriff nur auf der psychologischen Ebene ab. Die Lügen können hier noch enthüllt werden, die Täuschungsquellen können noch geläutert werden, der Ideologieverdacht ist letzten Endes noch nicht radikal. Nicht so beim totalen Ideologiebegriff." Dieser bezieht sich auf die gesamte kategoriale Apparatur eines Kollektivs: „Es wird eben die noologische Ebene funktionalisiert, so oft man mit den Inhalten und Aspekten auch die Form, letzten Endes die kategoriale Apparatur auf eine Seinslage bezieht. Dort Funktionalisierung im bloßen psychologischen Bereich, hier Funktionalisierung der noologischen Ebene."[2]

Anders ausgedrückt: partikulare Ideologie ist eine psychisch motivierte Reaktion des Individuums oder mehrerer Individuen auf Probleme der Alltagspraxis, während totale Ideologie als noetisches System der Seinslage eines gesellschaftlichen Kollektivs entspricht, ihr *zugerechnet* wird (im Sinne von Lukács). Was Mannheim fehlt, ist ein *restriktiver, negativer Ideologiebegriff*, der Ideologie gegen Nicht-Ideologie (Theorie, Wissenschaft) abgrenzt und zugleich eine Kritik der Ideologie aus theoretischer Sicht ermöglicht. Mannheim setzt sich immer wieder der Gefahr des Relativismus aus, weil er auf *soziologischer Ebene* nur den „totalen Ideologiebegriff" kennt, der besagt, daß alles Denken „seinsgebunden" und folglich „ideologisch" ist. Ideologie als Seinsgebundenheit ist jedoch unvermeidlich, und der Panideologismus wird trotz Mannheims Unterscheidung zwischen „Relativismus" und „Relationismus" zu einem Manko der Wissenssoziologie.

Die Untersuchungen im vorigen Kapitel haben gezeigt, daß Ideologie nicht nur „Seinsgebundenheit", d. h. kollektiver Sprachgebrauch ist, sondern auch — in Mannheims und Lukács' Terminologie ausgedrückt — verzerrtes, falsches Denken, das strukturell und funktional in einer bestimmten sprachlichen Situation zu erklären ist. Als solches ist sie weder unvermeidlich noch Universalerscheinung. Außerdem hat sich auf diskurskritischer Ebene herausgestellt, daß nicht alle Gruppensprachen („Weltanschauungen", würde Mannheim sagen) gleichwertig sind, weil einige aufgrund ihrer nichtverallgemeinerungsfähigen Wertsetzungen im Diskurs Ideologeme zeitigen.

Die Gefahren des Relativismus und des Panideologismus werden gebannt, sobald ein restriktiver oder negativer Ideologiebegriff eingeführt wird, der erkennen läßt, daß nicht alle Wertsetzungen verallgemeinerungsfähig und nicht alle Diskurse theoretisch gleichwertig sind. Ein solcher negativer Ideologiebegriff ist allerdings nur dort *denkbar*, wo

---

[2] K. Mannheim, *Ideologie und Utopie*, op. cit., S. 54—55.

die dialektische Wechselbeziehung zwischen Ideologie und Theorie in den Mittelpunkt gerückt wird, die es gestattet, ein Jenseits der Ideologie anzuvisieren.

Die Schwäche der wissenssoziologischen Betrachtungsweise besteht darin, daß Mannheim nicht den Gegensatz zwischen Ideologie und Theorie, sondern den zwischen Ideologie und Utopie für relevant erklärt: Doch die Utopie ist lediglich eine besondere, eine antizipierende oder zukunftsträchtige Form der Ideologie.[3] Der theoretische Diskurs stellt hingegen einen Bruch mit den diskursiven Verfahren der Ideologie dar; er ist, wie manche fiktionale Diskurse, das radikal Andere. Im Gegensatz zu Mannheims totalem Ideologiebegriff, der kein Jenseits der Ideologie zuläßt und den Mythos einer „freischwebenden Intelligenz" zeitigt, der als *deus ex machina* die Überwindung der Ideologie herbeiführen soll, wird hier deshalb ein zweidimensionaler Ideologiebegriff vorgeschlagen. Dieser orientiert sich an der theoretischen Alternative.

Im folgenden soll dieser Begriff auf die Sozialwissenschaften, vor allem auf die Soziologie, angewandt werden. Dabei wird sich herausstellen, daß die im vorigen Kapitel kritisierten diskursiven Verfahren auch in soziologischen (sozialwissenschaftlichen) Texten vorkommen, und daß gerade die Texte, deren Autoren sich vornehmen, „wertfrei" oder „ideologiefrei" zu argumentieren, an einer globalen Schwäche leiden: an der Versäumnis, die Auswirkungen des eigenen Wertsystems, des eigenen Soziolekts, auf die diskursiven Verfahren zu reflektieren. Dieses Manko wurde im vorigen Kapitel als „Naturalismus" bezeichnet: Das Aussagesubjekt stellt implizit die eigenen Definitionen und Bewertungen der Wissenschaft, der Kunst, der Geschichte als die einzig möglichen, als „natürlich" dar. Auch hier spielt der Nexus zwischen dem allgemeinen und dem restriktiven Ideologiebegriff eine entscheidende Rolle.

Zugleich sollte allerdings der Eindruck vermieden werden, als werde Ideologie in dem hier konstruierten Kontext undialektisch mit allem Negativen oder gar mit dem „Bösen" identifiziert. Schon im ersten Kapitel wies ich im Anschluß an Pierre Ansart darauf hin, daß Ideologie nicht schlicht als Negation der Theorie oder der „Wissenschaft" aufgefaßt werden sollte, da sich immer wieder zeigt, daß ideologische Wertsetzungen und Relevanzkriterien, also Ideologien im allgemeinen Sinne, brauchbare und z. T. originelle Theorien hervorbringen.

Man braucht in diesem Zusammenhang nicht ausschließlich an den im zweiten Kapitel kommentierten Karl Marx zu denken. Auguste Comtes „positive Wissenschaft" wäre unabhängig vom Humanismus der Aufklärung, unabhängig vom Fortschrittsbegriff nicht zu verstehen. Ähnliches könnte von der ethisch fundierten Soziologie eines Leonard T. Hobhouse und von der Imperialismus-Studie eines J. A. Hobson (*Imperialism: A Study*, 1902) gesagt werden: in beiden Fällen wird die imperiale Politik der Jahrhundertwende vom Standpunkt eines krisengeschüttelten Liberalismus kritisiert. Auch der Kritische Rationalismus ist nicht unabhängig von Poppers, Alberts und Topitschs *engagement* für eine bestimmte Form des Liberalismus, für individuelle Autonomie und gegen die Dik-

---

[3] Dazu A. Neusüß in: ders. (Hrsg.), *Begriff und Phänomen des Utopischen*, Neuwied-Berlin, Luchterhand, 1968, S. 25: „Im Sinne des ‚totalen und allgemeinen' Ideologiebegriffes sind mithin auch die Formen des utopischen Bewußtseins Ideologien."

taturen des 20. Jahrhunderts zu verstehen. Was wäre schließlich aus der Kritischen Theorie ohne ihr *parti pris* für das *individuum ineffabile* geworden?

Dies ist der Grund, weshalb hier nicht nur Mannheims „totaler" und in vieler Hinsicht affirmativer Ideologiebegriff abgelehnt wird, sondern auch die einseitig negative Auffassung Adornos und Horkheimers: „Der Name der Ideologie sollte dem seiner Abhängigkeit nicht bewußten, geschichtlich aber bereits durchschaubaren Wissen, dem vor der fortgeschrittensten Erkenntnis bereits zum Schein herabgesunkenen Meinen, im Gegensatz zur Wahrheit vorbehalten werden."[4] Könnte es nicht sein, daß die Wahrheitssuche ideologisch im allgemeinen Sinne, d. h. liberal, anarchistisch, sozialistisch oder konservativ motiviert ist? Ideologie ist nicht nur überholtes Wissen, Schein und Unwahrheit; sie *kann* auch die treibende Kraft der Theorie sein; sie kann allerdings auch zur Schädelstätte aller Theorien werden. Darin besteht ihre — von vielen nicht berücksichtigte — Ambivalenz.

1. Soziologie in der Marktgesellschaft: Kulturwert und Tauschwert

Analog zur Struktur des vorigen Kapitels soll in diesem und im nächsten Abschnitt gezeigt werden, daß die Soziologie als Modell der Sozialwissenschaft ideologisch im allgemeinen Sinne ist: erstens, weil sie — wie die ideologischen Diskurse — auf die Indifferenz des Tauschwerts reagiert; zweitens, weil sie aus bestimmten liberalen, sozialistischen, konservativen oder christlich-humanistischen Ideologien hervorgeht und in verschiedenen sozio-linguistischen Situationen bewußt oder unbewußt, implizit oder explizit in die ideologischen und politischen Auseinandersetzungen eingreift. Im dritten Abschnitt werden schließlich die ideologischen Aspekte (im restriktiven Sinn) einiger soziologischer Diskurse untersucht.

Es liegt mir fern, im folgenden beweisen zu wollen, daß Soziologie letztlich „nichts anderes" ist als Ideologie. Es ist aber interessant zu beobachten, daß nicht nur konservative, liberale, revolutionäre und „grüne" Ideologen die Indifferenz des Tauschwerts und die Anonymität der Marktgesellschaft problematisieren, sondern daß auch Soziologen diesen Aspekt der Moderne zum Ausgangspunkt ihrer Diskurse machen. Sieht man sich einige Schlüsselbegriffe der frühen Soziologie näher an, so stellt man alsbald einen latenten Gegensatz zur Marktordnung fest.

Karl Marx, der im vorigen Kapitel bereits als Begründer marktfeindlicher Ideologien zitiert wurde, ist nicht der einzige Gesellschaftstheoretiker, der die verdinglichenden Auswirkungen der kapitalistischen Wirtschaftsform auf den sozialen Kontext zum Ausgangspunkt seiner Analysen machte. Auch Ferdinand Tönnies, Alfred Weber, Max Scheler und Georg Simmel in Deutschland sowie Emile Durkheim und Robert Park in Frankreich und den Vereinigten Staaten haben Terminologien entwickelt, die als Reaktionen

---

[4] M. Horkheimer, „Ideologie und Handeln", in: M. Horkheimer, Th. W. Adorno, *Sociologica II. Reden und Vorträge,* Frankfurt, Europäische Verlagsanstalt, 1962, S. 47.

auf die marktbedingte Krise der modernen Kultur interpretiert werden können. (Selbstverständlich können sie auch in einem anderen Kontext gelesen werden.)

Obwohl Ferdinand Tönnies' bekanntes Begriffspaar *Gemeinschaft* und *Gesellschaft*, dem das Begriffspaar *Wesenswille* und *Kürwille* entspricht, verschiedentlich als neutral oder als werturteilsfrei aufgefaßt wurde[5], werden einer aufmerksamen Lektüre von *Gemeinschaft und Gesellschaft. Grundbegriffe der reinen Soziologie* (1887) die positiven und negativen Konnotationen, die diesen beiden Schlüsselbegriffen anhaften, nicht entgehen. Während die Gemeinschaft als Familie, Nachbarschaft oder Freundschaft durch gefühlsbetonte Beziehungen und enge Bindungen, insgesamt durch den *Wesenwillen* gekennzeichnet ist, herrscht in der *Gesellschaft* der *Kürwille* vor: das von individuellen und kollektiven Interessen motivierte Zweck-Mittel-Denken.

Entscheidend für meine Argumentation ist nun die Art, wie Tönnies gleich zu Beginn seines bekannten Buches das semantische Umfeld der beiden *Seme* („sèmes contextuels", Greimas) „Gemeinschaft" und „Gesellschaft" absteckt: „Man geht in die Gesellschaft wie in die Fremde. Der Jüngling wird gewarnt vor schlechter Gesellschaft; aber schlechte Gemeinschaft ist dem Sprachsinne zuwider. (...) Gemeinschaft ist das dauernde und echte Zusammenleben, Gesellschaft nur ein vorübergehendes und scheinbares."[6] Die positiven und negativen Konnotationen sind kaum zu überhören. Die Gemeinschaft mag noch so sehr als wertfreie, idealtypische Konstruktion aufgefaßt werden: sie ist das „Dauernde" und „Echte".

Wichtig ist schließlich die Verknüpfung von Gesellschaft und Geld: „Gemeinschaft der Sprache, der Sitte, des Glaubens; aber Gesellschaft des Erwerbes, der Reise, der Wissenschaften. So sind insonderheit die Handelsgesellschaften bedeutend; wenn auch unter den Subjekten eine Vertraulichkeit und Gemeinschaft vorhanden sein mag, so kann man doch von Handelsgemeinschaft kaum reden. Vollends abscheulich würde es sein, die Zusammensetzung Aktien-Gemeinschaft zu bilden. Während es doch Gemeinschaft des Besitzes gibt: an Acker, Wald, Weide."[7] Als „abscheulich" wird hier also in einer bestimmten Situation die Wortverbindung „Aktien-Gemeinschaft" empfunden, die die Seme „Markt" und „Tauschwert" mit den Semen „Besonderheit" und „Intimität" verknüpft. Es ist wohl kein Zufall, daß die Gebrauchswerte „Acker", „Wald", „Weide" durchaus als mit der Gemeinschaft vereinbar und semantisch assoziierbar empfunden werden.

Es ist, meine ich, ohne weiteres möglich, „Gemeinschaft" und „Gesellschaft" als soziologische Idealtypen im Sinne von Max Weber zu verwenden und auf negative oder positive Konnotationen zu verzichten. Daß Tönnies dies gerade in seinen sprachanalytischen Überlegungen nicht tut und mit Werturteilen wie „dauernd", „echt" und „abscheulich" nicht spart, ist als Indiz für die Allergie einiger deutscher und französischer Soziologen der wachsenden Anonymität und Indifferenz der Marktgesellschaft gegenüber zu

---

[5] Siehe: A. Bellebaum, *Das soziologische System von Ferdinand Tönnies unter besonderer Berücksichtigung seiner soziographischen Untersuchungen*, Meisenheim/Glan, Verlag A. Hain, 1966, S. 131.
[6] F. Tönnies, *Gemeinschaft und Gesellschaft. Grundbegriffe der reinen Soziologie* (1887), Darmstadt, Wiss. Buchgesellschaft, 1963, S. 5.
[7] ibid., S. 4.

werten. Bei Tönnies kommt diese Abneigung am klarsten in seinem ideologischen Plädoyer für einen genossenschaftlich-gemeinschaftlichen Sozialismus zum Ausdruck.

Die Rezeption von Tönnies' Werk in den Vereinigten Staaten zeigt, daß der Nexus zwischen Gesellschaft und Markt keineswegs aus der Luft gegriffen ist. Robert E. Park, der analog zum Gegensatz *Gemeinschaft / Gesellschaft* den zwischen *sakralen* und *säkularen* Gesellschaften eingeführt hat, stellt immer wieder Beziehungen zwischen der säkularen Form und der Marktwirtschaft her: „Hinzu kommt, daß die ‚säkulare' Gesellschaft ihr Zentrum im Markt findet, wo sich die Leute treffen, ‚nicht weil sie gleich, sondern weil sie verschieden sind'. Der typischerweise mit dem Markt verbundene Wert ist die Effizienz mit einem Blick auf den erwarteten Erfolg und nicht die Ehrfurcht und Gefolgschaft gegenüber der Tradition (...).''[8] Diese knappe Darstellung von Werner J. Cahnmann legt nicht nur die enge Beziehung zwischen der „säkularen" Gesellschaftsform und den Marktmechanismen bloß, sondern zeigt zugleich, daß die „organische Solidarität" im Sinne von Durkheim sowie das Leistungsprinzip („Effizienz") letztlich Marktphänomene sind. (Es geht mir hier nicht um die Reduktion bestimmter Erscheinungen auf ein *principium primum* — „am Anfang war der Markt" —, sondern um den Gedanken, daß Technik, Arbeitsteilung, Wissenschaft und Markt ein komplexes Ganzes bilden, eine „structure complexe à dominante" im Sinne von Althusser.)

Wenn ich weiter oben von einigen Soziologen sprach, so dachte ich auch an Alfred Weber, dessen Begriffspaar *Kultur / Zivilisation* semantisch und pragmatisch in vieler Hinsicht den von Tönnies eingeführten Gegensätzen entspricht. Auch bei Weber geht es letztlich um den Widerspruch zwischen qualitativen kulturellen und quantitativen technischen Werten, die laut Spencer die „merkantile" (im Gegensatz zur „kriegerischen") Gesellschaftsform beherrschen. Über seinen eigenen Standpunkt und seine Sympathien läßt Weber bei seinen Lesern ebensowenig Zweifel aufkommen wie Tönnies. Dem Utilitarismus der technisierten Marktgesellschaft setzt er die Kultur gegenüber: „Dann aber erst, wenn das erfolgt, wenn das Leben von seinen Notwendigkeiten und Nützlichkeiten zu einem über diesen stehenden Gebilde geworden ist, *erst dann gibt es Kultur*."[9]

Im Anschluß an diese Forderung mag es nicht unwichtig sein, darauf hinzuweisen, daß auch im zeitgenössischen Kontext Zivilisation als etwas Transkulturelles und daher Transideologisches aufgefaßt wird: „In dieser transideologischen Zusammenarbeit sind die westlichen und östlichen multinationalen Konzerne (im industriellen, kommerziellen und finanziellen Bereich) die Hauptakteure auf technischer Ebene, aber kapitalistische und (im zunehmenden Maße) sozialistische Staaten nehmen auch auf verschiedene Arten teil."[10] Mit anderen Worten: Technik und Geld sind *ideologisierbar*, aber nicht ideologisch: Es gibt kein konservatives, liberales oder marxistisches Mikroskop.

Es soll hier nicht der falsche Eindruck erweckt werden, als hätten die Vertreter der frühen deutschen Soziologie die Marktgesellschaft, die Welt des Geldes, der Technik und

---

[8] W. J. Cahnman, „Tönnies in Amerika", in: *Geschichte der Soziologie* Bd. 4, Hrsg. W. Lepenies, Frankfurt, Suhrkamp, 1981, S. 94.
[9] A. Weber, *Ideen zur Staats- und Kultursoziologie*, Berlin, Junker und Dünnhaupt Verlag, 1927, S. 39.
[10] J. Wilczynski, *The Multinationals and East-West Relations*, London, Macmillan, 1976, S. 188.

der kulturindifferenten Zivilisation, schlicht verurteilt. Sie taten es ebensowenig wie Marx und die Marxisten, die sich, wie Kostas Axelos in *Marx penseur de la technique* zeigt[10], vom sozialistisch gebändigten technischen Fortschritt viel (zu viel) versprachen. Während Tönnies durchaus die Bedeutung der Vergesellschaftung für die individuelle Freiheit erkennt und beschreibt, strebt Weber eine Synthese von Zivilisation und Kultur an, in der letztere als das Unvertauschbare und Besondere dominiert.

Noch bewußter und systematischer als diese beiden Autoren oszilliert Georg Simmel zwischen dem qualitativen und dem quantitativen Pol, zwischen Kulturwert und Tauschwert. Ihm ist das Geld nicht einfach eine Negation alles Spezifischen und Konkreten, sondern zugleich eine historische Garantie der zunehmenden individuellen Freiheit, Ungebundenheit. Der Autor der *Philosophie des Geldes*, der von der „Bedeutung der Geldwirtschaft für die individuelle Freiheit" spricht[12], erinnert an anderer Stelle an die „vorschreitende(n) Überdeckung der qualitativen Werte durch einen bloß quantitativen."[13] Seine Schriften zeigen, daß er — ebenso wie Tönnies und Alfred Weber — nichts von einer einseitigen Negation der anonymen und entfremdenden Marktgesellschaft hielt; schon um die Jahrhundertwende ahnte er, wohin eine solche Negation führen könnte.

Der skeptische Unterton, mit dem er in seinen Essays die sich konsolidierende Herrschaft des Geldes kommentiert, ist zwar nicht zu überhören, doch wird seine Betrachtungsweise insgesamt von der kritischen Ambivalenz eingefaßt: „Durch die Unpersönlichkeit und Farblosigkeit, die dem Gelde im Gegensatz zu allen spezifischen Werten eigen ist und die sich im Laufe der Kultur immer steigern muß, weil es immer mehr und immer mannigfaltigere Dinge aufzuwiegen hat, durch diese Charakterlosigkeit gerade hat es unermeßliche Dienste geleistet."[14]

Simmels Argumentation erinnert stellenweise an die Emile Durkheims, der in seinem bekannten Buch *De la division du travail social* die arbeitsteilige *organische Solidarität* einerseits für bestimmte Formen der Anomie verantwortlich macht (3. Teil), andererseits jedoch unmißverständlich auf die Beziehung zwischen Arbeitsteilung und individueller Freiheit hinweist. In der von der *mechanischen Solidarität* geprägten Gesellschaftsform, die in mancher Hinsicht Tönnies' *Gemeinschaft* und Parks *sakraler* Gesellschaft entspricht, findet der Einzelne zwar affektive Geborgenheit unter Seinesgleichen; aber in diesem Fall ist, wie es im französischen Original heißt, „unsere Individualität nichtig": „Mais, à ce moment, notre individualité est nulle."[15] Die mechanische, auf kultureller und affektiver Übereinstimmung gründende Solidarität schließt als Idealtypus, d. h. in ihrer extremen Form, Individualität und individuelle Freiheit aus.

Ähnlich wie Tönnies erblickt Durkheim in einer demokratischen Form des Sozialismus und in der Gründung von Berufsverbänden, die das Kollektivbewußtsein stärken

---

[11] Siehe: K. Axelos, *Marx penseur de la technique,* Paris, Minuit, 1957.
[12] G. Simmel, *Philosophie des Geldes*, op. cit., S. 311. — Siehe auch: G. Simmel, *Über sociale Differenzierung,* Leipzig, Duncker & Humblot, 1890, S. 54—57.
[13] G. Simmel, „Das Geld in der modernen Kultur" (1896), in: ders., *Schriften zur Soziologie,* Eine Auswahl herausgegeben von H.-J. Dahme und O. Rammstedt, Frankfurt, Suhrkamp, 1983, S. 85.
[14] ibid., S. 80.
[15] E. Durkheim, *De la division du travail social,* Paris, PUF (7. Aufl.), 1960, S. 99—100.

sollen, eine notwendige Ergänzung zum radikalen Individualismus der entwickelten Marktgesellschaft. Anders als Herbert Spencer, den er wegen dessen bedingungslosem Festhalten am *Laissez-Faire-Prinzip* immer wieder attackiert, sucht er einen Ausweg aus der Wertindifferenz und Bindungslosigkeit der Moderne in der sozialistischen Ideologie seiner Zeit: der Dritten Republik. Mit Recht bemerkt Joseph Neyer in seinem luziden Aufsatz „Individualism and Socialism in Durkheim": „Von Anfang an war Durkheim klar, daß der ungesunde Zustand des Moralbewußtseins des westlichen Menschen andauern würde, bis sich ein Mittel fände, die Anarchie des wirtschaftlichen Lebens zu mäßigen. Es sollte daher nicht überraschen, daß Durkheim, wie Mauss uns berichtet, mit einigen Sozialisten seiner Zeit sympathisierte."[16]

Bekannt ist Jean Jaurès' Bedeutung für Durkheims politische und wissenschaftliche Entwicklung; umgekehrt steht fest, daß Durkheims Soziologie Jaurès und wahrscheinlich auch den marxistischen Sozialisten Jules Guesde beeinflußt hat.[17] Mir ist in diesem Zusammenhang unverständlich, wie Anthony Giddens, der Durkheims Einfluß auf Jaurès erwähnt, den Soziologen zu den „liberalen Republikanern" zählen und sich über Jaurès' Tiraden gegen die Radikalen (etwa im „Discours au congrès de Toulouse", 1908) und über den Einfluß von Karl Marx (Klassenkampf) hinwegsetzen kann.[18]

Die Interferenzen von Soziologie und Ideologie an der damaligen Sorbonne stellt Terry N. Clark anschaulich dar, wenn er über die Mitarbeiter der von Durkheim gegründeten *Année sociologique* schreibt: „Für viele waren zu dieser Zeit Sozialismus, Sozialwissenschaft und Soziologie eng genug miteinander verbunden, um häufig Verwirrung hervorzurufen. Diese Tendenz wurde durch den aktiven Sozialismus der Mehrheit der *Année*-Mitarbeiter noch gefördert. Marcel Mauss, François Simiand und Lucien Lévy-Bruhl hatten bei der Gründung der *Humanité* mit Herr und Jaurès zu tun gehabt, und alle drei, sowie Halbwachs und Fauconnet, lieferten viele Jahre lang Beiträge für die Zeitung."[19] Ähnlich wie Tönnies' und Alfred Webers Theorien kann auch die Soziologie Durkheims und seiner Schüler (ich denke vor allem an Halbwachs) als ein ideologisch motivierter Versuch aufgefaßt werden, die Wertindifferenz des Tauschwerts kritisch zu bewältigen. Während Tönnies für einen gemeinschaftlichen Sozialismus plädiert und Alfred Weber den Vorrang der Kultur sichern möchte, visiert Durkheim — vor allem nach der Dreyfus-Affäre — eine soziologisch fundierte sozialistische Ethik an.

Nicht nur Jean-Claude Filloux' bekanntes Buch *Durkheim et le socialisme* (1977), sondern auch die Durkheim-Rezeption in Jugoslawien zeigt, daß diese Ethik in der gesellschaftlichen Praxis noch keineswegs ihre Aktualität eingebüßt hat. So beschließt beispielsweise Rade Kalanj seinen Artikel über die Aktualität von Durkheims Denken mit

---

[16] J. Neyer, „Individualism and Socialism in Durkheim", in: *Essays on Sociology and Philosophy* by Emile Durkheim et al. with Appraisals of his Life and Thought, Hrsg. K. H. Wolff, New York, Harper & Row, 1964, S. 51.

[17] Siehe: J.-Cl. Filloux, *Durkheim et le socialisme*, Genf, Droz, 1977, S. 72 und R. Aron, *Les Etapes de la pensée sociologique*, Paris, Gallimard, 1967, S. 375.

[18] Siehe: J. Jaurès, „Discours au Congrès de Toulouse", in: ders., *L'Esprit du socialisme*, Paris, Denoël/Gonthier, 1971.

[19] T. N. Clark, „Die Durkheim-Schule und die Universität", in: *Geschichte der Soziologie* Bd. 2, op. cit., S. 182.

einigen gegenwartsbezogenen Andeutungen: „Der zentrale Grundsatz von Durkheims sozialem und politischem Denken hat auch heute nichts von seiner Bedeutung verloren. Es ist der Grundsatz, daß *Sozialismus ohne politische Demokratie sich in bürokratischen Absolutismus verwandelt und daß ohne die Vergesellschaftung der Wirtschaft Demokratie reine Fiktion bleibt.*"[20] Obwohl Durkheims Werk interpretierbar ist, lassen sowohl der Produktions- als auch der Rezeptionszusammenhang eine Affinität zum Sozialismus erkennen.

Daß das soziologische Pendel angesichts der Auswirkungen der Marktgesetze nicht nur zum Sozialismus oder Sozialliberalismus, sondern auch zum Konservatismus hin ausschlagen kann, zeigt die Wissenssoziologie Max Schelers, die ich im dritten Kapitel bereits im Zusammenhang mit Habermas' Theorie der Erkenntnisinteressen erwähnt habe. Scheler, der sich in seiner Argumentation immer wieder gegen Marx wendet, um die Bedeutung des wirtschaftlichen Faktors als eines historischen Agens durch Einbeziehung weiterer „Realfaktoren" wie „Blut" und „Macht" zu relativieren, bestätigt indes Marxens Diagnose in bezug auf die Geld- und Warenwirtschaft: „Die neue Wirtschaft ist ferner Waren- und Geldwirtschaft, so daß jedes Sach- und Nutzgut nur als mögliches *Quantum* des Tauschmittels, d. h. der Ware Geld, das heißt erst als ‚Ware' erscheint. G→W→G, nicht mehr W→G→W, ist die Grundform der ökonomischen Motivation des Wirtschaftens für den (ideal) ‚freien Markt', wie Marx so scharf gesehen hat."[21]

In dieser Situation subsumiert Scheler positive Wissenschaft und Technik dem „Herrschaftswissen" und wirft Comte und seinen Nachfolgern eine „ungeheure(n) Beschränkung des Erkenntniszieles" vor: nämlich auf das technisch verwertbare Wissen, auf das „voir pour prévoir".[22] Seine Alternative besteht — wie bereits im 3. Kapitel erwähnt — in einer Aufwertung des „Bildungswissens", vor allem der Metaphysik, deren Verfahren die „Wesensschau" ist. Der wertende semantische Gegensatz *positive Wissenschaft/Metaphysik* läßt ein narratives Schema entstehen, das die Entwicklung der modernen europäischen Industriegesellschaft als „Dekadenz" darstellt.

In seiner Kritik am Positivismus resümiert er: „Das ist der unermeßliche Irrtum seiner Fortschrittslehre. Was religiöse und metaphysische, zeitgeschichtliche Dekadenz einer kleinen Gruppe der Menschheit war (als negatives Korrelat des positiv-wissenschaftlichen Fortschritts) — die Dekadenz des bürgerlich-kapitalistischen Zeitalters —, nahm er für einen normalen Prozeß des ‚Absterbens' des religiösen und metaphysischen Geistes überhaupt."[23] — Das Land, in dem die Metaphysik noch intakt ist, in dem nach wie vor „Wesensschau" praktiziert wird, ist nach Scheler Indien, das in seinen Schriften Europa gegenüber eine Aufwertung erfährt.[24] Die zeitgenössische Entwicklung der in-

---

[20] R. Kalanj, „Emile Durkheim i moderni socijalizam", in: *Kulturni Radnik* (Zagreb), Nr. 4, 1986, S. 46.
[21] M. Scheler, *Die Wissensformen und die Gesellschaft*, op. cit. S. 129—130.
[22] M. Scheler, „Die positivistische Philosophie des Wissens und die Aufgaben einer Soziologie der Erkenntnis", in: *Der Streit um die Wissenssoziologie* Bd. 1, op. cit., S. 59.
[23] ibid., S. 63.
[24] ibid., S. 63—64. Wie A. Weber betrachtet Scheler die „positive Wissenschaft" und die Technik als transkulturelle, unspezifische und quantifizierbare Größen: „Die positive Wissenschaft bewegt sich hingegen arbeitsteilig, unpersönlich, kontinuierlich, international und kumulativ fortschreitend mit Entwertung des früheren Standes." (op. cit., S. 66).

dischen Wirtschaft, Gesellschaft und Technologie legt allerdings die Vermutung nahe, daß Schelers Wissenssoziologie in mancher Hinsicht zumindest eine rückwärtsgewandte, konservative Ideologie im Sinne von Mannheim ist.

Auch Max Weber, dessen Wertfreiheitspostulat ich im 4. Kapitel mit der Indifferenz des Tauschwerts verknüpft — aber nicht identifiziert — habe, bewegt sich trotz seiner Distanz zum Sozialphilosophen Scheler zwischen den Polen der hier skizzierten Struktur, wenn er beispielsweise in *Wirtschaft und Gesellschaft* vom „Kampf des ‚Fachmenschen'-Typus gegen das alte ‚Kulturmenschentum'" spricht.[25] Dieser Auseinandersetzung zwischen zwei historischen Aktanten entspricht auf modaler Ebene der Konflikt zwischen *zweckrationalem* Handeln einerseits und *wertrationalem* und *traditionalem* (sowie *affektuellem*) Handeln andererseits. Die Werturteilsfreiheit ist auch in Webers eigenem Diskurs — wie das 4. Kapitel zeigt — nur Schein, da er ja die Geschichte der Gesellschaft auf seine Art *erzählt* und dabei sowohl die Möglichkeiten des Fortschritts (Comte) als auch die des Sozialismus in dessen verschiedenen Ausprägungen (Marx, Durkheim, Tönnies) wesentlich skeptischer einschätzt als diese Autoren. Der Ausdruck „Entzauberung der Welt" ist ein ideologisches Werturteil über den Lauf der Geschichte.

In dieser kurzen Skizze einiger soziologischer Ansätze und Schlüsselbegriffe sollte vor allem gezeigt werden, daß die Soziologie in den Frühstadien ihrer Entwicklung mit ähnlichen Problemen der Marktgesellschaft konfrontiert wurde wie die Ideologien konservativer, nationalsozialistischer, liberaler oder sozialistischer Provenienz und daß sie in den meisten Fällen entsprechend ideologisch (im doppelten Sinne des Begriffs) reagierte, indem sie die Kulturwerte gegen die quantitativen Wertmaßstäbe des Marktes verteidigte. Freilich unterscheiden sich Autoren wie Durkheim oder Tönnies vorteilhaft von einem Charles Maurras, weil sie von anderen Wertsetzungen ausgehen als dieser und weil sie an entscheidenden Stellen die diskursiven Verfahren der Ideologie meiden: etwa wenn sie zeigen, daß „Gesellschaft" und „organische Solidarität" *auch* die individuelle Freiheit und die Entwicklung der Wissenschaft begünstigen.

Nicht ganz unberechtigt erscheint an dieser Stelle die Frage, ob denn die ältere Soziologie nicht viel stärker als die zeitgenössische mit Philosophie und Metaphysik liiert war: Sind zeitgenössische Soziologen nicht weniger wertorientiert, nicht weniger mit „metaphysischen" Fragestellungen belastet? Ich meine, daß diese Frage falsch gestellt ist: Die Tatsache, daß soziologische Theorien sich nicht mehr so stark wie früher an metaphysischen und religiösen Problemen orientieren, bedeutet keineswegs, daß sie als Diskurse und Soziolekte aufgehört haben, kollektive Standpunkte und Interessen auszudrücken und gegen die Positionen anderer Theorien zu verteidigen.

Es sei in diesem Zusammenhang lediglich an Jürgen Habermas' Gegenüberstellung von *System* (Geld, Macht) und *Lebenswelt* erinnert, der die Dichotomie des *interessegeleiteten strategischen* und des *wertorientierten kommunikativen* Handelns entspricht. Sie fügt sich nahtlos in die soziologische Tradition ein, zumal sie in mancher Hinsicht den hier kommentierten Gegensätzen *Gesellschaft / Gemeinschaft, säkular / sakral, Zivilisation / Kultur*,

---

[25] M. Weber, *Wirtschaft und Gesellschaft*, op. cit., Bd. 2, S. 578.

organische / mechanische Solidarität oder *Herrschaftswissen / Bildungswissen-Erlösungswissen* entspricht. Während der Begriff der „Lebenswelt" mit Begriffen wie „Verständigung", „Kommunikation", „Überlieferung" und „Kultur" verknüpft wird, erscheint der Systembegriff regelmäßig im pejorativen Zusammenhang mit Termini wie „Geld", „Macht", „Zwang", „strukturelle Gewalt". Dabei spielt Horkheimers Kritik an der „instrumentellen Vernunft" eine entscheidende Rolle: „(. . .) Aber die subjektive Unauffälligkeit von systemischen Zwängen, die eine kommunikativ strukturierte Lebenswelt *instrumentalisieren*, gewinnt den Charakter der Täuschung, eines objektiv falschen Bewußtseins."[26] Die Hypothese über die wachsende Neutralität oder Ideologiefreiheit moderner Soziologie erweist sich angesichts dieser Passage als fragwürdig.

Im nächsten Abschnitt soll parallel zum vorigen Kapitel und im Zusammenhang mit einigen soziologischen Debatten (der Auseinandersetzung von L. T. Hobhouse mit dem Sozialdarwinismus, dem „Positivismusstreit" und der Luhman-Habermas-Debatte) in aller Knappheit der zugleich polemische und ideologische Charakter soziologischer Diskurse veranschaulicht werden.

2. Ideologie und soziologische Kommunikation: Liberalismus und Soziologie

Soziologen sind sehr weit davon entfernt, die Ideologieproblematik innerhalb der Soziologie stringent zu formulieren, geschweige denn zu lösen. Davon zeugt die folgende Textpassage aus Peter L. Bergers Buch *Einladung zur Soziologie* (1963, dt. 1977), das einerseits für eine „humanistische" Soziologie plädiert, sich andererseits jedoch für die Ideologiefreiheit dieser Wissenschaft ausspricht: „Von den menschlichen Nöten tiefer als von großen politischen Programmen bewegt zu sein, sich nur wählerisch und mit Einschränkungen politisch zu engagieren, statt einem totalitären Dogma zu verfallen, mitleidig und kritisch in einem zu sein, vorurteilsfrei zu verstehen — alles das liegt ganz konkret im Vermögen der soziologischen Arbeit und kann in vielen Situationen des modernen Lebens kaum hoch genug bewertet werden. Die politische Würde der Soziologie ist nicht, daß auch sie eine eigene Ideologie anzubieten hätte, sondern gerade, daß sie keine hat."[27]

Daß viele Leser von solchen Aussagen auf Anhieb überzeugt werden, ist nicht verwunderlich: Wer möchte schon einem „totalitären Dogma" verfallen? Jeder möchte gern vorurteilsfrei, kritisch und vielleicht sogar mitleidig sein. Wer allerdings außer guten Vorsätzen auch Textanalyse und Diskurskritik schätzt, stellt alsbald fest, daß die zitierte Passage — semantisch betrachtet — ein heilloses Durcheinander ist: Ist es möglich, sich „wählerisch und mit Einschränkungen politisch zu engagieren", ohne zu werten, ohne ideologische Positionen zu beziehen? Gerade Wörter wie „wählerisch" und „Einschränkun-

---

[26] J. Habermas, *Theorie des kommunikativen Handelns*, Bd. 2, op. cit., S. 278. Siehe auch S. 398: „Hingegen funktioniert das Geldmedium in der Weise, daß die Interaktion von den lebensweltlichen Kontexten abgelöst wird."

[27] P. L. Berger, *Einladung zur Soziologie*, München, DTV, 1977, S. 185.

gen", mit deren Hilfe Berger den soziologischen Diskurs gegen Ideologisierung und Politisierung vorsichtig abschirmen möchte, verweisen auf die ideologischen Verfahren der *Selektion* und der *Klassifikation*. Sobald ich mich als Soziologe für ein politisches Engagement entscheide und *nicht* für ein anderes — und ich kann mich nicht für alle entscheiden, ohne mich in Widersprüche zu verstricken —, beziehe ich eine ideologische Position. Ähnliches gilt für das beliebte Adjektiv „kritisch": Es ist nicht möglich, kritisch zu sein, ohne soziale Fakten zu bewerten, ohne kollektive Interessen zu artikulieren: Bin ich für die „freie Marktwirtschaft", so entscheide ich mich implizit gegen die Interessen derer, die dem freien Zusammenspiel der Marktgesetze zum Opfer fielen; bewege ich mich angesichts dieser betrüblichen Tatsache vorsichtig auf „soziale Marktwirtschaft" zu, verstricke ich mich immer mehr in ideologische Spitzfindigkeiten.

Deshalb will mir auch Bergers Fazit, daß *die* Soziologie keine „eigene Ideologie" anzubieten hat, nicht einleuchten: Die Soziologie als ganze *kann* keine eigene Ideologie haben, weil sie sich — wie sich noch zeigen wird — aus zahlreichen miteinander konkurrierenden und einander widersprechenden Soziolekten zusammensetzt, die allesamt ideologisch im allgemeinen Sinne sind. Die Ideologie im restriktiven Sinne können die Soziologen bestenfalls im Bereich der diskursiven Verfahren meiden; nur tun sie es nicht immer.

Im vorigen Kapitel sollte gezeigt werden, daß ideologische Diskurse nicht nur affirmativ oder polemisch auf die Marktproblematik reagieren, indem sie bestimmte qualitative Werte wie „Freiheit", „Gerechtigkeit" oder „Rasse" verteidigen, sondern daß sie zugleich als Antworten auf andere ideologische Diskurse aufzufassen sind. Ähnliches läßt sich von den soziologischen Texten sagen, die nicht als Monologe, sondern nur intertextuell als dialogische Reaktionen auf verwandte, rivalisierende oder feindliche Texte zu verstehen sind.

a) *Liberalismus und Sozialdarwinismus*

Eines der bekanntesten Beispiele aus der Geschichte der Soziologie ist wohl die polemischkritische Auseinandersetzung von Leonard T. Hobhouse mit Herbert Spencers Ansatz und mit dem britischen Sozialdarwinismus insgesamt. Der Hinweis auf gerade diese Kontroverse ist in dem hier konstruierten Kontext alles andere als willkürlich: denn klarer als die bisher erwähnten Soziologen stellte Hobhouse die sozialwissenschaftliche Auseinandersetzung als ein Politikum dar. Er, der eine Zeitlang „political editor" des liberalen *Guardian* war, strebte (ähnlich wie Durkheim) eine gesellschaftliche Synthese zwischen liberalen und sozialistischen Prinzipien an und stieß dabei immer wieder mit den Sozialdarwinisten zusammen, die nicht nur das „Recht des Stärkeren" auf dem heimischen Markt in Kauf nahmen, sondern zugleich für eine Apologie der imperialen Politik der Jahrhundertwende sorgten: Auch auf dem Weltmarkt sollten sich die „Stärkeren", die „Gesünderen", die „Anpassungsfähigen" durchsetzen. „Soziologie", schreibt Stefan Collini in seinem zu wenig beachteten Buch *Liberalism and Sociology* (1979), „wurde somit als die theoretische Grundlage des nationalistischen Sozialdarwinismus definiert

(. . .)."²⁸ Collini bezieht sich vor allem auf Autoren wie Benjamin Kidd und Karl Pearson.²⁹

Angesichts dieser Vorherrschaft sozialdarwinistischer Ideologien in den Institutionen versucht Hobhouse, den biologischen Fortschrittsbegriff der Darwinisten, der alles andere als naturwissenschaftlich oder wertneutral ist, durch einen sozialliberalen Begriff zu ersetzen, den er historisch fundiert: „Die allgemeine Soziologie", schreibt er in „Sociology in America", „braucht als Grundlage primär nicht die Biologie, sondern vor allem die Geschichte (. . .)."³⁰ In seinen Augen war der Begriff des Fortschritts unzertrennlich mit dem der sozialen Gerechtigkeit („social justice") verbunden, den er unermüdlich gegen die Sozialdarwinisten und andere Befürworter imperialer Expansionspolitik verteidigte.

Es zeigt sich hier zweierlei: erstens, daß ein vieldeutiges Lexem wie „Fortschritt" zum Spielball antagonistischer Gruppen und Soziolekte werden kann; zweitens, daß die soziologische Theorie des Sozialliberalen Hobhouse ebensowenig von dessen politischem Engagement abzukoppeln ist, wie Durkheims Theorie von einer Variante des Sozialismus, Schelers Wissenssoziologie von einem christlichen Konservatismus und Habermas' Theorie des kommunikativen Handelns von einem kritisch-theoretischen Engagement.

Daß die Auseinandersetzungen um die Rolle des Sozialdarwinismus kein britisches Kuriosum der Jahrhundertwende sind, zeigt Robert C. Bannisters umfangreiche Studie über die Anfänge der amerikanischen Soziologie: *Sociology and Scientism* (1987). Der Objektivismus der „founding fathers" — Small, Bernard, Ward, Giddings, Sumner und Ogburn — kam im Rahmen einer Synthese zwischen protestantischen und darwinistischen Soziolekten zustande, die alle im Plädoyer für das „Faktische", für das Sammeln von „Tatsachen" konvergieren: „(. . .) Der Objektivismus war in mancher Hinsicht eine säkulare Erscheinungsform des protestantischen Geistes. Dessen Vision einer ‚effizienten' Gesellschaftsordnung enthielt mehr als nur eine kleine Dosis Missionseifer. Zugleich führte das Lob der ‚harten Fakten' und der Strenge des Forschens die protestantische Ethik in die Ära des modernen Berufslebens ein. — Protestantische Religiosität brachte verschiedene Darwin-Interpretationen hervor und schließlich verschiedene Definitionen von ‚Wissenschaft' und Auffassungen von Soziologie."³¹ William G. Sumners empirische Untersuchung der „folkways" und „mores", die er als Instrumente der sozialen Auslese und als Rahmenbedingungen des Wettbewerbs definiert, gründet auf einer Synthese von protestantischer Ethik und sozial-darwinistischen Ideologemen.³²

---

[28] S. Collini, *Liberalism and Sociology. L. T. Hobhouse and Political Argument in England 1880—1914*, Cambridge, Cambridge University Press, 1979, S. 190. — Über L. T. Hobhouses ideologische Position schreibt Collini, op. cit., S. 97: „He saw himself as defending a true Liberalism against its recent Individualist distortions, a true Collectivism against threatened Socialist distortions, and both against their ever-present imperialist distortions."
[29] Siehe: S. Collini, op. cit., S. 176.
[30] L. T. Hobhouse, „Sociology in America", in: *Speaker* Nr. 8, zitiert nach S. Collini, op. cit., S. 186.
[31] R. C. Bannister, *Sociology and Scientism. The American Quest for Objectivity*, 1880—1940, Chapel Hill & London, The University of North Carolina Press, 1987, S. 235.
[32] Siehe: W. G. Sumner, *Folkways*, New York, Ginn & Co., 1904.

Spätestens hier wird deutlich, daß die Ausrichtung auf das „Faktische" oder auf Naturwissenschaften wie Darwins Biologie oder Newtons Physik nicht nur keine Garantie für Ideologiefreiheit bildet, sondern selbst ein Ideologem im restriktiven Sinne ist. Es handelt sich hier um ein ideologisches Verfahren, das ich im vorigen Kapitel als „Naturalismus" bezeichnet habe und dessen Trick darin besteht, die gesellschaftliche und historische Kontingenz der Objektkonstruktion, schlimmstenfalls die Objektkonstruktion als ganze, auszublenden: Der Diskurs, der den „Fakten" entsprechen soll, wird diesen implizit gleichgesetzt, sobald das Aussagesubjekt Anspruch auf „Objektivität" erhebt. Dabei bleiben die sozialen Komponenten der Objektkonstruktion — als Relevanzkriterien — unberücksichtigt. (Es ist hier von einem Ideologem im restriktiven Sinne die Rede, da das ideologische Verfahren der Naturalisierung in grundverschiedenen — marxistischen, liberalen, protestantischen — Soziolekten vorkommen kann; ich denke etwa an Otto Neuraths Marxismus als „physikalische" Wissenschaft.)

Es wäre ein Irrtum, an dieser Stelle einzuwenden, diese Art von Objektivismus sei eine Kinderkrankheit der amerikanischen Soziologie gewesen und sei heute *passé*. Noch im Jahre 1986 kann Neil J. Smelser in der *Kölner Zeitschrift* den gegenwärtigen Zustand der amerikanischen soziologischen Forschung wie folgt darstellen: „(...) Die Mehrheit der Artikel und Forschungsberichte (steht) aber in der Tradition der positivistischen Wissenschaft. (...) Die Autoren, die in diesen Zeitschriften publizieren, akzeptieren die These, daß es soziale Tatsachen gibt (wie sie bei Befragungen, Zeitanalysen und Zensusdaten aufgedeckt werden), die als objektive Tatsachen betrachtet werden können (...)."[33] Smelser erklärt anschließend, daß diese Art von Arbeit auf institutioneller Ebene bevorzugt wird und daß in der institutionellen Hierarchie die Naturwissenschaften an der Spitze stehen. Analoge Aussagen über die frühe amerikanische Soziologie finden sich bei Bannister.[34] Die ideologische *Funktion* der Naturwissenschaften besteht darin, objektivistische Verfahren zu legitimieren und ihre Institutionalisierung in Gruppensprachen zu erleichtern.

Daß das Ideologem des „Naturalismus" oder der diskursiven Identifizierung (s. Kap. 8) nicht nur Empiriker wie Samuel Stouffer, sondern auch große Theoretiker belastet, zeigt Paul Kellermann in seiner Kritik an Parsons: „Die postulierte enge Verbindung von *factual knowledge* und theoretischem System verliert ungewollt für Parsons dort an Bedeutung, wo das System bestimmt, was an Fakten für das System wichtig ist."[35] Das tut natürlich jeder theoretische Diskurs; die Frage ist nur, ob er bereit und in der Lage ist, die Relevanzkriterien, Klassifikationen, Taxonomien und narrativen Abläufe, die zu

---

[33] N. J. Smelser, „Die Beharrlichkeit des Positivismus in der amerikanischen Soziologie", in: *Kölner Zeitschrift für Soziologie und Sozialpsychologie,* März, 1986, S. 143.

[34] Siehe: R. C. Bannister, op. cit., S. 171: „Biological determinism remained a powerful force in the twenties (...)." — An anderer Stelle werden andere ideologische Komponenten der frühen amerikanischen Soziologie sichtbar, die sowohl den Sozialdarwinismus als auch die protestantische Ethik ergänzen: „In face of the erosion of traditional sex roles, ‚facts' were sternly masculine, and ‚speculation' a dangerous feminine allurement." (S. 165)

[35] P. Kellermann, *Kritik einer Soziologie der Ordnung. Organismus und System bei Comte, Spencer und Parsons,* Freiburg, Rombach Vlg., 1967, S. 109.

seiner Objektkonstruktion führen, *als* soziale Faktoren zu reflektieren oder nicht. Bei Parsons scheint das nicht der Fall zu sein. (Auf die Probleme der Reflexivität und der Objektkonstruktion komme ich im 11. Kap. ausführlich zu sprechen.)

Kellermanns Kritik an Parsons verweist auf eine neuere Auseinandersetzung innerhalb der Soziologie, die hauptsächlich deshalb gescheitert ist, weil ihre ideologischen Voraussetzungen (im allgemeinen Sinn) nicht explizit dargestellt wurden: auf den sogenannten Positivismusstreit der späten 60er Jahre. Da ich im 12. Kapitel, dessen Hauptthema der interdiskursive Dialog ist, ausführlicher auf die sprachliche Situation im „Positivismusstreit" zu sprechen komme, will ich mich im folgenden auf eine knappe Rekonstruktion der miteinander kollidierenden ideologischen Positionen beschränken.

b) *Der „Positivismusstreit"*

Ein grundsätzliches Problem, das den meisten Diskussionen im Bereich der Sozialwissenschaften zugrunde liegt, ist das der expliziten Darstellung von Standpunkten, Wertsetzungen und diskursiven Verfahren. Es ist sowohl im allgemeinen als auch im restriktiven Sinne als ideologisch zu bezeichnen, da es, in seiner Gesamtheit betrachtet, mit dem Nexus zwischen kollektiven Interessen und deren Ausdruck im Diskurs identisch ist.

Im Positivismus- oder Szientismusstreit wurde dieser Nexus bestenfalls andeutungsweise zur Sprache gebracht, sooft die Gesprächspartner auf ihre divergierenden politischen Perspektiven eingingen. Dieses Manko war auch Ralf Dahrendorf aufgefallen, der in seinem Kommentar resümierend feststellt: „Erst an diesem späten Punkt der Diskussion blitzte jener Zusammenhang auf, der bei der Wahl des Themas leitend gewesen war: daß es eine innere Verbindung gibt zwischen bestimmten Vorstellungen von der Aufgabe der Soziologie, bestimmten erkenntnistheoretischen und wissenschaftlichen Positionen und bestimmten moralischen Prinzipien, die auch politische Relevanz haben."[36] Es kommt darauf an, diesen Gedanken festzuhalten und ihn textsoziologisch zu präzisieren: Die gesellschaftliche und politische Position des Aussagesubjekts schlägt sich in dessen Diskurs nieder und zeitigt dort ideologische oder theoretische Verfahren (im restriktiven Sinne).

Es ist sicherlich nicht unmöglich, den sozialen und politischen Standort der kritischen Rationalisten Albert und Popper, die am Positivismusstreit maßgeblich beteiligt waren, zu rekonstruieren; nur könnte eine solche Rekonstruktion auch zum Gegenstand eines umfangreichen Buches werden.[37] Deshalb will ich es hier bei einigen Hinweisen bewenden lassen; diese sollen allerdings zeigen, daß der Soziolekt des Kritischen Rationalismus spezifische Gruppeninteressen artikuliert, die bis in das Falsifizierbarkeitspostulat hineinreichen.

Ein möglicher Ausgangspunkt ist der von Dahrendorf zitierte Satz Poppers: „Ich bin ein alter Aufklärer und Liberaler — und zwar ein vorhegelischer."[38] Wer Poppers ande-

---

[36] R. Dahrendorf, „Anmerkungen zur Diskussion", in: Th. W. Adorno u. a., *Der Positivismusstreit in der deutschen Soziologie*, Darmstadt-Neuwied, Luchterhand, 1972, S. 152.
[37] Siehe in diesem Zusammenhang auch den kritischen Kommentar von A. Giddens in: *Positivism and Sociology* (Hrsg. A. Giddens), London, Heinemann, 1978.
[38] K. R. Popper, in: R. Dahrendorf, „Anmerkungen zur Diskussion", in: op. cit., S. 152.

re Werke kennt, etwa *Die offene Gesellschaft und ihre Feinde*, vor allem aber seine autobiographischen Schriften, der weiß, daß dieser Satz nicht nur sein politisches Credo, sondern auch seine philosophische Kritik an den „falschen Propheten" Plato, Aristoteles, Hegel und Marx[39] *in nuce* enthält. Diese Kritik geht von dem Aufklärer Kant aus, der bei Popper (und wohl auch bei Albert) zum philosophischen Vermittler zwischen politischem und theoretischem Programm wird. Der Gedanke an eine „Selbstbefreiung durch das Wissen"[40], den Popper Kant entlehnt, wird zum roten Faden seiner Argumentation: „Und diese Selbstkritik und Selbstbefreiung ist nur in einer pluralistischen Atmosphäre möglich, das heißt in einer offenen Gesellschaft, die unsere Irrtümer und viele andere Irrtümer toleriert."[41]

An dieser Stelle wird deutlich, wie Pluralismus, liberaler Individualismus, Kantianismus und die Forderung nach kritischer Prüfung und Falsifizierbarkeit ein Ganzes bilden, dessen Komponenten nicht unabhängig voneinander zu verstehen sind. Poppers Forderung nach Widerlegbarkeit von Theoremen, sein Plädoyer für ein *Trial-Error-Verfahren* sowie seine plurale Auffassung der „drei Welten", die er gegen Hegels (und indirekt Marxens) „Monismus" verteidigt[42], gehen allesamt aus der sozialen Position des Kritischen Rationalismus hervor.

Sie sind nicht unabhängig von seinem frühen Zusammenstoß mit dem Marxismus (in Wien) zu verstehen: „Meine Begegnung mit dem Marxismus war eines der wichtigsten Ereignisse meiner intellektuellen Entwicklung."[43] Und ihre Affinität zur bürgerlichen, kapitalistischen Demokratie westeuropäischen und nordamerikanischen Typs erklärt, weshalb seine Gedanken gerade in Großbritannien und den USA auf fruchtbaren Boden fielen.

Faßt man „Ideologie" in dem hier vorgeschlagenen allgemeinen Sinn auf, so hat der Marxist Perry Anderson wohl recht, wenn er Popper als „beredten Ideologen" bezeichnet[44] und zur ideologischen Funktion seiner Theorie im politischen Alltag Großbritanniens bemerkt: „Auf politischem Feld verlieh Poppers lautstarke Verteidigung des ‚piece-meal social engineering' den weihevollen Prozessen des englischen Parlaments eine etwas mechanische Note."[45] Aufschlußreich ist in diesem Kontext auch sein

---

[39] Siehe: K. R. Popper, *Falsche Propheten*, 2 Bd., op. cit. sowie G. Witschel, *Wertvorstellungen im Werk Karl R. Poppers*, op. cit., S. 49: „Im Gegensatz zu den genannten Theoremen Platons, der mittelalterlichen Philosophie, Rousseaus, Fichtes und Hegels (der Historizismus Marxens ist hinzuzufügen), sieht sich Popper auf dem Boden der Kantischen Morallehre stehend."

[40] K. R. Popper, *Auf der Suche nach einer besseren Welt. Vorträge und Aufsätze aus dreißig Jahren*, München, Piper, 1984, S. 149.

[41] K. R. Popper, ibid., S. 162.

[42] Siehe: K. R. Popper, *Ausgangspunkte. Meine intellektuelle Entwicklung*, Hamburg, Hoffmann und Campe, 1979, S. 270: „Ich habe hier eine Seite berührt, die ich in einigen meiner Aufsätze zu diesen und ähnlichen Themen als die (partielle) *Autonomie der Welt 3* beschrieben habe oder als die partielle Unabhängigkeit der Welt 3 von der Welt 2."

[43] ibid., S. 45.

[44] P. Anderson, „Soziologische Gründe für das Ausbleiben der Soziologie", in: *Geschichte der Soziologie Bd. 3*, op. cit., S. 436.

[45] ibid., S. 437.

Hinweis auf die bekannte Tatsache, daß Adorno fast unbemerkt zwei Jahre in Oxford verbrachte, bevor er in die USA weiterreiste.[46]

Der Versuch, zwischen Sir Karl Poppers Erhebung in den Ritterstand und seinem Falsifizierbarkeitspostulat eine Beziehung herzustellen, ist gar nicht so absurd, wie diejenigen annehmen könnten, die die wissenschaftliche oder literarische Entwicklung für einen Prozeß *sui generis* halten. Denn es wäre möglich zu zeigen, daß sein gesamter liberaler und individualistischer Diskurs auf politischer, philosophischer und wissenschaftstheoretischer Ebene von den semantischen Gegensätzen *pluralistische Demokratie / Totalitarismus, Offenheit / Geschlossenheit* ausgeht.

Daß dieser Gegensatz bisweilen mythische Aktanten hervorbringen kann, zeigt sich bei einem anderen Vertreter des Kritischen Rationalismus, bei Hans Albert: „Vor allem das totalitäre Denken aller Schattierungen hat aus dieser Entwicklung seinen Nutzen gezogen. Liberales Denken dagegen und die Ideale und Institutionen, die aus ihm hervorgegangen sind, liegen seit langem unter Beschuß, weil sie die quasi-theologischen Ansprüche und Zumutungen von dieser Seite her nicht honorieren können."[47] Ich kann Albert nur zustimmen, wenn er in dem Aufsatz, aus dem dieses Zitat stammt, das „Freund-Feind-Denken" als mit der Wissenschaft unvereinbar ablehnt; nur frage ich mich, ob er im Sinne der Theorie handelt, wenn er hier, seinen Gegnern folgend, seinerseits von einer semantischen Dichotomie ausgeht und auf aktantieller Ebene das Antisubjekt „totalitäres Denken", dem er den „Neomarxismus", die kritische Theologie und die Kritische Theorie subsumiert, mit dem Subjekt seines Diskurses, dem „liberalen Denken", konfrontiert („dagegen"), um schließlich — ohne jegliche Ambivalenz und Selbstkritik — den „Feind" auf der Ebene der Modalitäten („Ansprüche", „Zumutungen") scheitern zu lassen. Der „Held" hat immer nur „*I*deale", die zudem auf phonetischer Ebene mit seinen „*I*nstitutionen" im Einklang stehen; das „Wissen" und „Wollen" („savoir", „vouloir", Greimas) des „Antihelden" kann sich im Rahmen der Dichotomie nur als „theologischer Anspruch" oder „Zumutung" erweisen.

In dem hier skizzierten Kontext wird die ideologische Differenz sichtbar, die im „Positivismusstreit" die Kontrahenten voneinander trennte; zugleich zergeht die Illusion, die wohl im Anschluß an Poppers und Adornos Referate entstanden ist, „als seien Herr Popper und Herr Adorno sich in verblüffender Weise einig."[48] Denn auch Adorno, Horkheimer und Marcuse gehen, wenn nicht vom Individualismus, so doch von einem Begriff des Individuums aus, der aus der bürgerlich-liberalen Ära stammt.

Im Gegensatz zu den kritischen Rationalisten erblicken sie in der neuesten Entwicklung der spätkapitalistischen Gesellschaft eine akute Bedrohung der bürgerlichen Ideale, die noch im 19. Jahrhundert galten. Ihre Einstellung zum Liberalismus und Individualismus des monopolistischen Zeitalters entspricht in mancher Hinsicht der eines Robert Musil, der in seinem Roman *Der Mann ohne Eigenschaften* bemerkt: „Der Individualismus geht zu Ende. Ulrich liegt nichts daran. Aber das Richtige wäre hinüberzuretten."[49]

---

[46] ibid., S. 441.
[47] H. Albert, *Konstruktion und Kritik,* Hamburg, Hoffmann und Campe, 1972, S. 376—377.
[48] R. Dahrendorf, „Anmerkungen zur Diskussion", in: op. cit., S. 146.
[49] R. Musil, *Der Mann ohne Eigenschaften,* Reinbek, Rowohlt, 1952, S. 1578.

Das „Richtige hinüberretten" in einer Gesellschaft, von der die Vertreter der Kritischen Theorie annehmen, daß sie aufgrund bestimmter totalitärer, manipulativer Tendenzen das autonome Individuum liquidiert, ist auch das Anliegen Adornos im „Positivismusstreit": ein Anliegen, das ihm von Ritsert u. a. den Vorwurf des „Konservatismus" eingebracht hat.[50]

In seinem Referat ist von der „Ohnmacht des Einzelnen gegenüber der Totale" die Rede[51], und aus der langen, von ihm verfaßten „Einleitung" spricht Enttäuschung darüber, daß die kulturellen Ideale der liberalen Ära nicht eingelöst, sondern verraten wurden, „daß Individuum und Gesellschaft, obwohl kein radikal Verschiedenes, geschichtlich auseinander getreten sind. Ihr Verhältnis ist widerspruchsvoll, weil die Gesellschaft den Individuen weiterhin verweigert, was sie, stets Gesellschaft von Individuen, ihnen verheißt (...).“[52]

Der Kontext, in dem Adorno argumentiert, wird im Zusammenhang mit Herbert Marcuses radikaler Kritik am liberalen Individualismus in *Kultur und Gesellschaft* konkretisiert. Immer wieder weist dort Marcuse auf die autoritären und repressiven Aspekte des Individualismus und der individualistischen Marktgesellschaft hin. *In extremis* erscheint der *tycoon* als ein Vorfahre faschistischer Führergestalten: „Der charismatisch-autoritäre Führergedanke ist schon präformiert in der liberalistischen Feier des genialen Wirtschaftsführers, des ‚geborenen' Chefs."[53] An anderer Stelle bestätigt Marcuse weitgehend Adornos Diagnose über den Niedergang des Individuums, wenn er lapidar feststellt: „Die Gesellschaft hat nicht die individuelle Freiheit erweitert, sondern ihre Kontrolle über das Individuum."[54]

An dieser Stelle tritt die Diskrepanz zwischen der ideologischen Position des Kritischen Rationalismus und der der Kritischen Theorie klar in Erscheinung: Während Adorno, Marcuse und Horkheimer parallel zur *Dialektik der Aufklärung* zeigen, wie die Marktgesellschaft, die die individuelle Autonomie hervorbrachte, diese in der monopolistischen Phase ihrer Entwicklung wieder zerstört, bleibt den kritischen Rationalisten (trotz Poppers Kritik an der Aufklärung) ein ungebrochenes Verhältnis zu den liberalen Prinzipien erhalten. Davon zeugen u. a. Poppers Aufsätze „Die öffentliche Meinung im Lichte der Grundsätze des Liberalismus" und „Woran glaubt der Westen?"[55]

Die ambivalente, dialektische Einstellung der Vertreter der Kritischen Theorie, die zwar alle, wie die kritischen Rationalisten, in der liberal-individualistischen Tradition stehen,

---

50 Siehe: J. Ritsert, C. Rolshausen, *Der Konservatismus der kritischen Theorie,* Frankfurt, Europäische Verlagsanstalt, 1971.
51 Th. W. Adorno, „Soziologie und empirische Forschung", in: Th. W. Adorno u. a., *Der Positivismusstreit in der deutschen Soziologie,* op. cit., S. 92.
52 Th. W. Adorno, „Einleitung", in: Th. W. Adorno u. a., *Der Positivismusstreit in der deutschen Soziologie,* op. cit., S. 24.
53 H. Marcuse, *Kultur und Gesellschaft Bd. 1,* Frankfurt, Suhrkamp, 1965, S. 32.
54 H. Marcuse, *Kultur und Gesellschaft Bd. 2,* Frankfurt, Suhrkamp, 1965, S. 102.
55 Siehe: K. R. Popper, „Die öffentliche Meinung im Lichte der Grundsätze des Liberalismus", in: ders., *Auf der Suche nach einer besseren Welt,* op. cit., S. 169: „Der Staat ist ein notwendiges Übel. Seine Machtbefugnisse sollten nicht über das notwendige Maß hinaus vermehrt werden." Ders., „Woran glaubt der Westen?", in: op. cit., S. 235–236: „Die kritische Diskussion ist die Grundlage des freien Denkens des Einzelnen."

diese aber gleichzeitig radikal in Frage stellen, bringt einen liberal-marxistischen Soziolekt hervor. Diese sprachliche Hybris, die bald für das Individuum plädiert, bald den Zusammenbruch des Kapitalismus, der „verwalteten Welt" (Adorno), herbeisehnt, muß den konsequenten Liberalen und Individualisten des Kritischen Rationalismus ein Dorn im Auge sein. Sie lehnen die Paradoxien der Kritischen Theorie ab, die allesamt aus der individualistischen Negation des liberalen Individualismus ableitbar sind.

Den Analytikern und Rationalisten muß ein ambivalenter, paradoxer Diskurs fremd sein, der zwar individualistisch für Nichtidentität, theoretische und ästhetische Autonomie eintritt, zugleich aber marxistische Begriffe wie „Klasse", „Vermittlung" und „Tauschwert" einführt und auf narrativer Ebene teleologisch das Ende des Kapitalismus anpeilt: „Ob, wie Marx lehrte, die kapitalistische Gesellschaft durch ihre eigene Dynamik zu ihrem Zusammenbruch getrieben wird oder nicht, ist nicht nur eine vernünftige Frage, solange man nicht schon das Fragen manipuliert: es ist eine der wichtigsten, mit denen der Sozialwissenschaft sich zu beschäftigen anstünde."[56]

Anders als Adorno, Horkheimer und Marcuse sind die kritischen Rationalisten, die nicht von „Kapitalismus", sondern von „Demokratie" sprechen und diese gegen den „Totalitarismus" ausspielen, an einem Zusammenbruch des kapitalistischen Systems gar nicht *interessiert*. Deshalb kommt er in ihrer Erzählung der gesellschaftlichen Entwicklung höchstens als „gefährliche Utopie" vor. Auf den für die Kritische Theorie zentralen Gegensatz *Individuum / Kapitalismus* gehen sie aus ideologischen Gründen nicht ein, weil es ihn im Soziolekt eines traditionellen Liberalismus nicht geben kann.

Popper und Albert hätten die Kritische Theorie sicherlich besser verstanden (und kritisiert), wenn sie sie im Zusammenhang mit einer liberalen Tradition rezipiert hätten, deren Vertreter auch zu einer selbstkritischen Auseinandersetzung mit dem Marxismus und dem Sozialismus neigten: Ich denke nicht nur an L. T. Hobhouse, der am Anfang dieser Betrachtung steht und der an der Schwelle zum 20. Jahrhundert immer wieder vor dem Niedergang des Individuums in der monopolistischen und imperialistischen (Hobson) Gesellschaft warnte, sondern auch an den desillusionierten Daniel Halévy in Frankreich. In einem wenig beachteten Buch, das den Titel *Décadence de la liberté* trägt (1931), stellt der Zeitgenosse von L. T. Hobhouse und J. A. Hobson fest: „Die liberalen Klassen gehen unter, reißen mit sich die Institutionen die sie schufen; die Großindustrie organisiert die Massen und lehrt sie, sich der Arbeitsdisziplin zu unterwerfen."[57] Es ist ein Prozeß, den der Autor an anderer Stelle mit dem Ausdruck „la fin des notables" umschrieb.[58] (Trotz meiner Sympathie für einige Theoreme des Kritischen Rationalismus — Pluralität, Offenheit, kritische Prüfung — betrachte ich die zeitgenössische Entwicklung eher aus der Sicht von Autoren wie Musil, Hobhouse, Hobson, Elie und Daniel Halévy, Adorno und Horkheimer: ich frage mich, ob die Methode des „piecemeal engineering" aus einer Situation hinausführen kann, die von rücksichtsloser Kommerzialisierung aller Lebensbereiche, wirtschaftlich bedingten Umweltskatastrophen und nar-

---

[56] Th. W. Adorno, „Einleitung", in: op. cit., S. 53.
[57] D. Halévy, *Décandence de la Liberté*, Paris, Grasset, 1931, S. 233.
[58] D. Halévy, *La Fin des notables, La République des ducs* (2 Bd.), Paris, Grasset, 1930, 1937.

zißtischer Isolierung des Einzelnen geprägt ist. Zum dritten Punkt siehe M. Greffrath in: *Die Zeit*, 18.3.88, S. 57.)

Diese ideologiekritische Skizze des „Positivismusstreits" sollte u. a. zeigen, wie problematisch der Dialog zwischen Vertretern heterogener Soziolekte ist, deren Taxonomien und narrative Abläufe Begriffe und Aktanten zeitigen, die nicht immer kommensurabel sind. Zur Verdeutlichung sei hier nur das an sich vieldeutige Lexem „Kritik" angeführt, das sowohl im Kritischen Rationalismus als auch in der Kritischen Theorie eine wesentliche Funktion erfüllt. Während aber in der Kritischen Theorie Adornos und Horkheimers aus dem vieldeutigen Signifikans im Rahmen des semantischen Gegensatzes *Individualismus/Kapitalismus* (und der entsprechenden Taxonomie) ein Begriff wird, ist Alberts und Poppers Kritik-Begriff nicht unabhängig von Gegensätzen wie *pluralistische Demokratie/Totalitarismus, Individualismus/Kollektivismus* etc. zu verstehen. (Der letztgenannte Gegensatz ist übrigens für Poppers Kritik an Kuhn besonders relevant.) Daß der Kritik-Begriff oft unspezifisch verwendet wird, läßt auch Adornos ästhetische Diskussion mit A. Silbermann erkennen.[59]

Es zeigt sich hier, und ich komme auf dieses Problem im 3. Teil ausführlich zu sprechen, daß eine theoretische Diskussion zum Scheitern verurteilt ist, solange die Beteiligten vieldeutige Lexeme wie „Kritik" und „Wissenschaft" verwenden, ohne sich über die Funktion dieser Lexeme in verschiedenen *Soziolekten* im klaren zu sein: Denn der Kritik-Begriff der Alltagssprache (jemanden „kritisieren", ein Kleidungsstück „kritisch" betrachten, einen „kritischen" Blick für etwas haben etc.) ändert seine Bedeutung, sobald er in ein sekundäres modellierendes System eintritt.

Noch wichtiger ist der komplementäre Gedanke, daß eine Diskussion immer dann scheitert, wenn einer der Gesprächspartner aus Naivität oder autoritärer Gesinnung stillschweigend annimmt, daß Begriffe wie „Freiheit", „Demokratie", „Wissenschaft" oder „Ideologie" eine einzige, *natürliche* Bedeutung haben, die mit seiner eigenen *identisch* ist. Dieses ideologische Verfahren ist nicht legitim; es kommt aber im „Positivismusstreit" sowohl auf seiten der Kritischen Theorie als auch auf seiten des Kritischen Rationalismus vor. Das Streitgespräch scheiterte, weil die Beteiligten ihre ideologischen Positionen nicht mit dem lexikalischen Repertoire ihrer Soziolekte und mit ihren diskursiven Verfahren in Beziehung setzten. Weshalb solche „Rahmenbedingungen" oder „Frameworks" keine Mythen sind, wie Popper meint, habe ich im 4. Kapitel zu erklären versucht. Der „Positivismusstreit" zeigt allerdings, daß es ein „gefährlicher Mythos" ist, von der Vorstellung einer freien Kommunikation zwischen atomisierten Individuen auszugehen. Und darauf kommt es hier an: denn ich behaupte natürlich nicht, die Teilnehmer seien sich über semantische Differenzen und philosophische Divergenzen — *analytisch/dialektisch* — nicht im klaren gewesen.

---

[59] Siehe: Th. W. Adorno, „Thesen zur Kunstsoziologie", in: ders., *Ohne Leitbild. Parva Aesthetica*, Frankfurt, Suhrkamp, 1967, S. 100: „Silbermann ist mit mir der Ansicht, daß es eine der Aufgaben der Kunstsoziologie sei, sozialkritisch zu wirken. Es scheint mir aber nicht möglich, diesem Desiderat gerecht zu werden, wenn der Gehalt der Werke, und ihre Qualität, ausgeschaltet würden. Wertfreiheit und sozialkritische Funktion sind unvereinbar." — Diese Passage kann parallel zu Adornos Argumenten im Szientismusstreit gelesen werden.

c) *Die Luhmann-Habermas-Debatte*

In mancher Hinsicht könnte die Luhmann-Habermas Debatte der frühen siebziger Jahre als eine Fortsetzung des „Positivismusstreits" gelesen werden: nicht nur weil Habermas seinem Kontrahenten eine Einschränkung der Rationalität auf technisch verwertbares, instrumentelles Wissen vorwirft[60] und somit Argumente, die er gegen die kritischen Rationalisten wandte, von neuem ins Feld führt, sondern auch deshalb, weil in dieser Debatte die gesamte liberal-individualistische Tradition der Soziologie von Luhmann radikal in Frage gestellt wird. Dadurch unterscheidet sich dessen Standpunkt wesentlich von dem der kritischen Rationalisten.

Sowohl im „Positivismusstreit", wo er den „altmodischen Weg" der „Selbstreflexion"[61] einschlägt und das Verstehen als traditionsvermittelten Prozeß betrachtet[62], als auch im Gespräch mit Luhmann läßt Habermas erkennen, daß er dem verbunden bleibt, was sein Kontrahent nicht ohne Ironie als „alteuropäische Lehrtradition"[63] bezeichnet. Schon weiter oben und im dritten Kapitel wurde deutlich, daß seine Schlüsselbegriffe der „Lebenswelt" und der „Kommunikation" aus der zivilisationskritischen Tradition der europäischen, vor allem aber der deutschen Soziologie ableitbar sind, und daß seine Vorstellung einer „idealen Sprechsituation" quasi-transzendentalen Charakter hat und kantischen Ursprungs ist.

Trotz der Differenzen, die den Theoretiker der „Lebenswelt" von Adorno und Horkheimer trennen (s. Kap. 6), spricht auch der Habermas der frühen siebziger Jahre die Sprache der Kritischen Theorie, die Lexeme wie „Individuum", „Wahrheit", „Vernunft" und „Herrschaft" zu ihren Schlüsselbegriffen gemacht hat. Trotz der radikalen Kritik, mit der sich die Autoren der Kritischen Theorie gegen den liberalen Kapitalismus und die individualistische Ideologie wenden, verteidigt er im „Positivismusstreit" die „Identität der Individuen" gegen ihre Unterwerfung unter die instrumentelle Vernunft des technischen Erkenntnisinteresses: „Unter den Reproduktionsbedingungen einer industriellen Gesellschaft würden Individuen, die nur noch über technisch verwertbares Wissen verfügten und keine rationale Aufklärung mehr über sich selbst sowie über Ziele ihres Handelns erwarten dürften, ihre Identität verlieren."[64] Diese Argumentation setzt er im Gespräch mit Luhmann fort, wenn er diesem vorhält: „Die Systemtheorie läßt allein den Typus des zweckrationalen Handelns zu (...). Deshalb müssen ,Werte' als Randbedingungen zweckrationalen Handelns irrational bleiben; ihr Geltungsanspruch kann nur noch als ein Faktum hingenommen, nicht mehr kritisch geprüft werden."[65]

---

[60] Siehe: J. Habermas, „Theorie der Gesellschaft oder Sozialtechnologie? Eine Auseinandersetzung mit Niklas Luhmann", in: J. Habermas, N. Luhmann, *Theorie der Gesellschaft oder Sozialtechnologie — Was leistet die Systemforschung?*, Frankfurt, Suhrkamp, 1971, S. 266.
[61] J. Habermas, „Gegen einen positivistisch halbierten Rationalismus", in: Th. W. Adorno u. a., *Der Positivismusstreit in der deutschen Soziologie*, op. cit., S. 236.
[62] ibid., S. 240.
[63] N. Luhmann, „Systemtheoretische Argumentation. Eine Entgegnung auf Jürgen Habermas", in: J. Habermas, N. Luhmann, *Theorie der Gesellschaft oder Sozialtechnologie*, op. cit., S. 401.
[64] J. Habermas, „Gegen einen positivistisch halbierten Rationalismus", in: op. cit., S. 262.
[65] J. Habermas, „Theorie der Gesellschaft oder Sozialtechnologie?", in: op. cit., S. 250.

Diese Kritik am zweckrationalen, instrumentellen Denken und Handeln sowie die Thematisierung der Wertrationalität sind nicht nur im Kontext der hier skizzierten soziologischen Tradition (A. Weber, Scheler, Mannheim) zu verstehen, sondern auch und vielleicht vor allem als eine Fortsetzung von Adornos, Horkheimers und Marcuses „rettender Kritik" am liberalen Individualismus: „Aber das Richtige wäre hinüberzuretten", könnte auch Habermas mit Robert Musil fordern. Dazu gehören wohl Begriffe wie „Vernunft", „Wahrheit(sgehalt)", „Autonomie" und „Kritik", die er vor allem im Hinblick auf die von ihm eingeführten Termini „Lebenswelt" und „kommunikatives Handeln" erhalten möchte.

Von solchen Rettungsversuchen ist bei Niklas Luhmann nichts zu spüren, im Gegenteil: Der Leser hat immer wieder den Eindruck, daß die liberale Tradition, die Hobhouse gegen Sozialdarwinismus und Imperialismus, Adorno und Habermas gegen den Spätkapitalismus und Popper gegen den Totalitarismus verteidigen, dem Systemdenker nichts mehr gilt. Tatsächlich stellt dieser in einem Interview fest, „daß die Ideenwelt des Marxismus, die verbraucht ist, ebenso abgelöst wird wie die Ideenwelt des Liberalismus, die ebenso verbraucht ist."[66]

Es geht hier nicht darum, die Antithese zu dieser sicherlich umstrittenen Behauptung aufzustellen, sondern zu zeigen, daß eine soziologische (sozialwissenschaftliche) Theorie schon durch ihre antagonistische Einstellung zu anderen Theorien als Soziolekten (Gruppensprachen) ideologisch im allgemeinen Sinne wird. Sie ist nicht „an sich" oder als Monade zu betrachten, sondern in ihrem intertextuellen, dialogisch-polemischen Verhältnis zu anderen theoretischen Diskursen und Soziolekten.

Insofern hat Luhmann ganz recht, wenn er gegen Habermas einwendet, dessen Theorie des kommunikativen Handelns könne schon deshalb nicht als Grundlage für universelle Verständigung fungieren, weil sie — wie andere Entwürfe — die Funktion erfüllt, Widerspruch hervorzurufen und die Kommunizierenden zu polarisieren: „Was man gewinnen kann, geht offensichtlich gegen die Intention von Habermas, nämlich die Einsicht, daß der vernünftige Konsens ein Grenzfall extremer Unwahrscheinlichkeit ist, weil jede Einführung einer Beschreibung in den durch sie beschriebenen Sachverhalt, hier also die Gesellschaft, nicht Einheit erzeugt, sondern Differenz."[67] Diese Bemerkungen aus dem Jahre 1987 ergänzen auf funktionaler Ebene meine These aus dem dritten Kapitel, daß ideologiefreie, unverzerrte Kommunikation nicht möglich ist, weil Ideologie sich im Diskurs selbst semantisch und syntaktisch artikuliert.

Luhmanns eigenes Problem besteht nun darin, daß er — ähnlich wie der marxistische Funktionalist Bourdieu (s. Kap. 3) — seine Theorie auf die Wertindifferenz des Tauschwerts ausrichtet und sich so der Möglichkeit begibt, nach dem „Wahrheitsgehalt" von Theorien und Ideologien zu fragen. Seine funktionale Betrachtung der Ideologie (s. o.) schließt, wie Habermas richtig gesehen hat, die Möglichkeit der Ideologiekritik (ich würde hinzufügen: der Diskurskritik) aus: „Dadurch löst er Ideologiekritik von ihrem theoretischen Wahrheitsanspruch ab und gewinnt einen funktionalistischen Begriff von Ideolo-

---

[66] N. Luhmann, *Archimedes und wir. Interviews*, Berlin, Merve Verlag, 1987, S. 153.
[67] N. Luhmann, „Die Richtigkeit soziologischer Theorie", in: *Merkur*, Heft 1, Januar, 1987, S. 49.

gie."⁶⁸ Dieser Begriff läßt eine kritische Unterscheidung zwischen Ideologie und Theorie ebensowenig zu wie eine Differenzierung der Ideologien im Hinblick auf ihre Verallgemeinerungsfähigkeit. Sie werden funktional vertauschbar, und die ihnen zugrundeliegenden Wertsetzungen fallen der Indifferenz zum Opfer.

Daß diese Indifferenz bei Luhmann — ähnlich wie in einem ganz anderen Kontext bei Simmel — mit Geld und Tauschwert verquickt ist, zeigt sein Buch *Zweckbegriff und Systemrationalität* (1968), wo das Geld zeitlich als „Gewißheitsäquivalent", sachlich als „Wertmaßstab" und sozial als *Tauschmittel* gegenüber noch unbestimmten und gegebenenfalls auswechselbaren Partnern" definiert wird.⁶⁹ Zugleich erscheint die Indifferenz des Geldes als ein wesentlicher Aspekt der „Reduktion von Komplexität": „Eine auf diese Weise generalisierte und gesicherte Indifferenz ist ihrerseits Reduktion von Komplexität".⁷⁰ Obwohl die Indifferenz des Tauschwerts nur *eine* Komponente des Reduktionsprozesses ist (andere Komponenten sind Macht, Wahrheit), wird hier deutlich, daß im Gegensatz zu Habermas und zu der hier dargestellten soziologischen Tradition die Systemtheorie den Spieß umdreht: Statt die Marktgesellschaft mit der Ideologie zu bekämpfen, peilt sie in der Indifferenz ein Jenseits der Ideologien an. Darin stimmt sie nicht nur mit den Theoretikern der Wertfreiheit und mit Max Benses „numerischer Ästhetik" überein, die sich an der Physik orientiert⁷¹, sondern auch mit einigen avantgardistischen Texten Robbe-Grillets, Ricardous, Jürgen Beckers, deren Autoren nicht nur keine Werte oder Ideologien verteidigen, sondern die gesamte Wertproblematik des modernen Romans über Bord werfen.⁷² Auch Luhmann, der sich jenseits der Ideologien wähnt, lehnt es ab, axiologische Probleme zu thematisieren.

Er nimmt sich in der Debatte mit Habermas weder eine Apologie noch eine Kritik der bestehenden Ordnung vor, sondern geht explizit von der Indifferenz (als funktionaler Vertauschbarkeit aller Werte) aus: Zum eigenen Versuch, eine Systemtheorie zu entwerfen, bemerkt er dort, er setze „am Verhältnis von Welt und System und damit am Indifferenzpunkt von Apologie und Kritik" an.⁷³ Er muß allerdings gemerkt haben, daß der Diskurs an diesem Nullpunkt des Definierens, Klassifizierens und Erzählens nicht haltmachen kann und fügt in einer Fußnote hinzu: „Ich sage: ansetzt! Nur wenn es bei dieser Indifferenz *bliebe*, könnte das Gegenargument lauten: Gerade damit werden die gesellschaftlichen Tatsachen begünstigt, die mit der Gewalt der Gegenwart ausgerüstet sind."⁷⁴ Diese Erklärung ist zugleich Enigma: Der Diskurs geht also von bestimmten als relevant empfundenen semantischen Gegensätzen wie *Welt/System* aus. Diese Gegensätze und die Relevanzkriterien, mit deren Hilfe sie zustande kamen (s. Kap. 7), sind

---

[68] J. Habermas, „Theorie der Gesellschaft oder Sozialtechnologie?", in: op. cit., S. 245.
[69] N. Luhmann, *Zweckbegriff und Systemrationalität*, Frankfurt, Suhrkamp, 1968, S. 205.
[70] ibid., S. 206.
[71] Siehe: M. Bense, *Aesthetica*, Stuttgart, Agis Verlag, 1965 sowie: ders., „Die semiotische Konzeption der Ästhetik", in: *Zeitschrift für Linguistik und Literaturwissenschaft*, Heft 27/28, 1977.
[72] Dazu: Vf., *Roman und Ideologie. Zur Sozialgeschichte des modernen Romans*, München, Fink, 1986, Teil 3.
[73] N. Luhmann, „Systemtheoretische Argumentationen. Eine Entgegnung auf Jürgen Habermas", in: op. cit., S. 402.
[74] ibid.

weder wertindifferent noch ideologiefrei, sondern legen — in mancher Hinsicht zumindest — die Stoßrichtung der Argumentation fest. Von diesem Augenblick an hat das Aussagesubjekt drei Möglichkeiten: Es kann eine Apologie des Bestehenden entwickeln, eine Kritik oder einen Diskurs, der unvereinbare Ideologeme kombiniert, ohne sie zu explizieren. Luhmann verrät nicht, welche Richtung er bewußt eingeschlagen hat; die Fußnote besagt nur, daß es bei der *Indifferenz*, an der sich seine Texte immer wieder orientieren, nicht bleibt oder nicht bleiben soll.

Im Anschluß an die Luhmann-Habermas-Debatte haben verschiedene Autoren versucht, die Systemtheorie auf ideologische Positionen festzunageln, die sie nicht eindeutig preisgibt. Nicht sehr überzeugend finde ich beispielsweise Bernhard Heidtmanns Behauptung, „Luhmann erneuer(e) im Begründungszusammenhang der Systemtheorie die radikale Liberalismuskritik Schmitts (...)"[75], zumal Luhmann sich an verschiedenen Stellen seines Werkes ausdrücklich von Carl Schmitt distanziert.[76] Am Anfang seiner Betrachtungen steht nicht so sehr eine radikale Abrechnung mit dem Liberalismus als vielmehr die Überzeugung, daß die Anliegen und die Terminologie der liberalen Ära obsolet, anachronistisch sind. An manchen Stellen erinnert seine Kritik an die hier zitierte pessimistische Einschätzung Daniel Halévys. So sei beispielsweise der Vernunftbegriff nicht durch den Klassengegensatz, durch den Antagonismus zwischen Herr und Knecht ruiniert worden, „sondern dadurch, daß zunehmende gesellschaftliche Differenzierung *beide* Seiten ihrer Vernunft enthob, nämlich die Vernunft des Herrn überspannte, so daß sie nicht mehr glaubhaft behauptet werden konnte, und die Möglichkeit des Knechts, zur Vernunft zu kommen, durch Spezialisierung ausschloß."[77]

Der Vergleich zwischen Kritischer Theorie, Kritischem Rationalismus und Luhmanns Systemtheorie ist deshalb anregend, weil er drei verschiedene, krisenbedingte Einstellungen der liberal-individualistischen Ideologie gegenüber zutage treten läßt: Während die kritischen Rationalisten am liberalen Erbe festhalten und die Frankfurter Theoretiker es kritisch retten möchten, wendet sich Luhmann von ihm ab und meidet systematisch für ihn charakteristische Begriffe wie „Individuum", „Subjekt", „historisches Subjekt" und „Vernunft". In diesem Zusammenhang leuchtet auch Klaus Grimms These ein, derzufolge Luhmann die individualistische Webersche Kategorie der „Handlungsrationalität" durch das Prinzip der „Systemrationalität" ersetzt und Webers „Zweckrationalität" der „Bestandsrationalität" unterordnet.[78]

---

[75] B. Heidtmann, in: *Theorie der Gesellschaft oder Sozialtechnologie* (Theorie-Diskussion, Supplement 2), Beiträge zur Habermas-Luhmann-Diskussion von W.-D. Narr, D.H. Runze u. a., Frankfurt, Suhrkamp, 1974, S. 172. — Siehe auch S. 171, wo Heidtmann vom „antiliberalen Modell" Luhmanns spricht. Ich glaube nicht, daß dieses Modell antiliberal ist; es ist einfach nicht mehr liberal — und das ist doch etwas anderes.

[76] Siehe: N. Luhmann, *Archimedes und wir*, op. cit., S. 11: „In der Tat überzeugt mich die Theorie von Carl Schmitt nicht. Ich denke, daß eine gute Politik gerade die ist, die in der Lage ist, ein Maximum an Realisierungsfähigkeit mit einem Minimum an Schaffung von Feinden zu verbinden."

[77] N. Luhmann, „Systemtheoretische Argumentationen", in: op. cit., S. 327–328.

[78] K. Grimm, *Niklas Luhmanns „soziologische Aufklärung" oder Das Elend der apriorischen Soziologie. Ein Beitrag zur Pathologie der Systemtheorie im Licht der Wissenschaftslehre Max Webers*, Hamburg, Hoffmann und Campe, 1974, S. 21. In Grimms Buch zeigt sich, daß Luhmanns Abwendung von Weber und von dessen individualistischen Kategorien im Zusammenhang mit seiner Abwendung vom Liberalismus zu beurtei-

Die hier vorgeschlagene Verknüpfung von Systemtheorie und Indifferenzproblematik konkretisieren Habermas und Giegel mit ihrer These, Luhmanns Funktionalismus drücke den Standpunkt der modernen Technokratie aus.[79] Dabei weist Giegel auf die Möglichkeit hin, daß aufgrund von Kommunikationsschwierigkeiten und Widerständen die von Luhmann konzipierte systematische Verwaltung *„nur in der Form einer punktuell und inkrementell verfahrenden Praxis"* vorkommen könnte: „Die sozialtechnologische Maßnahme kann dadurch, daß sie partikulare Aktion ist, die im Gegensatz zu anderen partikularen Aktionen steht, nie sicher sein, ob sie nicht durch andere Maßnahmen blockiert wird."[80] Diese Überlegung ist wichtig, weil sie zeigt, daß eine Querverbindung von Luhmanns „Sozialtechnologie" zu der Hans Alberts und zum „piecemeal engineering" Poppers möglich ist. In allen drei Fällen geht es darum, die ideologische Betrachtungsweise durch eine technologische oder „wissenschaftliche" zu ersetzen. Daher auch Habermas' Vorwurf an Luhmann und an die Adresse der kritischen Rationalisten, ihre Theorien artikulierten „technokratische" Interessen, und Luhmanns systematischer Ansatz stelle „die Hochform eines technokratischen Bewußtseins dar."[81]

Nun hat sich weiter oben gezeigt, daß man bei der Erforschung kritisch-rationaler Ansätze mit Begriffen wie „Liberalismus" und „Individualismus" vielleicht weiterkommt als mit dem etwas vagen und ideologisch oft mißbrauchten Terminus „Technokratie". Deshalb möchte ich dieses *epitheton disqualificans* auch nicht auf die Systemtheorie anwenden, sondern vorerst, da Luhmanns Werk noch lange nicht abgeschlossen ist, an der bereits formulierten Hypothese festhalten, daß es sich um einen theoretischen Diskurs handelt, der sich intertextuell im Gegensatz zu einem mythischen Marxismus und zu verschiedenen Varianten des Liberalismus konstituiert.

Es mag sein, daß dieser Diskurs, der Begriffe wie „Individuum", „Subjekt" und „Vernunft" ausgeschaltet hat, Gruppeninteressen entgegenkommt, die häufig als technokratisch bezeichnet werden. Technokraten bilden jedoch keine homogene Gruppe; sie sind als Vertreter der wertindifferenten *Zivilisation* auf Gewerkschaften, Arbeitgeberverbände, christliche, sozialistische und kommunistische Parteien (etwa die KPI) verteilt. Paral-

---

len ist: „Zwei Forderungen sind an ein solches Programm geknüpft: (1) Aufgabe des Denkens in den Weberschen Kategorien der ,*Handlungs*-Rationalität' und ihre Ersetzung durch Prinzipien der ,*System*-Rationalität'; (2) die Entmonopolisierung der ,Zweckrationalität' als alleiniges Rationalitätsmodell und ihre Unterordnung unter ein allgemeineres Modell der ,Bestandsrationalität'."

[79] Siehe: J. Habermas, „Theorie der Gesellschaft oder Sozialtechnologie?", in: op. cit., S. 145: „(...) Diese Theorie stellt sozusagen die Hochform eines technokratischen Bewußtseins dar, das heute praktische Fragen als technische von vornherein zu definieren und damit öffentlicher und ungezwungener Diskussion zu entziehen gestattet." Siehe auch: H.-J. Giegel., *System und Krise. Kritik der Luhmannschen Gesellschaftstheorie* (Theorie der Gesellschaft oder Sozialtechnologie, Theorie-Diskussion, Supplement 3), Frankfurt, Suhrkamp, 1975, S. 147 und S. 155, wo Giegel die Systemtheorie als „sozialtechnologische Spezialdisziplin" bezeichnet.

[80] H.-J. Giegel., op. cit., S. 149.

[81] J. Habermas, „Theorie der Gesellschaft oder Sozialtechnologie?", in: op. cit., S. 145. Siehe auch: J. Habermas, *Legitimationsprobleme im Spätkapitalismus,* Frankfurt, Suhrkamp, 1973, S. 186—187: „Mit diesem Satz spricht Luhmann *seine* Version vom Ende des Individuums aus: die beschleunigte Komplexitätssteigerung nötigt die Gesellschaft zur Umstellung auf eine Reproduktionsform des Lebens, die die Differenzierung zwischen Macht und Wahrheit zugunsten einer der Reflexion entzogenen Naturwüchsigkeit preisgibt."

lel zu dieser Überlegung könnte vielleicht gezeigt werden, daß — wie bereits angedeutet — in Luhmanns Werk unreflektierte und miteinander (teilweise) unvereinbare Ideologeme wirken. Natürlich wäre es unsinnig, diese am Ende eines Kapitelabschnitts rekonstruieren zu wollen; deshalb will ich mich auf einige Hinweise beschränken.

In *Soziale Systeme* weist der Autor ganz zu Recht auf die Gefahren des ideologischen Manichäismus hin: „Heute sollte man eher erschrecken, wenn man im Wahlkampfstab einer politischen Partei die Äußerung hört: ‚Die Leute wollen doch nur wissen, wer die Guten und wer die Bösen sind, und *das* sagen *wir* ihnen'."[82] (Für Luhmanns *funktionale* Auffassung der Ideologie ist dieses Erschrecken symptomatisch: Hätte Luhmann nicht nur die Funktion, sondern auch die diskursive Struktur der Ideologie betrachtet, wäre er womöglich gar nicht erschrocken, sondern hätte eine alte rhetorische Wahrheit erkannt.) In einem Interview, in dem er noch einmal auf diese politische Erfahrung zu sprechen kommt, erklärt er seinen Schrecken: „Die politische Gegenpartei so zu betrachten, finde ich außerordentlich undemokratisch, weil eine Opposition moralisch immer akzeptabel sein muß."[83]

Wie aber verhält sich eine komplexe Systemtheorie zu den Theorien der politischen *und* der wirtschaftlichen Demokratie? Wäre es möglich, mit Hilfe der Systemtheorie Demokratisierungsprozesse zu beschleunigen und effizienter zu gestalten? Wie sieht die Beziehung zwischen Systemeffizienz und wirksamer demokratischer Kontrolle oder deren Schwächung aus? Ich glaube nicht, daß *Soziale Systeme* diese Fragen wirklich beantwortet. Es könnte demnach sein, daß es einen latenten, aber nicht unaufhebbaren Widerspruch zwischen dem engagierten Demokraten und dem Technologen, dem Systemtheoretiker Luhmann, gibt.

Klarer und unmittelbarer als im Bereich des allgemeinen Ideologiebegriffs treten die Widersprüche auf der Ebene des restriktiven Ideologiebegriffs in Erscheinung. In Luhmanns Entgegnung auf Habermas' Kritik kommt eine Behauptung vor, die jeden mit Adorno, Foucault und Derrida vertrauten Leser stutzig macht: „Die Systemtheorie hat sich von Vernunft und Herrschaft emanzipiert."[84] Natürlich muß dieser Satz im Kontext gelesen werden: Er stellt die *Relevanz* eines der semantischen Grundgegensätze der Kritischen Theorie (Habermas') in Frage und behauptet gleichzeitig, daß die Systemtheorie sich von diesem (wahrscheinlich als vorwissenschaftlich empfundenen) Gegensatz „emanzipiert" hat.

Die funktionale Betrachtungsweise mag eine Erklärung dafür sein, daß Luhmann den diskursiven Nexus zwischen System und Herrschaft, zwischen systematischer Anordnung und Naturbeherrschung nicht sieht. Im ersten Teil dieses Buches wurde gezeigt, wie Adorno und Derrida versuchen, den systemimmanenten Zwängen durch Essay, Modell, Parataxis und Dekonstruktion zu entgehen. Luhmann hätte im Gespräch mit einem Vertreter der Kritischen Theorie diese philosophische Tradition berücksichtigen können, statt im nächsten Satz Herrschaftsfreiheit als etwas *Natürliches, Selbstverständli-*

---

[82] N. Luhmann, *Soziale Systeme*, op. cit., S. 325.
[83] N. Luhmann, *Archimedes und wir*, op. cit., S. 138.
[84] N. Luhmann, „Systemtheoretische Argumentationen", in: op. cit., S. 401.

ches für die Systemtheorie zu reklamieren: „Für sie ist Vernunft kein Kriterium und Herrschaftsfreiheit eine schlichte Selbstverständlichkeit des Denkens, die weder postuliert noch idealisiert werden muß."[85] Wenn er schon mit Adorno, dem sogar das „Denken in Modellen" nicht herrschaftsfrei genug war, nichts im Sinn hatte, hätte der Musil-Leser Luhmann wenigstens an den essayistisch und paratakisch konstruierten Roman *Der Mann ohne Eigenschaften* denken können: „Er war kein Philosoph. Philosophen sind Gewalttäter, die keine Armee zur Verfügung haben und sich deshalb die Welt in der Weise unterwerfen, daß sie sie in ein System sperren."[86] Ich behaupte nicht, daß diese Darstellung auf Luhmanns Theorie anwendbar ist; ich behaupte nur, daß eine Systemtheorie, die diese Einwände nicht mitreflektiert, an dem im vorigen Kapitel analysierten Ideologem des Naturalismus leidet.

3. Ideologische Verfahren in der Soziologie: Textanalysen

Die abschließenden Bemerkungen zu Luhmanns systematischem Diskurs führen mitten in die Problematik des restriktiven Ideologiebegriffs, der im folgenden auf einige soziologische Texte angewandt werden soll, die ihrem *Selbstverständnis* nach „wissenschaftlich", „wertfrei" oder „ideologiekritisch" sind. Es soll gezeigt werden, daß auch (oder gerade) solche Texte den diskursiven Mechanismen der Ideologie zum Opfer fallen, weil die verantwortlichen Aussagesubjekte über ihre semantischen und syntaktischen Verfahren nicht nachdenken und die Wechselbeziehung zwischen der diskursiven Anordnung und den Axiomen ihres Soziolekts unberücksichtigt lassen.

Typologisch gesehen haben die Aussagesubjekte drei Möglichkeiten, die einander in den meisten Fällen ausschließen: 1. Das Subjekt als „sujet d'énonciation" kann sich offen ideologisch engagieren und Forderungen nach Wertfreiheit oder Autonomie der Wissenschaft rundweg ablehnen; dadurch entsteht ein heteronomer Diskurs, der vor allem die praktische Wirkung anpeilt. 2. Es kann sich im Gegenzug zur politischen Heteronomie für die wissenschaftliche Autonomie und das Postulat der Wertfreiheit engagieren; durch dieses Engagement entsteht ein Diskurs, der sich vor allem der Gefahr des Naturalismus aussetzt, da er trotz (oder gerade wegen) des Wertfreiheitspostulats zahlreiche unreflektierte Ideologeme aufnimmt. 3. Es kann schließlich die ideologischen Wertsetzungen seines Soziolekts im Hinblick auf deren Verallgemeinerungsfähigkeit thematisieren und darauf achten, daß sie auf diskursiver Ebene keine ideologischen Verfahren zeitigen; auf dieser Grundlage entsteht ein Diskurs, den ich hier als „theoretisch" im restriktiven Sinne bezeichne. In einigen Fällen, etwa bei Althusser, kann es zu einer — immer prekären — Synthese von (1) und (2) kommen. Der dritte Diskurstyp ist mit den beiden anderen nicht kombinierbar, weil er sowohl die politische Heteronomie (vor allem auf der Ebene des restriktiven Ideologiebegriffs) als auch das Wertfreiheitspostulat ausschließt.

---

[85] ibid.
[86] R. Musil, *Der Mann ohne Eigenschaften*, op. cit., S. 253.

Für die Heteronomie setzten sich nationalsozialistische Autoren wie Ernst Krieck ein, der offen gegen Webers Wertfreiheitsbegriff polemisierte: „Das Zeitalter der ‚reinen Vernunft', der ‚voraussetzungslosen' und ‚wertfreien' Wissenschaft ist beendet."[87] Daß im nationalsozialistischen Staat die Wertfreiheit als theoretisches Prinzip zwar verurteilt wurde, zugleich aber nützliche Methoden der empirischen Forschung stillschweigend als „wertneutral" akzeptiert werden konnten, zeigt Otthein Rammstedt in seinem Buch über die *Deutsche Soziologie 1933–1945*, wo deutlich wird, daß es im soziologischen Alltag üblich war, „hier die Methoden als wertneutral anzusehen und dort die Wertfreiheit zu verspotten."[88] Hier wird klar, daß (1) und (2) auch auf andere Art kombiniert werden können als bei Althusser und seinen Schülern.

Im folgenden verzichte ich auf eine Analyse des ersten Diskurstyps, der vor allem im Marxismus-Leninismus seinem Selbstverständnis nach ideologisch ist. Eine diskurskritische Untersuchung marxistisch-leninistischer, faschistischer oder nationalsozialistischer soziologischer Diskurse würde kaum Erkenntnisse zutage fördern, die über den zweiten Abschnitt des vorigen Kapitels hinausgingen; sie würde nachweisen, daß sie heteronom oder ideologisch im restriktiven Sinne sind, was ja nicht einmal ihre Autoren bestreiten.

Wesentlich ergiebiger scheint mir die Untersuchung ideologischer Verfahren im zweiten und dritten Diskurstyp zu sein, von denen der eine als wertfrei oder schlicht wissenschaftlich definiert wird, während der andere seinem Selbstverständnis nach das Gegenteil von Ideologie, nämlich „Ideologiekritik", ist. Da ich meinen eigenen Diskurs dem dritten Typ zurechne, möchte ich hier zeigen, daß radikale, umfassende Ideologiekritik nur dann möglich ist, wenn die diskursiven Verfahren berücksichtigt werden. In allen Analysen steht der restriktive Ideologiebegriff im Mittelpunkt. Anders als im vorigen Kapitel haben die Kommentare nicht so sehr analytischen, sondern eher synthetischen Charakter: Es sollen nicht mehr verschiedene Aspekte des ideologischen Diskurses differenziert werden; es gilt zu zeigen, wie sie in einem Text zusammenwirken.

a) *Ideologie und Wertfreiheit: Raymond Boudon*

Raymond Boudon, der bereits im vorigen Kapitel im Zusammenhang mit verschiedenen Definitionen des Ideologiebegriffs erwähnt wurde, gehört zu den französischen Soziologen, die die Weberschen Traditionen der Wertfreiheit und der individualistischen Methode fortsetzen. Er ist einer der wenigen im französischen Sprachbereich, die den Kritischen Rationalismus kennen und sich regelmäßig auf Popper und Hans Albert berufen: häufig um die Attacken der als übermächtig empfundenen marxistischen Soziologie abzuwehren. In *La Logique du social* polemisiert er beispielsweise mit Hilfe von Poppers *Elend des Historismus* gegen historische „Verschwörungstheorien", zu denen er auch — wie seine späteren Publikationen zeigen — Bourdieus Thesen über die Wechselbeziehung von Kultur und Klassenherrschaft rechnet.[89]

---

[87] E. Krieck, *Nationalpolitische Erziehung*, Leipzig, Armanen-Verlag, 1933, S. 1.
[88] O. Rammstedt, *Deutsche Soziologie 1933–1945. Die Normalität einer Anpassung*, Frankfurt, Suhrkamp, 1986, S. 161. Siehe auch: Ders., „Wertfreiheit und die Konstitution der Soziologie in Deutschland", in: *Zeitschrift für Soziologie*, Heft 4, August, 1988, S. 270.
[89] R. Boudon, *La Logique du social*, Paris, Hachette, 1979, S. 11.

Für eine Textpassage aus seinem bereits erwähnten Buch *L'Idéologie* habe ich mich aus zweierlei Gründen entschieden: Sie thematisiert einerseits die Rolle der liberalen Tradition in der Soziologie und fügt sich deshalb zwanglos in den hier konstruierten Zusammenhang ein; sie geht andererseits vom Postulat der Wertfreiheit („neutralité axiologique", Boudon) aus und wirft daher — ähnlich wie der im ersten Teil zitierte Satz aus *Wirtschaft und Gesellschaft* — die Frage nach der praktischen Anwendung des Postulats auf:

> Die axiologische Neutralität, die ich hier anzuwenden versucht habe, impliziert auch nicht das Fehlen persönlicher Überzeugungen. Ich fühle mich seit geraumer Zeit eher dem Liberalismus als irgendeiner anderen Ideologie verpflichtet. Zunächst aus positiven Gründen, auf die ich nicht ausführlich eingehen werde, da es ja eine ganze Bibliothek in französischer Sprache gibt, die uns die Bedeutung und die Vitalität der liberalen Denktradition vor Augen führt: sowohl im Hinblick auf das Verstehen gesellschaftlicher Erscheinungen als auch im Hinblick auf das soziale Handeln. Dann aber auch aus negativen Gründen. Denn ich habe manchmal den Eindruck, daß diejenigen, die meinen, über ein Monopol der edlen Gefühlsregungen zu verfügen, zu stark zu der Schlußfolgerung tendieren, daß sie *ipso facto* das Monopol der Wahrheit besitzen.
>
> La neutralité axiologique que j'ai tenté d'appliquer ici n'implique pas non plus l'absence de convictions personnelles. Je me suis depuis bien longtemps senti plus proche du libéralisme que de toute autre idéologie. Pour des raisons positives sur lesquelles je ne m'étendrai pas, puisqu'on dispose désormais en français d'une bibliothèque démontrant l'importance et la vitalité de la tradition de pensée libérale du point de vue de la compréhension des phénomènes sociaux comme de celui de l'action sociale. Pour des raisons négatives, aussi. Car j'ai eu parfois l'impression que ceux qui croient disposer du monopole des bons sentiments ont trop tendance à en conclure qu'ils détiennent *ipso facto* le monopole de la vérité.[90] (Vollständiger Absatz. Der Kommentar bezieht sich auf das Original.)

Die erste Lektüre dieser Passage (die häufig die letzte ist) mag beim Leser den Eindruck erwecken, daß es sich um einen wissenschaftlichen Standardtext handelt, dessen Autor einerseits als gewissenhafter Wissenschaftler „neutral" oder „objektiv" urteilt, andererseits jedoch ehrlich genug ist, sein liberales *penchant* nicht zu verschweigen. Bestätigt wird hier das institutionalisierte Stereotyp einer autonomen Wissenschaft, die — ähnlich den unabhängigen Tageszeitungen — wertfrei über den sozialen Konflikten schwebt.

Die Textanalyse zeigt allerdings gleich in der ersten Phase, daß der Absatz symptomatische Lexeme enthält, die einen liberalen Soziolekt weberianischer Observanz signalisieren: *neutralité axiologique; libéralisme; action sociale*, (zweideutig, da es auch bei Touraine, Crozier u. a. vorkommt). Sie zeigt in der zweiten Phase, daß dem Text eine semantische Zweiteilung zugrundeliegt, die durch die Verwendung der beiden Adjektive *positives* und *négatives* noch verstärkt wird: Es handelt sich um den globalen Gegensatz zwischen dem *Liberalismus* und einem nicht näher bezeichneten negativen Prinzip, das nur auf aktantieller Ebene konkrete Gestalt annimmt. Im folgenden möchte ich zeigen,

---

[90] R. Boudon, *L'Idéologie*, op. cit., S. 21.

daß im Bereich der Aktanten die eigentliche Problematik des zitierten Textes in Erscheinung tritt.

Geht man davon aus, daß in der gesamten Textpassage „je-ich" Subjekt-Aktant und zugleich Aussagesubjekt („sujet d'énoncé" *und* „sujet d'énonciation") ist, dann erscheint im ersten Satz die „axiologische Neutralität" als Auftraggeber dieses Subjekts der theoretischen Icherzählung. Das Subjekt bekennt sich in diesem Satz zum narrativen Programm dieses Auftraggebers: „que j'ai tenté d'appliquer ici" („die ich hier anzuwenden versucht habe").

Der auf dieser Ebene entscheidende Bruch erfolgt im Übergang vom ersten zum zweiten Satz, der einen konkurrierenden Auftraggeber auf den Plan ruft: „Je me suis (...) senti plus proche du libéralisme (...)." („Ich fühle mich ... eher dem Liberalismus ... verpflichtet.") In diesem Stadium besteht immer noch die Möglichkeit, daß die beiden konkurrierenden Programme — des Auftraggebers „Neutralität" und des Auftraggebers „Liberalismus" — in den folgenden Sätzen *auseinandergehalten* werden, etwa in dem Sinne, daß das Programm der „neutralité axiologique" vom „Ich" der Wissenschaft, das Programm des „Liberalismus" hingegen vom „Ich" des politischen Alltags oder des Universitätsalltags verwirklicht wird. Dabei könnte der Aktant „Ich" in zwei rivalisierende Akteure („Wissenschaft" und „Politik") zerfallen.[91] Nichts dergleichen geschieht: Im dritten Satz wird der Auftraggeber „Neutralität" einfach von der konkurrierenden Instanz des „Liberalismus" abgelöst, und zwar auf der semantischen Isotopie „Wissenschaft", die dadurch „politisiert" wird: Die Sememe *bibliothèque (Bibliothek), pensée (Denken) und compréhension (Verstehen)* enthalten alle das redundante Sem (= Klassem) „Wissenschaft"; sie können jedoch *zugleich* auf der Isotopie „Politik" gelesen werden, der Sememe wie *libéralisme (Liberalismus), idéologie (Ideologie), tradition libérale (liberale Tradition)* angehören.

Die beiden letzten Sätze enthalten außer dem schon erwähnten semantischen Einschnitt (*négatives*) einen ihm entsprechenden narrativen Wendepunkt: Symmetrisch zum Subjekt („ich", „je") tritt ein Antisubjekt auf, daß aufgrund der vagen Umschreibung „ceux qui croient disposer du monopole des bons sentiments" („diejenigen, die meinen, über ein Monopol der edlen Gefühlsregungen zu verfügen") zu einem mythischen Aktanten wird. Dieser kann als Leerformel in der zitierten Passage beliebig ausgefüllt werden, wird jedoch in Boudons Buch vorwiegend mit dem „Marxismus" oder der „Linken" identifiziert.

Zugleich wird im letzten Satz der Objekt-Aktant benannt, den das Subjekt dem Antisubjekt streitig macht: „la vérité", „die Wahrheit". Konkret geht es darum, das Objekt gegen die Monopolansprüche des Antisubjekts zu verteidigen und für den Auftraggeber „Liberalismus" zu reklamieren. Die Aussicht auf Erfolg ist recht gut, denn das Antisubjekt wird — wie in den meisten ideologischen Texten — durch negative Konnotationen (*monopole, bons sentiments, trop*) diskreditiert und mit schwachen Modalitäten (*bons sentiments*) ausgestattet, die seine Niederlage vorprogrammieren: Hier tritt der teleologische Charakter des Textes in Erscheinung. Die Modalitäten des Auftraggebers, an denen das Subjekt teilhat („importance", „vitalité"), deuten auf ein *Können* und *Wissen* hin

---

[91] Zum Verhältnis von Aktant und Akteur siehe A.J. Greimas, „Les actants, les acteurs et les figures", in: ders., *Du Sens II. Essais sémiotiques,* Paris, Seuil, 1983, S. 49.

(„pouvoir-faire", „savoir-faire", Greimas), denen das Antisubjekt nichts Gleichwertiges entgegenzusetzen hat: zumal sein Auftraggeber, d. h. Gegenauftraggeber im Text, implizit bleibt — ein Auftraggeber ohne Eigenschaften. (Im Gesamttext sowie in Boudons anderen Werken wird der Gegenauftraggeber meistens mit dem „Marxismus" allgemein identifiziert.)

Im Gesamtkontext dieses Kapitels wird man wohl verstehen, daß es nicht meine Absicht sein kann, den Liberalismus in der Soziologie, mit dem ich mich kritisch identifiziere, zu diskreditieren. Die Legitimität und Vitalität der liberalen Ideologie im soziologischen Bereich wird hier nicht in Frage gestellt. Als fragwürdig erscheint im Anschluß an die Textanalyse lediglich die Forderung Boudons nach „axiologischer Neutralität", die als Synonym für Webers Werturteilsfreiheit gelesen werden kann. Sowohl auf semantischer als auch auf narrativer Ebene hat sich gezeigt, daß diese Forderung unhaltbar ist: angesichts der Verschmelzung der Isotopie „Wissenschaft" mit der Isotopie „Politik"; angesichts der Ablösung des Auftraggebers „Neutralität" durch den politisch-wissenschaftlichen Aktanten „Liberalismus", die einen eklatanten Widerspruch im Text zeitigt.

Dieser Widerspruch ist für alle vom Postulat der Wertfreiheit ausgehenden Diskurse, d. h. für alle Diskurse des zweiten Typs, charakteristisch. Deshalb meine ich, daß der Verzicht auf das Wertfreiheitspostulat Boudons Abhandlung nicht nur nicht geschadet, sondern ihr genützt hätte. Statt seinen wahren, liberalen Standort als Aussagesubjekt zu verschleiern und sich dadurch dem Vorwurf des Naturalismus auszusetzen, hätte Boudon der Frage nachgehen können, wie sich sein *parti pris* für den Liberalismus lexikalisch, semantisch und syntaktisch auf seinen Sprachgebrauch auswirkt. Dadurch hätte er sich reflexiv dem dritten Diskurstyp angenähert und sich und seinen Lesern einige Illusionen erspart: vor allem den naturalistischen Glauben, daß der Sozialwissenschaftler im Namen der Neutralität oder Objektivität *spricht* und *handelt*; daß er im Namen einer neutralen und werturteilsfreien Erkenntnis gegen seine marxistischen oder sozialistischen Kontrahenten polemisiert.

Welche Funktion kann das Postulat der Werturteilsfreiheit in einem Text erfüllen, der als eine Erfolgsstory des Liberalismus konzipiert ist? Das ideologische, naturalistische Manöver besteht darin, daß die Autorität des Auftraggebers „wissenschaftliche Neutralität" oder „Wertfreiheit" vom sprechenden und handelnden Subjekt als „Icherzähler" dazu benutzt wird, die gegnerischen Positionen als „objektiv falsch" zu diskreditieren. Das Wertfreiheitspostulat ist ein Aspekt des naturalistischen Verfahrens, weil es den Standort des Aussagesubjekts und des handelnden Subjekts verschleiert und der Illusion vorschub leistet, es gebe einen natürlichen Diskurs der „Wissenschaft", der nicht Objekte in Übereinstimmung mit Interessen konstruiert, sondern dem Objekt irgendwie „entspricht".

b) *Ideologie und marxistische Wissenschaft: Louis Althusser*
Althusser ist von vielen Kritikern unfair behandelt worden: Die Marxisten unter ihnen (Goldmann, Lefebvre) nahmen ihm seine szientistische Interpretation von Marxens Spätwerk übel: die Liberalen (Aron) sahen ihre Vermutung, der Marxismus sei in allen sei-

nen Erscheinungsformen eine dogmatische Lehre, endgültig bestätigt. Unfair waren die gegen ihn gerichteten Polemiken deshalb, weil Liberale wie Aron oder Boudon nicht wahrhaben wollten, daß seine Schriften außer Dogmen auch wertvolle Einsichten (etwa zur Ideologie- und Subjektproblematik) enthalten, und weil die marxistischen Humanisten nicht bedachten, daß seine szientistische Marx-Deutung kein skurriler Einfall eines exzentrischen Einzelgängers war, sondern eine bisher vernachlässigte Vorgeschichte hatte: Im fünften Kapitel habe ich zu zeigen versucht, daß schon Otto Neurath im Zusammenhang mit dem Physikalismus des Wiener Kreises den Historischen Materialismus als strenge Wissenschaft auffaßte. Selbst wenn man — wie ich — dazu neigt, Marx dialektisch-hermeneutisch zu lesen, tut man gut daran, mit Habermas die szientistischen Aspekte seines Werkes zu berücksichtigen.

Das taten die marxistischen Humanisten keineswegs: Sie waren bestrebt, die Schuld für die szientistische Häresie ausschließlich Althusser aufzubürden, und vernachlässigten dabei die einfache semantische Tatsache, daß auch philosophische und sozialwissenschaftliche Texte polysem sind und daher auf verschiedenen Ebenen gelesen werden können. Ich sage vernachlässigten und nicht übersahen, denn in den zahlreichen Diskussionen der sechziger und siebziger Jahre gewann ich den Eindruck, daß grundsätzliche Fragen nach der Kohärenz oder Widersprüchlichkeit des Marxschen Werkes tabuisiert wurden; es stand aber jedem frei, im Namen von humanistischen Ideologien auf Althussers Interpretation einzuschlagen. Semiotisch gesehen: Der Auftraggeber oder Heiland selbst durfte nicht in Frage gestellt werden, wohl aber der irregeführte Jünger als schlechtes Subjekt, das den Heilsauftrag („mission de salut", Greimas) nicht richtig erfüllte. Die wahren Jünger konnten sich z. T. deshalb im Recht wähnen, weil verschiedene humanistische Ideologien dominierten: Der Name Neuraths wurde damals von niemanden genannt.

Diese Bemerkungen, die einige Argumente aus dem fünften Kapitel wieder aufgreifen, scheinen mir deshalb wichtig zu sein, weil sie zumindest andeutungsweise die soziolinguistische Situation rekonstruieren, in der Althusser seine Texte schrieb: Er mußte den von ihm entwickelten neuen Soziolekt (der in ganz Europa Schule machte) nicht nur gegen die „Bürgerlichen", sondern auch gegen zahlreiche Marxisten verteidigen, deren lexikalisches Repertoire er teilweise in Frage stellte: Lexeme wie *Mensch, Entfremdung, Neokapitalismus, neue Arbeiterklasse* etc. strich er kurzerhand als unwissenschaftlich durch. Damit setzte er sich und seine Anhänger einem starken politischen und institutionellen Druck aus, der sich schließlich auf Einzelschicksale innerhalb der Althusser-Gruppe auswirkte.

Im Zusammenhang mit diesem gesellschaftlichen Druck ist auch der semantische Dualismus zu verstehen, der Althussers Diskurs ideologisiert und der für den gesamten Soziolekt (Pêcheux, R. Balibar, E. Balibar) charakteristisch ist: „Die idealistischen Philosophen, die die Wissenschaften ausbeuten, kämpfen dabei gegen die materialistischen Philosophen, die den Wissenschaften dienen. Der philosophische Kampf ist ein Gebiet des Klassenkampfes zwischen den Weltanschauungen."[92] Die Unergiebigkeit dieses dualisti-

---

[92] L. Althusser, *Für Marx*, op. cit., S. 210.

schen Schemas wird offenkundig, sobald man versucht, es anzuwenden: So verschiedene Philosophen wie Teilhard de Chardin und K. R. Popper beuten die Wissenschaften (welche?) aus, während Althusser ihnen nützt (wie?).

Mir ist es nicht so sehr um diese Passage als solche zu tun, die aus einem Interview stammt, in dem allerdings wesentliche Gedanken aus Althussers *Philosophie et philosophie spontanée des savants* zusammengefaßt werden, sondern um die hier vorgebrachte These, daß manichäische Strukturen sehr eng mit Naturalismus, Monologismus und Identitätsdenken zusammenhängen. Die Versuchung, sich mit dem Objekt an sich oder gar mit der historischen Wirklichkeit schlechthin zu identifizieren ist, wie der folgende Text aus *Lire le Capital I* zeigt, auch dem strengen Wissenschaftler Althusser nicht fremd: Er vergleicht dort den historischen Materialismus mit der Mathematik und der Physik, die ihre eigenen Wahrheitskriterien enthalten, und fährt sodann fort:

> Die Marxsche Theorie konnte mit Erfolg angewandt werden, weil sie „wahr" ist; sie ist aber nicht „wahr", weil sie erfolgreich angewendet wurde. (. . .) Das Kriterium für die „Wahrheit" der von Marx produzierten Erkenntnisse ist die theoretische Praxis von Marx selbst. Und weil es sich dabei um wirkliche Erkenntnisse und nicht um zufällige Hypothesen handelt, haben sie zu den bekannten Resultaten geführt; und es sind nicht allein ihre Erfolge, sondern auch ihre Mißerfolge, die die für die Selbstreflexion der Theorie und ihre innere Entwicklung wichtigen „Erfahrungen" bilden.
>
> C'est parce que la théorie de Marx était „vraie" qu'elle a pu être appliquée avec succès, ce n'est pas parce qu' elle a été appliquée avec succès qu'elle est vraie. (. . .) C'est la pratique théorique de Marx qui est le critère de la „vérité" des connaissances produites par Marx: et c'est parce qu'il s'agissait bel et bien de connaissances, et non d'hypothèses aléatoires, qu'elles ont donné les résultats qu'on sait, où ce ne sont pas seulement les succès, mais les échecs eux-mêmes qui constituent des „expériences" pertinentes pour la réflexion de la théorie sur soi, et son développement interne.[93] (Ende des unvollständig wiedergegebenen Absatzes. Der Kommentar bezieht sich auf das Original.)

Zunächst möchte ich den ersten Satz, der im Original durch 16 Zeilen vom Rest des Zitats getrennt ist, für sich betrachten: Diese Paraphrase einer Behauptung Lenins weist zwei für die Diskurstheorie wesentliche Aspekte auf: Sie ist ein globales Werturteil über das narrative Programm von nicht näher definierten Aktanten („a pu être appliquée", „konnte angewendet werden"; „a été appliquée", „angewendet wurde"); sie ist eine monologische Feststellung, die die zum Dialog führende offene Frage: Wurde sie überhaupt erfolgreich angewendet? nicht zuläßt. Die erfolgreiche Verwirklichung wird monologisch vorausgesetzt. Die einzige zugelassene Frage ist die nach der *Begründung* des Erfolgs und der Wahrheit: Die Theorie ist erfolgreich und wahr, weil sie wahr ist. Dabei kommt es im zweiten Teil der Begründung zu einer Tautologie. Der Monolog impliziert zugleich eine Identifizierung des Diskurses mit der Wirklichkeit, weil er eine Darstellung der Anwendung der Theorie als Mißerfolg durch die Begründung „erfolgreich, *weil* wahr" ausschließt. Im Zusammenhang mit den folgenden Sätzen drängt sich allerdings die Frage

---

[93] L. Althusser, E. Balibar, *Lire le Capital I,* op. cit., S. 72 / *Das Kapital lesen,* op. cit., S. 78—79.

auf, wie eine Theorie, deren Wahrheitsgehalt ihre erfolgreiche Anwendung erklärt, „Mißerfolge" zeitigen kann. Die einzig mögliche Antwort lautet: daß die Aktanten, die im Auftrage dieser Theorie handelten, sie falsch anwendeten. (Es ist eine rettende, aber keine überzeugende Antwort.)

Im zweiten (im dt. Text zweiten und dritten) Satz wird der monologische Charakter des marxistischen Diskurses noch potenziert, weil „Marx" als Subjekt-Aktant („produites par Marx", „von Marx produzierten") und als sein eigener Auftraggeber („la pratique théorique de Marx qui est le critère", „das Kriterium ... ist die theoretische Praxis von Marx selbst") definiert wird. Dadurch unterscheidet sich der Diskurs von anderen wissenschaftlichen Diskursen, in denen — wie etwa bei Boudon — ein allgemeines, überpersönliches Prinzip („Wertfreiheit") zum Auftraggeber gemacht wird. In Althussers Texten hingegen fällt das Prinzip „Wissenschaft" mit Marxens historischem Materialismus zusammen.

Nach dem Doppelpunkt wird das monologische Verfahren dadurch weiter verstärkt, daß der hypothetische Charakter des Marxschen Diskurses *expressis verbis* geleugnet wird: Der Subjekt-Aktant „Marx" wird vom Aussagesubjekt mit der stärksten Modalität ausgestattet, die es im kognitiven Bereich gibt: mit nicht-hypothetischem, also absolutem Wissen („connaissances", „Erkenntnisse").

Nach dem Komma hinter „aléatoires" (dt.: „handelt") wechselt der Diskurs auf die narrative Ebene des ersten Satzes über, indem er die Geschichte der *Anwendung* der Marxschen Theorie thematisiert: „qu'elles ont donné les résultats qu'on sait", „haben sie zu den bekannten Resultaten geführt". Das französische „on", das in der deutschen Übersetzung verlorengeht, weist im Bereich des Aussagevorgangs auf eine anonyme Autorität hin, die, wie sich im vorigen Kapitel gezeigt hat, ein wichtiger Bestandteil des Naturalisierungsverfahrens ist: „Man sagt", „es ist bekannt", „jeder weiß". Die Resultate, die „man kennt", verwandeln sich hier in einen mythischen Objekt-Aktanten, den jedermann konkretisieren mag, wie er will. (Ein irritierter Leser könnte polemisch einwenden: „Ja, die bekannten Resultate: von Kronstadt über Pol Pots Kambodscha bis Afghanistan und Ceaucescu." Hier zeigt sich, daß mythische Aktanten den Diskurs in jeder Hinsicht schwächen und angreifbar machen.)

Zugleich wird deutlich, daß der monologische Charakter des Diskurses eng mit seinem Naturalismus zusammenhängt: Die dogmatische Behauptung, die Marxsche Theorie sei erfolgreich angewendet worden, wird durch das naturalistische „on sait" auf der Ebene des Aussagevorgangs („énonciation") gegen Kritik immunisiert. — Um welche „Resultate" handelt es sich? Wer erzählt diese historischen Resultate? Wer spricht? Der geschlossene, monologische Diskurs sorgt dafür, daß diese Fragen erst gar nicht aufkommen, ebensowenig wie die Frage, wer bestimmte historische Ereignisse als „Erfolge" („succès") oder „Mißerfolge" („échecs") *definiert* und *klassifiziert*.

Eine „Selbstreflexion der Theorie" („réflexion de la théorie sur soi") käme nur zustande, wenn der Diskurs durch seine Anordnung solche Fragen *ermöglichen* würde. Er tut es schon deshalb nicht, weil er implizit von der These ausgeht, Marxens Spätwerk sei ein monosemer Text, dessen wahre, eigentliche Bedeutung von Althusser entdeckt wurde. Der semantische Trick, der auch im sozialistischen Realismus gang und gebe ist[94], besteht darin, daß eine mögliche Interpretation, nämlich die szientistische, mit dem Text monologisch *identifiziert* wird: Zugleich mit der Ambivalenz des Marxschen Textes (Hermeneutik-Szientismus) wird die Möglichkeit eines *offenen Dialogs* über diesen Text ausgeschaltet. Und an dieser Stelle nimmt — wie sich schon im fünften Kapitel gezeigt hat — ein dogmatischer Diskurs seinen Anfang, der die von ihm konstruierte szientistische Lesart als die einzig mögliche darstellt und sie als absolute Wahrheit, als historisch-materialistische Wissenschaft und als historische Wissenschaft schlechthin gegen Kritik immunisiert.

Der Kritiker hat nämlich die Wahl, entweder Althussers Diskurs zu akzeptieren, intradiskursiv zu argumentieren und auf heteronome Kritik zu verzichten, oder sich dem Vorwurf auszusetzen, in einem ideologischen, bürgerlichen Diskurs befangen zu sein. Dadurch disqualifiziert er sich jedoch als Wissenschafter im Sinne der Althusserianer. In diesem Zusammenhang ist die resignierende Bemerkung eines französischen Kollegen zu verstehen: „On est althussérien ou on ne l'est pas."

Diese Bemerkung ist mehr als ein *bon mot*: Sie weist darauf hin, daß in antagonistischen gesellschaftlichen und sprachlichen Situationen nicht nur ideologische, sondern auch theoretische (als wissenschaftlich institutionalisierte) Soziolekte ihren Dualismus verstärken und zu Dichotomie, Naturalismus und Monolog neigen. Wie sehr Althussers These die theoretische Diskussion über die Ideologischen Staatsapparate (ISA) polarisiert, läßt im Zusammenhang mit der britischen Rezeption Paul Hirsts Kommentar erkennen: „Die ISA-These verschärft das Reform/Revolution-Dilemma, da es dieses in nahezu alle gesellschaftlichen Zusammenhänge hineinträgt."[95] Dem Theoretiker fällt in diesem Kontext die kritische Aufgabe zu, die ideologischen Fronten aufzubrechen, die „Distanzierung" im Sinne von Norbert Elias zu fördern und den offenen Dialog zu ermöglichen.

Im Falle der Althusser-Gruppe bedeutet dies, daß er mythische Aktanten und Bezeichnungen wie „positivisme délirant" (F. Tellez, s. Kap. 5) meidet und zugleich der Frage nachgeht, welche Bedeutung die Theorien der Althusserianer für die Philosophie, die Soziologie und die Literaturwissenschaft haben: Im fünften Kapitel habe ich deshalb versucht, die von Althusser und Pêcheux hergestellten Beziehungen zwischen Ideologie, Subjektivität und Unbewußtem für die Textsoziologie fruchtbar zu machen.

c) *Ideologie und Ideologiekritik: Jürgen Habermas*

Im Unterschied zum Soziolekt der Althusser-Gruppe, der Diskurse hervorbringt, in denen politisches Engagement (Typ 1) und die Forderung nach strenger Wissenschaftlichkeit im Sinne der Physik (Typ 2) zu einer immer prekären Synthese gebracht werden, spricht Habermas, vor allem in der Zeit des „Positivismusstreits", die Sprache der Kritischen Theorie. Ihre Diskurse, die ich — mit Vorbehalt — dem dritten Typ zurechnen

---

[94] Zur Kritik des sozialistisch-realistischen und des marxistisch-leninistischen Soziolekts siehe: Vf., „Der Mythos der Monosemie", in: H.-J. Schmitt (Hrsg.), *Einführung in Theorie, Geschichte und Funktion der DDR-Literatur*, Stuttgart, Metzler, 1975.

[95] P. Hirst, *On Law and Ideology*, London, Macmillan, 1979, S. 15.

würde, gehen von der Notwendigkeit hermeneutischer Selbstreflexion aus, die Habermas in *Erkenntnis und Interesse*, in *Theorie und Praxis* im Rückgriff auf die Freudsche Psychoanalyse veranschaulicht und präzisiert: „Ich habe ja am Beispiel des analytischen Gesprächs den kritisch angeleiteten Prozeß der Selbstreflexion untersucht, um daran die Logik der Umsetzung von Kritik in Selbstbefreiung zu klären."[96]

Da „Reflexion" und „Reflexivität" der Theorie auch in diesem Buch, vor allem im dritten Teil, als Schlüsselbegriffe und als Antonyme zu „Naturalismus" verwendet werden, möchte ich hier der Frage nachgehen, wie es in der Kritischen Theorie der sechziger Jahre um diese Begriffe steht: ob sie sich auf deren diskursive Praxis auswirken und im semantischen und narrativen Bereich ideologischen Verfahren entgegenwirken. Da ich selbst von den politischen Positionen der Kritischen Theorie ausgehe, halte ich es für ratsam, Rüdiger Bubners alte Forderung nach einer „Selbstkritik der Kritischen Theorie"[97] ernst zu nehmen und dieses Kapitel mit einer kritischen Betrachtung der eigenen Grundlagen abzuschließen.

Habermas-Kenner werden an dieser Stelle vielleicht einwenden, daß Texte aus den sechziger Jahren von der *Theorie des kommunikativen Handelns* inzwischen weiterentwickelt und in mancher Hinsicht überholt wurden. Dies ist sicherlich der Fall; nur habe ich mich mit dieser Theorie im dritten Kapitel auf diskurskritischer Ebene recht ausführlich befaßt und möchte eine Wiederholung bereits vorgebrachter Argumente vermeiden. Entscheidend ist jedoch die Überlegung, daß die Vertreter der Kritischen Theorie im Laufe des „Positivismus"- oder Szientismusstreits im Rahmen bestimmter diskursiver Verfahren argumentierten, die ich als „hegelianisch" bezeichnen würde. Vor allem sie sind von den kritischen Rationalisten in Frage gestellt worden. Nicht zu Unrecht, wie sich zeigen wird: denn es geht um Verfahren, die die Reflexion behindern und sowohl dem Naturalismus als auch dem Identitätsdenken Vorschub leisten.

Der hier kommentierte Text stammt aus dem Aufsatz „Analytische Wissenschaftstheorie und Dialektik" (1963), der als „Nachtrag zur Kontroverse zwischen Popper und Adorno" konzipiert wurde und sich vornehmlich mit der dialektischen Kategorie der Totalität im historischen Kontext befaßt. Von der Tatsache, daß dieses Thema von den späteren universalpragmatischen und kommunikationstheoretischen Arbeiten nicht aufgegriffen und weiterentwickelt wurde, zeugt Habermas' Kommentar in *Zur Logik der Sozialwissenschaften* aus dem Jahre 1982: „Zwei der angeschlagenen Motive sind freilich unbearbeitet *liegengeblieben*: der Versuch, dem dialektischen Begriff der Totalität einen Platz in der sozialwissenschaftlichen Theoriebildung zu sichern, und das Bemühen, Typen einer nichtrestringierten Erfahrung in alternativen Formen der sozialwissenschaftlichen Forschung nachzuweisen."[98] Da die folgende Textpassage sich auf das erste „Motiv" bezieht, kann ich davon ausgehen, daß der Argumentationszusammenhang auch dem Habermas der achtziger Jahre nicht völlig fremd geworden ist. Es geht darum, mit-

---

[96] J. Habermas, *Theorie und Praxis*, Frankfurt, Suhrkamp, 1972, S. 23.
[97] R. Bubner, „Was ist Kritische Theorie?", in: *Hermeneutik und Ideologiekritik*, Frankfurt, Suhrkamp, 1971, S. 181.
[98] J. Habermas, *Zur Logik der Sozialwissenschaften*, Frankfurt, Suhrkamp, 1982, S. 9.

tels der Kategorie der Totalität der dialektischen Erkenntnis den objektiven Zusammenhang zu erschließen:

> Historische Gesetzmäßigkeiten dieses Typs bezeichnen Bewegungen, die sich, vermittelt durch das Bewußtsein der handelnden Subjekte, tendenziell durchsetzen. Gleichzeitig nehmen sie für sich in Anspruch, den objektiven Sinn eines historischen Lebenszusammenhangs auszusprechen. Insofern verfährt eine dialektische Theorie der Gesellschaft hermeneutisch. Für sie ist das Sinnverständnis, dem die analytisch-empirischen Theorien bloß einen heuristischen Wert beimessen, konstitutiv. Sie gewinnt ja ihre Kategorien zunächst aus dem Situationsbewußtsein der handelnden Individuen selber; im objektiven Geist einer sozialen Lebenswelt artikuliert sich der Sinn, an den die soziologische Deutung anknüpft, und zwar identifizierend und kritisch zugleich.[99] (Unvollständiger Absatz.)

Dem ersten Satz, der am Anfang des Absatzes steht, liegt ein relativ einfaches, traditionelles Aktantenmodell zugrunde: Ein Auftraggeber als kollektiver Aktant („historische Gesetzmäßigkeiten"), der sich durch ein semantisches Substitutionsverfahren („Bewegungen") verdoppelt, verwirklicht mit Hilfe einer unbestimmten Anzahl von Subjekt-Aktanten („handelnden Subjekten") ein nicht näher definiertes narratives Programm. Dessen Unbestimmtheit ist im ersten Satz auf das Fehlen eines Antisubjekts sowie eines Objekt-Aktanten zurückzuführen.

Der zweite Satz konkretisiert das Programm vor allem auf modaler Ebene, indem er dem Auftraggeber „historische Gesetzmäßigkeiten" („sie") ein bestimmtes *Wollen* („vouloir-faire", Greimas) zuspricht. Zugleich stattet er ihn mit einer kognitiven Autorität aus, die die meisten Auftraggeber von der Gottheit bis zum Pädagogen kennzeichnet: „nehmen sie für sich in Anspruch (...) auszusprechen". Als Auftraggeber beauftragen die „historischen Gesetzmäßigkeiten" also nicht nur die Subjekte mit einer „mission de salut" (Greimas), sondern definieren zugleich das gesamte narrative Programm: „den objektiven Sinn eines Lebenszusammenhangs". Der „Kern" dieses Programms ist der „objektive Sinn", der hier die Funktion eines Objekt-Aktanten erfüllt. Daran ist nichts Außergewöhnliches, bis auf die anthropomorphisierende, hegelianische Tendenz, die aus den abstrakten „historischen Gesetzmäßigkeiten" eine handelnde Instanz und damit auch einen mythischen Aktanten macht. Der zugleich anthropomorphe und mythische Charakter dieser Instanz kommt in den ihr zugeschriebenen Handlungen „in Anspruch nehmen" und „aussprechen" zum Ausdruck.

Der entscheidende ideologische Wendepunkt erfolgt im Übergang vom zweiten zum dritten Satz, wo — rein grammatisch betrachtet — die Kohärenz des Textes in Frage steht, weil das Subjekt des dritten Satzes („dialektische Theorie") in keiner Weise mit dem des ersten oder zweiten Satzes („historische Gesetzmäßigkeiten", „sie") übereinstimmt. Die Konjunktion „insofern" weist jedoch darauf hin, daß, wenn nicht ein interphrastischer, so doch ein *diskursiver*, transphrastischer Zusammenhang postuliert wird und daß die rein grammatische Hypothese „Inkohärenz" eine theoretische Naivität wäre.

---

[99] ibid., S. 23. (Auch in: J. Habermas, „Analytische Wissenschaftstheorie und Dialektik", in: Th. W. Adorno u. a., *Der Positivismusstreit in der deutschen Soziologie*, op. cit., S. 164.)

Tatsächlich stellt sich heraus, daß der semantische Zusammenhang auf einer Ebene hergestellt wird, die Greimas als „kognitive Anapher" („anaphore cognitive") bezeichnet: „Die Identität, die durch das Erkennen oder die Identifizierung zustande kommt, ist eine formal-anaphorische Beziehung zwischen zwei Termen (...)."[100] Welche zwei Terme werden nun in Habermas' Text anaphorisch identifiziert? Es sind: „historische Gesetzmäßigkeiten" und „dialektische Theorie der Gesellschaft". Nur auf der Ebene der kognitiven Anapher ist der Übergang vom zweiten zum dritten Satz syntaktisch zu bewältigen; nur auf dieser Ebene ist der vierte Satz zu verstehen, in dem „das Sinnverständnis" der Theorie als Analogon zum „objektiven Sinn" des zweiten Satzes gelesen werden muß. Es ist kognitive Modalität („savoir", Greimas) und Objekt-Aktant zugleich: der gesuchte Sinn der Geschichte.

Anders ausgedrückt: Der Auftraggeber „historische Gesetzmäßigkeiten" wird im dritten Satz von dem Aktanten „dialektische Theorie" abgelöst; zugleich wird er mit diesem Aktanten *identifiziert*, wobei seine Ansprüche als Modalitäten („vouloir-faire") von der Theorie übernommen werden. Den von „historischen Gesetzmäßigkeiten" erhobenen Anspruch, „den objektiven Sinn (...) auszusprechen", löst im vierten und letzten Satz mit Hilfe derselben Subjekt-Aktanten („handelnde Subjekte" = „handelnde Individuen") die Theorie ein: Anhand bestimmter, modaler Eigenschaften der Subjekt-Aktanten („aus dem Situationsbewußtsein der handelnden Individuen") gewinnt sie das kognitive Objekt ihres Wollens und Handelns: „ihre Kategorien"; oder wie es in der zweiten Hälfte des letzten Satzes heißt: den „Sinn". Dieser Sinn, den die Theorie sich als Objekt „identifizierend" und „kritisch" aneignet, geht aus dem „objektiven Geist einer sozialen Lebenswelt" hervor, die metonymisch als Substitut für die Subjekt-Aktanten, für die „handelnden Individuen", gelesen werden kann. Die Symbiose zwischen Kritischer Theorie und Lebenswelt, die auch in Habermas' Spätwerk eine wichtige Rolle spielt, erscheint hier auf diskursiver Ebene als eine Beziehung zwischen Auftraggeber und Subjekt-Aktanten: Der Auftraggeber betrachtet kritisch das Objekt, das er mit Hilfe des Subjekts gewonnen hat.

Vervollständigt wird das Aktantenmodell im vierten Satz, wo — wie in den meisten ideologischen Diskursen — ein auf modaler Ebene gehandikapter Gegenauftraggeber als Antisubjekt auf den Plan tritt: die analytisch-empirischen Theorien, denen ein Wissen („savoir") fehlt und die deshalb den Wert des gesuchten Objekts, des „Sinnverständnisses", nicht erkannt oder als bloß „heuristischen Wert" verkannt haben. Das Adjektiv „konstitutiv" deutet darauf hin, daß ohne den Objekt-Aktanten „Sinn", „objektiver Sinn" das narrative Programm der dialektischen Theorie unvollständig, „sinnlos" wäre: Die Isotopie „Sinn" ist die semantische Ebene, auf der Auftraggeber, Subjekt-Aktanten, Antisubjekte und Objekt-Aktant ein narratives Programm konstituieren.

Entscheidend sind hier drei diskursive Verfahren, die ich als ideologisch im restriktiven Sinne bezeichnen würde: 1. Die anaphorische Identifizierung der dialektischen Theorie mit dem historischen Prozeß selbst, mit den „historischen Gesetzmäßigkeiten" (Identitätsdenken, Monolog); 2. der Versuch, „Sinn", „objektiven Sinn" oder „objektiven Geist"

---

[100] A. J. Greimas, J. Courtés, *Sémiotique. Dictionnaire raisonné de la théorie du langage*, op. cit., S. 14—15.

für die Theorie zu reklamieren (Naturalismus, Monolog); 3. die Unterschlagung der Objektkonstruktion, die eine Folge der ersten und des zweiten Verfahrens ist (Identitätsdenken, Naturalismus, Monolog).

Jedem, der mit semiotischen und diskursanalytischen Problemen vertraut ist, wird einleuchten, daß soziale „Lebenswelt" seit Dilthey, Husserl und Schütz ein theoretisches Objekt ist, das von jedem Soziolekt, von jedem Diskurs anders *konstruiert* wird: daß es sich also um ein theoretisches *Konstrukt* handelt, das als solches hypothetischen Charakter hat. Folglich ist es unsinnig, vom „objektiven Sinn eines historischen Lebenszusammenhangs" oder vom „objektiven Geist einer sozialen Lebenswelt" zu sprechen: „Sinn" und „Geist" werden von Theoretikern konstruiert — und von jedem anders.

In *dieser Hinsicht* hatten die kritischen Rationalisten recht, als sie im Verlauf der Auseinandersetzung mit den Dialektikern den Verdacht äußerten, diese hätten sich vom Hegelianismus nicht ganz gelöst. Die hier durchgeführte Analyse, die keinen Anspruch auf Vollständigkeit erhebt, hat gezeigt, daß das von Adorno und Horkheimer kritisierte Identitätsdenken Hegels Habermas nicht ganz fremd ist und daß sein Diskurs stellenweise naturalistische und monologische Tendenzen aufweist, die das Ideologem des „objektiven Sinnes" zeitigen und zur Ausblendung der Objektkonstruktion führen.

Auch für mich hat „Sinnverständnis" einen eher heuristischen Wert: Es liegt mir beispielsweise fern, die hier vorgeschlagene Unterscheidung zwischen einem restriktiven und einem allgemeinen Ideologiebegriff dem Gegenstand, dem Phänomen „Ideologie" selbst zuzurechnen und semantische Verfahren zu hypostasieren. Bestenfalls wird sie als Hypothese über eine bestimmte Wirklichkeit zum besseren Verständnis dieser Wirklichkeit beitragen und die Diskussion in neue Bahnen lenken.

Zum Abschluß noch eine Bemerkung zu den hier angewandten Selektionsverfahren: Die hier kommentierten Passagen sind zwar in vieler Hinsicht für die Werke der drei Autoren charakteristisch (Wertfreiheit, Wahrheitsanspruch der Marxschen Theorie, historische Sinnkonstitution); sie sollten aber nicht — gleichsam als *partes pro toto* — mit diesen Werken identifiziert werden. Denn sowohl bei Boudon als auch bei Althusser und Habermas überwiegen letztlich die theoretischen Verfahren: begriffliche Klärung, Kritik mythischer Aktanten und kritische Reflexion. Dadurch unterscheiden sich die Texte dieser Autoren global von den im vorigen Kapitel analysierten Ideologien. Insofern war die hier durchgeführte Textselektion einseitig auf ein *telos* ausgerichtet: Sie sollte zeigen, daß in sozialwissenschaftlichen Diskursen an entscheidenden Stellen noch ideologische Verfahren dominieren.

Dritter Teil
Der Diskurs der Theorie

Die Wechselbeziehung zwischen Ideologie und Theorie wurde deshalb zum Ausgangspunkt und zur Grundlage dieser Abhandlung gemacht, weil ich von der Hypothese ausgehe, daß diese Beziehung den Rahmen abgibt, in dem sozialwissenschaftliche Diskussionen, Kritiken und Polemiken stattfinden. Im vorigen Kapitel sollte dieser Gedanke vor allem im Zusammenhang mit dem Szientismusstreit und der Luhmann-Habermas-Debatte veranschaulicht werden. Es zeigt sich dort u. a., daß wichtige soziologische Auseinandersetzungen nicht unabhängig von ideologischen Standpunkten und Interessen zu verstehen sind.

Im Gegensatz zu den meisten sozialwissenschaftlichen Kommentaren zur Theorieproblematik, die vorwiegend auf die Diskussionen zwischen Popper und Kuhn ausgerichtet sind und die Sozialwissenschaften mit naturwissenschaftlichen Maßstäben messen, möchte ich hier einen Standpunkt einnehmen, der für die Sozialwissenschaften spezifisch ist: *Der Diskurs der Theorie ist als Reaktion auf den ideologischen Diskurs zu verstehen.* Damit ist über einen qualitativen Unterschied oder gar über einen Gegensatz zwischen Natur- und Sozialwissenschaften noch nichts gesagt. Nur eine ausführliche Untersuchung über ideologische Interferenzen in den Naturwissenschaften, die ich als Ergänzung zu diesem Buch sehr begrüßen würde, könnte eine Klärung herbeiführen. Ich muß mich hier auf einige Bemerkungen beschränken.

Es trifft zwar zu, daß auch Naturwissenschaften von Ideologien „vereinnahmt" werden können, wie immer wieder behauptet wird; nur ist es in diesem Fall wichtig, verschiedene Aspekte der „Vereinnahmung" zu unterscheiden. Einerseits können Naturwissenschaftler individuell oder kollektiv ihre Kompetenzen überschreiten und sich in Bereiche vorwagen, in denen Physik, Chemie oder Biologie in ideologische Spekulation umschlagen: etwa wenn sie vom „Siegeszug der Kernenergie" sprechen, wobei „Kernenergie" zu einem mythischen Subjekt-Aktanten wird; wenn sie die Ergebnisse der Gentechnik verwenden, um bestimmte Herrschaftsformen zu legitimieren, oder wenn sie die Möglichkeiten einer weltraumgestützten Raketenabwehr zum Ausgangspunkt für Science-Fiction-Phantasien machen. Sooft sich ein Physiker zur „Sicherheit" eines bestimmten Kraftwerks äußert, wird er *nolens volens* zum Ideologen, weil „Sicherheit" kein physikalischer, kein wertfreier Begriff ist (im Gegensatz zu „Widerstand" oder „Stromstärke"). In der Vergangenheit haben sich ganze Gruppen von Naturwissenschaftlern für ideologische Experimente wie „deutsche Physik" und „marxistisch-leninistische Genetik" hergegeben; doch das Scheitern Lysenkos zeigt, daß der Ideologisierung der Naturwissenschaften enge Grenzen gesetzt sind.

Dennoch erscheint es sinnvoll, mit Georges Canguilhem die Wechselbeziehung zwischen Naturwissenschaften und „wissenschaftlichen Ideologien" ("idéologies scientifiques") im Auge zu behalten. Mit Recht wendet er sich in *Idéologie et rationalité* (Paris, Vrin, 1977, 1988) im Hinblick auf die Entwicklung der Biologie und der Medizin gegen eine historische Darstellung der Wissenschaft als einer linearen Abfolge von Wahrheiten („faits de vérité", S. 44). Vor allem im vorwissenschaftlichen Stadium einer Naturwissenschaft spielt das, was er als „l'entrelacement de l'idéologie et de la science" bezeichnet (S. 45), eine zentrale Rolle.

Im Stadium der „normal science" scheint allerdings die ideologische Vereinnahmung vorwiegend *funktionalen Charakter* zu haben (Wozu Gentechnik? Für oder wider Kernenergie?) und schlägt sich nicht in den *diskursiven Strukturen* der „normal science", der etablierten Wissenschaft, nieder: Die Beschreibung physikalischer Experimente oder chemischer Prozesse scheint — bei der gegenwärtigen Institutionalisierung der Naturwissenschaften — nicht ideologisierbar zu sein. Interferenzen auf diskursiver Ebene treten höchstens in „hybriden" Wissenschaften wie der Humanbiologie auf, die sich zwar auf den Organismus konzentriert, den Menschen als soziales Wesen jedoch nicht ganz ausklammern kann: Davon zeugen Bezeichnungen wie „gesund" und „ungesund", „normal" und „abnormal", die zwar nicht immer ideologisch, aber durch semantische und syntaktische Verfahren leicht *ideologisierbar* sind. Wer allerdings versuchen wollte, in die deskriptive, werturteilsfreie Sprache der Physik positive oder negative Konnotationen, mythische Aktanten oder schlicht Werturteile einzuschmuggeln, würde sich als Wissenschafter bald diskreditieren: Es gibt keine liberale, marxistische oder christliche Darstellung der Lichtbrechung, der Kernfusion oder des magnetischen Feldes. Die Tatsache, daß diese oder ähnliche Erscheinungen politisierbar oder ästhetisierbar sind und in der Vergangenheit — etwa von Marinetti und anderen Futuristen — ideologisiert wurden, ist ein ganz anderes Problem, mit dem ich mich indirekt im zweiten Teil (Biologismus in der Ideologie, in der Soziologie) befaßt habe. Es gibt schließlich auch keine sozialistischen oder anarchistischen Varianten der geologischen Schichttheorie. Beschreibungen können zwar von verschiedenen Hypothesen ausgehen, diese haben jedoch keinen ideologischen Charakter.

In der soziologischen Schichtungstheorie sieht die Lage bekanntlich anders aus: Es werden im Rahmen verschiedener Soziolekte Gegenstände konstruiert, zu deren Konstruktionen Bezeichnungen wie „Industriegesellschaft", „postindustrielle Gesellschaft", „Spätkapitalismus" und „Staatsmonopolkapitalismus" gehören. Jede Konstruktion bringt ein von den anderen abweichendes Schichtungsmodell hervor, wobei Begriffe wie „Klasse" oder „Klassenkampf" häufig als überholt oder unwissenschaftlich („ideologisch") abgelehnt werden. (Kaum vorstellbar ist hingegen die analoge Behauptung eines Physikers oder Geologen, Bezeichnungen wie „magnetisches Feld" oder „Erdinduktor" seien ideologisch, metaphysisch.) Eine solche Ablehnung des Begriffs bringt eine implizite oder explizite Negation des Objekts „Klasse" mit sich, und die Behauptung, der Schichtbegriff der amerikanischen Soziologie („stratum", „stratification") bezeichne, konstituiere einen anderen Gegenstand als der Klassenbegriff der Marxisten, ist keine Übertreibung: Denn der Terminus „Schicht" kommt aufgrund von semantischen Taxonomien und narrativen Abläufen („von der ständischen zur demokratischen Gesellschaft") zustande, die dem Marxismus fremd sind. Werden schließlich Lexeme wie „Klasse" oder „Klassenkonflikt" in einem liberalen Kontext verwendet — etwa bei Ralf Dahrendorf —, so nehmen sie dort ganz andere Bedeutungen an als bei marxistischen Autoren wie Henri Lefebvre, Adam Schaff oder in der Kritischen Theorie.

Auseinandersetzungen innerhalb der Psychologie und der Psychoanalyse zeigen, daß auch in diesen beiden Sozialwissenschaften, deren Vertreter häufig gegeneinander polemisieren, die Ideologie nicht nur auf funktionaler Ebene (Funktion der empirischen Psychologie in der Wirtschaft, der Psychoanalyse im Gesundheitswesen etc.) eine Rolle spielt, sondern *in die diskursive Struktur selbst eindringt*. So ist es zu erklären, daß mitunter die gesamte Terminologie der Psychoanalyse als ideologisch oder sinnlos abgelehnt wird.

In diesem Zusammenhang sei lediglich an die polemisch geführte Auseinandersetzung um die Psychoanalyse in der *Zeit* vom 10.12.1982 (S. 40) erinnert: „Im ausgehenden 20. Jahrhundert müssen die Freudschen Begriffe ‚das Es' und ‚das Ich' anthropologisch wie sprachanalytisch gesehen als kaum erträgliche gedankliche Schlampereien gesehen werden." (K.-H. Uebel, Bergisch Gladbach) Solchen Ansichten hält Prof. Dr. E. Wiersing (Detmold) selbstsicher entgegen: „Die strukturelle Wahrheit der Psychoanalyse erlaubt ihre Anwendung und Weiterentwicklung in fast allen Humanwissenschaften." Im Sinne eines stark ideologisierten Kritischen Rationalismus argumentiert O. Schulten (Wuppertal): „Freuds Psychoanalyse ist eine Ersatzreligion. Wie der Marxismus." Prof.Dr. H. Dahmer (Frankfurt) meint, den Aberglauben gerade im Szientismus zu erkennen, dem die kritischen Rationalisten das Wort reden: „Nicht die psychoanalytische Ideologiekritik, wohl aber der Szientismus, der Reflexion, Dialog und Praxis gleichermaßen aus der ‚Wissenschaft' ausgrenzt und durch Technik zu verdrängen sucht, ist der Aberglaube unseres Jahrhunderts."

Diese polemisch und populär geführte, dafür aber lebhafte Diskussion läßt vermuten, daß Psychoanalyse und Psychologie es mit ähnlichen Problemen zu tun haben wie die Soziologie: mit ideologischen Interferenzen im Bereich der Terminologie und der diskursiven Anordnung, die dazu führen, daß die Diskussionsteilnehmer zwischen dem Glauben an die „strukturelle Wahrheit der Psychoanalyse" und deren pauschaler Ablehnung oszillieren.

Die hier angedeuteten Positionen wurden auch im Szientismusstreit bezogen, wo vor allem Vertreter des Kritischen Rationalismus immer wieder versuchten, die Naturwissenschaften, vor allem die Physik, den Sozialwissenschaftlern als erstrebenswertes Ideal und nachahmenswertes Leitbild darzustellen. Im vierten Kapitel hat sich gezeigt, daß Popper unbeirrt an der im Wiener Kreis (vor allem von Neurath) entwickelten These über die Einheitssprache der Wissenschaften festhält und den Sozialwissenschaftlern vorhält, sie seien „unfähig und sogar unwillens, eine gemeinsame Sprache zu sprechen." (Siehe Kap. 4.) Dabei übersieht er, ähnlich wie Hans Albert, die spezifische Problematik der Sozialwissenschaften, die, wie sich hier im Zusammenhang mit der Soziologie gezeigt hat, in der *antagonistischen, konfliktreichen Symbiose zwischen Ideologie und Theorie* besteht.

Am spezifischen, ideologischen Charakter der Sozialwissenschaften führt, wie sich noch zeigen wird, auch Thomas S. Kuhns Argumentation vorbei, weil sie sich vorwiegend an den Naturwissenschaften und hier vor allem an den physikalischen Wissenschaften orientiert. Der inflatorische Gebrauch oder Mißbrauch seines Paradigmabegriffs in den Sozialwissenschaften ist, wie ich im ersten Teil bereits angedeutet habe, im Zusammenhang mit der Tatsache zu erklären, daß der Terminus „normal science" im Bereich dieser Wissenschaften nicht zu verwenden ist. Die häufige Anwendung des Paradigmabegriffs (in Frankreich: „Episteme" im Sinne von Foucault) dient lediglich dazu, ideologische Ansprüche von Wissenschaftlergruppen zu legitimieren oder Profilierungsbedürfnisse einzelner Wissenschaftler zu befriedigen.

Obwohl ich auch meine, daß Kriterien wie „Widerspruchsfreiheit", „Reichweite", „Einfachheit" und „Fruchtbarkeit" sowohl auf Sozialwissenschaften als auch auf Naturwissenschaften anwendbar sind, glaube ich nicht, daß sie in ihrer Allgemeinheit und Abstraktheit die spezifische Problematik der ersteren erfassen. Auch die Frage nach dem Status soziologischer Theorien — etwa Mertons Unterscheidung von „general theories" und „middle-range theories" — wird dieser Problematik nicht gerecht. Deshalb werden im dritten Teil dieses Buches, der den Diskurs der Theorie zum Gegenstand hat, die Sozialwissenschaften nicht mehr mit naturwissenschaftlichen Maßstäben gemessen. Der theoretische Diskurs wird nicht mehr im Hinblick auf ein „exaktes", naturwissenschaftliches Ideal definiert, sondern im Gegensatz zum ideologischen: *Theorie ist die dialektische Negation der Ideologie, aus der sie hervorgeht.*

In Übereinstimmung mit dieser These werden in den folgenden Kapiteln die diskursiven Verfahren der Theorie im Gegensatz zu den im zweiten Teil analysierten ideologischen Verfahren definiert. Der theoretische Diskurs geht symmetrisch aus dem ideologischen hervor: Im 10. Kapitel soll gezeigt werden, daß Ambivalenz, Dialektik und Ironie als Antworten auf das dualistische „Engagement" (Elias) der Ideologen aufzufassen sind und der kritischen „Distanzierung" (Elias) dienen. Im 11. Kapitel wird die von Habermas und anderen Vertretern der Kritischen Theorie geforderte „Reflexivität", die dem Identitätsdenken und dem Naturalismus entgegenwirkt, als diskursives Verfahren definiert. Im 12. Kapitel wird schließlich der interdiskursive Dialog als Alternative zum ideologischen Monolog vorgeschlagen. Zugleich wird sich herausstellen, daß „Objektivität" in den Sozialwissenschaften einen dialogischen Charakter (im Sinne von Bachtin) hat und nicht wie in den Naturwissenschaften monologisch begründbar ist.

Nicht zufällig steht in dieser Betrachtung der Gegensatz zwischen Ideologie und Theorie im Mittelpunkt und nicht der zwischen Ideologie und Wahrheit, von dem noch Hans Barth und Theodor Adorno ausgingen. Die ambivalente, selbstironische und dialogische Auffassung der Theorie schließt den Wahrheitsbegriff zwar nicht aus, definiert ihn aber negativ: *als das, was noch nicht ist.* Damit radikalisiert sie nicht nur die Argumentation der *Negativen Dialektik,* sondern ermöglicht den offenen Dialog, den Adorno leider an zahlreichen Stellen durch apodiktische Aussagen verhindert hat. Durch die negative Definition der Wahrheit stellt die Theorie global die Ideologie in Frage: Während diese sich im Besitz der Wahrheit wähnt, siedelt jene den Wahrheitsbegriff jenseits der ideologischen Konflikte an: in einem Bereich, dem sich die Diskurse im Dialog asymptotisch nähern. In diesem Kontext erscheint Theorie zugleich als ein offener Prozeß, an dessen Ende nicht die Wahrheit steht, der jedoch vom Wahrheitsgedanken in Bewegung gesetzt und in Gang gehalten wird und der ohne diesen Gedanken sinnlos wäre.

X. Ambivalenz und Dialektik

Im Anschluß an die beiden vorangehenden Kapitel, in denen ideologische Diskurse im Gegensatz zur marktbedingten Indifferenz dargestellt wurden, wird im folgenden die Theorie im Spannungsfeld zwischen ideologischem Dualismus und der Indifferenz des Tauschwerts betrachtet. Zugleich gilt es, Versäumtes nachzuholen und zu zeigen, daß auch der Gegensatz zwischen Markt und Ideologie nicht absolut ist, sondern dialektischen Charakter hat: ähnlich dem zwischen Ideologie und Theorie.

Die Wechselbeziehung zwischen Indifferenz und Ideologie tritt in einer sprachlichen Situation zutage, in der Ideologen einander mit manichäischen Dogmen bekämpfen und dabei das semantische Potential der Sprache ausschlachten. Ihre Auseinandersetzungen, in denen das Wort auf skrupellose Art manipuliert und für taktische Zwecke eingesetzt wird, bewirken schließlich eine Entwertung der *Wort-Werte,* die in der Propagandaschlacht eingesetzt werden. Wörter wie „Demokratie", „Freiheit", „Gerechtigkeit" oder „Ehre" werden zu leeren, vertauschbaren Worthülsen, die den Wortleichen der marktorientierten und profitmotivierten Werbung gar nicht unähnlich sind. Auf sie reagieren die Adressaten mit Gleichgültigkeit, zumal die anhaltenden Wortgefechte häufig die Gegensätze zwischen den verschiedenen ideologischen Positionen verwischen: So stellte beispielsweise die Wortverbindung „Sozialfaschismus", die in den dreißiger Jahren von kommunistischen Parteien geprägt wurde und die Sozialdemokratie diskreditieren sollte, den semantischen Grundgegensatz zwischen Sozialisten und Faschisten in Frage.

Auch auf funktionaler Ebene ist die Differenz von Markt und Ideologie nicht als absoluter Gegensatz zu denken, da in einer Gesellschaft, deren Öffentlichkeit von kommerzialisierten Massenmedien beherrscht wird, auch Ideologien verkauft werden. Dies erkannte Josef Joffe, als er in der *Zeit* (14.11.80) über die kommerzielle und politische Tätigkeit Ronald Reagans schrieb: „Nach dem Niedergang seiner Filmkarriere war er jahrelang durch das Land gezogen und hatte neben Elektrogeräten (*General Electric*) und Waschpulver (*Borax*) das konservative Evangelium verkauft: wider den wuchernden Wohlfahrtsstaat, gegen hohe Steuern und den gottlosen Kommunismus."[1] Die Ideologie erscheint hier als eine Ware unter anderen und die Ideologeme als ebenso vertauschbar wie die Waren, deren Vertrieb in erster Linie der Steigerung des Gewinns dient. Auch marktfeindliche Ideologien wie Marxismus, Maoismus, Feminismus und Ökologie werden vermarktet: Davon zeugt nicht nur die Entstehung von neuen Spezialgeschäften, sondern auch die Tatsache, daß maoistische Buchhandlungen von ökologischen oder feministischen verdrängt wurden.

Dennoch wäre es ein Fehler, Ideologien als Waren zu betrachten, denn auch dem Ideologen, der sich für die kapitalistische Gesellschaftsordnung einsetzt, ist es nicht primär um Profit zu tun, sondern um die Mobilisierung von Gruppen für eine Glaubenssache. Dies gilt in noch stärkerem Maße für die marktfeindlichen Ideologien, von denen einige

---

[1] J. Joffe „Um 18 Uhr im Schlafrock. Ronald Reagans Gouverneursjahre im ‚Goldenen Kalifornien‘," in: *Die Zeit* Nr. 47, November, 1980, S. 12.

im achten Kapitel erwähnt wurden. Die Erkenntnis, daß ideologische Auseinandersetzungen für die Entsemantisierung der sprachlichen Einheiten und die Indifferenz in der Sprache verantwortlich sind, sollte nicht über den Antagonismus zwischen Markt und Ideologie hinwegtäuschen: Die Gleichgültigkeit der politisch Manipulierten und der Konsumenten sieht der Ideologe als Herausforderung an, auf die er mit einer neuen dualistischen Rhetorik reagiert, die jenseits der verbrauchten Stereotypen eine neue Wahrheit zum Ausgangspunkt nimmt.

Der gemeinsame Nenner von Ideologie und Indifferenz ist der Konformismus: Die „Verbraucherhaltung" und der „Mangel an persönlicher Betroffenheit", von denen Erich Straßner spricht (s. Kap. 8), bringen eine Schwächung der Subjektivität, eine „Ichschwäche" im Sinne von Freud mit sich und prädisponieren die Individuen für ideologischen Konformismus.

Dieser Vorgang wird in Alberto Moravias Roman *Il Conformista* (1951) anschaulich dargestellt: Dem gleichgültigen und psychisch labilen Marcello Clerici bietet der erstarkende Faschismus die Gelegenheit, sich selbst als normal zu definieren, sich zu orientieren und zu handeln. Im Auftrage der faschistischen Regierung ermordet er seinen ehemaligen Professor, den Humanisten Quadri, der in Paris den antifaschistischen Widerstand organisiert. Doch mit dem Zusammenbruch des Faschismus verschwindet die „Normalität", um die sich der Protagonist jahrelang bemühte, und das Ende des Krieges fällt auf symbolische Art mit dem Tod des Konformisten Marcello Clerici zusammen. Der Übergang von einer Ideologie zur anderen, vom Liberalismus zum Faschismus und vom Faschismus zum Pluralismus, bringt die Umwertung aller Werte mit sich. Nicht zufällig steht am Ende des Romans ein Satz, der an Nietzsches bekannte Formulierung erinnert: „Es mußte, dank bestimmter Kräfte, die sich seinem Einfluß entzogen, eine völlige Umwertung der Werte stattgefunden haben (...)."[2]

Moravias Nachkriegsroman stellt anschaulich dar, wie die Ideologie in der Marktgesellschaft bestimmten Bedürfnissen entgegenkommt: vor allem dem Bedürfnis, sich zu orientieren und als Subjekt zu handeln. Aber sie ist nur eine inadäquate Antwort auf die Krise der Werte, weil sie die Indifferenz nicht beseitigt, sondern zeitweise sogar fördert: z. B. dann, wenn ein ganzes ideologisches System zusammenbricht. *Il Conformista* zeigt, was die Wechselbeziehung zwischen Indifferenz und Ideologie bewirkt: Der Protagonist wird am Ende der Handlung mit der Gleichgültigkeit und Sinnlosigkeit konfrontiert, aus der er zu Beginn des Romans auszubrechen suchte. Diese Indifferenz ist nicht nur ein Produkt der Marktgesetze, sondern auch der ideologischen Auseinandersetzungen, deren Wortführer gegen diese Gesetze agieren.

In dieser Situation, die im sechsten, achten und neunten Kapitel unter anderen Gesichtspunkten dargestellt wurde, wird der Theoretiker sowohl den ideologischen Dualismus als auch die Indifferenz des Tauschwerts meiden. Er wird statt dessen versuchen, zwischen diesen und anderen Gegensätzen zu vermitteln und die *Ambivalenz* zum Ausgangspunkt seines Diskurses zu machen. Eingedenk der Ambivalenz seiner eigenen The-

---

[2] A. Moravia, *Il Conformista*, Milano, Bompiani, 1951, S. 250.

orie, die von ihrem Gegenteil, der Ideologie, nicht zu trennen ist, wird er dem ideologischen Dualismus absagen, dessen Subjekte immer das eine ohne das andere denken: die Wissenschaft ohne die Ideologie, die Ideologie ohne den Markt, die Kultur ohne die Zivilisation und das Blut ohne das Geld (ohne die „riches mariages" der Adligen). Die Ambivalenz als Einheit der Gegensätze und als Ausgangspunkt des offenen Dialogs im Sinne von Bachtin wird zu einem kritischen Instrument, das er gegen den Manichäismus der Ideologen wendet.

Zugleich lehnt er die Indifferenz des Tauschwerts ab sowie das aus ihr hervorgehende Wertfreiheitspostulat, welches besagt, daß in einer gesellschaftlichen und sprachlichen Situation, in der kein moralischer, politischer oder ästhetischer Wert universelle Geltung beanspruchen kann, Werturteile von der *Objektsprache* der Wissenschaft fernzuhalten seien. (Siehe Kap. 4.) Statt sich einem Ideal zu verpflichten, das der Aufdeckung gesellschaftlicher Interessen und Wertsetzungen auf diskursiver Ebene im Wege steht, wirft er mit Habermas und Agnes Heller die Frage nach der Verallgemeinerungsfähigkeit der Interessen und Werte auf; doch zugleich geht er der komplementären und von Habermas vernachlässigten Frage nach, wie sich Wertsetzungen und Interessen in der diskursiven Anordnung niederschlagen.

Zwischen Indifferenz und Ideologie bezieht er die Position der Ambivalenz, die auf der Erkenntnis gründet, daß in der modernen Marktgesellschaft Wort-Werten wie „Freiheit", „Gerechtigkeit", „Demokratie", „Wissenschaftlichkeit" und „ästhetische Qualität" widersprüchliche Bedeutungen anhaften, die miteinander im ideologischen Bereich konkurrieren: Dem jugoslawischen Marxisten bedeutet „Demokratie" etwas anderes als dem britischen Tory; der empirische Psychologe und der kritische Rationalist definieren „Wissenschaftlichkeit" anders als die Freudianer oder die Anhänger von Piagets genetischer Psychologie; in den Augen des *nouveau romancier* ist „ästhetische Qualität" etwas, was mit den Werturteilen des *Figaro littéraire* nicht zu vereinbaren ist. Während Heidegger Hölderlin für eine konservative Ontologie reklamiert, verknüpft Lukács die Texte dieses Dichters mit dem revolutionären Jakobinismus.[3]

Angesichts dieser Krise der Werturteile und Wertsetzungen verzichtet der Theoretiker nicht auf Wertung, sondern reagiert mit dialektischer Kritik, die von der Ambivalenz (als Zweiwertigkeit)[4] der Erscheinungen und Bezeichnungen ausgeht. Aus seiner Sicht haben „Freiheit", „Demokratie", „Wissenschaftlichkeit" mindestens zwei einander widersprechende Aspekte, die es zu vermitteln gilt. Stets soll auch die Definition des anderen, des Andersdenkenden, einbezogen werden: nicht jedoch um „aufgehoben", im System integriert zu werden, wie es bei Hegel geschieht, sondern um den offenen Dialog zu ermöglichen. Dieser geht — wie Michail Bachtin wußte — aus der Ambivalenz als *coincidentia oppositorum* hervor.

---

[3] Siehe: M. Heidegger, „...Dichterisch wohnt der Mensch...", in: ders., *Vorträge und Aufsätze II*, Pfullingen, Neske, 1963 und G. Lukács, „Hölderlins Hyperion", in: ders., *Goethe und seine Zeit*, in: ders., *Faust und Faustus, Ausgewählte Schriften* II, Reinbek, Rowohlt, 1967.

[4] Ambivalenz wird hier vor allem als *Doppelwertigkeit* (ambo + valor) und erst an zweiter Stelle psychologisch als *Doppelwirksamkeit* (ambo + valentia) definiert.

Im Gegensatz zur naturwissenschaftlichen Theorie ist die Theorie im Bereich der Sozialwissenschaften nicht als gegenstandsbezogener, dingbezogener Monolog zu konzipieren, und Michail Bachtin ist recht zu geben, wenn er im Zusammenhang mit der Literaturwissenschaft schreibt: „Die exakten Wissenschaften bilden die monologische Form des Wissens; der *Intellekt* nimmt ein Ding wahr und macht darüber Aussagen. Hier gibt es nur *ein* Subjekt — das erkennende (wahrnehmende) und sprechende (Aussagen machende). Ihm gegenüber steht lediglich *ein Ding ohne Stimme.* Jedes beliebige Objekt des Wissens (darunter auch der Mensch) kann als Ding wahrgenommen und erkannt werden. Das Subjekt (die Persönlichkeit) selbst kann jedoch nicht als Ding wahrgenommen und untersucht werden, denn als Subjekt kann es nicht, wenn es Subjekt bleibt, *ohne Stimme* sein; folglich kann seine Erkenntnis nur *dialogisch* sein."[5] Illusorisch ist der Monolog deshalb, weil er sich über die Ambivalenz und die Stimme des anderen hinwegsetzt.

Im Anschluß an Bachtin kommt es hier darauf an, die Begriffe „Ambivalenz" und „Dialog" in den Kontext der dialektischen Philosophie einzubetten und zu zeigen, daß es außer dem naturwissenschaftlichen Monolog, der im Bereich der Sozialwissenschaften nur eine Scheinobjektivität zeitigen kann, auch den dialektischen, den Hegelschen und hegelianischen Monolog zu vermeiden gilt, der das Andere „aufhebt" und identifiziert. Sozialwissenschaftliche Objektivität ist hier nur auf der Grundlage der Ambivalenz: als offener Dialog und negative Dialektik denkbar.

1. Kritik an Hegel: Ambivalenz, Dialektik, Dialog

Im zweiten Teil dieses Buches wurde der ideologische Diskurs auf semantischer Ebene als dualistische Struktur dargestellt, deren Aussagesubjekt auf die marktbedingten Ambivalenzen des gesellschaftlichen Alltags, auf dessen „Karnevalisierung", würde Bachtin sagen, mit manichäischen Mythen reagiert, denen das Postulat der absoluten Disjunktion, des absoluten Gegensatzes gemeinsam ist. Wie im feudalen Epos stehen einander mythische Terme und Aktanten wie *Kapitalismus* und *Sozialismus, Geld* und *Blut* (Ch. Maurras) oder *Romanen* und *Germanen* im ideologischen Diskurs gegenüber.

Hegel stellt als einer der ersten die ideologische, nichtdialektische Disjunktion systematisch in Frage. Sein Begriff der Vermittlung sollte mit den Ambiguitäten des Marktes verknüpft und als eine der Grundlagen moderner Ideologiekritik erkannt werden: „Der Tausch", schreibt Sohn-Rethel, „enthält die widersprechenden Kategorien, aber ist ihre Einheit; erst indem sie bewußt werden, werden sie abstrakt und explizit gegeneinander widersprüchlich."[6] Die Widersprüchlichkeit in der abstrakten Einheit des Tausches zu explizieren und die konträren Terme dialektisch zu vermitteln, war das eigentliche Anliegen der Hegelschen Philosophie.

---

[5] M. M. Bachtin, *Die Ästhetik des Wortes* (Hrsg.: R. Grübel), Frankfurt, Suhrkamp, 1979, S. 351.
[6] A. Sohn-Rethel, *Warenform und Denkform. Mit zwei Anhängen,* Frankfurt, Suhrkamp, 1978, S. 138.

Allerdings hat der zentrale Begriff der Vermittlung ein affirmatives, ideologisches Pendant in der *Aufhebung* und in der *Synthese*. Bekanntlich steht in Hegels Logik die bestimmte Negation im Mittelpunkt: „Indem das Resultierende, die Negation, *bestimmte* Negation ist, hat sie einen *Inhalt*."[7]

Die Synthese als bestimmte Negation ermöglicht den Abschluß des Hegelschen Systems mit der *absoluten Idee,* in der der Geist zu sich selbst kommt. Dieses System stellt wahrscheinlich den letzten Versuch dar, die Ambiguitäten und Antinomien der Marktgesellschaft — wenn auch in *abstracto* — zu überwinden, ohne dabei die Einheit der Gegensätze aus den Augen zu verlieren; es ist zugleich ein Versuch, die Krise der Werte zu entschärfen.

Ein solcher Versuch kann nur dann ins Auge gefaßt werden, wenn bestimmte kulturelle Werte als selbstverständlich und allgemeingültig vorausgesetzt werden können. Der Glaube an das in sich vollkommene klassische Kunstideal, der Hegels Ästhetik beherrscht, der Glaube an die Erkennbarkeit des Wesens, der die Grundlage seiner Phänomenologie bildet, und der Glaube an die Sittlichkeit des Staates, der seine Rechtsphilosophie ermöglicht, sind kontingente Wertsetzungen, die für eine bestimmte gesellschaftliche Formation charakteristisch sind.

In einer sozialen und historischen Situation, in der der Glaube an *Werte* (Wertsetzungen) wie *Wesen*, *Sittlichkeit* oder *absolutes Wissen* schwindet, bleiben von Hegels System nur die Antinomie, die Vermittlung und die Ambivalenz übrig. Verloren geht der synthetisierende Impuls der bestimmten Negation, der die *Wissenschaft der Logik* beherrscht. In der Einleitung zu diesem Werk beschreibt Hegel in aller Knappheit die synthetisierende Bewegung der *Phänomenologie des Geistes*: „In der *Phänomenologie des Geistes* habe ich das Bewußtsein in seiner Fortbewegung von dem ersten unmittelbaren Gegensatz seiner und des Gegenstandes bis zum absoluten Wissen dargestellt."[8]

Die Junghegelianer und die späteren Erben und Kritiker Hegels beanstanden zusammen mit dem Größenwahn des Systems die Werte oder Ideologeme, die dieses System als historische, teleologisch konzipierte Erzählung ermöglichen. Sie beanstanden Hegels Christentum, seinen Staat, seine bürgerliche Gesellschaft, seine Ästhetik. Verkürzt ließe sich sagen: Ohne den Glauben an den preußischen Staat ist auch kein absolutes Wissen des Geistes möglich.

Wie sehr Hegels systematische Philosophie von bestimmten zeitlich bedingten politischen, kognitiven, ethischen und ästhetischen Wertsetzungen abhängig war, ist bereits Karl Löwith aufgefallen. Hegels Rechtsphilosophie erscheint im Lichte linkshegelianischer Kritik als ein Ergebnis des philosophischen *arrangements* mit dem damaligen preußischen Staat: „Hegel — meint Ruge — konnte sich in seinem Verhältnis zum Staat noch ‚abstrakt', unter Absehen vom wirklichen Staat, einseitig, auf seiten der Theorie, d. h. seiner Staats*philosophie*, behaupten, weil der wirkliche preußischen Polizeistaat die Prin-

---

[7] G. W. F. Hegel, *Wissenschaft der Logik Bd. I* (Werkausgabe), Frankfurt, Suhrkamp, 1969, S. 49.
[8] ibid., S. 42.

zipien seiner Rechtsphilosophie anerkannt und nicht, wie im Fall von Kant, angefeindet hat."[9]

Obwohl Ruges Kritik als Vereinfachung kritisierbar ist, enthält sie einen wahren Kern: Hegels Glaube an bestimmte kulturelle und politische Werte bildet die Grundlage seiner Philosophie, und diese Grundlage wird von der radikalen Kritik der Junghegelianer und Nachhegelianer (zu denen ich hier auch Adorno, Benjamin, Bachtin und Sartre rechne) zerstört.

Der Übergang von Hegel zu Nietzsche, von Hegel zu den dialektischen Philosophien der Moderne, fällt mit dem Verlust der *bestimmten Negation* und der *Aufhebung* zusammen. Was Georges Gurvitch in seinem bekannten Buch *Dialectique et sociologie* über Proudhon sagt, gilt auch für die negativen Dialektiken Nietzsches, Kierkegaards, Adornos und Benjamins: „Der Hegelschen Dialektik stellt Proudhon eine andere gegenüber: seine eigene. Es handelt sich nicht nur um eine *antinomische, negative, antithetische Dialektik*, die jede Art von Synthese ablehnt; es handelt sich um eine dialektische Methode, die es sich zur Aufgabe macht, *die Diversität in allen ihren Einzelheiten zu suchen*."[10]

Im Anschluß an Lucien Goldmann, der Pascals vom extremen Jansenismus beeinflußte und vom *Paradoxon* beherrschte Philosophie als „prédialectique" und „tragique" bezeichnet, wären die negativen Dialektiken der Moderne als vordialektisch oder nachdialektisch zu charakterisieren. Ähnlich wie Pascals Denken schließen sie die systembildende und systemerhaltende Synthese aus. Auf sie bezieht sich Louis Marin, wenn er über Pascals Paradoxon schreibt: „‚Dialektische Antithese' ohne vereinheitlichende Synthese der Gegensätze in deren Aufhebung. In dieser Hinsicht ist L. Goldmanns These richtig: das tragische Denken ist vordialektisch."[11]

Anfang der siebziger Jahre versuchte ich, Adornos Dialektik mit Pascals *Pensées* in Beziehung zu setzen und zu zeigen, wie Negativität und Tragik, Nichtidentität und Pascals „innerweltliche Ablehnung der Welt" zusammenhängen.[12] An Pascals offenes Paradoxon erinnert der lapidare Satz aus der *Negativen Dialektik*, der den Bruch mit Hegel signalisiert: „Auch im Äußersten ist Negation der Negation keine Positivität."[13]

Unausgesprochen bleibt hier ein Gedanke, der seit Nietzsches Kritik an der Metaphysik den theoretischen Diskurs nicht mehr zur Ruhe kommen läßt: daß die extreme Am-

[9] K. Löwith, „Philosophische Theorie und geschichtliche Praxis in der Philosophie der Linkshegelianer", in: *Die Hegelsche Linke* (Hrsg.: K. Löwith), Stuttgart — Bad Cannstatt, F. Frommann Vlg., 1962, S. 29. Daß die Hegelsche Zweideutigkeit potentieller Sprengstoff war und dem Systemdenken schließlich zum Verhängnis wurde, geht klar aus einer Bemerkung Löwiths hervor: „Die Spaltung der Hegelschen Schule in Rechts- und Linkshegelianer war sachlich ermöglicht durch die grundsätzliche Zweideutigkeit von Hegels dialektischen ‚Aufhebungen', die ebenso konservativ wie revolutionär ausgelegt werden konnten." (S. 14)
[10] G. Gurvitch, „La Dialectique chez Proudhon", in: ders., *Dialectique et sociologie*, Paris, Flammarion, 1962, S. 131. Zur Antinomie bei Hegel schreibt Proudhon (zitiert nach Gurvitch): „L'antinomie ne se résout pas; là est le vice fondamental de toute la philosophie hégélienne. Les deux termes dont l'antinomie se compose se balancent, soit entre eux, soit avec d'autres termes antinomiques; ce qui conduit à de nouveaux résultats." (*De la Justice*, V^e vol., S. 148, Gurvitch, op. cit., S. 130.)
[11] L. Marin, *La Critique du discours. Sur la ‚Logique de Port Royal' et les ‚Pensées' de Pascal*, Paris, Minuit, 1975, S. 133.
[12] Siehe: Vf., *L'Ecole de Francfort. Dialectique de la Particularité*, Paris, Editions Universitaires, 1974, S. 86.
[13] Th. W. Adorno, *Negative Dialektik*, Frankfurt, Suhrkamp, 1966, S. 383.

bivalenz der Moderne nicht mehr durch Synthese, Aufhebung und System zu bändigen ist; daß der philosophische Begriff der Vermittlung über die *coincidentia oppositorum* nicht mehr hinausreicht.

Dialektik ohne Synthese, ohne positive Aufhebung, wirkt destruktiv. Nirgendwo tritt ihre zerstörerische Wirkung klarer zutage als in Nietzsches dialektischer Kritik, in der es bekanntlich darum geht, die herrschende Moral durch Aufdeckung ihrer inneren Ambivalenz auszuhöhlen: „Es wäre sogar noch möglich", heißt es in einer Polemik gegen den metaphysischen Dualismus, „daß, *was* den Wert jener guten und verehrten Dinge ausmacht, gerade darin bestünde, mit jenen schlimmen, scheinbar entgegengesetzten Dingen auf verfängliche Weise verwandt, verknüpft, verhäkelt, vielleicht gar wesensgleich zu sein. Vielleicht! — Aber wer ist willens, sich um solche gefährliche Vielleichts zu kümmern!"[14]

Zweierlei fällt in dieser Passage auf: die Aufdeckung der extremen Ambivalenz in der destruktiven Einheit der Gegensätze; der Abbruch der (Hegelschen) Dialektik durch das völlig undialektische, zur Indifferenz tendierende Postulat der „Wesensgleichheit" der Terme. Man vergleiche Nietzsches Bemerkungen aus *Jenseits von Gut und Böse* mit Hegels Darstellung der bestimmten Negation in der *Wissenschaft der Logik:* „Sie (die bestimmte Negation) ist ein neuer Begriff, aber der höhere, reichere Begriff als der vorhergehende; denn sie ist um dessen Negation oder Entgegengesetztes reicher geworden, enthält ihn also, aber auch mehr als ihn, und ist die Einheit seiner und seines Entgegengesetzten. — In diesem Wege hat sich das System der Begriffe überhaupt zu bilden (...)."[15] (Hier zeigt sich, daß Hegels Logik eine Begriffslogik ist, über deren Vereinbarkeit oder Unvereinbarkeit mit der propositionalen symbolischen Logik und der von Hegel selbst abgelehnten Mathematik noch nichts Endgültiges gesagt wurde. Vorerst behalten Dominique Dubarle und André Doz recht, wenn sie in *Logique et dialectique* von der These ausgehen, daß Hegels dialektische Logik nicht grundsätzlich die Mathematik ausschließt.)[16]

Von einer „Wesensgleichheit" der beiden Terme ist bei Hegel nicht die Rede. Nietzsches Dialektik bricht — ähnlich wie die Adornos, Benjamins oder Bachtins — die dialektische Bewegung in einer entscheidenden Phase ab und bleibt, trotz der bei Nietzsche aufkommenden Tendenz zur Indifferenz, bei der Vermittlung der Extreme, bei der Ambivalenz, stehen. Daraus erklärt sich ihre sprengende, destruktive Wirkung, die durch keine Aufhebung, keine „Rettung im Anderen", wettgemacht wird.

In allen negativen Dialektiken nimmt die Ambivalenz als *coincidentia oppositorum* eine extreme Form an. Indem sie die Aufhebung vereitelt, verhindert sie zugleich die Systemkonstruktion. Der systematische Diskurs als Erzählung, als narratives Syntagma,

---

[14] F. Nietzsche, *Jenseits von Gut und Böse,* in: ders., *Werke in sechs Bänden,* Bd. 4 (Hrsg. K. Schlechta), München, Hanser, 1980, S. 568.

[15] G. W. F. Hegel, *Wissenschaft der Logik Bd. 1,* op. cit., S. 49.

[16] D. Dubarle, A. Doz, *Logique et dialectique,* Paris, Larousse, 1972, S. 82: „Ceci permet, semble-t-il, de comprendre qu'il n'y a point opposition entre la reconnaissance d'un caractère libre au Concept lui-même, à son développement dialectique ainsi qu'aux résultats de celui-ci, et l'affirmation d'une possibilité de logique mathématique à son propos."

scheitert an der Ambivalenz, die sowohl die monoseme und monologische Definition als auch die Aufhebung in der Synthese ausschließt.

In diesem Kontext sind Sartres *échec*, Benjamins *Schockerlebnis*, Bachtins *Karnevalslachen* und Adornos *Negativität* zu betrachten. Trotz der diskursiv bedingten Differenzen, die diese Begriffe auf semantischer und genetischer Ebene voneinander trennen, haben sie einen gemeinsamen Nenner: die Negativität, die Dissonanz. Beide schließt das auf Positivität, Totalität und historische Immanenz ausgerichtete System Hegels aus.

An dieser Stelle tritt eine in der Vergangenheit allzu häufig vernachlässigte Verwandtschaft zwischen Sartres Existentialismus und Adornos Kritischer Theorie in Erscheinung, die man als „junghegelianisch" bezeichnen könnte. Beide verteidigen — wenngleich auf ganz verschiedene Arten — die offene Antinomie, die Ambiguität und das Singuläre gegen systematische Integration. „Laßt uns unsere grundsätzliche Ambiguität annehmen", schreibt Simone de Beauvoir: „Der Existentialismus hat sich selbst von Anfang an als eine Philosophie der Ambiguität definiert; durch seine Betonung der unaufhebbaren Ambiguität begehrte Kierkegaard gegen Hegel auf; und in unserer Zeit definiert Sartre in *L'Etre et le Néant* den Menschen im wesentlichen durch dessen Ambiguität (...)."[17]

In diesem Text kann der Begriff *Ambiguität* als ein Synonym der hier dargestellten dialektischen Ambivalenz gelesen werden. Es ist sicherlich kein Zufall, wenn Simone de Beauvoir in der Einleitung zu *Pour une morale de l'ambiguïté* von „dieser tragischen Ambivalenz" spricht, „die das Tier und die Pflanze nur erdulden, die der Mensch aber kennt und denkt."[18] Die Verwandtschaft mit Pascals *Pensées*, die an dieser Stelle in die Augen springt, ist nicht schlicht auf Einflüsse zurückzuführen; sie erklärt sich zugleich aus der Analogie zwischen zwei verschiedenen Erkenntnissituationen, in denen die synthetisierende Aufhebung unmöglich erscheint.

Im Gegensatz zu den französischen Existentialisten, die von ihrem heideggerianischen und ontologischen Erbe daran gehindert wurden, über den gesellschaftlichen Ursprung der Krise der Werte und der Ambivalenz nachzudenken[19], betonen Philosophen wie Adorno und Benjamin die sozialen, historischen und politischen Folgen Hegelscher Versuche, die Ambivalenz aufzuheben, zu neutralisieren. In dieser Hinsicht stehen sie den Junghegelianern Marx, Feuerbach, Ruge und Stirner näher als Sartre.

Bekannt sind die Stellen in der *Ästhetischen Theorie*, an denen Adorno Hegel dessen ästhetische „intolerance of ambiguity" vorwirft: „Die in Rede stehende Haltung ist die der ‚intolerance of ambiguity', Unduldsamkeit gegen das Ambivalente, nicht säuberlich Subsumierbare; am Ende gegen das Offene, von keiner Instanz Vorentschiedene, gegen Erfahrung selbst."[20] In dieser Passage wird ein anderer Aspekt der Beziehung zwischen Ambivalenz und Dialog sichtbar: Die Erfahrung des Anderen (des fremden Standpunktes) ist nur dort möglich, wo der Diskurs aus dem monosemierenden und identifizierenden Monolog ausbricht und sich selbst als historisches, kontingentes und hypothetisches

---

[17] S. de Beauvoir, *Pour une morale de l'ambiguïté*, Paris, Gallimard, 1947, S. 13.
[18] ibid., S. 9.
[19] Siehe z. B.: J.-P. Sartre, *L'Etre et le Néant*, Paris, Gallimard, 1943, S. 75; wo der Autor das individuelle Subjekt für alle Wertsetzungen verantwortlich macht: „(...) C'est moi qui maintiens à l'être les valeurs (...)."
[20] Th. W. Adorno, *Ästhetische Theorie*, Frankfurt, Suhrkamp, 1970, S. 176.

Konstrukt denkt. Mit Relativismus hat dies wenig zu tun: denn das Aussagesubjekt darf *zunächst* — wie jedes Aussagesubjekt im Dialog — davon ausgehen, daß seine Hypothese richtig ist.

Auch Adorno ist es — wie Bachtin in dessen Rabelais- und Dostojevskij-Studien — um die Ambivalenz als kritische Kategorie zu tun. Doch Ambivalenz ist auch ein Begriff der *Krise,* denn Hegels „intolerance of ambiguity" ermöglicht nicht nur die Überwindung der extremen Ambiguität als einfacher *coincidentia oppositorum,* sondern stellt eine Garantie für die Konstruktion des historischen Makrosyntagmas dar: Durch die Aufhebung der Ambivalenz wird die geschichtliche Entwicklung als Überwindung von Antinomien *erzählbar;* sie erscheint auf narrativer Ebene als teleologischer, sinnvoller Vorgang. In einem philosophischen Kontext, der sich wesentlich von dem der Kritischen Theorie unterscheidet, hat auch Ernst Bloch auf diesen synthetisierenden und teleologischen Impuls des Hegelschen Denkens hingewiesen, als er im Zusammenhang mit dem geschlossenen System vom „Bann der Anamnesis", von der Übermacht des Ursprungs sprach, die den zukunftsträchtigen Gedanken und die Ausrichtung auf das „Noch-nicht-Sein" ausschließt.[21]

Anders als in Hegels synthetisierendem System bewirkt in Adornos und Benjamins Dialektik die Zusammenführung der Extreme als Ergebnis der Vermittlung keine konstruktive Überwindung des Gegensatzes, sondern nur *Negativität* und *Schock:* „Solche Dialektik ist negativ. Ihre Idee nennt die Differenz von Hegel (...)."[22] Übertreibend ließe sich sagen, daß die moderne Diskussion über Struktur und Funktion des dialektischen Diskurses immer wieder in der Frage nach der Einstellung zum Hegelschen System und zu dessen Theoremen gipfelt: zur Identität zwischen Subjekt und Objekt, zur Aufhebung der Antinomie, zum Verhältnis zwischen dem Ganzen und den Teilen.

Von ganz anderen — spinozistischen — Prämissen geht der Althusser-Schüler Pierre Macherey aus, wenn er Hegel dessen Aufhebung der Antinomie vorwirft. Er bestätigt Adornos Ansicht, daß Hegel die negativen Momente des dialektischen Denkens unterdrückt, verleugnet. In *Hegel ou Spinoza* heißt es zu Hegels System: „Den Widerspruch denken bedeutet, ihn aufzuheben, denn ‚man kann nicht beim Widerspruch stehenbleiben'. Das Verweilen beim Widerspruch ist für ein blockiertes, zurückgebliebenes Denken symptomatisch, das unfähig ist, sein Ziel zu erreichen; das zum Gefangenen des Widerspruchs wird, ohne sich von diesem befreien zu können." Macherey beschließt seine Kritik: „Diesem ‚Negativismus', den Hegel Spinoza zum Vorwurf macht, entspricht sein eigener ‚Positivismus'."[23] (Es versteht sich von selbst, daß an dieser Stelle das Wort „Positivismus" lediglich die Aufhebung, die systematische Synthese, meint.)

---

[21] E. Bloch, „Hegel und die Anamnesis; contra Bann der Anamnesis", in: ders., *Auswahl aus seinen Schriften,* Frankfurt, Fischer, 1967, S. 117–119. Siehe auch: E. Bloch, *Über Methode und System bei Hegel,* Frankfurt, Suhrkamp, 1970, S. 81: „Indes dies Diskontinuierliche ist doch wieder völlig kontinuierlich eingemeindet, dergestalt daß gerade Hegels Dialektik sein geschlossenes System, statt ihm als geschlossenem zu widersprechen, eben zum bloßen ‚Kreis aus Kreisen' macht."

[22] Th. W. Adorno, *Negative Dialektik,* op. cit., S. 143.

[23] P. Macherey, *Hegel ou Spinoza,* Paris, Maspero, 1979, S. 253–254.

Ebenfalls im Zusammenhang mit der von Adorno definierten Negativität, die aus den Ambivalenzen der spätkapitalistischen Gesellschaft hervorgeht, ist Walter Benjamins Kritik des Historismus in den *Geschichtsphilosophischen Thesen* zu verstehen. In Frage gestellt wird die Möglichkeit, den historischen Prozeß zu *erzählen*, ihn als teleologisch angelegtes, sinnvolles Makrosyntagma darzustellen. Der Historismus als schematisierter und simplifizierter Hegelianismus geht von der Überlegung aus, daß die Menschheit immer höhere Stadien der Entwicklung durchläuft und daß alle Ereignisse sich zu einer einzigen Kausalkette fügen, deren Elemente alle im Zusammenhang mit einem vom humanistischen Diskurs definierten *telos* interpretierbar sind.

Der von Benjamin in den *Thesen* attackierte dialektische Materialismus der Sozialdemokratie stimmt in mancher Hinsicht mit der zeitgenössischen sowjetischen Staatsphilosophie überein, deren Hegelsche und hegelianische Herkunft Predrag Grujić in *Hegel und die Sowjetphilosophie der Gegenwart* erkannt hat: „Wie für Hegel, so ist auch für den dialektischen Materialismus die Negativität nicht das Prinzip der Dekonstruktion, sondern der Perfektion."[24]

Den Perfektionismus als Fortschrittsgläubigkeit und als Verherrlichung der Arbeit kritisiert Benjamin in seinen *Thesen*, wo er kritisch die Ambivalenz des Arbeitsbegriffes aufdeckt, den er nicht mit Freiheit und historischem Fortschritt assoziiert, sondern mit der Katastrophe: „Dieser vulgärmarxistische Begriff von dem, was Arbeit ist, hält sich bei der Frage nicht lange auf, wie ihr Produkt bei den Arbeitern selber anschlägt, solange sie nicht darüber selber verfügen können. Er will nur die Fortschritte der Naturbeherrschung, nicht die Rückschritte der Gesellschaft wahrhaben. Er weist schon die technokratischen Züge auf, die später im Faschismus begegnen werden."[25]

Die unverhoffte Nachbarschaft von Vulgärmarxismus und Faschismus läßt die Zweigleisigkeit der gesamten historischen Entwicklung erkennen. Es sind mindestens zwei historische Erzählungen denkbar: die eine bewegt sich auf die Erlösung zu, die andere auf die Katastrophe. Diese Ambivalenz des historischen Prozesses schließen sowohl der Hegelianismus als auch der Fortschrittsglaube der alten Sozialdemokratie und des neuen Marxismus-Leninismus monologisch aus.

Benjamin geht es darum, zwei verschiedene, aber stets parallel verlaufende und koexistierende Prozesse im Auge zu behalten. Ihre Interdependenz und Wechselbeziehung bleibt dem Blick verborgen, der auf die Geschichte — „histoire" und „récit" — als homogene und eindeutige Entwicklung fixiert ist. Es kommt darauf an, aus diesem Kontinuum der Eindeutigkeit auszubrechen und eine von jenen „Unterbrechungen" zu inszenieren, die Benjamin im epischen Theater bewunderte.[26]

Indem sie die Ambivalenz der Erscheinungen, Ereignisse und Aussagen aufdeckt, bewirkt die im Negativen verharrende Dialektik den Zerfall der historischen (der histori-

---

[24] P. Grujić, *Hegel und die Sowjetphilosophie der Gegenwart*, Bern, Francke Verlag, 1969, S. 64.
[25] W. Benjamin, „Geschichtsphilosophische Thesen", in: ders., *Zur Kritik der Gewalt und andere Aufsätze*, Frankfurt, Suhrkamp, 1965, S. 87.
[26] Siehe: W. Benjamin, *Versuche über Brecht*, Frankfurt, Suhrkamp, 1966, S. 32: „Der retardierende Charakter der Unterbrechung, der episodische Charakter der Umrahmung sind es — nebenbei gesagt —, welche das gestische Theater zu einem epischen machen."

stischen) Erzählung und läßt den Stillstand, die Diskontinuität, die Ablehnung und die Antinomie zutage treten. Sie weist stellenweise eine frappierende Verwandtschaft mit den Romanen Hermann Brochs, Robert Musils und Italo Svevos auf, in denen die Ambivalenz als *coincidentia oppositorum* nicht nur für den Zerfall der narrativen Syntax, sondern auch für ein reflexives, selbstironisches Erzählen verantwortlich ist. Auf die Verwandtschaft zwischen philosophischer und literarischer Kritik, zwischen Dialektik und Roman, will ich im letzten Abschnitt dieses Kapitels ausführlicher eingehen. Dort wird sich konkret zeigen, wie Reflexivität aus Ambivalenz und Ironie hervorgeht.

Radikal unterscheidet sich die negative Dialektik von einem dialektischen Diskurs, der den Hegelschen Begriffen der *Totalität*, des *Systems* und der *historischen Immanenz* verhaftet bleibt. Dieser Diskurs, den die Neohegelianer Lukács, Goldmann und Leo Kofler weiterentwickelt haben, leidet weiterhin unter der von Adorno beanstandeten „intolerance of ambiguity."[27] Über die Zweideutigkeiten und Antinomien avantgardistischer Werke setzt sich beispielsweise Goldmann hinweg, wenn er von Becketts Werk behauptet, er könne es „auf ein System reduzieren" („réduire en système").[28] Im Gegensatz zu dieser monologischen Ästhetik ist die Benjamins und Bachtins auf die Ambivalenz, die Einheit der Gegensätze, den Schock-Effekt und — den Dialog ausgerichtet.

Diese Neuorientierung führt die Dialektik zu ihrem vorhegelianischen Ursprung, zum antiken Dialog, zurück. Auf ihn beruft sich ganz zu Recht Josef Kopperschmidt, wenn er versucht, die rhetorische Tradition des dialektischen Denkens bloßzulegen. „Denn ‚dialektisch' — in vorhegelianischem Wortsinn verstanden — meint eben die Leistung kommunikativer Sprachverwendung, sich *in* Rede (logos) *mit* anderen verständigen zu können, indem man sich im Miteinanderreden (dia-legesthai) der Gewißheiten wechselseitig versichert, die als konsensuell anerkannte Verständigungsbasis unterstellt und für die Lösung situativer Verständigungsprobleme argumentativ aktualisiert werden können."[29] Diese Rückbesinnung negativer Dialektik auf ihren dialogischen Ursprung ist jedoch keine Rückkehr: An zentralen Theoremen der Hegelschen Philosophie — an der Vermittlung, der Einheit der Gegensätze, der Negation der Negation — hält sie weiterhin fest; von Hegel trennt sie der Verzicht auf die bestimmte Negation (die Synthese), das geschlossene System und den Monolog. Insofern ist diese Dialektik nur scheinbar vorhegelianisch. (Auf die Beziehung von Dialektik und Dialog komme ich im letzten Kapitel noch einmal zu sprechen.)

---

[27] Th. W. Adorno, *Ästhetische Theorie*, op. cit., S. 176. Siehe auch: G. Lukács, *Der junge Hegel* Bd. 2, Frankfurt, Suhrkamp, 1973, S. 619: „Andererseits werden in dem neuen proletarischen Humanismus alle Momente des bisherigen Denkens der Menschheitsentwicklung aufgenommen, in welchen die wirkliche Erkenntnis der objektiven Wirklichkeit mit allen ihren realen Widersprüchen richtig oder wenigstens der Tendenz nach richtig widergespiegelt wurde." — Lukács läßt sich von der kritischen Skepsis der Nachhegelianer nicht beirren; er hält an Hegels Aufhebung fest.
[28] L. Goldmann, in: „Deuxième colloque international sur la sociologie de la littérature", Royaumont, Discussion extraite des actes du colloque, *Revue de l'Institut de Sociologie*, 1973—3—4, S. 540.
[29] J. Kopperschmidt, *Argumentation. Sprache und Vernunft* (Teil 2), Stuttgart, Kohlhammer, 1980, S. 17.

2. Ambivalenz und Kritik

Die absolute Ablehnung der Marktgesellschaft ist ebenso fragwürdig wie deren Bestätigung in der Indifferenz. Der Gegensatz zwischen Tauschwert und Gebrauchswert, der einer der Ausgangspunkte meiner Argumentation ist, ist ebensowenig absolut wie der zwischen dem „auratischen" und dem technisch „reproduzierbaren" Kunstwerk. Auf ihn möchte ich hier ausführlicher eingehen, um den Unterschied zwischen dialektischer Vermittlung der Gegensätze und undialektischer Dichotomie zu illustrieren. Dabei steht Adornos Kritik an Benjamin im Mittelpunkt, die auf dem Gedanken gründet, daß die Differenz zwischen „auratischem" und „reproduzierbarem", „technischem" Kunstwerk nicht als Dichotomie aufzufassen ist.

a) *Kritik der ideologischen Dichotomie*

Seit Hegel hat sich Dialektik als historische und systematische Kritik der Dichotomie konstituiert. Obwohl er sich vom systematischen Diskurs der historischen Immanenz abwendet, greift Adorno in seinen Bemerkungen zur Theorie der Aura Hegels Gedanken wieder auf, daß Dichotomisierung im dialektischen Diskurs nicht akzeptabel ist und in der Vermittlung der Gegensätze aufgehoben werden sollte.

In Übereinstimmung mit Benjamin distanziert er sich allerdings von Hegel, indem er bei der Ambivalenz der Vermittlung verharrt und eine Aufhebung im Positiven ablehnt. Die beiden „Fallen" des dialektischen Denkens, die er wie Benjamin umgehen möchte, sind, erstens, die für die ideologischen Diskurse charakteristische Dichotomie (Disjunktion der Terme); zweitens, die hegelianische und marxistische (leninistische) Aufhebung in einer positiven Synthese auf höherer Ebene.

In seiner Kritik des „Ausstellungswertes", der dem technisch reproduzierbaren Kunstwerk zugrunde liegt, spielen diese Überlegungen eine ausschlaggebende Rolle: „Daß Benjamin in der Dichotomie des auratischen und technologischen Kunstwerks dies Einheitsmoment zugunsten der Differenz unterdrückte, wäre wohl die dialektische Kritik an seiner Theorie."[30]

Indem Benjamin die Aura und den Kultwert der Werke mit ihrer *Autonomie* verknüpft, vernachlässigt er die Beziehung zwischen der ästhetischen Autonomie und dem Individualismus der säkularisierten Marktgesellschaft. Die Entstehung dieser Gesellschaftsform ermöglicht die technische Reproduzierbarkeit der Kunstwerke und ihre Herauslösung aus dem Kultzusammenhang: d. h. ihre Befreiung von der *religiösen Heteronomie*.

Wenn Benjamin schreibt: „Indem das Zeitalter ihrer technischen Reproduzierbarkeit die Kunst von ihrem kultischen Fundament löste, erlosch auf immer der Schein ihrer Autonomie"[31], so läßt er den Nexus zwischen Autonomie und bürgerlichem Besitzindividualismus unberücksichtigt. Nur in dialektischer Sicht tritt die Ambivalenz der von Benjamin dargestellten Entwicklung zutage: Die Marktgesetze, die wesentlich zur Be-

---

[30] Th. W. Adorno, *Ästhetische Theorie*, op. cit., S. 56.
[31] W. Benjamin, *Das Kunstwerk im Zeitalter seiner technischen Reproduzierbarkeit*, Frankfurt, Suhrkamp, 1963, S. 25.

freiung der Kunst von der kultischen Heteronomie beitrugen, bedrohen nun ihre Autonomie, indem sie sie in eine Ware unter anderen verwandeln. Die technische Reproduzierbarkeit ist nur ein Aspekt der Verwandlung ins Heteronome. Sooft Benjamin sich mit dieser Verwandlung solidarisch erklärt, wenn auch mit einem nostalgischen Blick auf die Aura der Vergangenheit[32], und im Ausstellungswert die Alternative einer revolutionär-demokratischen Ästhetik erblickt, versöhnt er sich *malgré lui* mit der Heteronomie des Marktes.

Benjamins Aporie, die allen Dichotomien innewohnt, besteht darin, daß der Ausstellungswert als einfache Negation der Aura sich schließlich mit den Interessen der Kulturindustrie als identisch erweist und der Zielsetzung widerspricht, der er in Benjamins Ansatz dienen soll: der Überwindung der kapitalistischen Ordnung.

Da Benjamin das Aura-Phänomen mit einer gewissen Sympathie, wenn nicht gar Nostalgie betrachtete (vor allem in seinen Proust-Kommentaren), mußte er die Ambivalenz des Ausstellungswertes intuitiv erkannt haben: eines Wertes, dessen revolutionäres Potential schließlich zur Festschreibung des *status quo* beiträgt.

Es ist wohl Adornos Verdienst, die Ambivalenz des Ausstellungswertes aufgezeigt und die Dichotomie überwunden zu haben, die auch Benjamins Denken fremd ist. Schließlich war es Benjamin, der den Ästhetizismus des *l'art pour l'art* mit dessen Gegenteil, mit der Kommerzialisierung der Kunst, verknüpfte. Auf analoge Art versuchte Adorno, den Doppelcharakter der Marktgesetze im Hinblick auf die ästhetische Autonomie zu bestimmen: Sie zerstören, was sie hervorbrachten.

Im Anschluß an diese Kritik sind auch die Gegensätze dialektisch zu vermitteln, die dieser Arbeit zugrunde liegen: Monolog und Dialog sind einander nicht diametral, unvermittelt gegenüberzustellen, ebensowenig wie Indifferenz und ideologischer Dualismus. Schon Bachtin erkannte im Monolog als Selbstgespräch einen verkappten Dialog: Sogar das „Ich" des autobiographischen Romans, sagt er, ist in Wirklichkeit ein „anderer", und die Einstellung des Autors diesem „Ich" gegenüber ist eine wertende und dialogische.[33] Weiter oben hat sich gezeigt, daß ideologischer Dualismus, Ambivalenz und Indifferenz einander wechselseitig bedingen, weil der Manichäismus der Ideologen durch die taktische „Umwertung aller Werte" in der Alltagspolitik und durch sprachlichen Mißbrauch letztlich in der Indifferenz, der Vertauschbarkeit der *Wort-Werte,* ausmündet.

b) *Kritik der Indifferenz*

Trotz der radikalen Kritik an der ideologischen Dichotomie schließt Benjamins, Adornos und Horkheimers Dialektik die in der Marktgesellschaft, in der Kulturindustrie herrschende Indifferenz der Werte aus. Die Extreme berühren sich: jedoch ohne vertausch-

---

[32] Der nostalgische Unterton in Benjamins Aura-Kritik ist kaum zu überhören und dominiert in seinen Kommentaren zu Prousts „mémoire involuntaire": Siehe: W. Benjamin, *Charles Baudelaire. Ein Lyriker im Zeitalter des Hochkapitalismus,* Frankfurt, Suhrkamp, 1974, S. 142–143. Manche Beiträge zur Aura-Debatte setzen sich über Benjamins ambivalente Haltung hinweg: z. B. L. Wawrzyn, *Walter Benjamins Kunsttheorie. Kritik einer Rezeption,* Darmstadt-Neuwied, Luchterhand, 1973, S. 67–69.

[33] M. M. Bachtin, „Problema avtora", in: *Voprosy Filosofii* 30, 1977, Nr. 7, S. 150.

bar oder gar identisch, „wesensgleich" zu sein. Wenn die Texte der Avantgarde den Sinn negieren, so deshalb, „weil ihnen Gehalt in der Negation des Sinns zuwächst".[34]

Der Verzicht auf die Suche nach der Bedeutung von Kunstwerken und literarischen Texten, der einige Ansätze der empirischen Kunst- und Literatursoziologie kennzeichnet, kommt einem Verzicht auf die ästhetische Bewertung, auf die qualitative Differenzierung dieser Erscheinungen gleich. Die ästhetische Differenz, die nicht die Form der gängigen und ideologischen Dichotomie *hohe / niedere Kunst* annehmen sollte, ist nicht zu leugnen: Die Erkenntnis der Ambivalenz sollte nicht zu der Behauptung führen, daß die Terme vertauschbar sind und daß als einzige Grundlage der Kunstsoziologie nur ein undifferenzierter Pluralismus in Frage kommt. Denn *dieser* Pluralismus ist durch den Tauschwert vermittelt.

In diesem Zusammenhang kann eine Beziehung zwischen Benjamins Ausstellungswert und der kritischen Polyphonie des Romans aufgezeigt werden, die Bachtin mit der karnevalistischen Ambivalenz verbindet. Vor allem in Bachtins Buch über Dostojevskij wird die semantische und diskursive Pluralität als mit der Eindeutigkeit und dem Monolog unvereinbar dargestellt; zugleich erscheint sie als ein Instrument der Kritik und der Befreiung.

Daß die Ambivalenz und die Polyphonie, die Bachtin im Anschluß an Dostojevskij definiert, mit Hegels systemerhaltender Aufhebung in der bestimmten Negation nicht zu vereinbaren sind, ist bereits Julia Kristeva in ihrem Vorwort zu *La Poétique de Dostoïevski* (1070) aufgefallen: „Dostojevskijs Text stellt sich somit als eine Konfrontation diskursiver Instanzen dar: Gegenüberstellung von Diskursen, kontrapunktische, polyphone Einheit. Er bildet keine totalisierbare Struktur: Ohne Einheit des Subjekts und der Bedeutung, vielfältig, antiautoritär und antitheologisch, verwirklicht Dostojevskijs Modell den permanenten Widerspruch und hat nichts mit der Hegelschen Dialektik zu tun. Seine Logik, sagt Bachtin, ist die des Traumes: Bewahrung des Widerspruchs und / oder Koexistenz von Oben und Unten, Tugend und Laster, Wahr und Falsch, Glauben und Unglauben, Heiligem und Profanem."[35] Der dynamische, syntaktische Aspekt des ständigen Widerspruchs ist die Polyphonie, die Pluridiskursivität.

In Kristevas Kommentar fällt die Verwandtschaft zwischen Bachtins und Benjamins Definition des Widerspruchs auf: In beiden Fällen handelt es sich — ähnlich wie bei Pascal, Kierkegaard und Simone de Beauvoir — um eine Vereinigung der Gegensätze ohne Aufhebung, ohne Synthese. Wie die karnevalistische Ambivalenz wirkt auch der Schock destruktiv, wenn er die Extreme miteinander verknüpft. Zugleich stellt die Polyphonie, die aus der Ambivalenz hervorgeht, die Einheit des Subjekts in Frage, da sie die Möglichkeit einer diskursiven Einheit ausschließt. Sowohl bei Benjamin als auch bei Bachtin geht es darum, das Hegelsche Makrosyntagma als System von narrativen Aussagen, das sich der Wirklichkeit gleichsetzt, dem Zweifel auszusetzen.

Auch an dieser Stelle sollte auf die Wechselwirkung zwischen Kritik und Krise hingewiesen werden. Bachtins radikale Kritik des Monologs und sein Plädoyer für die Poly-

---

[34] Th. W. Adorno, *Ästhetische Theorie*, op. cit., S. 231.
[35] J. Kristeva, „Préface", in: M. M. Bakhtine, *La Poétique de Dostoïevski*, Paris, Seuil, 1970, S. 14—15.

phonie gehen zwangsläufig in eine Negation der Subjektivität über, die Bachtin wohl nicht intendierte. Denn aus seinem Aufsatz über „Das Problem des Autors" geht deutlich hervor, daß der Autor als Subjekt durch seine schöpferische Umgestaltung des Sprachmaterials die Einheit der ästhetischen Welt garantiert: „Vor allem in seiner Einstellung zum Helden und dessen Welt (der Lebenswelt) bezieht der Autor wertend Stellung, und diese seine künstlerische Haltung definiert zugleich seine Position im Bereich des literarischen Materials (...)."[36] Nicht zu Unrecht bemerkt Todorov, Bachtin habe Dostojevskij dessen radikale Polyphonie, die auch die Exotopie und die Stabilität des Autorensubjekts in Frage stellt, zum Vorwurf gemacht.[37]

Die Auflösung des Subjekts im Traum, im Onirischen, war weder Bachtins noch Benjamins Absicht; dennoch zeigt sich immer wieder, daß die extreme Ambivalenz als Verknüpfung der Gegensätze ohne Aufhebung den Assoziationen des Traumes verwandt ist. Kristevas Bemerkungen zu Bachtins Buch über Dostojevskij lassen Benjamins Vergleich von dialektischem Denken und onirischer Assoziation in einem neuen Licht erscheinen. Benjamin schreibt: „Zweideutigkeit ist die bildliche Erscheinung der Dialektik im Stillstand. Dieser Stillstand ist Utopie und das dialektische Bild also Traumbild. Ein solches Bild stellt die Ware schlechthin: als Fetisch."[38]

Der entscheidende Schritt, mit dem Benjamin über Bachtin hinausgeht, ist sein Versuch, Ambivalenz und onirische Assoziation mit der Vermittlung durch den Tauschwert zu verknüpfen. Denn die Vermittlung ist letztlich für die Vereinigung der Gegensätze verantwortlich sowie für die Unmöglichkeit, die Ambivalenz durch die systematische Aufhebung à la Hegel zu bändigen.

Wenn es zutrifft, daß die Polyphonie wie der Ausstellungswert und das Schockerlebnis ein Produkt der Marktgesellschaft ist, dann kann sie nicht einfach zur Kenntnis genommen oder gar akzeptiert werden. Die Werbung, die alle Werte in einem großangelegten karnevalistischen *happening* miteinander versöhnt und dadurch den religiösen oder ideologischen Monolog zerstört, kann nicht als die höchste Form der Polyphonie und der Kritik aufgefaßt werden. Vor Jahrzehnten hat sie sich bereits die ehemals subversiven Verfahren der Surrealisten (die Collagen und Traumbilder) angeeignet. Der kritische Diskurs kann weder im theoretischen noch im ästhetischen Bereich einen undifferenzierten und indifferenten Pluralismus akzeptieren, den er in der Werbung, in journalistischen Texten und in der kommerzialisierten Literatur ablehnt.

Obwohl sie die historische Beziehung zwischen Marktgesellschaft und Toleranz (Wertepluralismus) erkennt und ideologische Versuche ablehnt, dem dogmatischen Manichäismus zur Herrschaft zu verhelfen, bleibt kritische Theorie der *qualitativen Differenz* verpflichtet. Selbst wenn es den wahren, den mit der Wirklichkeit identischen Diskurs nicht

---

[36] M. M. Bachtin, „Problema avtora", op. cit., S. 154.
[37] Siehe: T. Todorov, *Mikhaïl Bakhtine: le principe dialogique, suivi de Ecrits du Cercle de Bakhtine*, Paris, Seuil, 1981, S. 156: „Ce que Bakhtine reproche ici à Dostoïevski, c'est d'avoir mis en question l'exotopie transgrédiente, la stabilité, le caractère rassurant de la conscience de l'auteur, qui permettait au lecteur de toujours savoir où était la vérité."
[38] W. Benjamin, „Paris, die Hauptstadt des XIX. Jahrhunderts", in: *Gesammelte Schriften* V. 1, (Hrsg.: R. Tiedemann), Frankfurt, Suhrkamp, 1982, S. 55.

gibt, selbst wenn die absolute Wahrheit unzugänglich ist, so kann sie dennoch nicht einem Relativismus geopfert werden, der aus der Indifferenz des Marktes hervorgeht. An den „alteuropäischen" (Luhmann) Begriffen der *Wahrheit* und der *Vernunft* hält dialektische Theorie fest, um ihrer eigenen Auflösung in Polyphonie und undifferenziertem Pluralismus entgegenzuwirken.

Sie hat sich unablässig zwischen der Indifferenz (die aus der karnevalistischen Ambivalenz hervorgeht) und der qualitativen Differenz zu bewegen, ohne jemals dem Irrtum zu verfallen, daß einer dieser beiden Pole die ganze Wahrheit ist. Die absolute Disjunktion der Extreme kennzeichnet die Reaktion der rechten und linken Ideologien auf den wertindifferenten Markt. Sie leben von dem Trennungsstrich zwischen links und rechts, der den mythischen Dualismus auf höchster Ebene festschreiben soll. Als globale Kritik der Marktgesellschaft kann sich die Theorie weder mit der Indifferenz (des Ausstellungswerts, der Polyphonie) noch mit einem der mythischen Gegensätze aus dem ideologischen Repertoire identifizieren.

3. Ambivalenz, Ironie und Reflexion: Von Broch zu Musil

Bevor ich auf einige ideologiekritische Begriffe eingehe, die den Romanen Hermann Brochs und Robert Musils zugrunde liegen, möchte ich an das sechste Kapitel anknüpfen, in dem von der Beziehung zwischen Theorie und Fiktion die Rede war. Im Zusammenhang mit Adornos Parataxis und Derridas Dekonstruktion habe ich bereits angedeutet, daß der hier entwickelte theoretische Diskurs nicht durch mimetische Angleichung an den fiktionalen Text zustande kommt. Nicht Parataxis und Dekonstruktion, die beide in Musils „Essayismus" angelegt sind, strebt er an, sondern Reflexivität und Dialog, die ebenfalls für den avantgardistischen Roman charakteristisch sind.

Von der systemsprengenden nachhegelianischen Ambivalenz ausgehend, kann der Diskurs zwei Wege einschlagen, die streckenweise parallel verlaufen, an entscheidenden Stellen aber zusammenkommen: den Weg der Dekonstruktion und den Weg des theoretischen Dialogs. Nicht nur literarische Texte wie Musils essayistischer Roman, Svevos *La coscienza di Zeno* und Butors *Degrés* tendieren zur Dekonstruktion des (narrativen) Systems und zur Kritik am Logozentrismus; auch die Diskurse Adornos und Derridas schlagen — wie sich gezeigt hat — den Weg der negativen, offenen Dialektik ein, der vom Angriff auf den ideologischen Gegensatz über die selbstkritische Reflexion und das Paradoxon zu einer „Logik des Zerfalls" (Adorno) und zur „différance" führt: zu einer „stratégie générale, théorique et systématique, de la déconstruction philosophique." (Siehe Kap. 6.) Diese Strategie geht — wie die negative Dialektik — von einer radikalen Kritik an Hegels Aufhebung aus, und Derrida betont immer wieder seinen „Bruch mit dem System der *Aufhebung*" („rupture avec le système de l'*Aufhebung*").[39]

---

[39] J. Derrida, *Positions,* Paris, Seuil, 1972, S. 60. Der für Derrida zentrale Begriff der „différance" ist als kritische Reaktion auf die synthetisierende Aufhebung Hegels aufzufassen: „La différance doit signer (...) le point de rupture avec le système de l'Aufhebung." (ibid.)

Mir kommt es hier in Übereinstimmung mit meinen Ausführungen im sechsten Kapitel darauf an, den Weg zu meiden, der an der sozialwissenschaftlichen Diskussion vorbeiführt; einen Weg, der bei Adorno („nichttheoretische Theorie") und Derrida zur Selbstaufgabe des theoretischen Diskurses führt und der bei Paul Feyerabend in einem anarchistischen „Anything goes" zu enden scheint. Es ist wohl kein Zufall, daß auch Feyerabend versucht, die Theorie zu ästhetisieren, sie dem künstlerischen Ausdruck anzugleichen.[40]

Im Anschluß an diese Überlegungen kann ich Hans Lenk nur recht geben, wenn er im Zusammenhang mit Feyerabend schreibt: „Deutlich ist jedenfalls der postmodernistische Zug von Feyerabends Postszientismus: Nicht nur seine neuerliche Auffassung der ‚Wissenschaft als Kunst' (1984), mit den jeweiligen entsprechenden modisch-modernen Varianten und Aufgeregtheiten, sondern auch seine an Lucien Kroll und die Gruppe AUR in der Architektur erinnernde Forderung nach einer öffentlich-plebiszitär-demokratischen Kontrolle der Wissenschaften unter dem Motto: ‚Bürgerinitiativen statt Erkenntnistheorie!'."[41] Es ist aufschlußreich zu beobachten, daß Hans Lenks Kritik, die aus dem Kritischen Rationalismus hervorgeht und aus der zweiten Hälfte der achtziger Jahre stammt, Anfang der siebziger Jahre von einem Vertreter der Kritischen Theorie, von Jürgen Habermas, vorweggenommen wurde. In seinem „Nachwort" (1973) zu *Erkenntnis und Interesse* stellt Habermas fest: „Wenn man andererseits, wie Feyerabend in seinen jüngsten Arbeiten, den wissenschaftlichen Fortschritt *nur* noch durch ein principle of proliferation regeln möchte, dann wird man sich alsbald genötigt sehen, die Liberalität (oder die Indifferenz) bis zur Preisgabe der Idee des wissenschaftlichen Fortschritts selber weiterzutreiben: der Hexenglauben darf dann mit der Newtonschen Mechanik ernstlich rivalisieren."[42]

In Habermas' Kritik zeigt sich, daß der undifferenzierte Pluralismus, der in Feyerabends „anything goes" zum Ausdruck kommt, aus der Indifferenz der Marktgesellschaft hervorgeht, die den von Adorno, Horkheimer und Habermas verteidigten Wahrheitsbegriff preisgegeben hat. Das gemeinsame Interesse des Kritischen Rationalismus und der Kritischen Theorie besteht, meine ich, darin, dieser marktbedingten Indifferenz, die den „postmodernistischen" Kultureintopf zu verantworten hat, theoretisch zu opponieren. Nur müßten kritische Rationalisten erkennen, daß die liberale Tradition, die sie *im Rahmen* der Marktwirtschaft verteidigen (s. Kap. 9), immer häufiger von den Marktgesetzen in Frage gestellt wird: z. B. in den Universitäten, wo Fächer wie Philosophie, Altphilologie, Literaturwissenschaft und Soziologie, deren sofortiger Nutzen nicht auf der Hand liegt, „Sparmaßnahmen" zum Opfer fallen.

Nicht die alle Werte relativierende Indifferenz liegt den Romanen Brochs und Musils zugrunde, sondern die ideologiekritische Ambivalenz, die einerseits Zweifel am Subjektbegriff, an der individuellen Identität und der kausalen Struktur der narrativen Syntax aufkommen läßt, andererseits dem Leser und Theoretiker ein kritisches Instrumentari-

---

[40] Siehe: P. Feyerabend, *Wissenschaft als Kunst,* Frankfurt, Suhrkamp, 1984, S. 76–78.
[41] H. Lenk, *Zwischen Sozialpsychologie und Sozialphilosophie,* Frankfurt, Suhrkamp, 1987, S. 347.
[42] J. Habermas, *Erkenntnis und Interesse,* Frankfurt, Suhrkamp, 1973, S. 376.

um an die Hand gibt, dem neben der Ironie und dem Essay auch die Reflexivität und der Dialog angehören. Im folgenden möchte ich neben der Ambivalenz und der Ironie vor allem die beiden letztgenannten Begriffe näher untersuchen, die den letzten beiden Kapiteln dieses Buches zugrunde liegen. Es gilt, auf diesem (fiktionalen) Umweg zu zeigen, daß die Öffnung der Hegelschen Dialektik nicht zwangsläufig in Dekonstruktion und anarchische Polyphonie mündet, sondern den theoretischen Diskurs der Sozialwissenschaften durch Selbstreflexion und Dialog stärken kann.

a) *Hermann Broch*

Der Romancier Hermann Broch fügt sich nicht nur deshalb in den hier konstruierten Kontext ein, weil in seinem Werk ideologischer Manichäismus, Ambivalenz und Indifferenz zu Schlüsselbegriffen werden, sondern auch deshalb, weil er vor allem in seiner Trilogie *Die Schlafwandler* (1931) den „Zerfall der Werte" reflektiert. Parallel zu diesem Zerfallsprozeß wächst die Wertindifferenz, die im dritten Roman der *Schlafwandler*-Trilogie der Protagonist Huguenau, ein skrupelloser Geschäftemacher, verkörpert.

Huguenaus wertfreie und wertindifferente Welt ist die radikal säkularisierte Welt des Rationalisten und Positivisten, der meint, sich endgültig aller metaphysischer Fragen entledigt zu haben. Sein Rationalismus wird jedoch von Broch als „irrational" bezeichnet: „Das Rationale des Irrationalen: ein anscheinend absolut rationaler Mensch wie Huguenau vermag Gut und Böse nicht zu unterscheiden. In einer absolut rationalen Welt gibt es kein absolutes Wertsystem, gibt es keine Sünder, höchstens Schädlinge."[43] Diesen Zweck-Mittel-Rationalismus, den er für eine moderne Variante des Irrationalismus hält, setzt Broch über Begriffe wie „Wertfreiheit" und „Sachlichkeit" mit der Marktgesellschaft, mit dem kommerziellen System als „Partialsystem", in Beziehung: „Huguenau, ein wertfreier Mensch, gehörte allerdings auch dem kommerziellen System an (. . .)."[44] Freilich kann Brochs Begriff der „Wertfreiheit" nicht mit dem Max Webers identifiziert werden; es kann aber auch nicht behauptet werden, er habe mit ihm nichts zu tun. Vielmehr ist Brochs Roman im Zusammenhang mit dem vorigen Kapitel zu lesen, in dem im Anschluß an Soziologen wie Alfred Weber und Georg Simmel eine Beziehung zwischen „Sachlichkeit", „Charakterlosigkeit", „Wertindifferenz" und dem Geld als Tauschwert hergestellt wurde.

Ihm opponiert sowohl in den *Schlafwandlern* als auch in den *Schuldlosen* der Ideologe, der die Welt im Rahmen eines manichäischen Diskurses in Gut und Böse, Schwarz und Weiß einteilt. Stärker noch als die Ideologen Musils, Sartres oder Moravias werden die Ideologen Brochs durch einen starren Dualismus gekennzeichnet, der schwer aufzubrechen ist. Dieser Dualismus wird immer wieder von der kritischen Ambivalenz oder der Indifferenz in Frage gestellt. (Daß auch die Indifferenz eine kritische Dimension haben *kann*, wird hier nicht geleugnet.)

Im ersten Roman der Trilogie, *Pasenow oder die Romantik*, erscheint der Junker von Pasenow, Offizier der preußischen Armee, als eine Inkarnation der Ideologie: Das Ideal,

---

[43] H. Broch, *Die Schlafwandler*, Frankfurt, Suhrkamp, 1978, S. 597.
[44] ibid., S. 693.

auf das er all sein Denken und Handeln ausrichtet, ist eine von der Dichotomie strukturierte heile Welt. Sooft er mit einer ambivalenten, „karnevalistischen" Situation konfrontiert wird, gerät er in Panikstimmung und flüchtet ins Offizierskasino, wo alles scheinbar eindeutig ist: „Denn im Kasino war alles eindeutig und es galt ja, ja und nein, nein (...)."[45]

Trotz seiner politischen Position, die der Pasenows diametral entgegengesetzt ist, erinnert der Protagonist des zweiten Romans, der Anarchist August Esch, an den stockkonservativen preußischen Junker. Auch er, der einfache Buchhalter einer großen Kölner Firma, träumt von einer Weltordnung, in der Ambivalenzen, Paradoxien und Widersprüche nicht vorkommen. Auch er verlangt nach Eindeutigkeit, nach einfachen Gegensätzen: „Nichts ist eindeutig, dachte Esch voll Zorn, nicht einmal an solch schönem Frühlingstag (...)."[46] In den *Schuldlosen* attackiert der Lehrer Zacharias, ein Vorbote der Nationalsozialisten, die politische Neutralität, die er mit „Krämergeist" und Geld in Beziehung setzt: „(...) Der Mensch muß wissen, wo er hingehört, rechts oder links."[47]

Eschs Suche nach Eindeutigkeit ist von seinem ideologischen Dualismus, der existentielle und metaphysische Komponenten aufweist, nicht zu trennen. Unablässig versucht er, seine Umwelt in Übereinstimmung mit den dualistischen Schemata zu ordnen, deren positive Terme und Aktanten er maßlos idealisiert. Ilona, eine Zirkusartistin, Mutter Hentjen, Wirtshausbesitzerin und Eschs künftige Frau, der Gewerkschaftler Martin Geyring: Sie alle verwandeln sich in der Schwarz-Weiß-Ideologie des Buchhalters in Helden, die ebenso unwirklich sind wie die des sozialistischen Realismus.[48]

Wie Zacharias und Pasenow erblickt auch der Anarchist Esch im Kommerziellen den Ursprung allen Unglücks auf Erden: „Zorn gegen das Geschäftswesen erwachte wieder in ihm, Zorn gegen eine Organisation, die unter dem Schein schöner Ordnung, glatter Gänge, schöner glatter Buchungen alle Infamien verbirgt. Und das nennt sich Solidität. Ob es nun Prokurist oder Präsident heißt, es gibt keinen Unterschied zwischen Kaufmann und Kaufmann."[49] Hier wird deutlich, daß der Gegensatz zwischen Ideologie und Markt nicht nur im journalistischen, politischen und soziologischen Bereich eine wichtige Rolle spielt, sondern auch in der Romanliteratur der ersten Hälfte des zwanzigsten Jahrhunderts.[50]

Im Rahmen dieses Gegensatzes nimmt der Geschäftsmann Eduard von Bertrand, ehemaliger Offizier und Präsident der Mittelrheinischen Reederei, eine zentrale Stellung ein: die der kritischen Ambivalenz. Im ersten Roman bringt er die dualistischen Schemata Pasenows durcheinander, indem er die Einheit der Gegensätze thematisiert. Aus ihr geht ein ironischer Diskurs hervor, der an den des Musilschen Erzählers erinnert: „Dann aber

---

[45] ibid., S. 77.
[46] ibid., S. 226.
[47] H. Broch, *Die Schuldlosen*, Frankfurt, Suhrkamp, 1981, S. 146.
[48] Siehe z. B.: *Die Schlafwandler*, op. cit., S. 280–281: „Auch tat es ihm wohl, daß hier ein Mensch war, der eindeutig und bestimmt sich darstellte, ein Mensch, der wußte, wo sein Rechts und sein Links, sein Gut und sein Böse zu finden ist."
[49] H. Broch, *Die Schlafwandler*, op. cit., S. 244.
[50] Siehe: Vf., *Roman und Ideologie*, op. cit.

klopfte Bertrand ans Glas und hielt einen kleinen Toast, und man wußte wieder nicht, ob er es ernst meinte oder ob er spaßte oder ob die wenigen Glas Sekt für ihn schon zuviel gewesen waren, so außerordentlich schwer verständlich war seine Rede, da er von der deutschen Hausfrau sprach, die am reizendsten als Imitation sei, weil ja das Spiel doch die einzige Realität dieses Lebens bleibe, weshalb auch die Kunst stets schöner sei als die Landschaft, ein Kostümfest netter als echte Trachten und das Heim eines deutschen Kriegers erst dann vollkommen werde, wenn es, gewöhnlicher Eindeutigkeit entrückt, durch einen traditionslosen Kaufmann zwar entweiht, durch das lieblichste Böhmermädchen hingegen geweiht worden ist, und darum bitte er die Anwesenden, mit ihm auf das Wohl der schönsten Hausfrau anzustoßen."[51] Der Ideologe Pasenow fühlt sich durch dieses Ineinandergreifen von Ernst und Lachen, Realität und Illusion, Profanem und Heiligem herausgefordert und verwirrt.

Ähnlich verwirrt zeigt sich Esch im Gespräch mit Eduard von Bertrand, den er für das Unglück des Strichjungen Harry Köhler verantwortlich macht. Denn Bertrands Ironie durchdringt den ideologischen Panzer und läßt schließlich Zweifel im Moralisten Esch aufkommen. Was Bertrand gleichsam zu seiner Verteidigung an Erklärungen vorbringt, ist so einleuchtend, „daß das Wagnis, seine ironische Miene nachzuahmen, fast zur Verpflichtung, fast zum Einverständnis werden wollte (...).“[52] Trotzdem zeigt ihn der Ideologe bei der Polizei an, damit Ordnung herrsche, damit der Gegensatz zwischen Gut und Böse und das Verhältnis von Schuld und Sühne erhalten bleiben, denn: „Man weiß ohnehin nicht mehr, was schwarz und was weiß ist. Alles geht durcheinander."[53] Der Ideologe hat dafür zu sorgen, daß das anders wird: daß der kritische und ironische Bertrand sich im Freitod selbst richtet.

Der dritte Roman *Huguenau und die Sachlichkeit* ist in dem hier entworfenen Zusammenhang deshalb bedeutsam, weil er den Gegensatz zwischen Ideologie und Ambivalenz durch den zwischen Ideologie und Indifferenz ersetzt. Dadurch wird er für eine Entwicklung symptomatisch, die auch in der Politik und in der Soziologie zu beobachten ist: für den Trend, alle sozialen Probleme wertfrei, über die Medien Geld, Macht und Technik zu lösen. Huguenau ist nicht nur ein „wertfreier" Mensch – wie Broch selbst bemerkt –, sondern ein Technokrat *avant la lettre*. Nicht zufällig geht er aus dem dritten Roman als der eigentliche Sieger hervor; nicht zufällig wird *er* dem Ideologen Esch, den er inmitten der Kriegswirren kaltblütig mit einem Bajonett niederstreckt, zum Verhängnis: Er „klopfte der Leiche wohlwollend, fast zärtlich auf die Schulter. Es war alles gut."[54] Nicht zu Unrecht betrachtet Broch in seinem Kommentar zu der *Schlafwandler*-Trilogie Huguenau als den „wahrhaft ‚wertfreie(n)‘ Mensch(en) und damit (als) das adäquate Kind seiner Zeit."[55] — Der Ideologe und der Kritiker gehen unter: Sie überlassen dem Wertindifferenten, dem Geschäftemacher, das Feld.

---

[51] H. Broch, *Die Schlafwandler,* op. cit., S. 65.
[52] ibid., S. 338—339.
[53] ibid., S. 326.
[54] ibid., S. 677—678.
[55] ibid., S. 726.

b) *Robert Musil*

Im Gegensatz zu Brochs Trilogie, in der — vor allem im dritten Teil — die Indifferenz im Vordergrund steht, wird Musils Roman vom Diskurs der Ambivalenz und der Ironie beherrscht. Wie sehr diese beiden Elemente der Dialektik, der kritischen Theorie, zusammenhängen, zeigt ein Kommentar Musils aus den nachgelassenen Fragmenten: „Ironie ist: ein Klerikalen so darstellen, daß neben ihm auch ein Bolschewik getroffen ist. Einen Trottel so darstellen, daß der Autor plötzlich fühlt: das bin ich ja zum Teil selbst. Diese Art Ironie — die konstruktive Ironie — ist im heutigen Deutschland ziemlich unbekannt."[56]

Das Adjektiv „konstruktiv" hat in dieser Passage eine andere Bedeutung als in dem affirmativen und häufig ideologischen Ausdruck „konstruktive Kritik". Denn Ironie wird hier zum Instrument der Erkenntnis und vor allem der *Reflexion*: der kritischen Selbsterkenntnis, die der Ideologe systematisch verdrängt. Wie die Kritische Theorie Adornos und Horkheimers zieht Musils Roman den ideologischen Dualismus in Zweifel und deckt die Unfähigkeit des Ideologen auf, über Struktur und historische Kontingenz seiner eigenen diskursiven Verfahren nachzudenken.

In einem Kapitel, das den Titel trägt „Unterhaltungen mit Schmeißer", stößt der liberale, individualistische Diskurs des Erzählers und Ulrichs mit der dogmatischen Rhetorik des jungen Sozialisten Schmeißer zusammen. Den manichäischen Äußerungen des Ideologen begegnet Musils Held Ulrich mit den Paradoxien der Ironie, die auch für die dialektische Theorie Adornos charakteristisch sind: „,Dann behaupte ich', ergänzte Ulrich lächelnd, ,daß Sie eben an etwas anderem scheitern werden, zum Beispiel daran, daß wir imstande sind, jemand Hund zu schimpfen, auch wenn wir unseren Hund mehr lieben als unsere Mitmenschen!?' Ein Spiegel beruhigte Schmeißer, indem er ihm das Bild eines jungen Mannes zeigte, der eine scharfe Brille unter einer harten Stirn trug. Antwort gab er keine."[57]

Wenn der Sozialist überhaupt antwortet, dann nur als Sprachrohr eines kollektiven Aktanten, dessen Gegenwart sich im Text in symptomatischen Lexemen wie „die Partei" und „wir" niederschlägt: „Als er geendet hatte, antwortete ihm Schmeißer, mit Lippen, die sich vor Wohlgefallen an dem, was sie sagten, kaum voneinander trennen konnten: ,Die Partei hat solche Abenteuer nicht nötig; wir kommen auf unserem eigenen Weg ans Ziel!'"[58] Der Ambivalenz, dem Paradoxon und der Ironie begegnet der ideologische Diskurs, der die Wahrheit besitzt, auch in diesem Fall entweder mit repressivem Schweigen oder mit einem dualistisch strukturierten narzißtischen Monolog, dessen Aussagesubjekt genau weiß, wo Gut und Böse, Held und Antiheld zu finden sind. Seine Relevanzkriterien und Klassifikationen sind ein für allemal erstellt worden: Sie können nicht mehr zum Gegenstand der Diskussion und der (selbst-)kritischen Reflexion gemacht werden.

---

56 R. Musil, *Der Mann ohne Eigenschaften*, Reinbek, Rowohlt, 1952, S. 1603.
57 ibid., S. 1326.
58 ibid., S. 1324.

Indem Musil der ideologischen Rede und ihren manichäischen aktantiellen Modellen opponiert, entwickelt er eine ironische, essayistische Schreibweise, die sich an der Ambivalenz, an der selbstkritischen Reflexion und am offenen Dialog orientiert. Seine Ideologiekritik in Romanform mündet allerdings in eine Sackgasse: Ist es überhaupt möglich, einen Roman im herkömmlichen Sinne zu schreiben und zugleich zu behaupten — wie Musil es tut —, daß jeder Versuch, die Wirklichkeit zu erzählen, als sei sie eindeutig bestimmbar, der Ideologie verfällt? Wie ist es möglich, eine „Geschichte" zu erzählen und zugleich der Ambivalenz der Charaktere, der Handlungen und Aussagen Rechnung zu tragen? Musil versuchte, diese Fragen zu beantworten, indem er einen essayistischen, fragmentarischen Roman schrieb, aus dessen Reflexivität und Offenheit der kritische Wille spricht, den ideologischen Monolog zu sprengen.

In mancher Hinsicht antizipiert sein Roman *Der Mann ohne Eigenschaften* die Aporien der späten Dialektik Adornos: Wie Adorno möchte Musil dem kausalen Prinzip absagen und das traditionelle Aktantenmodell, das einem jeden Erzählschema zugrunde liegt, radikal in Frage stellen. „Was heißt: ich kann nicht weiter?" — fragt Musil in einem der vielen nachgelassenen Fragmente, und versucht, diese Frage vorwiegend auf existentieller, biographischer Ebene zu beantworten. Doch der Satz der unmittelbar dem Fragezeichen folgt, läßt noch eine andere Antwort zu: „Das heißt: Ich — zwei Personen, Mann und Frau —, scheinbar ,der guten Gesellschaft angehörend' — besitze in dem Augenblick, wo ich mich entschließe, das zu schreiben... M.... G. in bar (...)."[59] In diesem zweideutigen Text tritt sowohl in der Verdoppelung des Subjekts („Ich") als auch im Motiv des Androgynen noch einmal die Ambivalenz-Problematik in Erscheinung, die Musils gesamten Roman strukturiert, so daß die Feststellung „ich kann nicht weiter" nicht nur existentiellen, sondern auch und vor allem diskursiven, sprachlichen Charakter hat. Ihre eigentliche Bedeutung wird klar, sobald sie auf eine andere Aussage Musils bezogen wird, die die Erzählstruktur des Romans zum Gegenstand hat: „Die Geschichte dieses Romans kommt darauf hinaus, daß die Geschichte, die in ihm erzählt werden sollte, nicht erzählt wird."[60] Es scheint mir sinnvoller zu sein, Musils Geldmisere aus seiner Ablehnung ideologischer und kommerzialisierter Erzählschemata zu erklären, als umgekehrt vorzugehen und für den fragmentarischen Charakter des großen Romans den Geldmangel verantwortlich zu machen.

An Musils Feststellung „ich kann nicht weiter" wird der Leser erinnert, wenn er das von Rolf Tiedemann und Gretel Adorno verfaßte editorische Nachwort zur *Ästhetischen Theorie* liest. „Eine Theorie jedoch, die am individuum ineffabile sich entzündet, am Unwiederholbaren, Nichtbegrifflichen wiedergutmachen möchte, was identifizierendes Denken ihm zufügte, gerät notwendig in Konflikt mit der Abstraktheit, zu der sie als Theorie doch genötigt ist."[61] Der Roman, der sich gegen die tradierten Erzählmuster des Romans wendet und die Theorie, die in der Parataxis gegen die kausallogische Anordnung revoltiert, um der Ideologie zu entgehen, werden beide aporetisch.

---

[59] ibid., S. 1604.
[60] ibid., S. 1598.
[61] Th. W. Adorno, *Ästhetische Theorie,* op. cit., S. 541—542.

Mag der Roman sich — wie bei Butor oder Jürgen Becker — in der Prosa auflösen; die Theorie muß aus dieser Sackgasse hinausgeführt werden, wenn das Theoretisieren in den Sozialwissenschaften nicht zu einem formalen und unreflektierten Einteilen von Theorien in „global", „middle range" und „short range" verkommen soll. Dabei kann der kritische Theoretiker dem Formalismus noch am ehesten entgehen, indem er wie der Romancier von einer dialektischen Negation des ideologischen Diskurses ausgeht.

Sein Weg führt jedoch nicht zu Essayismus, Parataxis und Dekonstruktion, sondern zu einer kritischen Reflexion der semantischen und syntaktischen Verfahren seines eigenen Diskurses. Auch hier kann er von Autoren wie Broch und Musil lernen, daß Gegensätze eine Einheit bilden und daß deshalb ein und dieselbe Handlung, ein und dasselbe Ereignis auf verschiedene Arten *erzählbar* sind: Vom Standpunkt des Gegenauftraggebers („anti-destinateur", Greimas) erscheint der Held immer als Schurke. Erst wenn die Erzählung des Auftraggebers mit der des Gegenauftraggebers, die der Herrschenden mit der der Beherrschten, die der Regierung mit der der Freiheitskämpfer oder Terroristen, die des Richters mit der des Angeklagten dialektisch verknüpft wird, ist ein Dialog als Prozeß der Wahrheitsfindung denkbar.

Ein solcher Dialog *setzt jedoch Reflexion voraus*: Wo der eigene Diskurs nicht als gesellschaftliches und historisch kontingentes Konstrukt reflektiert wird, dort sind die Gefahren des Naturalismus und des Monologs nicht gebannt. Wo Reflexion fehlt, fehlt nicht nur die Einsicht in die eigene Partikularität, in das eigene „Partialsystem" (Broch), sondern auch die Erkenntnis der eigenen Ambivalenz, die ich im Zusammenhang mit der Kritischen Theorie als „liberal-marxistische Hybris" bezeichnet habe. Dieses Manko läßt einen Pseudodialog, einen Taubstummendialog entstehen, der in der Sprachlosigkeit und mit Kopfschütteln endet: „Kleines verwundertes Nachwort zu einer großen Einleitung" (H. Albert).

Vom modernen Roman sagt Jean Ricardou, er sei „reflexiv", er denke über seine eigenen sprachlichen Verfahren nach. In diesem Nachdenken sollte eine kritische Theorie dem Roman folgen: Denn es geht nicht nur darum, die eigenen Relevanzkriterien und Taxonomien zu reflektieren und das eigene Aktantenmodell bloßzulegen, sondern auch darum, die Frage nach dem Aussagesubjekt und seiner sprachlichen Situation nicht zu unterschlagen: „Qui parle?" (Butor)

XI. Reflexion und Diskurs

Ambivalenz, Dialektik und Reflexivität hängen insofern eng zusammen, als die Erkenntnis der Ambivalenz für das Aussagesubjekt zum entscheidenden Anlaß werden kann, die beiden entgegengesetzten Terme aufeinander zu beziehen und über die eigene Position zwischen den Extremen nachzudenken. Als konkretes Modell sei nochmals der Nexus zwischen Ideologie und Theorie erwähnt, der hier immer wieder thematisiert wurde: Das Aussagesubjekt, das seine Ambivalenz undialektisch negiert und versucht, den einen Pol ohne den anderen, die Ideologie ohne die Theorie zu denken, verfällt dem Naturalismus. Die Erkenntnis der Ambivalenz hingegen regt zur Reflexion über die eigenen diskursiven Verfahren und Wertsetzungen an. Die Frage nach der eigenen Ideologie — im allgemeinen und restriktiven Sinne — wird nicht mehr umgangen, sondern zum Gegenstand der Reflexion gemacht. Im neunten Kapitel sollte gezeigt werden, daß die Theorie global über ihren ideologischen Ursprung und ihre ideologischen Verfahren nachdenken kann.

Im vorigen Kapitel wurde die Affinität zwischen Ambivalenz, Ironie und Reflexion aufgezeigt: „Ironie ist: einen Klerikalen so darzustellen, daß neben ihm auch ein Bolschewik getroffen ist. Einen Trottel so darzustellen, daß der Autor plötzlich fühlt: das bin ich ja zum Teil selbst." (Musil) Diese Art von Ironie hat nichts mit den negativen Konnotationen der Ideologie zu tun, die den Gegner in Verruf bringen sollen; auch nicht mit dem plumpen Versuch, heterogene Größen im Indifferenzzusammenhang aufeinander zu reduzieren. Die von Musil angedeutete Verwandtschaft zwischen Bolschewiken und Klerikalen, die der ideologische Dualismus verdeckt, darf nicht über die qualitative Differenz, die gerade den Soziologen interessiert, hinwegtäuschen: ebensowenig wie die Erkenntnis, daß es Affinitäten zwischen dem Sozialismus und dem Faschismus der zwanziger Jahre gab, die propagandistische Kurzschlußformel „Sozialfaschismus" rechtfertigen darf, die die Kommunisten gegen die Sozialdemokraten ins Feld führten.

Die Ambivalenz ist eng mit der dialektischen Reflexion verknüpft, weil sie im Gegensatz zu Ideologie und Propaganda die Spannung zwischen den gegensätzlichen Termen erhält und den „Kurzschluß" sorgfältig meidet. Die dialektische Theorie hat dafür zu sorgen, daß „Theorie" nicht auf „Ideologie" („wissenschaftliche Ideologie", Lenin), „Sozialismus" nicht auf „Faschismus" reduziert wird. Kritische Reflexion bezieht ihre Kraft aus der Spannung, die zwischen den beiden Polen herrscht. *Vor Mißbrauch wird gewarnt*", schreibt Adorno in den *Minima Moralia*: „Die Dialektik ist in der Sophistik entsprungen, ein Verfahren der Diskussion, um dogmatische Behauptungen zu erschüttern und, wie die Staatsanwälte und Komiker es nannten, das mindere Wort zum stärkeren zu machen."[1] Es gilt zu verhindern, daß sie wieder der Sophistik anheimfällt, die die Propagandisten und Ideologen mit Erfolg einsetzen, weil ihnen die Werte, die sie vertreten, letztlich gleichgültig sind.

In diesem Kapitel geht es im wesentlichen um zwei Aspekte der Reflexivität: In einem ersten Schritt soll über die Reflexivität als historischen und gesellschaftlichen Wert selbst

---

[1] Th. W. Adorno, *Minima Moralia*, Frankfurt, Suhrkamp, 1951, S. 330.

nachgedacht werden; denn die reflexive und selbstreflexive Einstellung ist nicht nur eine kritische Reaktion auf den ideologischen Naturalismus und den Monolog, sondern auch ein gesellschaftlicher, politischer und historisch kontingenter Wert, der nicht als selbstverständlich vorausgesetzt werden kann: In der feudalen Gesellschaft, in der Gegensätze zwischen Ehre und Schmach, Glauben und Häresie, Heiligem und Profanem im Rahmen einer gottgewollten dualistischen Hierarchie definiert und als natürlich empfunden wurden[2], konnte der Gedanke an kritische Reflexion gar nicht aufkommen. Erst in der bürgerlichen Ära, in der Ideologien und andere Partialsysteme miteinander konkurrieren und kollidieren, stellt sich der Verdacht ein, daß Denken gemacht ist, daß es ein *Konstrukt* ist, über dessen Entstehung nachzudenken es sich lohnt.

Entscheidend ist der zweite Schritt, der zur Selbstreflexion des Diskurses führt: In der Soziologie (Alvin Gouldner) und in der Kritischen Theorie (Jürgen Habermas) wurde Reflexion entweder funktional aufgefaßt und — ganz zu Recht — auf die gesellschaftliche Rolle der Soziologie ausgerichtet, oder sie wurde philosophisch-hermeneutisch definiert: als Selbstthematisierung des Subjekts und als Teilidentität zwischen Subjekt und Objekt. Im folgenden gilt es, im Rahmen des textsoziologischen Ansatzes „Reflexion" als diskursives, semantisch-syntaktisches Verfahren zu beschreiben, das neben der *sprachlichen Situation* und dem *Soziolekt* vor allem semantische Mechanismen wie *Selektion*, *Definition*, *Relevanz* und *Klassifikation* (Taxonomie) zum Gegenstand hat. Im Anschluß an die semantische Problematik soll gezeigt werden, weshalb auch der *narrative Ablauf* (Aktantenmodell) und der *Aussagevorgang*, die die theoretische „Erzählung" bilden, nicht schlicht als gegeben oder natürlich hingenommen werden sollten: Zusammen mit den semantischen Verfahren tragen sie entscheidend zu der theoretischen *Objektkonstruktion* bei, die von der Ideologie (im allgemeinen Sinne) nicht zu trennen ist. Verschiedene Theorien konstruieren oder rekonstruieren ein bestimmtes Objekt auf verschiedene Arten, und die Abweichungen sind nicht nur theorieimmanent oder auf individueller Ebene zu erklären; sie sind auf die Unterschiede und Antagonismen zwischen fachsprachlichen und ideologischen Soziolekten zurückzuführen, deren Diskurse von verschiedenen, oft unvereinbaren Relevanzkriterien und Klassifikationen ausgehen. Sowohl in der Semiotik (Semiologie) Luis J. Prietos als auch im Radikalen Konstruktivismus Humberto Maturanas, Francisco Varelas oder Ernst von Glaserfelds nimmt der Gedanke, daß die Objekte, die wir wahrnehmen, unsere *Konstrukte* sind, eine zentrale Stellung ein. Ich möchte am Ende des zweiten Abschnitts zeigen, wie dieser Gedanke im sozisemiotischen Kontext, im Rahmen der Textsoziologie, modifiziert und weiterentwickelt werden kann.

Das Hauptanliegen dieses Kapitels ist der Versuch, „Reflexivität" als textsoziologischen, soziosemiotischen Begriff zu präzisieren und für die Kritische Theorie fruchtbar zu machen. Insofern werden hier wesentliche Argumente des 7. Kapitels wieder aufgegriffen und neu formuliert. Global betrachtet geht es um die von den *nouveaux romanciers* immer wieder aufgeworfene Frage: „Qui parle?"

---

[2] Zum Wertdualismus im feudalen Epos siehe: J. Kristeva, *Le Texte du roman*, Paris-Den Haag, Mouton, 1970, S. 58.

1. Reflexion reflexiv

Es genügt nicht, in dem hier entworfenen Zusammenhang die Reflexivität der Theorie als Alternative zum ideologischen Naturalismus und zum Monolog zu postulieren; denn auch Reflexivität als theoretisches Kriterium ist keine Selbstverständlichkeit oder Notwendigkeit, die sich gleichsam von selbst allen Wissenschaftlern in allen denkbaren historischen Situationen aufdrängt. In einer ideologiekritischen Arbeit, in der gezeigt wird, wie naturalistische oder monologische Verfahren des Diskurses sowohl beim Aussagesubjekt als auch bei den vorsätzlich oder unabsichtlich manipulierten Rezipienten das Nachdenken verhindern, mag Reflexion als kritisches Instrument plausibel erscheinen. Diese Plausibilität, die zum Teil kontextbedingt ist, sollte allerdings keinen Verzicht auf eine historische und soziologische Betrachtung des Reflexionskriteriums mit sich bringen. Ein offener Dialog ist nur möglich, wenn die eigenen theoretischen Kriterien aus historisch-genetischer und funktionaler Sicht dargestellt werden.

Der Gedanke, der diesem Abschnitt zugrunde liegt, kann in einem Satz zusammengefaßt werden: Es zeigt sich, daß Reflexion als theoretischer Begriff aufs engste mit dem Individualismus der Kritischen Theorie zusammenhängt und daß sie vor allem bei Horkheimer und Adorno in einer gesellschaftlichen und historischen Konstellation in den Vordergrund tritt, in der deutlich wird, daß die individuelle Autonomie einer akuten Bedrohung ausgesetzt ist.

Es ist wahrscheinlich kein Zufall, daß gerade in Max Horkheimers zwei Jahre nach Kriegsende erschienenem Buch *The Eclipse of Reason* (*Zur Kritik der instrumentellen Vernunft*) die Reflexivität der Theorie zu einem der Hauptthemen wird. Der subjektive (empiristisch-materialistische) und der objektive (Hegelsche) Begriff der Vernunft, die die beiden Pole bilden, zwischen denen Horkheimers Argumentation oszilliert, können nur dialektisch und reflexiv, selbstkritisch miteinander versöhnt werden: „Durch ihre Selbstkritik muß die Vernunft die Beschränktheit der beiden entgegengesetzten Begriffe von Vernunft erkennen; sie muß die Entwicklung der Kluft zwischen beiden analysieren, wie sie durch alle Lehren verewigt wird, die dazu neigen, ideologisch über die philosophische Antinomie in einer antinomischen Welt zu triumphieren. — Sowohl die Getrenntheit als auch die wechselseitige Verbundenheit der beiden Begriffe muß verstanden werden. (...) Auf die konkrete Wirklichkeit angewandt, bedeutet dies, daß nur eine Definition der objektiven Ziele der Gesellschaft, die den Zweck der Selbsterhaltung des Subjekts einschließt, die Achtung vor dem individuellen Leben, es verdient, objektiv genannt zu werden."[3]

In dieser Passage wird der Nexus zwischen liberalem Individualismus und der von Horkheimer geforderten Selbstkritik oder Reflexion der Vernunft sichtbar: Wie in der *Dialektik der Aufklärung* geht es darum, Subjekt und Objekt jenseits des Herrschaftsdenkens miteinander zu versöhnen. Subjektivität soll nicht länger Ausdruck der Naturbeherrschung sein; Objektivität soll nicht mehr (wie bei Hegel) die Unterwerfung des

---

[3] M. Horkheimer, *Zur Kritik der instrumentellen Vernunft*, Frankfurt, Fischer-Athenäum, 1974, S. 164.

Besonderen, des Individuums, unter die objektivierten historisch-systematischen Zwänge sein. Kritische Selbstreflexion der Vernunft läuft hier also auf einen radikalen Bruch mit der fatalen Tradition der Naturbeherrschung hinaus. Anders, allgemeiner formuliert, bedeutet dies, daß Reflexion zu einem Instrument der Herrschaftskritik wird.

Diese ist wiederum von Horkheimers und Adornos Plädoyer für die Autonomie des individuellen Subjekts nicht zu trennen. Dies läßt der letzte Satz der hier zitierten Passage erkennen, der besagt, daß Objektivität „den Zweck der Selbsterhaltung des Subjekts" und „die Achtung vor dem individuellen Leben" nicht ausschließen darf. Die liberal-individualistische Vernunft (denn um diese geht es hier und nicht um die Vernunft allgemein) wird reflexiv und selbstkritisch in einer gesellschaftlichen und wirtschaftlichen Situation, die Horkheimer mit der lapidaren Feststellung charakterisiert: „Die Individualität verliert ihre ökonomische Basis."[4]

So besehen, setzen diese Betrachtungen über die *Reflexion* die Argumentation des 9. Kapitels fort: Die Kritische Theorie wird reflexiv, weil die Mitglieder des Instituts für Sozialforschung erleben müssen, wie das liberal-individualistische Erbe von Nationalsozialismus, Faschismus, Stalinismus und Monopolkapitalismus liquidiert wird. Dennoch bedeutet Reflexion nicht Rückzug auf liberale oder gar konservative Positionen. Insofern ist Martin Jay recht zu geben, wenn er schreibt: „Dennoch zog sich die Frankfurter Schule niemals wirklich auf Liberalismus und Konservatismus als eine zwingende Alternative zurück. An Nichtidentität und Negation festzuhalten schien zwar einen liberalen Pluralismus zu implizieren, doch das Institut mißtraute stets der Realität von konkurrierenden Gruppen in der Massengesellschaft."[5] Das Institut mißtraute nicht nur den konkurrierenden Gruppen, sondern — wie sich im 9. Kapitel gezeigt hat — der gesamten liberalen Tradition, in deren Naturbeherrschung sich Marcuse zufolge die neuen Herrschaftsformen des Nationalsozialismus abzeichneten.

Aus diesem kollektiven Mißtrauen ging eine theoretische Hybris hervor, die einerseits bestimmte Begriffe liberaler und individualistischer Provenienz wie Autonomie, Nichtidentität und Negativität bewahrte, andererseits aber die gesamte liberale Tradition (Kultur, Bildung, Persönlichkeit) mit Hilfe der Marxschen Theorie in Frage stellte. Aus dieser grundsätzlichen Ambivalenz der Kritischen Theorie, die sich aus der spannungsgeladenen Einheit von Marxismus und Liberalismus erklärt, gehen nicht nur ihre Paradoxien hervor, sondern auch ihr reflexiver Charakter.

Dieser tritt mit aller Deutlichkeit bei Jürgen Habermas in Erscheinung, der *Reflexion* zu einem der Schlüsselbegriffe seiner Theorie macht. Ähnlich wie bei Horkheimer und Adorno wird auch bei ihm die Verbindung zwischen Herrschaftskritik, individueller Autonomie und Reflexion sichtbar: Sowohl in *Theorie und Praxis* als auch in *Erkenntnis und Interesse* geht es darum, das Subjekt aus der Komplizität mit der Naturbeherrschung und aus der Verstrickung mit dem Herrschaftswissen der „instrumentellen Vernunft" herauszulösen. Das „emanzipatorische Erkenntnisinteresse" ist unauflösbar mit dem Pro-

---

[4] ibid., S. 135.
[5] M. Jay, *Dialektische Phantasie. Die Geschichte der Frankfurter Schule und des Instituts für Sozialforschung 1923—1950*, Frankfurt, Fischer, 1976, S. 325—326.

zeß der Reflexion verquickt: „denn der Vollzug der Reflexion weiß sich als Bewegung der Emanzipation. Vernunft steht zugleich unter dem Interesse an Vernunft. Wir können sagen, daß sie einem *emanzipatorischen Erkenntnisinteresse* folgt, das auf den Vollzug der Reflexion als solchen zielt."[6] Schon in *Theorie und Praxis* wird deutlich, daß die reflexive Kritik an der „instrumentellen Vernunft", am „strategischen" Handeln, vom philosophischen und historischen Prinzip der Aufklärung nicht zu trennen ist: „Eine reflexive Theorie kann, das zeigt sich hier, nur unter Bedingungen der Aufklärung, nicht unter Bedingungen strategischen Handelns widerspruchsfrei angewendet werden."[7]

Insofern als er die Forderung der Aufklärung nach der Verwirklichung der Vernunft ernst nimmt, zugleich aber mit Adorno und Horkheimer und im Gegensatz zum Kritischen Rationalismus an der These festhält, daß das Bürgertum im Spätkapitalismus an der Einlösung aufklärerischer Versprechen nicht mehr interessiert ist, setzt Habermas den Gedankengang der Kritischen Theorie fort. Emanzipation bedeutet ihm Befreiung von Herrschaft: von einem auf technische Verwertbarkeit (Naturbeherrschung) fixierten Wissen, das auf Manipulation und nicht auf Verständigung ausgerichtet ist.

Die Bedingungen, unter denen herrschaftsfreie Kommunikation und Verständigung möglich sind, stellt Habermas ausführlich in zahlreichen Aufsätzen und vor allem in der *Theorie des kommunikativen Handelns* dar. In diesem Werk zeigt sich, daß die Habermassche Reflexion vor allem die *Kommunikationssituation* anvisiert, von der behauptet wird, sie impliziere in allen Fällen eine „ideale Sprechsituation", die alle Diskussionsteilnehmer „kontrafaktisch" voraussetzen müssen — ob sie sich dessen bewußt sind oder nicht. Die von Habermas konzipierte herrschaftsfreie oder ideale Sprachsituation weist folgende fünf Aspekte auf, die bereits im 3. Kapitel ausführlich erörtert wurden: 1. Sie unterscheidet sich qualitativ von der Alltagskommunikation, die an ideologischen, psychischen und allgemein strategischen Interferenzen leidet; 2. sie ist frei von solchen Verzerrungen und setzt die argumentative Chancengleichheit aller „Diskursteilnehmer" (Diskussionsteilnehmer) voraus; 3. sie setzt die Vertauschbarkeit aller Dialogrollen voraus; 4. der einzige Zwang, den sie zuläßt, ist der des besseren Arguments; 5. sie wird in jeder realen Kommunikationssituation von allen Teilnehmern kontrafaktisch unterstellt.

Im 3. Kapitel versuchte ich zu zeigen, daß es nicht sinnvoll ist, die ideale Sprechsituation zur Grundvoraussetzung aller gesellschaftlichen Kommunikation zu machen, weil alle sprachlichen Strukturen des Alltags, der Sozialwissenschaften und der Fiktion ideologisch (im allgemeinen Sinne) *vermittelt* sind: Sie drücken auf lexikalischer, semantischer und narrativer Ebene kollektive Interessen aus, die mehr oder weniger *partikular* sind. Mit anderen Worten: Sie gehören bestimmten Gruppensprachen oder Soziolekten an, die die Grundlage der individuellen Subjektkonstitution bilden. Die individuellen Diskussionsteilnehmer sind als Subjekte keine abstrakten Instanzen, die sich neutraler „Sprechakte" bedienen, sondern werden von ideologischen, fachsprachlichen, religiösen und anderen Soziolekten *zu dem gemacht, was sie sind:* „L'idéologie interpelle les individus en sujets" (Althusser, Pêcheux). *Diese* Überlegung bildet die Grundvoraussetzung

---

[6] J. Habermas, *Erkenntnis und Interesse,* Frankfurt, Suhrkamp, 1973, S. 244.
[7] J. Habermas, *Theorie und Praxis,* Frankfurt, Suhrkamp, 1972, S. 43.

einer jeden sozialen Kommunikation und nicht die idealistische Annahme einer abstrakten Kompetenz, Sprechakte hervorzubringen.

Akzeptiert man diese *textsoziologische* Kritik an Habermas, dann wird nicht nur die Kommunikationssituation oder die sprachliche Situation zum Gegenstand der Reflexion, sondern auch und vielleicht vor allem der Diskurs als transphrastische, semantisch-narrative Struktur. (Vorsichtshalber möchte ich an dieser Stelle wiederholen, daß mein Diskursbegriff mit dem von Habermas nichts zu tun hat: s. Kap. 3.) Dies ist der Grund, weshalb ich schon im ersten Teil dieses Buches davon ausging, daß für die Textsoziologie als Diskurskritik die Theorien von Adorno und Derrida größere Bedeutung haben als die *Theorie des kommunikativen Handelns*.

Adornos reflexive Kritik zielt, wie sich schon im 6. Kapitel gezeigt hat, vor allem auf die diskursive Anordnung der Theorie. Reflexiv wird sein Denken jedoch nicht aus methodologischen Gründen, sondern um das Besondere, das Partikulare im Begriff zu retten: „Philosophische Reflexion versichert sich des Nichtbegrifflichen im Begriff", heißt es in der Einleitung zur *Negativen Dialektik*.[8] Etwas weiter hebt Adorno die Bedeutung der Reflexion für die Kritik des „Identitätsdenkens" und für die Auflösung des Identitätszwangs hervor: „Vor der Einsicht in den konstitutiven Charakter des Nichtbegrifflichen im Begriff zerginge der Identitätszwang, den der Begriff ohne solche aufhaltende Reflexion mit sich führt."[9]

Das Begriffliche bei Adorno ist jedoch nicht auf den Begriff als Signifikat zu reduzieren; es meint die begriffliche, kausallogische (Adorno sagt auch: „diskursive") Anordnung der Theorie, die schon vom Autor der *Prismen* in Frage gestellt wurde: „Prinzipiell macht durch ungebrochene Transposition des Kausalbegriffs aus dem Bereich der physischen Natur in die Gesellschaft die Methode eben jene Verdinglichung sich zu eigen, die sie zum kritischen Thema hat, und fällt hinter ihren eigenen Gegenstand zurück."[10]

Im Essayismus der *Noten zur Literatur*, in den Modellanalysen der *Negativen Dialektik* und in der parataktischen Anordnung der *Ästhetischen Theorie*, die sich gegen die „fast unabdingbare Folge des Erst-Nachher" auflehnt[11], übt Adorno radikale Kritik an dem, was er als „diskursives Denken" bezeichnet. Die von ihm vorgeschlagene Alternative führt allerdings, wie sich im 6. Kapitel herausgestellt hat, in die Sackgasse einer „nichttheoretischen Theorie", deren parataktische Struktur sich an der Mimesis der Kunst und an der Parataxis der späten Lyrik Hölderlins orientiert.

Obwohl ich Adorno auf dem Weg zur parataktischen Auflösung der Theorie ebensowenig folgen kann wie Derrida auf dem Weg zur Dekonstruktion, möchte ich hier seinen Gedanken aufgreifen, daß Reflexion es vorrangig mit der *diskursiven Anordnung der Theorie* zu tun hat. Daß die Ausrichtung auf den Diskurs selbst kritische Analysen der sprachlichen Situation und des Kommunikationszusammenhangs nicht ausschließt, hat bereits das 8. Kapitel gezeigt, das u. a. die Funktion und Rezeption ideologischer

---

[8] Th. W. Adorno, *Negative Dialektik*, Frankfurt, Suhrkamp, 1966, S. 21.
[9] ibid., S. 22.
[10] Th. W. Adorno, *Prismen. Kultkritik und Gesellschaft*, Frankfurt, Suhrkamp, 1976, S. 29.
[11] Th. W. Adorno, *Ästhetische Theorie*, Frankfurt, Suhrkamp, 1970, S. 541.

Diskurse zum Gegenstand hatte. Im letzten Kapitel, das den interdiskursiven Dialog in den Mittelpunkt der Betrachtung rückt, wird deutlich werden, daß theoretische Kommunikation und Kommunikation allgemein erst dann konkret (im dialektischen Sinne) erfaßt werden können, wenn der Diskurs als gesellschaftliche Struktur bestimmt wurde.

Bevor ich mich jedoch der „Selbstreflexion des Diskurses" zuwende, möchte ich noch kurz auf Reflexion als gesellschaftliches und politisches Faktum eingehen. Denn in einem gesellschaftskritischen Kontext könnte jemand gegen Reflexion als theoretisches und ideologiekritisches Verfahren einwenden, sie sei praktisch folgenlos und sei letztlich als liberal-individualistischer Wert aus den Rückzugsgefechten der Kritischen Theorie gegen den staatlich verwalteten Kapitalismus hervorgegangen.

Zunächst möchte ich mich dem Vorwurf der „praktischen Folgenlosigkeit" dieses Verfahrens zuwenden. Mit ihm befaßt sich auch Anthony Giddens in seiner Kritik an Habermas in *Studies in Social and Political Theory*, wo er — nicht zu Unrecht — die Frage aufwirft, *wer* denn eigentlich durch Reflexion eine zugleich kritische und selbstkritische Haltung annehmen soll: „Die Frage, *wer* sich reflexiv der Bedingungen seines Handelns bewußt werden soll — sowie der Bedingungen dieser Bewußtseinsveränderung —, ist offensichtlich entscheidend im Hinblick auf die möglicherweise praktischen Auswirkungen dieser Veränderung."[12] Das Problem, auf das angespielt wird, wurde hier im 2. Kapitel ausführlich behandelt: Es geht um das Verhältnis von Theorie und gesellschaftlicher, revolutionärer Praxis.

Mit Recht wirft Giddens Habermas vor, er beziehe den Reflexionsbegriff bald auf quasi-hegelianische Art auf ein „menschliches Gesamtprojekt" („total human project"), bald auf „besondere Subjekte" („particular subjects"). Es scheint mir deshalb besonders wichtig zu sein, an dieser Stelle zu klären, auf wen genau sich das Reflexionspostulat — und mehr als ein Postulat ist es nicht — bezieht.

Es bezieht sich in erster Linie auf den Theoretiker (Wissenschaftler), der die gesellschaftlichen und sprachlichen Voraussetzungen seines Diskurses bloßlegen sollte: um sich selbst und seine Gesprächspartner nicht irrezuführen. Es bezieht sich ferner auf alle seine Gesprächspartner (Kollegen, Studierende, Leser), die in der Lage sind, die verschiedenen Stadien der Reflexion kritisch nachzuvollziehen. Es kann sich jedoch nicht auf mythische Aktanten wie „das Volk", „die Massen", „das Proletariat" oder gar „den Menschen" beziehen, auf Einheiten, die schwer ausfindig zu machen sind und als theoretische Gesprächspartner nicht in Frage kommen.

Es ist nun wichtig, einem Mißverständnis zuvorzukommen: Wer sich auf eine kritische Theorie der Gesellschaft beruft, wird natürlich versuchen, der Theorie und der Kritik die größtmögliche Resonanz zu verschaffen. Die Beschränkung theoretischer Diskussion auf einen kleinen Kreis von Eingeweihten ist das Gegenteil von dem, was er anstrebt; er lehnt auch strikt Paretos zynische Feststellung ab, Wissenschaft sei größeren gesellschaftlichen Gruppen nicht zu vermitteln, und die Ideologie als ein Ensemble von „Derivaten" bleibe deshalb weiterhin ein legitimes Instrument der Machtausübung.[14]

---

[12] A. Giddens, *Studies in Social and Political Theory*, London, Hutchinson, 1977, S. 156.
[13] ibid., S. 157.
[14] Siehe z. B.: S. E. Finers Kommentar zu Paretos Schriften: „Hence Pareto's neo-machiavellianism. ‚The art

Er wird aber als Pareto- und Lenin-Leser wissen, wie schwierig es ist, ein größeres Publikum mit theoretischen Erkenntnissen vertraut zu machen, ohne sich zu fatalen Konzessionen an die Ideologie zwingen zu lassen. Mit diesem Problem habe ich mich bereits im 8. Kapitel, im Zusammenhang mit der Rezeption ideologischer Diskurse, befaßt: Über die Tatsache, daß Ideologien aus semantischen und syntaktischen Gründen leichter rezipierbar sind als Theorien, zumal wenn der linguistische Faktor des „restringierten Kodes" eine Rolle spielt, darf der Theoretiker sich nicht hinwegsetzen. Folglich sollte er auch nicht der allgegenwärtigen Versuchung nachgeben, Theorien zu „popularisieren", bis sie in kommerzialisierbaren und ideologisierbaren Denkmustern aufgehen. Theorien büßen ihren Erkenntniswert ein, wenn sie auf Dichotomien wie *Kapitalismus/Sozialismus* oder auf Slogans wie „verwaltete Welt", „Falsifizierbarkeit" oder „Paradigmawechsel" reduziert werden. Er muß sich dem Paradoxon stellen, daß in einer von kommerzialisierten Medien beherrschten Öffentlichkeit die Theorie, die für alle bestimmt ist, nur wenige erreicht. Angesichts dieser Lage hat er dafür zu sorgen, daß die wenigen immer zahlreicher werden; er hat also zu verhindern, daß aus Theoretikern Ideologen werden.

Der zweite Vorwurf, den man gegen das theoretische Kriterium der Reflexivität richten könnte, betrifft dessen liberal-individualistischen Charakter. Er hängt sehr eng mit dem ersten Vorwurf zusammen: Als Schlüsselbegriff der Kritischen Theorie ist Reflexivität nicht von der Ausrichtung dieser Theorie auf individuelle Autonomie und Kritik zu trennen. Dies wird bereits in der ersten Entwicklungsphase des Instituts für Sozialforschung deutlich, über die Axel Honneth schreibt: „Als letztes Element des von ihm entworfenen Forschungsvorhabens faßte Horkheimer eine Kulturtheorie ins Auge, der die Aufgabe zufiel, die kulturellen Bedingungen zu untersuchen, unter denen individuelle Sozialisierung im Spätkapitalismus stattfindet."[15] Das Augenmerk war somit von Anfang an auf den Einzelnen, auf die selbstkritische Subjektivität, gerichtet, nicht mehr auf den historischen Prozeß, auf das Proletariat oder ein anderes Kollektivsubjekt. Trotz aller Unterschiede, die die frühe von der späten Kritischen Theorie trennen, scheint die Orientierung an der individuellen Problematik eine Konstante in ihrer Entwicklung zu sein. An deren Ende steht Adornos bekannte Feststellung aus „Individuum und Organisation" (1953): „Gegenüber den kollektiven Mächten, die in der gegenwärtigen Welt den Weltgeist usurpieren, kann das Allgemeine und Vernünftige beim isolierten Einzelnen besser überwintern, als bei den stärkeren Bataillonen, welche die Allgemeinheit der Vernunft gehorsam preisgegeben haben."[16] Die individuelle Kritik hat hier die kollektive Praxis Marxens, Korschs und Lukács' verdrängt.

---

of government lies in finding ways to take advantage of (...) sentiments, not in wasting one's energies in futile efforts to destroy them, the sole effect of which, frequently, is to strengthen them'. (...) If one derivation is knocked out, the effect will simply be to encourage a different one to take its place." (S. E. Finer in: V. Pareto, *Sociological Writings*, London, Pall Mall Press, 1966, S. 44—45.)

[15] A. Honneth, „Critical Theory", in: A. Giddens & J. Turner (Hrsg.), *Social Theory Today*, Cambridge, Polity Press, 1987, S. 353.

[16] Th. W. Adorno, „Individuum und Organisation", in: ders., *Kritik. Kleine Schriften zur Gesellschaft*, Frankfurt, Suhrkamp, 1971, S. 84—85.

Diese Diagnose wird weitgehend von Karl-Otto Apel bestätigt, wenn er zum Verhältnis von Reflexion und sozialem Engagement bemerkt: „Theoretische Reflexion und materiell-praktisches Engagement sind, trotz der Identität der Vernunft mit dem Vernunftinteresse, nicht identisch, sondern treten auf der höchsten Stufe philosophischer Reflexion als polar entgegengesetzte Momente innerhalb des emanzipatorischen Erkenntnisinteresses noch einmal auseinander."[17] Universale Reflexion sei auch bei Habermas letztlich mit praktischem Engagement unvereinbar, weil sie ein Interesse an Entdogmatisierung, Kritik und universalem Zweifel mit sich bringt.

Angesichts dieser Entwicklung ist es nicht möglich, individualistische Begriffe wie „Reflexivität", „Ambivalenz", „Ironie", „Autonomie" und „Kritik" als natürlich, als gegeben vorauszusetzen: Die Theorie würde dem Naturalismus verfallen und zur Ideologie im restriktiven Sinne verkommen. Vielmehr müssen solche Begriffe als historische, als in einer konkreten sozio-linguistischen Situation entstandene erkannt und in einem offenen Dialog problematisiert werden. Das Hauptproblem ist die *Verallgemeinerungsfähigkeit* einer Terminologie, die aus einem besonderen sozialen und sprachlichen Kontext — dem Niedergang des liberalen Individualismus nach dem Ersten Weltkrieg — hervorgegangen ist. Auf dieses Problem will ich im letzten Kapitel, im Anschluß an eine soziosemiotische Beschreibung der diskursiven Reflexion, eingehen.

2. Selbstreflexion des Diskurses

„Reflexion" wurde bisher vorwiegend im Zusammenhang mit Begriffen wie „Selbstbewußtsein", „Kontemplation" und „Distanz" beschrieben. Dies mag der Grund sein, weshalb Gadamer im Anschluß an Dilthey und Kant von der These ausgeht, daß Reflexion eher im ästhetischen als im theoretischen Bereich verwirklicht wird, weil in der Kunst noch am ehesten ein Heraustreten aus der „Jagd nach den Zielen" (Dilthey) denkbar ist: „Es ist eine Abstandnahme, eine Ferne von dem Zusammenhang unseres eigenen Handelns, die solche Besinnung ermöglicht. (...) Die Kunst ist deshalb ein besonderes Organ des Lebensverständnisses, weil in ihren ‚Confinien zwischen Wissen und Tat' das Leben sich in einer Tiefe aufschließt, wie sie der Beobachtung, der Reflexion und der Theorie nicht zugänglich ist."[18]

Dieses Ausweichen in einen mythisierten ästhetischen Bereich, das so verschiedene Theorien wie Adornos Ästhetik und Derridas Dekonstruktion mit der konservativen Hermeneutik Gadamers verbindet, soll hier vermieden werden. Denn die semantischen und syntaktischen Verfahren, mit deren Hilfe literarische Texte wie Musils *Der Mann ohne Eigenschaften* ideologische Schemata in Frage stellen und den Leser zum Nachdenken anregen, stimmen in vieler Hinsicht mit den Verfahren kritischer Theorien überein, die mythische Aktanten auseinandernehmen, nach dem Standort des Aussagesubjekts fragen und den Dualismus durch Ambivalenzen und Vermittlungen ersetzen. Im vorigen Kapitel sollte u. a. gezeigt werden, wie kritische Fiktion und kritische Theorie

---

[17] K.-O. Apel, *Transformation der Philosophie* Bd. 2, Frankfurt, Suhrkamp, 1973, S. 153.
[18] H.-G. Gadamer, *Wahrheit und Methode,* Tübingen, J. C. B. Mohr, 1975 (4. Auflage), S. 222.

einander in dieser Hinsicht — als ideologiekritische Diskurse — wechselseitig ergänzen und bestätigen.

Die Flucht in die ästhetische Enklave wird z. T. durch die Überlegung motiviert, daß Wahrheit ein ästhetischer Prozeß ist, der eher von der „Wortkunst" als von der Theorie realisiert wird.[19] Ein solches Vorurteil der Theorie gegenüber erhält sich nur solange am Leben, wie deren sprachliche Aspekte und Möglichkeiten nicht analysiert werden: denn der theoretische Diskurs ist nicht nur in der Lage, kritische Verfahren zu entwickeln, die denen des fiktionalen Textes vergleichbar sind; er hat auch die Möglichkeit, vieles, was in der Fiktion implizit bleiben muß (etwa das Aktantenmodell), explizit darzustellen.

Deshalb kommt es im folgenden darauf an, „Reflexion" nicht so sehr als „Denkprozeß" oder „Bewußtseinswandel" im philosophischen, hermeneutischen Sinn aufzufassen, sondern zu zeigen, wie sie als diskursiver, soziosemiotischer Vorgang beschreibbar ist. „Semiotik" ist hier kein Zauberwort; denn ich meine, daß im textsoziologischen oder soziosemiotischen Kontext einige wesentliche Gedanken ausgedrückt werden können, die der Begriffsraster der verschiedenen philosophischen Diskurse nicht erfaßt. Roland Barthes pflegte zu sagen: „Wenn etwas auf andere Art ausgedrückt wird, dann wird etwas anderes ausgedrückt."

Es geht mir darum, „Reflexion" als ein Ensemble diskursiver Verfahren zu beschreiben, um dem Reflexionsbegriff der Kritischen Theorie eine neue sprachkritische Dimension zu geben. Zu diesen Verfahren gehören: a) die Darstellung der sozio-linguistischen Situation und des Soziolekts; b) das Nachdenken über Relevanzkriterien, Klassifikationen (Taxonomien) und Definitionen; c) die Beschreibung des Aussagevorgangs und der aktantiellen Schemata: „énonciation" und „énoncé" — und *last but not least* d) die Problematisierung der Objektkonstruktion, die als Synthese aller anderen Verfahren aufgefaßt werden kann. — Denn solange wir von der vereinfachenden Annahme ausgehen, daß das sozialwissenschaftliche Subjekt ein Objekt (und sei es auch ein „Kosubjekt") *vor sich hat,* werden wir in der Theorie nicht vorankommen. In allen Fällen wird „Reflexion" als Antonym zum ideologischen „Naturalismus" aufgefaßt, so daß auch hier — wie schon im vorigen Kapitel — Theorie nur im Gegensatz zur Ideologie und als dialektische Negation des ideologischen Diskurses verstanden werden kann.

a) *Sozio-linguistische Situation, Soziolekt, Institution*

Im siebenten Kapitel schlug ich den Begriff der „sozio-linguistischen Situation" als Alternative zu Habermas' „idealer Sprechsituation" vor, um auf die Tatsache aufmerksam zu machen, daß ideologische Interessen und Standpunkte sich in den Diskursen der Umgangssprache und der Sozialwissenschaften selbst niederschlagen. Die Umgangssprache sollte daher nicht — wie bei Apel und Habermas — in Übereinstimmung mit der „idea-

---

[19] Siehe: H.-G. Gadamer, *Wahrheit und Methode,* op. cit., S. XXVIII: „Daß in einem Kunstwerk Wahrheit erfahren wird, die uns auf keinem anderen Wege erreichbar ist, macht die philosophische Bedeutung der Kunst aus, die sich gegen jedes Räsonnement behauptet. So ist neben der Erfahrung der Philosophie die Erfahrung der Kunst die eindringlichste Mahnung an das wissenschaftliche Bewußtsein, sich seine Grenzen einzugestehen."

len Kommunikationsgemeinschaft" (Apel) als „postkonventionell" und „metainstitutionell"[20], d. h. als frei von partikularen Interessen, charakterisiert werden.

Es ist zwar richtig, daß die Alltagssprache, der sich Wissenschaftler und Nichtwissenschaftler in heterogenen gesellschaftlichen Kontexten bedienen, weit über die Interessen, Konventionen und Institutionen einzelner Gruppen hinausgeht und deshalb nicht als ideologisch bezeichnet werden kann. Es trifft aber auch zu, daß die Sprache als historisches und soziales System nicht unabhängig von den Gruppensprachen als Soziolekten existiert und daß ihr Vokabular und ihre semantischen Strukturen unablässig von den miteinander konkurrierenden ideologischen, wissenschaftlichen, kommerziellen und anderen Soziolekten verändert werden.

Apel hat zwar recht, wenn er die Umgangssprache für die letzte, nichthintergehbare Metasprache erklärt[21], aber diese Metasprache ist alles andere als neutral oder „herrschaftsfrei". Im Gegenteil; sie weist in allen Bereichen Spuren ideologischer, wissenschaftlicher und religiöser Konflikte sowie kommerzieller Konkurrenzkämpfe auf. Auf diesen Umstand beziehen sich Bachtin und Vološinov, wenn sie bemerken: *„Das Wort ist immer mit ideologischem oder aus dem Leben genommenem Inhalt und Bedeutung erfüllt."* (S. Kap. 7.) Wörter wie „Freizeitwert", „Biotop", „Umweltsünder", „Eliteuniversität", „Revisionist", „Nullwachstum" und „Freisetzung" (Entlassung) sind in bestimmten Soziolekten entstanden und können nicht nach belieben verwendet werden.

Viele Autorinnen und Autoren, ja sogar Redner, versuchen diesem Problem durch immer häufigere Verwendung von Anführungszeichen zu begegnen, die im mündlichen Gespräch oder im Vortrag mit Hilfe von Handzeichen angedeutet werden. Diese Erscheinung ist keineswegs trivial, sondern erklärt sich aus der Tatsache, daß zahlreiche lexikalische Einheiten, Aussagen und semantische Klassifikationen konkurrierende Soziolekte signalisieren, auf die das Aussagesubjekt dialogisch-polemisch reagiert. Jeder gesprochene oder geschriebene Text nimmt dadurch einen *intertextuellen* Charakter an und sollte deshalb nicht als Monolog, als fensterlose Monade, rezipiert werden. (Siehe Kap. 7.)

Daß wir es nicht mit einer neutralen *langue* im Sinne von Saussure, sondern mit einer von ideologischen Konflikten geprägten sozio-linguistischen Situation zu tun haben, fiel unabhängig von Bachtin und Vološinov auch Jean-Paul Sartre auf, der in einem Kommentar zur Sprachtheorie von Brice Parain bemerkt: „Parain befaßt sich mit der Sprache von 1940, nicht mit der Sprache als Universalerscheinung. Es geht um die Sprache der kranken Wörter, in der ‚Friede' Aggression, ‚Freiheit' Unterdrückung und ‚Sozialis-

---

[20] K.-O. Apel, „Ist die Ethik der idealen Kommunikationsgemeinschaft eine Utopie? Zum Verhältnis von Ethik, Utopie und Utopiekritik", in: W. Voßkamp (Hrsg.), *Utopieforschung. Interdisziplinäre Studien zur neuzeitlichen Utopie*, Bd. 1, Stuttgart, Metzler, 1982, S. 347. Von der „Institution des argumentativen Diskurses" heißt es in diesem Text: „Sie hat insofern *postkonventionellen* und, gewissermaßen, wie die Sprache selbst *metainstitutionellen* Status (. . .)." Hier gilt, was ich im Zusammenhang mit Habermas' „idealer Sprechsituation" sagte: Es gibt keine Argumentation, in der ideologische und fachspezifische Gruppensprachen keine Rolle spielen.

[21] Nach Apel ist die Umgangssprache ihre eigene Metasprache: „Daß nun aber die *natürliche Umgangssprache Selbstreflexivität* nicht ausschließt, sondern gewissermaßen ihre eigene *Metasprache* ist, macht offenbar das spezifische Verhältnis von *Sprachsytem, Sprachgebrauch*, sprachlich bedingter *Erfahrung* und Lebens-*Praxis* beim Menschen allererst möglich." (*Transformation der Philosophie* Bd. 2, op. cit., S. 343.)

mus' Regime der Ungleichheit bedeuten."[22] Die von Sartre verwendeten Anführungszeichen erfüllen eine zugleich intertextuelle und polemische Funktion: Sie deuten an, daß die zitierten Wörter in Sartres Diskurs die Bedeutungen, die sie in den Soziolekten ihrer Herkunft annahmen, wieder verlieren und sich in ihre Antonyme verwandeln.

Welche Bedeutung haben diese Überlegungen für die Theorie und vor allem für die theoretische Reflexion? Das Aussagesubjekt des theoretischen Diskurses sollte sich darüber klar sein, daß seine Rede kein transhistorisches Idealkonstrukt ist, sondern eine intertextuelle, d. h. polemisch-dialogische Reaktion auf Soziolekte und Diskurse seiner Zeit, seiner sprachlichen Situation. Es gilt, diese sprachliche Situation — so weit wie möglich — zu reflektieren.

Dabei ist es wichtig zu bedenken, daß ein sozialwissenschaftlicher Diskurs nicht ausschließlich auf wissenschaftliche Gruppensprachen reagiert, sondern sich immer wieder implizit oder explizit mit politischen, literarischen, juristischen oder religiösen Sprachformen auseinandersetzt. Aus diesem Grunde schlug ich seinerzeit im Zusammenhang mit dem fiktionalen Text die Unterscheidung zwischen einer *internen* und einer *externen* Intertextualität vor: Während sich die erste auf dialogisch-polemische Reaktionen innerhalb des literarischen Bereichs bezieht, trägt die zweite der Möglichkeit Rechnung, daß literarische Texte auch nichtfiktionale — wissenschaftliche, politische, kommerzielle — Diskurse kritisch parodieren oder im Pastiche verarbeiten können.[23] Analog dazu ließe sich zeigen, wie Wissenschaftler *als Wissenschaftler* auf politische, ethische oder religiöse Sprachformen reagieren.

Besonders klar tritt eine solche wissenschaftliche Reaktion auf politische Diskurse in Carl Christian von Weizsäckers Kommentar zu Oskar Lafontaines *Die Gesellschaft der Zukunft* (1988) in den Vordergrund. Weizsäcker geht eindeutig vom Soziolekt des Kritischen Rationalismus aus, wenn er in seinem Artikel „Platon, Marx und der Ministerpräsident" über Lafontaines ökosozialistischen Entwurf schreibt: „Mir graut vor der Praxis aller Gesellschaftsentwürfe, deren Funktionieren die Umerziehung der Menschen erfordert." Und er fügt hinzu: „Poppers Konzeption der offenen Gesellschaft ist das *Piecemeal Engineering*. In kleinen Schritten sollen Veränderungen versucht, im Falle der Bewährung weitergeführt, andernfalls wieder zurückgenommen werden."[24] In diesem Kontext sind auch die im Titel des Artikels angelegten negativen Konnotationen zu lesen: Neben Plato und Marx (der informierte Leser wird den Namen Hegels ergänzen) soll Lafontaine als „falscher Prophet", als zwielichtige Gestalt zeitgenössischer Politik erscheinen.

In diesem Stadium sind nicht mehr die ideologischen Verfahren wichtig, derer sich Weizsäcker bedient, um die Leser von Lafontaines Fragwürdigkeit zu überzeugen, sondern die Tatsache, daß in der modernen sprachlichen Situation wissenschaftliche und politische Soziolekte sich intertextuell, dialogisch-polemisch aufeinander beziehen. In einer solchen Situation ist es nicht sinnvoll, politische, religiöse, kommerzielle und wissenschaftliche Sprachen sauber voneinander zu trennen; vielmehr kommt es darauf an

---

[22] J.-P. Sartre, „Aller et retour", in: ders., *Critiques littéraires. Situations I*, Paris, Gallimard, 1947, S. 236.
[23] Siehe: Vf., *Textsoziologie*, op. cit., S. 82–83.
[24] C. Ch. von Weizsäcker, „Platon, Marx und der Ministerpräsident", in: *Die Zeit* Nr. 19, 6.5.1988, S. 35.

zu erkennen, daß die vielfältigen Beziehungen, die sie täglich eingehen, das soziolinguistische Netz bilden, in dem unsere sprachliche Kommunikation stattfindet: Während der Wissenschaftler C. Ch. von Weizsäcker mit den kritischen Rationalisten gegen Lafontaines Ökosozialismus argumentiert, mobilisieren Bischöfe (s. Kap. 8), grüne Politiker und Pädagogen das Vokabular der Kritischen Theorie gegen Technokratie und Geldherrschaft.

Theoretikern und Ideologen ist eines gemeinsam: Sie ergreifen nicht *nur* als Individuen das Wort, sondern als Exponenten von Gruppeninteressen und Gruppensprachen, deren semantisches, lexikalisches und narratives Potential durch individuelle und kollektive Anstrengungen tagtäglich erweitert wird. Indem Weizsäcker Lafontaine zu einem *Aktanten* in der kritisch-rationalistischen *Erzählung* „Falsche Propheten" macht, stellt er — nebenbei — auch die Anwendbarkeit des Kritischen Rationalismus auf neue gesellschaftliche Erscheinungen unter Beweis und erweitert dadurch die ideologische Kapazität und Flexibilität des Soziolekts. (Ob er auch seine theoretische Kapazität vergrößert, ist eine ganz andere Frage.) Ähnliches widerfährt der Kritischen Theorie, wenn sie von Theologen gegen einige Erscheinungen der Marktgesellschaft gewendet wird.

Richtig scheinen mir in diesem Zusammenhang Alvin W. Gouldners Bemerkungen über den kollektiven („soziolektalen") Charakter von Theorien zu sein: „Alle Theorie ist nicht nur von einer Gruppe beeinflußt, sie ist in Wirklichkeit das Ergebnis einer Gruppenaktivität. Hinter jedem Ergebnis theoretischer Arbeit steht nicht nur der Autor, dessen Name auf der Titelseite des Werks erscheint, sondern eine ganze ‚Schattengruppe', für die, so könnte man sagen, der ‚Autor' als ‚Markenzeichen' figuriert; in gewisser Weise ist der Name des Autors der Name für ein intellektuelles Team."[25]

Diese Erkenntnis ist sicherlich wichtig und wurde hier im 7. Kapitel textsoziologisch konkretisiert: Die Theorie ist ein Soziolekt und ein sekundäres modellierendes System. Von der Ideologie unterscheidet sie sich u. a. dadurch, daß das theoretische Subjekt sich dieser Tatsache bewußt ist. Dieses Bewußtsein allein genügt jedoch nicht: Das Aussagesubjekt hat zugleich die hier skizzierte sprachliche Situation zu reflektieren, in der sein eigener theoretischer Soziolekt mit anderen theoretischen, ideologischen oder religiösen Soziolekten interagiert.

So könnte die Kritische Theorie der Nachkriegszeit als eine kritisch-polemische Reaktion auf die existentialistische Seinsphilosophie und vor allem auf deren medienträchtige Ideologisierung im „Jargon der Eigentlichkeit" verstanden werden. Zahlreiche Schriften Adornos (auch die *Negative Dialektik,* 1966) werden nur oberflächlich verstanden, wenn sie unabhängig vom Soziolekt des Existentialismus rezipiert werden. Da in der zeitgenössischen sprachlichen Situation Lexeme wie „Begegnung", „Auftrag", „Seinsgrund" in den meisten Kreisen ihre ideologische Wirkung eingebüßt haben, fällt es manchen Lesern schwer zu verstehen, weshalb Adorno sich gegen den „Jargon" ereifert; plausibler erscheinen ihnen Habermas' Einwände gegen die Technisierung und Instrumentalisierung der Theorie, die sich in den Sozialwissenschaften häufig mit der Forderung nach

---

[25] A. W. Gouldner, *Die westliche Soziologie in der Krise,* Reinbek, Rowohlt, 1974, S. 62.

Mathematisierbarkeit paart.[26] Diese Leserreaktionen hängen mit globalen Veränderungen zusammen, die seit zwei oder drei Jahrzehnten eine neue sozio-linguistische Situation hervorbringen, in der ökologische, ökosozialistische und feministische Gruppen gegen technizistische, strategische oder „technokratische" Diskurse polemisieren. Es ist wichtig, daß der Theoretiker sich solcher Veränderungen bewußt ist.

Angesichts dieser Veränderungen, die u. a. dazu führen, daß neue ideologische Soziolekte (Ökosozialismus, Feminismus) und neue Fachsprachen (Postmodernismus, Dekonstruktion) auf eine kritische Theorie der Gesellschaft einwirken, halte ich zwei Überlegungen für wesentlich: 1. Die Theorie sollte sich auf allen sprachlichen Ebenen gegen Versuche wehren, sie ideologisch zu vereinnahmen. 2. Sie sollte sich als Soziologie um intensiven Kontakt zu den sich entwickelnden Sozialwissenschaften bemühen und dadurch die Anstrengungen der frühen Kritischen Theorie fortsetzen.

Diesen beiden Anforderungen wird sie noch am ehesten durch einen systematischen Ausbau ihrer sprachwissenschaftlichen und sprachkritischen Komponenten genügen. Aus diesem Grunde wurde hier im 7. Kapitel eine textsoziologische oder soziosemiotische Erweiterung der Kritischen Theorie vorgeschlagen. Als Diskurskritik schlägt diese nicht nur eine Brücke zur Semiotik, sondern vermag — im Gegensatz zu einer rein soziologischen oder sozialphilosophischen Theorie[27] — der ideologischen Vereinnahmung Widerstand zu leisten: Im zweiten Teil dieses Buches sollte gezeigt werden, daß Ideologie im restriktiven Sinne vor allem im Bereich der diskursiven Verfahren von der Theorie abzugrenzen ist. Global unterscheidet sich das theoretische vom ideologischen Aussagesubjekt dadurch, daß es sich selbst als Diskurs und Soziolekt in einer historisch spezifischen sozio-linguistischen Situation reflektiert.

Schließlich sei auf einen anderen soziologischen Aspekt der Theoriebildung hingewiesen, der eng mit dem Problem des Soziolekts zusammenhängt: auf die soziale *Institution*. Nicht zu Unrecht bemerkt Peter Weingart in *Wissensproduktion und soziale Struktur* (1976), „daß kognitive Prozesse in der Wissenschaft nicht sinnvoll erklärbar sind ohne Rekurs auf institutionelle Prozesse."[28] Seine These wird im sprachlichen Bereich von Pierre Bourdieu ergänzt, wenn dieser in *Leçon sur la leçon* (1982) über den institutionalisierten soziologischen Diskurs bemerkt: „So läßt er eine Distanz entstehen, die sowohl beim Redner selbst als auch bei seinem Publikum den Glauben zu zerstören droht, der die Grundbedingung für das reibungslose Funktionieren der Institution ist." Bourdieu fügt sogleich hinzu, daß diese reflexiv gewonnene Freiheit der Institution gegenüber „die Bedingung einer jeden Wissenschaft ist, vor allem aber einer Wissenschaft der Institutionen."[29]

---

[26] Siehe z. B.: K. W. Deutsch, „What Do We Mean by Advances in the Social Sciences?", in: K. W. Deutsch, A. S. Markovits, J. Platt, *Advances in the Social Sciences 1900—1980,* Lanham-New York-London, University Press of America, 1986, S. 5: „A scientific argument must be stated in such a way that it can be retraced step by step by some pattern of logic or mathematics."

[27] Solange „Ideologie" und „Theorie" nur philosophisch und nicht semiotisch oder textlinguistisch definiert werden, ist es schwierig, sie auseinanderzuhalten und die Theorie vor Ideologisierung zu bewahren.

[28] P. Weingart, *Wissensproduktion und soziale Struktur,* Frankfurt, Suhrkamp, 1976, S. 85.

[29] P. Bourdieu, *Leçon sur la leçon,* Paris, Minuit, 1982, S. 55.

Hier wird deutlich, daß sich ideologische und theoretische Soziolekte nicht im Vakuum entwickeln: Während die einen in politischen und gewerkschaftlichen Einrichtungen zustandekommen[30], werden die anderen an Hochschulen, in Zeitschriftenredaktionen und an wissenschaftlichen oder kulturellen Instituten (Istituto Gramsci, Max-Planck-Institut, Centre National de la Recherche Scientifique) entwickelt und öffentlich legitimiert: als „wissenschaftlich", „nützlich", „bedeutsam" etc.

Dem aufmerksamen Beobachter wird nicht entgehen, daß in bestimmten Redaktionen, Fakultäten oder Abteilungen der Sprachgebrauch ziemlich homogen ist und daß Abweichungen von der sprachlichen Norm durch gesellschaftlichen Druck eingedämmt und in extremen Fällen mit Ausschluß geahndet werden. Zu den bekanntesten Beispielen gehört neben der Institutionalisierung der „Dekonstruktion" an der Universität von Yale die mittlerweile aufgelöste *Tel-Quel-Gruppe* um Kristeva und Sollers, die in den sechziger und siebziger Jahren eine Synthese von Psychoanalyse, Semiotik („Sémanalyse") und Marxismus anstrebte und allen Abweichungen von dieser als avantgardistisch apostrophierten Kombination mit Mißtrauen begegnete.[31] Bekannt sind auch Versuche an verschiedenen europäischen Universitäten, marxistische, kritisch-rationalistische oder psychoanalytische Soziolekte zu institutionalisieren und sprachliche Abweichler zu „exkommunizieren".[32]

In den siebziger Jahren wandte ich mich gegen die Institutionalisierung der literaturwissenschaftlichen „Rezeptionsästhetik", die um 1970 an der Universität Konstanz entwickelt wurde und innerhalb von wenigen Jahren an zahlreichen philologischen Fakultäten eine Hegemoniestellung einnahm, die sie einerseits ihrer z. T. berechtigten Kritik an der etablierten „werkimmanenten Interpretation" verdankte, andererseits jedoch ihrer grob vereinfachenden ideologischen Polemik gegen „den Marxismus".[33]

In diesem Zusammenhang zeigt sich, daß die Institutionalisierung theoretischer Soziolekte nicht unabhängig von der Institutionalisierung ideologischer Gruppensprachen zu verstehen ist: Sowohl der Kritische Rationalismus als auch die Rezeptionsästhetik werden von Wissenschaftlern häufig als ideologische Waffen gegen „den Marxismus" gewendet, während Hermeneutik und Psychoanalyse regelmäßig von religiösen und feministischen Gruppen in Anspruch genommen werden.

---

[30] Siehe: D. Vidal, *Essai sur l'idéologie. Le cas particulier des idéologies syndicales*, Paris, Anthropos, 1971, S. 56—57 und A. Touraine, *La Conscience ouvrière*, Paris, Seuil, 1966.

[31] Siehe: M. Charvet, E. Krumm, *Tel Quel. Un' avanguardia per il materialismo*, Bari, Dedalo Libri, 1974, S. 57—73.

[32] Zum Verfahren der „Exkommunikation" siehe: *Langage et excommunication, Degrés* Nr. 26—27, Frühjahr, 1981. Für den Versuch, eine nichtmarxistische Soziologie zu institutionalisieren, ist Prof. D. Marslands Buch *Seeds of Bankruptcy*, London, Claridge Press, 1988, charakteristisch. Siehe auch den Kommentar zu Marslands Buch in *Times Higher Education Supplement*, 1.4.1988, S. 3: „But Professor Marsland has been accused of bias himself. According to Mr. John Scott, editor of the British Sociological Association's newsletter *Network* and a member of the BSA executive, Professor Marsland ‚seeks to incorporate his own political preferences into sociological research' by arguing that sociology should be ‚positive' about capitalism, enterprise and the market." (Hier zeigt sich, daß der alte Gegensatz zwischen Soziologie und Markt, Kulturwert und Tauschwert, bis zum heutigen Tage wirkt.)

[33] Siehe: Vf., „‚Rezeption' und ‚Produktion' als ideologische Begriffe", in: P. V. Zima (Hrsg.), *Textsemiotik als Ideologiekritik,* Frankfurt, Suhrkamp, 1977.

Institutionalisierungsprozesse können solche ideologisch-theoretischen Konflikte verschärfen: etwa dann, wenn zu entscheiden ist, ob eine offene Stelle mit einem Psychoanalytiker oder einem Vertreter der empirischen Psychologie, einem kritischen Rationalisten oder einem Vertreter der Kritischen Theorie, einem „Strukturalisten" oder einem „Marxisten" besetzt werden soll.

Die sozio-linguistische Situation reflektieren bedeutet also auch: die Institutionalisierungsprozesse zur Sprache bringen, die z. T. erklären, weshalb an diesem Institut oder jener Fakultät so und nicht anders „gesprochen" wird, weshalb hier dieser und dort jener Soziolekt dominiert. Der Theoretiker, der die Reflexivität und den Dialog ernst nimmt, hat im Rahmen seiner Möglichkeiten dafür zu sorgen, daß in seiner Institution kein Soziolekt zum Alleinherrscher werden kann: denn Alleinherrschaft begünstigt den Monolog, und dieser ist ideologisch.

b) *Relevanz, Klasse, Definition*

Luis J. Prieto definiert „Relevanz" („pertinence") als den Standpunkt, von dem aus ein Subjekt die Wirklichkeit, das Objekt, betrachtet und erfaßt. Es handelt sich bei Prieto allerdings — wie schon bei Gouldner — um ein Kollektivsubjekt oder um ein individuelles Subjekt, das einer Gruppe angehört, „in der das, was man als ‚symbolische Macht' bezeichnen kann, bestimmte Standpunkte mit besonderer Legitimität ausstattet."[34] Anders ausgedrückt: Die Standpunkte, die Sozialwissenschaftler einnehmen, wenn sie bestimmte Gegensätze, Unterschiede, Selektionsverfahren und Begriffe für „relevant" erklären, sind alles andere als neutral, sondern entsprechen kollektiven Positionen und artikulieren Gruppeninteressen.

Es kommt darauf an, drei Mißverständnisse zu vermeiden, die leider noch sehr häufig dem Reflexionsprozeß in den Sozialwissenschaften einen Riegel vorschieben: 1. Das Vorurteil, daß Relevanzkriterien eine *natürliche Gegebenheit* sind, daß sie sich dem Wissenschaftler gleichsam von selbst „anbieten"; 2. die These, daß Relevanzkriterien vorwiegend oder ausschließlich dem *Objekt* entnommen werden (daß sie objektimmanent sind); 3. die Ansicht, daß sie dem Wissenschaftler von der Wissenschaft allgemein oder gar von der Vernunft diktiert werden.

Diese etwas vereinfachende Darstellung der drei Mißverständnisse, könnte nun den polemischen Einwand provozieren, es werde sicherlich niemand so naiv sein, die von ihm verwendeten Relevanzkriterien für natürlich oder objektimmanent zu halten. Die sozialwissenschaftliche Praxis sieht leider anders aus: Es geschieht relativ selten, daß Autoren sozialwissenschaftlicher Texte die von ihnen eingeführten Definitionen, Klassifikationen und Relevanzkriterien reflektieren und sie auf eine sozio-linguistische Situation oder gar auf einen Soziolekt beziehen. Dadurch kann beim Leser der Eindruck der Natürlichkeit oder der komplementäre Eindruck der Willkür entstehen.

So schreibt beispielsweise Karl W. Deutsch in seinem Artikel „What Do We Mean by Advances in the Social Sciences?": „Wir nahmen an, daß die Gemeinsamkeiten, die die

---

[34] L. J. Prieto, *Pertinence et pratique*, Paris, Minuit, 1975, S. 148.

Naturwissenschaften mit den Sozialwissenschaften verbinden, groß genug und wichtig genug sind, um einen Transfer von Erfahrungen zu erlauben (...). Ein wissenschaftliches Argument muß so formuliert werden, daß es Schritt für Schritt nach einem logischen oder mathematischen Muster nachvollzogen werden kann."[35] Weshalb sind aber mathematische Argumentationsweisen und naturwissenschaftliche Erfahrungen für die Sozialwissenschaften *relevant*? In welcher sprachlichen Situation und von welchem kollektiven Standpunkt aus *erscheinen* die von Deutsch vorgeschlagenen Kriterien („naturwissenschaftliche Erfahrung", „Mathematisierbarkeit", „Formalisierbarkeit") als *relevant*? Immer wieder werden die Sozialwissenschaften mit den Naturwissenschaften verglichen, gegen diese abgegrenzt oder gar verteidigt. Wer entscheidet aber, daß der Gegensatz oder Unterschied Naturwissenschaft/Sozialwissenschaft entscheidend ist und nicht der zwischen Sozialwissenschaft und Ideologie?

Ähnliche Fragen drängen sich auf, wenn auf naturalistische Art semantische Gegensätze wie Verifizierung/Falsifizierung oder Induktion/Deduktion eingeführt werden: Welchem Soziolekt gehören solche Unterscheidungen an und welche historisch und sozial bedingten Wertsetzungen drücken sie aus? Solche Fragen richten sich auch an einen Literaturwissenschaftler wie Siegfried J. Schmidt, der in einer Kritik der zeitgenössischen Literaturwissenschaft fordert: „Sehr selten wird der Status literaturwissenschaftlicher Aussagen in den bis heute vorliegenden Textinterpretationen von Literaturwissenschaftlern explizit reflektiert (...) In vielen Fällen ist das Verhältnis zwischen Analyse und Interpretation von Texten unreflektiert und undeutlich (...)."[36] Abgesehen davon, daß Schmidt seinen Lesern nicht verrät, was er sich genau (semiotisch, soziologisch) unter „Reflexion" vorstellt, wird in dieser Passage nicht klar, weshalb gerade der „Status" von Aussagen sowie der Gegensatz zwischen „Analyse" und „Interpretation" für relevant erklärt werden. Die kollektiv bedingten Relevanz*kriterien* bleiben ebenso verborgen wie das für sie verantwortliche Kollektiv (s. Gouldner, Prieto): „Wer spricht?"

Eine Unterscheidung wie Interpretation/Analyse mag durchaus sinnvoll sein, aber wie kommt sie zustande: in welcher sprachlichen Situation, in welchem Soziolekt, in welcher Gruppe? Weshalb *entscheidet* ein Wissenschaftler, daß der „Status" einer Theorie (im Sinne von Stegmüller, Sneed) relevant ist und nicht ihre diskursive Anordnung, ihre Reflexivität oder ihr Verhältnis zur Ideologie?

Diese Fragen gehen von selbst in die umfassendere Problematik der theoretischen Modellierung über: Wenn die Hypothese aus dem 7. Kapitel, daß Theorien sekundäre modellierende Systeme sind, zutrifft, dann erscheint die Frage legitim, weshalb ein Aussagesubjekt („sujet d'énonciation") in einer bestimmten sozio-linguistischen Situation die Begriffe A, B und C definiert (und nicht die Begriffe X, Y, Z) und weshalb es — ausgehend von der natürlichen Sprache, der Umgangssprache — bestimmte semantische Gegensätze und Unterschiede für relevant erklärt und andere nicht: Weshalb ist der Gegensatz zwischen „Sein" und „Seiendem" sinnvoll (Heidegger) und nicht der zwischen „Proletariat" und „Bürgertum" (Lukács)?

---

[35] K. W. Deutsch, „What Do We Mean by Advances in the Social Sciences?", op. cit., S. 5.
[36] S. J. Schmidt, *Literaturwissenschaft als argumentierende Wissenschaft*, München, Fink, 1975, S. 3.

Das sekundäre modellierende System „Theorie", für das meistens ein individuelles Aussagesubjekt verantwortlich ist, ist nicht unabhängig von kollektiven Relevanzkriterien, von einem Gruppenstandpunkt oder Soziolekt zu verstehen. Die sekundäre Modellierung, die das primäre modellierende System der natürlichen Sprache umformt, umdeutet, bringt einen psychoanalytischen, kritisch-rationalistischen, marxistischen oder konstruktivistischen Soziolekt hervor, der Gruppenstandpunkte und Gruppeninteressen artikuliert. Ich habe hier versucht, diesen Prozeß zu veranschaulichen, indem ich den Schlüsselbegriff „Reflexion" reflexiv auf die gesellschaftlichen Positionen der Kritischen Theorie bezog und dadurch seine historische und soziale Kontingenz bloßlegte: nicht nur, um ihn — potentiellen Gesprächspartnern — verständlicher, sondern um ihn „diskutierbar", dialogfähig zu machen. Wer Begriffe wie „Sein", „Seiendes", „Interpretation", „Analyse", „Bewußtes", „Unbewußtes" nicht soziologisch-genetisch als kontingente (historische) Erscheinungen reflektiert, läuft Gefahr, seinen Diskurs dem ideologischen Naturalismus auszuliefern.

Das hier angeschnittene Problem der Relevanzkriterien und ihrer Reflexion kann weiter im Zusammenhang mit dem semantischen Klassifikationsverfahren konkretisiert werden. Laut Bourdieu gehört zu den wichtigsten Objekten der Soziologie „der Kampf um die legitime Darstellung der sozialen Welt, dieser Kampf der Klassifikationen („lutte des classements"), der eine Dimension aller Auseinandersetzungen zwischen Klassen: Altersklassen, Geschlechtsklassen oder sozialen Klassen, bildet."[37] Auch der Klassifikationsprozeß („faire taxinomique", Greimas) wird hier — unabhängig von Gouldner und Prieto — als kollektive Tätigkeit dargestellt. Es darf allerdings bezweifelt werden, daß Klassifizierungen nur klassenspezifisch sind: Innerhalb der historischen Klassen sind Gruppen und Soziolekte zu unterscheiden, die für spezifische Relevanzkriterien und Taxonomien verantwortlich sind (s. Kap. 7 u. 8).

Wie wichtig es ist, Klassifikationsverfahren zu reflektieren und zu begründen, zeigt wiederum der bereits zitierte Text von Karl W. Deutsch über den Fortschritt in den Sozialwissenschaften. In diesem Text heißt es im Zusammenhang mit der *Frequenz* natürlicher und gesellschaftlicher Ereignisse: „In der Welt kommen wahrscheinlich nicht mehr Orkane vor als Kommunalwahlen. Wenn wir intelligente und allgemeine Aussagen über Orkane machen können — obwohl sich in vieler Hinsicht jeder Orkan von jedem anderen unterscheidet —, dann können wir zumindest nach Regelmäßigkeiten in Wahlen Ausschau halten."[38] Das hier vorgebrachte *Wenn-Dann-Argument* gründet auf einer problematischen Klassifikation, die nicht hinterfragt wird: Orkane und Kommunalwahlen werden einer Klasse zugerechnet, die vom Klassem „Häufigkeit" (sporadisch vorkommende Ereignisse) zusammengehalten wird. Über Ursprung und Funktion dieser Art zu klassifizieren wird nicht nachgedacht, auch nicht über ihre theoretischen und ideologischen Konsequenzen, die aus der Tatsache hervorgehen, daß hier soziale und natürliche Ereignisse einander angeglichen werden. Dabei geht die — für andere Wissenschaftler relevante — Differenz verloren, die darin besteht, daß Wähler individuelle und kollektive Sub-

---

[37] P. Bourdieu, *Leçon sur la leçon*, op. cit., S. 14.
[38] K. W. Deutsch, „What Do We Mean by Advances in the Social Sciences?", op. cit., S. 8.

jekte sind, die *selbst klassifizieren* — wie der Soziologe oder Politologe, von dem sie klassifiziert werden. „Die Beherrschten können sich dem Zugriff der legitimen Klassifikation entziehen", sagt Bourdieu.[39] Das können Orkane nicht, weil sie selbst keine klassifizierenden Subjekte sind. Hier tritt ein qualitativer Unterschied zwischen den Objekten der Naturwissenschaften und denen der Sozialwissenschaften zutage, auf den ich ausführlicher im Zusammenhang mit der Objektkonstruktion zu sprechen komme.

Es geht nicht um den Unterschied als solchen, sondern um die Tatsache, daß Deutsch sich stillschweigend, monologisch über ihn hinwegsetzt und seine eigene Klassifikation als natürlich, als selbstverständlich darstellt. Natürliche und soziale Ereignisse einer Klasse zuzurechnen ist jedoch nichts Natürliches, sondern ein Ideologem, das seit der Renaissance die Entfaltung des bürgerlichen Rationalismus begleitet und die Reflexion als genetische Betrachtungsweise behindert: Soziale Erscheinungen werden ihrem Entstehungszusammenhang entfremdet und verdinglicht.

Nicht berücksichtigt wird im rationalistischen Kontext die Tatsache, daß nicht nur die semantische Selektion, die dem theoretischen Diskurs zugrunde liegt, ideologisch im allgemeinen Sinne ist, sondern jede Art von Selektion im sozialwissenschaftlichen Bereich. Dazu bemerkt Peter Weingart in dem bereits zitierten Buch: „Ideologien können z. B. einen Einfluß darauf haben, welches Wissen überhaupt zur Kenntnis genommen und wie es interpretiert wird. Ideologien, Werte und Normen sind als Selektionsmechanismen wirksam, die die Wahrnehmung von Wissen strukturieren (. . .)."[40] Weingart zeigt u. a., wie im Zusammanhang mit der Umweltproblematik ideologische Faktoren und wissenschaftliche Arbeitsteilung die Ausblendung bestimmter wichtiger Problemaspekte bewirken. Während die Emission von schädlichen Rauchgasen als umweltbelastend wahrgenommen wird, wird *Wärmebelastung* der Luft nicht als Problem definiert: „Im Bericht der Projektgruppe ‚Reinhaltung der Luft' taucht die ‚Wärmeverschmutzung' der Luft gar nicht auf."[41] Auch hier wird indirekt die Frage aufgeworfen: „Wer spricht?" — „Wer betrachtet?"

Obwohl Alfred Schütz sich in seinen Arbeiten sehr ausführlich mit dem Relevanzproblem befaßt, verfällt seine phänomenologische Argumentation immer wieder dem Naturalismus, weil sie von einem individuellen und oft idealisierten Beobachter ausgeht: „Im Moment genügt es zu bemerken, daß in jedem Augenblick unseres Lebens das Bewußtsein auf einen gewissen Weltausschnitt konzentriert ist, der durch die Summe aller Motivationsrelevanzen bestimmt wird. Das können wir ‚Aufmerksamkeit' oder ‚Interesse' nennen."[42] Aber um *wessen* Bewußtsein geht es?

Sicherlich hat Schütz recht, wenn er „Aufmerksamkeit" und „Interesse" im Zusammenhang mit dem Relevanzbegriff, mit den sich überlagernden Relevanzen, definiert, aber diese Relevanzen sind — mitsamt den Definitionen und Klassifikationen, die sie hervorbringen — auf psychischer Ebene individuell und auf sozialer Ebene kollektiv bedingt: Wo der bürgerliche Urlauber landschaftliche Schönheit oder „Romantik" sieht,

---

[39] P. Bourdieu, *Leçon sur la leçon*, op. cit., S. 15.
[40] P. Weingart, *Wissensproduktion und soziale Struktur,* op. cit., S. 171.
[41] ibid., S. 193.
[42] A. Schütz, *Das Problem der Relevanz*, Frankfurt, Suhrkamp, 1982, S. 101.

nimmt der Bauer vorwiegend nutzbare und nicht nutzbare Flächen wahr; wo der Ökologe ein Biotop sieht, sieht der Bauer eher ein zu beseitigendes Hindernis etc.

Dies ist der Grund, weshalb ich hier versucht habe, die Probleme der Relevanz, der Klassifikation (Taxonomie) und der Definition als soziale, kollektive Probleme darzustellen, die von Soziolekten, Gruppenstandpunkten und Ideologien im allgemeinen Sinne nicht zu trennen sind. Der von Vertretern der Kritischen Theorie als relevant empfundene Gegensatz zwischen individueller Freiheit und Spätkapitalismus ist nur im Hinblick auf die Position einer besonderen gesellschaftlichen Gruppe zu verstehen, deren Interessenlage sich von der der Kritischen Rationalisten oder der Marxisten wesentlich unterscheidet.

c) *Aussagevorgang und Aktantenmodell*

Im siebenten und achten Kapitel hat sich immer wieder gezeigt, daß das ideologische oder theoretische Aussagesubjekt nicht nur klassifiziert und definiert, sondern eine mehr oder weniger zusammenhängende „Geschichte" erzählt, die soziologischen, psychologischen, historischen oder juristischen Charakter haben kann. Während das ideologische Subjekt dazu neigt, seine Erzählung implizit oder explizit mit der Wirklichkeit zu identifizieren, nimmt das theoretische Subjekt sein kantianisches Erbe ernst und weist den Leser oder Gesprächspartner spontan darauf hin, daß sein Diskurs als narrative Struktur nur eine mögliche Rekonstruktion der Wirklichkeit, des Objekts, ist.

Greimas' Gedanke, daß auch Theorien narrative Strukturen sind, die auf der Ebene der „énonciation" als Erzählungen und auf der Ebene des „énoncé" als Geschichten oder Aktantenmodelle darstellbar sind, hat noch kaum Eingang in die europäische Theoriediskussion gefunden. Jedem, der an Theoriediskussionen teilnimmt, wird jedoch zu einem bestimmten Zeitpunkt klar, daß nicht isolierte Argumente oder Sprechakte ausgetauscht werden, sondern daß jedes Argument einer besonderen theoretischen Erzählung angehört, einem Diskurs, für den ein Aussagesubjekt verantwortlich ist.

Über den Ablauf einer solchen Erzählung entscheiden die Relevanzkriterien und Klassifikationen eines Soziolekts, die vom individuellen Sprecher oder Autor natürlich modifiziert werden können. Es macht sowohl im Hinblick auf die sprachliche Situation als auch im Hinblick auf den narrativen Ablauf des Diskurses sehr viel aus, ob das Subjekt vom semantischen Gegensatz System/Lebenswelt und den dazugehörigen Taxonomien ausgeht oder vom Gegensatz System/Umwelt oder Individuum/Spätkapitalismus: In diesen drei Fällen werden drei verschiedene und miteinander kaum vereinbare „Geschichten" erzählt, von denen die erste verkürzt als „Kolonialisierung der Lebenswelt", die zweite als „Reduktion der Komplexität" und die dritte als „Niedergang des Individuums" dargestellt werden könnte.

Unabhängig von Greimas hat Werner Schiffer im Zusammenhang mit der Geschichtswissenschaft zu zeigen versucht, welche Funktionen Erzählschemata im theoretischen Diskurs erfüllen. Dabei spielt A. C. Dantos Konzeption einer „narrative history" eine wichtige Rolle: „Vor allem Dantos nicht nur geschichts-, sondern ebenso erzähltheoretisch provozierende Kernthese — die Form der Erzählung sei bereits als solche eine *Form der Erklärung* — ist bisher nicht genauer auf ihre Tragfähigkeit und Konsequenzen überprüft worden."[43]

Ähnlich wie in diesem und im 7. Kapitel wird von den Geschichtswissenschaftlern eine Beziehung zwischen den Relevanzkriterien und der historischen Erzählung hergestellt, die, wie ich meine, auch in den Erzählschemata anderer Sozialwissenschaften von ausschlaggebender Bedeutung ist. Zu diesem Aspekt des Problems schreibt Schiffer, wiederum in Anlehnung an Danto: „Im Hinblick auf das Verständnis zwischen der historischen Darstellung und ihrem Gegenstand ist mithin generalisierend zu konstatieren, daß die — wenn Danto recht hat — narrative Form dem Zu-Erklärenden (Explananda) unter dem Aspekt der (retrospektiven) *Selektion* gegenüber tritt. Diese Selektion resultiert aus den der Erzählung notwendig zugrunde liegenden Relevanzkriterien, Akzentsetzungen und Ordnungsprinzipien, und insofern ist ‚jede Erzählung eine den Ereignissen unterlegte Struktur ... die einige von ihnen mit anderen gruppiert, einige andere wiederum aussondert, weil es ihnen an Relevanz mangelt'."[44]

Mißverständlich ist der letzte Teil dieses Satzes, weil er den Eindruck erweckt, die Relevanzkriterien könnten auch Objektimmanent sein; indes hängen sie von den Entscheidungen ab, die ein individuelles Subjekt im Rahmen eines Soziolekts trifft. Den Ereignissen, Handlungen und Aussagen mangelt es nicht an Relevanz; diese wird ihnen vom Subjekt abgesprochen. Wenn ein Geschichtswissenschaftler die Gründung des Warschauer Paktes im Jahre 1955 als eine Reaktion auf die Gründung der Nato im Jahre 1949 erklärt, dabei aber Funktion und Wirkung des Kominform (1947—1956) nicht thematisiert, dann erzählt er — häufig aus ideologischen Gründen — eine andere Geschichte als der Historiker, der die Gründung der Nato als Reaktion auf die Aktivitäten des Kominform im östlichen Mitteleuropa erklärt. Wenn ein Soziologe wie Niklas Luhmann von der Überlegung ausgeht, daß der Gegensatz zwischen Liberalismus und Marxismus nicht mehr relevant ist, weil beide dem „alteuropäischen Denken" angehören, so wird er — im Gegensatz zu Karl Popper und Hans Albert — die wissenschaftliche und gesellschaftliche Entwicklung nicht mehr als Erneuerung des liberalen Individualismus und als „Selbstbefreiung durch das Denken" (Popper) erzählen, sondern im Rahmen einer Systemtheorie, die Begriffe wie „Herrschaft", „Befreiung" und „Vernunft" gern hinter sich lassen möchte.

In diesem Kontext ist — meine ich — auch das leidige Problem der sozialwissenschaftlichen *Prognose* zu betrachten, das vor allem Vertretern des Kritischen Rationalismus wie Albert, Popper und Topitsch zu schaffen machte. Es geht um die Frage, wie eine Theorie beschaffen sein müsse, um richtige oder genaue Prognosen zu zeitigen. Im folgenden möchte ich zeigen, daß Prognosen nicht von den narrativen Strukturen der Theorien und von deren Ideologien (im allgemeinen Sinne) zu trennen sind.

Karl Popper macht es sich allzu leicht, wenn er in seinem bekannten Aufsatz „Prophetie und Prognose in den Sozialwissenschaften" meint, haarscharf zwischen wissen-

---

[43] W. Schiffer, *Theorien der Geschichtsschreibung und ihre erzähltheoretische Relevanz (Danto, Habermas, Baumgartner, Droysen)*, Stuttgart, Metzler, 1980, S. 23.
[44] ibid., S. 29.

schaftlichen Prognosen und ideologischen Prophetien unterscheiden zu können: Der Fehler des „Marxismus", den er pauschal dem „Historizismus" zurechnet, bestehe darin, auf diese Unterscheidung zu verzichten. Es sei eine „klare Trennungslinie" vonnöten „zwischen dem (...), was ich als *wissenschaftliche Prognose* einerseits und als *unbedingte historische Prophetie* andererseits bezeichnen werde."[45]

Der dialektisch Denkende, dem alle Trennungen, alle unvermittelten Gegensätze suspekt sind, weiß hingegen, daß in allen historischen, psychologischen, soziologischen und politologischen Erzählungen der Wunsch Vater des Gedankens ist und daß schon die Relevanzkriterien und Klassifikationen, die einer Erzählung zugrunde liegen, Wunschbilder, Feindbilder und Befürchtungen ausdrücken. Sicherlich hat Popper recht, wenn er auf die Funktion der Prophetie in Marxens Werk eingeht: Im zweiten und im achten Kapitel dieses Buches habe ich auf den „prophetischen" und teleologischen Charakter des Marxschen Diskurses hingewiesen, dessen narratives Schema von der Vorstellung einer bevorstehenden revolutionären Umwälzung und einer klassenlosen Gesellschaft beherrscht wird.

Es kann jedoch gezeigt werden, daß die narrativen Sequenzen, die Poppers eigenen Diskurs ausmachen, nicht weniger ideologisch sind als die eines Karl Marx. Wenn Popper beispielsweise Marxens Klassen als kollektive historische Aktanten durch individuelle Aktanten ersetzt, so begeht er eine Naivität, die C. B. Macpherson schon dem Rationalisten Hobbes zum Vorwurf machte[46]: „Herrscher sind stets bestimmte Personen".[47] *On the face of it*, ja: aber wie kommt es, daß im westeuropäischen oder nordamerikanischen Wahlkampf auch der beste Kandidat chancenlos ist, wenn er nicht konsequent von Interessenverbänden unterstützt wird, in deren Namen er zu regieren hat, wenn er erfolgreich sein und wiedergewählt werden will?

Diesem scheinbar methodologischen — in Wirklichkeit ideologischen — Individualismus entspricht Poppers Art, die gesellschaftliche Entwicklung zu erzählen, etwa wenn er behauptet, „die Steigerung des Glücks (sollte) in erster Linie der Privatinitiative überlassen bleiben (...)", und hinzufügt: „Dieser modifizierte Utilitarismus könnte meiner Meinung nach viel leichter zu einer Einigung über Sozialreformen führen."[48] Während in Marxens Diskurs das Proletariat die Funktion des Subjektaktanten erfüllt, übernimmt in Poppers Diskurs die „Privatinitiative" diese Funktion; während bei Marx „Kommunismus" oder „Sozialismus" häufig als Auftraggeber auftreten, setzt sich Popper in seinem Artikel für das narrative Programm des Auftraggebers „Utilitarismus" ein.

Es geht hier nicht um die Frage, welches narrative Programm besser sei, sondern um die Tatsache, daß weder Marx noch Popper ihre narrativen Schemata *reflektieren*. Während man aber einem Denker des 19. Jahrhunderts diese Versäumnis nachsehen kann, weil sie sehr eng mit der realistischen Illusion Hegels, Comtes und Balzacs zusammenhängt, sollte man sie dem Kritiker des Wiener Kreises und dem Leser Pierre Duhems

---

[45] K. R. Popper, „Prognose und Prophetie in den Sozialwissenschaften", in: E. Topitsch (Hrsg.) *Logik der Sozialwissenschaften*, Königstein/Ts., Athenäum, 1984 (11. Aufl.), S. 116.
[46] Siehe: C. B. Macpherson, *Die politische Theorie des Besitzindividualismus*, Frankfurt, Suhrkamp, 1973.
[47] K. R. Popper, „Prognose und Prophetie in den Sozialwissenschaften", op. cit., S. 123.
[48] ibid., S. 124.

zum Vorwurf machen: Wenn es zutrifft, daß Theorien konventionsbedingte *Konstruktionen* sind, mit deren Hilfe wir uns in der Wirklichkeit orientieren, dann muß auch der Konstruktions*prozeß* als semantisch-narrativer Vorgang reflektiert werden.

In diesem Kontext sind auch Hans Alberts Bemerkungen über die Form der Prognose in den Sozialwissenschaften zu lesen. Durchaus plausibel klingt seine Forderung nach Überprüfbarkeit: „Eine Theorie, die zu Prognosen verwendbare generelle Hypothesen enthält, ist damit nicht nur auf Grund bisheriger Erfahrungen, sondern darüber hinaus auf Grund zukünftiger Beobachtungen überprüfbar."[49]

Nach dem bisher Gesagten drängt sich allerdings die Frage auf: In welchem Soziolekt und in welchem semantisch-narrativen Kontext steht der Beobachter? — Der kritische Rationalist wird in Übereinstimmung mit zahlreichen anderen Wissenschaftlern feststellen, daß Marxens Prognose über die „Verelendung des Proletariats" von den Ereignissen nicht bestätigt wurde. Manche Marxisten und die meisten Marxisten-Leninisten werden jedoch versuchen, diese Prognose im Rahmen eines modifizierten narrativen Schemas zu retten: Ausgehend von Lenins Imperialismustheorie, werden sie die These aufstellen, daß die Verelendung des Proletariats nur durch die systematische Ausbeutung der (ehemaligen) Kolonialvölker *rückgängig* gemacht werden konnte. Dabei übernimmt der kollektive Aktant „Kolonialvölker" die Funktion des Aktanten „Proletariat" in Marxens Diskurs. Entscheidend ist, daß Marxens Prognose im Rahmen dieses neuen Aktantenmodells gerettet, d. h. einer veränderten sozialen und politischen Lage angepaßt wird.

Dieses Modell akzeptiert freilich nur, wer bereit ist, sich die Relevanzkriterien des marxistischen oder marxistisch-leninistischen Soziolekts zu eigen zu machen. Wer dazu nicht bereit ist, wird mit Recht einwenden, daß diese Theorie weder verifizierbar noch falsifizierbar ist. Sie ist es deshalb nicht, weil sie aufgrund ihrer Komplexität zu viele kausale und funktionale Beziehungen (Kapitalexport, Ausbeutung, postkoloniale Herrschaftsstrukturen, Rolle des IMF und anderer übernationaler Organisationen) voraussetzt, die in ihrer Gesamtheit nicht ohne starke ideologische Interferenzen zu beschreiben sind. Es ist eine äußerst spekulative Theorie, an die man aus ideologischen Gründen glaubt — oder nicht glaubt. Dies gilt allerdings auch für Poppers spekulative Aussagen über „Utilitarismus" und „individuelle Initiative".

Das marxistisch-leninistische Beispiel sollte zeigen, daß es nicht genügt, sozialwissenschaftliche Prognosen oder Hypothesen mit Hilfe von Beobachtungen zu überprüfen: Es ist zugleich notwendig, die narrativen Schemata zu reflektieren, mit deren Hilfe man selbst beobachtet, mit deren Hilfe man Ereignisse, Handlungen oder Aussagen mit Bedeutungen *erfüllt*. Der Aktant „Kolonialvölker" *muß* nicht metonymisch als Substitut für „Proletariat" aufgefaßt werden. Anderseits ist die diskursive Substitution, die die Marxisten-Leninisten durchführen, auch nicht widerlegbar ...

Es sollte hier nicht der Eindruck entstehen, daß ich einem radikalen Agnostizismus das Wort reden will. Ich glaube schon, daß bestimmte Aussagen — etwa die über die Verelendung des Proletariats in Westeuropa — interdiskursiv überprüfbar sind: Die mei-

---

[49] H. Albert, „Theorie und Prognose in den Sozialwissenschaften", in: E. Topitsch (Hrsg.), *Logik der Sozialwissenschaften,* op. cit., S. 129.

sten Theoretiker sind sich heute einig, daß diese Verelendung kein irreversibler Prozeß war, wie Marx und Engels glaubten. Interdiskursive Überprüfbarkeit, mit der ich mich im letzten Kapitel ausführlich befassen werde, scheint vor allem dann Aussicht auf Erfolg zu haben, wenn Hypothesen oder Prognosen nicht *komplexe narrative Schemata* involvieren, die für einen besonderen Soziolekt kennzeichnend sind.

Es ist vorstellbar, daß die folgende Aussage über Struktur und Funktion des ideologischen Diskurses in heterogenen Theorien (Soziolekten) akzeptiert wird: „Wenn Konflikte eine Gesellschaft polarisieren, kann eine Zunahme des ideologischen Dualismus in den Medien beobachtet werden." Da in den meisten Fällen entschieden werden kann, ob ein Konflikt (Streik, Krieg, Sprachenstreit) ausgebrochen ist und ob ein Diskurs eine dualistische Struktur aufweist (s. Kap. 8), ist es denkbar, daß kritische Rationalisten, französische Semiotiker, Marxisten und Vertreter der Kritischen Theorie gemeinsam eine solche Hypothese *überprüfen*: etwa im Zusammenhang mit dem Falkland-Krieg, der — wie ich meine — den ideologischen Dualismus in der britischen Presse auf die Spitze trieb. (Siehe Kap. 12.)

Sehr viel schwieriger wird die Lage, wenn es gilt, die folgende in Anlehnung an Max Weber (s. Kap. 4) formulierte Hypothese zu testen: „Die charismatische Persönlichkeit war in der Vergangenheit die treibende, revolutionäre Kraft in der europäischen gesellschaftlichen Entwicklung." In diesem Fall ist die Aussicht auf Erfolg nicht viel größer als bei der marxistisch-leninistischen Umformulierung der Verelendungstheorie. Die Schwierigkeiten entstehen nicht nur deshalb, weil der Charisma-Begriff kaum konkreter ist als die Bezeichnung „Proletariat", sondern vor allem deshalb, weil hier im Rahmen eines individualistischen Aktantenmodells ein langer sozio-historischer Prozeß dargestellt werden soll. Anders ausgedrückt: Die Hypothese droht als narratives Schema unter ihrer Komplexität und ihrem ideologischen Ballast zusammenzubrechen. Sie ist aber weder uninteressant noch trivial, wie sich im letzten Kapitel zeigen wird.

Ein Dilemma der Sozialwissenschaften scheint darin zu bestehen, daß gerade die faszinierenden Hypothesen, die makrostrukturellen Charakter haben und komplexe narrative Schemata involvieren, nicht interdiskursiv (oder überhaupt nicht) überprüfbar sind. Dennoch würde ich sie nicht als sinnlos verabschieden.

Die Überwindung dieses Dilemmas kann jedenfalls nicht darin bestehen, daß narrative Schemata („storytelling", Blaug) als solche abgelehnt und die Sozialwissenschaften auf deduktive Logik festgelegt werden. Die Verfahren, über die er sich mokiert, karikiert M. Blaug wie folgt: „(...) Das Aneinanderbinden von Fakten, Verallgemeinerungen auf niederem Niveau, Theorien auf hohem Niveau sowie Werturteile in einer zusammenhängenden Erzählung, die von einem Leim aus impliziten Glaubenssätzen und Attitüden zusammengehalten wird, die der Autor mit allen seinen Lesern teilt."[50] Unschwer könnte gezeigt werden, daß diese Karikatur auf die meisten sozialwissenschaftlichen Diskurse anwendbar ist, sofern sie makrostrukturelle Veränderungen zum Gegenstand haben. Deshalb gebe ich Andrew Sayer recht, wenn er antwortet: „Will Blaug damit be-

---

50 M. Blaug, zitiert nach: A. Sayer, *Method in Social Science. A Realist Approach,* London, Hutchinson, 1984, S. 228.

haupten, daß diejenigen, die sich anderer — deduktiver oder wie auch immer gearteter — Ansätze bedienen, nicht auch Werturteile fällen oder sich auf den ‚Leim von impliziten (mit anderen geteilten) Glaubenssätzen und Attitüden' verlassen?"[51]

Die vorläufige Antwort auf das Dilemma, die ich hier vorgeschlagen habe, ist nicht eine Flucht in Deduktion und formale Logik, sondern eine systematische Reflexion der narrativen und semantischen Verfahren, die eine jede sozialwissenschaftliche Theorie konstituieren. Mir ist keine soziologische, wirtschaftswissenschaftliche, psychoanalytische oder literaturwissenschaftliche Theorie bekannt, die ohne solche Verfahren auskommt.

Zum Abschluß sei auf eine Erscheinung hingewiesen, die Bourdieu mit dem Ausdruck „effet de théorie" umschreibt und auf die auch Alan Ryan in seinem anregenden Buch *The Philosophy of the Social Sciences* (1970) eingeht: „Denn im Falle der Sozialwissenschaften ist die Überlegung wichtig, daß die Art, wie Menschen in der Gesellschaft handeln, davon abhängt, wie sie sich die Gesellschaft vorstellen: Wenn sie anfangen, an eine andere Geschichte zu glauben, werden sie auch anfangen, sich anders zu verhalten."[52] Dies bedeutet u. a., daß Prognosen und in noch stärkerem Maße Prophezeiungen, zu *self-fulfilling prophecies* werden können: zu Aussagen mit praktischer, teleologischer Wirkung.

Der Theoretiker, der auf Reflexion Wert legt, sollte daher bestrebt sein, die praktische Wirkung seiner Aussagen — nicht nur der Prognosen — abzuschätzen: Er sollte der Frage nachgehen, welche Bedeutung für das individuelle und kollektive Handeln die von ihm konstruierten semantischen und narrativen Schemata annehmen. Diese Frage nach der praktischen Wirkung theoretischer Diskurse betrifft unmittelbar den Nexus zwischen Theorien und Ideologien: Begriffe wie „Charisma" und „Klassenkampf", die theoretische Konstruktionen mit problematischen Referenten sind (gibt es „Charisma", gibt es „Klassen"?) haben anhaltenden ideologischen Einfluß ausgeübt und die politische Szene verändert. Noch in den sechziger Jahren faßte in Frankreich das Schlagwort „Klassenkampf", „lutte de classes", das narrative Programm verschiedener politischer Gruppierungen zusammen (bis zu einem gewissen Grad ist es immer noch der Fall); in Westeuropa und den Vereinigten Staaten beherrscht die Frage, ob ein Protagonist „Charisma" habe, häufig den Wahlkampf. Selbst wenn es charismatische Persönlichkeiten und soziale Klassen in der empirischen Wirklichkeit nicht gibt, so gibt es sie doch in den Köpfen der Menschen, die einem charismatischen Führer folgen oder jemanden als Klassenfeind oder Klassenverräter „hinrichten". Besser als irgendein anderes drückt dieses Verb den ideologischen „effet de théorie" aus, von dem Bourdieu spricht.

Die theoretischen Konstruktionen, die Erzählungen über die Wirklichkeit, werden im naturalistischen Diskurs der Ideologien zur Wirklichkeit selbst: Der Mann da drüben *ist* der Klassenfeind, der Verräter, der charismatische Führer. Die Erzählung ist eine Falle, sagt Louis Marin: „Die Kategorie des Wahren und des Falschen ist in dieser Hinsicht der Macht des Diskurses untergeordnet und der Taktik, die von dieser Macht aus-

---

51 A. Sayer, *Method in Social Science*, op. cit., S. 228.
52 A. Ryan, *The Philosophy of the Social Sciences*, London, Macmillan, 1970, S. 197.

geht."⁵³ Indem das Aussagesubjekt definiert, klassifiziert und erzählt, konstruiert es eine *Wirklichkeit*: nicht nur für es selbst, sondern für viele andere, oftmals für Millionen.

Dem Subjekt der Theorie fällt daher die Aufgabe zu, über die Beziehungen zwischen seinem Diskurs und den in seiner sprachlichen Situation herrschenden ideologischen Soziolekten nachzudenken. Eine seiner wichtigsten Aufgaben besteht darin, seinem Publikum klarzumachen, daß jeder Diskurs nur eine mögliche, kontingente Rekonstruktion der Wirklichkeit ist, nie aber die Wirklichkeit selbst.

d) *Objektkonstruktion: Subjekt und Objekt*

Ideologie wurde im achten Kapitel als ein Diskurs definiert, der sich als narrative Struktur implizit oder explizit mit seinen Gegenständen, mit der Wirklichkeit, *identifiziert*. Sein Aussagesubjekt will nicht zugeben, daß es ein mögliches Modell der Wirklichkeit, ein sekundäres modellierendes System, konstruiert, das nicht mit seinen Objekten identisch ist und das in seiner Kontingenz und Partikularität mit anderen Diskursen (modellierenden Systemen) zu konkurrieren hat. Kurzum, das ideologische „Identitätsdenken" ist naturalistisch, weil es die semantischen und syntaktischen Verfahren, die seine Objektkonstruktion ermöglichen, nicht reflektiert.

Selten reflektiert werden auch die Common-Sense-Bezeichnungen der natürlichen Sprache, die nach Lotman das erste, das primäre modellierende System ist. Nicht nur astronomisch und geographisch fragwürdige Ausdrücke wie „die Sonne geht auf" oder „unten" und „oben" für „im Süden" und „im Norden" bringen Wirklichkeitseffekte, „effets de réalité", mit sich, sondern auch Ausdrücke, die sich auf den gesellschaftlichen Kontext beziehen, etwa auf die vertikale Klassifikation: „hoch hinaus wollen", „nach Höherem streben", „höhere Schule", „höhere Tochter" oder „niedere Triebe", „niedere Gesinnung" usw. (s. Kap. 1).Die Ausarbeitung einer sozio-linguistischen oder anthropologisch-linguistischen *Topologie*, mit deren Hilfe Angehörige einer Sprachgemeinschaft ihre natürliche und soziale Umgebung *als Wirklichkeit modellieren und wahrnehmen,* wäre sicherlich auch für Soziologen und Ideologiekritiker von Interesse.

Bekanntlich haben vor längerer Zeit schon Edward Sapir und Benjamin Lee Whorf natürliche Sprachen als „modellierende Systeme" *avant la lettre* beschrieben. Besonders charakteristisch für ihren Standpunkt scheint mir ein Satz von Sapir zu sein, den Whorf in einem Artikel zitiert: „Tatsache ist, daß die ‚wirkliche Welt' weitgehend unbewußt auf den sprachlichen Gewohnheiten der Gruppe errichtet wird."⁵⁴ Für mich ist diese Aussage (engl. Orig. in Anm. 54) deshalb entscheidend, weil sie drei Gedanken enthält, die auch für die sekundären ideologischen und theoretischen Sprachen wichtig sind: 1. die Idee der Konstruktion (die wirkliche Welt wird errichtet); 2. die Idee des Unbewußten (alle ideologische und viele theoretische Diskurse bleiben unreflektiert); 3. die Idee des sprachlichen Kollektivs („language habits of the group").

---

53   L. Marin, *Le Récit est un piège*, Paris, Minuit, 1978, S. 135—136.
54   E. Sapir in: B. L. Whorf, „The Relation of Habitual Thought and Behaviour to Language", in: ders., *Language, Thought and Reality,* Cambridge (Mass.), The M. I. T. Press, 1956, S. 134: „The fact of the matter is that the ‚real world' is to a large extent unconsciously built up on the language habits of the group."

Meine These, die ich im Anschluß an diese Überlegungen entwickeln möchte, lautet knapp zusammengefaßt: *In den sekundären modellierenden Systemen der Ideologien und Theorien wird die natürliche Sprache, die für die — deutsche, englische, italienische — Sprachgemeinschaft Universalcharakter hat, stark partikularisiert, d. h. in Übereinstimmung mit den Interessen und Bedürfnissen besonderer Gruppen umgeformt.* Im Hinblick auf die obengenannten drei Punkte hat diese These weitreichende Folgen. Ich möchte mit dem dritten Punkt beginnen.

Der partikulare Charakter oder Gruppencharakter ideologischer und theoretischer Soziolekte tritt dann zutage, wenn verschiedene Gruppensprachen miteinander kollidieren: wenn es zu Mißverständnissen oder Meinungsverschiedenheiten kommt, die nicht beseitigt und auch nicht gleich erklärt werden können. In solchen Fällen stellen die Gesprächspartner häufig fest: „Wir sprechen nicht dieselbe Sprache." Solche Aussagen werden oft als Übertreibungen oder Metaphern aufgenommen; sie sind jedoch weder das eine noch das andere, sondern beziehen sich auf faktische Differenzen im sekundären Bereich.

In zahlreichen Fällen bleiben diese Differenzen unbewußt oder halb bewußt: zumal wenn zwei ideologische Gruppierungen einander vorwerfen, nicht „realistisch", „ehrlich" oder „vernünftig" zu sein. Sprecher beider Gruppen gehen auf naturalistische Art davon aus, daß diese Adjektive nur eine „natürliche" Bedeutung haben können, da es ja nur eine von allen anerkannte natürliche Nationalsprache gibt. Sie nehmen die semantischen Transformationen und Wirklichkeitseffekte der sekundären Systeme nicht wahr. Dieses *Ver-sehen* (*bévue*, würde Althusser sagen) spielt auch in theoretischen Diskussionen eine Rolle: sooft Wissenschaftler Adjektive wie „wissenschaftlich", „rational", „überprüfbar" und „intersubjektiv" spontan verwenden, ohne zu bedenken, daß „Wissenschaft" im Diskurs A etwas ganz anderes bedeutet als im Diskurs B. Auch ihnen sind die Differenzen nicht bewußt — oder sie tun so, als gäbe es jene „Einheitssprache" der Wissenschaften, nach der Otto Neurath und andere Mitglieder des Wiener Kreises strebten.[55]

Damit kehre ich zum ersten Punkt und zum eigentlichen Thema dieses Abschnitts zurück: „Wissenschaft", „Kunst", „Erziehung", „Revolution" oder „Zweiter Weltkrieg" sind in allen Fällen Konstruktionen ideologischer oder theoretischer Diskurse, die voneinander mehr oder weniger stark abweichen, von denen aber jeder einen Wirklichkeitseffekt zeitigt: „Kunst" *ist* das, was der wortgewaltige Kunstkritiker für Kunst erklärt; der Zweite Weltkrieg *ist* die von bestimmten Relevanzkriterien ausgehende und auf Selektionen gründende Erzählung des Politikers oder des naiven Historikers; „Wissenschaft" *ist* das, was der dogmatische Wissenschaftler im Gegensatz zu Metaphysik, Pataphysik und Ideologie ein für allemal definiert. In solchen Fällen wird der Gegenstand nicht als Konstrukt wahrgenommen; über die sprachliche Objektkonstruktion wird nicht nach-

---

[55] Siehe: O. Neurath, „Universaljargon und Terminologie" in: ders., *Gesammelte philosophische und methodologische Schriften* Bd. 2, Hrsg. R. Haller und H. Rutte, Wien, Verlag Hölder-Pichler-Tempsky, 1981, S. 911—912. (Auf diesen Seiten befaßt sich Neurath mit der Möglichkeit einer wertfreien Terminologie.)

gedacht. Stattdessen wird sie — meist unbewußt — hypostasiert. Es gilt, die Theorie von solchen ideologischen Hypostasen zu befreien.

Die Reflexion führt zu der Einsicht, daß das Objekt eine Konstruktion des Subjekts ist und daß diese Konstruktion nicht von den semantischen und syntaktischen Verfahren des Subjekts zu trennen ist. Wie sehr die Identität des Objekts mit den Klassifikationsverfahren zusammenhängt, fällt Luis J. Prieto in *Pertinence et pratique* auf: „Die Identität, die ein Subjekt einem Objekt zuerkennt, wird durch die Klasse bestimmt, mit deren Hilfe es erkannt wird (...)."[56] Daraus folgt, daß „die Identität zweier Gegenstände nicht in diesen Gegenständen selbst anzusiedeln ist, sondern in der Kenntnis, die man von ihnen hat."[57]

Ähnliche Gedanken wurden unabhängig von Prieto von Vertretern des Radikalen Konstruktivismus vorgebracht. Deren Radikalität wurde freilich von Autoren wie Jean Piaget vorweggenommen, den Heinz von Foerster in „Erkenntnistheorien und Selbstorganisation" zitiert: „Fünfzig Jahre von Erfahrung haben uns gelehrt, daß Kenntnis, Wissen, Verstehen nicht lediglich aus einem Registrieren von Beobachtung erwächst, ohne daß nicht gleichzeitig eine strukturierende Aktivität des Subjekts stattfindet."[58] Wichtig ist in dieser Passage zweifellos das Wort „lediglich", das die Existenz des Objekts dem Zweifel entzieht. (Siehe weiter unten.)

Die radikalen Konstruktivisten nehmen Piaget beim Wort und versuchen, die Objekte menschlicher Wahrnehmung — nicht nur die Objekte der Wissenschaft — als *Konstrukte* darzustellen. Unmißverständlich äußern sich zu dieser Auffassung John Richards und Ernst von Glasersfeld, wenn sie behaupten, daß jede Wahrnehmung zugleich Interpretation, d. h. subjektbedingte Konstruktion, ist: „Daher gibt es keine Ebene, die als organisationsfreie Wahrnehmung bezeichnet werden könnte. Es gibt keine Trennung von Wahrnehmung und Interpretation. Der Akt des Wahrnehmens ist der Akt der Interpretierung."[59]

In einem etwas anderen Zusammenhang, in seiner „Einführung in den Radikalen Konstruktivismus", konkretisiert Glasersfeld diese Betrachtungsweise mit Hilfe eines Beispiels: Die Frage, ob der von Sextus Empiricus zur Veranschaulichung der Skepsis herangezogene Apfel *wirklich* „glatt, duftend, süß und gelb" sei, könne nicht beantwortet werden, „denn, was immer wir machen, wir können unsere Wahrnehmung von dem Apfel nur mit anderen Wahrnehmungen vergleichen, niemals aber mit dem Apfel selbst, so wie er wäre, *bevor* wir ihn wahrnehmen."[60] Seit Kant, der unsere Wahrnehmung durch die Komponenten *Raum* und *Zeit* weiter relativiert hat, sei sogar zweifelhaft, „ob da ein wirk-

---

[56] L. J. Prieto, *Pertinence et pratique*, op. cit., S. 83.
[57] ibid.
[58] J. Piaget, in: H. von Foerster, „Erkenntnistheorien und Selbstorganisation" in: S. J. Schmidt (Hrsg.), *Der Diskurs des Radikalen Konstruktivismus*, Frankfurt, Suhrkamp, 1987, S. 141. (Siehe auch: S. W. Rosenberg, *Reason, Ideology and Politics*, Cambridge-Oxford, Cambridge Univ. Press, Polity Press, 1988, Kap. 3.)
[59] J. Richards, E. von Glasersfeld, „Die Kontrolle von Wahrnehmung und die Konstruktion von Realität", in: S. J. Schmidt (Hrsg.), *Der Diskurs des Radikalen Konstruktivismus*, op. cit., S. 214.
[60] E. von Glasersfeld, „Einführung in den Radikalen Konstruktivismus", in: P. Watzlawick (Hrsg.), *Die erfundene Wirklichkeit. Wie wissen wir, was wir zu wissen glauben? Beiträge zum Konstruktivismus*, München, Piper, 1985 (3. Aufl.), S. 25.

licher Gegenstand existiert, der sich als zusammenhängendes Ganzes, so wie wir ihn als ‚Ding' erleben, von der restlichen Welt absetzt."[61] Im Anschluß an Giambattista Vico versucht der Radikale Konstruktivismus, dieses Problem mit Hilfe der These zu lösen, daß der Mensch nur das erkennen kann, was er selbst gemacht, konstruiert hat. Mit anderen Worten: Er kann die Wirklichkeit nicht objektiv, sondern nur als seine eigene Konstruktion oder Erfindung begreifen.

Dadurch wird der Wirklichkeitsbegriff aus dem objektiven in den subjektiven Bereich transponiert. Deshalb kann Prieto im semiotischen Kontext die These der Konstruktivisten noch weiter radikalisieren und präzisieren, indem er die Wirklichkeit mit der Gesamtheit der wirklichkeitsbezogenen Diskurse identifiziert: mit der „logischen Summe der diskursiven Welten, auf die sich alle Kenntnisse beziehen, derer das Subjekt fähig ist."[62] Die Wirklichkeit wäre somit, in der hier vorgeschlagenen Terminologie ausgedrückt: die Gesamtheit der Soziolekte und Diskurse über sie.

An dieser Stelle scheint mir eine Einschränkung dieser Argumentation notwendig zu sein: Obwohl ich es für sinnvoll halte, Gegenstände der Wahrnehmung und Objekte der Theorie als Konstruktionen aufzufassen, um dem hypostasierenden Naturalismus zu entgehen, meine ich, daß „Wirklichkeit" nicht ausschließlich im subjektiven Bereich angesiedelt werden sollte. Sie ist *nicht* mit der Summe der existierenden Soziolekte und Diskurse identisch. Wäre sie es, dann wäre empirische Überprüfung sinnlos, dann wäre auch der interdiskursive Dialog *über* die Wirklichkeit gegenstandslos.

Der Bundestag der Bundesrepublik Deutschland und die französische Assemblée Nationale können als ideologische, juristische, politologische und soziologische Objekte auf verschiedene Arten konstruiert werden; es scheint mir aber im Bereich der Sozialwissenschaften nicht sinnvoll, nicht produktiv zu sein, die *Existenz* dieser beiden Institutionen anzuzweifeln. Die konstruktivistische Argumentation der genetischen Psychologie (Piaget), der Semiotik (Prieto) und der radikalen Konstruktivisten (Maturana, Varela) sollte nicht dem Mißbrauch durch einen extremen Agnostizismus überlassen werden, der die beiden Schlüsselbegriffe „Wahrheit" und „Wirklichkeit" kurzerhand durchstreicht.

Als Fürsprecher eines solchen Agnostizismus tritt Siegfried J. Schmidt auf, wenn er in seinem Kommentar zum Radikalen Konstruktivismus schreibt: „Wenn Wahrheit und Wirklichkeit als absolute und letztverbindliche Berufungsinstanzen ausscheiden, weil sie prinzipiell von keinem Menschen erkennbar oder besitzbar sind, dann müssen wir für unsere Handlungen und Kognitionen die Verantwortung übernehmen, müssen in eigener Person für unser Verhalten und unsere Wissenskonstruktionen einstehen."[63] Für mich hat „Wahrheit", wie sich im vorigen Kapitel bereits gezeigt hat, gerade deshalb einen großen theoretischen Wert, *weil* sie nicht besitzbar ist.

Indem der Theoretiker zeigt, daß der Ideologe sich nur im Besitz der Wahrheit wähnt, daß er sie nur mit Hilfe naturalistischer und monologischer Verfahren usurpiert hat,

---

[61] ibid.
[62] L. J. Prieto, *Pertinence et pratique*, op. cit., S. 94.
[63] S. J. Schmidt, „Der Radikale Konstruktivismus: Ein neues Paradigma im interdisziplinären Diskurs", in: S. J. Schmidt (Hrsg.), *Der Diskurs des Radikalen Konstruktivismus*, op. cit., S. 38.

setzt er den kritisch-reflexiven und kritisch-dialogischen Prozeß wieder in Gang. Er ist gar nicht daran interessiert, jemandem zu begegnen, der die Wirklichkeit erkannt und die Wahrheit eingefangen hat: Denn dieser braucht seinen eigenen Diskurs nicht kritisch zu reflektieren, und er braucht sich auch mit niemandem zu unterhalten, weil er alles weiß; er ist der Ideologe *par excellence*.

Wer aber wie S. J. Schmidt auf „Wahrheit" und „Wirklichkeit" als Erkenntnisziele verzichtet, liefert die Theorie einem Pragmatismus aus, der — wie schon der amerikanische Pragmatismus — in einer individualistischen und utilitaristischen Ideologie beheimatet ist. Wie diese Ideologie beschaffen ist, erläutert Schmidt selbst, wenn er über den Radikalen Konstruktivismus schreibt: „Vielmehr orientiert er (...) empirische Forschung radikal um auf die Frage, wie nützlich die neuen kognitiven Orientierungsrahmen für uns sind; was wir damit denken und tun können (...).“[64] Sogleich drängt sich dem Textsoziologen die alte Frage auf: „Wer spricht, wer sind ‚wir'?" Diese ideologiekritische — d. h. theoretische — Frage wird von Schmidt sorgfältig ausgeklammert. Der „Nützlichkeitstest", der bei ihm an die Stelle der (wahrscheinlich „alteuropäischen") Wahrheit tritt[65], sowie die individualistische Ausrichtung seines Ansatzes, lassen jedoch vermuten, daß wir es mit einem individualistischen Utilitarismus zu tun haben, der von der Ideologie des Kritischen Rationalismus, dem Schmidt in den 70er Jahren huldigte, nicht wesentlich abweicht. (Die kritischen Rationalisten und einige Vertreter des Konstruktivismus wie Paul Watzlawick unterscheiden sich von Schmidt wesentlich dadurch, daß sie am Wahrheitsbegriff festhalten. Zu Poppers Wahrheitsbegriff bemerkt Watzlawick: „Es gibt nur Annäherungen an eine nie voll erfaßbare Wahrheit.")[66]

Diese Kritik führt mitten in die soziologische Problematik der Objektkonstruktion. In den Beiträgen der radikalen Konstruktivisten gibt es Anzeichen dafür, daß sie nicht nur den Prozeß der Objektkonstruktion als einen individuellen (biologischen und psychologischen) Vorgang auffassen, sondern daß ihren Ansätzen insgesamt eine individualistische Ideologie zugrunde liegt. Für diese ist eine Schlußbemerkung aus Gerhard Roths Aufsatz über „Autopoiese und Kognition" bei Maturana charakteristisch: „Gesellschaft, als etwas Interindividuelles, kann notwendigerweise nur individuell erfahren werden."[67]

Gegen eine solche Auffassung der Gesellschaft, die den Soziologen an die lange individualistische Tradition von Hobbes über Spencer bis Buchanan, Tullock und Popper erinnert, richten sich alle Kapitel dieses Buches. Denn auch die individuellste Erfahrung ist gesellschaftlich vermittelt, ist kulturspezifisch und gruppenspezifisch. Für den gläubigen Christen ist die Kathedrale von Avila oder Jaca ein anderer Gegenstand als für den fotografierenden Touristen. Für den kritischen Rationalisten oder den kritischen Theoretiker ist eine Rede Le Pens oder Almirantes — trotz gleichbleibender Typogra-

---

[64] ibid., S. 41.
[65] ibid., S. 48.
[66] P. Watzlawick, „Bausteine ideologischer ‚Wirklichkeiten'", in: P. Watzlawick (Hrsg.), *Die erfundene Wirklichkeit,* op. cit., S. 201.
[67] G. Roth, „Autopoiese und Kognition", in: S. J. Schmidt (Hrsg.), *Der Diskurs des Radikalen Konstruktivismus,* op. cit., S. 284.

phie — ein ganz anderer Gegenstand als für einen Anhänger des Front National oder des Movimento Sociale.

Deshalb ist es nicht sinnvoll, die Objektkonstruktion nur biologisch als eine Funktion des Gehirns oder als rein psychologischen Vorgang aufzufassen: Das Individuum orientiert sich in und mit Hilfe der Sprache, die immer zugleich primäres und sekundäres modellierendes System ist, natürliche Sprache und Soziolekt. In die Objektkonstruktion der Ideologen und der Theoretiker gehen daher alle hier beschriebenen diskursiven Verfahren ein: So kommt etwa das geschichtswissenschaftliche Objekt „Französische Revolution" aufgrund bestimmter Relevanzkriterien, Klassifikationen, Definitionen und narrativer Verfahren zustande. Es sieht bei Michelet völlig anders aus als bei De Bonald, Bagehot oder einem Schüler von Louis Althusser.

Wie sehr die Objektkonstruktion vom Soziolekt abhängt, in dem sie entstanden ist, zeigen die einander widersprechenden Wissenschaftsdefinitionen in der Althusser-Gruppe und im Kritischen Rationalismus. Während Popper und Albert das Marxsche Denken als einen gefahrvollen Holzweg und als fragwürdigen Historismus ablehnen und zeigen, welch ein Unheil die Irrlehren dieses falschen Propheten angerichtet haben, erscheinen die Texte des späten Marx bei Althusser als das eigentliche Fundament der Sozialwissenschaften. In Althussers Erzählung wird Marxens Entdeckung des „Kontinents Geschichte" Galileos Entdeckung des „Kontinents Physik" angenähert. (Siehe Kap. 5.) Wer geneigt ist, in dieser Kontroverse „natürlich" für die kritischen Rationalisten Partei zu ergreifen, sollte bedenken, daß Althussers Erzählung gar nicht so „unnatürlich" ist und daß lange vor Althusser Otto Neurath, also ein Mitglied des Wiener Kreises, eine ähnliche Objektkonstruktion ins Auge faßte, als er versuchte, Marxens Diskurs mit Hilfe der „physikalischen Sprache" in strenge Wissenschaft zu verwandeln.

Kontroversen aus dem literaturwissenschaftlichen Bereich zeigen ebenfalls, daß Objektkonstruktionen in Soziolekten entstehen (kollektiven Charakter haben) und daß sie aus ideologischen Gründen stark voneinander abweichen können. Während Hölderlin bei Heidegger und seinen Schülern als bodenständiger Dichter des Seins und der Tradition gedeutet wird, erscheint er beim Marxisten Georg Lukács als radikaler Jakobiner und als Anhänger der französischen Revolution. Während Lukács und Leo Kofler Kafkas Werk für abstrakt und dekadent erklären, hält Adorno den Prager Autor für einen Realisten.

In diesem Zusammenhang nimmt es nicht wunder, daß Jan Mukařovský sorgfältig zwischen dem vieldeutigen Text, dem materiellen Symbol einerseits, und den kollektiven Interpretationen dieses Symbols, dem „ästhetischen Objekt" andererseits, unterschied.[68] Er wußte bereits, daß ein jedes Kollektiv sein eigenes „ästhetisches Objekt" konstruiert. Dieses Objekt kommt aufgrund bestimmter Relevanzkriterien und vor allem Selektio-

---

[68] Siehe: J. Mukařovský, „Die Kunst als semiologisches Faktum", in: ders., *Kapitel aus der Ästhetik*, Frankfurt, Suhrkamp, 1970, S. 146: „Jedes Kunstwerk ist ein *autonomes* Zeichen, das sich zusammensetzt aus 1. dem ‚materiellen Werk', das die Bedeutung eines sinnlichen Symbols hat; 2. aus dem ‚ästhetischen Objekt', das im Kollektivbewußtsein wurzelt und die Stelle der ‚Bedeutung' innehat; 3. aus dem Verhältnis zur bezeichneten Sache (...)." Schon hier wird im semiologischen Kontext die Bedeutung als ein *kollektives Konstrukt* definiert.

nen zustande, die darüber entscheiden, welche semantischen Isotopien (s. Kap. 7) eines vieldeutigen Textes privilegiert und welche vernachlässigt werden. Eine Literaturwissenschaft, die die Bezeichnung „Theorie" verdient, würde diese semantischen Verfahren bloßlegen und sie darüberhinaus auf den Soziolekt beziehen, in dem sie selbst entstanden ist.

Obwohl ich meine, daß es in der sozialwissenschaftlichen Diskussion grundsätzlich nicht sinnvoll ist, die Frage nach der *Existenz* der objektiven Wirklichkeit aufzuwerfen, glaube ich, daß manche Objektkonstruktionen der Sozialwissenschaften zu der existentiellen Frage nach dem Referenten berechtigen. Eine Diskussion über die Existenz oder Nichtexistenz von Hölderlins Gedichten oder Kafkas *Prozeß*-Roman mag wenig ergiebig sein; aber eine analoge Diskussion über die psychoanalytische Objektkonstruktion des „Unbewußten" oder die marxistische Objektkonstruktion des „Mehrwerts" ist keineswegs überflüssig. (Siehe Kap. 12.)

Schmidts utilitaristische Frage, ob „uns" solche Objektkonstruktionen „nützen", ist nicht zielführend: Während Marxisten und Psychoanalytiker behauptet werden, daß sie sehr nützlich sind, werden kritische Rationalisten und Vertreter der empirischen Psychologie dies vehement bestreiten. Daher meine Fragen: „Wer spricht?" „Wer sind ‚wir'?" Und: „Wem nützt eine bestimmte theoretische Konstruktion?"

Das Problem kann weder mit Hilfe des Nützlichkeitskriteriums noch mit Hilfe der reinen Beobachtung, der empirischen Wahrnehmung, gelöst werden. Für den Psychoanalytiker beziehen sich „Unbewußtes", „Verdrängung" und „Fehlleistung" auf wirkliche Prozesse, und die Therapie wird für ihn ebenso „nützlich" sein wie das Gebet für den Christen, der Streik für den Marxisten oder die Konkurrenz für den liberalen kritischen Rationalisten. Daß Beobachtung und Erfahrung ideologisch und theoretisch bedingt sind, ist seit langem bekannt[69]: Wo der Psychoanalytiker unbewußte Prozesse, Verdrängungen und Fehlleistungen beobachtet, sieht der Vertreter der empirischen Psychologie etwas ganz anderes oder gar nichts.

Dennoch kann nicht behauptet werden, daß empirische Überprüfung immer nur *im Rahmen* eines bestimmten Diskurses oder Soziolekts möglich ist. Oft sprengt sie die Grenzen einer Gruppensprache: etwa dann, wenn sie auch Marxisten zwingt zu erkennen, daß die These über die Verelendung der Arbeiterklasse nicht den *Tatsachen* entspricht. Zwar kann das Aussagesubjekt in einem solchen Krisenfall mit Hilfe neuer Relevanzkriterien und Klassifikationen die Daten neu ordnen (s. o.), aber es kann sich nicht der Beobachtung, die auch Vertretern anderer Gruppenstandpunkte zugänglich ist, einfach verschließen. Deshalb ist die dialogische Öffnung des Diskurses notwendig: Der offene Dialog bietet dem Aussagesubjekt die Möglichkeit, die Tatsachen in einem anderen semantisch-narrativen Kontext und im Rahmen einer anderen Objektkonstruktion zu beobachten. Der interdiskursive Dialog, auf den ich im letzten Kapitel ausführlich eingehen werde,

---

69 Siehe: A. Giddens, der im Anschluß an Popper und Quine in *New Rules of Sociological Method*, London, Hutchinson, 1976, S. 135 schreibt: „But there can be no ‚foundations' of knowledge that are unshakeably secure, or which are not theory-impregnated."

soll die vieldeutige Wirklichkeit *erfahrbar* und die theoretischen Aussagen *überprüfbar* machen.

In diesem Zusammenhang ist es wichtig, darauf hinzuweisen, daß die Objektkonstruktion in den Sozialwissenschaften, wie sie hier beschrieben wurde, als solche bereits dialogischen Charakter hat, weil jedes Objekt der Sozialwissenschaften zugleich Subjekt ist: Der Historiker, der die Französische Revolution beschreibt und erklärt, hat es mit individuellen und kollektiven Intentionen, Handlungen und Aussagen zu tun; der Soziologe, der eine Institution beschreibt, ebenfalls; auch der interpretierte Text des Literaturwissenschaftlers drückt individuelle und kollektive Positionen und Interessen aus.

Anthony Giddens spricht in diesem Zusammenhang ganz zu Recht von einer „doppelten Hermeneutik", „a double hermeneutic": „Anders als die Naturwissenschaft steht die Soziologie in einer Subjekt-Subjekt-Beziehung zu Ihrem ‚Objektbereich', nicht in einer Subjekt-Objekt Beziehung (...). *Soziologische Begriffe gehorchen deshalb dem, was ich als doppelte Hermeneutik bezeichne.*"[70] Mit dieser These über die „doppelte Hermeneutik" der Soziologie (der Sozialwissenschaften) knüpft Giddens an Habermas' Auffassung der Sozialwissenschaft als einer dialogischen Wissenschaft an und bestätigt indirekt Michail Bachtins Ausführungen zu diesem Thema, auf die ich im vorigen Kapitel einging.

Mir scheint diese aus der deutschen Hermeneutik stammende These[71] so wichtig und fruchtbar zu sein, daß ich hier versuchen möchte, sie textsoziologisch zu ergänzen und zu präzisieren. Welche sprachliche Bedeutung hat die Erkenntnis, daß jedes Objekt der Sozialwissenschaften zugleich Subjekt ist? Sie bedeutet zunächst, daß jede Objektkonstruktion, die von bestimmten Relevanzkriterien und Klassifikationen ausgeht, eine *Rekonstruktion* ist, da sie stets auf die Relevanzkriterien, Definitionen und Klassifikationen eines anderen Subjekts *reagiert*: Wenn ein Soziologe die Schichten oder Klassen einer Gesellschaft beschreibt, muß er damit rechnen, daß die von ihm dargestellten Individuen und Gruppen sich selbst anders klassifizieren als er es tut. Der Literaturwissenschaftler, der einen Autor der „Klassik", der „Romantik" oder der „Spätromantik" zurechnet, handelt im Rahmen einer ganz bestimmten Periodisierung und setzt sich u. U. über das Selbstverständnis und die Relevanzkriterien des dargestellten Autors hinweg. Sowohl er als auch der Soziologe erzählen eine „Geschichte" (der Literatur, der Gesellschaft), die nicht die Geschichte der betroffenen Subjekte-Objekte ist.

Anders ausgedrückt: In der doppelten Hermeneutik der Sozialwissenschaften werden in den meisten Fällen heterogene Diskurse und indirekt Soziolekte miteinander konfrontiert. Zur Veranschaulichung sei ein Satz des Bildungssoziologen Paul Kellermann zitiert, der am Anfang einer Kritik an herrschenden Bildungsbegriffen steht: „Im folgenden möchte ich versuchen, zunächst dominierende Weltbilder und Begriffe aufzu-

---

[70] A. Giddens, *New Rules of Sociological Method*, op. cit., S. 162.
[71] Den Dialog als Grundlage der Hermeneutik stellt Gadamer folgendermaßen dar: „Wir kehren also zu der Feststellung zurück, daß auch das hermeneutische Phänomen die Ursprünglichkeit des Gesprächs und die Struktur von Frage und Antwort in sich schließt. Daß ein überlieferter Text Gegenstand der Auslegung wird, heißt bereits, daß er eine Frage an den Interpreten stellt." (H.-G. Gadamer, *Wahrheit und Methode*, op. cit., S. 351.)

weisen, die durch ihre Verkürzungen und Verdinglichungen das Zustandekommen einer zeitgemäßeren Sichtweise auf das Verhältnis von Studium und wissenschaftlicher Arbeit, damit aber auch die Vollziehung eines entsprechenden Handelns verhindern (...).«[72] In diesem Satz werden in Übereinstimmung mit nicht näher erläuterten Relevanzkriterien bestimmte „dominierende Weltbilder" als negative Aktanten für bestimmte Prozesse (narrative Programme) verantwortlich gemacht: für „Verkürzungen", „Verdinglichungen" und andere Behinderungen einer „zeitgemäßeren Sichtweise". Freilich entspricht Kellermanns „Erzählung" nicht den Diskursen und Soziolekten derjenigen, die sich mit den kritisierten „Weltbildern" identifizieren. Vielleicht entspricht sie auch nicht dem diskursiven Selbstverständnis aller Studierenden, die unter den von Kellermann kritisierten Weltbildern und Prozessen leiden.

In den Sozialwissenschaften ist diese Diskrepanz allerdings kaum zu vermeiden: vor allem dann nicht, wenn eine Theorie — wie die Kellermanns — den Anspruch erhebt, kritisch zu sein. Eine solche Theorie wird sich im Verlauf ihrer Objektkonstruktion (Rekonstruktion) immer wieder genötigt sehen, die Relevanzkriterien, Klassifikationen und narrativen Entwürfe der dargestellten Subjekte implizit oder explizit zu negieren. Ihre kritischen und polemischen Negationen sind vom ideologischen Charakter (im allgemeinen Sinne) aller Objektkonstruktionen der Sozialwissenschaften nicht zu trennen: Der Theoretiker geht von ideologischen Wertsetzungen aus, die sich in seinen diskursiven Verfahren niederschlagen und reagiert auf ideologische Werturteile, die sich in den dargestellten Diskursen artikulieren. Johnson, Dandeker und Ashworth haben recht, wenn sie zusammenfassend feststellen: „Die Rolle, die die Ideologie in der sozialen Welt spielt, erklärt, weshalb die Beziehung zwischen der Sozialwissenschaft und ihrem Untersuchungsobjekt sich stark von der der Naturwissenschaften zu ihren Objekten unterscheidet."[73] Nicht nur die Subjektivität, sondern auch und vor allem der ideologische Faktor, der sozialen Objekten innewohnt, unterscheidet diese radikal von Naturobjekten.

Welchen Erkenntnisfortschritt bringt nun diese textsoziologische Darstellung der „doppelten Hermeneutik" mit sich? Sie zeigt vor allem, daß es notwendig ist, sowohl die eigenen als auch die „fremden" diskursiven Verfahren, die bei der Objektkonstruktion eine Rolle spielen, zu reflektieren und bloßzulegen, um über ihr *Verhältnis* nachdenken zu können.

Denn es geht auch darum, das diskursive Selbstverständnis des untersuchten Subjekt-Objekts (des objektivierten Subjekts) so genau wie möglich zu rekonstruieren. Dies ist der Grund, weshalb ich im ersten und zweiten Teil dieses Buches versuchte, der Selbstdarstellung der theoretischen und der ideologischen Diskurse Rechnung zu tragen. Freilich kann sich eine kritische Theorie der Gesellschaft, die es nicht beim „Dokumentie-

---

[72] P. Kellermann, „Gesellschaftliche Organisation der Arbeit und Hochschulbildung. Zur Kritik vorherrschender Sicht- und Handlungsweisen im Zusammenhang von wissenschaftlicher Qualifikation und Arbeitsmöglichkeit", in: *Soziale Welt*, Sonderband 5: „Bildung und Beschäftigung", 1987, S. 65.

[73] T. Johnson, Ch. Dandeker, C. Ashworth, *The Structure of Social Theory. Dilemmas and Strategies*, London, Macmillan, 1984, S. 117.

ren" der Ethnomethodologen bewenden lassen will[74], nicht mit den Selbstdarstellungen ideologischer und theoretischer Diskurse begnügen: Ihr kritisches Anliegen wird immer wieder mit ihrem Streben nach einer nuancierten Rekonstruktion des Subjekt-Objekts in Konflikt geraten.

Diesen unvermeidlichen Konflikt kann der kritische Theoretiker durch die hier beschriebenen reflexiven Verfahren zu bewältigen suchen. Nur wenn „Reflexion" auf lexikalischer, semantischer und narrativer Ebene konkretisiert wird, kann sie zu einem wirksamen Instrument der Kritik *und* der Verständigung werden. Denn insofern als Kritik zugleich Selbstkritik ist, schließt sie Verständigung und Dialog nicht aus: Indem ich zeige, daß mein Diskurs aus einem bestimmten Soziolekt hervorgeht und daß mein Theoriebegriff nur eine mögliche Objektkonstruktion ist, die von der Ideologiekritik der Kritischen Theorie nicht zu trennen ist, gebe ich die Kontingenz meiner Konstrukte zu und gebe zugleich den monologischen Ernst auf, der sich mit der Wirklichkeit identisch wähnt. Der Dialog lebt von der Selbstironie der Gesprächspartner.

---

[74] Siehe: H. Garfinkel, „The Rational Properties of Scientific and Common-sense Activities", in: A. Giddens (Hrsg.), *Positivism and Sociology*, London, Heinemann, 1978, S. 71: „It has been the purpose of this paper to recommend the hypothesis that the scientific rationalities can be employed only as ineffective ideals in the actions governed by the presuppositions of everyday life." — Aus diesem Satz spricht eindeutig der Verzicht des Ethnomethodologen auf Ideologiekritik und auf eine kritische Soziologie.

XII. Der interdiskursive Dialog

Im zehnten Kapitel ging ich kurz auf die Beziehungen zwischen Dialektik und Dialog ein, um anzudeuten, daß nur eine offene und sich selbst kritisch reflektierende Theorie einen Dialog zu begründen vermag. Als „offen" wurde dort die nachhegelsche Dialektik deshalb bezeichnet, weil sie zusammen mit der „bestimmten Negation" die synthetisierende „Aufhebung" und das System preisgibt, die zur Grundlage des monologischen Diskurses wurden.

Der Monolog ist, wie sich im zweiten Teil des Buches gezeigt hat, auch ein wesentlicher Aspekt des ideologischen Diskurses, dessen Aussagesubjekt seine Objektkonstruktion nicht reflektiert und sich dadurch implizit oder explizit mit seinen Referenten identifiziert: Ein nur möglicher Wirklichkeits- oder Wissenschaftsbegriff wird aus seiner soziolinguistischen und historischen Kontingenz herausgehoben und *der* Wirklichkeit oder Wissenschaft gleichgesetzt. Er erscheint dem gutgläubigen Leser als der normale, objektive oder natürliche Begriff, dessen Allgemeingültigkeit über jeden Zweifel erhaben ist.

Durch diese naturalistischen und identifizierenden Verfahren schiebt der ideologische Diskurs nicht nur dem Nachdenken über den Prozeß seiner eigenen Objektkonstruktion einen Riegel vor, sondern schließt zugleich konkurrierende Diskurse von der Objektkonstruktion aus: Zu seiner Gegenstandsbestimmung soll es keine Alternative geben; wenn es schon Alternativen gibt, so soll der Zuhörer oder Leser sie jedenfalls nicht erkennen. Der monologische Diskurs ist totalitär; sein ausschließender Hermetismus ist der Ausschaltung der Opposition durch den Diktator homolog. Deshalb ist die theoretische Frage nach der Funktion des Dialogs in den Sozialwissenschaften von der politischen Frage nach Demokratie und Demokratisierung nicht zu trennen.

Das Aussagesubjekt des dialektischen Diskurses strebt danach, die hegelianischen und ideologischen Identifizierungsverfahren durch den offenen Dialog zu ersetzen, dessen Hauptaufgaben darin bestehen, den Reflexionsprozeß kommunikativ weiterzuführen und eine sozialwissenschaftliche Dialogizität zu ermöglichen, die hier als Alternative zu gängigen Objektivitätsbegriffen angeboten wird, die vorwiegend monologischen Charakter haben: Die „objektive", „tatsachengetreue" Darstellung oder Beschreibung ist eine ideologische Illusion, die Gegendarstellungen als „ideologisch", „unwissenschaftlich" oder schlicht „falsch" ausschließt: exkommuniziert.

Der Gegenstand als solcher, „das Ding an sich", ist nicht erkennbar, nicht darstellbar; dennoch kann es nicht sinnlos sein, sich ihm nähern zu wollen, um die Distanz zwischen Subjekt und Objekt zu verringern. Es macht etwas aus, ob ich einen mir unzugänglichen Berg aus weiter Ferne sehe oder ihn aus einer Entfernung von fünf oder zehn Kilometern betrachten kann. Die graduelle Reduktion der Distanz scheint mir noch am ehesten dort möglich zu sein, wo die partikulare Willkür monologischer Definitionen überwunden und ein Dialog angestrebt wird, der den Vergleich heterogener Objektkonstruktionen und die asymptotische Annäherung an das Objekt erleichtert.

Ein solcher Dialog zwischen *heterogenen* Positionen (Soziolekten, Diskursen) setzt allerdings voraus, daß der individualistische Begriff der *Intersubjektivität* radikal in Frage gestellt wird. Sowohl von den kritischen Rationalisten als auch von Habermas und Apel wird er ohne Rücksicht auf die Tatsache verwendet, daß er in den Sozialwissenschaften nur auf Diskussionen anwendbar ist, die *innerhalb* eines bestimmten Wissenschaftlerkollektivs oder Soziolekts stattfinden, nicht jedoch auf Gespräche, die interkollektiven oder interdiskursiven Charakter haben. Dieses Problem wurde — wie sich im 3. und 4. Kapitel gezeigt hat — bereits von Maurice Halbwachs und Karl Mannheim erkannt, und es wurde in Thomas S. Kuhns Theorie der wissenschaftlichen Paradigmen, auf die ich hier ausführlich eingehen will, wieder aufgegriffen.

Es steht deshalb im Mittelpunkt dieses Kapitels, weil ich meine, daß erst dann, wenn Objektkonstruktionen heterogener Diskurse und Soziolekte aufeinander bezogen werden, eine Möglichkeit gegeben ist, sich dem Gegenstand dialogisch zu nähern, d. h. ihn in seinen verschiedenen, oft komplementären Aspekten zu erfassen. Als durchaus legitim erscheint in diesem Kontext die Frage, ob *innerhalb* eines besonderen Soziolekts (innerhalb einer Wissenschaftlergruppe) ein genuiner Dialog überhaupt denkbar ist: Ist die intersubjektive Überprüfung von Theoremen (Hypothesen) im Rahmen der Psychoanalyse, des Kritischen Rationalismus oder des Althusserschen Marxismus nicht in Wirklichkeit ein Scheindialog oder Monolog, in dem kollektiv anerkannte Grundsätze bestätigt, bestenfalls modifiziert werden? (Ich denke z. B. an Lakatos' Kritik an Poppers Falsifizierbarkeitspostulat.)

Meine These lautet: Wo der theoretische Dialog im Rahmen eines Soziolekts intersubjektiven Charakter hat, ist er ein verkappter Monolog; sobald es jedoch zu einem genuinen Dialog zwischen heterogenen kollektiven Positionen kommt, ist „Intersubjektivität" als individualistisches Kriterium nicht mehr anwendbar. Anders ausgedrückt: Die institutionalisierte Sozialwissenschaft setzt sich nicht aus atomisierten Individuen, sondern aus Wissenschaftlergruppen und Soziolekten zusammen.

Anders als bei Apel und Habermas werden hier Dialog und Kommunikation nicht als ethische Ideale aufgefaßt, die von realen Gesprächspartnern immer schon kontrafaktisch unterstellt werden, sondern als theoretische und politische Postulate, die logisch aus der textsoziologischen Kritik ideologischer Diskurse hervorgehen: Wenn die Definition der Ideologie im ersten und zweiten Teil dieses Buches zutrifft, wenn Ideologie ein dualistischer, naturalistischer und monologischer Diskurs ist, dessen politisches Pendant — tendenziell auch in der pluralen Demokratie — der Totalitarismus als Monolog und Exkommunikation ist, dann erscheint die dialektische, selbstreflexive und dialogische Theorie als eine Alternative.

An dieser Stelle stellt sich allerdings die — im Zusammenhang mit der kritischen Reflexion bereits aufgeworfene — Frage nach der praktischen Wirkung des Dialogs. Mit Recht weist Rüdiger Bubner in *Handlung, Sprache und Vernunft* (1976) darauf hin, daß die von Habermas konzipierte „ideale Sprechsituation" aufgrund ihrer ethischen Idealität praktisch folgenlos ist: „Es gäbe gar keine ernsten Gegenstände dialogischer Bemühungen mehr, wenn die idealen Bedingungen erfüllt wären. Der ideale Dialog verlöre seine aufklärerische Bedeutung, er würde einfach verstummen oder, was für seine praktische Rolle gleich viel wäre, er könnte spielerisch ins Unendliche weiterlaufen. Es sind also die *idealen* Bedingungen, die den Dialog zur *praktischen Aufklärung untauglich* machen."[1]

Dies ist einer der Gründe (die anderen wurden im dritten Kapitel erörtert), weshalb im folgenden nicht die ideale, sondern die reale Sprechsituation untersucht wird. Erst wenn dargetan wird, welche ideologischen Verfahren Erkenntnis und Dialog in der wirklichen Kommunikation behindern und welche kritischen und theoretischen Verfahren sie fördern, können der Theoriebegriff und die aus ihm ableitbare Forderung nach Dialogizität in wissenschaftlichen und nichtwissenschaftlichen Institutionen *wirken*.

Selten wird ihre Wirkung über den wissenschaftlichen Bereich hinausgehen, so daß hier eher von einer theoretischen oder wissenschaftlichen Praxis die Rede sein sollte. Diese ist jedoch nicht zweitrangig: denn es macht sehr viel aus, ob wissenschaftliche Institutionen von Soziolekten und Diskursen beherrscht werden, die sich die ideologischen Verfahren der Disjunktion, des Naturalismus und des Monologs zu eigen machen, oder von Diskursen, die dialektisch und selbstreflexiv den Dialog suchen. In manchen Fällen wirkt sich die wissenschaftliche Praxis einer Gesellschaft auch auf deren politische Institutionen aus: Wäre es nicht sinnvoll, ausgehend von einer veränderten theoretischen Praxis an Schulen, Volkshochschulen und Universitäten, die ideologischen Verfahren von Politikern, Journalisten, Abgeordneten und Werbefachleuten kritisch zu hinterfragen?

Die grundsätzliche Frage dieses Kapitels lautet daher: *Auf welcher Grundlage und unter welchen Bedingungen ist Dialog in den Sozialwissenschaften möglich?* Die Antwort knüpft an die Kritik der „idealen Sprechsituation" und der „Intersubjektivität" im dritten und vierten Kapitel an.

1. Episteme, Paradigma und Soziolekt

Es geht hier um das im 4. Kapitel bereits angeschnittene Problem der theoretischen Kommunikation zwischen heterogenen Kollektivsprachen und um die Frage nach der Kommensurabilität oder Inkommensurabilität der verschiedenen Diskurse. Die Kontroversen zwischen Popper, Kuhn, Lakatos, Toulmin u. a. haben gezeigt, daß Popper sich über die Problematik des „framework" (s. Kap. 4) mit der etwas leichtfertigen Behauptung hinwegsetzt, der Wissenschaftler könne jederzeit aus diesen Rahmenbedingungen „aussteigen". Ein solcher Ausstieg setzt allerdings die Existenz einer neutralen Wissenschaftlersprache voraus, in welche die miteinander kollidierenden spezifischen Fachsprachen übersetzt werden könnten.

Wie problematisch eine solche Voraussetzung ist, fiel — wahrscheinlich unabhängig von Halbwachs und Mannheim — Thomas S. Kuhn auf, der in seiner Replik auf Poppers Kritik den Ausdruck „intratheoretisch" prägt und in mancher Hinsicht die hier vorgeschlagene Unterscheidung zwischen „intradiskursiver" und „interdiskursiver Kom-

---
[1] R. Bubner, *Handlung, Sprache und Vernunft. Grundbegriffe praktischer Philosophie,* Frankfurt, Suhrkamp, 1982 (2. Aufl.) , S. 233.

munikation" antizipiert: „Sir Karl nimmt als selbstverständlich an, daß den Vertretern konkurrierender Theorien sehr wohl eine neutrale Sprache gemeinsam ist, die einen Vergleich solcher Beobachtungsberichte ermöglicht. Ich möchte hier die Behauptung aufstellen, daß dies nicht der Fall ist. Wenn ich recht habe, dann könnte ‚Wahrheit', ähnlich wie ‚Beweis', ein Terminus sein, der nur intratheoretisch anwendbar ist."[2]

Wie in dem nur um wenige Jahre älteren „Positivismusstreit" wird in der Auseinandersetzung zwischen Popper und Kuhn der individualistische und liberale Rationalismus Poppers nicht thematisiert, der die kritisch-rationalistische Fiktion einer neutralen Sprache erklärt (s. Kap. 9). Der Gegensatz zwischen Popper und Kuhn geht u. a. aus der Tatsache hervor, daß Kuhn in einem wesentlichen Punkt mit der individualistisch-liberalen Ideologie bricht und in Übereinstimmung mit Soziologen wie Halbwachs und Mannheim den kollektiven Faktor in die wissenschaftstheoretische Diskussion einbringt.

Sein Paradigma-Begriff enthält *in nuce* die Probleme der theoretischen Verständigung, der Übersetzbarkeit von Termini und der Inkommensurabilität: „In dem Maße (...), in dem die Auffassungen zweier wissenschaftlicher Schulen darüber, was ein Problem und was eine Lösung ist, auseinandergehen, werden sie zwangsläufig aneinander vorbeireden, wenn sie über die relativen Vorzüge ihrer jeweiligen Paradigmata diskutieren."[3] Wichtig ist, daß hier die weiter oben aufgeworfene Frage, unter welchen Bedingungen Wissenschaftler miteinander reden können, in einem ganz anderen Kontext — im Zusammenhang mit der naturwissenschaftlichen Entwicklung — gestellt wird.

Auf diese Frage möchte ich noch nicht unmittelbar eingehen, sondern möchte nach diesem kurzen Problemaufriß etwas weiter ausholen und Foucaults *Episteme*-Begriff in aller Knappheit mit den Begriffen *Paradigma* und *sozio-linguistische Situation* vergleichen, um zu zeigen, daß theoretische und ideologische Kommunikation nicht mit Hilfe von Termini zu beschreiben ist, die zu allgemein sind, weil sie zu viele heterogene Erscheinungen erfassen. In der zweiten Hälfte dieses Abschnittes will ich erklären, weshalb ich den *Soziolekt*-Begriff im Bereich der Sozialwissenschaften für fruchtbarer halte als den *Paradigma*-Begriff, dessen sprachwissenschaftliche und soziologische Komponenten zu schwach ausgebildet sind.

a) *Episteme, Paradigma und sozio-linguistische Situation*

Die hier skizzierte Problematik wird ganz gut durch eine Gegenüberstellung der Begriffe „Episteme" und „Paradigma" veranschaulicht. Denn beide Begriffe sind in bestimmten Soziolekten entstanden, die außerdem kulturspezifischen Charakter haben: Während das Wort *épistémé* in seiner modernen Bedeutung aus der französischen rationalistischen Philosophie hervorgegangen ist, gehört das Wort *Paradigma* der vom Kritischen Rationalismus beeinflußten britischen und amerikanischen „philosophy of science" an. Freilich fand es nach der Publikation von Kuhns *The Structure of Scientific Revolutions* (1962)

---

[2] T. S. Kuhn, „Reflections on my Critics", in: I. Lakatos, A. Musgrave (Hrsg.), *Criticism and the Growth of Knowledge*, Cambridge, Cambridge Univ. Press, 1970, S. 265—266.
[3] T. S. Kuhn, *Die Struktur wissenschaftlicher Revolutionen*, Frankfurt, Suhrkamp, 1976 (2. Aufl.), S. 122.

bald Eingang in die deutsche, niederländische und skandinavische Wissenschaftsdiskussion. Es fällt jedoch immer wieder auf, daß die französische Diskussion trotz der Interventionen einer Isabelle Stengers[4] von diesem Schlüsselbegriff kaum beeinflußt wurde.

Soweit ich sehe, hängt dies mit zwei Faktoren zusammen: mit der sprachlichen Situation im Frankreich der sechziger und siebziger Jahre sowie mit dem Umstand, daß englische Publikationen in diesem Land nicht so intensiv rezipiert werden wie in Westdeutschland, den Niederlanden und Skandinavien. So ist es wohl zu erklären, daß die Texte von Popper oder Kuhn mit Verspätung und nicht in dem Umfang wie in Deutschland — oder in Japan — ins Französische übersetzt wurden.[5] Die sprachliche Situation wurde in den letzten zwei Jahrzehnten von theoretischen und ideologischen Soziolekten beherrscht, die für den französischen kulturellen und politischen Kontext spezifisch waren: von der rationalistischen *épistémologie* (Wissenschaftstheorie) Bachelards, Canguilhems und Foucaults sowie von den marxistischen Ansätzen Althussers, Machereys, Pêcheux' und Lecourts, die auf sie reagierten.

Für diesen sprachlichen Kontext ist die Anwendung des Begriffes *épistémologie* auf die Theorien von Popper und Kuhn charakteristisch[6] sowie die Vorstellung, daß Foucaults „Episteme" das Kuhnsche „Paradigma" irgendwie „ersetzt". Noch in den siebziger Jahren fand die Auseinandersetzung zwischen rationalistischen und marxistischen Vertretern der *épistémologie* ohne Hinweise auf Kuhn, Popper oder Lakatos statt[7]; erst Anfang der achtziger Jahre befaßten sich Autoren wie D. Lecourt intensiv mit dem Kritischen Rationalismus.[8] Charakteristisch ist auch die Tatsache, daß im französischen Kontext *paradigme* und *paradigmatique* primär als linguistische Begriffe im Sinne von Saussure aufgefaßt werden: als Antonyme zu *syntagme* und *syntgamatique* oder als Modellwörter für Deklinationen oder Konjugationen.[9]

Diese zweite Bedeutung überschneidet sich allerdings mit der des Kuhnschen Paradigmas in *Die Struktur wissenschaftlicher Revolutionen*: „In seinem herkömmlichen Sinne ist ein Paradigma ein anerkanntes Schulbeispiel oder Schema, und dieser Aspekt seiner Bedeutung macht es mir möglich, hier die Bezeichnung ‚Paradigma' zu gebrauchen, da ein besseres Wort fehlt. (...) In der Grammatik beispielsweise ist ‚amo, amas, amat' ein Paradigma (...)."[10]

Zwei Gedanken kristallisieren sich an dieser Stelle heraus, die beide für die folgenden Überlegungen wichtig sind: 1. In verschiedenen sozio-linguistischen Situationen entste-

---

[4] Siehe: I. Stengers, „La Description de l'activité scientifique par T. S. Kuhn", in: *Critique*, August-September, 1974, S. 765.

[5] Poppers *Logik der Forschung* (1934) wurde erst im Jahre 1973 ins Französische übersetzt (engl. Übers.: 1959), und die Übersetzung von Kuhns *The Structure of Scientific Revolutions* erschien im Jahre 1970, also drei Jahre nach der deutschen Übersetzung.

[6] Siehe: J. Bouveresse, „Peirce, Popper, l'induction et l'histoire des sciences", in: *Critique*, August-September, 1974, S. 737—738.

[7] Siehe: D. Lecourt, *Pour une critique de l'épistémologie*, Paris, Maspero, 1972. In diesem Buch werden vor allem Bachelard, Canguilhem und Foucault von einem althusserianisch-marxistischen Standpunkt aus interpretiert und kritisiert.

[8] Siehe: D. Lecourt, *L'Ordre et les jeux. Le Positivisme logique en question*, Paris, Grasset, 1981.

[9] Siehe: *Le Petit Robert* (1976): „paradigme" und „paradigmatique".

[10] T. S. Kuhn, *Die Struktur wissenschaftlicher Revolutionen*, op. cit., S. 37.

hen nicht nur verschiedene Soziolekte und Diskurse (s. Kap. 7), sondern auch heterogene Schlüsselbegriffe wie *épistémé* und *paradigm*, die alles andere als neutrale Bezeichnungen oder gar Synonyme sind. 2. Trotz dieser Differenzen sind die Terminologien, die aus verschiedenen sprachlichen Kontexten („Kulturtexten", würde Lotman sagen) hervorgehen, nicht inkommensurabel: Das zeigt Kuhns allgemeine Definition des Paradigma-Begriffes, die mit einer der Definitionen des *Petit Robert* übereinstimmt.

Diese beiden Überlegungen legen die Stoßrichtung meiner Argumentation fest: Verständigungsprobleme, die auf heterogene sprachliche Situationen und / oder Soziolekte zurückzuführen sind, können nicht gelöst werden, wenn Gesprächspartner oder Beobachter der Kommunikationssituation versuchen, die Bedeutung der „frameworks" zu leugnen (Popper) oder das „framework" als sprachliches Hindernis zu verabsolutieren (der frühe Kuhn). *Die dialektische Alternative besteht darin, die Heterogenität der sprachlichen Kontexte (der Soziolekte) für den Dialog fruchtbar zu machen.*

Daß trotz der Verschiedenheit der sozio-linguistischen Situationen Frankreichs und der Vereinigten Staaten Vergleiche zwischen Foucaults „Episteme" und Kuhns „Paradigma" sinnvoll sein können, zeigt Jean Piagets kritische Auseinandersetzung mit Foucaults Philosophie: „Es fällt einem schwer, bei der Lektüre von Foucaults Analysen der *Episteme*, die er in ihrer Reihenfolge unterscheidet, nicht an die ‚Paradigmen' zu denken, die bei Th.S. Kuhn in dessen berühmtem Werk über die wissenschaftlichen Revolutionen beschrieben werden."[11]

Tatsächlich geht es beiden Autoren darum, noetische Systeme zu unterscheiden und zu beschreiben, in deren Rahmen wissenschaftliche (bei Foucault auch nichtwissenschaftliche) Kommunikation stattfindet. In beiden Fällen wird eine Antwort auf die entscheidende, auch von Pêcheux (Kap. 5) aufgeworfene Frage gesucht, *was in einer bestimmten historischen Situation denkbar und sagbar sei*. Die semantische Verschiebung von Priestleys „entphlogistizierter Luft" zu Lavoisiers „Sauerstoff", die auf die Relevanzkriterien und die Beobachtung einwirkt, veranschaulicht, was gemeint ist.[12] Der Hauptmangel beider Ansätze scheint darin zu bestehen, daß geschlossene Systeme beschrieben — d. h. konstruiert — werden, deren zeitliche und räumliche Grenzen Foucault und Kuhn im Extremfall willkürlich festlegen.

Dieser Mangel ist bei Foucault weitaus stärker ausgeprägt als bei Kuhn, weil der Autor von *Les Mots et les choses* (1966) nicht wie Kuhn das noetische System *einer* Wissenschaft darstellt, sondern versucht, verschiedene, sehr heterogene Wissenschaften und Pseudowissenschaften aufeinander zu beziehen und im Rahmen eines Systems hierarchisch zu ordnen. So kommt es vor allem im letzten Kapitel des Buches zu recht willkürlichen Klassifikationen, etwa wenn der Autor den Übergang von der „klassischen" zur „modernen" Episteme an der Schwelle zum 19. Jahrhundert erläutert: „Denn die ganze Konfiguration des Wissens hat sich geändert, und sie (die Humanwissenschaften, P. V. Z.)

---

[11] J. Piaget, *Le Structuralisme*, Paris, PUF (Que sais je?), 1968, S. 112.
[12] Siehe: T. S. Kuhn, *Die Struktur wissenschaftlicher Revolutionen,* op. cit., S. 130.

sind nur in dem Maße entstanden, in dem mit dem Menschen ein Wesen erschienen ist, das vorher nicht im Feld der *episteme* existierte."[13]

Bekanntlich geht Foucault von der These aus, daß die Humanwissenschaften („sciences humaines"), die den *Menschen* entdeckten oder erfanden, zugleich das Ende des anthropozentrischen Weltbildes ankündigen, da sie aufgrund des arbeitsteiligen Prinzips, dem sie gehorchen, das menschliche Subjekt als Erkenntnisgegenstand auflösen. Selbst wenn man geneigt ist, diesem Gedankengang zu folgen, so wird man doch skeptisch fragen, ob der Mensch tatsächlich eine Erfindung der „modernen Episteme" (des 19. Jahrhunderts) sei. Ist eine anthropozentrische Interpretation von Hobbes' *Leviathan* (1651), dessen erster Teil (16 Kapitel) den Titel „Of Man" trägt, auszuschließen? Wie konnte dieses Buch im Rahmen der „klassischen Episteme" (17. und 18. Jh.), die nach Foucault von der „Mathesis" und der „Taxonomie" beherrscht wurde, entstehen?

Selbst wenn man wie Foucault nur eine besondere Definition der Humanwissenschaft gelten läßt[14], wird man sich diese und ähnliche Fragen stellen. Zusätzlich drängt sich die Frage auf, ob zu Beginn des 19. Jahrhunderts tatsächlich von einem epistemischen Einschnitt die Rede sein kann; ob nicht ebensogut die Kontinuität betont werden könnte, weil sie die Bedeutung bestimmter „klassischer" Philosophen wie Montesquieu und Rousseau für die Sozialwissenschaften der modernen Ära — etwa für Durkheim[15] — erklärt. Sollten die Humanwissenschaften der Moderne wirklich nichts mit dem Humanismus der Renaissance und der klassischen Epoche zu tun haben?

Willkürlich scheint mir auch Foucaults Konstruktion der „modernen Episteme" zu sein, in der die Humanwissenschaften von drei Grunddisziplinen abzuleiten sind, die selbst nicht der Klasse der „sciences humaines" zugerechnet werden: von der Biologie, der Ökonomie und der Philologie oder Linguistik. Dazu heißt es in *Les Mots et les choses*: „Was sie in der Tat möglich macht, ist eine bestimmte Situation der ,Nachbarschaft' zur Biologie, zur Ökonomie und zur Philologie (oder zur Linguistik). Sie existieren nur, insoweit sie neben diesen stehen — oder vielmehr unterhalb, im Raum ihrer Projektion."[16]

Mir ist nicht klar, wie Biologie, Ökonomie und Sprachwissenschaft von den „Humanwissenschaften" kurzerhand abgetrennt werden können. Die Willkür, die dieser Klassifikation anhaftet, ist auch anderen ein Dorn im Auge, etwa Jean Piaget, der nicht ganz zu Unrecht bemerkt, „daß diese *Episteme* die Foucaults selbst ist, und nicht die der wissenschaftlichen Strömungen, die er auf seine Art umgestaltet."[17] Hier tritt wieder das Problem der Objektkonstruktion in Erscheinung, auf das ich noch zu sprechen komme.

Angesichts solcher Schwierigkeiten fällt es dem Leser schwer zu glauben, daß es die von Foucault konstruierte klassische oder moderne Episteme tatsächlich gibt, daß sie ein klar bestimmbares noetisches System ist, jenseits dessen Grenzen anders gesprochen

---

[13] M. Foucault, *Die Ordnung der Dinge,* Frankfurt, Suhrkamp, 1980 (3. Aufl.), S. 436.
[14] Siehe: J. Piaget, *Le Structuralisme,* op. cit., S. 110—111: „En fait la critique des sciences humaines de Foucault se facilite quelque peu la tâche en se donnant d'elles une définition limitative qu'aucun de leurs représentants ne saurait accepter."
[15] Siehe: E. Durkheim, *Montesquieu et Rousseau, précurseurs de la sociologie,* Paris, Marcel Rivière, 1953.
[16] M. Foucault, *Die Ordnung der Dinge,* op. cit., S. 438—439.
[17] J. Piaget, *Le Structuralisme,* op. cit., S. 113.

und gedacht wird. Wenn nämlich der „Bruch" zwischen dem klassischen und dem modernen System ein willkürlich gezogener Trennungsstrich ist, dann sind auch die hermeneutischen Schwierigkeiten, die Verständigungsschwierigkeiten, die es zwischen diesen beiden Systemen geben soll, nichts als Pseudoprobleme. (Daß es in der französischen Epistemologie-Diskussion dogmatisch und willkürlich gezogene Trennungsstriche gibt, zeigt etwa Dominique Lecourts Kommentar zu Foucaults *L'Archéologie du savoir*. Der Althusser-Schüler wirft Foucault vor, dieser habe in seinem zweiten großen Werk die wissenschaftliche Bedeutung der Marxschen Theorie nicht erkannt: „‚Die Zeit der Theorie ist noch nicht gekommen', schreibt er in einem Kapitel, das den Titel trägt ‚Description des énoncés'. Wir selbst glauben, daß das Zeitalter der Theorie von Marx eingeleitet wurde (...).")[18]

Obwohl Lecourt nicht der einzige ist, der das glaubt, so bleibt der von ihm gezogene Trennungsstrich (vor Marx / nach Marx) nur intradiskursiv im Rahmen des althusserianischen Soziolekts überprüfbar. Es fragt sich deshalb, ob so großzügige Klassifikationen, wie sie Foucault oder Althusser vornehmen, sinnvoll sind und ob so allgemeine Begriffe wie „Episteme" zu Willkür und Dezisionismus nicht geradezu einladen.

Insofern unterscheidet sich Kuhns Paradigma-Begriff durch einen wesentlichen Aspekt vorteilhaft von Foucaults *épistémé*: Obwohl Kuhn es sich nicht nehmen läßt, bisweilen verschiedene Wissenschaften in einem Paradigma zu bündeln, so bezieht er sich in den meisten Fällen auf Paradigmen und Revolutionen *innerhalb einer bestimmten Wissenschaft:* der Astronomie[19], der Physik[20] oder der Chemie. Im Gegensatz zu Foucaults Episteme ist sein Paradigma-Begriff kein Versuch, heterogene Wissenschaften im Rahmen eines noetischen Systems hierarchisch zu ordnen. Im Gegenteil, er weist immer wieder darauf hin, daß sich Anomalien und Paradigmawechsel in einer bestimmten Wissenschaft auf Nachbarwissenschaften gar nicht als Revolutionen auswirken müssen. So kann beispielsweise eine radikale Veränderung innerhalb der Quantenmechanik zwar für die Mitglieder einer professionellen Untergruppe revolutionär sein, aber „für die übrige Fachwissenschaft und für jene, die in anderen physikalischen Wissenschaften tätig sind, braucht diese Veränderung überhaupt nicht revolutionär zu sein."[21]

Indem Kuhn den Paradigma-Begriff auf ganz bestimmte Ereignisse in einer bestimmten Naturwissenschaft (etwa auf die Entdeckungen Newtons oder Einsteins) anwendet, bewahrt er ihn vor der Willkür, die der Episteme anhaftet. Zugleich verzichtet er allerdings auf Foucaults ehrgeiziges Projekt, Wissenschaften in historisch-noetischen Systemen zu gruppieren. Daraus erklärt sich vielleicht seine Neigung, die Grenzen der Einzelwissenschaften bisweilen spekulativ zu überschreiten und von einem „philosophischen Paradigma" zu sprechen, das auf heterogene Bereiche der Erkenntnis anwendbar ist, „das von Descartes ins Leben gerufen und gleichzeitig mit der Newtonschen Dynamik ent-

---

[18] D. Lecourt, *Pour une critique de l'épistémologie,* op. cit., S. 113.
[19] Siehe: T. S. Kuhn, *Die Struktur wissenschaftlicher Revolutionen,* op. cit., S. 82 (zur Astronomie).
[20] ibid., S. 85 (zur Physik). Siehe auch: T. S. Kuhn, *Die Entstehung des Neuen,* Frankfurt, Suhrkamp, 1978, S. 315: „In der physikalischen Optik bildete sich, wie wir gesehen haben, der erste haltbare Konsens erst am Ende des 17. Jahrhunderts; in der Chemie und der Wärmelehre im 18. Jahrhundert (...)."
[21] T. S. Kuhn, *Die Struktur wissenschaftlicher Revolutionen,* op. cit., S. 64.

wickelt wurde."²² In diesem Text ist der Paradigma-Begriff nicht viel präziser als die Bezeichnungen „Episteme" oder „Weltanschauung".

Das diesen drei Begriffen gemeinsame Problem ist, daß sie sich auflösen, sobald sie mit dem Anspruch verknüpft werden, ganze Epochen als autonome oder gar geschlossene Systeme zu erfassen. Dies ist der Grund, weshalb ich versuche, sowohl die literarische als auch die theoretische Kommunikation mit Hilfe der im 7. Kapitel vorgestellten Termini „sozio-linguistische Situation" und „Soziolekt" zu verstehen. Sie sind insofern komplementär, als „Soziolekt" eine relativ homogene, aber nicht hermetische Erscheinung bezeichnet (eine Gruppensprache als semantischen Kode, lexikalisches Repertoire und als Ensemble von wirklichen und möglichen Diskursen), während der Ausdruck „soziolinguistische Situation" eher heuristischen Charakter hat und sich auf eine sprachliche, gesellschaftliche und historische Konstellation bezieht, die alles andere als ein geschlossenes System ist.

Im Gegenteil, er bezeichnet die Gesamtheit der intertextuellen Prozesse, die zu einem bestimmten Zeitpunkt in einer Gesellschaft zwischen ideologischen, wissenschaftlichen, kommerziellen, religiösen und technischen Soziolekten stattfinden. Er meint eine historische Totalität, die sowohl nach der Vergangenheit als auch nach der Zukunft hin offen ist. Dies bedeutet, daß sowohl auf synchroner als auch auf diachroner Ebene Kommunikation zwischen Sprechern verschiedener soziolinguistischer Situationen im Prinzip möglich ist. Es treten zwar mehr oder weniger große Verständigungsschwierigkeiten auf, aber keine „epistemologischen Brüche", die Kommunikation zu einer Illusion machen.

Auf diachroner Ebene scheint es mit Hilfe der zeitgenössischen Sprache möglich zu sein, das Vokabular und die sprachlichen Strukturen der Weimarer Republik, der Julimonarchie oder der Dritten französischen Republik zu rekonstruieren.²³ Wir wissen, daß das mittelhochdeutsche Wort „vrouwe" sowie das althochdeutsche Adjektiv „arg", das im *Hildebrandslied* vorkommt, im ursprünglichen Kontext ganz andere Bedeutungen hatten als heute, und unsere Mediävisten sind durchaus in der Lage, diesen soziolinguistischen Kontext — wenn auch ansatzweise — zu beschreiben.

Kommunikationsschwierigkeiten, die zwischen verschiedenen sprachlichen Situationen auf synchroner Ebene auftreten können, habe ich hier eingangs skizziert: Ein Vertreter der französischen *épistémologie* wird die Bezeichnung „Paradigma" im Sinne von Kuhn zunächst vielleicht falsch deuten. Dies bedeutet jedoch keineswegs, daß Verständigung *prinzipiell* unmöglich ist und daß sich der französische Soziolekt für eine Erklärung dieser Bezeichnung nicht eignet. Obwohl also eine Überwindung des „framework" möglich erscheint, sollten die Barrieren, die durch die Bildung von sozio-linguistischen Situationen und Soziolekten entstehen, nicht unterschätzt werden: Als im Sommer 1969 ein amerikanischer Vertreter der analytischen Philosophie versuchte, der Althusser-Gruppe an der Ecole Normale und wenige Tage später dem Seminar Lucien Goldmanns an der damaligen Ecole Pratique des Hautes Etudes seine Argumentationen plausibel zu machen, stieß er auf eine Mauer aus Unverständnis. Sein Lieblingsbeispiel „le roi

---

22 ibid., S. 133.
23 Das Vokabular der Julimonarchie hat besonders gründlich G. Matoré in seiner lexikologischen und soziologischen Studie *Le Vocabulaire et le société sous Louis-Philippe*, Genève, Droz, 1951, untersucht.

de France est chauve" / „the king of France is bald" fiel — gerade in Frankreich — nicht auf fruchtbaren Boden: Während er sich von Althusser den Vorwurf des „Empirismus" (den er nicht verstand) gefallen lassen mußte, bekam er von Goldmann zu hören, seine Philosophie sei „schlicht reaktionär", „tout simplement réactionnaire..."

Dieses Beispiel läßt bereits erkennen, daß in einer spezifischen Kommunikationssituation nur ein relativ kleiner Ausschnitt der gesamtsprachlichen Situation zutage tritt und nur einige der existierenden Soziolekte aufeinander reagieren. Ihre intertextuellen Beziehungen sind allerdings nur im Zusammenhang mit der sozio-linguistischen Situation als ganzer zu verstehen: Eine wissenschaftliche oder ideologische Diskussion kann manchmal als *pars pro toto* einer sprachlichen Situation aufgefaßt werden. Da es dem einzelnen Wissenschaftler unmöglich ist, diese in ihrer Gesamtheit detailliert zu erfassen, wird er die Bezeichnung „sozio-linguistische Situation" eher als eine Arbeitshypothese verwenden und sich auf die Untersuchung bestimmter Soziolekte innerhalb einer sprachlichen Situation konzentrieren: auf den Soziolekt des Wiener Kreises oder der Althusser-Gruppe; auf die Gruppensprachen der Surrealisten oder der Futuristen um Marinetti, die gegen Realismus, Katholizismus, Humanismus und Rationalismus polemisierten; auf die mondäne Konversation, die für das Drama Oscar Wildes und den Roman Marcel Prousts besonders wichtig ist. Es wird sich zeigen, daß der Soziolekt die eigentliche Barriere ist, die es in der theoretischen Kommunikation zu überwinden gilt.

b) *Paradigma und Soziolekt*

Im folgenden möchte ich ausführlicher auf den Paradigma-Begriff eingehen, um anschließend zu zeigen, daß er aufgrund seines exklusiven, hermetischen Charakters, der die Inkommensurabilitätsthese begründet, in der sozialwissenschaftlichen Diskussion nicht sehr fruchtbar ist. Als Alternative schlage ich den Soziolekt-Begriff vor, der sowohl soziologische als auch semiotische Aspekte aufweist. Dabei gilt es, zwei für mich wesentliche Tatsachen zu berücksichtigen: erstens, daß Gruppen von Sozialwissenschaftlern zugleich ideologische Kollektive sind, deren Auseinandersetzungen nicht ausschließlich den theoretischen Diskurs zum Gegenstand haben; zweitens, daß Wissenschaftler nicht mit Hilfe von „Sprachen" oder „Terminologien", sondern in oft heterogenen Diskursen miteinander kommunizieren. Es wird sich herausstellen, daß Kuhn, der keine Definition der „Ideologie" anbietet und auf die sprachlichen Aspekte des Paradigma-Begriffs nur sporadisch eingeht, sowohl die Ideologie- als auch die Sprachproblematik, die dieser Terminus mit sich bringt, vernachlässigt.

Obwohl sein Schlüsselbegriff in der Geschichte der Naturwissenschaften neue Erkenntnisse ermöglicht, ist er nicht unproblematisch, zumal Margaret Masterman in ihrer vielzitierten Studie nachweisen konnte, daß er in *Die Struktur wissenschaftlicher Revolutionen* auf 21 verschiedene Arten („possibly more, not less", Masterman) verwendet wird.[24]

---

[24] Siehe: M. Masterman, „The Nature of a Paradigm", in: I. Lakatos, A. Musgrave (Hrsg.), *Criticism and the Growth of Knowledge,* op. cit., S. 61 und S. 65, wo Masterman drei verschiedene Definitionen des Paradigma-Begriffs bei Kuhn unterscheidet: *metaphysical paradigms* or *metaparadigms; sociological paradigms* und *artefact paradigms* oder *construct paradigms* (im letzten Fall geht es um konkrete „Gebrauchsanweisungen", kanonisierte, allgemein akzeptierte Werke etc.).

Aus diesen 21 oder mehr Varianten des zunächst schillernden Terminus kristallisieren sich im Anschluß an die Lektüre von Kuhns „Postskriptum 1969", seinen „Reflections on my Critics" (1969) und seinen „Neuen Überlegungen zum Begriff des Paradigma" (1974) zwei mögliche Grunddefinitionen des Begriffs heraus, von denen die erste soziologischen oder *wissenschaftsexternen* und die zweite wissenschaftsphilosophischen oder *wissenschaftsinternen* Charakter hat und mindestens drei Aspekte aufweist (s. weiter unten).

Der soziologische Aspekt des Kuhnschen Paradigmas tritt am klarsten in dem letzten der hier zitierten drei Texte in Erscheinung: „Ein Paradigma ist das, was den Mitgliedern einer wissenschaftlichen Gemeinschaft, und nur ihnen, gemeinsam ist. Umgekehrt macht der Besitz eines gemeinsamen Paradigmas aus einer Gruppe sonst unverbundener Menschen eine wissenschaftliche Gemeinschaft."[25] Die Tautologie, die diesen beiden Sätzen zugrunde liegt, würde sich auflösen, wenn Kuhn das „Paradigma" nicht mit Bezug auf die Gruppe und diese wiederum mit Bezug auf das gemeinsame wissenschaftliche Paradigma definieren würde. Diese zirkuläre Definition ist — zumindest in der Soziologie — nicht unvermeidlich, denn eine Gruppe von Theoretikern wird in den meisten Fällen auch (oder vor allem) durch ideologische Faktoren zusammengehalten: Im 5. und 9. Kapitel habe ich bereits darauf hingewiesen, daß z. B. der Kritische Rationalismus auf Ideologemen wie „Konkurrenz", „Marktwirtschaft", „Individualismus" etc. gründet; alle Mitglieder der Althusser-Gruppe bekannten sich in den sechziger und siebziger Jahren zu bestimmten Ideologemen des Marxismus-Leninismus, und die meisten von ihnen waren, wie Althusser selbst, aktive Mitglieder der KPF. In beiden Fällen scheint es also möglich zu sein, die Homogenität der Gruppe und ihres Sprachgebrauchs aus nichtwissenschaftlichen, ideologischen Faktoren abzuleiten.

Mit Recht setzt sich Kuhn in seinem Aufsatz „Die Wissenschaftsgeschichte" (1968) für eine Vermittlung des vorherrschenden „wissenschaftsinternen" mit einem „wissenschaftsexternen" Ansatz ein: „(...) Der ‚wissenschaftsexterne Ansatz' beschäftigt sich mit der Tätigkeit der Wissenschaftler als einer sozialen Gruppe innerhalb einer größeren Kultur. Die Integration der beiden Ansätze ist zur Zeit vielleicht die größte Aufgabe des Faches, und es mehren sich die Zeichen, daß sie in Angriff genommen wird."[26] In diesem Zusammenhang drängt sich die Frage nach der Einwirkung ideologischer Faktoren auf die Fachsprachen der Wissenschaft auf.

Daß es eine solche Einwirkung in den Sozialwissenschaften — vor allem in der Soziologie — gibt, sollte hier im 9. Kapitel plausibel gemacht werden. Obwohl auch Kuhn sporadisch auf die Bedeutung sozialer und ideologischer Faktoren eingeht[27], bleibt bei

---

[25] T. S. Kuhn, „Neue Überlegungen zum Begriff des Paradigma", in: ders., *Die Entstehung des Neuen,* op. cit., S. 390.
[26] T. S. Kuhn „Die Wissenschaftsgeschichte", in: ders., *Die Entstehung des Neuen,* op. cit., S. 174–175.
[27] Siehe: T. S. Kuhn, „Reflections on my Critics", in: op. cit., S. 238, wo Kuhn im Zusammenhang mit Lakatos' Ansatz bemerkt: „Among the respects in which we agree, though he has not yet seen it, is our common use of explanatory principles that are ultimately sociological or ideological in structure." Die Tatsache, daß „soziologisch" und „ideologisch" hier als Fast-Synonyme verwendet werden, zeigt, daß Kuhns Ideologiebegriff nicht sehr klar ist.

ihm zweierlei unklar: mit welchem Ideologiebegriff er arbeitet und welche Rolle Ideologien in der von ihm dargestellten Entwicklung einiger Naturwissenschaften spielen.[28] Da mir klar ist, daß ein Autor nicht alle Begriffe, die er z. T. peripher verwendet, definieren kann, hätte mich vor allem letzteres interessiert: Wirken Ideologien nicht nur auf die *Anwendung* (Funktionalisierung) naturwissenschaftlicher Methoden und Ergebnisse, sondern auch auf die *Diskurse* der Naturwissenschaften ein? In der Einleitung zum dritten Teil habe ich versucht, auf diese Frage zu antworten. Kuhn bleibt dem Leser trotz der soziologischen Ausrichtung seiner Arbeiten eine Antwort schuldig.[29]

Diese Lücke ist wahrscheinlich nicht ausschließlich in bezug auf sein persönliches Interesse zu erklären, sondern auch im Zusammenhang mit der spezifisch naturwissenschaftlichen Problematik, die alle seine Publikationen beherrscht. Wenn meine Hypothese, daß Ideologien nicht auf den naturwissenschaftlichen Diskurs selbst einwirken, zutrifft, dann spielen ideologische Motive bei der Entstehung von Naturwissenschaftler-Gruppen — anders als im Bereich der Sozialwissenschaften — vielleicht keine oder nur eine sekundäre Rolle. Diese Überlegung würde erklären, weshalb das Ideologieproblem in keiner Publikation Kuhns in den Mittelpunkt gerückt wird.

Zentral ist hingegen die wissenschaftsinterne Entwicklung, auf die sich die drei anderen Aspekte des Paradigma-Begriffs beziehen, die Kuhn alle dem später (1974) geprägten Begriff *disziplinäre Matrix* subsumiert: „Ich möchte sie als symbolische Verallgemeinerungen, Modelle und Musterbeispiele bezeichnen."[30] Dem Leser fällt auf, daß diese drei Aspekte des Paradigma-Begriffs den *Konsens* der Wissenschaftlergemeinschaft artikulieren: „Symbolische Verallgemeinerungen sind diejenigen Ausdrücke, die von der Gruppe ohne Zögern angewandt werden und sich leicht auf eine logische Form wie $(x) (y) (z)$ $\Phi (x, y, z)$ bringen lassen. Es sind die formalen oder leicht formalisierbaren Bestandteile der disziplinären Matrix."[31] Kuhns Bemerkungen zum „Modell" und zum „Musterbeispiel" bestätigen die Vermutung, daß bei ihm durchgehend von einer homogenen Wissenschaftlergruppe die Rede ist, in der ideologische Konflikte und Barrieren keine Rolle spielen: „Modelle (. . .) liefern der Gruppe bevorzugte Analogien oder, wenn sie von großer Überzeugung getragen sind, eine Ontologie. (. . .) Musterbeispiele schließlich sind konkrete Problemlösungen, die von der Gruppe in einem ganz gewöhnlichen Sinne als paradigmatisch anerkannt sind. Viele von Ihnen werden schon erraten haben, daß der Ausdruck ‚Musterbeispiel' (engl. ‚exemplar') ein neuer Name für die zweite und grundlegendere Bedeutung von ‚Paradigma' in meinem Buch ist."[32]

„Paradigma" als „disziplinäre Matrix" („symbolische Verallgemeinerung", „Modell", „Musterbeispiel") bezeichnet also den in einer Disziplin *allgemein anerkannten* Kom-

---

[28] Siehe: T. S. Kuhn, *Die Struktur wissenschaftlicher Revolutionen*, op. cit., S. 150, wo von der „Ideologie des wissenschaftlichen Berufs" die Rede ist: Kann behauptet werden, daß die Gruppe *der* Wissenschaftler durch *eine* Ideologie zusammengehalten wird?

[29] In seinem „Postskriptum-1969" zu *Die Struktur wissenschaftlicher Revolutionen* hebt Kuhn allerdings die Notwendigkeit hervor, die „Struktur der Gemeinschaften in der Wissenschaft" gründlicher zu untersuchen. (S. 188)

[30] T. S. Kuhn, „Neue Überlegungen zum Begriff des Paradigma", in: op. cit., S. 392.

[31] ibid., S. 393.

[32] ibid.

plex von Gedanken und Praktiken, die innerhalb einer bestimmten Zeitspanne in ihrer Gesamtheit die *Normalwissenschaft* oder *normal science* ausmachen. Mit Recht betont Kurt Bayertz die noetische Homogenität und den Universalkonsens, den die Annahme eines Paradigmas in einer bestimmten Wissenschaft mit sich bringt: „Mit der Annahme des Paradigmas durch die Vertreter eines wissenschaftlichen Fachgebietes tritt noch ein zweiter Effekt ein: es verschwinden die konkurrierenden Schulen, und an ihre Stelle tritt eine einheitliche *wissenschaftliche Gemeinschaft*."[33]

Hier soll nicht untersucht werden, ob dieser Zustand, den Kuhn als „normal science" bezeichnet, der naturwissenschaftlichen Wirklichkeit entspricht, ob es ihn, wie Popper in „Normal Science and its Dangers" behauptet, gar nicht gibt und auch nicht geben sollte, weil Wissenschaft schon immer ein Prozeß von „conjectures" und „refutations" war.[34] Ich will auch nicht der Frage nachgehen, ob Stephen Toulmin recht hat, wenn er meint, Kuhn habe im Laufe der Zeit sein Konzept revidiert und die Idee der großen Umwälzung oder *Revolution*, die dem Paradigma einer Normalwissenschaft ein jähes Ende bereitet, durch den Gedanken an eine „permanente Revolution" ersetzt, wobei „in aller Stille die zentrale Unterscheidung aufgegeben (wurde), von der die ganze Theorie ursprünglich ausgegangen war, nämlich die zwischen theoretischen Wandlungen innerhalb der Grenzen eines umfassenden Paradigmas und solchen, die mit der Verdrängung eines ganzen Paradigmas verbunden sind."[35]

Mir geht es um die Anwendbarkeit von Kuhns *ursprünglichem Konzept* auf die Sozialwissenschaften; und in dieses Konzept gehört neben der These über die Homogenität der Wissenschaftlergemeinschaft und den Universalkonsens im Hinblick auf die Normalwissenschaft der Gedanke, daß es ohne *normal science* keinen Paradigmawechsel, keine wissenschaftliche Revolution geben kann. Kuhn drückt diesen Gedanken in einer Antwort auf seine Kritiker aus: „Bisher habe ich behauptet, daß wenn es Revolutionen gibt, auch Normalwissenschaft existieren muß. Freilich kann man sich mit Recht fragen, ob es beide überhaupt gibt."[36] Mich interessiert hier nur der erste Satz; der zweite bezieht sich auf die Einwände Poppers und Toulmins und ist an sich nicht weniger wichtig.

Denn wer den ersten Satz als Hypothese ernst nimmt, kann die Frage, ob der Paradigmabegriff und Ausdrücke wie „Paradigmawechsel" auf die Sozialwissenschaften anwendbar sind, nicht bejahen. Da es in den Sozialwissenschaften (in der Soziologie, der Psychologie, der Semiotik, der Wirtschaftswissenschaft und der Literaturwissenschaft) keine *normal science* gibt, kann es dort auch keine allgemein verbindlichen Paradigmen oder gar Paradigmawechsel geben. Von Kuhns Darstellungen der Normalwissenschaft trifft keine auf die Lage der Sozialwissenschaften zu: „Wenn in der Entwicklung einer Naturwissenschaft ein einzelner oder eine Gruppe erstmalig eine Synthese hervorbringt, die in der Lage ist, die meisten Fachleute der nächsten Generation anzuziehen, verschwin-

---

[33] K. Bayertz, *Wissenschaftstheorie und Paradigmabegriff*, Stuttgart, Metzler, 1981, S. 36. Siehe auch T. S. Kuhn, *Die Struktur wissenschaftlicher Revolutionen*, op.cit., S. 32—33.
[34] K. R. Popper, „Normal Science and its Dangers", in: I. Lakatos, A. Musgrave, *Criticism and the Growth of Knowledge*, op. cit., S. 55.
[35] S. Toulmin, *Kritik der kollektiven Vernunft*, Frankfurt, Suhrkamp, 1983, S. 139.
[36] T. S. Kuhn, „Reflections on my Critics", in: op. cit., S. 249.

den allmählich die alten Schulen. Zum Teil wird ihr Verschwinden durch den Übertritt ihrer Mitglieder zum neuen Paradigma verursacht."[37]

In den Sozialwissenschaften sieht die Lage anders aus: Die alten Schulen (die psychoanalytische, die funktionalistische, die marxistische) verschwinden keineswegs, sondern passen ihre Terminologien, ihre Diskurse der neuen sozio-linguistischen Situation an und stellen sich auf die neuesten ideologischen Auseinandersetzungen ein: Die Funktionalisten und Psychoanalytiker auf die marxistische oder kritisch-rationalistische Kritik, die Marxisten auf die Auseinandersetzung mit dem Kritischen Rationalismus oder der Kritischen Theorie. Der ideologische Spaltpilz sorgt dafür, daß nicht einmal auf marxistischer Seite eine homogene Wissenschaftlergruppe und eine Normalwissenschaft entstehen können.

Man könnte angesichts dieser Situation von einer „permanenten Revolution" im Sinne von Toulmin sprechen[38], von einer *multi-paradigm science* mit Margaret Masterman[39] oder von einem „vorparadigmatischen Zustand" der Soziologie, der Psychoanalyse oder der Literaturwissenschaft. Zwar ähnelt die Lage der Sozialwissenschaften (etwa der Soziologie) dem von Kuhn beschriebenen revolutionären Zustand einer Naturwissenschaft: Es bilden sich konkurrierende Schulen und Theorien, die sich radikal voneinander unterscheiden können. Aber bei näherem Hinsehen stellt sich heraus, daß dem Ausdruck „permanente Revolution" im *Kuhnschen Kontext* Widersinn anhaftet: Wo es keine *normal science* gibt, kann es keine Revolution geben. In diesem Kontext erscheint auch der Gedanke an eine „multiple-paradigm science" als in sich widersprüchlich, da ja die Normalwissenschaft durch die Monopolstellung eines einzigen Paradigmas gekennzeichnet ist. Diese Stellung kann nur durch hartnäckige *Anomalien* untergraben werden, die sich im Rahmen des dominierenden Paradigmas nicht beseitigen lassen. Solche Anomalien und Versuche, sie zu überwinden, werden also zu Triebfedern wissenschaftlicher Revolutionen.

Die Dynamik der Sozialwissenschaften scheint eine andere zu sein: Die Triebfeder ihrer Entwicklung ist nicht die Anomalie, sondern die Ideologie als Reaktion auf neue Bedürfnisse, auf neue gesellschaftliche und sprachliche Situationen. Nicht nur der Marxismus, sondern auch die Soziologien Durkheims, Tönnies', Alfred und Max Webers entstanden (wie ich im 9. Kap. zu zeigen versuchte) als Reaktionen auf die sozialen Krisen des 19. Jahrhunderts und der Jahrhundertwende. Die Psychoanalyse könnte parallel zum Roman der Jahrhundertwende, parallel zur Kritischen Theorie als eine Reaktion auf den Niedergang des liberalen Individualismus aufgefaßt werden. In der zeitgenössischen Gesellschaft ist täglich zu beobachten, wie ökologische, öko-sozialistische und feministische Strömungen die Soziologie, die Psychoanalyse und die Literaturwissenschaft erneuern: Der Ausdruck „écriture féminine", der in allen drei Bereichen eine Rolle spielt, mag als Beispiel genügen.[40] Er zeigt, daß die „Anomalien" der Sozialwissenschaften

---

[37] T. S. Kuhn, *Die Struktur wissenschaftlicher Revolutionen,* op. cit., S. 33.
[38] S. Toulmin, *Kritik der kollektiven Vernunft,* op. cit., S. 139.
[39] Siehe: M. Masterman, „The Nature of a Paradigm", in: op. cit., S. 74.
[40] Siehe: C. Berryman, V. A. Eman (Hrsg.), *Communication, Language and Sex. Proceedings of the First Annual Conference,* Rowley, Mass., Newbury House Publishers, 1980; D. Spender, *Man Made Language,* London, Routledge & Kegan Paul, 1980.

(wenn es sie überhaupt gibt) ideologischer Art sind: Es geht etwa um die Tatsache, daß die von Männern verfaßten Literaturgeschichten als „Erzählungen" Schriftstellerinnen einen eher bescheidenen Platz zuweisen.

Anders gesagt, in den Sozialwissenschaften geht es nicht um monolithische, systematische Paradigmen, die durch das Auftreten von Anomalien gesprengt werden, sondern um ständig sich erneuernde Auseinandersetzungen zwischen Soziolekten. Wenn beispielsweise S. N. Eisenstadt und M. Curelaru in ihrem Buch *The Form of Sociology — Paradigms and Crises* (1976) versuchen, den Paradigma-Begriff auf die Soziologie anzuwenden und von einem „individualistic" und einem „Marxist paradigm" sprechen, so zeigen sie nur, daß sie es mit ideologisch-theoretischen Erscheinungen und nicht mit wissenschaftlichen Paradigmen im Sinne von Kuhn zu tun haben. Den ideologischen Charakter ihres eigenen Diskurses bestätigen sie, ohne es zu beabsichtigen, spätestens dann, wenn sie im Rahmen ihres globalen semantischen Gegensatzes zwischen „open" und „closedsystem approaches" pauschal feststellen: „Aber Marxens Betrachtungsweise und noch mehr die seiner Anhänger wies die Schwächen der geschlossenen Systembetrachtung auf."[41] Abgesehen davon, daß Marxens Philosophie im Gegensatz zum Hegelschen System immer wieder als „offen" bezeichnet wurde[42], klingt in der Argumentation der beiden Autoren, in der die Soziologie als eine *multi-paradigm science* dargestellt wird, unterschwellig die Polemik aus Poppers *The Open Society and its Enemies* mit.

Auch Jürgen Habermas verwendet nicht wirklich den Kuhnschen Paradigma-Begriff, wenn er — ähnlich wie die amerikanischen Autoren — von einer Koexistenz der Paradigmen in der Soziologie ausgeht: „Die Originalität der großen Gesellschaftstheoretiker wie Marx, Weber, Durkheim und Mead besteht, wie in den Fällen Freud und Piaget, darin, daß sie Paradigmen eingeführt haben, die in gewisser Weise heute noch *gleichberechtigt* konkurrieren."[43] Wie können aber „Paradigmata" („ein Ausdruck, der eng mit dem der ‚normalen Wissenschaft' zusammenhängt", Kuhn) ein gutes halbes Jahrhundert lang koexistieren? Werden hier nicht die drei Kuhnschen Schlüsselbegriffe, die nicht zu trennen sind, *ad absurdum* geführt? (Ganz abenteuerliche Formen nimmt die Anwendung des Begriffs bei Gabor Kiss an, der im Zusammenhang mit Habermas' Theorie des kommunikativen Handelns von einem „Paradigmawechsel in der Kritischen Theorie" spricht.[44] Wenn im Rahmen einer und derselben Theorie, die nie eine Normalwissenschaft war, ein Paradigmawechsel möglich ist, dann ist alles möglich: *anything goes . . .*)

Da die Sozialwissenschaften ein Land der unbegrenzten Möglichkeiten sind, haben in letzter Zeit auch verschiedene Literaturwissenschaftler versucht, den Paradigma-Begriff für ihre sehr heterogenen Vorhaben fruchtbar zu machen: die einen, um zu zeigen, daß die Literaturwissenschaft sich langsam aber sicher auf ein neues Paradigma zubewegt,

---

[41] S. N. Eisenstadt, M. Curelaru, *The Form of Sociology — Paradigms and Crises,* New York-London, John Wiley & Sons, 1976, S. 95.
[42] Siehe vor allem E. Bloch, *Über Methode und System bei Hegel,* Frankfurt, Suhrkamp, 1970, S. 60—61 und S. 82—83.
[43] J. Habermas, *Theorie des kommunikativen Handelns Bd. 1,* Frankfurt, Suhrkamp, 1981, S. 201.
[44] Siehe: G. Kiss, *Paradigmawechsel in der Kritischen Theorie: Jürgen Habermas' intersubjektiver Ansatz,* Stuttgart, F. Enke Vlg., 1987.

die anderen, um aus ihr (endlich) eine *normal science* zu machen. Im folgenden gehe ich nur auf die erste Gruppe ein, die sich durch großzügige Entwürfe besonders hervorgetan hat.

Zu ihr gehört der Romanist Hans Robert Jauß, der in seinem Artikel „Paradigmawechsel in der Literaturwissenschaft" (1969) „das Schema von Thomas S. Kuhn" verwendet, „um die Methoden der Literaturwissenschaft kurz zu charakterisieren".[45] Seiner Ansicht nach ist es möglich, in der Literaturwissenschaft (die freilich erst im 20. Jahrhundert als institutionalisierte Wissenschaft entstanden ist) drei Paradigmen zu unterscheiden: das in der Renaissance entstandene „klassische" Paradigma, in dem „die Antike als Vorbild und Normensystem" erscheint; das „romantische" Paradigma des Historismus und schließlich die „werkimmanente Ästhetik", die Jauß zufolge zu Beginn des 20. Jahrhunderts entstanden ist. Jauß glaubt, daß das „werkimmanente" Paradigma die Phase seiner Erschöpfung erreicht hat: „Das Ungenügen an der werkimmanent-formalistischen Methode ist unübersehbar."[46] Angesichts des bevorstehenden Paradigmawechsels bietet er sein eigenes rezeptionsästhetisches Konzept an, das eine „historisch-rezeptionsbezogene Analyse" sowie die „Erprobung einer auf Wirkung (...) bezogenen Ästhetik"[47] zum Gegenstand hat. Der Impuls zum Paradigmawechsel in der Literaturwissenschaft ist seiner Ansicht nach dann gegeben, „wenn ein Paradigma mit seiner methodischen Axiomatik nicht mehr das zu leisten vermag, was von der Literaturwissenschaft stets zu fordern ist."[48]

Was aber ist von der Literaturwissenschaft „stets zu fordern", und wer fordert, wer spricht? Unverkennbar ist der teleologische Charakter des Jaußschen Diskurses, der auf eine rezeptionsästhetische Lösung hinausläuft, die auf semantischer Ebene vorprogrammiert war. Es geht um die Relevanzkriterien und die Klassifikationen, mit deren Hilfe das Aussagesubjekt die marxistische Ästhetik, die seit dem 19. Jahrhundert die werkimmanente, formalistische Interpretation in Frage stellt (Marx, Mehring, Gramsci), dem zweiten, dem „historisch-positivistischen Paradigma",zurechnet.[49] Durch ein rhetorisches Manöver wird schließlich auch „der Strukturalismus" als Anwärter auf das neue Paradigma disqualifiziert: „Denn die neuen Schulen und Richtungen der Kritik, die unter dieses jetzt so modische Etikett gebracht werden oder sich selbst damit auszeichnen wollen, sind in ihrer Methodik und Tendenz noch ganz uneinheitlich."[50]

Einheitlichkeit ist für die Konstitution eines Paradigmas und einer Normalwissenschaft sicherlich wesentlich: Wie einheitlich ist aber die Rezeptionstheorie? Von ihr gibt es bekanntlich empirisch-soziologische (Escarpit), hermeneutische (Jauß), phänomenologische (Iser), stilistische (Stanley Fish) psychoanalytische (Norman Holland, Walter Schönau), semiotische (Götz Wienold) und *last but not least* marxistische (Naumann, Weimann) Varianten... Weit davon entfernt also, ein einheitliches Paradigma im Sinne von Kuhn

---

[45] H. R. Jauß, „Paradigmawechsel in der Literaturwissenschaft", in: *Linguistische Berichte* Nr. 3, 1969, S. 46.
[46] ibid., S. 51.
[47] ibid., S. 56.
[48] ibid., S. 54.
[49] Siehe: ibid., S. 53.
[50] ibid., S. 54.

zu begründen, ist die Rezeptionsforschung innerhalb von etwa zwei Jahrzehnten selbst der ideologischen Zersplitterung zum Opfer gefallen.

Daß nicht innerwissenschaftliche Probleme oder Anomalien im Sinne der Physik, sondern Ideologien die eigentlichen Triebfedern literaturwissenschaftlicher Entwicklung sind, zeigt die Argumentation von Jauß selbst. Ganz zu Recht betont er, daß das zweite „historisch-positivistische" Paradigma von den nationalen Bestrebungen des 19. Jahrhunderts nicht zu trennen ist und daß die „werkimmanente Interpretation" der Nachkriegszeit (zumindest in der Germanistik) als eine Reaktion auf die heteronome Literaturtheorie des Dritten Reiches zu verstehen ist. Ungeklärt bleibt indes der Status der nationalsozialistischen Literaturwissenschaft: Würden ihre Vertreter nicht den Anspruch erheben, ein radikal neues „Paradigma", das über die werkimmanente Betrachtung hinausgeht, eingeführt zu haben? Fragt nicht der Romanist Walther Küchler im Jahre 1933 im Hinblick auf die Entwicklung der Philologien: „Wie können die neueren Sprachen bei der Verwirklichung dieses revolutionären Ideals von heute mitwirken?"[51] Es kann hier nicht darum geben, die Rezeptionsästhetik oder die marxistische Ästhetik auf einer Ebene mit der nationalsozialistischen abhandeln zu wollen. Es scheint aber auch nicht sinnvoll zu sein, die „historisch-positivistische", die „werkimmanente" und möglicherweise auch die rezeptionsorientierte Literaturwissenschaft als angehende oder potentielle Paradigmen zu bezeichnen, um sie sauber von der nationalsozialistischen Ideologie trennen zu können. Denn auch sie sind Ideologien im allgemeinen und oft sogar — wie Jauß' Text erkennen läßt — im restriktiven Sinn.

Hier zeigt sich, wie irreführend es ist, im Zusammenhang mit der Literaturwissenschaft und anderen Sozialwissenschaften von „Paradigmen" zu sprechen. Denn dieser Sprachgebrauch läßt zwei komplementäre Illusionen entstehen: erstens, daß es in einer Sozialwissenschaft jenseits der ideologischen Antagonismen ein allgemeingültiges, zeitweise von allen Wissenschaftlern akzeptiertes noetisches System geben kann (wie in der Physik oder der Astronomie)[52]; zweitens, daß Systemänderungen oder Paradigmawechsel nur durch wissenschaftsinterne Probleme oder Anomalien verursacht werden und nicht durch ideologische Faktoren. In beiden Fällen wird die Theorie von der Ideologie abgekoppelt; in allen Kapiteln dieses Buches habe ich zu zeigen versucht, daß eine solche Abkoppelung dem Verständnis der Theorie abträglich ist.

Dies ist der Grund, weshalb hier im Anschluß an diese kurze Kritik soziologischer und literaturwissenschaftlicher Paradigma-Begriffe für den sozialwissenschaftlichen Bereich der „Soziolekt" als Alternative zum „Paradigma" vorgeschlagen wird. Im Gegensatz zu Kuhns Terminus, der sich auf die wertfreie Praxis der naturwissenschaftlichen

---

[51] W. Küchler, „Die neueren Sprachen in der neuen Universität", in: *Die Neueren Sprachen* Nr. 4, Mai-Juni, 1933, S. 193.

[52] Siehe auch die Kritik von K. Bayertz am Paradigma-Begriff in der Literaturwissenschaft in ders., *Wissenschaftstheorie und Paradigmabegriff*, op. cit., S. 110: „Bei einer solchen Interpretation wird allerdings die entscheidende Funktion, die dem Paradigma nach Kuhns Auffassung in den reifen Naturwissenschaften zukommt, unterschlagen: es ist die Funktion der Vereinheitlichung der auf einem bestimmten Forschungsgebiet tätigen Wissenschaftler. Der spezifische Sinn des Paradigmabegriffs erschließt sich bei Kuhn erst aus seinem Zusammenhang mit dem Konzept der Normalwissenschaft (...)."

normal science bezieht, ist die Bezeichnung Soziolekt sowohl auf theoretische als auch auf ideologische Gruppensprachen anwendbar: Der Soziolekt als Gruppensprache bildet den gemeinsamen Nenner von Ideologie und Theorie, deren Diskurse aus einem oder aus mehreren Soziolekten hervorgehen.

Der im allgemeinen Sinn ideologische Charakter aller sozialwissenschaftlicher Kollektivsprachen ist für deren *Partikularität* verantwortlich. Anders als Kuhns Paradigmen begründen sie weder einen zeitlich begrenzten Universalkonsens noch eine aus diesem hervorgehende *normal science*. Sie sind dazu verurteilt, unablässig miteinander zu konkurrieren, einander zu kritisieren, einander intertextuell-parasitär aufzunehmen und miteinander in Symbiosen zu verschmelzen. Dies bedeutet aber, daß trotz aller monologischen Monopolansprüche, die zahlreiche Theorien — wie Ideologien — implizit oder explizit geltend machen, keine Theorie allzu lange eine Monopolstellung behaupten kann. In kurzer Zeit setzt sich das polemisch-kritische Nebeneinander wieder durch und der partikulare (ideologische) Charakter der sozialwissenschaftlichen Kollektivsprachen tritt zutage.

Am konkretesten wird diese These wohl durch das Schicksal der Rezeptionsästhetik in der Literaturwissenschaft illustriert: Weit davon entfernt, ein allgemein verbindliches Paradigma und eine *normal science* begründet zu haben, wird sie im deutschen Sprachraum von Literatursoziologen, Marxisten und Vertretern der „empirischen Literaturwissenschaft" angegriffen und relativiert.[53] In Frankreich konnte sie in einer ganz anderen sozio-linguistischen Situation, in der Semiotik und Psychoanalyse dominieren, nicht richtig Fuß fassen: Es ist wohl kein Zufall, daß bei Gallimard nur ein Buch des Romanisten Jauß aufgelegt wurde (1978) und daß es bei einer Auflage blieb.[54] In den Vereinigten Staaten hat sich aufgrund verschiedener Institutionalisierungsprozesse eher der Soziolekt der Dekonstruktion als der der Rezeptionsästhetik durchgesetzt.[55]

Welche Bedeutung haben diese Beobachtungen für die Anwendung des Soziolekt-Begriffs im theoretischen Bereich? Sie zeigen, daß es in diesem Bereich nicht zielführend ist, sich über den partikularen, ideologischen Charakter der Kollektivsprachen hinwegzusetzen und eine dieser Sprachen mit dem *epitheton ornans* „Paradigma" oder „wissenschaftliches Paradigma" zu zieren. Sie zeigen auch, daß dort, wo Konkurrenz, Polemik und Kritik an der Tagesordnung sind, die Alternative zur monolithischen und monologischen Illusion des „Paradigmas" der Dialog zwischen Soziolekten, zwischen partikularen Gruppenstandpunkten ist.

Ein solcher Dialog kann nur dann fruchtbar sein, wenn die verschiedenen Aspekte des Soziolekts thematisiert werden. Auch Kuhn geht auf den sprachlichen Charakter der

---

[53] Siehe: M. Naumann u. a. (Hrsg.), *Gesellschaft. Literatur. Lesen. Literaturrezeption in theoretischer Sicht*, Berlin-Weimar, 1975 und H. Hauptmeier, S. J. Schmidt, *Einführung in die empirische Literaturwissenschaft*, Braunschweig, Vieweg, 1985, S. 59.

[54] Siehe: H. R. Jauß, *Pour une esthétique de la réception* (Übers. Cl. Maillard), Paris, Gallimard, 1978 sowie die Kritik von S. Naïr: „Connaissance des textes et montage polémique. A propos de *Pour une esthétique de la réception* de H. R. Jauß", in: A. Goldmann, S. Naïr (Hrsg.), *Essais sur les formes et leurs significations*, Paris, Denoël/Gonthier, 1981.

[55] Siehe z. B.: Ch. Norris, „Derrida at Yale: The ‚Deconstructive Moment' in Modernist Poetics", in: *Philosophy and Literature* Nr. 2, Herbst, 1980.

naturwissenschaftlichen Paradigmen ein (insofern ist sein Ansatz für die Textsoziologie lehrreich), beschränkt sich aber auf den lexikalischen, terminologischen Aspekt und unterscheidet weder semantische noch syntaktische oder narrative Komponenten: Über die gemeinsame Sprache als Bindeglied zwischen Mitgliedern wissenschaftlicher Gruppen schreibt er im Jahre 1976: „Die Vertreter verschiedener Theorien (oder verschiedener Paradigmen im weiteren Sinne) sprechen verschiedene Sprachen — Sprachen, die verschiedene kognitive Positionen ausdrücken, die auf verschiedene Welten passen."[56] Wie aber sind diese Kollektivsprachen auf lexikalischer, semantischer und narrativer Ebene beschaffen? Dazu heißt es in *Die Struktur wissenschaftlicher Revolutionen*: „Die Lehrbücher sind darauf ausgerichtet, das Vokabular und die Syntax einer aktuellen wissenschaftlichen Sprache zu vermitteln."[57] Mit Syntax ist hier eher die logische Argumentation gemeint; von semantischen und narrativen Verfahren ist nicht die Rede.

Im folgenden möchte ich aufgrund der im 7. Kapitel gewonnenen Erkenntnisse zeigen, *wie* im theoretischen Bereich ein Dialog zwischen heterogenen Kollektivsprachen möglich ist. Dabei gehe ich von dem hier formulierten Gedanken aus, daß Sozialwissenschaftler nicht einen monologischen oder „paradigmatischen", sondern einen dialogischen Theoriebegriff ins Auge fassen sollten.

2. Dialog interdiskursiv

Im wesentlichen geht es hier um zwei komplementäre Fragen: Welche sprachlichen Hindernisse stehen einem interdiskursiven oder interkollektiven theoretischen Dialog im Wege? Und: Wie können diese Hindernisse überwunden werden, damit ein fruchtbares Gespräch zustande kommt, das theoretisch wichtige Ergebnisse zeitigt?

Die erste Frage betrifft nicht nur das kritisch-rationalistische Problem der Intersubjektivität, sondern auch Kuhns Darstellung des Paradigmas als einer „gemeinsamen Sprache": Sie hat einen zu allgemeinen Charakter (s. o.) und gestattet keine detaillierte Analyse des interdiskursiven (bei Kuhn „interparadigmatischen") Vorgangs. Die zweite Frage bezieht sich auf das von Kuhn angeschnittene Problem der *Inkommensurabilität,* das in seinen Auseinandersetzungen mit Popper, Toulmin, Lakatos und Feyerabend immer wieder in den Vordergrund trat: Gibt es eine sprachliche Ebene jenseits der Soziolekte, die Verständigung oder zumindest Vergleichbarkeit ermöglicht?

Obwohl ich nicht glaube, daß diese Probleme mit Hilfe der hier vorgeschlagenen Begriffe sozio-linguistische Situation, Soziolekt und Interdiskursivität endgültig zu lösen sind, meine ich, daß sie mit ihrer Hilfe anders und genauer formuliert werden können. Wenn einmal deutlich wird, was geschieht, sooft in einer sprachlichen Situation Vertreter heterogener Gruppensprachen miteinander reden, dann kann einerseits die Gefahr des abstrakten Intersubjektivismus oder des Taubstummendialogs, andererseits die Gefahr einer vorschnellen Kapitulation vor der Inkommensurabilitätsthese gebannt wer-

---

[56] T. S. Kuhn, *Die Entstehung des Neuen,* op. cit., S. 45.
[57] T. S. Kuhn, *Die Struktur wissenschaftlicher Revolutionen,* op. cit., S. 147.

den. Es ist kein Zufall, daß diese beiden Gefahren oft gleichzeitig heraufziehen, denn sie sind beide auf die Tatsache zurückzuführen, daß eine Analyse des interdiskursiven (interkollektiven) Prozesses fehlt.

a) *Vergleichbarkeit und Kritik im interdiskursiven Prozeß*

Im 4. Kapitel habe ich bereits versucht, Poppers Forderung nach Falsifizierbarkeit von Theorien in Frage zu stellen, indem ich behauptete, daß diese in entscheidenden Fällen, in Fällen, in denen Theoretiker heterogene Standpunkte vertreten, nicht intersubjektiv (inter-individuell), sondern interdiskursiv (inter-kollektiv) überprüft werden. Ein Theorem mag als Aussage innerhalb einer Gruppe, d. h. eines Soziolekts, intersubjektiv überprüfbar sein und falsifiziert, verifiziert oder im Sinne von Neurath „erschüttert" werden. Jedoch wird die Überprüfung als solche trivial, wenn sie nicht über den Rahmen („framework") des Kritischen Rationalismus, der Kritischen Theorie, des Althusserschen Marxismus oder der Ecole Freudienne de Paris hinausgeht: In solchen Fällen bestätigt auch die Falsifizierbarkeit eines Theorems lediglich den ideologisch-theoretischen Konsens der Gruppenmitglieder.

Aussagen Althussers und Lecourts, denen zufolge das Marxsche Werk die „Zeit der Theorie" (Lecourt) oder der „Wissenschaft" (Althusser) inauguriert, mögen viele Althusser-Schüler noch so eifrig bejahen; andere Wissenschaftlergruppen lassen sie kalt. Ähnliches gilt für Apels und Habermas' Behauptung, alle Kommunikationspartner müßten die ideale Sprechsituation „kontrafaktisch unterstellen": Einen kritischen Rationalisten wie Hans Albert werden sie nicht so leicht überzeugen.[58] Poppers und Alberts zentrale Behauptung, das Kriterium für Wissenschaftlichkeit sei Falsifizierbarkeit, ist auf interdiskursiver Ebene allerdings auch nicht konsensfähig: Althusserianer z. B. haben andere Kriterien.

Wenn sich eine Wissenschaft wie die Soziologie nicht in eine Vielzahl hermetischer Kollektivsprachen auflösen soll, von denen eine jede Anspruch auf Allgemeingültigkeit erhebt, ohne von den anderen ernstgenommen zu werden, müssen diskursive Beziehungen zwischen Soziolekten hergestellt werden, die deren Vergleichbarkeit ermöglichen. Ein Vergleich darf sich nicht auf die lexikalische Ebene beschränken, sondern muß auch die semantischen und narrativen Verfahren erfassen, die für die *Objektkonstruktion* eines Diskurses verantwortlich sind.

Für fragwürdig halte ich in diesem Zusammenhang den Ansatz von Imre Lakatos, der in *The Methodology of Scientific Research Programmes* (1978) im Anschluß an Poppers Falsifizierbarkeitspostulat den Vorschlag macht, es sollten nicht einzelne Theoreme, sondern ganze „Forschungsprogramme" („research programmes") getestet werden. Der „verfeinerte Falsifikationismus", dem er das Wort redet, trägt der Tatsache Rechnung, daß eine jede Theorie nur im Zusammenhang mit ihren Hilfstheorien, ihren Grundannahmen etc. überprüft werden kann. Er hat daher nicht einzelne Theoreme oder Theorien, sondern ganze Theoriekomplexe zum Gegenstand: „Der verfeinerte Falsifikationismus

---

[58] Siehe: H. Albert, *Transzendentale Träumereien. Karl-Otto Apels Sprachspiele und sein hermeneutischer Gott*, Hamburg, Hoffmann und Campe, 1975, S. 64, S. 137.

verschiebt den Akzent von der Frage, wie *Theorien* zu beurteilen seien, zur Frage, wie *Serien von Theorien* (*series of theories*) zu beurteilen seien. Nicht eine isolierte *Theorie*, sondern nur eine Serie von Theorien kann als wissenschaftlich oder unwissenschaftlich bezeichnet werden: Den Begriff ‚wissenschaftlich' auf eine *einzelne* Theorie anzuwenden, ist ein Kategoriefehler."[59] Die Theorienkomplexe, die es in ihrer Entwicklung zu beobachten und schließlich zu beurteilen gilt, nennt Lakatos „research programmes".

Es ist wahrscheinlich richtig, daß einzelne Theorien oder gar isolierte Theoreme nicht verifiziert oder falsifiziert werden können: Der Kontext, in dem sie sich entwickeln, sowie ihr Entwicklungspotential müssen mitberücksichtigt werden. Dabei ist etwa die Frage wichtig, wie alt ein theoretischer Diskurs ist; ob er neue Objekte konstruiert und neue Problembereiche erschließt. Wenn das der Fall ist, sollten die zahlreichen, oft unvermeidlichen Lücken, die er aufweist, nicht sofort eine Falsifizierung rechtfertigen. Es leuchtet also ein, weshalb Lakatos vorschlägt, man solle das gesamte Forschungsprogramm beurteilen und ihm eine *Chance* geben, sich zu bewähren.

Sein Gedanke wurde in abgewandelter Form allerdings schon von Otto Neurath vorgebracht, dessen *Enzyklopädie*-Begriff sich mit Lakatos' Bezeichnung *Forschungsprogramm* überschneidet: Neurath kann sich vorstellen, daß ein erfolgreicher Forscher auch eine eindeutig falsifizierende Hypothese vorerst beiseite schiebt, „weil er sie auf Grund sehr allgemeiner ernster Überlegungen für ein Hemmnis der Wissenschaftsentwicklung hält, die schon zeigen werde, wie dieser Einwand zu widerlegen sei. Mag solcher Entschluß auch schwerfallen, durch Poppers Grundtendenz, immer Ausschnitte als falsifizierende Größen und nicht die gesamte Enzyklopädie (sic!) im Auge zu haben, wird er jedenfalls nicht unterstützt."[60]

Das Hauptproblem des „sophisticated falsificationism" (wie Lakatos seine Variante des Popperschen Ansatzes nennt) scheint mir darin zu bestehen, daß es viel schwieriger ist, ein ganzes Theorienkomplex kritisch zu überprüfen, als einzelne Theorien oder ein klar formuliertes Theorem zu testen. Ich halte es beispielsweise für unergiebig, den gesamten Kritischen Rationalismus, den Althusserschen Marxismus oder die Greimassche Semiotik als „Forschungsprogramme" global beurteilen oder gar „falsifizieren" zu wollen.

In diesem Zusammenhang fällt es mir auch schwer, an Lakatos' Unterscheidung zwischen „progressiven" und „degenerierenden" Forschungsprogrammen zu glauben: „Ein Forschungsprogramm ist erfolgreich, wenn all dies zu einer progressiven Problemver-

---

[59] I. Lakatos, *The Methodology of Scientific Research Programmes*, Cambridge, Cambridge Univ. Press, 1978, S. 34.

[60] O. Neurath, „Pseudorationalismus der Falsifikation", in: ders., *Gesammelte philosophische und methodologische Schriften* Bd. 2 (Hrsg. R. Haller und H. Rutte), Wien, Verlag Hölder-Pichler-Tempsky, 1981, S. 638. Die Kontroverse zwischen Popper und Neurath wird ausführlich in einer Arbeit von F. Fistetti kommentiert: *Neurath contro Popper. Otto Neurath riscoperto*, Bari, Dedalo, 1985, der darauf hinweist, daß Neurath im Anschluß an seine Lektüre von Mannheims *Ideologie und Utopie* als erster die soziologische Dimension wissenschaftlicher Diskussionen entdeckte (Fistetti, S. 27). Mit Recht bemerkt Fistetti auf S. 57 zum Problem des Theorievergleichs bei Neurath: „Il confronto avviene tra proposizione e proposizione o tra un sistema di proposizioni e un altro sistema di proposizioni e, conseguentemente, la verifica non concerne il rapporto tra proposizione e dato extra-linguistico, bensì avviene all'interno della totalità delle proposizioni accettate come vere."

schiebung führt; erfolglos, wenn es zu einer degenerierenden Problemverschiebung führt."[61] Abermals stellt sich hier die diskurskritische Frage: „Wer spricht?" *Wem* stellt sich ein Forschungsprogramm als „progressiv" oder „degenerierend" dar?

Bei Lakatos selbst zeigt sich an entscheidenden Stellen, daß zumindest sozialwissenschaftliche Programme nicht primär nach theoretischen, sondern nach ideologischen Kriterien beurteilt werden. Unüberhörbar meldet sich der Soziolekt des Kritischen Rationalismus zu Wort, wenn Lakatos, der den progressiven Charakter eines Forschungsprogramms mit dessen Fähigkeit verknüpft, genaue Voraussagen zu machen, pauschal feststellt: „Hat der Marxismus beispielsweise jemals mit Erfolg eine verblüffend neue Tatsache vorausgesagt? Nie!"[62] Abgesehen davon, daß es naiv ist, „den Marxismus" oder „den Freudismus"[63] für homogene Forschungsprogramme zu halten (was haben die Theorien der Althusserianer mit denen eines Raymond Williams zu tun?), und daß hier ein monologischer Diskurs zu Wort kommt, dessen Frage-und-Antwort-Spiel dem des Sprachwissenschaftlers Stalin gar nicht unähnlich ist (Kap. 8), zeigt sich hier, wie sehr der ideologische Faktor die Argumentation steuert. Über den „progressiven" oder „degenerierenden" Charakter eines Forschungsprogramms entscheiden häufig die ideologischen Wertsetzungen und Erfahrungen einer Wissenschaftlergruppe — und nicht so sehr Fortschritte im Bereich von Poppers „dritter Welt", wie Lakatos meint.[64] Hier gilt: Je größer die kritisierte diskursive Einheit, desto stärker die ideologischen Interferenzen.

In diesem und im nächsten Abschnitt soll deshalb gezeigt werden, daß die diskursiven Einheiten, die miteinander verglichen und kritisch beurteilt werden, kleiner und konkreter sein müssen als Lakatos' *research programmes*. Konkreter und leichter vergleichbar sind *Objektkonstruktionen* (s. Kap. 11), die sich überschneiden oder ergänzen können; kleiner sind die *Theoreme oder diskursiven Sequenzen*, mit deren Hilfe Objekte konstruiert werden, und auf die ich im nächsten Abschnitt eingehen will.

Dennoch möchte ich an Lakatos' und vor allem Neuraths Gedanken festhalten, daß immer dann, wenn Theorien und Theoreme beurteilt werden sollen, der Kontext, in dem sie entstanden sind, mitberücksichtigt werden muß. Dieser Kontext weist im wesentlichen zwei Komponenten auf: die sozio-linguistische Situation und den Soziolekt. In beiden wirken ideologische und theoretische Faktoren zusammen.

„Mitberücksichtigen" bedeutet hier *reflektieren*: Wenn in einem interdiskursiven Gespräch Theorien und Theoreme kritisch überprüft werden, so ist immer wieder zu fragen, in welchem Soziolekt und in welcher sprachlichen Situation sie entstanden sind und welche Positionen und Interessen sie artikulieren: Es ist notwendig, daß die Gesprächsteilnehmer ihre Einstellung zum eigenen Diskurs sowie zu „fremden" theoretischen und

---

[61] I. Lakatos, *The Methodology of Scientific Research Programmes*, op. cit., S. 48.
[62] ibid., S. 5.
[63] Siehe: ibid., S. 9 und S. 17 (Anm. 3).
[64] In Lakatos' *The Methodology of Scientific Research Programmes*, op. cit., heißt es auf S. 92: „But the psychology of sciences is not autonomous; for *the — rationally reconstructed — growth of science takes place essentially in the world of ideas, in Plato's and Popper's ,third world',* in the world of articulated knowledge which is independent of knowing subjects." (Es ist wohl unmöglich, den Idealismus noch weiter zu treiben: Wer rekonstruiert?)

ideologischen Soziolekten reflektieren. Nur so können sie, meine ich, hoffen, ihre gegenseitigen Objektkonstruktionen zu verstehen und festzustellen, wo der Konsens aufhört und der Dissens anfängt. Denn sie werden immer wieder erkennen, daß sie trotz der Verwendung identischer Bezeichnungen (Signifikanten) von verschiedenen Objekten sprechen.

Diese Objekte kommen als Objekt*konstruktionen* durch diskursive Verfahren heterogener Soziolekte zustande. In den Sozialwissenschaften sind diese Soziolekte nie ideologiefrei. Dies meint auch Paul Feyerabend, wenn er etwas ungenau, d. h. ohne den Konstruktionsvorgang zu berücksichtigen, zu den Gegenständen der Theorie bemerkt: „Theorien werden durch Tatsachen geprüft und möglicherweise widerlegt. Tatsachen enthalten ideologische Bestandteile, ältere Anschauungen, die aus dem Gesichtskreis verschwunden oder nie ausdrücklich formuliert worden sind. Solche Bestandteile sind höchst verdächtig. Erstens wegen ihres Alters und ihrer unklaren Herkunft: wir wissen nicht, warum und auf welche Weise sie einmal eingeführt worden sind; zweitens, weil gerade ihre Eigenart sie vor einer kritischen Prüfung schützt und stets geschützt hat."[65]

Tatsachen enthalten nicht nur ideologische Bestandteile, sondern sind theoretisch und ideologisch im allgemeinen und häufig im restriktiven Sinne: etwa die „Tatsache", daß „der Marxismus" nie mit Erfolg etwas Neues vorausgesagt hat. Anders gesagt: Tatsachen und Objekte der Sozialwissenschaften sind theoretisch-ideologische Konstruktionen, die mit Hilfe der im zweiten Teil beschriebenen semantischen, syntaktischen und narrativen Verfahren zustande kommen. Dabei sind ideologisch motivierte Relevanzkriterien, Klassifikationen, Aktantenmodelle und narrative Sequenzen nicht nur wegen ihres „Alters" verdächtig, sondern weil sie häufig ideologische Verfahren im restriktiven Sinne zeitigen: Dichotomien, negative Konnotationen, Monologe, Naturalismen. — Schließlich gibt es auch neue Ideologien, deren Verfahren unbewußt bleiben …

Feyerabend hat recht, wenn er fordert, daß die Herkunft von Tatsachen oder Objektkonstruktionen geklärt werden muß: Es gilt herauszufinden, wie eine Tatsache (etwa die „Unfruchtbarkeit des Marxismus", die „zyklischen Krisen des Kapitalismus" oder die „wissenschaftliche Revolution" bei Kuhn) im Rahmen eines Soziolekts zustande kam: Welche diskursiven (semantischen und syntaktischen) Verfahren sind dafür verantwortlich, daß eine psychoanalytische, funktionalistische, wissenssoziologische oder marxistische „Tatsache" so und nicht anders beschaffen ist? Um diese Frage zu konkretisieren, möchte ich noch einmal auf den bereits zitierten Satz Max Webers aus *Wirtschaft und Gesellschaft* eingehen: „Es (das charismatische Prinzip, P. V. Z.) ist in diesem rein empirischen und wertfreien Sinn allerdings die spezifisch ‚schöpferische', revolutionäre Macht der Geschichte." (Kap. 4.) Konstruiert wird hier das Objekt: „Charisma als Triebfeder der historischen Entwicklung". In einem interdiskursiven Dialog kommt es *zunächst* nicht auf die Frage an, ob diese These (Hypothese) stimmt oder nicht, *sondern auf den sprachlichen Kontext, aus dem sie hervorging.*

Dabei geht es natürlich nicht darum, sie mit Hilfe eines genetischen Arguments (etwa durch *Reduktion* auf eine Ideologie) zu disqualifizieren. Im Gegenteil, es kommt darauf

---

[65] P. Feyerabend, *Wider den Methodenzwang*, Frankfurt, Suhrkamp, 1986, S. 99.

an, sie besser zu verstehen: zu verstehen, daß Weber, ausgehend von einer spätliberalen, individualistischen Ideologie, versucht, den historischen Prozeß vorwiegend mit Hilfe von individuellen Aktanten zu erzählen. Die Tatsache, daß sich hier eine Ideologie im allgemeinen Sinn im Aktantenmodell niederschlägt, steht einem fruchtbaren Dialog nicht im Wege: Wie Pierre Ansart glaube ich, daß Ideologien Theorien nicht immer behindern, sondern häufig zu Triebfedern der theoretischen Suche werden können. (Siehe Kap. 1.)

Webers Gesprächspartner sollten in diesem Fall nicht nur — wie es manchen Marxisten in der Vergangenheit taten — eine Ideologie wittern, sondern sich fragen, was im Rahmen des Weberschen Aktantenmodells erklärt werden kann und was nicht. Unbefriedigend ist in diesem Zusammenhang sicherlich der monologische Einwand, Geschichte werde nicht von Individuen, sondern von Gruppen oder gar von „Massen" gemacht. Sinnvoller scheint mir die Frage zu sein, auf welchen diskursiven Ebenen die Modelle Durkheims oder Marxens Webers Modell ergänzen. Bleibt die These, derzufolge Gruppen oder Klassen für historische Veränderungen verantwortlich sind, nicht unbefriedigend, solange die Funktion von Individuen (innerhalb der Gruppen) und von Organisationen nicht analysiert wurde? Wäre es nicht möglich zu zeigen, wie individuelle und kollektive Akteure und Aktanten interagieren und wie z.B. Lenin als charismatisches Individuum auf intellektuelle, proletarische, bürgerlich-liberale und bäuerliche Gruppen einwirkte?

Mir geht es hier nicht um eine Beantwortung dieser Fragen, sondern um die Überlegung, daß auch heterogene Objektkonstruktionen unter bestimmten Bedingungen kommensurabel und sogar kombinierbar sind: unter der Bedingung, daß ihre Entstehung in bestimmten ideologisch-theoretischen Soziolekten reflektiert wird und daß die diskursive Ebene bestimmt wird, auf der die beiden Konstruktionen verglichen werden. Im vorliegenden Fall war es die aktantielle Ebene; in anderen Fällen kann es hauptsächlich um die Ebene der Relevanzkriterien und Klassifikationen gehen (das Galizische als Sprache oder als portugiesischer Dialekt) oder um die des Aussagesubjekts.

Die Frage nach der Kommensurabilität von heterogenen Diskursen und ihren Objektkonstruktionen sollte also neu gestellt werden, und zwar so, daß sie sich auf klar identifizierbare diskursive Ebenen und Verfahren bezieht. Ist ein solcher Bezug nicht eindeutig gegeben, kommt es immer wieder zu Mißverständnissen oder gar zu einem Taubstummendialog, wie z. B. im Szientismusstreit zwischen Adorno, Habermas, Albert, Popper u. a. In dieser Auseinandersetzung, mit der ich mich im 9. Kapitel ausführlicher befaßt habe, wurde weder die Frage nach der Objektkonstruktion noch die komplementäre Frage nach deren Verankerung in einem Soziolekt aufgeworfen.

Dieser Frage schiebt gleich zu Beginn des Sammelbandes Adornos naive Bemerkung einen Riegel vor: „Ob jedoch soziale Theoreme einfach oder komplex sein müssen, darüber entscheiden objektiv die Gegenstände."[66] Dieser Satz ist ideologisch im restriktiven, im naturalistischen Sinne: nicht nur weil sein Aussagesubjekt die Objektkonstruk-

---

[66] Th. W. Adorno, „Einleitung", in: Th. W. Adorno u. a., *Der Positivismusstreit in der deutschen Soziologie*, Darmstadt-Neuwied, Luchterhand, 1969, S. 52.

tion unterschlägt und die potentiellen Referenten usurpiert (sich mit ihnen vorab identifiziert), sondern auch deshalb, weil er Adornos eigene Objektkonstruktion verdeckt.

Diese hat historischen Charakter, denn die zentrale Frage, an die er bei Marx anknüpft, lautet, „ob (...) die kapitalistische Gesellschaft durch ihre eigene Dynamik zu ihrem Zusammenbruch getrieben wird oder nicht."[67] Diese Frage, die aus einem historischen Diskurs (einer historischen Erzählung) hervorgeht, ist nicht ohne weiteres mit der Frage der kritischen Rationalisten nach der Falsifizierbarkeit von Theorien, die aus dem narrativen Programm „Theoriebildung" hervorgeht, zu vergleichen. Indem Adorno die beiden Fragestellungen *unmittelbar* aufeinander bezieht und (wohl zu Recht) behauptet, auch nicht-falsifizierbare Theorien könnten wesentlich sein, vergleicht er narrative Programme und vor allem Objektkonstruktionen, die kaum zu vergleichen sind: Der Gegenstand „Theoriebildung" ist dem Gegenstand „historische Entwicklung des Kapitalismus" inkommensurabel.

Ihre Inkommensurabilität hängt nicht so sehr mit den heterogenen Positionen des Kritischen Rationalismus und der Kritischen Theorie zusammen, sondern eher mit der Tatsache, daß hier verschiedene diskursive Ebenen und Objektkonstruktionen durcheinandergeraten. In diesem Zusammenhang ist Hans Alberts „Kleines verwundertes Nachwort zu einer großen Einleitung" zu lesen; vor allem sein Einwand, „daß Adorno sich die Sache etwas zu leicht gemacht hat, denn der kritische Rationalismus, der hier mitgetroffen werden soll, ist keineswegs eine apolitische Philosophie, wie er es seinen Lesern suggeriert."[68]

Es käme darauf an, im Bereich der Objektkonstruktion vergleichbare Diskursebenen aufeinander zu beziehen. Sowohl in der Kritischen Theorie als auch im Kritischen Rationalismus spielen historisch-politische „Erzählungen" eine Rolle, die im ersten Fall von den komplementären semantischen Gegensätzen *Individuum/Kapitalismus* und *Individuum/Totalitarismus,* im zweiten Fall vom Gegensatz *Individuum/Totalitarismus* ausgehen. Obwohl sich die beiden Erzählungen an wesentlichen Stellen überschneiden (etwa in der gemeinsamen Ablehnung von Faschismus und Stalinismus), divergieren sie schon in ihren semantischen Grundlagen, u. a. deshalb, weil die kritischen Rationalisten den Gegensatz *Individuum/Kapitalismus* anscheinend nicht für relevant halten. Im Szientismusstreit wäre es, meine ich, sinnvoll gewesen, die voneinander abweichenden und politisch motivierten Relevanzkriterien zur Sprache zu bringen, um zu zeigen weshalb die kritischen Rationalisten die gesellschaftliche Entwicklung anders erzählen als die Vertreter der Kritischen Theorie: Glauben sie nicht, daß die Konzentration des Kapitals — etwa in den Medien — und die staatlichen Interventionen die individuelle Autonomie bedrohen? Weshalb nicht? — Solche Fragen hätten die historischen Erzählungen der beiden Soziolekte aufeinander bezogen und die Objektkonstruktionen „Entwicklung des Kapitalismus" kommensurabel gemacht.

---

[67] ibid., S. 53.
[68] H. Albert, „Kleines verwundertes Nachwort zu einer großen Einleitung" in: *Der Positivismusstreit in der deutschen Soziologie,* op. cit., S. 339.

Ausgehend von der sozio-historischen Ebene des Diskurses, hätten die Gesprächspartner vielleicht auch die Objektkonstruktionen im Bereich der „Theoriebildung" vergleichen und kritisch überprüfen können. Sowohl der Theoriebegriff Adornos als auch der Poppers können mit den gesellschaftlichen „Erzählungen" der beiden Autoren verknüpft werden: Während Poppers Wechselbeziehung von *bold conjectures* und *refutations* als prozeßhafte Verwirklichung der individuellen Freiheit im begrifflichen Bereich betrachtet werden kann, spricht Adornos Konzept einer mimetischen, nicht-theoretischen Theorie dem herrschaftsverbundenen begrifflichen Systemdenken das Mißtrauen aus. Die beiden Begriffe sind von den beiden sozio-historischen Erzählungen, von Poppers individualistischer Zuversicht und Adornos Skepsis der liberal-individualistischen Ideologie gegenüber, nicht zu trennen. (Siehe auch Kap. 9.)

Es kommt hier nicht darauf an, einen — meiner Meinung nach unmöglichen — Konsens zwischen den beiden Gruppen herbeizuführen, sondern zu zeigen, daß auch heterogene Soziolekte kommensurabel sind — unter der Voraussetzung allerdings, daß nicht diskursive Ebenen und ganze Objektkonstruktionen durcheinandergeraten. Kuhn hat zwar durchaus recht, wenn er zum Problem der Inkommensurabilität bemerkt: „Jede Gruppe verwendet ihr eigenes Paradigma zur Verteidigung eben dieses Paradigmas."[69] Paraphrasierend ließe sich sagen: Jede Gruppe verwendet ihren eigenen Soziolekt und ihre eigenen diskursiven Verfahren zur Verteidigung eben dieses Soziolekts und dieser diskursiven Verfahren. Eine generelle „Inkommensurabilitätsthese" folgt daraus mitnichten, zumal, wie John Watkins richtig bemerkt, zwei einander widersprechende Theorien nicht inkommensurabel sein können.[70]

Es kommt hinzu, daß heterogene Soziolekte (etwa Varianten des Marxismus und der Psychoanalyse, der Semiotik und der Hermeneutik, des Marxismus und der Semiotik) miteinander in der Vergangenheit kombiniert wurden.[71] Als besonders aufschlußreiches Experiment sei hier lediglich das zu wenig beachtete Buch von Carlos Castilla del Pino erwähnt, dessen Autor in seinem Vergleich von Marxens und Freuds Theorien ganz zu Recht von der axiologischen, von der Wertproblematik ausgeht und die Frage nach der Vergleichbarkeit der beiden Theorien von der Vergleichs*ebene* abhängig macht.[72] Mir kam es hier darauf an zu zeigen, daß diese Vergleichsebenen diskursiven (semantischen, narrativen) Charakter haben und so genau wie möglich zu beschreiben sind.

Ihre Beschreibung wird immer wieder zeigen, daß der interdiskursive Dialog ständig zwischen den Polen der Konvergenz und der Diskrepanz oszilliert und daß Interferenz oder diskursive Überschneidung die Regel ist. Obwohl „Kritik", „Offenheit" und „individuelle Autonomie" im Kritischen Rationalismus und in der Kritischen Theorie Verschiedenes bedeuten, sind sie nicht inkommensurabel, denn die beiden Soziolekte können als sekundäre modellierende Systeme (s. Kap. 7) auf das primäre modellierende Sy-

---

[69] T. S. Kuhn, *Die Struktur wissenschaftlicher Revolutionen*, op. cit., S. 106.
[70] Siehe: J. Watkins, „Against ‚Normal Science'", in: *Criticism and the Growth of Knowledge*, op. cit., S. 36.
[71] Siehe z. B.: *Psychanalyse et sémiotique. Actes du colloque de Milan, 1974*, Paris, 10/18, 1975 oder P. V. Zima (Hrsg.) *Semiotics and Dialectics. Ideology and the Text*, Amsterdam, J. Benjamins, 1981.
[72] Siehe: C. Castilla del Pino, *Psicoanálisis y marxismo*, Madrid, Alianza Editorial, 1969, S. 41–57.

stem bezogen werden, aus dem sie hervorgegangen sind: auf die natürliche Sprache. Auf die Beziehung zwischen Soziolekten trifft deshalb nicht zu, was Barry Barnes über die Inkommensurabilität von Kuhns Paradigmen schreibt: „Es steht keine geeignete Skala zur Verfügung, mit deren Hilfe die Verdienste verschiedener Paradigmen abgewogen werden könnten: Sie sind inkommensurabel."[73]

Im folgenden Abschnitt möchte ich zeigen, welche Rolle der natürlichen Sprache im interdiskursiven Vergleich zufällt und welche Bedeutung *interdiskursiven Theoremen* als wesentlichen Komponenten der Objektkonstruktion im Hinblick auf die *dialogische* Einheit der Sozialwissenschaften zukommt. Im Mittelpunkt steht die These, daß gerade die häufig beklagte Heterogenität der theoretischen Sprachen dialektisch in ihr Gegenteil umschlagen kann: in interdiskursiven Konsens und in eine Stärkung der dialogischen Einheit der Sozialwissenschaften.

b) *Interdiskursive Theoreme*

Im vorigen Abschnitt war von den beiden Extremen die Rede, zwischen denen sich der interdiskursive Dialog bewegt: von der Konvergenz und der Diskrepanz. Für letztere gibt es Beispiele aus der Psychoanalyse, dem Kritischen Rationalismus und der Kritik der Politischen Ökonomie. Es wird kaum möglich sein, in der empirischen Psychologie, in der Kritischen Theorie oder in nicht-marxistischen Wirtschaftswissenschaften Äquivalente für die Begriffe „Unbewußtes", „Falsifizierbarkeit" oder „Mehrwert" zu finden. Insofern herrscht Diskrepanz zwischen den verschiedenen Soziolekten, zumal die empirische Psychologie nicht nur den Begriff des „Unbewußten" radikal in Frage stellt, sondern auch den Referenten: In ihrem Bereich *gibt* es kein Unbewußtes, und sie muß daher den Sinn empirischer Untersuchungen, die das Unbewußte (Verdrängung, Fehlleistungen) zum Gegenstand haben, als sinnlos ablehnen. Ähnlich verhalten sich die Diskurse bürgerlicher Wirtschaftswissenschaftler zum Begriff des „Mehrwerts", der als Objektkonstruktion unzertrennlich mit Marxens Theorie des Mehrprodukts sowie mit seiner Darstellung der Herrschaftsverhältnisse im Kapitalismus verbunden ist: Mehrwert als das den Arbeitern vorenthaltene Mehrprodukt *gibt* es in verschiedenen nicht-marxistischen Theorien nicht.

Es ist deshalb nicht ohne weiteres möglich, das Problem des interdiskursiven Dialogs auf lexikalischer Ebene durch eine systematische Übersetzung der Terminologien zu lösen. Eine solche Lösung schwebt G. Pasternack vor, der sich im Zusammenhang mit der Theoriebildung in der Literaturwissenschaft für den Aufbau eines metasprachlichen Begriffsapparats ausspricht, „der eine theoriespezifische Übersetzung oder Übernahme von Grundbegriffen und zentralen Kategorien ermöglicht."[74] Was geschieht jedoch, wenn ein Wirtschaftswissenschaftler den Mehrwert-Begriff und ein Psychologe den Begriff des Unbewußten als „sinnlos" verabschieden? Was geschieht, wenn ein Vertreter der empirischen Literaturwissenschaft Greimas' Isotopie-Begriff als gegenstandslos

---

[73] B. Barnes, *T. S. Kuhn and Social Science,* New York, Columbia Univ. Press, 1982, S. 65.
[74] G. Pasternack, *Theoriebildung in der Literaturwissenschaft,* München, W. Fink, 1975, S. 154.

ablehnt?[75] In solchen Fällen führen lexikalische Verfahren der Übersetzung oder Übernahme nicht weiter; sie zeitigen einen fungiblen Eklektizismus, der sich verheerend auf die Kohärenz der Theorie auswirkt.

Im zweiten Teil versuchte ich zu zeigen, daß Ideologien und Theorien semantische, syntaktische und narrative Konstrukte sind und deshalb nicht auf das lexikalische Repertoire oder auf einzelne (oft vieldeutige) Sätze reduziert werden können. Otto Neurath, der sich ausführlich mit dem Dialog „zwischen verschiedenen Gruppen von Denkern"[76] befaßt, scheint dieses Problem nicht zu berücksichtigen, wenn er im Zusammenhang mit seinem Konzept des „Universaljargons" bemerkt: „Wenn sich Leute dazu hergeben, mit mir das Problem des ‚Universaljargons' zu erörtern, dann schlage ich vor, daß wir mit Ausdrücken beginnen, von denen wir annehmen, daß sie uns gemeinsam sind."[77] Ausdrücke wie „kritische Überprüfung" oder „sprachliche Kommunikation" sind zumeist jedoch vieldeutig, und die Tatsache, daß man sie gemeinsam verwendet, bedeutet nicht, daß man dasselbe meint. Deshalb möchte ich hier dafür plädieren, daß im interdiskursiven Dialog nicht isolierte Begriffe oder „Sätze" (Neurath) miteinander verglichen und überprüft werden, sondern Theoreme, die häufig über den Satz hinausgehen, also transphrastischen Charakter haben, und für den Diskurs sowie für dessen Objektkonstruktion(-en) *spezifisch* sind. Anders gesagt: Die verglichenen Einheiten dürfen einerseits nicht so klein geraten, daß sie vieldeutig werden; sie dürfen andererseits nicht so umfangreich sein, daß sie eine ganze Ideologie ausdrücken.

Als Beispiel kann hier die Objektkonstruktion „Ideologie" angeführt werden. Die am „Positivismusstreit" Beteiligten hätten sie zu einem ihrer Ausgangspunkte machen können, weil es im ideologiekritischen Bereich zwischen dem Kritischen Rationalismus und der Kritischen Theorie frappierende Konvergenzen gibt. Ähnlich wie die Anhänger der Kritischen Theorie, ähnlich wie die Textsoziologie, geht der Kritische Rationalismus von der Hypothese aus, daß die Ideologie ein dualistisches Schema ist, in welchem „Leerformeln" eine entscheidende Rolle spielen, indem sie die ideologische Rhetorik gegen empirische Erfahrung immunisieren.

An den folgenden Darstellungen von Ernst Topitsch und Kurt Salamun ist vom Standpunkt der Kritischen Theorie und der Textsoziologie nichts zu beanstanden: „Im Zusammenhang mit ideologischen Denkweisen läßt sich nun immer wieder die Erfahrung machen, daß die Weltorientierung in erster Linie über ein starres bipolares, dichotomisches oder alternativisches Deutungsschema erfolgt, das auf möglichst alle gesellschaftlichen und politischen Phänomene, auch wenn sie noch so komplex sind, angewandt wird."[78] Die Autoren sprechen von einem „Freund-Feind-Verhältnis", und Topitsch ergänzt diese Darstellung in einer anderen Publikation, wenn er über die Funktion der

---

[75] Siehe: H. Verdaasdonk, „On the Possible Roles of Institutionalized Beliefs in the Theory of Literature: Interpretation as the Context-Dependent Grouping of Word Material", in: *Poetics* Nr. 10, 1981, S. 469: „The establishment of isotopies thus remains arbitrary."

[76] O. Neurath, „Universaljargon und Terminologie", in: ders., *Gesammelte philosophische und methodologische Schriften* Bd. 2, op. cit., S. 917.

[77] ibid., S. 902.

[78] E. Topitsch, K. Salamun, *Ideologie. Herrschaft des Vor-Urteils*, Wien, Langen-Müller, 1972, S. 57.

Leerformel schreibt: „Auf diese Weise kommt eine ‚doctrina perennis' zustande, die von allen Vorgängen in der empirischen Welt und von der Fortentwicklung der wissenschaftlichen Erkenntnis unabhängig ist, freilich um den Preis, daß ihre Sätze zu tautologischen Leerformeln werden."[79]

Auch ich gehe im zweiten Teil dieses Buches davon aus, daß Ideologie ein dualistisches narratives Schema ist, in dem mythische Aktanten als vieldeutige, empirisch „leere" Einheiten eine wichtige Funktion erfüllen. Jemand der Hegels Satz aus der *Phänomenologie des Geistes* „das Wahre ist das Ganze (...)" wörtlich nimmt, könnte nun einwenden, meine Definition der Ideologie und des Dualismus seien nur im Zusammenhang mit meinen Begriffen der Dialektik und der Ambivalenz zu verstehen, und deshalb mit den Termini Topitschs, der den dialektischen Diskurs ablehnt, nicht zu vergleichen. Dieser Einwand ist zwar richtig, jedoch für mich kein Anlaß, am Dialog zu verzweifeln; er soll mich nicht daran hindern, das, was trotz der Heterogenität der Soziolekte konsensfähig ist, als *interdiskursives Theorem* hervorzuheben und empirisch zu überprüfen.

Das interdiskursive Theorem, das Topitsch und mir gemeinsam ist, könnte etwa diese Form annehmen: *Die Ideologie ist ein dualistisches Schema, das die in ihm vorkommenden handelnden Instanzen in Freunde und Feinde einteilt. Seine vieldeutigen Begriffe und Leerformeln (mythische Aktanten) immunisieren es gegen Kritik und empirische Überprüfung und verwandeln es in ein geschlossenes System.* Diese Definition bezieht sich vorwiegend auf die semantische und die aktantielle Ebene.

Es ist zwar richtig, daß „Ideologie" und „Dualismus" bei Topitsch und in der Textsoziologie nicht als Synonyme behandelt werden können; ich meine aber, daß gerade die Heterogenität der beiden Diskurse, die hier aufeinander bezogen werden, ihre Interferenz in der Definition der „Ideologie" interessant macht. Eine *intradiskursive* Interferenz oder gar Konvergenz von Theoremen wäre halb so wichtig: Es könnte sich ja um ein (intersubjektiv überprüfbares) kollektives Vorurteil der Kritischen Theorie, des Kritischen Rationalismus, der Wissenssoziologie oder der Greimasschen Semiotik handeln.

Wichtig scheint mir ferner die Tatsache zu sein, daß das hier formulierte interdiskursive Theorem nicht nur der Kritischen Theorie (s. Kap. 10), der Textsoziologie und dem Kritischen Rationalismus gemeinsam ist, sondern auch von der Semiotik Ecos bestätigt wird. In seinen bekannten Untersuchungen über die James-Bond-Romane Ian Flemings zeigt Eco beispielsweise, daß die Ideologie dieser Romane als dualistische Struktur funktioniert: Es zeigt sich u. a., daß bei Fleming das manichäische Schema als solches wichtig ist, nicht seine Ausfüllung auf aktantieller Ebene: „Fleming ist nicht Reaktionär, weil er das ‚böse' Schema mit einem Russen oder einem Juden füllt. Allenfalls ist er reaktionär, weil er mit Schemata arbeitet. Die Schematisierung, die manichäische Zweiteilung ist immer dogmatisch, intolerant (...)."[80]

Hier zeigt sich, daß man nicht kritischer Rationalist oder Vertreter der Kritischen Theorie sein muß, um den Gegenstand „Ideologie" ansatzweise als „dualistisches Sche-

---

[79] E. Topitsch, *Sozialphilosophie zwischen Ideologie und Wissenschaft*, Neuwied-Berlin, Luchterhand, 1961, S. 40.
[80] U. Eco, „Erzählstrukturen bei Ian Fleming", in: P. V. Zima (Hrsg.) *Textsemiotik als Ideologiekritik*, Frankfurt, Suhrkamp, 1977 S. 254.

ma" etc. zu konstruieren. Andere, im zweiten Teil bereits erwähnte Arbeiten von Politologen und Soziologen bestätigen das interdiskursive Theorem: So befaßt sich beispielsweise Olivier Reboul mit der Funktion der Dichotomie im politischen Diskurs[81], und in einer neueren Arbeit, welche die Reden des freiheitlichen österreichischen Politikers Jörg Haider zum Gegenstand hat, konkretisiert der Wiener Sprachwissenschaftler Helmut Gruber das Theorem auf empirischer Ebene: „Insgesamt kann man sagen, daß Haiders vorherrschende Sprechstrategie auf der inhaltlichen Ebene die der sogenannten ‚Schwarz-Weiß-Malerei' ist, das heißt in seinem Weltbild gibt es keine Differenzierungen, sondern nur ‚Gute' und ‚Böse'."[82]

Der skeptische Leser wird sich an dieser Stelle vielleicht fragen, welche praktische Bedeutung ein solcher interdiskursiver Minimalkonsens für die Sozialwissenschaften (Semiotik, Soziologie, Politologie) haben kann. Er hat empirische Bedeutung und ist zugleich als Ausgangspunkt für die dialogische, interdiskursive Objektkonstruktion fachsprachlicher und ideologischer Soziolekte unentbehrlich.

Seine empirische Funktion besteht im wesentlichen darin, interdiskursiv fundierte Forschungsvorhaben und Untersuchungen zu ermöglichen. Im vorliegenden Fall wäre es beispielsweise denkbar, daß Vertreter des Kritischen Rationalismus, der Kritischen Theorie und einer Kultursemiotik (Soziosemiotik) gemeinsam die folgende Hypothese empirisch überprüfen: *Jedesmal wenn sich in einer Gesellschaft ein bestimmter Konflikt verschärft, kommen in den Medien (in den Zeitungen, in einer bestimmten Zeitung) semantischer und aktantieller Dualismus, negative Konnotationen und Überlexikalisierung häufiger vor und nehmen extreme Formen an.*

Obwohl es sich um eine bescheidene und relativ einfache Hypothese handelt, ist sie alles andere als trivial. Ihr interdiskursiver Charakter bietet eine Gewähr für ihre Tragfähigkeit, durch die sie sich vorteilhaft von intradiskursiven Hypothesen (oder Thesen) unterscheidet, die außerhalb der Grenzen eines Soziolekts nicht konsensfähig sind: etwa von der Ansicht, die Rezeptionsästhetik oder die empirische Betrachtungsweise bilde das „neue Paradigma" der Literaturwissenschaft, oder von der Behauptung der Althusserianer, Marx habe in *Das Kapital* ansatzweise eine exakte, der Physik vergleichbare Geschichtswissenschaft begründet.

Die interdiskursive Beschaffenheit der Hypothese verändert außerdem den sprachlichen und gesellschaftlichen Stellenwert der empirischen Untersuchung: Die Wahrscheinlichkeit, daß ein Gegenstand untersucht wird, dessen Existenz in anderen Soziolekten nicht geleugnet wird, wächst mit der interdiskursiven Übereinstimmung. Wer die Bezeichnung „Ideologie" für sinnlos hält oder meint, ideologische Diskurse seien mit Hilfe von Begriffen wie „Dualismus" oder „Dichotomie" nicht zu beschreiben, wird erst die konvergierenden Argumente und Analysen heterogener Diskurse widerlegen müssen. Anders ausgedrückt: Ein interdiskursives Theorem bildet in den Sozialwissenschaften eine bessere Grundlage für empirische Analysen als ein intradiskursives, das von „fremden" Diskursen angezweifelt oder gar abgelehnt wird. (Von einem manipulierten Kon-

---

[81] Siehe: O. Reboul, *Langage et idéologie,* Paris, PUF, 1980.
[82] H. Gruber, „Sprache und Politik", in: *Österreichische Hochschulzeitung,* Mai, 1988, S. 20.

sens oder gar von „mob psychology" — Lakatos über Kuhn — kann hier nicht die Rede sein, da es sich ja um einen heterogenen Konsens, um Konsens im Dissens handelt.)

Auf das Verhältnis von Konsens und Dissens im interdiskursiven Prozeß möchte ich jetzt kurz eingehen. Denn es muß nicht immer bei dem hier skizzierten Minimalkonsens, der sich auf ein Theorem beschränkt, bleiben. Dieses Theorem soll ja als Schnittpunkt möglichst vieler verschiedener Diskurse zum Ausgangspunkt für eine gemeinsame Objektkonstruktion werden. „Ideologie" z. B. wurde hier nicht ausschließlich als dualistisches diskursives Schema definiert: Naturalismus, Monolog, Identitätszwang und die Unfähigkeit zu Reflexion und Dialektik gehörten unabdingbar zur Gegenstandsbestimmung. Die Frage ist, wie weit ein kritischer Rationalist wie Topitsch, der ein Grundtheorem mit mir teilt, meine Objektkonstruktion, die noch weitere Theoreme beinhaltet, nachvollziehen könnte.

Meine Hypothese lautet, daß die Grenzen eines fachsprachlichen (soziologischen) und ideologischen Soziolekts zugleich die Grenzen des Nachvollziehbaren bilden: Wo die Interferenzzone der beiden heterogenen Diskurse und (indirekt) Soziolekte aufhört, stößt auch die gemeinsame Objektkonstruktion auf ihre Grenzen. Theoreme über den Monolog, den Naturalismus und den Identitätszwang könnte der kritische Rationalist, der auch vom semantischen Gegensatz *Offenheit/Geschlossenheit* ausgeht, noch gelten lassen; den Vorwurf der „Unfähigkeit zur Reflexion" wird er schon anders deuten als der Textsoziologe oder der Anhänger der Kritischen Theorie; und die Behauptung, „Ideologie" sei ein „undialektischer Diskurs, dessen Aussagesubjekt die Einheit der Gegensätze nicht denken kann", wird er nicht gelten lassen, da sie seinem Theoriebegriff und seinem formallogischen Postulat der Widerspruchsfreiheit widerspricht. Hier zeigt sich, daß die Grenzen der gemeinsamen Objektkonstruktion u. a. von semantischen Faktoren — von den Relevanzkriterien und Klassifikationen der beiden Diskurse — abhängen. Dies ist der Grund, weshalb es nicht genügt, einzelne Begriffe oder Sätze zu vergleichen und zu kritisieren.

Der Dissens, der sich in solchen Fällen abzeichnet, sollte weder bedauert noch übergangen werden, weil er außerordentlich fruchtbar ist: Er verringert die Gefahr, daß der erreichte Konsens auf einem kollektiven Vorurteil oder Ideologem gründet und sorgt dafür, daß der kritische Dialog weitergeht: daß die Theorien, die einander in einem wesentlichen Punkt bestätigen, an einer anderen, nicht weniger wichtigen Stelle kritisch zusammenstoßen und das ermöglichen, was Donald Davidson als „meaningful disagreement" bezeichnet.[83] (Apels und Habermas' Ansätze sind zu sehr auf Harmonie und Konsens ausgerichtet und vernachlässigen die Dialektik von Konsens und Dissens.)

Der hier beschriebene interdiskursive Dialog ist deshalb alles andere als eine „Konsenstheorie der Wahrheit": Genauso wichtig wie der Konsens ist hier der Dissens, der aus der Heterogenität der Diskurse hervorgeht, deren kritische Dynamik innerhalb eines Soziolekts — also intradiskursiv — nicht gegeben ist. Ebensowenig möchte ich allerdings von einer „Dissenstheorie der Wahrheit" sprechen, da es hier gar nicht um die Begründung der Wahrheit geht: Ihr können sich Diskurse im Dialog nur asymptotisch

---

[83] D. Davidson, *Inquiries into Truth and Interpretation*, Oxford, Clarendon Press, 1984, S. 196.

nähern (s. Kap. 11). Deshalb sollten die interdiskursiven Theoreme nicht als „Wahrheiten" aufgefaßt werden: eher als Hypothesen, die besser fundiert sind als ihre intradiskursiven Rivalinnen oder als Gemeinplätze der Alltagssprache, die Wissenschaftler unreflektiert übernehmen. So zeigt etwa das interdiskursive Theorem „Objektkonstruktion", das aus Piagets Psychologie, Prietos materialistischer Semiotik und dem Radikalen Konstruktivismus hervorgeht (Kap. 11), daß das Subjekt nicht passiv registrierend ein Objekt wahrnimmt, sondern daß Wahrnehmung ein Konstruktionsvorgang ist, der in der Ideologie, im Alltagswissen und in zahlreichen Theorien unterschlagen wird.

Daß interdiskursive Theoreme Dissens nicht ausschließen, daß sie mitunter heiß umstritten sind, zeigt das Theorem der „Interdiskursivität" selbst. Im dritten Kapitel stellte sich heraus, daß es — zumindest in rudimentärer Form — schon bei dem Durkheim-Schüler Halbwachs sowie in der Wissenssoziologie vorkommt. Sein interdiskursiver Status wurde später durch die Ausführungen Kuhns außerordentlich gestärkt, zumal Kuhn die Erkenntnisse des Durkheimianers und des Wissenssoziologen bestätigt, indem er sich primär auf naturwissenschaftliche und nicht auf soziologische Erfahrungen stützt. Dennoch ist es gerade in seiner Kuhnschen Fassung von Rationalisten wie Popper radikal in Frage gestellt worden.

Das von Popper weiterhin verteidigte Postulat der „intersubjektiven Überprüfbarkeit" kommt ebenfalls in verschiedenen Soziolekten (etwa in Habermas' Variante der Kritichen Theorie) vor und könnte in dem hier konstruierten Kontext als interdiskursives Theorem verteidigt werden. Allerdings sind die Argumente, die Popper gegen Kuhns Auffassung des „framework" vorbringt, nicht sehr überzeugend; im 4. Kapitel habe ich zu erklären versucht, weshalb. Zweifellos hat Kuhn recht, wenn er zu bedenken gibt, daß wir nicht (wie Popper meint) nach Belieben aus den sprachlichen und gesellschaftlichen Rahmenbedingungen des Paradigmas ausbrechen können.[84] Deshalb gehe ich — Neuraths Terminologie folgend — davon aus, daß das Theorem der „Intersubjektivität" außerhalb des intradiskursiven Bereichs zwar nicht widerlegt, aber stark „erschüttert" ist: zumindest in den Sozialwissenschaften. Popper und seine Schüler müßten konkretere und genauere Argumente ins Feld führen, um ihr Theorem vor weiteren Erschütterungen zu bewahren.

Es kommt hinzu, daß Paul Lorenzen, der mit Wissenssoziologie, durkheimianischer Soziologie oder Kritischer Theorie nichts im Sinne hat, das Problem der Kommunikation zwischen heterogenen Diskursen auf seine Art formuliert, indem er es auf die Wissenschaftssprachen „esoterischer Gruppen" zuspitzt: „Sprachen solcher esoterischen Gruppen heißen Orthosprachen."[85] Diese heben sich klar von der natürlichen Sprache ab. Zwischen ihnen sind laut Lorenzen drei Kommunikationssituationen zu unterscheiden: In der ersten können bestimmte Termini oder Sätze in die eigene Orthosprache „übersetzt" werden: im dritten Fall führt die Aufnahme der fremden Termini in die eigene Orthosprache zu Widersprüchen, und man ist gezwungen, seine eigene Terminologie zu ändern oder die fremden Begriffe abzulehnen.

---

[84] Siehe: T. S. Kuhn, „Reflections on my Critics", in: op. cit., S. 232.
[85] P. Lorenzen, *Konstruktive Wissenschaftstheorie,* Frankfurt, Suhrkamp, 1974, S. 114.

Mir geht es hier nicht um die Frage, ob es sozialwissenschaftliche „Orthosprachen" unabhängig von Ideologien geben kann (ich glaube nicht); auch nicht um die Frage, mit der ich mich hier immer wieder befaßt habe, ob es genügt, Äquivalente und Synonyme auf der Wort- und Satzebene zu suchen, wie Lorenzen meint (ich glaube nicht); mir ist es hier um Lorenzens Darstellung des zweiten Falles zu tun, in der deutlich wird, wie fruchtbar und kreativ der Dialog zwischen heterogenen Wissenschaftssprachen oder „Orthosprachen" sein kann: „*Zweitens* kann der Vergleich der Autorenorthosprache mit der eigenen ergeben, daß die erstere gewisse Termini (also begriffliche Unterscheidungen) hat, die dem eigenen systematischen Nachdenken bisher entgangen waren. Dann kann man den Text nicht in seine eigene Sprache übersetzen, man kann aber seine eigene Sprache durch die neuen Unterscheidungen des Textes erweitern."[86] Genau das ist auch in der vorliegenden Arbeit geschehen, als ich beispielsweise versuchte, semiotische Begriffe und Unterscheidungen (Soziolekt, Intertextualität, sekundäres / primäres modellierendes System) für die Kritische Theorie fruchtbar zu machen. Lorenzens Ausführungen sind für das Theorem der Interdiskursivität wichtig, weil sie zeigen, wie verschiedene Gruppensprachen (als Fachsprachen) einander ergänzen, erweitern, korrigieren können.

Abschließend möchte ich auf die Rolle der natürlichen Sprache in der interdiskursiven Kommunikation eingehen, weil ich mit Apel annehme, daß sie die letzte Metasprache ist, ohne die Verständigung zwischen heterogenen Soziolekten kaum denkbar wäre. Lorenzen scheint die Benutzung der natürlichen Sprache im wissenschaftlichen Bereich für den Laien reservieren zu wollen, wenn er das Kommunikationsverhältnis zwischen fachsprachlichen („esoterischen") Gruppen und dem Laienpublikum erläutert: „Für Gruppen, die auf *exoterisches* Hören und Reden, Lesen und Schreiben in den natürlichen Sprachen angewiesen sind, ist die Logik (des Argumentierens in einer Orthosprache) zu ergänzen durch Hermeneutik und Rhetorik."[87] Die Funktion dieser Hermeneutik besteht also darin, die Frage zu beantworten, wie der Laie einen Text „in wissenschaftlicher Absicht" (Lorenzen) rezipieren sollte.

In den Sozialwissenschaften ist der Gegensatz *esoterisch / exoterisch* zwar brauchbar, weil er dem besonderen, spezifischen Charakter der Fachsprachen Rechnung trägt, andererseits jedoch problematisch, weil Fachvertreter (Soziologen, Psychologen, Semiotiker) in den meisten Fällen nicht eine homogene Fachsprache („Orthosprache") sprechen, sondern heterogene Soziolekte, deren Abweichungen sowohl durch die Arbeitsteilung als auch durch ideologische und kulturelle Differenzen bedingt sind: Ein Anhänger der Peirceschen Semiotik wird nicht auf Anhieb die materialistischen Semiotiken Prietos oder Rossi-Landis verstehen; ein Schüler Lukács', Lefebvres oder Goldmanns wird zunächst auch mit hermeneutischen Problemen konfrontiert, wenn er versucht, die Terminologie Althussers zu verstehen; und ein Vertreter der empirischen Psychologie wird u. U. ratlos mit den Achseln zucken, wenn er von Anhängern Lacans in ein Gespräch verwickelt wird.

---

[86] ibid., S. 118.
[87] ibid., S. 114.

Alle diese Fälle zeigen, daß in den Sozialwissenschaften auch der Fachvertreter regelmäßig in Kommunikationssituationen versetzt wird, die ihn nötigen, aus seinem Soziolekt „herauszutreten", um mit Hilfe der natürlichen Sprache zunächst Verständigungsschwierigkeiten zu bewältigen und anschließend u. U. neue Sprachen zu lernen. Anders als der Physiker oder der Kristallograph kann der Sozialwissenschaftler jäh in die Lage des Laien (zurück-)versetzt werden, der auf „Hermeneutik" und „Rhetorik" der natürlichen Sprache angewiesen ist.

Die natürliche Sprache ist gleich in der ersten Phase der Verständigung unentbehrlich, wenn es gilt zu erfahren, *wie heterogen* (oder ähnlich) zwei Gruppensprachen sind: Wie stark weicht Althussers szientistischer Marxismus von den humanistischen Varianten Henri Lefebvres oder Raymond Williams' ab? In welchen Punkten (wenn überhaupt) stimmt die kantianische Semiotik eines Peirce mit der marxistischen eines Rossi-Landi überein? — Solche Fragen sind nicht ausschließlich interdiskursiv, also bilateral, zwischen zwei Soziolekten, zu beantworten; ihre Beantwortung setzt ein *tertium comparationis* voraus, das in vielen Fällen ein dritter Soziolekt sein kann (ein semiotischer Vergleich der Diskurse Althussers und Lacans), in den meisten Fällen jedoch die natürliche Sprache ist. Daß sie über den Partikularismus der besonderen Sprachen oder „Sprachspiele" im Sinne von Wittgenstein hinausgeht, bestätigt Karl-Otto Apel, wenn er in *Transformation der Philosophie* feststellt, „daß unter der Oberfläche der *Umgangssprache* die ‚logische' Form der Universalsprache verborgen ist (...)."[88]

Der Universalcharakter der natürlichen Sprache ist — nach dem, was im 7. Kapitel über das Verhältnis von sekundären und primären modellierenden Systemen gesagt wurde — nicht erstaunlich: Die Soziolekte als sekundäre modellierende Systeme gehen in einer bestimmten sozio-linguistischen Situation aus dem primären System der historischen *langue* hervor. Genetisch betrachtet sollte es also auch möglich sein, sie mit Hilfe der *langue* zu *rekonstruieren*: sie rekonstruktiv zu verstehen. (Mit einer Auflösung in der natürlichen Sprache hat eine solche Rekonstruktion, die der Partikularität und der Autonomie des Soziolekts Rechnung trägt, nichts zu tun.)

Komplementär zum genetischen Argument verhält sich die Überlegung aus dem ersten Kapitel, daß die natürliche Sprache über die Grenzen aller partikularen Gruppensprachen hinausgeht, weil alle Gruppensprachen in ihr prinzipiell ausdrückbar sind. An dieser Tatsache ändert auch der spezifische Charakter einer sozio-linguistischen Situation nichts: Der Umstand, daß in der französischen sprachlichen Situation der siebziger Jahre die Diskurse des Kritischen Rationalismus und der Kritischen Theorie wie Fremdkörper wirkten, war kein Hindernis für die Übersetzung und eine bescheidene Rezeption einschlägiger Texte.

Freilich bedeutet dies nicht, daß die natürliche Sprache neutral ist; im Gegenteil, sie ist von Ideologemen, fachsprachlichen Termini und Werbeslogans durchsetzt. Es bedeutet vielmehr, daß — anders als in besonderen Soziolekten — die Signifikanten der *langue* nicht so stark an bestimmte Signifikate gebunden sind und daß sie deshalb in einer neu-

---

[88] K.-O. Apel, *Transformation der Philosophie Bd. 2. Das Apriori der Kommunikationsgemeinschaft*, Frankfurt, Suhrkamp, 1973, S. 341.

en Kommunikationssituation auf originelle Art und *ad hoc* verwendet werden können. André Martinets These über die „double articulation du langage" und die Autonomie der Signifikantenebene erklärt diese Flexibilität der Sprache[89], die jedesmal in Erscheinung tritt, wenn von zwei Theoretikern, die sich über einen Gegenstand verständigen möchten, der eine vorschlägt: „Nennen wir diese Erscheinung vorläufig X ..."

Donald Davidson scheint mir zu pessimistisch zu urteilen, wenn er behauptet: „Weder ein Vorrat an fixierten Bedeutungen noch eine theorie-neutrale Wirklichkeit kann eine Grundlage für den Vergleich von begrifflichen Schemata bilden."[90] Einen solchen Vergleich halte ich für möglich: erstens, weil jedes Schema aus dem primären System der natürlichen Sprache hervorgeht und dieses voraussetzt; zweitens, weil die natürliche Sprache alle besonderen — wissenschaftlichen und ideologischen — Schemata umfaßt und diskutierbar, lehrbar macht. — In diesem Zusammenhang sei lediglich an die Bedeutung der Umgangssprache für die Didaktik der Sozialwissenschaften erinnert sowie für die Wörterbücher dieser Wissenschaften: etwa für Laplanches und Pontalis' bekanntes Nachschlagewerk *Das Vokabular der Psychoanalyse*.[91]

An dieser Stelle könnte jemand mit Recht einwenden, die wissenschaftlichen Gruppensprachen seien doch allesamt Versuche, den Sprachgebrauch, der in den natürlichen Sprachen ungenau und disparat ist, zu *vereinheitlichen*. Mit Oswald Schwemmer könnte er geltend machen, „daß der Aufbau einer besonderen Begrifflichkeit schon für die Formulierung von Tatsachenfragen, also schon für den Anfang einer wissenschaftlichen Fachsprache, erforderlich ist: jedenfalls überall dort, wo unsere natürlichen Sprachen nicht bereits solche sich als identisch erhaltenden oder von uns als solche erhaltenen Elemente in hinreichender Deutlichkeit darstellen."[92]

Dieser Einwand ist insofern berechtigt, als theoretische Soziolekte tatsächlich die Kommunikation präzisieren und nuancieren können: Psychoanalytiker, Soziologen, Sprachwissenschaftler sprechen häufig eine gemeinsame Sprache und schützen sich so gegen die Polysemien und Mißverständnisse der Umgangssprache. Häufig, aber nicht immer: denn fortschreitende Arbeitsteilung und ideologische Interferenzen, die der hier vorgebrachte Einwand nicht berücksichtigt, sorgen dafür, daß die sprachliche Fragmentierung in den Sozialwissenschaften eher zunimmt als abnimmt: Jedesmal wenn eine Gruppe von besonders gewissenhaften Wissenschaftlern sich eine strenge Sprachregelung auferlegt, um endlich reinen Tisch zu machen und sich im Alleingang, im Monolog Klarheit zu verschaffen, treibt sie, ohne es zu beabsichtigen, die Zersplitterung einen Schritt weiter. Angehörige anderer Gruppen verstehen sie nicht und beschweren sich über die „wu-

---

[89] Siehe: A. Martinet, *La Linguistique synchronique. Etudes et recherches*, Paris, PUF, 1968, S. 28: „Les phonèmes, produits de la seconde articulation linguistique, se révèlent ainsi comme les garants de l'arbitraire du signe."

[90] D. Davidson, *Inquiries into Truth and Interpretation*, op. cit., S. 195.

[91] Siehe: z. B. die von J. Laplanche und J.-B. Pontalis vorgeschlagene Definition des Begriffs „Verdrängung": „A) Im eigentlichen Sinne: Operation, wodurch das Subjekt versucht, mit einem Trieb zusammenhängende Vorstellungen (Gedanken, Bilder, Erinnerungen) in das Unbewußte zurückzustoßen oder dort festzuhalten." (Ohne umgangssprachliche Lexeme wie „Vorstellungen", „Gedanken", „Bilder", „Erinnerungen", „zurückstoßen", „festhalten" käme diese Definition nicht aus.)

[92] O. Schwemmer, *Handlung und Struktur. Zur Wissenschaftstheorie der Kulturwissenschaften*, Frankfurt, Suhrkamp, 1987, S. 37.

chernde Terminologie". In der Textlinguistik wird es immer schwieriger, die Übersicht über „Kommunikate", „Texteme", „Textoide", „Isotopien" und „Isosemien" nicht zu verlieren. Es ist die Aufgabe des interdiskursiven Dialogs, diesem Zersplitterungsprozeß im Kontext der natürlichen Sprache entgegenzuwirken und die monologische Vernunft durch eine dialogische zu ersetzen.

3. Epilog: Verallgemeinerungsfähigkeit der Werte

Wer ein theoretisches Buch zu Ende gelesen hat, hat häufig das Gefühl, daß ihm die Annahme bestimmter Werturteile zugemutet wird, deren Allgemeingültigkeit oder Selbstverständlichkeit keineswegs feststeht. Dieses Gefühl ist auch hier nicht unberechtigt, denn Ambivalenz, Ironie, Dialektik, Reflexivität und Dialog sind als Wort-Werte in einem besonderen historischen, gesellschaftlichen und sprachlichen Kontext entstanden. An mehreren Stellen, vor allem im Zusammenhang mit dem Wert der theoretischen Reflexion, versuchte ich zu zeigen, daß sie von den partikularen Erfahrungen, Standpunkten und Interessen einer Gruppe von Intellektuellen nicht zu trennen sind. Daher hat es, meine ich, keinen Sinn, sie als allgemeingültig begründen zu wollen. Es scheint mir aber sinnvoll und möglich zu sein, nach ihrer Verallgemeinerungs*fähigkeit* zu fragen, zumal sie hier als Antonyme zu Dualismus, Dogmatismus, Naturalismus und Monolog aufgefaßt wurden, die *per definitionem* nicht verallgemeinerungsfähig sind.

Allerdings handelt es sich nicht wie bei Habermas um die „Verallgemeinerungsfähigkeit von Interessen", weil ich — wie Agnes Heller — davon ausgehe, daß Interessen *als solche partikular, gruppenspezifisch sind*. In der Vergangenheit versuchte Habermas, dieses Argument, das von R. Bubner und W. Fach gegen ihn vorgebracht wurde, zu entkräften: „Die *Unterstellung*, daß alle Interessen partikular sind, ist zwar in den empiristischen und dezisionistischen Schulen der Ethik üblich, aber, wenn etwas anderes als eine Definition gemeint ist, mit guten Gründen bestreitbar. Wie ich an anderer Stelle ausgeführt habe, läßt sich in praktischen Diskursen prüfen, welche Normen *verallgemeinerungsfähige* Interessen zum Ausdruck bringen und welchen nur partikulare (. . .) Interessen zugrundeliegen."[93] Hier tritt wieder das im 3. Kapitel ausführlich kommentierte Problem des Diskurses im semiotischen und textsoziologischen Sinn, d. h. als transphrastischer, an einen Soziolekt gebundener Struktur, in den Vordergrund: Interessen werden nicht von freischwebenden Individuen in einer „idealen Sprechsituation" definiert, sondern im Zusammenhang mit besonderen Relevanzkriterien, Klassifikationen und narrativen Strukturen, die von Gruppensprachen nicht zu trennen sind. Insofern hat W. Fach recht, wenn er gegen Habermas einwendet: „Verallgemeinerungsfähige Interessen sind rationalisierte Partikularinteressen."[94] — Dieser Satz, bemerkt Habermas, „ist mir unverständ-

---

[93] J. Habermas, *Erkenntnis und Interesse,* Frankfurt, Suhrkamp, 1973, S. 402—403.
[94] W. Fach, in: J. Habermas, *Zur Rekonstruktion des Historischen Materialismus,* Frankfurt, Suhrkamp, 1976, S. 334 — Siehe auch R. Bubner, *Handlung, Sprache und Vernunft,* op. cit., S. 233: Bubner versucht zu zeigen, daß die Bedingungen der „idealen Sprechsituation" für die Überwindung partikularer Interessen irrelevant sind.

lich. Es sei denn, Fach will behaupten: alle Interessen sind partikular (...)."⁹⁵ Dies behauptet nicht nur Fach, sondern auch Agnes Heller, die den partikularen Charakter von Interessen in der Klassengesellschaft hervorhebt: „Interessen gibt es nur in Klassengesellschaften, da sie sich als Interessengegensatz konstituieren."⁹⁶

Im Dialog zwischen heterogenen Positionen kann deshalb kein Konsens über individuelle und kollektive Interessen angestrebt werden, sondern nur Verständigung über Werte, die interdiskursiven Status haben und verschiedenen Soziolekten gemeinsam sind. Ein konkretes Beispiel ist der Wort-Wert „Freiheit", dessen widersprüchliche Aspekte Sir Isaiah Berlin zum Gegenstand seiner bekannten Untersuchung „Two Concepts of Liberty" gemacht hat: Es gibt eine „negative" Freiheit vom Zwang und eine „positive" Freiheit, etwas zu tun, sich zu verwirklichen. Während der erste Aspekt vorwiegend von der Ideologie des liberalen Individualismus (Locke) hervorgehoben wird, tritt der zweite vor allem in den verschiedenen sozialistischen Ideologien zutage, die auf die reale oder positive Unfreiheit der Arbeiter hinweisen, denen die Freiheit von Zwängen nicht zugute kommen kann, weil sie nicht die Möglichkeit haben, ihre kulturellen und materiellen Bedürfnisse zu befriedigen.⁹⁷ Keiner der beiden Aspekte des Freiheitsbegriffs ist als Ausdruck partikularer Gruppen- oder Klasseninteressen verallgemeinerungsfähig, d. h. interdiskursiv konsensfähig. Nur der Freiheitsbegriff in allen seinen z. T. kontradiktorischen Dimensionen, die er in einer sozio-linguistischen Situation annimmt, hat zeitweise, in einem konkreten historischen Kontext, Universalcharakter und wird hier als *interdiskursiver Wert* bezeichnet.

Analog könnten theoretische Werte wie „Kritik", „Reflexion" und „Dialog" als interdiskursive Einheiten betrachtet werden, die nicht auf ihre partikulare — kritisch-theoretische, kritisch-rationalistische oder psychoanalytische — Dimension einzuengen sind. Im vorigen Kapitel hat sich bereits herausgestellt, daß das Wort „Kritik" in der Kritischen Theorie eine andere Bedeutung annimmt als im Kritischen Rationalismus (oder in der Semiotik der „Tel-Quel"-Gruppe). Obwohl man davon ausgehen muß, daß seine von den beiden Gruppensprachen konstituierten Aspekte einander teilweise widersprechen, ist auch die Annahme berechtigt, daß sie einander ergänzen und überlagern, etwa in Poppers Satz: „Es gibt keine Erkenntnis ohne rationale Kritik, Kritik im Dienste der Wahrheitssuche."⁹⁸ Trotz ihrer Differenzen und Widersprüche überschneiden sich die kritisch-theoretischen und die kritisch-rationalistischen Objektkonstruktionen von „Kritik", ähnlich wie sie sich im Falle der „Ideologie" (s. o.) überschneiden. „Kritik" als interdiskursiver, verallgemeinerungsfähiger Wert hat also nichts mit einem transhistorischen, homogenen und vollkommenen Ideal zu tun, sondern hat durchaus ambivalenten und antinomischen Charakter, an dem sich stets von neuem der offene Dialog entzündet.

---

95 J. Habermas, *Zur Rekonstruktion des Historischen Materialismus*, op. cit., S. 334.
96 A. Heller, *Philosophie des linken Radikalismus. Ein Bekenntnis zur Philosophie*, Hamburg, VSA-Verlag, 1978, S. 129.
97 Siehe: I. Berlin, *Two Concepts of Liberty*, Oxford, Clarendon Press, 1959.
98 K. R. Popper, *Auf der Suche nach einer besseren Welt. Vorträge und Aufsätze aus dreißig Jahren*, München, Piper, 1984, S. 32.

Daß die Offenheit dieses Dialogs Konsens in wesentlichen Punkten nicht ausschließt, zeigt nicht nur die gemeinsame Objektkonstruktion „Ideologie", die ich weiter oben skizziert habe, sondern auch die in vieler Hinsicht komplementäre Konstruktion von „Ideologiekritik", von der es bei Ernst Topitsch heißt: „Natürlich ist die Ideologiekritik nicht imstande, die konkreten Interessenkonflikte als solche aus der Welt zu schaffen, aber sie kann eventuell verhindern, daß diese Gegensätze weltanschaulich dramatisiert und dadurch verschärft werden."[99] Selbstverständlich muß erwähnt werden, daß Topitsch Dialektik als Instrument der Kritik ablehnt und sich statt dessen auf das Postulat der Wertfreiheit beruft, das sowohl von der Kritischen Theorie als auch von der kritischen Semiotik (Semiologie) der „Tel-Quel"-Gruppe abgelehnt wird. Dennoch ist „Ideologiekritik" als gemeinsame Objektkonstruktion und als interdiskursiver Wert bestimmbar, zumal die verschiedenen kritischen Soziolekte in ihrer gemeinsamen Ablehnung des Dualismus, der Leerformel und des Identitätsdenkens übereinstimmen: „So hat man z. B. versucht, die Werturteile als eine Unterklasse der empirischen Aussagen zu interpretieren", stellen Topitsch und Salamun im Zusammenhang mit der identifizierenden ideologischen Rede fest.[100]

An dieser Stelle wird deutlich, daß verallgemeinerungsfähige Werte wie „Freiheit", „Kritik", „Dialog" („kritische Diskussion") im dialektischen Zusammenhang mit den Unwerten zu denken sind, die dem ideologischen Diskurs zugrunde liegen und die nicht verallgemeinerungsfähig sind, weil sie *per definitionem* partikular sind. Über die Partikularität faschistischer Werte schreibt Habermas: „Soweit der Faschismus mit sei es rassistischen, völkischen oder nationalistischen Lehren systematisch verknüpft ist, läßt sich zeigen, daß faschistische Doktrinen keine verallgemeinerungsfähigen Interessen ausdrücken und wegen ihres partikularistischen Charakters einer vernünftigen, einer diskursiven Rechtfertigung nicht fähig sind."[101] (Auf das für Habermas spezifische Problem der „Interessen im Diskurs" will ich hier nicht mehr eingehen: s. o.) Hier wird deutlich, daß er — wie übrigens auch Agnes Heller[102] — Verallgemeinerungsfähigkeit *ex negativo* definiert, und zwar im Hinblick auf Ideologeme, die aufgrund ihrer Partikularität nicht verallgemeinerungsfähig sind.

Ihnen entsprechen im Diskurs partikularisierende Lexeme (wie „Rassenseele", „Klassenfeind") sowie semantische und syntaktische Verfahren, die durch ihren Partikularismus sowohl die selbstkritische Reflexion als auch den offenen Dialog verhindern: Wer einen partikularen Wert wie „Rasse", „Sekte" oder „Nation" verteidigt, der wird auch nicht gegen die diskursiven Verfahren der Ideologie, gegen Dualismus, Naturalismus, Identitätsdenken und Monolog Einspruch erheben können. Solche Verfahren werden durch die partikularistische Wertsetzung legitimiert, und der Dialog mit Andersdenkenden er-

---

[99] E. Topitsch, *Sozialphilosophie zwischen Ideologie und Wissenschaft*, op. cit., S. 51.
[100] E. Topitsch, K. Salamun, *Ideologie*, op. cit., S. 108.
[101] J. Habermas, *Zur Rekonstruktion des Historischen Materialismus*, op. cit., S. 334.
[102] Siehe: A. Heller, *Philosophie des linken Radikalismus*, op. cit., S. 132: „In auf Unter- und Überordnungsverhältnissen beruhenden Gesellschaften ist eine philosophische Wertdiskussion nicht möglich (...)."

scheint als überflüssig oder gar als Verrat. Anders formuliert: *Ideologie im restriktiven Sinne ist partikularisierenden Wertsetzungen und Werturteilen homolog.*

Als Alternative, als Leitwert mit Universalcharakter, bietet sich ein Wert an, der gegenwärtig mancherorts diskreditiert ist, an dem sich aber seit der Renaissance die europäische Philosophie orientiert: die Menschheit als Einheit. An ihm hält auch Agnes Heller fest, die zu Recht schreibt: „Es wurde gesagt: Die Menschheit ist die gesellschaftliche Einheit, die nicht in ‚Interessengegensätzen' gedacht werden kann. Daraus folgt aber, daß eine philosophische Wertdiskussion nur unter Diskussionspartnern möglich ist, die *alle* ihre Werte auf die Menschheit als die allgemeine Einheit beziehen. — Zwischen Partnern, von denen für den einen die Menschheit als die höchste Einheit gilt, während für den anderen eine partikulare Einheit als Idee einen höheren Stellenwert hat als die Menschheit, *kann keine philosophische Diskussion ausgetragen werden.*"[103]

Um Mißverständnissen vorzubeugen, sollte hinzugefügt werden, daß die Menschheit als Leitwert keine handelnde Instanz ist und nichts mit einem „historischen Subjekt" im hegelianischen oder marxistischen Sinn zu tun hat. Sie könnte höchstens als Objekt-Aktant des *Diskurses,* als zu verwirklichende historische Einheit gedacht werden, die den verallgemeinerungsfähigen Charakter der Theorie garantiert. Sie ist das allgemeinste gesellschaftskritische Postulat, ohne das Dialog, Reflexion und Dialektik ihre *raison d'être* einbüßen.

Diese Feststellung gilt uneingeschränkt für die gesamte Diskussion über Ideologie und Theorie: Ideologiekritik und die aus ihr hervorgehenden kritischen Theorien sind nur dann sinnvoll, wenn sie zu einer graduellen Überwindung von Partikularismen und den ihnen entsprechenden Herrschaftverhältnissen beitragen. Nur in diesem Kontext haben Begriffe wie Kritik, Reflexion, Dialektik und Dialog einen *Sinn*. Denn alle hier beschriebenen Gegensätze zwischen Ideologie und Theorie sind letztlich aus dem sie umfassenden Gegensatz zwischen dem Partikularen und dem Universellen, dem allgemein Menschlichen, ableitbar.

---

[103] ibid., S. 132.

Bibliographien: „Ideologie", „Soziosemiotik", „Theorie"

Es versteht sich von selbst, daß die bibliographischen Angaben zu den drei Stichwörtern „Ideologie", „Soziosemiotik" und „Theorie" (Wissenschaftstheorie, soziologische Theorie) nicht vollständig sein können. Eine vollständige Bibliographie zum Thema „Ideologie" wäre wahrscheinlich nur in Buchform möglich. Dennoch habe ich mich in den ersten beiden Fällen bemüht, eine systematische Übersicht über die wichtigsten *neueren* Arbeiten zu bieten und neben deutschen bzw. englischen auch französische, niederländische, italienische und spanische Publikationen zu berücksichtigen. Da die Themenbereiche „Ideologie" und „Soziosemiotik" einen recht spezifischen Charakter haben, werden vorwiegend *einschlägige* Arbeiten genannt. „Wissenschaftstheorie" und „soziologische Theorie" bezeichnen hingegen umfangreiche und heterogene Forschungsgebiete, die nicht auf einigen Seiten zu erfassen sind; deshalb werden hauptsächlich in diesem Buch zitierte oder verwendete Texte aufgeführt. In den Bereichen „Ideologie" und „Soziosemiotik" sind zahlreiche Veröffentlichungen aufgenommen worden, die hier nicht unmittelbar besprochen oder verwendet wurden. Einige (vor allem literarische) Titel, die im Text oder in den Anmerkungen vorkommen, sind nicht in diese Bibliographie eingegangen. In allen drei Fällen war der Diskursbegriff ein wichtiges Auswahlkriterium.

Ideologie (Ideologiekritik)

A

Abercrombie, N. — Hill, S. — Turner, B. S.: The Dominant Ideology Thesis, London, Allen & Unwin, 1980.
Adorno, Th. W.: „Fernsehen als Ideologie", in: ders., Eingriffe. Neun kritische Modelle, Frankfurt, Suhrkamp, 1963.
ders.: Jargon der Eigentlichkeit. Zur deutschen Ideologie, Frankfurt, Suhrkamp, 1967.
ders.: „Individuum und Organisation", in: ders., Kritik. Kleine Schriften zur Gesellschaft, Frankfurt, Suhrkamp, 1971.
ders.: Adorno, Th. W. — Frenkel-Brunskwik, E. e. a., Studien zum autoritären Charakter, Frankfurt, Suhrkamp, 1973.
ders.: „Beitrag zur Ideologielehre", in: H.-J. Lieber (Hrsg.), Ideologie-Wissenschaft-Gesellschaft. Neuere Beiträge zur Diskussion, Darmstadt, Wiss. Buchgesellschaft, 1976.
Albert, H.: „Tautologisches und Ideologisches", in: Schweizerische Zeitschrift für Volkswirtschaft und Statistik, 90. Jg., 1954.
ders.: „Ideologische Elemente im ökonomischen Denken: logische und soziologische Aspekte der Ideologiekritik", in: Kyklos Nr. 2, 1957.
ders.: „Programm der neuen Kritik: Engagement", in: Neues Forum, Februar, 1969.
ders.: „Politische Theologie im Gewande der Wissenschaft. Zur Kritik der neuen deutschen Ideologie", in: Club Voltaire, Jahrbuch für kritische Aufklärung, Bd. 4, 1970.
ders.: Transzendentale Träumereien. Karl-Otto Apels Sprachspiele und sein hermeneutischer Gott, Hamburg, Hoffmann und Campe, 1975.
Althusser, L.: „Idéologie et appareils idéologiques d'Etat", in: ders.: Positions, Paris, Editions Sociales, 1976. (Dt.: Ideologie und ideologische Staatsapparate, Hamburg-Berlin, 1977.)

ders.: „La Philosophie comme arme de la révolution", in: ders., Positions, op. cit.
Analyse de l'idéologie (sous la direction de G. Duprat), Paris, Editions Galiliée, 1980.
Angenot, M. — Suvin, D.: „L'Implicite du Manifeste: métaphores et imagerie de la démystification dans le ‚Manifeste communiste'", in: Etudes françaises Nr. 3—4, 1980.
Ansart, P.: Idéologies, conflits, pouvoirs, Paris, PUF, 1977.
ders.: „Toute connaissance du social est-elle idéologique?", in: J. Duvignaud (Hrsg.), Sociologie de la connaissance, Paris, Payot, 1979.
Aron, R.: L'Opium des intellectuels, Paris, Calmann-Lévy, 1955.
ders.: Marxismes imaginaires, Paris, Gallimard, 1970.
ders.: „Fin de l'Age idéologique?", in: Sociologica I. Aufsätze Max Horkheimer zum 60. Geburtstag gewidmet, Köln, Europäische Verlagsanstalt, 1974.
Atkinson, M.: Our Masters' Voices. The Language and Body Language of Politics, London-New York, Methuen, 1984.

B

Bacon, F.: „Die Idolenlehre", in: K. Lenk (Hrsg.), Ideologie, Ideologiekritik und Wissenssoziologie, Frankfurt, Campus, 1984 (9. Aufl.).
Baechler, J.: Qu'est-ce que l'idéologie?, Paris, Gallimard, 1976.
Balibar, R.: Les Français fictifs, Paris, Hachette, 1974.
Bardin, L.: Les Mécanismes idéologiques de la publicité, Paris, Delarge, 1975.
dies.: L'Analyse de contenu, Paris, PUF, 1977.
Barion, J.: Ideologie, Wissenschaft, Philosophie, Bonn, Bouvier, 1966.
ders.: Was ist Ideologie? Studie zu Begriff und Problematik, Bonn, Bouvier, 1974.
Barth, H.: Wahrheit und Ideologie, Frankfurt, Suhrkamp, 1974.
Bastide, R.: „Mythes et utopies", in: Cahiers internationaux de sociologie, Bd. 28, 1960.
Baudrillard, J.: „La Genèse idéologique des besoins", in: Cahiers internationaux de sociologie, Bd. 47, 1969.
Beerling, R. F.: „On Ideology", in: Sociologia Neerlandica Nr. 1, 1966/67.
Behrens, M. e. a.: „Ideologische Staatsapparate und Subjekteffekt bei Althusser", in: Theorien über Ideologie, Argument-Sonderband, AS 40, 1979.
Bell, D.: The End of Ideology. On the Exhaustion of Political Ideas in the Fifties, London, Collier Macmillan, 1960, 1967.
Benjamin, W.: Zur Kritik der Gewalt und andere Aufsätze, Frankfurt, Suhrkamp, 1965.
ders.: Versuche über Brecht, Frankfurt, Suhrkamp, 1966.
Bendix, R.: The Age of Ideology: Persistent and Changing, Comparative International Series, Inst. of International Studies, Berkeley, Univ. of California Press, Repr. Nr. 161.
Berlin, I.: Two Concepts of Liberty, Oxford, Clarendon Press, 1959.
Betz, W.: Verändert Sprache die Welt? Semantik, Politik und Manipulation, Zürich, Edition Interform AG, 1977.
Blackburn, R.: Ideology in Social Science. Readings in Critical Social Theory, New York, Vintage Books, 1973.
Bocock, R. — Thompson, K. (Hrsg.): Religion and Ideology, Manchester, University Press, 1985.
Boudon, R.: L'Idéologie — ou l'origine des idées reçues, Paris, Fayard, 1986.
Bourdieu, P.: „Champ intellectuel et projet créateur", in: Les Temps Modernes, November, 1966.
ders.: „Genèse et structure du champ religieux", in: Revue française de sociologie Nr. 12, Juli—September, 1971.

ders.: La Distinction. Critique sociale du jugement, Paris, Minuit, 1979. (Dt.: Die feinen Unterschiede. Kritik der gesellschaftlichen Urteilskraft, Frankfurt, Suhrkamp, 1982.)
ders.: Le Sens pratique, Paris, Minuit, 1980.
ders.: Leçon sur la leçon, Paris, Minuit, 1982.
Bourricaud, F.: Le Bricolage idéologique. Essais sur les intellectuels et les passions démocratiques, Paris, PUF, 1980.
Bracher, K. D.: Zeit der Ideologien. Eine Geschichte politischen Denkens im 20. Jahrhundert, Stuttgart, DVA, 1982.
Buch, Ch. (Hrsg.), Parteilichkeit der Literatur oder Parteiliteratur? Materialien zu einer undogmatischen marxistischen Ästhetik, Reinbek, Rowohlt, 1972.
Bürger, Ch.: Textanalyse als Ideologiekritik. Zur Rezeption zeitgenössischer Unterhaltungsliteratur, Frankfurt, Syndikat, 1980.

C

Campschreur, W. — Hak, T. — Top, E.: „De bijdrage van M. Pêcheux aan de diskoers-analyse", in: Krisis Nr. 20, 1985.
Canguilhem, G.: Idéologie et rationalité, Paris, Vrin, 1977, 1988.
Castoriadis, C.: L'Institution imaginaire de la société, Paris, Seuil, 1975.
Châtelet, F.: Histoire des idéologies (3 Bd.), Paris, Hachette, 1978.
Cornu, A.: „Marxisme et idéologie", in: La Pensée Nr. 2, 1945.
ders.: „L'Idée d'aliénation chez Hegel, Feuerbach et Marx", in: La Pensée Nr. 17, 1948.
Cronin, J. — De Crespigny, A.: Ideologies of Politics, London-New York, Oxford University Press, 1975.
Curi, U.: Psicologia e critica dell'ideologia, Verona, Bertani, 1977.

D

Dalmasso, G.: Il luogo dell'ideologia, Milano, Jaca Book, 1973.
Desanti, D.: Les Socialistes de l'utopie, Paris, Payot, 1970.
De Ipola, E.: „Critique de la théorie d'Althusser sur l'idéologie", in: L'Homme et la société Nr. 41—42, 1976.
Demirović, A.: „Ideologie, Diskurs und Hegemonie", in: Zeitschrift für Semiotik („Semiotik und Marxismus") Nr. 1—2, 1988.
Dion, L.: „Les Origines sociologiques de la thèse de la fin des idéologies", in: Il politico Nr. 4, 1962.
Destutt de Tracy, A.: Eléments d'idéologie (1801—1815, 4 Bd.), Paris, Vrin, 1970.
Djurić, M.: Mythos, Wissenschaft, Ideologie. Ein Problemaufriß, Amsterdam, Rodopi, 1979.
Domin, G. — Mocek R. (Hrsg.): Ideologie und Naturwissenschaft. Politik und Vernunft im Zeitalter des Sozialismus und der wissenschaftlich-technischen Revolution, Ost-Berlin, Deutscher Verlag der Wissenschaften, 1969.
Donald, J. — Hall, S. (Hrsg.), Politics and Ideology, Milton Keynes, Open University Press, 1986.
Drucker, H. M.: The Nature of Ideology and its Place in Modern Political Thought, Diss., University of London, 1966.
Duvignaud, J.: „L'Idéologie, cancer de la conscience", in: Cahiers internationaux de sociologie, Bd. 56, 1969.

E

Eagleton, T.: „Ideology and Literary Form", in: New Left Review Nr. 90, 1975.
ders.: Criticism and Ideology. A Study in Marxist Literary Theory, London, Verso Editions, 1978.
Eco, U.: „Semiotica delle ideologie", in: ders., Le forme del contenuto, Milano, Bompiani, 1971 (Dt.: „Semiotik der Ideologien", in: P. V. Zima Hrsg., Textsemiotik als Ideologiekritik, Frankfurt, Suhrkamp, 1977.)
ders.: „Le strutture narrative in Fleming", in: Il caso Bond, Milano, Bompiani, 1965. (Dt.: „Erzählstrukturen bei Ian Fleming", in: P. V. Zima Hrsg., Textsemiotik als Ideologiekritik, op. cit.)
Edel, A.: „Reflections on the Concept of Ideology", in: Praxis Nr. 4, 1967.

F

Fabbri, M.: Le ideologie degli urbanisti nel dopoguerra, Bari, De Donato, 1975.
Faye, J.-P.: Théorie du récit. Introduction aux „langages totalitaires", Paris, Hermann, 1972.

G

Gabel, J.: La Fausse conscience. Essai sur la réification, Paris, Minuit, 1962.
Gadet, F. — Pêcheux, M.: La Langue introuvable, Paris, Maspero, 1981.
Geertz, C.: „Ideology as a Cultural Symbol System", in: D. Apter (Hrsg.), Ideology and Discontent, New York, Free Press, 1964.
Geiger, Th.: Aufgaben und Stellung der Intelligenz in der Gesellschaft, Stuttgart, Metzler, 1949.
ders.: Ideologie und Wahrheit. Eine soziologische Kritik des Denkens, Stuttgart-Wien, Humboldt Verlag, 1953.
ders.: Arbeiten zur Soziologie. Methode, moderne Gesellschaft, Rechtssoziologie, Ideologiekritik (ausgewählt und eingeleitet von P. Trappe), Neuwied-Berlin, Luchterhand, 1962.
ders.: „Kritische Bemerkungen zum Begriff Ideologie", in: H.-J. Lieber (Hrsg.), Ideologie — Wissenschaft — Gesellschaft, Darmstadt, Wiss. Buchgesellschaft, 1976.
Giddens, A.: „Religion, Ideology and Society", in: ders., Capitalism and Modern Social Theory, Cambridge, University Press, 1971.
Godelier, M.: „Pouvoir et langage", in: Communications Nr. 28, 1978.
ders.: „La Part idéelle du réel. Essai sur l'idéologique", in: L'Homme Nr. 3—4, 1978.
Goldmann, L.: Le Dieu caché, Paris, Gallimard, 1955. (Dt.: Der verborgene Gott, Neuwied-Berlin, Luchterhand, 1973.)
ders.: Recherches dialectiques, Paris, Gallimard, 1959. (Dt.: Dialektische Untersuchungen, Neuwied-Berlin, Luchterhand, 1966: gekürzt.)
ders.: Pour une sociologie die roman, Paris, Gallimard, 1964. (Dt.: Soziologie des Romans, Frankfurt, Suhrkamp, 1984.)
ders.: Structures mentales et création culturelle, Paris, Anthropos, 1970.
ders.: La Création culturelle dans la société moderne, Paris, Denoël, 1971.
ders.: „A propos de l'art, de la littérature et de l'idéologie", in: A. Goldmann, S. Naïr (Hrsg.), Essais sur les formes et leurs significations, Paris, Denoël-Gonthier, 1981.
Goldschläger, A.: „On Ideological Discourse", in: Semiotica Nr. 1—2, 1985.
Gouldner, A. W.: The Dialectics of Ideology and Technology. The Origins, Grammar and Future of Ideology, New York, The Seabury Press, 1976.
Goux, J.-J., Freud, Marx. Economie et symbolique, Paris, Seuil, 1973.

Gruber, H.: „Sprache und Politik", in: Österreichische Hochschulzeitung, Mai, 1988.
Gurvitch, G.: Les Cadres sociaux de la connaissance, Paris, PUF, 1966.
Gramsci, A.: Quaderni del carcere, Torino, Einaudi, 1977.
ders.: Philosophie der Praxis. Eine Auswahl, Frankfurt, Fischer, 1967.
Grivel, Ch.: „Vingt-deux thèses préparatoires sur la doxa, le réel et le vrai", in: Revue des sciences humaines Nr. 1, 1986.
Guerrieri, A. M.: I consumatori di ideologie. Funzione politica e culturale della stampa periodica in Italia, Milano, Il Formichiere, 1976.

H

Habermas, J.: Technik und Wissenschaft als „Ideologie", Frankfurt, Suhrkamp, 1974.
Hamon, P.: „Texte et idéologie. Pour une poétique de la norme", in: Poétique Nr. 49, Februar, 1982.
ders.: Texte et idéologie. Valeurs, hiérarchies et évaluations dans l'oeuvre littéraire, Paris, PUF, 1984.
Hall, S. e. a.: Culture, Media, Language. Working Papers in Cultural Studies (1972—1979), London, Hutchinson, 1980.
Halpern, B.: „‚Myth' and ‚Ideology' in Modern Usage", in: History and Theory Nr. 2, 1961.
Halsey, A. H.: „Intelligence and Ideology", in: New Left Review Nr. 11, September-Oktober, 1961.
Heintel, P.: „Die Wurzel der Ideologie in den Wissenschaften", in: Wiener Jahrbuch für Philosophie Bd. 2, 1969.
Henry, P.: „Constructions relatives et articulations discursives", in: Langages Nr. 37, März, 1975.
Herbert, T.: „Remarques pour une théorie générale des idéologies", in: Cahiers pour l'analyse Nr. 2, März, 1966.
Hermeneutik und Ideologiekritik (mit Beiträgen von K.-O. Apel, C. von Bormann, R. Bubner, H.-G. Gadamer, H. J. Giegel, J. Habermas), Frankfurt, Suhrkamp, 1971.
Hersch, J.: Die Ideologien und die Wirklichkeit. Versuch einer politischen Orientierung, München, Piper, 1957.
Heyndels, R.: „Etude du concept de vision du monde. Sa portée en théorie de la littérature", in: L'Homme et la société Nr. 43—44, 1977.
Hirst, P.: On Law and Ideology, London, Macmillan, 1979.
Historie zwischen Ideologie und Wissenschaft. Zur Kritik der herrschenden Geschichtswissenschaft (Autorenkollektiv), Hamburg, Spartakus Verlag, 1970.
Hobbes, Th.: The Elements of Law Natural and Politic (Hrsg. F. Tönnies), London, Simpkin Marshall & Co., 1889.
ders.: Leviathan (ed. with an Introduction by C. B. Macpherson), Harmondsworth, Penguin, 1985.
Hofmann, W.: Universität, Ideologie, Gesellschaft. Beiträge zur Wissenschaftssoziologie, Frankfurt, Suhrkamp, 1968.
Horkheimer, M.: „Ideologie und Handeln", in: M. Horkheimer — Th. W. Adorno, Sociologica II. Reden und Vorträge, Frankfurt, Europäische Verlagsanstalt, 1962.
ders.: Zur Kritik der instrumentellen Vernunft, Frankfurt, Fischer-Athenäum, 1974.
ders.: „Ein neuer Ideologiebegriff?", in: Der Streit um die Wissenssoziologie Bd. 2 (Hrsg. V. Meja, N. Stehr), Frankfurt, Suhrkamp, 1982.
Hölzle, E.: Idee und Ideologie, Bern-München, Francke, 1969.

I

Idéologies, discours, pouvoirs: Communications Nr. 28, 1978.

J

Jameson, F.: „Ideology and Symbolic Action", in: Critical Inquiry Nr. 5, 1975.
Jaspers, K.: Psychologie der Weltanschauungen, Berlin-Göttingen-Heidelberg, Springer Verlag, 1960.
Jordan, Z. A.: Philosophy and Ideology. The Development of Philosophy and Marxism-Leninism in Poland since the Second World War, Dordrecht, Reidel, 1963.

K

Kanz, H. (Hrsg.): Lernpraktische Ideologiekritik, Stuttgart, Kohlhammer, 1974.
Kelsen, H.: Aufsätze zur Ideologie, Neuwied-Berlin, Luchterhand, 1964.
Kloft, H. (Hrsg.): Ideologie und Herrschaft in der Antike, Darmstadt, Wiss. Buchgesellschaft, 1979.
Kunth, W.: Ideen, Ideale, Ideologien. Vom Verhärtgnis ideologischen Denkens — ein Beitrag zu seiner Überwindung, Hamburg, Holsten Verlag, 1955.
Kolakowski, L.: „Ideologie und Theorie", in: H.-J. Lieber (Hrsg.), Ideologie — Wissenschaft — Gesellschaft, Darmstadt, Wiss. Buchgesellschaft, 1976.
Konstantinov, F.: „Sociology and Ideology", in: Actes du sixième congrès mondial de sociologie, Genève, Assoc. Internationale de Sociologie Bd. 1, 1967.
Kress, G. — Hodge, R.: Language as Ideology, London-Boston-Henley, Routledge and Kegan Paul, 1979.
Kress, G.: „Linguistic and Ideological Transformatioon in News Reporting", in: H. Davis, P. Watson (Hrsg.), Language, Image, Media, Oxford, Basil Blackwell, 1983.

L

Larrain, J.: The Concept of Ideology, London, Hutchinson, 1979.
ders.: Marxism and Ideology, London, Macmillan, 1983.
Lasswell, H. D. — Lerner, D.: World Revolutionary Elites, Studies in Coercive Ideological Movements, Cambridge (Mass.)-London, M. I. T. Press, 1966.
Lefebvre, H.: L'Idéologie structuraliste, Paris, Anthropos (coll. „Points"), 1971.
Lemberg, E.: Ideologie und Gesellschaft. Eine Theorie der ideologischen Systeme, ihrer Struktur und Funktion, Stuttgart, Kohlhammer, 1971.
Lenk, H.: Technokratie als Ideologie. Sozialphilosophische Beiträge zu einem politischen Dilemma, Stuttgart, Kohlhammer, 1972.
Lenk, K.: „Soziologie und Ideologienlehre. Bemerkungen zur Marxismus-Diskussion von Simmel bis Mannheim, in: Kölner Zeitschrift für Soziologie und Sozialpsychologie Nr. 2, 1961.
ders.: „Die positivistische Ideologienlehre", in: Dialectica Bd. 16, 1962.
ders.: „Dialektik und Ideologie. Zum Ideologieproblem in der Philosophie Hegels", in: Archiv für Rechts- und Sozialphilosophie Nr. 59, 1963.
ders.: „Die These vom postideologischen Zeitalter", in: Blätter für deutsche und internationale Politik Nr. 10, 1968.
ders. (Hrsg.): Ideologie, Ideologiekritik und Wissenssoziologie, Frankfurt, Campus Verlag, 1984 (9. Aufl.).
Les idéologies dans le monde actuel, Paris, Desclée de Brouwer, 1971.
Lichtheim, G.: The Concept of Ideology and other Essays, New York, Random House, 1967.
Lieber, H.-J.: Philosophie, Soziologie, Gesellschaft. Gesammelte Studien zum Ideologieproblem, Berlin, De Gruyter, 1965.
ders. (Hrsg.): Ideologie — Wissenschaft — Gesellschaft, Darmstadt, Wiss. Buchgesellschaft, 1976.
ders.: Ideologie. Eine historisch-systematische Einführung, Paderborn, Schöningh (UTB), 1985.

Lipset, S. M.: „End of Ideology?", in: ders., Political Man, London, Heinemann, 1960.
Lojkine, J.: „Pour une conception marxiste des idéologies", in: Cahiers du CERM Nr. 69.
Löwith, K. (Hrsg.): Die Hegelsche Linke, Stuttgart, Bad Canstatt, Frommann Verlag, 1962.
Luhmann, N.: „Wahrheit und Ideologie. Vorschläge zur Wiederaufnahme der Diskussion", in: H.-J. Lieber (Hrsg.), Ideologie — Wissenschaft — Gesellschaft, op. cit.
Ludz, P. Ch.: Ideologiebegriff und marxistische Theorie. Ansätze zu einer immanenten Kritik, Opladen, Westdeutscher Verlag, 1977.
Lukács, G.: Schriften zur Ideologie und Politik (Hrsg. P. Ch. Ludz), Neuwied, Luchterhand, 1967.

M

Maas, U.: „Als der Geist der Gemeinschaft eine Sprache fand", in: Sprache im Nationalsozialismus, Opladen, Westdeutscher Verlag, 1985.
Macpherson, C. B.: The Political Theory of Possessive Individualism. Hobbes to Locke, Oxford, Clarendon Press, 1962. (Dt.: Die politische Theorie des Besitzindividualismus, Frankfurt, Suhrkamp, 1973.)
Maingueneau, D.: Les Livres d'Ecole de la République: 1870—1914. Discours et idéologie, Paris, Le Sycomore, 1979.
Mannheim, K.: Ideologie und Utopie, Frankfurt, Schulte-Bulmke Verlag, 1978.
ders.: Strukturen des Denkens (Hrsg. D. Kettler, V. Meja, N. Stehr), Frankfurt, Suhrkamp, 1980.
ders.: „Der Weltanschauungsbegriff", in: ders., Strukturen des Denkens, op. cit.
ders.: Konservatismus. Ein Beitrag zur Soziologie des Wissens (Hrsg. D. Kettler, V. Meja, N. Stehr), Frankfurt, Suhrkamp, 1984.
Marcuse, H.: Kultur und Gesellschaft (2 Bd.), Frankfurt, Suhrkamp, 1965.
Marin, L.: Le Récit est un piège, Paris, Minuit, 1978.
Marković, M.: „Wissenschaft und Ideologie", in: H.-J. Lieber (Hrsg.), Ideologie — Wissenschaft — Gesellschaft, op. cit.
Marsland, D.: Seeds of Bankruptcy, London, Claridge Press, 1988.
Marx, K. — Engels, F.: Die deutsche Ideologie, in: K. Marx, Die Frühschriften. Von 1837 bis zum Manifest der kommunistischen Partei 1848 (Hrsg. S. Landshut), Stuttgart, Kröner, 1971.
McLennan, G. — Molina, V. — Peters, R.: „Althusser's Theory of Ideology", in: On Ideology, London, Hutchinson, 1978.
Machiavelli, N.: Il principe e altre opere politiche, Milano, Garzanti, 1976 (Dt.: Der Fürst, Stuttgart, Reclam, 1961.)
Meszaros, I.: The Power of Ideology, Hemel Hempstead, Harvester Press, 1989.
Meynaud, J.: Destin des idéologies. Etudes de science politique, Lausanne, Etudes de science politique, 1961.
Midgley, E. B. F.: The Ideology of Max Weber. A Thomist Critique, London, Gower, 1983.
Monteiro, J. P.: Teoría, retórica, ideología, Sao Paulo, Atica, 1975.

N

Naess, A. e. a.: Democracy, Ideology and Objectivity: Studies in the Semantics and Cognitive Analysis of Ideological Controversy, Oxford, Basil Blackwell, 1956.
Negri, A.: Descartes politico — o della ragionevole ideologia, Milano, Feltrinelli, 1970.
Nielsen, K.: „Is Empiricism and Ideology?", in: Metaphilosophy Nr. 4, Oktober, 1972.

O

On Ideology (Autorenkollektiv), London, Hutchinson, 1978.

P

Pareysson, L.: „Filosofia e ideologia", in: Filosofia Nr. 2, April, 1967.
Pêcheux, M.: Les Vérités de La Palice, Paris, Maspero, 1975.
ders.: „Ideologie — Festung oder paradoxer Raum?", in: Das Argument Nr. 139, Mai-Juni, 1983.
ders.: „Zu rebellieren und zu denken wagen! Ideologien, Widerstände, Klassenkampf", in: Kulturrevolution Nr. 5, 1984.
Popper, K. R.: Falsche Propheten. Hegel, Marx und die Folgen, Bern-München, Francke, 1958.

Q

Quitzow, W. (Hrsg.): Naturwissenschaft und Ideologie, Bad Salzdetfurth, Verlag Barbara Franzbecker, 1986.

R

Rastier, F.: Idéologie et théorie des signes. Analyse structurale des „Eléments d'Idéologie" d'Antoine Louis-Claude Destutt de Tracy", Den Haag, Mouton, 1972.
Reboul, O.: Langage et idéologie, Paris, PUF, 1980.
Reis, C.: O discurso ideologico do Neo-Realismo português, Coimbra, Livraria Almedina, 1983.
Renner, K.: „Ist der Marxismus Ideologie oder Wissenschaft?", in: G. Mozetić (Hrsg.), Austromarxistische Positionen, Wien-Köln-Graz, Böhlau, 1983.
Ritsert, J. — Rolshausen, C.: Der Konservatismus der Kritischen Theorie, Frankfurt, Europäische Verlagsanstalt, 1971.
Ritsert, J.: Inhaltsanalyse und Ideologiekritik. Ein Versuch über kritische Sozialforschung, Frankfurt, Athenäum, 1972.
Riverso, E.: I problemi della conoscenza e del metodo nel sensismo degli ideologi, Napoli, Libreria scientifica Editrice, 1962.
Romano, D.: Psicologia tra ideologia e scienza. Uno studio storico-critico, Milano, Mazzotta, 1974.
Römer, R.: Sprachwissenschaft und Rassenideologie in Deutschland, München, Fink, 1985.
Rosenberg, S. W.: Reason, Ideology and Politics, Cambridge-Oxford, Polity Press-Basil Blackwell, 1988.
Rossi-Landi, F.: Semiotica e Ideologia, Milano, Bompiani, 1972.
ders.: Ideologia, Milano, Isedi, 1978.

S

Salamun, K.: Ideologie, Wissenschaft, Politik, Wien-Graz, Böhlau, 1975.
Schliwa, H.: „Erkenntnis und Ideologie",: Deutsche Zeitschrift für Philosophie, Sonderheft, 1968.
Schnädelbach, H.: „Was ist Ideologie? Versuch einer Begriffserklärung", in: Das Argument Nr. 50, 1968.
Schubbe, E. (Hrsg.): Dokumente zur Kunst-, Literatur- und Kulturpolitik der SED, Stuttgart, Seewald Verlag, 1972.

Schurmann, F.: Ideology and Organization in Communist China, Berkeley-Los Angeles, University of California Press, 1966.
Seliger, M.: Ideology and Politics, London, Allen and Unwin, 1976.
ders.: The Marxist Conception of Ideology. A Critical Essay, Cambridge, University Press, 1977.
Seriot, P.: Analyse du discours politique soviétique, Paris, Institut d'Etudes Slaves, 1985.
Servier, J.: L'Idéologie, Paris, PUF, 1982.
Sohn-Rethel, A.: Warenform und Denkform. Mit zwei Anhängen, Frankfurt, Suhrkamp, 1978.
Sorel, G.: Réflexions sur la violence, Paris, Librairie des Pages Libres, 1908.
Speier, H.: „Soziologie oder Ideologie?", in: Der Streit um die Wissenssoziologie 2 Bd., Hrsg. V. Meja, N. Stehr, Frankfurt, Suhrkamp, 1982.
Spranger, E.: „Wesen und Wert politischer Ideologien", in: H.-J. Lieber (Hrsg.), Ideologie — Wissenschaft — Gesellschaft, op. cit.
Steebakkers, P.: Over kennis en ideologie bij Louis Althusser, Groningen, Konstapel, 1982.
Straßner, E.: Ideologie — Sprache — Politik, Tübingen, Niemeyer, 1987.

T

Taubes, J.: „Kultur und Ideologie", in: Th. W. Adorno (Hrsg.), Spätkapitalismus oder Industriegesellschaft?, Stuttgart, Enke, 1969.
Thompson, J. B.: Studies in the Theory of Ideology, Cambridge, Polity Press, 1984.
Thörborn, G.: The Ideology of Power and the Power of Ideology, London, Verso Editions/NLB, 1980.
Topitsch, E.: Vom Ursprung und Ende der Metaphysik. Eine Studie zur Weltanschauungskritik, Wien, Springer, 1958.
ders.: „Entfremdung und Ideologie. Zur Entmythologisierung des Marxismus", in: Hamburger Jahrbuch für Wirtschafts- und Gesellschaftspolitik, 9. Jg., 1964.
ders.: Sozialphilosophie zwischen Ideologie und Wissenschaft, Darmstadt-Neuwied, Luchterhand, 1971.
Topitsch, E. — Salamun, K.: Ideologie. Herrschaft des Vor-Urteils, Wien, Langen-Müller, 1972.
Touraine, A.: La Conscience ouvrière, Paris, Seuil, 1966.
ders.: „Les Rapports de classes", in: ders., Production de la société, Paris, Seuil, 1973.
Tucker, R. C.: Karl Marx. Die Entwicklung seines Denkens von der Philosophie zum Mythos, München, Beck, 1963 (2. Aufl.).

V

Vachet, A.: „L'Idéologie libérale. L'Individu et sa propriété, Paris, Anthropos, 1970.
Vadée, M.: L'Idéologie, Paris, PUF, 1973.
Van Luik, H.: „Ideologie: metamorfosen van een begrip", in: Tijdschrift voor filosopfie en theologie Nr. 44, 1983.
Verón, E.: „Ideology and Social Sciences: A Communicational Approach", in: Semiotica Nr. 1, 1971.
ders.: „Sémiosis de l'idéologie et du pouvoir", in: Idéologies, discours pouvoirs, Communications Nr. 28, 1978.
Vidal, D.: „Notes sur l'idéologie", in: L'Homme et la sociéte Nr. 17, Juli-September, 1970.
ders.: Essai sur l'idéologie. Le cas particulier des idéologies syndicales, Paris, Anthropos, 1971.
Voltaire: Dictionnaire philosophique, Paris, Flammarion, 1964.

W

Watzlawick, P.: „Bausteine ideologischer Wirklichkeiten", in: ders. (Hrsg.), Die erfundene Wirklichkeit. Wie wissen wir, was wir zu wissen glauben? Beiträge zum Konstruktivismus, München, Piper, 1984.

Wilczynski, J.: The Multinationals and East-West Relations, London, Macmillan, 1976.

Winckler, L.: Studie zur gesellschaftlichen Funktion faschistischer Sprache, Frankfurt, Suhrkamp, 1970.

Z

Zeltner, H.: Ideologie und Wahrheit. Zur Kritik der politischen Vernunft, Stuttgart, Frommann, 1966.

Zima, P. V.: „Diskurs als Ideologie", in: ders. (Hrsg.), Textsemiotik als Ideologiekritik, Frankfurt, Suhrkamp, 1977.

ders.: „Les Mécanismes discursifs de l'idéologie", in: Revue de l'Institut de Sociologie Nr. 4, 1981.

ders.: „Du discours idéologique au discours théorique", in: Degrés Nr. 37, „Figures de la société", Frühjahr, 1984.

ders.: Roman und Ideologie. Zur Sozialgeschichte des modernen Romans, München, Fink, 1986.

ders.: „Ideology and Theory: Towards a Critique of Discourse", in: „Social Discourse: A New Paradigm for Cultural Studies", Sociocriticism Bd. 4,1 (Nr. 7), 1988.

Soziosemiotik (Diskurskritik, Textsoziologie)

A

Anders, B.: „Pour une grammaire de l'énonciation pamphlétaire", in: Etudes littéraires Nr. 2, 1978.

Armstrong, N.: „Inside Greimas' Square: Literary Characters and Cultural Constraints", in: W. Steiner (Hrsg.), The Sign in Music and Literature, Austin, University of Texas Press, 1981.

B

Bachtin, M. M.: Probleme der Poetik Dostoevskijs, München, Hanser, 1971.

ders.: „Problema avtora", in: Voprosy Filosofii Nr. 7, 1977.

ders.: Estetika slovesnogo tvorčestva, Moskva, Iskusstvo, 1979.

ders.: Die Ästhetik des Wortes (Hrsg. R. Grübel), Frankfurt, Suhrkamp, 1979.

ders.: Rabelais und seine Welt, Frankfurt, Suhrkamp, 1987.

Barthes, R.: Le Degré zéro de l'écriture. Eléments de sémiologie, Paris, Gonthier, 1953. (Dt.: Am Nullpunkt der Literatur, Hamburg, Rowohlt, 1955.)

ders.: Mythologies, Paris, Seuil, 1957. (Dt.: Mythen des Alltags, Frankfurt, 1964: gekürzt.)

ders.: Essais critiques, Paris, Seuil, 1964.

ders.: „Introduction à l'analyse structurale des récits", in: Communications Nr. 8, 1966.

ders.: Le Plaisir du texte, Paris, Seuil, 1973. (Dt.: Die Lust am Text, Frankfurt, Suhrkamp, 1974.)

ders.: „La division des langages", in: ders., Essais critiques IV. Le bruissement de la langue, Paris, Seuil, 1984.

Balibar, R.: Les Français fictifs, Paris, Hachette, 1974.
Baudrillard, J.: Pour une critique de l'économie politique du signe, Paris, Gallimard, 1972.
Beaugrande, R. de — Dressler, W.: Introduction to Textlinguistics, London-New York, Longman, 1981.
Bernstein, B.: Class, Codes and Control, St. Albans, Paladin, 1973.
Berryman, C. — Eman, V. A. (Hrsg.): Communication, Language and Sex. Proceedings of the First Annual Conference, Rowley, Mass., Newsbury House Publishers, 1980.
Boklund, K. — Lagopulos, A. Ph.: „Social Structures and Semiotic Systems. Theory, Methodology, Some Applications and Conclusions", T. Borbé (Hrsg.), Semiotics Unfolding Bd. 1, Den Haag, Mouton, 1984.
Bourdieu, P.: „The Economics of Linguistic Exchanges", in: Social Science Information Bd. 16, Nr. 6 (o. J.).
ders.: Ce que parler veut dire. L'Economie des échanges linguistiques, Paris, Fayard, 1982.
Brandt, P. A.: „Gesellschaft als Diskurs oder über den semiotischen Aufbau der Welt", in: Zeitschrift für Semiotik („Semiotik und Marxismus"), Nr. 1—2, 1988.
Buttita, A.: Semiotica e antropologia, Palermo, Sellerio, 1979.
Buyssens, E.: Les Langages et le discours, Bruxelles, Office de Publicité, 1943.
Bystrina, I.: Semiotik der Kultur. Zeichen, Texte, Kodes, Tübingen, Stauffenburg Verlag, 1988.

C

Calvet, L.-J.: Pour et contre Saussure. Vers une linguistique sociale, Paris, Payot, 1975.
Cebrian Herreros, M.: Introducción al lenguaje de la televisión. Una perspectiva semiótica, Madrid, Pirámide, 1978.
Chabrol, Cl.: Sémiotique narrative et textuelle, Paris, Larousse, 1973.
ders.: „Pour une psycho-socio-sémiotique, in: J.-Cl. Coquet, Sémiotique. L'Ecole de Paris, Paris, Hachette, 1982.
Charvet, M. — Krum, E.: Tel Quel. Un' avanguardia per il materialismo, Bari, Dedalo, 1974.
Cicourel, A. V.: Cognitive Sociology. Language and Meaning in Social Interaction, Harmondsworth, Penguin, 1973.
Coquet, J.-Cl.: Sémiotique littéraire. Contribution à l'analyse sémantique du discours, Tours, Mâme, 1973.
ders.: „Prolégomènes à l'analyse modale (fragments). Le Sujet énonçant", Documents de recherche Nr. 3, 1979.
ders.: Sémiotique. L'Ecole de Paris, Paris, Hachette, 1982.
Courtés, J.: Lévi-Strauss et les contraintes de la pensée mythique. Une lecture sémiotique de „Mythologiques", Tours, Mâme, 1973.
ders.: Introduction à la sémiotique narrative et discursive (Vorwort von A. J. Greimas), Paris, Hachette, Paris, 1976.
Coward, R. — Ellis, J.: Language and Materialism. Developments in Semiology and the Theory of the Subject, London, RKP, 1977.
Culler, J.: „Semiotics and Deconstruction", in: Poetics Today Nr. 1—2, 1979.

D

Davis, H. — Watson, P. (Hrsg.): Language, Image, Media, Oxford, Basil Blackwell, 1983.

Delgado Ocando, J. M.: Consideraciones sobre los elementos semióticos del derecho, Maracaíbo, Univ. de Zulina, 1975.
ders.: Código civil y análisis estructural, Maracaíbo, Univ. de Zulina, 1974.
Derrida, J.: De la grammatologie, Paris, Minuit, 1967. (Dt.: Grammatologie, Frankfurt, Suhrkamp, 1974.)
ders.: L'Ecriture et la différence, Paris, Seuil, 1967. (Dt.: Die Schrift und die Differenz, Frankfurt, Suhrkamp, 1972.)
ders.: Marges, Paris, Minuit, 1972. (Dt.: Randgänge der Philosophie, Frankfurt, Suhrkamp, 1976.)
ders.: Positions, Paris, Minuit, 1972.
ders.: L'Archéologie du frivole. Lire Condillac, Paris, Editions Galilée, 1973.
Dressler, W.: Einführung in die Textlinguistik, Tübingen, Niemeyer, 1972.
ders. (Hrsg.): Textlinguistik, Darmstadt, Wiss. Buchgesellschaft, 1978.
Ducrot, O. — Todorov, T.: Dictionnaire encyclopédique des sciences du langage, Paris, Seuil, 1972.

E

Eco, U.: La struttura assente, Milano, Bompiani, 1968. (Dt.: Einführung in die Semiotik, München, Fink, 1972.)
ders.: Trattato di semiotica generale, Milano, Bompiani, 1975.
ders.: Semiotica e filosofia del linguaggio, Torino, Einaudi, 1984.
Ette, O.: „Intertextualität. Ein Forschungsbericht mit literatursoziologischen Anmerkungen", in: Romanistische Zeitschrift für Literaturgeschichte Nr. 3—4, 1985.

F

Ferguson, C. A.: „The Role of Arabic in Ethiopia. A. Sociolinguistic Perspective", in: J. B. Pride, J. Holmes (Hrsg.), Sociolinguistics, Harmondsworth, Penguin, 1972.
Ferraro, G.: Il linguaggio del mito, Milano, Feltrinelli, 1980.
ders.: Strategie comunicative e codici di massa, Torino, Loescher, 1981.
Finol Finol, J.: Semiotica, comunicación y cultura, Maracaíbo, Heuriskein, 1983.
Fishman, J. A.: „Who Speaks what Language to whom and when", in: La Linguistique Bd. 2, 1965.
ders.: „The Sociology of Language", in: P. P. Giglioli (Hrsg.), Language and Social Context, Harmondsworth, Penguin, 1972.
Foucault, M.: L'Ordre du discours, Paris, Gallimard, 1971. (Dt.: Die Ordnung des Diskurses, Frankfurt-Berlin-Wien, Ullstein, 1977.)
Fowler, R. — Hodge, B. — Kress, G.: Language and Control, London, RKP, 1979.

G

Gimenez, G.: „El análisis del discurso político y jurídico", in: Semiosis Nr. 5, 1980.
Goldschläger, A.: „Towards a Semiotic of Authoritarian Discourse", in: Poetics Today Nr. 1, Winter, 1982.
Gottdiener, M.: „Ökonomie, Ideologie und Semiotik", in: Zeitschrift für Semiotik Nr. 1—2 („Semiotik und Marxismus"), 1988.
Greimas, A. J.: Pour une sociologie du langage", in: Argument Nr. 1, 1956.
ders.: „Linguistique statistique et linguistique structurale", in: Le Français moderne, Oktober-Januar, 1962/63.

ders.: Sémantique structurale, Paris, Larousse, 1966. (Dt.: Strukturale Semantik, Braunschweig, Vieweg, 1971.)

ders.: „Elemente einer narrativen Grammatik", in: H. Blumensath (Hrsg.), Strukturalismus in der Literaturwissenschaft, Köln, Kiepenheuer & Witsch, 1972.

ders.: „Die Struktur der Erzählaktanten. Versuch eines generativen Ansatzes", in: J. Ihwe (Hrsg.), Literaturwissenschaft und Linguistik III, 2, Frankfurt, Athenäum, 1972.

ders.: „Struktur und Geschichte", in: H. Naumann (Hrsg.), Der moderne Strukturbegriff, Darmstadt, Wiss. Buchgesellschaft, 1973.

ders.: „Sur l'histoire événementielle et l'histoire profonde", in: R. Koselleck — W. D. Stempel (Hrsg.), Geschichte, Ereignis und Erzählung, München, Fink, 1973.

ders.: Sémiotique et sciences sociales, Paris, Seuil, 1976.

ders.: Maupassant. La sémiotique du texte: exercices pratiques, Paris, Seuil, 1976.

ders.: „Pour une théorie des modalités", in: Langages Nr. 43, 1976.

ders.: „The Cognitive Dimension of Narrative Discourse", in: New Literary History Nr. 1, 1976.

ders.: „Der wissenschaftliche Diskurs in den Sozialwissenschaften", in: P. V. Zima (Hrsg.), Textsemiotik als Ideologiekritik, Frankfurt, Suhrkamp, 1977.

ders.: „De la modalisation de l'être", in: Le Bulletin Nr. 9, 1979.

ders.: „Des accidents dans les sciences dites humaines. Analyse d'un texte de Georges Dumézil", in: A. J. Greimas — E. Landowski (Hrsg.), Introduction à l'analyse du discours en sciences sociales, Paris, Hachette, 1979.

ders.: „Le Contrat de véridiction", in: Man and World. An International Philosophical Review Nr. 3—4, 1980.

ders.: „Les Actants, les acteurs et les figures", in: ders., Du Sens II. Essais de sémiotique, Paris, Seuil, 1983.

ders.: Du Sens. Essais sémiotiques, Paris, Seuil, 1970 und Du Sens II. Essais sémiotiques, Paris, Seuil, 1983.

ders.: „Interview zur aktuellen Lage der semiotischen Forschung" (Gespräch mit P. Stockinger), in: Zeitschrift für Semiotik Nr. 5, 1983.

Greimas, A. J. e. a. (Hrsg.): Sign Language and Culture, Paris-Den Haag, Mouton, 1970.

Greimas, A. J. — Landowski, E. (Hrsg.), Introduction à l'analyse du discours en sciences sociales, Paris, Hachette, 1979.

Greimas, A. J. — Courtés, J.: Sémiotique. Dictionnaire raisonné de la théorie du langage, Paris, Hachette, Bd. 1, 1979, Bd. 2, 1986.

Grelle, G.: „Zeichenwandel im politischen Paradigma: Von der Christlichsozialen Partei zur Österreichischen Volkspartei (1918—1960)", in: J. Bernard (Hrsg.), Semiotica Austriaca (Angewandte Semiotik) Nr. 9—10, Wien, ÖGS, 1987.

Gritti, J.: „Un récit de presse: les derniers jours d'un grand homme", in: Communications Nr. 8, 1966.

Grivel, Ch.: Production de l'intérêt romanesque, Den Haag, Mouton, 1973.

Gubern, R.: El lenguaje de los comics, Barcelona, Península, 1972.

ders.: Mensajes icónicos en la cultura de masas, Barcelona, Lumen, 1974.

Gumperz, J. J.: Discourse Strategies, Cambridge, University Press, 1982.

ders.: Sprache, lokale Kultur und soziale Identität, Düsseldorf, Schwann, 1975.

Günther, H.: „‚Exakte' Literaturwissenschaft und Kultursemiotik. Zwei Tendenzen im sowjetischen Strukturalismus", in: P. V. Zima (Hrsg.), Textsemiotik als Ideologiekritik, Frankfurt, Suhrkamp, 1977.

H

Hager, F. — Haberland, H. — Paris, R.: Soziologie und Linguistik. Die schlechte Aufhebung sozialer Ungleichheit durch Sprache, Stuttgart, Metzler, 1973.
Haidu, P.: „Semiotics and History", in: Semiotica Nr. 3—4, 1982.
Hak, T.: Tekstsociologische Analyse, Diss., Amsterdam (Faculteit der Politieke en Sociaal-Culturele Wetenschappen), 1988.
Hall, S. e. a. (Hrsg.), Culture, Media, Language. Working Papers in Cultural Studies (1972—1979). London, Hutchinson, 1980 (darin vor allem S. Hall, „Encoding/Decoding").
Halliday, M. A. K.: Explorations in the Functions of Language, London, Edward Arnold, 1973.
ders.: Language as a Social Semiotic. The Social Interpretation of Language and Meaning, London, Edward Arnold, 1978.
Helbo, A. (Hrsg.), Le Champ sémiologique, Bruxelles, Editions Complexe, 1979.
Hess-Lüttich, E. W. B.: Angewandte Sprachsoziologie. Eine Einführung in linguistische, soziologische und pädagogische Ansätze, Stuttgart, Metzler, 1987.
Herzfeld, M.: „Converging Paths in Semiotics and Anthropology?", in: Semiotica Nr. 1—2, 1985.
Hjemslev, L.: Prolegomena to a Theory of Language, Madison-London, The Univ. of Wisconsin Press, 1969.
Hoek, L. H.: La Marque du titre. Dispositifs sémiotiques d'une pratique textuelle, Den Haag, Mouton, 1980.
Holenstein, E.: Linguistik, Semiotik, Hermeneutik. Plädoyer für eine strukturale Phänomenologie, Frankfurt, Suhrkamp, 1976.
Hymes, D.: Foundations of Sociolinguistics, Philadelphia, Univ. of Pennsylvania Press, 1974.

I

Ivanov, V. V.: „Catégories du temps dans l'art et la culture du XXe siècle", in: Structure of Texts and Semiotics of Culture, Paris-Den Haag, Mouton, 1973.

J

Jackson, B.: „Towards a Structuralist Theory of Law", in: The Liverpool Law Review Nr. 2, 1980.
ders.: Semiotics and Legal Theory, London, RKP, 1984.
Jameson, F.: Marxism and Form, Princeton, Univ. Press, 1971.
ders.: The Prison-House of Language. A Critical Account of Structuralism and Russian Formalism, Princeton, Univ. Press, 1972.
ders.: The Political Unconscious: Narrative as a Socially Symbolic Act, Cornell, Univ. Press, 1981.
Jenny, L.: „La Stratégie de la forme", in: Poétique Nr. 27, 1976.

K

Kallmeyer, W. — Klein, W. e. a.: Lektürekolleg zur Textlinguistik (2 Bd.), Frankfurt, Athenäum-Fischer, 1974.
Keller, O. — Hafner, H.: Semiotische Textanalyse. Ein Arbeitsbuch, München, Fink, 1983.
Kevelson, R.: Inlaws/Outlaws: A Semiotics of Legal Systems, Bloomington, Indiana, Univ. Press, 1977.
Kittler, F. — Turk, H.: Urszenen. Literaturwissenschaft als Diskursanalyse und Diskurskritik, Frankfurt, Suhrkamp, 1977.

Krampen, M.: „Zur Ideologiekritik des Zeichenbegriffs", in: Zeitschrift für Semiotik Nr. 1—2 („Semiotik und Marxismus"), 1988.
Kristeva, J.: Semeiotikè. Recherches pour une sémanalyse, Paris, Seuil, 1969.
dies.: Le Texte du roman, Paris-Den Haag, Mouton, 1970.
dies.: „Préface", in: M. M. Bakhtine, La Poétique de Dostoïevski, Paris, Seuil, 1970.
dies.: La Révolution du langage poétique, Paris, Seuil, 1974. (Dt.: Die Revolution der poetischen Sprache, Frankfurt, Suhrkamp, 1978: gekürzt.)
dies.: Polylogue, Paris, Seuil, 1977.
dies.: „Semiologie — kritische Wissenschaft und/oder Wissenschaftskritik", in: P. V. Zima (Hrsg.), Textsemiotik als Ideologiekritik, Frankfurt, Suhrkamp, 1977.
dies.: „Semiologie als Ideologiewissenschaft", in: P. V. Zima (Hrsg.), Textsemiotik als Ideologiekritik, op. cit.
dies.: Le Langage, cet inconnu. Une initiation à la linguistique, Paris, Seuil, 1981.

L

Labov, W. A.: Sociolinguistic Patterns, Philadelphia, Univ. of Pennsylvania Press, 1972.
ders.: „Der Ausdruck sozialer Prozesse in linguistischen Strukturen", in: H. Holzer, K. Steinbacher (Hrsg.), Sprache und Gesellschaft, Hamburg, Hoffmann und Campe, 1972.
Lagopoulos, A. Ph.: „Semiotics and History: A Marxist Approach", in: Semiotica Nr. 3—4, 1986.
ders.: „Über die Möglichkeiten einer materialistischen Soziosemiotik", in: Zeitschrift für Semiotik Nr. 1—2 („Semiotik und Marxismus"), 1988.
Landowski, E.: „La Mise en scène des sujets de pouvoir", in: Langages Nr. 43, 1976.
ders.: „Figures d'autorité: une typologie sémiotique", in: Documents de travail et pré-publications, Università di Urbino, Nr. 65, 1977.
ders.: „L'Opinion publique et ses porte parole", in: Documents de recherche Nr. 12, 1980.
ders.: „Le Discours du pouvoir. Le Discours politique", in: J.-Cl. Coquet (Hrsg.), Sémiotique, L'Ecole de Paris, Hachette, 1982.
Langage et excommunication, Degrés Nr. 26—27, 1981.
Langue, discours, société, Paris, Seuil, 1975.
Lefebvre, H.: Langage et société, Paris, Gallimard, 1966. (Dt.: Sprache und Gesellschaft, Düsseldorf, 1973.)
Lévi-Strauss, Cl.: „Les Organisations dualistes existent-elles?", in: Bijdragen tot de taal-, land- en volkenkunde Nr. 112, 1956.
ders.: Anthropologie structurale, Paris, Plon, 1958. (Dt.: Strukturale Anthropologie, Frankfurt, Suhrkamp, 1972.)
ders.: „Le Problème de l'invariance en anthropologie", in: Diogène Nr. 31, 1960.
ders.: „Die Struktur und die Form", in: V. Propp, Morphologie des Märchens, Frankfurt, Suhrkamp, 1975.
Lotman, J. M.: Die Struktur des künstlerischen Textes, Frankfurt, Suhrkamp, 1973.
ders.: Aufsätze zur Theorie und Methodologie der Literatur und Kultur, Kronberg, Scriptor Verlag, 1974.
Lotman e. a.: „Thèses pour l'étude sémiotique des cultures", in: Recherches internationales à la lumière du marxisme Nr. 81, 1974.
Lotman, Y. M. — Ouspenski, B. A. (Hrsg.), Ecole de Tartu. Travaux sur les systèmes de signes, Bruxelles, Editions Complexe, 1976.

Lotman, J. M. — Uspenskij, B.: „Die Rolle dualistischer Modelle in der Dynamik der russischen Kultur", in: Politica Nr. 9, 1977.
Lozano, J. e. a.: Análisis del discurso. Hacia una semiótica de la interacción textual, Madrid, Cátedra, 1982.

M

Maas, U.: „Konnotation", in: F. Januschek (Hrsg.), Politische Sprachwissenschaft. Zur Analyse von Sprache als kultureller Praxis, Opladen, Westdeutscher Verlag, 1984.
MacCannel, D.: „Ethonosemiotica", in: Semiotica Nr. 1—3, 1979.
ders.: „Semiotics and Sociology", in: Semiotica Nr. 3—4, 1986.
MacCannel, D. — MacCannel, J. F.: The Time of Sign. A Semiotic Interpretation of Modern Culture, Bloomington, Indiana, Univ. Press, 1982.
Maingueneau, D.: Initiation aux méthodes de l'analyse du discours, Paris, Hachette, 1976.
Marin, L.: La Critique du discours. Sur la „Logique de Port-Royal" et les „Pensées" de Pascal, Paris, Minuit, 1975.
Martinet, A.: La Linguistique synchronique. Etudes et recherches, Paris, PUF, 1968.
Matoré, G.: Le Vocabulaire et la société sous Louis-Philippe, Genève, Droz, 1951.
Metzeltin, M. — Jaksche, H.: Textsemantik. Ein Modell zur Analyse von Texten, Tübingen, Narr, 1983.
Meyer, M.: Logique, langage et argumentation, Paris, Hachette, 1981.
Moragas, M. de: Semiótica y comunicación de masas, Barcelona, Península, 1976.
Morin, V.: „L'Histoire drôle", in: Communications Nr. 8, 1966.
Mukařovský, J.: Kapitel aus der Ästhetik, Frankfurt, Suhrkamp, 1970.
ders.: Studien zur strukturalistischen Ästhetik und Poetik, München, Hanser, 1974.

N

Nadin, M.: Zeichen und Wert, Tübingen, Narr, 1981.
Nef, F.: „Le Contrat énonciatif: de la grammaire narrative à l'énonciation", in: ders. (Hrsg.), Structures élémentaires de la signification, Bruxelles, Editions Complexe, 1976.
ders.: „Entretien avec A. J. Greimas", in: ders.: Structures élémentaires de la signification, op. cit.
Nöth, W.: Dynamik semiotischer Systeme. Vom altenglischen Zauberspruch zum illustrierten Werbetext, Stuttgart, Metzler, 1977.
ders.: Handbuch der Semiotik, Stuttgart, Metzler, 1985 (vor allem Teil VI: „Textsemiotik").

O

Opsomer, G.: Bouwstenen voor een sociosemiotische studie van het volkstoneeldiscours, Diss., Univ. Löwen, 1989.

P

Parret, H.: Idéologie et sémiologie chez Locke et Condillac. La question de l'autonomie du langage devant la pensée, Lisse, Peter de Ridder Press, 1975.
ders. (Hrsg.): On Believing, Berlin, De Gruyter, 1983.
Pêcheux, M.: Analyse automatique du discours, Paris, Dunod, 1969.

ders. (zusammen mit C. Fuchs, A. Grésillon, P. Henry): „Analyse du discours, langue et idéologies", in: Langages, März, 1975.
Pérez Tornero, J. M.: La Semiótica de la publicidad. Análisis del lenguaje publicitario, Barcelona, Mitre, 1982.
Pizzaro, N.: Metodología sociológica y teoría lingüística, Madrid, Comunicación, 1979.
Ponzio, A.: Produzione linguistica e ideologia sociale. Per una teoria marxista del linguaggio e della comunicazione, Bari, De Donato, 1973.
ders.: Filosofia del linguaggio e prassi sociale, Lecce, Milella, 1974.
ders.: Michail Bachtin. Alle origini della semiotica sovietica, Bari, Dedalo, 1980.
ders.: Segni e contraddizioni. Fra Marx e Bachtin, Verona, Bertani, 1981.
ders.: „On the Signs of Rossi-Landi's Work", in: Semiotica Nr. 3—4, 1986.
ders.: „Von der Semiotik des gerechten Tauschs zu einer Kritik der Zeichenprozesse", in: Zeitschrift für Semiotik Nr. 1—2 („Semiotik und Marxismus"), 1988.
Portis-Winner, I. — Umiker-Sebeok, J.: „Semiotics of Culture", in: Semiotica Nr. 3—4, 1979.
Portis-Winner, I.: Semiotics of Culture: The State of the Art, Toronto, Toronto Semiotic Circle, 1982.
Prevignano, C. (Hrsg.): La semiotica nei paesi slavi. Programmi, problemi, analisi, Milano, Feltrinelli, 1979.
Prieto, L. J.: Pertinence et pratique. Essai de sémiologie, Paris, Minuit, 1975.
ders.: „Entwurf einer allgemeinen Semiologie", in: Zeitschrift für Semiotik Nr. 1, 1979.
ders.: „L'Idéologie structuraliste et les origines du structuralisme", in: Akten des 2. Semiotischen Kolloquiums, Regensburg 1978 (Hrsg. A. Lange-Seidl), Bd. 1, Berlin-New York, De Gruyter, 1981.

R

Rastier, F.: „Situation du récit dans une typologie des discours", in: L'Homme Nr. 11, 1971.
ders.: „Systématique des isotopies", in: Essais de sémiotique poétique, Paris, Larousse, 1972.
ders.: Essais de sémiotique discursive, Tours, Mâme, 1973.
Reiss, T. J.: „Semiotics and Materialism", in: Semiotica Nr. 34, 1981.
Robinson, W. P.: Language and Social Behavior, Harmondsworth, Penguin, 1972.
Rossi-Landi, F.: Il linguaggio come lavoro e come mercato. Una teoria della produzione e della alienazione linguistiche, Milano, Bompiani, 1968. (Dt.: Sprache als Arbeit und Markt, München, Hanser, 1972.)
ders.: „Ideas for Manifesto of Materialistic Semiotics", in: Kodikas Nr. 2, 1979.
ders.: Metodica filosofica e scienza dei segni. Nuovi saggi sul linguaggio e l'ideologia, Milano, Bompiani, 1985.
Ruprecht, H.-G.: „Du formant intertextuel: remarques sur l'objet ethno-sémiotique", in: Actes Sémiotiques — Documents Nr. 21, 1981.
ders.: „Ouvertures métasémiotiques. Entretien avec A. J. Greimas", in: Recherches sémiotiques/Semiotic Inquiry Nr. 1, 1984.
Ruwet, N.: „Parallélismes et déviations en poésie", in: Langue, discours, société, Paris, Seuil, 1975.

S

Schaff, A.: Einführung in die Semantik, Reinbek, Rowohlt, 1973.
Schiffer, W.: Theorien der Geschichtsschreibung und ihre erzähltheoretische Relevanz (Danto, Habermas, Baumgartner, Droysen), Stuttgart, Metzler, 1980.
Schlieben-Lange, B.: Soziolinguistik. Eine Einführung, Stuttgart, Kohlhammer, 1978 (2. Aufl.).

Searle, J. R.: Speech Acts. An Essay in the Philosophy of Language, Cambridge, Univ. Press, 1969.
Seiter, J.: „Rote Nelken und verschlungene Hände. Anmerkungen zur Bildsprache und politischer Symbolik der frühen Sozialdemokratie in Österreich", in: J. Bernard (Hrsg.), Semiotica Austriaca Nr. 9—10, Wien, ÖGS, 1987.
Singer, M.: „For a Semiotic Anthropology", in: T. A. Sebeok (Hrsg.), Sight, Sound and Sense, Bloomington, Indiana, Univ. Press, 1978.
Skalička, V.: „Hranice sociolingvistiky", in: Slovo a slovesnost Nr. 2, 1975.
Spender, D.: Man Made Language, London, RKP, 1980.
Stein, A.: The Process of Social Identification. A Semiotic Approach, Toronto, Toronto Semiotic Circle, 1979.
Structuralisme et marxisme, Paris, UGE (10/18), 1970.
Stubbs, M.: Discourse Analysis. The Sociolinguistic Analysis of Natural Language, Oxford, Basil Blackwell, 1983.

T

Tanner, N.: „Speech and Society among the Indonesian Elite. A Case Study of a Multilingual Community", in: J. B. Pride, J. Holmes (Hrsg.), Sociolinguistics, Harmondsworth, Penguin, 1972.
Tesnière, L.: Eléments de syntaxe structurale, Paris, Klincksieck, 1969.
Théorie d'ensemble (M. Foucault, R. Barthes, J. Derrida e. a.), Paris, Seuil, 1968.
Thérien, G.: „Culture, geste, identité", in: Degrés Nr. 32, 1982.
Todorov, T.: Mikhaïl Bakhtine. Le Principe dialogique, suivi de Ecrits du cercle de Bakhtine, Paris, Seuil, 1981.
Trudgill, P.: Sociolinguistics. An Introduction, Harmondsworth, Penguin, 1974.

U

Umiker-Sebeok, J.: „Semiotics of Culture", in: Annual Review of Anthropology Nr. 6, 1977.

V

Van Dijk, T. A.: Text and Context. Explorations in the Semantics and Pragmatics of Discourse, London, Longman, 1980.
ders.: Studies in the Pragmatics of Discourse, Den Haag, Mouton, 1980.
Vološinov, V. N.: Marxismus und Sprachphilosophie, Frankfurt-Wien-Berlin, Ullstein, 1975.

W

Whorf, B. L.: Language, Thought and Reality, Cambridge (Mass.), The M. I. T. Press, 1956.
Widmer, J.: Langage et action sociale. Aspects philosophiques et sémiotiques du langage dans une perspective ethnométhodologique, Friburg/Fribourg, Diss., 1980.
Wienold, G.: Semiotik der Literatur, Frankfurt, Athenäum, 1972.
Windisch, U.: Xénophobie? Logique de la pensée populaire, Lausanne, L'Age d'Homme, 1978.
ders.: Pensée sociale, langage en usage et logiques autres, Lausanne, L'Age d'Homme, 1982.

Z

Zima, P. V.: Textsoziologie. Eine kritische Einführung, Stuttgart, Metzler, 1980.
ders. (Hrsg.): Degrés Nr. 24—25, Winter 1980/81: „Texte et idéologie".
ders. (Hrsg.): Semiotics and Dialectics. Ideology and the Text, Amsterdam, J. Benjamins, 1981.
ders.: „Littérature et société: pour une sociologie de l'écriture", in: A. Kibédi Varga (Hrsg.), Théorie de la littérature, Paris, Picard, 1981.
ders.: „Literatursoziologie/Textsoziologie", in: D. Harth — P. Gebhardt (Hrsg.), Erkenntnis der Literatur. Theorien, Konzepte, Methoden, Stuttgart, Metzler, 1982.
ders.: Manuel de sociocritique, Paris, Picard, 1985.
ders.: „Plädoyer für eine soziologische Semiotik", in J. Bernard (Hrsg.), Semiotica Austriaca Nr. 9—10, Wien, ÖGS, 1987.
ders.: „Towards a Sociology of Fictional Texts", in: New Comparison Nr. 5, 1988.
Zumthor, P.: Langue, texte, énigme, Paris, Seuil, 1975.

Theorie (Wissenschaftstheorie, soziologische Theorie)

A

Adorno, Th. W.: Minima Moralia, Frankfurt, Suhrkamp, 1951.
ders.: „Der Essay als Form", in: ders., Noten zur Literatur I, Frankfurt, Suhrkamp, 1958.
ders.: „Parataxis. Zur späten Lyrik Hölderlins", in: ders., Noten zur Literatur III, Frankfurt, Suhrkamp, 1965.
ders.: Drei Studien zu Hegel, Frankfurt, Suhrkamp, 1966.
ders.: Negative Dialektik, Frankfurt, Suhrkamp, 1966.
ders.: „Thesen zur Kunstsoziologie", in: ders., Ohne Leitbild. Parva Aesthetica, Frankfurt, Suhrkamp, 1967.
ders.: Ästhetische Theorie, Frankfurt, Suhrkamp, 1970.
ders.: „Wozu noch Philosophie", in: ders., Eingriffe. Neun kritische Modelle, Frankfurt, Suhrkamp, 1971.
ders.: Zur Metakritik der Erkenntnistheorie, Frankfurt, Suhrkamp, 1972.
ders.: Philosophische Frühschriften, Gesammelte Schriften I, Frankfurt, Suhrkamp, 1973.
ders.: „Das Bewußtsein der Wissenssoziologie", in: ders. Gesellschaftstheorie und Kulturkritik, Frankfurt, Suhrkamp, 1975.
ders.: Prismen. Kulturkritik und Gesellschaft, Frankfurt, Suhrkamp, 1976.
Ahrweiler, G. (Hrsg.) Betr.: Lukács. Dialektik zwischen Idealismus und Proletariat, Frankfurt, Pahl Rugenstein, 1974.
Albert, H.: Konstruktion und Kritik, Hamburg, Hoffmann und Campe, 1975.
ders.: Aufklärung und Steuerung, Hamburg, Hoffmann und Campe, 1976.
ders.: Traktat über rationale Praxis, Tübingen, J. C. B. Mohr, 1978.
ders.: Traktat über kritische Vernunft, Tübingen, J. C. B. Mohr, 1980 (4. Aufl.).
ders.: Die Wissenschaft und die Fehlbarkeit der Vernunft, Tübingen, J. C. B. Mohr, 1982.
Althusser, L.: Pour Marx, Paris, Maspero, 1968. (Dt.: Für Marx, Frankfurt, Suhrkamp, 1974.)
ders. (zusammen mit E. Balibar): Lire le Capital (2 Bd.), Paris, Maspero, 1968. (Dt.: Das Kapital lesen, Reinbek, Rowohlt, 2 Bd., 1972.)

ders.: Lénine et la philosophie, Paris, Maspero, 1972.
ders.: Eléments d'autocritique, Paris, Hachette, 1974.
ders.: Philosophie et philosophie spontanée des savants (1967), Paris, Maspero, 1974.
ders.: Positions, Paris, Editions Sociales, 1976.
Anderson, M. e. a.: „A Semiotic Perspective on the Sciences: Steps Toward a New Paradigm", in: Semiotica Nr. 1—2, 1984.
Anderson, P.: „Soziologische Gründe für das Ausbleiben der Soziologie", Geschichte der Soziologie Bd. 3 (Hrsg. W. Lepenies), Frankfurt, Suhrkamp, 1981.
Apel, K.-O.: Analytic Philosophy of Language and the Geisteswissenschaften, Dordrecht, Reidel, 1967.
ders.: Transformation der Philosophie (2 Bd.), Frankfurt, Suhrkamp, 1973.
ders.: „Ist die Ethik der idealen Kommunikationsgemeinschaft eine Utopie? Zum Verhältnis von Ethik, Utopie und Utopiekritik", in: W. Vosskamp (Hrsg.), Utopieforschung. Interdisziplinäre Studien zur neuzeitlichen Utopie Bd. 1, Stuttgart, Metzler, 1983.
Aron, R.: Les Etapes de la pensée sociologique, Paris, Gallimard, 1967.
Axelos, K.: Marx penseur de la technique, Paris, Minuit, 1957.

B

Bachelard, G.: Le Nouvel esprit scientifique, Paris, PUF, 1934.
ders.: La Philosophie du non, Paris, PUF, 1940.
Bannister, R. C.: Sociology and Scientism. The American Quest for Objectivity (1880—1940), Chapel Hill-London, The University of Carolina Press, 1987.
Barnes, B.: T. S. Kuhn and Social Science, New York, Columbia Univ. Press, 1982.
Baumgarten, E. (Hrsg.), Max Weber. Werk und Person, Tübingen, J. C. B. Mohr, 1964.
Bayertz, K.: Wissenschaftstheorie und Paradigmabegriff, Stuttgart, Metzler, 1981.
Bellebaum, A.: Das soziologische System von Ferdinand Tönnies unter besonderer Berücksichtigung seiner soziographischen Untersuchungen, Meisenheim am Glan, Verlag Anton Hain, 1966.
Bendix, R.: Max Weber. An Intellectual Portrait, London, Methuen, 1960.
Benton, T.: The Rise and Fall of Structural Marxism. Althusser and his Influence, London, Macmillan, 1984.
Berger, P. L.: Einladung zur Soziologie, München, DTV, 1977.
Bloch, E.: „Hegel und die Anamnesis; contra Bann der Anamnesis", in: ders., Auswahl aus seinen Schriften, Frankfurt, Fischer, 1967.
ders.: Über Methode und System bei Hegel, Frankfurt, Suhrkamp, 1970.
Boudon, R.: La Logique du social, Paris, Hachette, 1979.
Bourdieu, P.: Questions de sociologie, Paris, Minuit, 1980.
Bouveresse, J.: „Peirce, Popper, l'induction et l'histoire des sciences", in: Critique, August-September, 1974.
Bubner, R.: „Was ist Kritische Theorie?", in: Hermeneutik und Ideologiekritik, Frankfurt, Suhrkamp, 1971.
ders.: Dialektik und Wissenschaft, Frankfurt, Suhrkamp, 1973.
ders.: Handlung, Sprache und Vernunft. Grundbegriffe praktischer Philosophie, Frankfurt, Suhrkamp, 1982 (2. Aufl.).

C

Cahnmann, W. J.: „Tönnies in Amerika", in: Geschichte der Soziologie, Bd. 4, Hrsg. W. Lepenies, Frankfurt, Suhrkamp, 1981.
Castilla del Pino, C.: Psicoanálisis y marxismo, Madrid, Alianza Editorial, 1969.
Clark, T. N.: „Die Durkheim-Schule und die Universität", in: Geschichte der Soziologie Bd. 2, op. cit.
Collini, S.: Liberalism and Sociology. L. T. Hobhouse and Political Argument in England (1880—1914), Cambridge, Univ. Press, 1979.
Comte, A.: Discours sur l'esprit positif, Paris, Vrin, 1983.
Cortella, L.: Crisi e razionalità. Da Nietzsche ad Habermas, Napoli, Guida, 1981.

D

Davidson, D.: „On the Very Idea of a Conceptual Scheme", in: ders., Inquiries into Truth and Interpretation, Oxford, Clarendon Press, 1984.
Deutsch, K. W. — Markovits, A. S. — Platt, J.: Advances in the Social Sciences (1900—1980), Lanham-New York-London, Univ. Press of America, 1986.
Dickhut, W.: Materialistische Dialektik und bürgerliche Naturwissenschaft, Frankfurt, Verlag Neuer Weg, 1987.
Di Marco, G. A.: Marx, Nietzsche, Weber. Gli ideali ascetici tra critica, genealogia, comprensione, Napoli, Guida, 1984.
ders.: Max Weber in Italia: linee per un'interpretazione, Napoli, Guida, 1984.
Dubarle, D. — Doz, A.: Logique et dialectique, Paris, Larousse, 1972.
Dubiel, H.: Wissenschaftsorganisation und politische Erfahrung, Frankfurt, Suhrkamp, 1978.
Durkheim, E.: Les Règles de la méthode sociologique, Paris, PUF, 1937.
ders.: Montesquieu et Rousseau, précurseurs de la sociologie, Paris, Marcel Rivière, 1953.
ders.: De la division du travail social, Paris, PUF, 1960 (7. Aufl.).
Durkheim, E. — Mauss, M.: „De quelques formes primitives de classification", in: M. Mauss, Essais de sociologie, Paris, Minuit, 1968.
Duvignaud, J.: (Hrsg.): Sociologie de la connaissance, Paris, Payot, 1979.

E

Eisenstadt, S. N. — Curelaru, M.: The Form of Sociology — Paradigms and Crises, New York-London, John Wiley & Sons, 1976.
Elias, N.: Engagement und Distanzierung. Arbeiten zur Wissenssoziologie I, Frankfurt, Suhrkamp, 1983.

F

Feyerabend, P.: Wider den Methodenzwang, Frankfurt, Suhrkamp, 1976.
ders.: Wissenschaft als Kunst, Frankfurt, Suhrkamp, 1984.
Filloux, J.-Cl.: Durkheim et le socialisme, Genève, Droz, 1977.
Fistetti, F.: Neurath contro Popper. Otto Neurath riscoperto, Bari, Dedalo, 1985.
Foucault, M.: Les Mots et les choses, Paris, Gallimard, 1966. (Dt.: Die Ordnung der Dinge, Frankfurt, Suhrkamp, 1980.)

ders.: L'Archéologie du savoir, Paris, Gallimard, 1969. (Dt.: Archeologie des Wissens, Frankfurt, Suhrkamp, 1973.)

G

Gadamer, H.-G.: Wahrheit und Methode, Tübingen, J. C. B. Mohr, 1975 (4. Aufl.)
Garfinkel, H.: „The Rational Properties of Scientific and Common Sense Activities", in: A. Giddens (Hrsg.), Positivism and Sociology, London, Heinemann, 1978.
Giegel, H.-J.: System und Krise. Kritik der Luhmannschen Gesellschaftstheorie, Frankfurt, Suhrkamp, 1975.
Glasersfeld, E. von: „Einführung in den Radikalen Konstruktivismus", in: P. Watzlawick (Hrsg.), Die Erfundene Wirklichkeit, München, Piper, 1985.
Gouldner, A. W.: Die westliche Soziologie in der Krise, Reinbek, Rowohlt, 1974.
Giddens, A.: Capitalism and Modern Social Theory. An Analysis of the Writings of Marx, Durkheim and Max Weber, Cambridge, Univ. Press, 1971.
ders.: New Rules of Sociological Method, London, Hutchinson, 1976.
ders.: Studies in Social and Political Theory, London, Hutchinson, 1977.
Giddens, A. — Turner, J. (Hrsg.): Social Theory Today, Cambridge, Polity Press, 1987.
Goldmann, L.: Marxisme et sciences humaines, Paris, Gallimard, 1970.
Greimas, A. J.: „Der wissenschaftliche Diskurs in den Sozialwissenschaften", in: P. V. Zima (Hrsg.), Textsemiotik als Ideologiekritik, Frankfurt, Suhrkamp, 1977.
Grenz, F.: Adornos Philosophie in Grundbegriffen, Frankfurt, Suhrkamp, 1974.
Grimm, K.: Niklas Luhmanns „soziologische Aufklärung" oder das Elend der apriorischen Soziologie. Ein Beitrag zur Pathologie der Systemtheorie im Licht der Wissenschaftslehre Max Webers, Hamburg, Hoffmann und Campe, 1974.
Gripp, H.: Jürgen Habermas, Paderborn, Schöningh, 1984.
Grujić, P.: Hegel und die Sowjetphilosophie der Gegenwart, Bern, Francke, 1969.
Günther, U. L.: Kritischer Rationalismus, Sozialdemokratie und politisches Handeln. Logische und psychologische Defizite einer kritizistischen Philosophie, Weinheim-Basel, Beltz Verlag, 1984.
Gurvitch, G.: Dialectique et sociologie, Paris, Flammarion, 1962.

H

Habermas, J.: „Gegen einen positivistisch halbierten Rationalismus", in: Th. W. Adorno e. a., Der Positivismusstreit in der deutschen Soziologie, Darmstadt-Neuwied, Luchterhand, 1969.
ders.: Erkenntnis und Interesse, Frankfurt, Suhrkamp, 1968, 1973 (2. Aufl.).
ders.: Legitimationsprobleme im Spätkapitalismus, Frankfurt, Suhrkamp, 1973.
ders.: Zur Rekonstruktion des historischen Materialismus, Frankfurt, Suhrkamp, 1976.
ders.: Theorie des kommunikativen Handelns (2 Bd.), Frankfurt, Suhrkamp, 1981.
ders.: Zur Logik der Sozialwissenschaften, Frankfurt, Suhrkamp, 1982.
ders.: Moralbewußtsein und kommunikatives Handeln, Frankfurt, Suhrkamp, 1983.
ders.: Vorstudien und Ergänzungen zur Theorie des kommunikativen Handelns, Frankfurt, Suhrkamp, 1984.
ders.: Der philosophische Diskurs der Moderne, Frankfurt, Suhrkamp, 1985.
Habermas, J. — Luhmann, N.: Theorie der Gesellschaft oder Sozialtechnologie — Was leistet die Systemforschung?, Frankfurt, Suhrkamp, 1971.

Habermas, J.: „Theorie der Gesellschaft oder Sozialtechnologie? Eine Auseinandersetzung mit Niklas Luhmann", in: Theorie der Gesellschaft oder Sozialtechnologie, op. cit.

Halbwachs, M.: Classes sociales et morphologie, Paris, Minuit, 1972.

Hanak, T.: Lukács war anders, Meisenheim am Glan, Verlag Anton Hain, 1973.

Hegel, G. W. F.: Wissenschaft der Logik (2 Bd.), Frankfurt, Suhrkamp, 1969.

Heidegger, M.: Sein und Zeit, Tübingen, Niemeyer, 1963.

Heller, A.: Philosophie des linken Radikalismus. Ein Bekenntnis zur Philosophie, Hamburg, VSA-Verlag, 1978.

Hennen, M.: Krise der Rationalität: Dilemma der Soziologie. Zur kritischen Rezeption Max Webers, Stuttgart, Enke, 1976.

Henrich, D.: Die Einheit der Wissenschaftstheorie Max Webers, Tübingen, J. C. B. Mohr, 1952.

Honneth, A. — Joas, A. (Hrsg.): Kommunikatives Handeln. Beiträge zu Jürgen Habermas' „Theorie des kommunikativen Handelns", Frankfurt, Suhrkamp, 1986.

Honneth, A.: „Critical Theory", in: A. Giddens — J. Turner (Hrsg.), Social Theory Today, Cambridge-Oxford, Polity Press-Basil Blackwell, 1987.

Hook, S.: From Hegel to Marx. Studies in the Intellectual Development of Karl Marx, Ann Arbor, Univ. of Michigan Press, 1962.

Horkheimer, M. — Adorno, Th. W.: Dialektik der Aufklärung, Amsterdam, Querido, 1947.

dies. Sociologica. Reden und Vorträge (2 Bd.), Frankfurt, Europäische Verlagsanstalt, 1962.

Horkheimer, M.: Traditionelle und kritische Theorie. Vier Aufsätze, Frankfurt, Fischer, 1970.

Huke-Didier, E.: Die Wissenssoziologie Karl Mannheims in der Interpretation durch die Kritische Theorie — Kritik einer Kritik, Frankfurt-Bern-New York, Peter Lang, 1985.

Hund, W. D. — Oppoltzer, A. A.: „Bürgerliche Wissenschaft, Dialektik und Klassenbewußtsein. Zur Konstitution gesellschaftlicher Selbsterkenntnis bei Georg Lukács, in: G. Ahrweiler (Hrsg.), Betr.: Lukács, op. cit.

Husserl, E.: Philosophie als strenge Wissenschaft, Frankfurt, Vittorio Klostermann, 1971.

J

Jaeggi, U.: Theoretische Praxis. Probleme eines strukturalen Marxismus, Frankfurt, Suhrkamp, 1976.

Jauss, H. R.: „Paradigmawechsel in der Literaturwissenschaft", in: Linguistische Berichte Nr. 3, 1969.

Jay, M.: Die dialektische Phantasie. Die Geschichte der Frankfurter Schule und des Instituts für Sozialforschung (1923—1950), Frankfurt, Fischer, 1973.

ders.: Marxism and Totality. The Adventures of a Concept from Lukács to Habermas, Berkeley-Los Angeles, Univ. of California Press, 1984.

Jimenez, M.: Vers une esthétique négative. Adorno et la modernité, Paris, Le Sycomore, 1983.

Johnson, T. — Dandeker, Ch. — Ashworth, C.: The Structure of Social Theory. Dilemmas and Strategies, London, Macmillan, 1984.

K

Kalanj, R.: „Emile Durkheim i moderni socijalizam", in: Kulturni radnik (Zagreb) Nr. 4, 1986.

Kammler, J.: Politische Theorie von Georg Lukács. Struktur und politischer Praxisbezug bis 1929, Neuwied-Berlin, Luchterhand, 1974.

Karádi, E. — Vezér, E. (Hrsg.): Georg Lukács, Karl Mannheim und der Sonntagskreis, Frankfurt, Sendler Verlag, 1985.

Keat, R.: The Politics of Social Theory. Habermas, Freud and the Critique of Positivism, Oxford, Basil Blackwell, 1981.
Keat, R. — Urry, J.: Social Theory as Science, London, RKP, 1982 (2. Aufl.).
Kellermann, P.: Kritik einer Soziologie der Ordnung. Organismus und System bei Comte, Spencer und Parsons, Freiburg, Rombach, 1967.
Kettler, D. — Meja, V. — Stehr, N.: Karl Mannheim, Chichester, Ellis Horwood, 1984.
Kiss, G.: Paradigmawechsel in der Kritischen Theorie: Jürgen Habermas' intersubjektiver Ansatz, Stuttgart, Enke, 1987.
Kopperschmidt, J.: Argumentation, Sprache und Vernunft (2 Bd.), Kohlhammer, 1980.
Korsch K.: Marxismus und Philosphie, Frankfurt, Europäische Verlagsanstalt, Wien, Europaverlag, 1966.
Kosík, K.: Dialektik des Konkreten, Frankfurt, Suhrkamp, 1971.
Kraft, V.: „Popper and the Vienna Circle", in: The Philosophy of Karl Popper (Book I), ed. by P. A. Schilpp, La Salle, Illinois, Library of Living Philosophers, 1967.
Kuhlmann, W.: Reflexion und kommunikative Erfahrung. Untersuchungen zur Stellung philosophischer Reflexion zwischen Theorie und Kritik, Frankfurt, Suhrkamp, 1975.
Kuhn, T. S.: „Reflections on my Critics", in: I. Lakatos, A. Musgrave (Hrsg.), Criticism and the Growth of Knowledge, Cambridge, Univ. Press, 1970.
ders.: Die Struktur wissenschaftlicher Revolutionen, Frankfurt, Suhrkamp, 1976.
ders.: Die Entstehung des Neuen, Frankfurt, Suhrkamp, 1978.

L

Lakatos, I.: The Methodology of Scientific Research Programmes, Cambridge, Univ. Press, 1978.
Lecourt, D.: Pour une critique de l'épistémologie, Paris, Maspero, 1972.
ders.: Bachelard. Le Jour et la nuit, Paris, Grasset, 1974.
ders.: Lyssenko. Histoire réelle d'une „science prolétarienne" (Vorwort von L. Althusser), Paris, Maspero, 1976.
ders.: L'Ordre et les jeux. Le Positivisme logique en question, Paris, Grasset, 1981.
ders.: La Philosophie sans feinte, Paris, Hallier-Albin Michel, 1982.
Lenk, H.: Zwischen Wissenschaftstheorie und Sozialwissenschaft, Frankfurt, Suhrkamp, 1986.
ders (Hrsg.): Zur Kritik der wissenschaftlichen Rationalität, Freiburg-München, Alber, 1986.
ders.: Zwischen Sozialpsychologie und Sozialphilosophie, Frankfurt, Suhrkamp, 1987.
Lenk, K.: Marx in der Wissenssoziologie, Lüneburg, Dietrich zu Klampen Verlag, 1986 (2. Aufl.).
Linkenbach, A.: Opake Gestalten des Denkens. Jürgen Habermas und die Rationalität fremder Lebensformen, München, Fink, 1986.
Löwith, K.: Von Hegel zu Nietzsche, Hamburg, Meiner, 1977.
Lorenzen, P.: Konstruktive Wissenschaftstheorie, Frankfurt, Suhrkamp, 1974.
Lorenzen, P. — Inhetveen, R.: „Die Einheit der Wissenschaften", in: F. Kambartel, J. Mittelstrass (Hrsg.), Zum normativen Fundament der Wissenschaft, Frankfurt, Athenäum, 1973.
Lorenzen, P. — Schwemmer, O.: Konstruktive Logik, Ethik und Wissenschaftstheorie, Mannheim, Bibliographisches Institut, 1975.
Lüdke, W. M.: Anmerkungen zu einer „Logik des Zerfalls": Adorno — Beckett, Frankfurt, Suhrkamp, 1981.
Luhmann, N.: Zweckbegriff und Systemrationalität, Frankfurt, Suhrkamp, 1968.
ders.: „Systemtheoretische Argumentation. Eine Entgegnung auf Jürgen Habermas", in: J. Habermas — N. Luhmann, Theorie der Gesellschaft oder Sozialtechnologie, op. cit.

ders.: Gesellschaftsstruktur und Semantik. Studien zur Wissenssoziologie der modernen Gesellschaft (2 Bd.), Frankfurt, Suhrkamp, 1980.
ders.: Soziale Systeme. Grundriß einer allgemeinen Theorie, Frankfurt, Suhrkamp, 1984, 1987 (2. Aufl.).
ders.: Archimedes und wir. Interviews, Berlin, Merve Verlag, 1987.
ders.: „Die Richtigkeit soziologischer Theorie", in: Merkur Nr. 1, Januar, 1987.
Lukács, G.: Geschichte und Klassenbewußtsein. Studien über marxistische Dialektik, Neuwied-Berlin, Luchterhand, 1968.
ders.: Der junge Hegel (2 Bd.), Frankfurt, Suhrkamp, 1973.

M

Macherey, P.: Hegel ou Spinoza, Paris, Maspero, 1979.
Malmberg, B.: „Derrida et la sémiologie. Quelques notes marginales", in: Semiotica Nr. 2, 1974.
Mannheim, K.: Die Gegenwartsaufgaben der Soziologie, Tübingen, J. C. B. Mohr, 1932.
ders.: Mensch und Gesellschaft im Zeitalter des Umbaus, Leiden, A. W. Sijthoff, 1935.
ders.: Wissenssoziologie. Auswahl aus seinem Werk (Hrsg. K. H. Wolff), Darmstadt, Luchterhand, 1979.
ders.: Strukturen des Denkens (Hrsg. D. Kettler, V. Meja, N. Stehr), Frankfurt, Suhrkamp, 1980.
Masterman, M.: „The Nature of a Paradigm", in: I. Lakatos, A. Musgrave (Hrsg.), Criticism and the Growth of Knowledge, Cambridge, Univ. Press, 1970.
Max Weber und die Soziologie heute. Verhandlungen des 15. deutschen Soziologentages, Tübingen, J. C. B. Mohr, 1965.
Max Weber. Ein Symposion (Hrsg. Ch. Gneuss und J. Kocka), München, DTV, 1988.
Marx, K.: „Zur Kritik der Politischen Ökonomie", in: K. Marx — F. Engels, Werke Bd. 13, Berlin, Dietz Vlg., 1961.
ders.: Das Kapital (3 Bd.), Frankfurt-Berlin-Wien, Ullstein, 1969.
Matzner, J. (Hrsg.), Lehrstück Lukács, Frankfurt, Suhrkamp, 1974.
McCarthy, T.: Kritik der Verständigungsverhältnisse. Zur Theorie von Jürgen Habermas, Frankfurt, Suhrkamp, 1980.
Meja, V. — Stehr, N. (Hrsg.): Der Streit um die Wissenssoziologie (2 Bd.), Frankfurt, Suhrkamp, 1982.
Merton, R. K.: Social Theory and Social Structure, London-New York, Collier Macmillan-Free Press, 1949.
ders.: Entwicklung und Wandel von Forschungsinteressen. Aufsätze zur Wissenschaftssoziologie, Frankfurt, Suhrkamp, 1985.
Meschonnic, H.: „Le Langage chez Habermas", in: ders. (Hrsg.), Critique de la Théorie critique. Langage et histoire, Paris, Presses Univ. de Vincennes, 1985.
Mozetič, G. (Hrsg.): Austromarxistische Positionen, Wien-Köln-Graz, Böhlau, 1983.

N

Neurath, O.: „Zur Theorie der Sozialwissenschaften", in: ders., Gesammelte philosophische und methodologische Schriften Bd. 1—2 (Hrsg. R. Haller, H. Rutte), Wien, Hölder-Pichler-Tempsky Vlg. 1981.
ders.: „Wissenschaftliche Weltauffassung", in: ders., Gesammelte philosophische und methodologische Schriften Bd. 1, op. cit.

ders.: „Wissenschaftliche Weltauffassung. Der Wiener Kreis", in: ders., Gesammelte philosophische und methodologische Schriften Bd. 1, op. cit.

ders.: „Einheitswissenschaft und Marxismus", in: ders., Gesammelte philosophische und methodologische Schriften Bd. 1, op. cit.

ders.: „Soziologie und Physikalismus", in: ders., Gesammelte philosophische und methodologische Schriften Bd. 2, op. cit.

ders.: „Pseudorationalismus der Falsifikation", in: ders., Gesammelte philosophische und methodologische Schriften Bd. 2, op. cit.

ders.: „Einheitswissenschaft", in: ders., Gesammelte philosophische und methodologische Schriften. Bd. 2, op. cit.

ders.: „Die wissenschaftliche Sprache", in: ders., Gesammelte philosophische und methodologische Schriften Bd. 2, op. cit.

ders.: „Sozialwissenschaft und Einheitswissenschaft", in: ders., Gesammelte philosophische und methodologische Schriften Bd. 2, op. cit.

ders.: „Universaljargon und Terminologie", in: ders., Gesammelte philosophische und methodologische Schriften Bd. 2, op. cit.

Norris, Ch.: „Derrida at Yale. The ‚Deconstructive Moment' in Modern Poetics", in: Philosophy and Literature Nr. 2, Herbst, 1980.

ders.: Deconstruction. Theory and Practice, London-New York, Methuen, 1982.

Neusüß, A.: Utopisches Bewußtsein und freischwebende Intelligenz. Zur Wissenssoziologie Karl Mannheims, Meisenheim am Glan, Verlag Anton Hain, 1968.

ders. (Hrsg.): Begriff und Phänomen des Utopischen, Neuwied-Berlin, Luchterhand, 1968.

Neyer, J.: „Individualism and Socialism in Durkheim", in: Essays on Sociology and Philosophy by Emile Durkheim et al. (Hrsg. K. H. Wolff), New York, Harper and Row, 1964.

P

Parsons, T.: The Social System, London, RKP, 1951.

ders.: Sociological Theory and Modern Society, New York, Glencoe, 1967.

Pasternack, G.: Theoriebildung in der Literaturwissenschaft, München, Fink, 1975.

Piaget, J.: Le Structuralisme, Paris, PUF, 1968.

Poggi, G.: Images of Society. Essays on the Sociological Theories of Tocqueville, Marx and Durkheim, Stanford, Univ. Press, 1972.

Popper, K. R.: Logik der Forschung, Wien, Springer Verlag, 1934, Tübingen, J. C. B. Mohr, 1969 (3. erw. Aufl.).

ders.: „Die Logik der Sozialwissenschaften", in: Th. W. Adorno e. a., Der Positivismusstreit in der deutschen Soziologie, Darmstadt-Neuwied, Luchterhand, 1969.

ders.: „Normal Science and its Dangers", in: I. Lakatos — A. Musgrave (Hrsg.), Criticism and the Growth of Knowledge, Cambridge, Univ. Press, 1970.

ders.: „The Myth of the Framework", in: The Abdication of Philosophy: Philosophy and the Public Good. Essays in Honor of Paul Arthur Schilpp (Hrsg. E. Freeman), Open Court, La Salle, 1976.

ders.: Objective Knowledge. An Evolutionary Approach, Oxford, Clarendon Press, 1979. (Dt.: Objektive Erkenntnis. Ein evolutionärer Entwurf, Hamburg, Hoffmann und Campe, 1979.)

ders.: Ausgangspunkte. Meine intellektuelle Entwicklung, Hamburg, Hoffmann und Campe, 1979.

ders.: Auf der Suche nach einer besseren Welt. Vorträge und Aufsätze aus dreißig Jahren, München, Piper, 1984.

ders.: „Prognose und Prophetie in den Sozialwissenschaften", in: E. Topitsch (Hrsg.), Logik der Sozialwissenschaften, Königstein/Ts., Athenäum, 1984 (11. Aufl.).
Prewo, R.: Max Webers Wissenschaftsprogramm, Frankfurt, Suhrkamp, 1979.

R

Rammstedt, O.: Deutsche Soziologie 1933—1945. Die Normalität einer Anpassung, Frankfurt, Suhrkamp, 1986.
ders.: „Wertfreiheit und die Konstitution der Soziologie in Deutschland", in: Zeitschrift für Soziologie Nr. 4, August, 1988.
Raphael, M.: Theorie des geistigen Schaffens auf marxistischer Grundlage, Frankfurt, Fischer, 1974.
Roth, G.: „Autopoiese und Kognition", in: S. J. Schmidt (Hrsg.), Der Diskurs des Radikalen Konstruktivismus, Frankfurt, Suhrkamp, 1987.
Ryan, A.: The Philosophy of the Social Sciences, London, Macmillan, 1970.

S

Sandkühler, H. J. (Hrsg.): Marxistische Erkenntnistheorie. Texte zu ihrem Forschungsstand in den sozialistischen Ländern, Stuttgart-Bad Canstatt, Frommann-Holzboog Verlag, 1973.
Sayer, A.: Method in Social Science. A Realist Approach, London, Hutchinson, 1984.
Schäfer, B. (Hrsg.), Grundbegriffe der Soziologie, Opladen, Leske, 1986.
Scheler, M.: Die Wissensformen und die Gesellschaft, Bern-München, Francke, 1980.
ders.: „Die positivistische Philosophie des Wissens und die Aufgaben einer Soziologie der Erkenntnis", in: Der Streit um die Wissenssoziologie Bd. 1 (Hrsg. V. Meja, N. Stehr), op. cit.
Schlick, M.: Allgemeine Erkenntnislehre, Frankfurt, Suhrkamp, 1979.
Schluchter, W.: Rationalismus der Weltbeherrschung. Studien zu Max Weber, Frankfurt, Suhrkamp, 1980.
Schmidt, A. (Hrsg.): Beiträge zur marxistischen Erkenntnistheorie, Frankfurt, Suhrkamp, 1969.
ders.: „Der strukturalistische Angriff auf die Geschichte", in: ders., Beiträge zur marxistischen Erkenntnislehre, op. cit.
Schmidt, S. J.: Literaturwissenschaft als argumentierende Wissenschaft, München, Fink, 1975.
ders. (Hrsg.): Der Diskurs des Radikalen Konstruktivismus, Frankfurt, Suhrkamp, 1987.
ders.: „Der Radikale Konstruktivismus: Ein neues Paradigma im interdisziplinären Diskurs", in: ders. (Hrsg.), Der Diskurs des Radikalen Konstruktivismus, op. cit.
Schöllgen, G.: Handlungsfreiheit und Zweckrationalität. Max Weber und die Tradition der praktischen Philosophie, Tübingen, J. C. B. Mohr, 1984.
Schütz, A.: Das Problem der Relevanz, Frankfurt, Suhrkamp, 1982.
Schwartz, B.: Vertical Classification. A Study in Structuralism and the Sociology of Knowledge, Chicago-London, Univ. of Chicago Press, 1981.
Schwemmer, O.: Handlung und Struktur. Zur Wissenschaftstheorie der Kulturwissenschaften, Frankfurt, Suhrkamp, 1987.
Sebag, L.: Marxisme et Structuralisme, Paris, Payot, 1964.
Seminar Althusser. De marxistische filosofie en haar verhouding tot Spinoza en Hegel, Bachelard en Lacan, Nijmegen, SUN, 1972.
Simmel, G.: Über sociale Differenzierung, Leipzig, Duncker und Humblot, 1890.
ders.: Die Philosophie des Geldes, Berlin, Duncker und Humblot, 1977 (6. Aufl.).

ders.: „Das Geld in der modernen Kultur", in: ders.: Schriften zur Soziologie. Eine Auswahl hrsg. von H.-J. Dahme und O. Rammstedt, Frankfurt, Suhrkamp, 1983.
ders.: Das Individuum und die Freiheit. Essais, Berlin, Wagenbach, 1984.
Smelser, N. J.: „Die Beharrlichkeit des Positivismus in der amerikanischen Soziologie", in: Kölner Zeitschrift für Soziologie und Sozialpsychologie, März, 1986.
Spinner, H. F.: Pluralismus als Erkenntnismodell, Frankfurt, Suhrkamp, 1974.
ders.: Ist der Kritische Rationalismus am Ende?, Weinheim-Basel, Beltz Vlg., 1982.
Spinoza, B. de: Die Ethik. Nach geometrischer Methode dargestellt, Hamburg, Meiner, 1976.
Srubar, I. (Hrsg.), Exil, Wissenschaft, Identität. Die Emigration deutscher Wissenschaftler (1933—1945), Frankfurt, Suhrkamp, 1988.
Steenbakkers, P.: Over kennis en ideologie bij Louis Althusser. Een materialistische kritiek, Groningen, Konstapel, 1982.
Stengers, I.: „La Description de l'activité scientifique par T. S. Kuhn", in: Critique, August-September, 1974.
Sumner, W. G.: Folksways, New York, Ginn & Co., 1904.

T

Theorie der Gesellschaft oder Sozialtechnologie (Theorie-Diskussion, Supplement 2), Beiträge zur Luhmann-Habermas-Diskussion von W.-D. Narr, D. H. Runze u. a., Frankfurt, Suhrkamp, 1974.
Thompson, J. B. — Held, D. (Hrsg.): Habermas. Critical Debates, London, Macmillan, 1982.
Tönnies, F.: Gemeinschaft und Gesellschaft. Grundbegriffe der reinen Soziologie, Darmstadt, Wiss. Buchgesellschaft, 1963.
Topitsch, E. (Hrsg.), Logik der Sozialwissenschaften, Königstein/Ts., Athenäum, 1984 (11. Aufl.).
Toulmin, S.: Kritik der kollektiven Vernunft, Frankfurt, Suhrkamp, 1983.

U

Urry, J. R.: „Thomas S. Kuhn as a Sociologist of Knowledge", in: British Journal of Sociology Nr. 24, 1973.

V

Vacatello, M.: Lukács. Da Storia e coscienza di classe al giudizio sulla cultura borghese, Firenze, Nuova Italia, 1968.

W

Watzlawick, P. (Hrsg.), Die erfundene Wirklichkeit. Wie wissen wir, was wir zu wissen glauben? Beiträge zum Konstruktivismus, München, Piper, 1984.
Wawrzyn, L.: Walter Benjamins Kunsttheorie. Kritik einer Rezeption, Darmstadt-Neuwied, Luchterhand, 1973.
Weingart, P.: Wissensproduktion und soziale Struktur, Frankfurt, Suhrkamp, 1976.
Watkins., J.: „Against Normal Science", in: I. Lakatos — A. Musgrave (Hrsg.), Criticism and the Growth of Knowledge, op. cit.
Weber, A.: Ideen zur Staats- und Kultursoziologie, Berlin, Junker und Dünnhaupt Verlag, 1927.

Weber, M.: „Der Sinn der ‚Wertfreiheit' der soziologischen und ökonomischen Wissenschaften, in: ders.: Gesammelte Aufsätze zur Wissenschaftslehre (4. Aufl. hrsg. von J. Winckelmann), Tübingen, J. C. B. Mohr, 1964.

ders.: „Wissenschaft als Beruf", in: ders., Gesammelte Aufsätze zur Wissenschaftslehre, op. cit.

ders.: Die protestantische Ethik, Hamburg, Siebenstern Verlag, 1973.

ders.: Wirtschaft und Gesellschaft. Grundriß der verstehenden Soziolologie (2 Bd.), Tübingen, J. C. B. Mohr, 1976 (5. Aufl.).

Weiß, J.: Max Webers Grundlegung der Soziologie. Eine Einführung, München, Verlag Dokumentation, 1975.

Winch, P.: The Idea of a Social Science and its Relation to Philosophy, London, RKP, 1958.

ders.: „Popper and Scientific Method in the Social Sciences", in: The Philosophy of Karl Popper (Book II), ed. by. P. A. Schilpp, La Salle, Illinois, The Library of Living Philosophers, 1967.

Witschell, G.: Wertvorstellung im Werk Karl R. Poppers, Bonn, Bouvier, 1977 (2. Aufl.).

Wulff, H. J.: „Semiotik als normale Wissenschaft? Neue enzyklopädische und bibliographische Hilfsmittel der Semiotik", in: Zeitschrift für Semiotik („Semiotik und Marxismus") Nr. 1—2, 1988.

Z

Zelený, J.: „Zum Wissenschaftsbegriff des dialektischen Materialismus", in: A. Schmidt (Hrsg.), Beiträge zur marxistischen Erkenntnistheorie, op. cit.

Zijderveld, A. C.: Institutionalisering: een studie over het methodologisch dilemma der sociale wetenschappen, Meppel, Boom, 1974.

Zima, P. V.: Goldmann. Dialectique de l'immanence, Paris, Editions Universitaires, 1973.

ders.: L'Ecole de Francfort. Dialectique de la particularité, Paris, Editions Universitaires, 1974.

Personenverzeichnis

(Das Verzeichnis bezieht sich auf den Text und die Anmerkungen, nicht auf die Bibliographien.)

Abercrombie, N. 180, 257
Adorno, G. 362
Adorno, Th. W. 11, 13, 14, 17, 21, 26, 29, 50, 53, 56, 63, 87, 89, 90, 92, 107, 108, 111, 112, 121, 126, 134, 139, 142, 161, 178, 181, 186—211, 215—217, 219, 220, 231, 233—235, 241, 257, 262, 269, 287, 289, 290, 299, 310, 312—317, 321, 322, 331, 332, 334, 340, 346—349, 351—353, 357, 361, 362, 364, 366—369, 372, 376, 394, 422, 423, 424
Ahrweiler, G. 74, 76, 77, 83
Albert, H. 20, 29, 63, 64, 96, 127, 129, 132, 137, 138, 140—150, 152, 187, 208, 217, 219, 234, 284, 298, 310—312, 314, 315, 320, 323, 339, 363, 384, 386, 394, 418, 422, 423
Alexander, J. 123
Alexy, R. 119
Almirante, G. 393
Althusser, L. 12, 14, 43, 56, 58, 63, 66, 69, 81, 83, 93, 121, 153—187, 195, 216, 217, 235—237, 239, 246, 247, 263, 266, 269, 288, 301, 322, 323, 326—330, 334, 349, 368, 390, 394, 400, 403, 406—409, 418—420, 428, 431, 432
Anderson, P. 311
Ansart, P. 54, 56, 263, 264, 298, 422
Apel, K.-O. 14, 64, 143, 234, 372—374, 400, 418, 429, 431, 432
Aristoteles 148, 257, 286, 311
Aron, R. 154, 155, 157, 266, 268, 303, 326, 327
Ashworth, C. 397
Auden, W. H. 33, 103
Austin, J. L. 114, 115, 126
Axelos, K. 302

Bacon, F. 19, 20, 21, 58, 59
Bachelard, G. 155, 156, 159—161, 168, 170, 171, 174, 243, 247, 403
Bachtin, M. M. 15, 48, 130, 222, 237, 238, 242, 251, 252, 262, 340, 343, 344, 346—349, 351, 353—355, 374, 396
Bagehot, W. 394
Balázs, B. 98
Balibar, E. 154, 157, 162, 165, 169, 174, 176, 183, 327, 328
Balibar, R. 43, 112, 176, 177, 327
Balzac, H. de 385

Bannister, R. C. 308
Bardin, L. 50
Barion, J. 39
Barnes, B. 10, 425
Barre, R. 235, 282
Barth, H. 9, 10, 15, 71, 72, 340
Barthes, R. 26, 34, 35, 43, 155, 228, 230, 231, 269, 373
Baudelaire, Ch. 207
Bauer, O. 81
Bayertz, K. 411, 415
Beaugrande, R. de 225
Beauvoir, S. de 348, 354
Becker, J. 46, 318, 363
Beckett, S. 196, 203, 207, 351
Behrens, M. 156
Bell, D. 93, 94, 249, 263, 266, 368
Bellebaum, A. 300
Belletti, G. C. 258
Bendix, R. 130
Benedict, R. 23
Benjamin, W. 25, 43, 83, 112, 262, 346—355
Bense, M. 318
Bentham, J. 140, 268
Benton, T. 164
Berger, J. 109
Berger, P. L. 110, 306, 307
Berlin, I. 273, 435
Bernard, L. L. 308
Bernstein, B. 43, 44, 221—224, 291
Berryman, C. 412
Bertram, Ch. 282
Betz, W. 255
Bismarck, O. von 37
Blaug, M. 387
Bloch, E. 349, 413
Bloomfield, L. 223, 242
Bocock, R. 29, 32
Bodel, J. 258
Böhme, G. 233
Bohrer, K.-H. 202
Bonald, R. 254, 323—327, 329, 334
Bourdieu, P. 44, 46, 47, 58, 64, 109, 112, 116, 122—126, 201, 221, 227, 228, 237, 238, 240, 251, 270, 317, 323, 377, 381, 382, 388
Bourricaud, F. 35, 36, 155

469

Bouveresse, J. 403
Bracher, K. D. 57, 58, 267
Brecht, B. 196, 350
Breton, A. 202
Brezhnev, L. 283
Broch, H. 24, 76, 77, 92, 93, 140, 351, 356—361, 363
Bubner, R. 69, 331, 400, 401, 434
Buch, H.-Ch. 26
Buchanan, J. M. 234, 393
Büchner, G. 26
Burns, E. 232
Burns, T. 232
Butor, M. 89, 229, 232, 356, 363

Cahnmann, W. J. 301
Calvet, L.-J. 251
Campschreur, W. 181
Camus, A. 27, 34, 43, 146, 176, 188, 252, 253
Callaghan, J. 268
Canguilhem, G. 159, 168, 337, 403
Carnap, R. 153, 167, 168
Cases, C. 74, 75
Castilla del Pino, C. 424
Caudwell, Ch. 103
Ceaucescu, N. 329
Celan, P. 269
Charvet, M. 378
Che Guevara, E. 53, 263
Chomsky, N. 125, 215, 221, 222, 237, 251
Clark, T. N. 303
Collini, S. 307, 308
Comte, A. 20, 21, 22, 25, 59, 157—160, 247, 298, 304, 305, 385
Condillac, E. B. de 22, 209
Coppens, H. A. J. 27
Coquet, J.-Cl. 243, 245, 246
Cortella, L. 108
Coser, L. A. 24
Courtés, J. 116, 118, 123, 204, 225, 236, 240, 245, 280, 333
Coward, R. 45, 46
Croce, B. 26, 41
Culler, J. 205
Curelaru, M. 413

Dahm, K.-W. 30
Dahme, H.-J. 302
Dahmer, H. 339
Dahrendorf, R. 310, 312, 338
Dandeker, Ch. 397

D'Annunzio, G. 12
Danto, A. C. 383, 384
Darwin, Ch. 308, 309
Davidson, D. 150, 429, 433
Davis, H. 277
Derrida, J. 64, 186—188, 193, 202, 204—211, 216, 217, 241, 321, 356, 357, 369, 372, 416
Descartes, R. 20, 406
Destutt de Tracy, A. L.-Cl. 21
Deutsch, K. W. 377, 379—382
Dickens, Ch. 232
Dirac, P. A. M. 160
Dilthey, W. 38, 39, 91, 95, 96, 166, 334, 372
Djurić, M. 37
Dorschel, A. 31
Dostojevskij, F. 128, 349, 359, 355
Doz, A. 347
Dressler, W. 225—227, 243
Drieu la Rochelle, P. 44
Dubarle, D. 347
Dubiel, H. 92, 192, 193, 233
Ducrot, O. 225
Duhem, P. 385
Duprat, G. 264
Durkheim, E. 28—30, 32, 36, 54, 67, 111, 113, 134, 146, 221, 234, 239, 299, 301—305, 307, 308, 405, 413, 422, 430
Duvignaud, J. 54, 221, 234

Eaubonne, F. de 260, 292
Eco, U. 48, 50, 52, 215, 217, 219, 240, 241, 274, 276, 427
Eichendorff, J. von 189, 196
Einstein, A. 294, 406
Eisenstadt, S. N. 413
Eliade, M. 35, 37, 38
Elias, N. 138, 150, 173, 291, 330, 340
Ellis, J. 45, 46
Eman, V. A. 412
Emerson, R. W. 285, 288
Engelhardt, M. 233
Engels, F. 11, 66, 68, 70, 73, 74, 78, 82, 84, 89, 387
Escarpit, R. 414
Ette, O. 253
Euklid 19

Fach, W. 434, 435
Fauconnet, P. 303
Faye, J.-P. 51, 277
Ferguson, C. A. 223

Feuerbach, L. 163, 164, 348
Feyerabend, P. 357, 417, 421
Fichte, G. 67, 163, 311
Filloux, J.-Cl. 303
Finer, S. E. 370, 371
Fish, S. 414
Fishman, J. A. 220, 221, 222
Fistetti, F. 419
Flaubert, G. 17
Fleming, I. 276, 427
Foa, V. 86
Foerster, H. von 391
Foucault, M. 11, 14, 26, 154, 155, 159, 164, 179, 180, 186, 210, 216, 321, 339, 402—406
Fougeyrollas, P. 92
Fowler, R. 250, 251, 276
Fraga Iribarne, M. 270
Franco, F. 32, 33, 283
Frege, G. 178
Frenkel-Brunswik, E. 289
Freud, S. 28, 111, 134, 161, 162, 173, 175, 178, 180, 287, 331, 339, 342, 343, 413, 420, 424
Frühbauer, M. 279, 280
Fügen, N. 116, 139
Fürstenberg, F. 31

Gadamer, H.-G. 105, 372, 373, 396
Gadet, F. 184
Gaitskell, H. 268
Galilei, G. 19, 153, 158, 161, 394
Garaudy, R. 33
Garfinkel, H. 398
Gauthier, X. 202
Gautier, T. 237
Geiger, Th. 9, 64, 102, 128, 142, 143, 146, 149, 150, 254
Gelgardt, P. P. 45
George, S. 75, 161, 162, 189, 196, 200, 208
Giddens, A. 29, 71, 303, 310, 370, 395, 396, 398
Giddings, F. H. 308
Giegel, H.-J. 320
Giglioli, P. P. 221
Giono, J. 103
Girnus, W. 52, 274, 275, 278
Glasersfeld, E. von 365, 391
Goethe, J. W. 25, 262, 273
Goldmann, A. 416
Goldmann, L. 22, 39, 41, 42, 44, 66, 84—87, 89, 99, 102, 124, 139, 153, 155, 156, 187, 201, 226, 234, 262, 279, 326, 346, 351, 407, 408, 431
Goldschläger, A. 51

Gouldner, A. W. 12, 31, 365, 376, 379, 380, 381
Gorz, A. 86
Gramsci, A. 26, 67, 78, 81, 175, 176, 414
Greffrath, M. 315
Greimas, A. J. 13, 54, 79, 116, 118, 123, 155, 164, 165, 189, 204, 210, 215, 217, 218, 219, 223, 224, 226—228, 231, 232, 236—238, 240, 242—248, 267, 272, 276, 280, 281, 285, 300, 325, 326, 327, 332, 333, 363, 381, 419, 425, 427
Grenz, F. 206
Grimm, K. 319
Gripp, H. 114
Gruber, H. 428
Grübel, R. 344
Grujić, P. 350
Guérin, E. 42
Guesde, J. 303
Gumperz, J. J. 222, 223
Gurvitch, G. 346

Haberland, H. 221
Habermas, J. 13—15, 25, 63, 64, 68, 69, 89—100, 105, 107—110, 112—126, 130, 131, 140, 143, 144, 146, 150, 153, 161, 167, 186, 187, 192, 193, 195, 204, 208, 215, 217, 220, 225, 234, 235, 237, 249—253, 261, 266, 284, 304—306, 308, 316—319, 320, 321, 327, 330—332, 334, 337, 340, 343, 357, 365, 367, 368, 370, 372—374, 376, 396, 400, 413, 418, 422, 429, 430, 434, 435, 436
Hacks, P. 265
Hager, F. 221, 265
Hager, K. 17
Haider, J. 428
Hak, T. 181, 232
Halbwachs, M. 58, 105, 117, 118, 234, 303, 400, 401, 402, 430
Halévy, D. 104, 314, 319
Halévy, E. 314
Hall, S. 287
Haller, R. 152, 390, 419
Halliday, M. A. K. 44, 220—222, 227, 237, 239, 244, 276
Hamon, P. 236
Hanak, T. 73, 74
Harris, Z. 243, 244
Hartman, G. 207
Hattersley, R. 268
Hauptmeier, H. 416
Hegel, G. W. F. 12, 26, 39, 41, 42, 57, 58, 67, 70—75, 77, 79, 82, 107, 113, 148, 153, 154, 158—160, 163, 164, 166, 168, 170, 176, 184, 188,

190, 196—200, 205—207, 278, 311, 334, 343—
352, 354—356, 358, 366, 375, 385, 399, 413, 427
Heidegger, M. 26, 29, 46, 111, 188—195, 199,
200—202, 208, 210, 231, 241, 343, 348, 380, 394
Heidtmann, B. 319
Heintel, P. 21, 178
Held, D. 108
Heller, A. 108, 343, 434, 435—437
Hennen, M. 131, 132
Henrich, D. 133
Henry, P. 181
Heraklit 210
Hess-Lüttich, E. W. B. 250
Hesse, H. 36
Heuss, A. 258
Heyndels, R. 42
Hilferding, R. 80, 81
Hill, R. 265
Hill, S. 180, 257
Hirst, P. 330
Hitler, A. 51, 83, 201, 285—288
Hjelmslev, L. 37, 204, 207, 228, 230, 269
Hobbes, Th. 19, 20, 42, 59, 140, 156—160, 170, 181, 182, 385, 393, 405
Hobhouse, L. T. 298, 306—308, 314, 317
Hobson, D. 287
Hobson, J. A. 298, 314
Hodge, R. 239, 240, 251, 276
Hofmann, W. 254, 284
Hölderlin, F. 26, 189, 198—200, 215, 241, 343, 369, 394, 395
Holland, N. 414
Holmes, J. 223
Holzer, H. 222
Honneth, A. 109, 123, 371
Hook, S. 79
Horkheimer, M. 12, 13, 14, 21, 83, 84, 88—90, 186, 192, 193, 195, 204, 220, 233, 234, 287, 299, 306, 312—317, 334, 353, 357, 361, 366—368, 371
Houdebine, J.-L. 202
Huke-Didier, E. 89, 90, 98, 99
Humboldt, W. 288
Hund, W. D. 76
Husserl, E. 76, 201, 334

Inhetveen, R. 148
Iser, W. 414

Jaeggi, U. 156, 185
Jakobson, R. 114
Jaksche, H. 227, 242

James, W. 67
Jaspers, K. 39, 40, 188, 189, 193, 202
Jaurès, J. 303
Jauß, H. R. 232, 414—416
Jay, M. 82, 83, 234, 367
Jenny, L. 253
Jimenez, M. 203
Joas, A. 109, 123
Joffe, J. 48, 341
Johnson, T. 397
Johnstone, R. L. 31
Jonas, S. 155

Kafka, F. 126, 187, 196, 198, 203, 394, 395
Kalanj, R. 303, 304
Kallmeyer, W. 241
Kambartel, F. 148
Kammler, J. 74
Kant, I. 41, 42, 64, 67, 73, 75, 76, 107—109, 116, 125, 163, 197, 198, 286, 311, 346, 372, 383, 391, 432
Karádi, E. 91, 98
Kautsky, K. 65, 80, 81, 83
Kellermann, P. 25, 309, 310, 396, 397
Kettler, D. 91, 101, 103
Kidd, B. 308
Kierkegaard, S. 278, 346, 348, 354
Kiss, G. 413
Klagges, D. 289, 290, 294
Klein, W. 241
Kloft, H. 257, 258
Kluckhohn, Cl. 23, 24
Kofler, L. 351, 394
Kohl, H. 261
Kolakowski, L. 9, 36
König, R. 140, 146
Kopperschmidt, J. 351
Korsch, K. 66, 67, 72, 73, 80—84, 86, 98, 105, 153, 184, 226, 371
Koselleck, R. 188
Kosík, K. 23
Kraft, V. 151
Kress, G. 239, 240, 251, 276, 277
Krieck, E. 323
Kristeva, J. 26, 186, 216, 230, 231, 252, 354, 355, 365, 378
Krleža, M. 33
Kroll, L. 357
Krumm, E. 378
Küchler, W. 415
Kuhn, T. S. 10, 11, 14, 20, 53, 54, 58, 149, 164,

315, 337, 339, 400—404, 406—417, 424, 425, 429, 430
Kun, B. 73

Labov, W. 222
Lacan, J. 28, 43, 155, 156, 173, 175, 287, 431, 432
Lafontaine, O. 271—273, 278, 292, 293, 375, 376
Lakatos, I. 53, 149, 400—403, 408, 409, 417—420, 429
Landshut, S. 67
Lange, O. 69, 258
Laplanche, J. 433
Larrain, J. 36, 66, 69, 78, 184
Lavoisier, A. L. 404
Lawton, D. 223
Lebedev-Poljanskij, P. 26
Lecourt, D. 153, 155, 159, 166, 168, 174—176, 183, 403, 406, 418
Lefebvre, H. 12, 30, 32, 130, 154—156, 162, 164, 234, 326, 338, 431, 432
Lemberg, E. 23
Lenin, V. I. 11, 32, 79, 81—83, 85, 87, 135, 185, 279, 290, 364, 371, 386, 422
Lenk, H. 146, 147, 156, 357
Lenk, K. 19, 88, 89, 98, 99, 101
Le Pen, J.-M. 249, 393
Lepenies, W. 301
Lévy-Bruhl, L. 303
Lévi-Strauss, Cl. 28, 35, 36, 38, 154, 155, 246
Lewalter, E. 88, 182
Libermann, E. 258
Lieber, H.-J. 9, 15, 21, 36, 37, 79, 267
Linkenbach, A. 111, 112
Linton, R. 221
Locke, J. 435
Lorenzen, P. 148, 430, 431
Lotman, J. M. 13, 42, 146, 150, 223, 229, 231, 264, 404
Louis-Philippe 237
Lowe, A. 287
Löwith, K. 26, 72, 166, 345, 346
Luckmann, Th. 110
Lüdke, W. M. 195
Ludz, P. Ch. 11, 66, 79
Luhmann, N. 9, 30, 31, 56, 101, 114, 173, 267, 268, 306, 316—322, 337, 356, 384
Lukács, G. 22, 26, 56, 66, 67, 72—87, 91, 98, 103, 105, 127, 128, 139, 153, 184, 187, 195, 196, 203, 226, 297, 343, 351, 371, 380, 394, 431
Luxemburg, R. 78, 273

Lyotard, J.-F. 267
Lysenko, T. D. 337

Mach, E. 151
Macherey, P. 158, 159, 236, 349, 403
Machiavelli, N. 18, 19, 111
Macpherson, C. B. 19, 140, 385
Maillard, Cl. 416
Maingueneau, D. 244
Malinowski, B. 23, 25
Mallarmé, S. 207, 208, 269, 274
Mallet, S. 86
Malmberg, B. 210
Malraux, A. 44
Mann, Th. 23
Mannheim, K. 22, 39, 40, 53, 55, 56, 65, 68, 88—108, 117, 118, 122—124, 128—130, 148, 153, 217, 219, 234, 236, 237, 297—299, 305, 317, 400—402, 419
Mao Tse-Tung 288, 289
Marcuse, H. 279, 312—314, 317, 367
Marin, L. 346, 388, 389
Marinetti, F. T. 12, 202, 338, 408
Marković, M. 9, 22
Markovits, A. S. 377
Marr, N. 45
Marsland, D. 378
Martinet, A. 237, 433
Marx, K. 11, 12, 17, 22, 25, 26, 29, 34, 48, 49, 54, 57—59, 63, 66—78, 81—86, 88, 89, 97, 106, 124, 126, 134, 139, 153, 156, 158, 159, 161—170, 174, 185, 187, 220, 221, 226, 236, 239, 247, 254, 258, 259, 298, 299, 302—305, 311, 314, 326—330, 348, 367, 371, 375, 385—387, 394, 406, 413, 414, 418, 422—425, 428
Masterman, M. 408, 412
Matoré, G. 237, 238, 243, 407
Matthes, J. 31
Maturana, H. 365, 392, 393
Matzner, J. 75
Maurras, Ch. 49, 243, 249, 259, 260, 266, 305, 344
Mauss, M. 28, 234, 303
McCarthy, Th. 121, 122
McLennan, G. 13, 169
Mead, G. H. 113, 221, 413
Mead, M. 23
Mehring, F. 414
Meja, V. 88, 91, 101, 103, 182
Menge, M. 273
Merleau-Ponty, M. 296

473

Merton, R. K. 31, 104, 221, 340
Meschonnic, H. 114
Metz, J. B. 33
Metzeltin, M. 227, 242
Meyer, K. 30
Michelet, J. 38, 394
Midgley, E. B. F. 137, 138
Mitchell, J. 134
Mittelstraß, J. 148
Mitterrand, F. 235
Molina, V. 13, 169
Montesquieu, Ch. de 405
Moog-Grünewald, M. 37
Moravia, A. 342, 358
Mörth, I. 34
Moser, W. 187
Mozetić, G. 81
Mukařovský, J. 394
Musgrave, A. 53, 149, 402, 408
Musil, R. 48, 126, 127, 138, 187, 197—199, 252, 262, 291, 312, 314, 317, 322, 351, 356—359, 361—364, 372
Mussolini, B. 44, 182

Naïr, S. 416
Napoleon, I. 37, 262
Naumann, M. 414, 416
Neurath, O. 64, 126, 151—153, 156, 166—169, 309, 327, 339, 390, 394, 418—420, 426, 430
Neusüß, A. 88, 89, 101, 298
Newton, I. 160, 309, 357, 406
Neyer, J. 303
Nietzsche, F. 9, 52, 113, 162, 188, 190, 191, 196, 205—207, 209, 210, 266, 274, 342, 346, 347
Nixon, R. 283
Norris, Ch. 207, 416
Nöth, W. 52
Nussbächer, K. 199

Oevermann, U. 224
Ogburn, W. F. 308
Oppolzer, A. A. 76
Opsomer, G. 232
Orlow, N. 57, 58, 273
Orwell, G. 44, 50, 51

Parain, B. 190
Pareto, V. 236, 370, 371
Paris, R. 221
Park, R. E. 299, 301, 302
Parmenides 201, 210

Parsons, T. 12, 24, 25, 30, 52, 151, 309, 310
Pascal, B. 39, 42, 127, 173, 346, 348, 354
Pasternack, G. 425
Pearson, K. 308
Pêcheux, M. 14, 58, 121, 153, 175—185, 187, 216, 235, 237, 263, 266, 327, 330, 368, 403, 404
Peirce, Ch. S. 403, 431, 432
Pereda, J. M. 259
Peters, R. 13, 169
Peuckert, R. 119
Piaget, J.155, 343, 391, 392, 404, 405, 413, 430
Pinochet, A. 283
Pius XI. 34
Plato 12, 76, 111, 160, 311, 375, 420
Platt, J. 377
Poggi, G. 70
Pol Pot 329
Ponge, F. 191, 296
Pontalis, J.-B. 433
Ponzio, A. 251
Popper, K. 12, 14, 19, 20, 58, 63, 128, 138, 140—143, 148—152, 156, 160, 168, 175, 187, 234, 294, 298, 310—315, 317, 320, 323, 328, 331, 337, 339, 384, 385, 393—395, 400—404, 411, 413, 417—420, 422, 424, 430, 435
Potjebnja, A. 255
Prewo, R. 130, 131
Pride, J. B. 223
Priestley, J. 404
Prieto, L. J. 13, 132, 210, 215, 218, 227, 228, 239, 240, 286, 365, 379, 380, 391, 392, 430, 431
Primo de Rivera, J. A. 34, 51, 283, 284
Propp, V. 154, 246
Proudhon, P. J. 68, 346
Proust, M. 126, 187, 196, 198, 252, 353, 408

Quine, W. V. 395

Rabelais, F. 349
Racine, J. 25, 42
Radcliffe-Brown, A. 25
Raddatz, F. J. 289
Rahner, K. 33, 141
Rammstedt, O. 302, 323
Raphael, M. 77
Rastier, F. 274
Reagan, R. 261, 293, 341
Reboul, O. 43, 44, 254, 255, 269, 428
Renner, K. 80
Ricardo, D. 22
Ricardou, J. 195, 318, 363

Richards, J. 391
Rickert, H. 130
Rilke, R. M. 196
Ritsert, J. 313
Robbe-Grillet, A. 195, 201, 318
Robinson, W. P. 223, 224
Roig, M. 263, 264
Rolshausen, C. 313
Rosenberg, A. 259, 274, 275
Rosenberg, B. 24
Rosenberg, S. W. 9, 391
Rossi, P. 133
Rossi-Landi, F. 17, 215, 218, 227—231, 431, 432
Roth, G. 393
Rousseau, J.-J. 57, 58, 207, 258, 311, 405
Ruge, A. 345, 346, 348
Runze, D. H. 319
Ruprecht, H.-G. 242
Russell, B. 151
Rutte, H. 152, 390, 419
Ruwet, N. 244
Ryan, A. 388

Salamun, K. 11, 142, 143, 283, 426, 436
Sapir, E. 389
Sartre, J.-P. 46, 103, 154, 155, 188—191, 194, 200, 202, 207, 252, 278, 296, 346, 348, 358, 374, 375
Saussure, F. de 123, 130, 150, 154—156, 204, 206, 215, 221, 222, 228, 230, 237, 251, 374, 403
Sayer, A. 151, 387, 388
Scarpetta, G. 202
Schäfer, B. 119
Schaff, A. 338
Scheler, M. 91, 95—97, 99, 100, 299, 304, 305, 308, 317
Schelting, A. von 101, 102
Schiffer, W. 383, 384
Schilpp, P. A. 149
Schlechta, K. 347
Schleiermacher, F. E. D. 29
Schlick, M. 167, 168
Schlieben-Lange, B. 224, 225
Schluchter, W. 127, 129
Schmeling, M. 37
Schmidt, A. 156, 157
Schmidt, S. J. 380, 391—393, 395, 416
Schmitt, C. 319
Schmitt, H.-J. 330
Schöllgen, G. 130, 131
Schönau, W. 414

Schubbe, E. 17, 52, 57, 265
Schulten, O. 339
Schütz, A. 110, 208, 334, 382
Schwartz, B. 28
Scott, J. 378
Searle, J. R. 114, 115, 150
Sebag, L. 155
Seliger, M. 66, 263, 264
Sextus Empiricus 391
Šik, O. 258, 259, 296
Silbermann, A. 116, 139, 315
Simiand, F. 303
Simmel, G. 49, 262, 299, 302, 318, 358
Skalička, V. 236, 237
Šklovskij, V. 255
Small, A. 308
Smelser, N. J. 113, 309
Smith, A. 22
Sneed, J. D. 380
Sohn-Rethel, A. 108, 139, 344
Sollers, P. 378
Sombart, W. 90
Sorel, G. 34, 263
Speier, H. 102, 104
Spencer, H. 25, 301, 303, 307, 393
Spender, D. 45, 412
Spinner, H. F. 143
Spinoza, B. de 155—160, 170, 171, 174, 175, 179, 181, 182, 247, 349
Spranger, E. 36, 37
Srubar, I. 91
Stalin, J. W. 37, 51, 173, 258, 288, 289, 420
Steenbakkers, P. 158, 170, 171
Stegmüller, W. 380
Stehr, N. 88, 91, 101, 103, 182
Steinbacher, K. 222
Steinig, H. 250
Stengers, I. 403
Stirner, M. 348
Stockinger, P. 244
Stoodt, D. 30
Stouffer, S. 309
Straßner, E. 255, 256, 259, 261, 342
Stubbs, M. 224
Sumner, W. G. 308
Svevo, I. 187, 198, 351, 356

Tanner, N. 223
Taubes, J. 50
Teilhard de Chardin, P. 173, 328
Tellez, F. 155, 330

475

Terpstra, M. 170, 172
Tesnière, L. 245
Thatcher, M. 261, 268, 270—273, 281, 292, 293
Therborn, G. 263, 264
Thompson, J. B. 108, 109, 122, 182
Thompson, K. 29
Thukydides 157
Tiedemann, R. 193, 355, 362
Tieleman, H. J. 27
Tito, J. B. 52, 274
Tocqueville, A. de 80
Todorov, T. 225, 355
Togliatti, P. 283, 292
Tönnies, F. 20, 124, 136, 299—303, 305, 412
Top, E. 181
Topitsch, E. 11, 129, 138, 140, 142—145, 148, 152, 208, 219, 283, 292, 298, 384—386, 426, 427, 429, 436
Toulmin, S. 58, 401, 411, 412, 417
Touraine, A. 173, 378
Trentin, B. 86
Trew, T. 250, 251, 276
Troeltsch, E. 90
Trotzki, L. 52, 274
Trudgill, P. 220
Tucker, R. C. 72, 166
Tullock, G. 234, 393
Turner, B. S. 180, 257

Uebel, K.-H. 339

Vacatello, M. 74
Vaihinger, H. 294
Valéry, P. 196
Van Dijk, T. A. 226, 227, 243
Varela, F. 365, 392
Vega, R. de la 74, 83
Verdaasdonk, H. 426
Vezér, E. 01, 98
Vico, G. 392
Vidal, D. 378
Vološinov, V. N. 130, 222, 237, 242, 251, 252, 374
Voltaire 20, 21

Voßkamp, W. 374

Waldheim, K. 278
Ward, L. F. 308
Warning, R. 232
Watkins, J. 424
Watson, P. 277
Watzlawick, P. 27, 28, 292, 392, 393
Wawrzyn, L. 352
Weber, A. 25, 90, 91, 99, 100, 101, 124, 299, 301—304, 317, 358, 412.
Weber, M. 12, 31, 45, 47, 50, 56, 64, 78, 81, 91—101, 106, 107, 110, 124, 127—141, 143, 144, 146, 147, 150, 152, 220, 254, 300, 305, 319, 323, 324, 326, 358, 387, 412, 413, 421, 422
Weimann, R. 414
Weingart, P. 377, 382
Weiß, J. 133
Weizsäcker, Ch. Ch. von 375, 376
Whorf, B. L. 389
Wienold, G. 252, 414
Wiersing, E. 339
Widdowson, H. G. 221
Wilckens, U. 261
Wilczynski, J. 301
Wilde, O. 252, 408
Williams, R. 232, 420, 432
Willis, P. 287
Wilson, H. 268
Winch, P. 149
Winckler, L. 51
Witschel, G. 152, 311
Wittgenstein, L. 126, 168, 188, 231, 432
Wolff, K. H. 67, 303

Yinger, J. M. 31

Zehle, S. 275
Zelený, J. 69
Zeltner, H. 9, 15
Ziffus, S. 91
Zijderveld, A. C. 136
Zima, P. V. 48, 54, 87, 176, 186, 203, 218, 230, 232, 276, 378, 424